ESMERALDA MANCILLA VALDEZ

——

Esthétique Biocritique

COLLECTION DE THÉORIE
ET MÉTHODOLOGIE CONSTELACIONES

INSTITUTO DE
INVESTIGACIONES
BIOCRÍTICAS
www.biocritica.mx

Cet ouvrage a été publié pour le compte des Éditions de
l'INSTITUTO DE INVESTIGACIONES BIOCRÍTICAS EN SALUD
SEXUAL Y DERECHOS HUMANOS, A.C.
dans sa Collection de THÉORIE ET MÉTHODOLOGIE

CONSTELACIONES

**INSTITUTO DE
INVESTIGACIONES
BIOCRÍTICAS**
www.biocritica.mx

ISBN pour la version numérique: 978-607-96770-4-6
ISBN pour la version imprimée: 978-607-96770-5-3

Cette œuvre est dédiée à tous les volontaires qui ont offert leurs témoignages dans le cadre de l'Œuvre multiorgasmique collective ; à la dame de la rue du Bac, à Raphael, à Michael et à Gabriel ; et très spécialement à ma mère Mme. Esperanza Valdez Lupian.

Esmeralda Mancilla Valdez (www.esmeraldamancillavaldez.net) est une socio-philosophe, artiste, théoricienne et chercheuse mexicaine en Biocritique et Esthétique appliquée aux Sciences Politiques et Sociales. Son travail de recherche scientifique est toujours lié à la production artistique interdisciplinaire. Actuellement elle est présidente et responsable de l'Institut de Recherches Biocritiques (www.biocritica.mx) en Mexique ; responsable et réalisatrice de *MEXICOFREE: l'Encyclopédie Virtuellle de la Violence et de la Vulnérabilité au Mexique* (www.mexicofree.net); chercheuse dans le cadre d'un Programme du Conseil National des Sciences et de la Technologie (www.conacyt.mx) à l'université mexicaine ITESO (www.iteso.mx). Et correspondante de la Chaire UNESCO de Santé sexuelle & Droits humains.

Titulaire d'un Doctorat (PhD) en Esthétique et Philosophie de l'art, obtenu en 2013 à l'Université Paris 1 Panthéon Sorbonne. Titulaire d'un autre Doctorat en Sciences Sociales, obtenu en 2015 à l'Université Pablo de Olavide de Séville, Espagne. Titulaire d'un DEA en Science et société du point de vue du Genre, obtenu en 2009 à l'Université Pablo de Olavide de Séville, Espagne. Titulaire d'un DEA en Recherches d'Esthétique appliquée en sciences de l'art, obtenu en 2006 à l'Université Paris 1 Panthéon Sorbonne. Et titulaire d'une Maîtrise de recherches en sciences sociales avec la Spécialité en études sociopolitiques, obtenu en 2003 à l'Université de Guadalajara (Mexique). Elle appartient à la première génération (2007-2008) du Diplôme Universitaire en Santé Sexuelle et Droits Humains de l'Université Paris 7 Paris Diderot; elle a fait aussi des études dans le Diplôme inter-universitaire de Sexologie de l'Université Paris 13.

Les titres de ses oeuvres sont: *Salud Sexual y periodismo estético biocrítico* (IIBSSDH: 2015), *Obra multiorgásmica. Estética Biocrítica de la masturbación y las corporalidades abyectas en el arte testimonial contemporáneo* (IIBSSDH: 2014), *Nosotrxs* (Ediciones El Viaje: 2014), *Jardinería* (Ediciones El Viaje: 2014), *Palabras de bisturí* (Casillas & Figueroa: 2010) y *A mi hermana. De moribundas y esperanzadas* (Editorial Épica: 2009).

TABLE DE CONTENU

CHAPITRE 2
Potentialité esthétique des corporalités et sexualités

CHAPITRE 3
Méthode de déconstruction esthétique de l'*art* et l'*action*

CHAPITRE 4

**Déconstruction esthétique de l'Œuvre multiorgasmique
collective**

CHAPITRE 5

CHAPITRE 6

CHAPITRE 7

CHAPITRE 8

CHAPITRE 9

CHAPITRE 10

ESMERALDA MANCILLA VALDEZ

—

Esthétique Biocritique

COLLECTION DE THÉORIE
ET MÉTHODOLOGIE CONSTELACIONES

INSTITUTO DE
INVESTIGACIONES
BIOCRÍTICAS
www.biocritica.mx

INTRODUCTION GÉNÉRALE

*« L'art est l'antithèse sociale de la société,
non déductible immédiatement de celle-ci ».*[1]

*« La définition de ce qu'est l'art
est toujours donnée à l'avance par ce qu'il fut autrefois,
mais n'est légitimée que par ce qu'il est devenu,
ouvert à ce qu'il veut être et pourra peut-être devenir ».*[2]

L'hypothèse générale de la *théorie esthétique biocritique*[3] est qu'il existe un *art biocritique* composé des actions biocritiques qui sont l'« antithèse [corporelle et sexuellement subjective/ subjectivante] de la société ». Or tout art qui se prétend (bio) critique doit observer : 1) la capacité (et le besoin) esthétique d'établir des liens de contradiction esthétique avec : *a*) ce que l'art critique ; *b*) ce *avec quoi* l'art critique ; *c*) la position *à partir de laquelle* l'art critique ; *d*) ce qui critique la même chose que l'art (les autres (bio)criticismes) ; et *e*) ce qui sur le plan

---

[1] Adorno, (1970)/2004 : 18.

[2] Adorno, (1970)/2004: 11.

[3] La *théorie esthétique biocritique* est une théorie sur la résignification esthético-artistique et corporelle-subjectivante du biopouvoir hégemonique, co-poïétisée par l'art et les sujets socio-historiques rèels des sociétés modernes et de la modernité tardive. Ce théorie est au même temps une résignification esthétique de l'art critique dans la théorie esthétique de Théodore Adorno, car il partage l'esthétique nihiliste de celui et des autres principes ontologiques de l'*art critique* mais il les resignifis esthétiquement à l'aide de l'esthétique féministe et queer contemporaine (principalement de Judith Butler et Monique Wittig) mais surtout à l'aide dès témoignages des actions biocritiques des individus socio-historiques du réel contemporain.

structurel contribue à la (re)production de la sédentarisation épistémologique que l'art critique ; 2) la capacité (et le besoin) esthétique d'une reconnaissance historique de *a, b, c, d* et/ ou *e* ; et 3) la capacité (et le besoin) esthétique de générer un mouvement historique au sein de : a *a, b, c, d* et/ou *e*. L'hypothèse spécifique de cette travail est que l'art qui critique à l'aide de témoignages de *corporalités abjectes*[4] appartient à cette catégorie d'art biocritique, dans la mesure où il s'agit d'un art critique dont la critique est *corporalisée* (par exemple avec des corporalités abjectes) et établit vis-à-vis de la métaphysique phallocentrique occidentale des *sociétés de modernité tardive*[5] un lien de *négation* et de *contradiction esthétique* envers les paradigmes[6] du *biopouvoir phallogocentrique* hégémonique de la pensée occidentale (le

---

[4]   « Les corporalités/sexualités construites socialement comme « abjectes » (Kristeva, 1980) sont celles qui correspondent à ce que Wittig (1992/2006) a qualifié de corporalités du « non-Être » ou du « non-Être socialement invisibilisé », des corporalités opprimées et d'opprimés, radicales et de radicaux (Marx *in L'idéologie allemande*, cité par Wittig, 1992/2006), qui ne sont prises en considération par l'économie hétérosexuelle qu'en tant qu'« extérieurs constitutifs » ou « inférieurs » au sein de la hiérarchie hétérosexuelle phallogocentrique (Butler, 1993/2010). »

[5]   Les *sociétés de la modernité tardive* sont décrites par Giddens (1995) comme des sociétés qui ne sont pas encore postmodernes, mais présentent une modernité de transition ; elles sont caractérisées par le sociologue Bozon comme des sociétés dont « *les normes en matière de sexualité se sont mises à proliférer plutôt qu'à faire défaut, les individus sont désormais sommés d'établir eux-mêmes, malgré ce flottement des références pertinentes, la cohérence de leurs expériences intimes. Ils continuent néanmoins à être soumis à des jugements sociaux stricts, différents selon leur âge et selon qu'ils sont hommes ou femmes* » (Bozon, 2004 : 15).

[6]   « Dans le cadre de cette recherche, nous avons utilisé le terme de *paradigme* dans son acception sociologico-anthropologique (Gleen, 1985) et historico-épistémologique (Kuhn, 1962 et Feyerabend, 1987), pour désigner les formes de construction ou de production de connaissance caractérisant chaque *style cognitif* (science, religion, art, etc.) participant au processus de production et de reproduction sociale phallocentrique [...] ». (voir aussi le chapitre I du volume III).

paradigme anthropocentrique, le paramètre de la bestialité corporelle[7], le paradigme binaire-hétérosexuel et le paradigme scientifique rationaliste-abstractioniste du corps).

Cela dit, le fait d'observer la capacité de contradiction esthétique d'un art n'est que l'un des aspects permettant de déterminer sa capacité de criticisme esthético-politique. Pour définir un art en tant qu'art critique, il faut également observer et rendre observable la présence des deux autres capacités (et besoins) esthétiques au sein de son exercice critique, de ses œuvres. Or pour atteindre cet objectif il faut avoir recours à une déconstruction esthétique structurée telle que celle proposée dans le présente texte, dont l'hypothèse générale et principale est énoncée à partir de ce qui sera qualifié dans cette recherche d'*esthétique biocritique* ou d'*esthétique de l'art biocritique*, inspirée de la Théorie esthétique de Theodor Adorno[8], une théorie qui part

---

7   Les termes « bestial » ou « bestialité corporelle » renvoient à l'interprétation que fait Judith Butler du paramètre d'infériorité cognitive de la métaphysique phallocentrique, qui inclut tous ceux qui sont considérés comme *inférieurs* au sein de la hiérarchie hétérosexuelle ou qui sont exclus de cette hiérarchie. Ainsi cette conception binaire homme-femme de l'économie hétérosexuelle considère-t-elle comme *inférieurs* les corporalités qui assouvissent ce que le phallocentrisme qualifie d'« appétits » corporels ou sexuels : outre les animaux ou les bêtes (êtres dépourvus d'humanité), la « bestialité » concerne également les femmes (considérées comme inférieures au sein de la hiérarchie hétérosexuelle). Cette conception phallocentrique définit un paramètre d'« humanité » qui ne s'applique ni aux femmes ni aux bêtes. Butler définit le paramètre de la bestialité corporelle phallocentrique de la manière suivante : « *Dans la cosmogonie antérieure à celle qui introduit le concept de réceptacle, Platon suggère que si les appétits, ces indices de la matérialité de l'âme, ne parviennent pas à être maîtrisés, une âme – naturellement conçue ici comme l'âme d'un homme – court le risque de s'abaisser au rang de femme, puis de bête. En un certain sens, la femme et la bête sont les figures qui représentent la passion ingouvernable* » (Butler, (1993)/2010 : 79).

8   Il est important de souligner les déterminations multifactorielles qui caractérisent l'esthétique adornienne. En effet, quiconque entend utiliser cette théorie esthétique comme un outil conceptuel dans le cadre de sa recherche, se doit de réaliser les spécifications

du principe que tout art est potentiellement critique, même s'il ne parvient pas nécessairement à se *légitimer esthétiquement* en tant qu'art critique. Mais qu'est-ce que l'art biocritique?

Si l'on part de la perspective de l'esthétique de l'art critique telle qu'elle est conçue dans la théorie esthétique d'Adorno, l'art n'est pas l'œuvre en tant qu'objet manifeste, mais le *mouvement esthétique* que toute expression artistique produit par son existence même en rapport avec ce qu'elle critique, grâce à la dialectique négative entre actions critiques et actions d'autocritique qui constitue la loi de mouvement de sa poïésis. Dès lors, l'art critique acquiert un caractère historique, car sa tension esthétique existe

---

pertinentes sur les aspects de l'art qu'il prétend analyser, car la théorie adornienne est si vaste dans son approche qu'elle aborde aussi bien des aspects liés à la communication dans l'art que des aspects poïétiques, les dimensions *micro* et *macro* de ces processus, les questions de l'autonomie de l'œuvre, de l'expérience esthétique de l'artiste et du récepteur, ou encore les processus de production de l'industrie culturelle, etc. Tous ces éléments sont reliés et abordés par Adorno afin de compléter une théorie esthétique qui s'apparente à une ontologie de l'action esthétiquement critique et que l'on interprète ici en tant qu'action esthétiquement critique de l'art biocritique. On peut partir de certaines questions qu'il aborde concernant l'action critique, ou, à travers sa théorie, l'art en général ; et de même qu'il n'est pas toujours nécessaire, lorsqu'on étudie un art spécifique, d'aborder tous les éléments liés aux différentes facettes de l'art, de même le fait d'étudier l'art dans la perspective de la théorie adornienne n'implique pas nécessairement que l'on aborde, et encore moins que l'on approfondisse, toutes les facettes constitutives de l'art dans le cadre du criticisme adornien. Dans la présente recherche, cette perspective permet d'aborder l'ontologie esthétique adornienne sur l'art critique en tant qu'équivalent de ce que les sciences sociales qualifient de « théorie de la connaissance ». Car ces deux approches permettent d'analyser la tension épistémologique entre les paradigmes épistémologiques phallocentriques hégémoniques de la culture cognitive sur la sexualité en Occident et le paradigme critique esthétique de l'art qui critique ce phallocentrisme avec des témoignages de corporlaités abjectes, poïétisés par des individus réels, créant ainsi une tension esthétique entre une certaine construction sociale et l'action esthétiquement critique du sujet social.

en rapport avec le moment historique déterminé qu'il critique. Par exemple : l'Œuvre multiorgasmique collective est une critique des paradigmes épistémologiques hégémoniques de la culture cognitive de la sexualité en Occident (le phallocentrisme) et une critique de la décorporalisation du sujet moderne, par conséquent la vitalité de la tension esthétique de ses critiques varie à mesure que se transforment les éléments socio-historiques qu'elle critique. Cette perspective de l'art n'est pas universaliste, elle est même anti-universaliste, car elle considère le nihilisme historique de son esthétique non pas comme un désavantage mais bien comme un besoin ontologique fondamental pour toute critique esthétique, qu'elle soit poïétisée par l'art biocritique ou par tout autre (bio) criticisme esthétique.

La position esthétique nihiliste du criticisme adornien concernant l'historicité de l'art critique peut être résumée par cette formule :

> « La définition de ce qu'est l'art est toujours donnée à l'avance par ce qu'il fut autrefois, mais n'est légitimée que par ce qu'il est devenu, ouvert à ce qu'il veut être et pourra peut-être devenir »[9].

Dans cette perspective historiciste de l'art, la *loi de mouvement esthétique* du criticisme de l'art biocritique est définie comme une série d'enchaînements esthétiques (liens de contradiction, de négation et de tension esthétique) épistémologiques entre le paradigme poïétique nihiliste de l'art biocritique et la sédentarisation épistémologique des autres paradigmes épistémologiques qu'il critique, revitalisant ainsi la transformation sociale de la sédentarisation épistémologique, des enchaînements en forme de spirale à travers la dialectique négative entre actions esthétiquement critiques et actions d'autocritique esthétique (*hors* et *au sein* de l'art). C'est pourquoi toute réflexion herméneutique sur l'art biocritique se doit de

---

[9]   Adorno, (1970)/2004: 11.

prendre en compte les aspects socio-historiques qui définissent l'art comme une « constellation de moments », les concepts esthétiques comme des moments, et l'œuvre d'art comme une partie et un dérivé de l'un de ces moments, sans parallélisme nécessaire avec l'histoire universelle, car un moment historique au sein de l'art peut abriter de nombreux moments esthétiques : c'est ce qui arrive bien souvent comme une partie de la dynamique du devenir historique et social de l'art.

Poïétiquement, les moments critiques en tant qu'œuvres d'art critiques peuvent être définis dans l'*idéal-type* de l'esthétique critique comme des moments esthétique dont la loi de mouvement est une dialectique négative, une tension entre le passé et le présent, et entre le présent (et le non-existant) des sédentarisations épistémologiques-esthétiques au sein de la société et/ou de l'art, et les actions critiques envers cette société ou cet art ; une tension entre ce qui meut l'art et ce qu'il nie et critique esthétiquement. Voilà ce qu'est l'ontologie du mouvement esthétique de l'art biocritique : une contradiction esthétique de l'art qui produit une tension esthétique au sein des relations de l'art et qui l'émancipe constamment dans son devenir à travers des enchaînements en forme de spirale, effaçant les frontières entre l'art et le réel. Car dans le cas de « l'art biocritique ou art de témoignage biocritique », la potentialité esthétique des actions biocritiques poétisées par les sujetx sociaux du réel ou en dehors d'un processus artistique devient par là même une potentialité esthétique de l'art qui inclut ces actions dans ses œuvres.

Dans cette perspective, l'art biocritique basé sur les témoignages de corporalités abjectes représente en termes adorniens un moment de la *constellation de moments esthétiques* au sein de l'histoire de l'art contemporain. Et c'est en rapport à ces moments historiques de l'art que l'on on considère, dans une perspective critique adornienne, que l'on ne peut interpréter l'art qu'à travers les fragments qui composent un moment de l'art. Or l'Œuvre multiorgasmique collective est un fragment de ce moment de l'art contemporain représenté par l'art biocritique basé sur les témoignages de corporalités abjectes.

Le concept général de l'art en tant que *mouvement esthétique* ne peut toutefois être dissocié de l'analyse de ce mouvement esthétique, car selon l'esthétique adornienne « L'art ne peut être interprété que par la loi de son mouvement, non par des invariants »[10]. Une loi de mouvement étroitement liée au nihilisme esthétique dans l'art biocritique : en effet, le nihilisme qu'Adorno expose comme un besoin esthétique de l'art critique fait partie de la loi de mouvement qu'exerce l'art biocritique, ce qui signifie que toute critique possède une vitalité esthétique qui tend à se sédentariser, et c'est précisément de cette sédentarisation ou chosification esthétique de la critique de l'art que l'art cherche à s'émanciper afin d'éviter de se transformer en *instrument*. Dans une certaine mesure, l'intention nihiliste de la dialectique négative interne à l'art biocritique (mais aussi interne à tout art critique ou criticisme esthétique) le pousse à critiquer jusqu'à ses propres critiques, aussi bien dans leur forme que dans leur contenu. Car en raison de cette contradiction esthétique interne, ses propres œuvres établissent entre elles des liens de contradiction, de négation et de tension esthétique. C'est ce principe nihiliste de la contradiction esthétique au sein de l'art critique qui fait dire à Adorno qu'« une œuvre d'art est l'ennemie mortelle d'une autre »[11] ; dans la mesure où l'action critique esthétique se retourne contre elle-même après avoir porté sur ce qu'elle critique, cette autocritique lui permettant de s'émanciper de la sédentarisation épistémologique-esthétique de ses propres poïésis. L'émancipation esthétique au sein de l'art biocritique a été justement qualifiée par Ana Mendieta d'« exorcisme de l'art »[12].

De son coté, l'art biocritique basé sur les témoignages de corporalités abjectes établit un lien de contradiction esthétique non seulement vis-à-vis du phallocentrisme patriarcal en tant que paradigme épistémologique dominant dans la construction

---

[10]   Adorno, (1970)/2004: 11.
[11]   Adorno, (1970)/2004: 55.
[12]   Déclaration d'Ana Mendieta, 1988.

sociale du sujet social des sociétés contemporaines, mais aussi vis-à-vis de l'expression corporelle du sujet social identifié poïétiquement en tant que reproducteur de ce phallocentrisme. Car l'émancipation esthétique de tout art biocritique fait avec témoignages des corporalités et sexualités (potentialement) biocritiques implique une émancipation esthétique du sujet poïétisateur de ces témoignages en tant que représentant d'un sujet social à la corporalité hétéronome, mais il s'agit également d'une émancipation vis-à-vis de lui-même.

La théorie esthétique d'Adorno a ainsi permis de structurer la tension esthétique du biocriticisme basé sur les témoignages de corporalités abjectes, en tant que *tension épistémologique* entre le sens esthétique des corporalités abjectes au sein de l'art et la reproduction de la décorporalisation du sujet social construite socialement par le biopouvoir phallocentrique présent dans les discours des institucions sociales et autorités politiques, culturelles, économiques et sociales hégémoniques des sociétés contemporaines (l'Économie, les medias, le periodisme, l'Église, les religions, l'Etat, la Loi, les autorités (intenationales, nationales, etc.) des droits humains, la culture, l'éducation, l'école, les sciences, la science médical, l'art acritique, etc.). En termes épistémologiques, la décorporalisation du sujet est alors considérée par les biocriticismes contemporains (par exemple les post-estructuralistes chez les sciences) comme la « construction sociale » fruit d'un processus de production de connaissance au sein duquel interviennent différents facteurs sociaux qui le construisent, mais qu'ils (les biocriticismes) ont besoins d'apprendre à déconstruire (aussi) épistémologiquement afin de parvenir à une affirmation esthético-politique de leur actions biocritiques.

On peut en déduire le présupposé méthodologique suivant : si l'esthétique de l'art biocritique basé sur les témoignages de corporalités abjectes réside dans la critique du processus de production et de reproduction sociale du sujet décorporalisé, il est par conséquent nécessaire de déconstruire aussi épistémologiquement les potentialités esthétiques des corporalités abjectes en tant que potentialité esthétique de l'art biocritique lui-même, dont l'œuvre est un processus poïétique et non un objet. Les corporalités abjectes dans l'art peuvent dès lors être considérées comme des actions esthétiquement biocritiques ou des actions d'autocritique, et non comme de simples instruments de contradiction. Une déconstruction épistémologique de l'art biocritique permet de observer et rendre observable « la capacité (et le besoin) esthétique de l'art pour établir des liens de contradiction esthétique avec : *a*) ce que l'art critique ; *b*) ce *avec quoi* l'art critique ; *c*) la position *à partir de laquelle* l'art critique ; mais tout particulièrement avec *d*) ce qui critique la même chose que l'art (les autres (bio)criticismes) ; et *e*) ce qui sur le plan structurel contribue à la (re)production de la sédentarisation épistémologique que l'art critique.

Or si en ce moment d'autocritique de l'art moderne – auquel participe la théorie esthétique d'Adorno – l'art a été considéré comme « l'antithèse sociale de la société, non déductible immédiatement de celle-ci »[13], la question qui se pose dans le cadre de cette recherche est la suivante : l'art biocritique basé sur les témoignages de corporalités abjectes au sein des sociétés contemporaines (ou de la modernité tardive) établit-il un lien de contradiction esthétique vis-à-vis de la définition de l'art critique dans la perspective adornienne (« *La définition de ce qu'est l'art est toujours donnée à l'avance par ce qu'il fut autrefois, mais n'est légitimée que par ce qu'il est devenu, ouvert à ce qu'il veut être et pourra peut-être devenir* ».[14]) ? On est en droit de le penser, car l'art biocritique déconstruit dans le cadre de cette recherche, bien qu'il puisse être considéré comme une « antithèse de la société », pour reprendre les termes d'Adorno, n'en est pas moins, en opposition à la définition adornienne, une antithèse immédiatement déductible de l'historicité de la production sociale des corporalités que cet art met en avant au sein de ses poïésis.

---

[13] Adorno, (1970)/2004: 18.
[14] Adorno, (1970)/2004: 11.

En effet, même si l'art biocritique est une « antithèse corporelle et séxuelle de la société », la potentialité esthétique de cet art peut être immédiatement déduite de cette société, dans la mesure où elle est étroitement liée à l'historicité de cette vision abjecte des corporalités en jeu et des identités sexuelles sur lesquelles elles reposent. Dès lors, la différence entre l'esthétique critique dans la théorie esthétique d'Adorno et l'esthétique biocritique réside dans le fait que cette dernière définit non pas une action esthétiquement critique poïétisée par l'art/ l'artiste, et à partir de l'art, sur la réalité critique, mais plutôt une action esthétiquement critique poïétisée corporellement, sexuellemente, biographiquement et subjectivemente par les vécus et la réalité des individus réels (inclut l'artiste) en tant que sujets sociaux et historiques, au sein même de la réalité critiquée, une définition qui implique par sa radicalité une remise en cause de l'espace artistique et des limites normalement attribuée au domaine d'action de l'art.

En termes epistemologiques, l'interprétation de l'art biocritique en tant qu'« antithèse [corporelle et sexuelle subjective/ subjectivante] de la société » met en évidence « le double caractère de l'art comme autonomie et *fait social* »[15], tout en soulignant le fait que la définition et l'interprétation de la potentialité critique d'un art biocritique repose épistémologiquement sur une tension esthétique vis-à-vis des autres criticismes produits par les sciences, quelqu'uns de *paradigmes* structuralistes, mais aussi, dans une certaine mesure, vis-à-vis des paradigmes poststructuralistes. C'est notamment le cas du paradigme constructionniste utilisé par les sciences sociales du postsructuralisme contemporain, selon lequel la réalité socio-historique est le résultat de la production et de la reproduction sociale de la réalité ; paradigme proche mais critique du materialisme historique marxiste pour lequel (comme l'affirme Karl Marx dans sa théorie sociale et économique, notamment lorsqu'il écrit) : « *Ce n'est pas la conscience des hommes qui détermine leur existence, c'est au*

---

[15]   Adorno, (1970)/2004: 15.

contraire leur existence sociale qui détermine leur conscience ». Pour sa part, l'art biocritique basé sur des témoignages de corporalités abjectes contemporaines considère que c'est l'existence corporelle et sexuelle subjective/subjectivante des individus -en tant que *sujets de désir*- qui détermine leur existence en tant que *sujets historiques*, en opposition à leur existence sociale de réproducterus culturels du phallocentrisme qui détermine leur fausse conscience hétérosexuelle et binaire légitimée par le paramètre de la bestialité corporelle du phallocentrisme. Cependant, on observe un certain nombre de coïncidences entre la critique marxiste et la critique poïétisée sous la forme d'une œuvre d'art par un art biocritique vis-à-vis de la réalité socio-historique ; des coïncidences aussi bien entre le criticisme marxiste et le biocriticisme , qu'entre le premier et d'autres criticismes : parmi ces points communs, on peut mentionner le fait que les criticismes inspirés du matérialisme historique a) reconnaissent la production sociale de la réalité ; b) considèrent qu'il s'agit d'un fait matériellement et historiquement observable ; et c) s'opposent à la production sociale de la *détermination*, à la construction sociale d'une *conscience hétéronome* (que chaque critique définit à l'aide de différents concepts) chez les sujets sociaux. Par exemple, dans l'œuvre multiorgasmique collective, l'affirmation subjective des individus réels en tant que *sujets de désir* et *sujets historiques* est poïétisée hyperboliquement à travers la poïésis des témoignages de l'autoérotisme et de l'orgasme en tant qu'expériences corporelles et sexuelles d'affirmation subjective/subjectivante des identités sexuelles et corporelles propres, non pas achevées, mais dénonciatrices de leur aspect inachevé.

Par la suite, après avoir observé épistémologiquement que l'orgasme et l'autoérotisme constituaient le nœud essentiel entre la critique de l'Œuvre multiorgasmique collective et ce qu'elle critique, l'objectif principal de cet texte a été d'observer et de rendre observable en termes épistémologiques la potentialité esthétique de la contradiction esthétique entre le sens esthétique que cet art de témoignage donnait à ces corporalités sexuelles abjectes et le sens aesthétique qui leur était donné au sein de la société phallocentrique, en partant du principe que cette contradiction entre les deux sens antagoniques donnés à ces corporalités pouvait être considérée comme une potentialité esthétique de l'art observé.

En effet, les potentialités esthétiques des corporalités abjectes utilisées comme matériel artistique au sein des œuvres multiorgasmiques et des autres travaux artistiques de la meme artiste[16], peuvent être interprétées sous l'angle de la pensée critique poststructuraliste, féministe et *queer*, comme un « fait social » incluant toutes les corporalités liées à une appropriation physique et psychologique des individus à partir d'expériences sexuelles d'affirmation subjective/subjectivante corporalisées, un « fait social » suscitant une certaine réprobation au sein des sociétés où ces expériences d'affirmation subjective ont été poïétisées. Or cette réprobation sociale face à l'affirmation subjective corporalisée et sexuelle représentée par les corporalités abjectes critiques révèle la présence – plus ou moins hégémonique – d'un type de pensée et de biopouvoir phallocentrique patriarcal dans le contexte des œuvres d'art biocritique fait avec témoirgnages de corproralités

---

[16] Toutefois, la proposition esthétique générale de l'art biocritique de l'artiste lié à l'Œuvre mutliorgasmique implique des témoignages sexuels, corporaux et biocraphiques subjectifs/subjectivants d'appropriation corporelle évoquant non pas que le plaisir mais au contraire la souffrance émotionnelle et corporelle liée à l'appropriation corporelle et sexuelle particulièrement de la femme ; c'est notamment le cas de l'œuvre intitulée *A mi hermana. De moribundas y esperanzadas* (*À ma sœur. Moribondes et pleines d'espoir*), dans laquelle l'artiste utilise un témoignage oral et physique d'appropriation corporelle d'une femme moribonde, énoncé par cette dernière face à son mari. Ou le cas du projet intitulé « Marriage égalitaire » (2012) basé sur le témoignage de deux femmes qui voyagent à l'étranger afin de célébrer un mariage civil dans un pays où cela leur est légalement possible on donnant témoignage des difficultés sociaux inclûtes. Ou même le cas du projet intitulé *Mi cuerpo es mi cuerpo. Por el derecho a decidir sobre el propio cuerpo* (*Mon corps est mon corps. Pour le droit à décider sur le propre corps*) (2012-en cours) dans lequel l'artiste utilise le témoignage oral et physique d'appropriation corporelle des femmes qui decide sur le propre corps dans un cas de reproduction arrêtée.

abjectes : il s'agit de la pensée hétérosexuelle et binaire légitimée par le paramètre de la bestialité corporelle du phallocentrisme métaphysique occidental.

Ainsi le présent texte a-t-elle mis en évidence que ce qui caractérise les œuvres de cet art biocritique, c'est l'utilisation artistique de corporalités construites socialement comme des corporalités « abjectes », qui fonctionnent au sein de l'ordre social comme des catégories normatives de différenciation corporelle des individus dans la production et reproduction sociale d'une fausse conscience hétérosexuelle binaire et bestiale de la corporalité humaine.

Or afin de définir et d'interpréter avec une certaine légitimité esthétique la potentialité critique de cet art biocritique en tant que action critique envers les paradigmes épistémologiques du biopouvoir phallocentrique patriarcal, la démarche méthodologique à suivre s'imposait d'elle-même : il s'agissait d'observer et de rendre observable les capacités (besoins) esthétiques de reconnaissance matérialiste historique et de génération d'un mouvement esthétique reposant sur la contradiction matérielle et historique entre la vision abjecte de ces corporalités déterminée par le biopouvoir phallocentrique patriarcal des sociétés de la modernité tardive, et la vision esthétique de ces corporalités abjectes proposée par cet art de témoignage, notamment au sein de l'Œuvre multiorgasmique collective. Pour ce faire, il s'est avéré fort utile d'avoir recours à certaines théories de paradigmes interprétatifs de la réalité sociale tels que ceux découlant de la pensée poststructuraliste, du féministe et de la théorie *queer*, qui avaient observé et rendu observable de manière structurée la réalité matérielle et historique du biopouvoir phallocentrique patriarcal en tant que fait social.[17] C'est ainsi que nous avons

---

[17] Parmi ces outils on trouve les concepts scientifiques permettant d'observer et de rendre observable la construction sociale symbolique d'une corporalité « abjecte » ; des concepts issus principalement du poststructuralisme, du féminisme et de la théorie *queer*, tels que : « biopouvoir » (Foucault, 1976/1984) « économie sexuelle », « pulsions culturelles », « pulsions bioénergétiques » (Reich 1932/2007),

pu confirmer l'hypothèse socio-historique selon laquelle l'Œuvre multiorgasmique collective est une œuvre représentative d'un art biocritique. En effet, la déconstruction non structurée et semi-structurée des récits création de l'Œuvre multiorgasmique collective, a mis en évidence les potentialités esthétiques des témoignages d'orgasmes et d'autoérotisme en tant qu'actions biocritiques d'individus réels d'abord devenus *sujets de désir*, puis *sujets historiques*, revitalisant ainsi une *transformation sociale* (interprétée en tant que tension et mouvement esthético-politique) permettant de lutter contre la sédentarisation épistémologique des paradigmes phallocentriques de la culture cognitive encore hégémonique au sein des sociétés au sein desquelles s'inscrivent les poïésis de cet art basé sur des témoignages de corporalités biocritiques.

« chosification », « aliénation », « hétéronomie » (Marx, 1849), « raison vitale » (Feyerabend, 1987) « corporalité abstraite », « sujet corporel avec des besoins » (Hinkelammert, 2005), « séquestration de l'expérience » (Giddens, 1995), « phallogocentrisme » (Derrida), « pensée hétérosexuelle » (Wittig, 1992), « corporalité abjecte » (Kristeva, 1980), « paradigme binaire », « appropriation corporelle », (Irigaray, 1978) « mécanismes psychiques du pouvoir » (Butler, 1997) et « dénaturalisation » du sexe et du genre (Butler, 2004), etc. À la lumière de ces contributions théoriques, il est clairement apparu que l'art biocritique des corpralités et sexualités abjectes subjectivantes ést un moment esthétique de l'art biocritique contemporaine envers le biopouvoir phallocentrique patriarcal utilisant des témoignages des corporalités abjectes afin de critiquer précisément la métaphysique phallocentrique qui légitime le sens abjecte de ces corporalités en les résignifiant en tant que matériel esthétique d'un critique corporalisée ; et que l'on pourrait aussi bien le qualifier d'« art biocritique » envers la séquestration de l'expérience corporelle, envers la corporalité abstraite, envers la pensée hétérosexuelle, envers la corporalité « abjecte », envers le patriarcat, envers le phallocentrisme, envers la pensée binaire et « naturalisateur » de genres, etc. Et dans tous les cas il s'agirait d'un art esthétiquement critique.

La présente œuvre théorique, en plus de rendre matériellement et historiquement observable les potentialités esthétiques de l'art biocritique basé sur des témoignages de corporalités abjectes, peut être considérée comme un outil théorico-méthodologique fonctionnel pour la critique et l'autocritique structurée de tout art utilisant le corps, les corporalités et/ou les identités sexuelles socialement abjectes comme matériel artistique. Elle peut également servir d'outil à l'*autocritique structurée* (c'est-à-dire le type d'autocritique de l'art généralement développé dans les thèses de doctorat en Sciences de l'Art) pour tout artiste critique de son art souhaitant définir et interpréter avec une certaine légitimité esthétique les potentialités esthétiques de ses œuvres et de son travail artistique corporalisé, c'est-à-dire poïétisé avec des corporalités, des corps ou des identités sexuelles « abjectes ».

De plus, et il s'agit là d'un aspect tout aussi important, dans la perspective d'une sociologie esthétique[18] cette recherche peut servir d'outil d'interprétation structurée de la potentialité esthétique des expériences corporelles et sexuelles d'affirmation subjective corporalisées par sujets sociaux dehors l'art, en tant que actions biocritiques esthético-politiques ayant une potentialité de transformation sociale (capacité de mouvement esthétique du réel même).

Dans cette perspective *sociologico-esthétique* portant sur la production sociale esthétisée, les corporalités abjectes ou les actions corporalisées par les individus sociaux envers le

---

[18] En entendant par sociologie esthétique : l'exercice d'interprétation sociologique qui consiste à observer et à rendre observable la potentialité critique (et parfois esthétique) des corporalités et des sexualités qui – qu'elles soient ou non induite par l'art – représentent de manière spontanée au sein de la réalité socio-historique une production sociale de négation, de contradiction et de tension esthétiques vis-à-vis de la production sociale du moi social de corporalité et de sexualité hétéronome par rapport au biopouvoir hégémonique et le phallocentrisme.

biopouvoir patriarcal et phallocentrique, pourront être par la suite reconnues comme des formes d'action et de corporalisation potentiellement biocritiques déjà présentes au sein de la société et vécues par des sujets réels en tant que poïésis corporelles de leur propre moi, de leur identités sexuelles propres, fruits de la force esthético-performative des expériences corporelles d'affirmation subjective ; des expériences corporelles et/ou sexuelles potentialement biocritiques car exigent de ces sujets sociaux, leurs poïétisateurs, le courage de nier corporellement la fausse conscience corporelle déterminée socialement par le biopouvoir hégémonique en tant que culture cognitive des individus ; des expériences corporelles et/ou sexuelles qui relèvent d'une *« action matérielle ou immatérielle menée avec effort et vigueur qui semble surpasser les forces naturelles* [et sociales] »[19] de leurs poïétisateurs, et qui en tant que telles recèlent une potentialité esthético-biocritique, et peuvent servir de matériel esthétique et artistique à un art biocritique envers la normativité symbolique du phallocentrisme. Or toutes les œuvres de cet art pourraient être reconnues comme une forme de sociologie esthétique, dans la mesure où elles relèvent d'un art qui cristallise les potentialités esthétiques des expériences corporelles potentiellement critiques présentes au sein de la réalité socio-historique.

Dans le même ordre d'esprit, cette recherche pourrait servir d'outil de déconstruction esthétique afin d'identifier toute sédentarisation épistémologique d'un criticisme sociologique qui aspirerait à définir l'expérience corporelle-sexuelle de sujets réels en niant ou en invisivilisant la *force performative esthético-biocritique* des expériences corporelles et sexuelles d'affirmation subjective/subjectivante, en niant la force performative de l'historicité abjecte du corps.

Le présent livre est un exercice d'autocritique structurée portant sur l'Œuvre multiorgasmique collective, un moment esthétique de l'art biocritique qui se veut l'« ennemi mortel » de

---

[19] Dictionnaire de l'Académie royale espagnole, consulté sur Internet le 2 février 2010.

cette œuvre. Il s'agit d'une réflexion structurée sur la potentialité esthétique des corporalités/sexualités construites socialement comme « abjectes » (Kristeva, 1980) : celles qui correspondent à ce que Wittig (1992/2006) a qualifié de corporalités du « non-Être » ou du « non-Être socialement invisibilisé », des corporalités opprimées et d'opprimés, radicales et de radicaux (Marx *in* *L'idéologie allemande*, cité par Wittig, 1992/2006), qui ne sont prises en considération par l'économie hétérosexuelle qu'en tant qu'« extérieurs constitutifs » ou « inférieurs » au sein de la hiérarchie hétérosexuelle phallogocentrique (Butler, 1993/2010), et dont on peut observer la potentialité esthétique au sein des sociétés occidentales de la modernité tardive et dans la vie quotidienne des individus réels, mais aussi au sein des poïésis de l'art biocritique contemporain qui utilise des témoignages biographiques, physiques et oraux de ces corporalités « abjectes » comme matériel artistique, dont les volontaires devenant ainsi les co-poïétisateurs de cet art.

CHAPITRE 1
Qu'est-ce que l'esthétique biocritique?

L'art fait avec témoignages de corporalités/ sexualités abjectes est-il un art biocritique?

Le présent chapitre propose un cadre conceptuel permettant de poser les bases théoriques de la *méthode de déconstruction esthétique de l'art biocritique* et de l'autocritique structurée de tout exercice esthétiquement critique corporalisé (ou qui implique le corps et ses corporalités et sexualités), afin d'observer et de rendre observable de manière structurée les qualités esthétiques qui caractérisent l'exercice de l'art biocritique – ou de l'art qui s'exerce en tant que biocriticisme esthétique – dénonçant une sédentarisation épistémologique et/ou esthétique du biopouvoir hégémonique dans l'art ou dans un contexte socio-historique donné ; c'est notamment le cas de tout art utilisant dans ses poïésis des témoignages physiques/corporels et/ou biographiques et documentaires, poïétisés et offerts par des individus réels dans le cadre d'une œuvre d'art ou puisés par l'art dans la vie concrète et quotidienne des individus réels, rendant ainsi visible avec cette resignification esthétique l'historicité de la construction socio-historique de la vision abjecte de leurs corps. Enfin, la confrontation entres les aspects généraux de l'esthétique de l'art critique (Adorno 1970/2004) et l'idéal-type de l'exercice critique, évoquée par les biocriticismes féministes et de la théorie *queer* de Wittig (1992) et Butler (1993), permet d'asseoir les bases théorico-méthodologiques de ce qui sera présenté dans les chapitres suivants comme la *méthode de déconstruction esthétique de l'art biocritique*, une méthode qui sert à observer et à déconstruire l'esthétique de tout art et/ou criticisme utilisant dans ses poïésis des témoignages du corps et de corporalités « abjectes », en tant que co-poïétisatrices du processus poïétique d'une action biocritique soit d'une œuvre d'art ou d'une action biocritique non artistique.

Qu'est-ce que l'art biocritique ?

Pour la théorie esthétique adornienne, l'art esthétiquement critique ou « *art critique* »[20] est un art qui s'exprime et produise en tant que mouvement esthétique de dialectique négative. On a déconstruit cet *esthétique critique* en tant que le mouvement d'une dialectique nihiliste entre actions critiques et actions d'autocritique de l'art et on a décidé d'utiliser ce terme d'*art critique* dans ce texte afin de qualifier l'art qui exprime nécessairement trois capacités (et besoins) esthétiques : 1°) capacité/besoin esthétique de l'art d'établir des liens de contradiction, de tension et de négation esthétiques entre l'art et : *a) ce qu'il* critique ; *b) ce avec quoi* il critique ; *c) la position à partir de laquelle* il critique (on parle ici d'une dialectique négative entre actions critiques et autocritiques qui reflète l'attitude nihiliste de l'art critique) ; et *d) ce qui critique la même chose* que lui ; 2°) capacité/besoin esthétique de l'art à reconnaître du point de vue du matérialisme historique l'historicité de *ce qu'il* critique, ce *avec quoi* il critique, *la position à partir de laquelle* il critique et de *ce qui critique la même chose* que lui ; et 3°) capacité/besoin esthétique de l'art à générer un *mouvement esthétique* entre les capacités évoquées précédemment et tout autre élément. Dans la perspective esthétique de l'art critique, on peut identifier trois types d'actions au sein de l'art et de tout autre exercice critique d'un criticisme se voulant esthétique : des actions acritiques, des actions critiques potentiellement esthétiques et des actions esthétiquement critiques.

---

[20] Il convient de préciser que bien que dans sa Théorie esthétique, Adorno n'utilise pas le terme d'« art critique » comme tel pour désigner l'exercice de l'art que critique en tant qu'*art critique*, on as décidé d'utiliser ce terme dans ce texte et dans d'autres afin de qualifier l'art qui se distingue à la fois d'un exercice acritique, et d'un exercice critique potentiellement esthétique. L'utilisation de ce concept permet en outre d'entamer une discussion avec d'autres argumentations esthétiques qui considèrent comme des œuvres d'art les actions acritiques et les actions critiques potentiellement esthétiques de l'art.

Dans cette perspective théorico-esthétique, l'art biocritique est une *action (biographique, corporel et/ou sexuelle) esthétiquement critique* dans la mesure où il génère un « Moi propre » (un Moi subjectivé et subjectivant) dans le sujet poietisateur de l'action biocritique et un *mouvement esthétique* au sein du contexte socio-historique de *ce qu'il* critique, de *ce avec quoi* il critique, de *la position à partir de laquelle* il critique, et de *ce qui critique la même chose* que lui (les autres criticismes ou biocriticismes).

En effet, c'est un besoin esthétique de l'art biocritique que d'établir des liens esthétiques avec les biocriticismes queer et féministes, et d'établir des liens de contradiction, de négation et de tension esthétiques vis-à-vis de ce que critiquent ces différents criticismes (l'art et les autres biocriticismes), mais aussi – et surtout – d'établir ce type de liens esthétiques entre eux. Or avec quoi *l'art biocritique* établit-il des liens ? Parmi les liens que l'art établit à travers son exercice critique, on peut mentionner, entre autres, les suivants : a) le lien de l'art biocritique avec l'historicité de ce qu'il critique et qui est également critiqué par d'autres biocriticismes; b) le lien de l'art biocritique avec l'historicité du matériel qu'il utilise dans ses poïésis biocritiques ; c) le lien de l'art biocritique avec les formes poïétiques d'un autre art biocritique ; d) le lien de l'art avec d'autres biocriticismes non artistiques (y compris féministes et queer) qui critiquent la même chose que lui ; et f) le lien de l'art avec les autres biocriticismes ou styles cognitifs acritiques et/ou reproducteurs de la sédentarisation épistémologique de ce qu'il critique (la science, la religion, la loi, la littérature, l'art même, la musique, le sport, etc.) ;

Types d'actions (et de liens) au sein de tout art (bio)critique

Il existe trois types de liens entre l'art critique et tout autre criticisme du sujet ou style cognitif, que l'on peut classer selon les mêmes catégories que les types d'actions au sein de l'art biocritique : A) les liens/actions *acritiques de l'art* ; B) les liens/actions *potentiellement esthétiques de l'art* et C) les liens/actions *esthétiquement critiques de l'art* ; ce dernier type d'actions et de liens étant le seul à générer un véritable *mouvement esthétique* au sein du contexte socio-historique de *ce qu'il* critique.

Actions acritiques

On reconnaît comme *actions acritiques* les actions de l'art (et de tout autre criticisme poietisé par le sujet social ou style cognitif quelqu'un d'autre) n'exerçant ni critique ni autocritique et n'exprimant aucune des capacités esthétiques de l'art critique, raison pour laquelle elles s'avèrent incapables de créer un quelconque *mouvement esthétique* au sein de leur contexte socio-historique et/ou du style cognitif avec lequel ces actions acritiques sont poïétisées. Il en est ainsi parce qu'elles ne remplissent pas les conditions nécessaires à la création d'un mouvement esthétique. Prenons l'exemple d'un style cognitif concret, la sociologie : un sociologue souhaite faire une interprétation critique de la réalité en utilisant le langage structuré de cette science, un langage que des experts – sociologues ou non – ont construit tout au long de l'histoire de l'interprétation sociologique de la réalité socio-historique et ce avant même que la sociologie n'apparaisse en tant que science. Un exemple d'action acritique d'un utilisateur de ces outils sociologiques serait de se baser sur l'une des nombreuses théories de cette science afin d'interpréter un fait social donné (représentatif d'une sédentarisation épistémologique et/ou culturelle) sans prendre en compte la contribution de cette même science à la reproduction de la sédentarisation épistémologique du fait social interprété. Ou pis encore, d'interpréter sociologiquement le fait social sans même s'apercevoir qu'il présente des signes de sédentarisation épistémologique. Il s'agit d'actions acritiques dans la mesure où elles ne reconnaissent aucune sédentarisation épistémologique du contexte socio-historique, et n'établissent par conséquent aucun lien de contradiction ou de tension esthétique vis-à-vis de ce contexte afin d'observer et de rendre observable de manière structurée (et avec le langage de la science même) telle sédentarisation épistémologique, culturelle ou socio-historique étudiée.

Actions (bio)critiques potentiellement esthétiques

Les actions reconnues esthétiquement comme des actions *critiques potentiellement esthétiques* sont celles (poïétisées par l'art biocritique ou par tout autre (bio)criticisme poietisé par le sujet social ou style cognitif) qui expriment au moins une des deux premières capacités de l'art critique [*a*) capacité/besoin esthétique de l'art d'établir des liens de contradiction, de tension et de négation esthétiques vis-à-vis de *ce qu'il* critique, de ce *avec quoi* il critique, de *la position à partir de laquelle* il critique, et de *ce qui critique la même chose* que lui ; et *b*) capacité/besoin esthétique de l'art de reconnaître du point de vue du matérialisme historique l'historicité de : *ce que* critique l'art, de ce *avec quoi* l'art critique, de *la position à partir de laquelle* l'art critique et de *ce qui critique la même chose* que lui]. Il s'agit néanmoins d'actions (parfois poïétisées avec inconscience de sa potentialité critique et parfois poïétisées sans l'intention d'être critique) qui ne vont pas au bout de leur exercice critique, dans la mesure où elles ne font pas leur autocritique, ce qui les empêche de créer un véritable *mouvement esthétique* ; cela signifie qu'elles sont capables de générer une tension vis-à-vis de ce qu'elles critiquent, mais pas vis-à-vis de *ce avec quoi* elles critiquent, ou vice-versa. Cela est dû au fait que les deux premières capacités s'orientent dans ces deux directions : la critique et l'autocritique, qui ne sont pas toujours présentes au sein de l'exercice critique d'un style cognitif ou d'un domaine de connaissance donné qui se veut pourtant esthétique. Il arrive par exemple que l'action d'un sujet ou d'un groupe social manifeste dans un contexte socio-historique donné une certaine subversion vis-à-vis des pouvoirs hégémoniques, sans pour autant faire preuve d'une capacité de reconnaissance de l'*historicité* qui sous-tend la contradiction/négation esthétique générée par son action socialement antagonique et pourtant critique et potentialement etshétique.

Exemple d'une action critique potentiellement esthétique

Les actions critiques potentiellement esthétiques peuvent être poétisées artistiquement en tant qu'œuvres d'art mais aussi philosophiquement, métathéoriquement ou dans la praxis de la vie quotidienne par n'importe quelle personne « étrangère » à l'art. Car faire de la critique n'est pas l'affaire exclusive de l'art critique, tout en reconnaissant bien entendu que la poïétique, en tant que *création de la critique*, peut être aussi bien pratique que théorique, artistique, métathéorique, philosophique, ou même tout simplement le fruit du bon sens. Toute action ou parole peut être une critique sans même prétendre l'être. Pour citer un exemple : en décembre 2010, je me promenais dans les rues du centre historique de la ville de Guadalajara, au Mexique (qui font un peu penser aux rues commerciales du quartier de la Republique plutôt comme celle de Faubourg proche du canal Saint Martin à Paris), des rues pleines de magasins dont les vitrines regorgent d'articles et de vêtements portés par des *mannequins* en plastique. Quiconque s'étant promené dans les rues commerciales et populaires de grands centres urbains aura vu ces innombrables mannequins préfabriqués, dont certains ont le visage maquillé, de faux cils, du rouge à lèvres et du fard sur les joues, de volumineuses perruques, de longs ongles vernis (y compris ceux des pieds), et de nombreux atours assortis à leur maquillage. Ces mannequins ont en outre des formes stéréotypées de corps « idéaux » selon le symbolisme normatif du genre féminin produit par le chapitalisme phallocentrique, la silhouette « à la Barbie » étant une caractéristique constante. Je me promenais donc devant ces vitrines durant les fêtes de Noël 2010, lorsque mon attention a soudain été attirée par l'une d'entre elles, où se trouvait un mannequin représentant une femme très sensuelle, avec tous les atours décrits plus haut – maquillage, faux cils, ongles vernis, etc. – qui portait une tunique blanche, presque transparente, moulant son corps svelte au buste proéminent, et revêtue d'un manteau bleu constellé d'étoiles dorées, semblable à celui que l'on retrouve dans l'iconologie catholique en tant qu'attribut symbolique de la Vierge Marie. Cela n'a pas manqué de m'interpeller, car en observant le reste de la décoration et des mannequins exposés dans cette vitrine, il m'est apparu clairement que l'intention de ce décorateur n'était pas de créer une *critique artistique*, d'autant que de toute évidence aucune des vitrines de cette rue n'avait pour vocation de servir d'espace de création artistique.

Ce mannequin était exposé dans la vitrine de l'un des magasins de tissus les plus populaires de Guadalajara, au milieu d'un décor composé de tissus de toutes les couleurs, tellement kitsch et baroque qu'il passait inaperçu aux yeux des passants. Il s'agissait très probablement d'une coïncidence, et la personne qui avait composé cette vitrine n'avait vraisemblablement pas réfléchi à la contradiction qu'il y avait à parer un mannequin simulant une Barbie géante de la tunique et du manteau de la Vierge Marie, réunissant ainsi deux stéréotypes contradictoires de femmes en une seule expression visuelle. Ce type d'action peut certes être reconnu comme une action critique et même biocritique, mais pas nécessairement comme une action d'esthétique (bio)critique de l'art, tout simplement parce que l'art esthétiquement (bio) critique est un processus en forme de spirale de dialectique nihiliste, composé d'un enchaînement de poïésis critiques et d'autocritique. Or le mannequin est une poïésis isolée, qui n'en est pas moins critique, mais qui ne relève pas de la bio*esthétique*, dans la mesure où elle ne répond pas au besoin vital nihiliste de tout art biocritique qui consiste à « mourir » ou « faire mourir » un e action biocritique entre les « mains » d'une autre œuvre d'art biocritique, en générant à travers sa naissance et sa mort une contradiction esthétique, une tension esthétique entre poïésis. Cette vitrine n'était qu'une poïésis isolée ne présentant pas de mouvement en spirale à travers les poïésis d'autres contradictions esthétiques. Cette action « critique » ne générait par conséquent pas de tension vis-à-vis d'autres poïésis critiques. Car il ne faut pas oublier que l'art critique génère une tension esthétique en son propre sein – c'est-à-dire vis-à-vis de sa propre poïétique –, ou entre sa poïésis et une autre, et pas seulement une tension esthétique vis-à-vis du contexte socio-historique, de son passé, de son présent ou de ce qu'il aspire à devenir.

Actions esthétiquement (bio)critiques

Les actions reconnues comme des actions *esthétiquement (bio) critiques* sont celles (poïétisées par l'art, par le sujet social ou par autres styles cognitifs) qui font preuve d'une capacité à générer un *mouvement esthétique* au sein de : *a) ce qu'il* critique ; *b) ce avec quoi* il critique ; *c) la position à partir de laquelle* il critique ; et *d) ce qui critique la même chose* que lui. C'est par exemple le cas de certaines actions esthétiquement biocritique du féminisme *queer*, qui constituent des discours subversifs et émancipateurs vis-à-vis des exclusions créées par le biopouvoir hégémonique critiqué ; le biopouvoir de la pensée hétérosexuelle, binaire du phallocentrisme patriarcal. Ces actions esthétiquement critiques sont celles qui expriment les trois capacités et besoins esthétiques fondamentaux et observables au sein de l'art et de tout criticisme bio-esthétique : 1) Capacité/besoin esthétique d'établir des liens de contradiction/négation et de tension esthétiques ; 2) Capacité/ besoin esthétique de reconnaître du point de vue du matérialisme historique l'historicité de *ce avec quoi* il a établi un lien ; et 3) Capacité/besoin esthétique à générer un mouvement esthétique. En résumé, toute action critique (inclut l'action biocritique) ne cesse d'être potentiellement critique pour devenir esthétiquement critique que lorsqu'elle exerce et exprime les trois capacités et besoins esthétiques fondamentaux de l'esthétique critique, ce qui lui permet de générer un *mouvement esthétique* aussi bien sur le plan théorico-philosophique qu'au sein du contexte material-socio-politique. Or ce *mouvement esthétique* se traduit par une émancipation de toute sédentarisation esthétique, au sens le plus large du terme (de *sédentarisation épistémologique et esthétique*).

Orgone (bioénergie) : exemple d'une action esthétiquement biocritique au sein de la science

Un exemple d'action esthétiquement critique au sein de la science moderne est celui de la critique marxiste que le psychologue Wilhelm Reich a fait de la morale sexuelle autoritaire et du paradigme épistémologique rationaliste dominant l'herméneutique et la production de connaissance scientifique sur la sexualité humaine au sein de la société occidentale de son époque ; un paradigme favorisant la sédentarisation épistémologique d'un ordre politique et d'un système social et culturel visant à étouffer cognitivement la corporalité et la sexualité des sujets. Reich a fait cette critique en s'appuyant sur l'existence d'une énergie sexuelle présente dans l'univers, et en affirmant que l'être humain est capable de produire cette énergie à travers la réponse sexuelle orgasmique. Cette affirmation scientifique contredisait sous bien des aspects le paradigme épistémologique dominant de la sexualité en Occident.

Les affirmations et les définitions de Reich sur l'énergie sexuelle étaient toutes critiques à leur manière, car elles établissaient des liens épistémologiques de contradiction esthétique vis-à-vis des paradigmes épistémologiques dominants au sein de la science et en dehors de celle-ci. En effet, Reich étudiait et se référait à la sexualité du plaisir, et non pas à la sexualité humaine réduite à la fonction reproductive, selon le paradigme épistémologique dominant de la sexualité au sein de l'Occident patriarcal.

Toutefois, la plus forte tension entre le paradigme dominant (rationaliste et abstractionniste) de la science et le paradigme de l'énergie sexuelle a été générée par Reich lorsqu'il a fondé l'*orgonomie* en tant que science spécialisée dans le paradigme de l'énergie sexuelle, et étudié l'*orgone* (l'énergie sexuelle, que Reich assurait avoir isolée dans sa plus simple expression) ; une énergie sexuelle que les courants rationalistes et positivistes dominants de la science allaient qualifier d'énergie « éthérée », tout comme ils allaient qualifier de charlatanerie les outils d'examen et la méthodologie de l'orgonomie.

Reich affirmait que cette énergie équilibrait les fonctions de l'organisme, contribuant ainsi à la bonne santé des individus. Toutefois, l'aspect le plus subversif du paradigme bioénergétique était qu'il s'agissait d'une énergie produite par une sexualité du plaisir et, qui pis est, d'une énergie que tout être humain était susceptible de produire, d'expérimenter et de créer à travers l'orgasme, y compris à l'aide de pratiques sexuelles « abjectes » telles que l'autoérotisme ou masturbation.

Par ailleurs, l'énergie sexuelle était un type d'énergie qui, contrairement à l'énergie atomique, trouvait son origine dans la *création*, tandis que l'énergie atomique trouve la sienne dans la *destruction* de la matière. La science et les prises de position de Wilhelm Reich exerçaient un type de critique qui outrepassait les bornes de la critique scientifique, non seulement parce qu'elles établissaient un lien de contradiction vis-à-vis du paradigme épistémologique dominant de la sexualité du sujet moderne (ou vis-à-vis de l'ordre social, ou encore du style cognitif de la sexualité patriarcale diffusé par les institutions religieuses telles que les églises monothéistes prédominantes au sein des sociétés occidentales du XXe siècle, etc.), mais aussi parce que le paradigme de Reich établissait un lien de contradiction vis-à-vis des outils méthodologiques légitimes permettant d'« examiner scientifiquement » la sexualité humaine. Les théories, les méthodologies et les outils d'examen de Reich lui ont valu d'être expulsé de plusieurs pays européens, puis de l'Association psychanalytique parce qu'il était communiste, et enfin du Parti communiste parce qu'il était freudien. Elles lui ont également valu d'être accusé aux États-Unis de charlatanisme pour ses recherches sur l'orgone et l'invention d'un accumulateur d'énergie orgonique, au point d'être envoyé en prison, où il mourra en 1957. Cela donne une idée des conséquences auxquelles s'expose non seulement tout paradigme créatif et innovateur, mais aussi tout scientifique qui ose remettre en cause les paradigmes dominants de la science à l'aide de théories, de méthodes et d'outils d'examen n'étant pas considérés comme légitimes par le paradigme dominant d'une science qui exerce sa domination sur tous les objets d'études au sein de la production de connaissance scientifique, comme c'est le cas de la médecine vis-à-vis de la sexualité humaine en tant qu'objet d'étude.

Les actions esthétiquement antagoniques (illégitimes théoriquement ou méthodologiquement) en tant qu'action critique reste une production de connaissance dans n'importe quel style cognitif : qu'il s'agisse d'art, de science, de la religion, etc. Le cas de Reich illustre clairement le fait que le paradigme dominant de la science occidentale (positiviste et rationaliste), en résistant aux mutations et aux changements et en tendant à la sédentarisation, montre également une résistance à la critique. Car dans le cas de Reich on peut voir la manière dont ce paradigme dominant délégitime, isole et dénigre toute production de connaissance et tout style cognitif qui ne reproduit pas les paramètres ou les outils d'« examen », de sélection et de structuration avalisés et légitimés par l'hégémonie de la science au sein de la production de connaissance scientifique. Car Reich ne critique pas seulement un facteur social (la morale sexuelle autoritaire) d'un point de vue scientifique, il critique également la science elle-même. Comment ? En utilisant de manière créative des connaissances puisées dans différents domaines et formes de pensée, et en inventant des outils d'examen (tels que le *Cloudbuster*[21]) à partir d'une pensée à mi-chemin entre la science occidentale et l'holisme oriental, tant son concept d'*énergie sexuelle* est proche de l'idée d'*énergie vitale* dans

---

[21] Le *Cloudbuster* (littéralement "Briseur de nuages"), est un appareil inventé par Reich afin de démonstrer scientifiquement l'existence de l'énergie sexuelle produite par le corps humain, en mettant en évidence la capacité de l'Orgon ou bioénergie à « briser » des nuages et à faire pleuvoir.

le taoïsme. Ce qui est nouveau dans la critique de Reich, c'est qu'elle utilise cette idée orientale d'énergie créatrice produite par le corps de l'individu et non par la raison (comme dans le paradigme rationaliste) afin de créer une thèse métathéorique et méthodologique de la transformation socio-historique de la société et de l'univers à partir de la praxis corporelle de l'individu et non de la raison. Un type de capacité corporelle chez le sujet capable de produire une transformation sociale, une capacité que – plusieurs années après Reich – Félix Guattari allait reconnaître sociologiquement et/ou philosophiquement comme la capacité de l'individu à créer des *révolutions moléculaires*[22].

La critique chez Reich établit des liens de contradiction non seulement vis-à-vis de la morale sexuelle autoritaire et de l'ordre social et politique qui la soutient et la légitime, mais aussi vis-à-vis du paradigme dominant de la science occidentale et de l'expression de celui-ci à travers les théories d'une science que Reich avait lui-même commencé à exercer : la psychologie. Avec sa critique, Reich mettait en évidence la responsabilité de la médecine occidentale dans l'avènement d'une société génératrice d'individus malades et anxieux à cause des restrictions et de la sévérité d'une morale sexuelle autoritaire ; il assurait en outre que la biologie du corps – et plus précisément une mauvaise circulation de l'énergie orgonique (et orgasmique) – était liée à l'apparition de maladies physiques et mentales de l'individu, affectant également l'environnement et même l'ordre social. C'est pourquoi la critique reichienne (mais aussi celle produite par la théorie queer), dont la contradiction est aussi bien externe qu'interne, se rapproche

---

[22] Félix Guattari reconnaît ce type de capacité révolutionnaire chez l'individu : « On observe qu'un certain type de révolution n'est pas possible, mais en même temps on comprend qu'un autre type de révolution devient possible, non pas au moyen d'une certaine forme de lutte des classes, mais au moyen d'une révolution moléculaire qui non seulement met en mouvement les classes sociales et les individus, mais qui constitue également une révolution machinique et sémiotique » (GUATTARI, Félix, Desiderio e rivoluzione : Entretien à Félix Guattari, Squilibri, Milan, 1977. Conversation avec Franco Berardi (Bifo) et Paolo Bertetto).

davantage de la contradiction esthétique de l'art biocritique que tout autre critique scientifiquement légitimée par l'hégémonie scientifique contemporaine.

Ainsi, une fois que l'on aura décrit les caractéristiques de l'esthétique de l'art biocritique, on pourra sans doute reconnaître une certaine esthétique critique dans le travail critique reichien, car l'épistémologie de Reich a été capable de poïétiser une contradiction interne et externe jusqu'à ses ultimes conséquences épistémologiques et socio-historique, des conséquences qui au sein de la science se traduisent par l'expulsion et la délégitimation du travail scientifique, du scientifique lui-même et de sa critique ; et au sein de la société se traduisent par l'envoi et la mort de Reich en prison à conséquence de ses actions de recherche scientifique sur l'orgonomie.

Or la position critique de Reich consistant à redonner au sujet son pouvoir de transformateur social et environnemental, en le reconnaissant capable de produire corporellement la bioénergie de l'orgone, représentait aussi, indirectement, une critique du paradigme constructionniste auquel il participait et qu'il utilisait pour critiquer la domination du paradigme rationaliste de la science au sein de la société occidentale de son époque. Car en affirmant que le sujet social pouvait produire avec son corps orgasmique un type d'énergie transformatrice de l'environnement, du climat et de la société, il sous-entendait également que la sexualité humaine est un pouvoir des individus naissant de leur plaisir sexuel ; donc, que la sexualité humaine est biologique mais aussi culturelle ce qui implique le control social des sujets sociaux par la voi du control du corps mais plutôt par la voi de l'abjection du plaisir sexuel associée aux capacités biologiques de jouissance comme la masturbation et l'autoerotisme en tant que capacités poïético-corporelles des « Mois propres » chez les sujets sociax ; capacités poïético-corporelles et aussi performatrices du genre selon le concept de « *performance de genre* » proposé par la théorie *queer* de Judith Butler (2010).

Théorie et politique queer : exemple des actions esthétiquement
biocritiques (du social à la science et vice-versa)

En partant du fait que les caractéristiques permettant
de reconnaître les actions esthétiquement critiques de
l'art biocritique sont celles de l'art critique (*1*) capacité de
contradiction-négation et tension esthétiques ; *2*) capacité de
reconnaissance historique ; *3*) capacité de *mouvement esthétique*) ;
donc, toute action esthétiquement biocritique de l'art biocritique
ou poïétisée par tout style cognitif ou sujet social doit montrer
une capacité à établir des liens de contradiction, de négation
et de tension esthétiques vis-à-vis de ce qu'elle critique comme
étant sédentarisé ou sédentarisateur (de la dimension poïétique
de ce qui est critiqué : les vecteurs, les langages, les formes de
production qui reproduisent cette sédentarisation), c'est-à-dire
vis-à-vis de *ce avec quoi* elle critique, de *la position à partir de*
laquelle elle critique, de *ce qui critique la même chose* qu'elle, et de
ce qui produit la sédentarisation de ce qu'elle critique.

Puis on trouve que l'esthétique de l'exercice critique féministe
et *queer* présente des similitudes évidentes avec cette capacité et
besoin esthétique de l'art biocritique, et tout particulièrement
avec ce que Butler qualifie de « politique *queer* » :

> « La politique queer [... qui] dans l'idéal, devrait
> étendre son champ d'action et nous faire comprendre à
> quel prix et avec quels objectifs on emploie ces termes et
> à travers quels rapports de pouvoir ont été engendrées
> ces catégories »[23]

Ainsi on peut interpréter que Butler reconnaît-elle comme un
besoin esthétique des criticismes féministes *queer* le fait de nous
« faire comprendre » ce que l'on ne comprend pas spontanément
au sein de la production sociale des pouvoirs hégémoniques.

---

[23] Butler 2010: 322.

À travers cette notion de *politique queer*, Butler fait preuve d'une capacité esthétique à établir des liens de contradiction esthétique vis-à-vis de ce qui est critiqué, non pas sous la forme d'une « subversion pure », mais en tant que contradiction et tension esthétique vis-à-vis de ce qui est sédentarisé et sédentarisateur ; des liens pour lesquels l'adjectif « esthétique » implique une « opposition esthétique » et non pas une simple « opposition pour s'opposer » ni une « opposition au personnage » ou « à l'effet sédentarisateur ».

Par exemple, certaines actions du féminisme *queer* qu'analyse Butler dans son œuvre *Ces corps qui comptent* (2010) sont des actions esthétiquement critiques dans la mesure où elles établissent un rapport d'opposition/subversion vis-à-vis de la symbologie du pouvoir patriarcal phallogocentrique et de la symbologie normative d'une économie hétérosexuelle binaire excluant. Parmi les cas analysés par Butler, on peut mentionner les suivants : la performativité, l'itérabilité, la théâtralité, la visibilité et la mise en scène répétée comme autant de matérialisations poïétiques efficaces du pouvoir performatif du discours subversif et émancipateur des actions *queer* des individus sociaux. L'efficacité de ces formes hégémoniques est quant à elle reflétée à travers le cas paradigmatique du terme « *queer* », investi de sens nouveaux par la performativité, l'itérabilité, la théâtralité, la visibilité et la mise en scène répétée des discours revendicateurs associés à ce terme en raison de l'activisme socio-politique de ces identités *queers* exercé performativement aux États-Unis depuis la fin du XXe siècle.

Butler observe les usages subversifs du langage et la capacité resignifiante des pratiques culturelles et artistiques des cultures *drag king* et *drag queen* à travers le cas intéressant de la resignification du sens péjoratif et « abject » du terme *queer*, utilisé par la culture dominante afin d'exclure et de délégitimer les productions performatives de genre exprimées publiquement, un terme qui a soudain acquis un sens subversif reflétant une capacité critique et une émancipation esthétique. Dans le même ordre d'idées, Butler affirme :

« Il demeure politiquement indispensable de revendiquer les termes « femme », « queer », « gay », lesbienne », précisément [….] pour pouvoir réfuter leur utilisation homophobique dans le domaine légal, dans les discours publics, dans la rue, dans la vie "privée". »

Cette citation de Butler est fort intéressante dans la mesure où l'on peut y reconnaître une multidimensionnalité de la contradiction et de la négation esthétiques de l'art biocritique, car elle se réfère à l'objectif de la resignification comme étant l'occasion de « réfuter » le symbolisme et la poïétique de l'homophobie, mais aussi de toute attitude politico-philosophique intolérante cherchant à exclure les corporalités « abjectes » de la structure organisationnelle d'une société, d'un État et de ses lois.

Par la suite, Butler fera référence à la dimension culturelle ou symbolique normative qui reproduit l'homophobie au sein des discours publics, sans pour autant perdre de vue la dimension pratique intime (psychologique et corporelle) et collective d'une classe sociale donnée, une intimité nécessitant également une resignification, à travers l'action esthétiquement critique des féminismes.

Aussi bien pour Judith Butler que pour le féminisme de Monique Wittig, toute action esthétiquement critique qui entend s'opposer au pouvoir se doit d'accorder une place prépondérante aux identités socialement *exclues* et considérées comme « abjectes » par ce pouvoir. Toutefois, le fait que l'on accorde cette place « prépondérante » aux *exclus* au sein de la poïésis critique ne signifie pas qu'on les considère comme les seuls et uniques poïétisateurs du lien de contradiction et de tension esthétique vis-à-vis de ce qui est critiqué. En effet, une action esthétiquement critique du féminisme *queer* peut aussi bien être poïétisée directement à partir de l'exclusion, qu'à travers des éléments symboliques représentatifs de cette exclusion, même s'il est vrai qu'on observe la plupart du temps une présence littérale des *exclus* au sein de ces poïésis critiques. C'est notamment le cas de ce qu'il est convenu d'appeler le *criticisme contre le biopouvoir* que représente l'art biocritique fait avec de témoignages physiques des corporalités abjectes où l'on retrouve une présence littérale de cette « exclusion », dans la mesure où ces œuvres sont précisément composées de témoignages sur des corporalités « abjectes » « exclues » par le biopouvoir hégémonique, que l'art entend ainsi resignifier.

Dans l'art biocritique la déucième capacité esthétique est celle de la reconnaissance de l'historicité du biopouvoir hégémonique dans : a) *ce qu'elle* critique ; b) *ce avec quoi* elle critique ; c) la position *à partir de laquelle* elle critique ; d) *ce qui critique la même chose* qu'elle ; et même e) *ce qui produit la sédentarisation de ce* qu'elle critique. Par rapport au lien entre ce deuxième besoin/capacité esthétique de l'art biocritique et la théorie queer on trouve que ce besoin esthétique de reconnaissance du point de vue du matérialisme historique répond au fait qu'« *aucun terme* [et j'ajouterais aucune action discursive et artistique] *ne pourrait fonctionner performativement sans l'historicité accumulée et dissimulée de sa force.* » [Butler 2010 : 319).

Ce besoin esthétique de la politique féministe *queer* dénonce concrètement « l'insuffisance esthétique » de toute critique, par exemple au sein d'un art ou de tout autre criticisme féministe/*queer*, qui se satisferait d'une « subversion pure » ou qui se contenterait de « montrer » une opposition à l'exclusion personnifiée par des individus, sans « montrer » le *processus* de production de l'exclusion, c'est-à-dire sans « *nous faire comprendre à quel prix et avec quels objectifs on emploie ces termes* [d'exclusion] *et à travers quels rapports de pouvoir ont été engendrées ces catégories* »[24].

C'est pourquoi la resignification et la performativité revendiquant une réhabilitation des exclus au sein d'un ordre social d'exclusion – outre qu'il s'agit de la synthèse de ce qu'on va nous permettez nomer « *stratégie esthétique butlerienne* » dont l'intention esthétique est de produire « des pouvoirs alternatifs » et de « retourner » un pouvoir contre lui-même – sont des besoins esthétiques de l'exercice critique féministe *queer* qui appellent une

---

[24] Butler 2010: 322.

reconnaissance du point de vue du matérialisme historique de tout ce qui est lié à ces dimensions resignifiantes et performatives de l'exercice critique.

Selon cette stratégie, « retourner le pouvoir » contre lui-même revient à « retourner l'usage de la performativité » ; c'est-à-dire donner un pouvoir émancipateur aux formes poïétiques de la performativité hégémonique (la théâtralité, la mise en scène, l'itérabilité, la répétition ou la visibilité). « Retourner le pouvoir contre lui-même » revient donc à donner un rôle émancipateur à l'action critique, à « concevoir le pouvoir comme une resignification et à la fois comme la convergence ou interarticulation de rapports de régulation, de domination et de constitution » [Butler (1993)/2000 : 337]. Par ailleurs, l'expression « produire des pouvoirs alternatifs » fait référence au produit et au résultat de l'utilisation de la performativité au service de l'émancipation ; ce qui ne signifie pas que pour Butler l'itérabilité et la visibilité du discours féministe soient suffisantes au sein de la production de l'art en tant que pouvoir alternatif.

Si l'on admet, comme le dit Butler, que dans l'idéal une action esthétiquement critique de la politique queer « devrait étendre son champ d'action et nous faire comprendre à quel prix et avec quels objectifs on emploie ces termes et à travers quels rapports de pouvoir ont été engendrées ces catégories »[25], on peut considérer que « faire comprendre » l'historicité de la poïétique d'exclusion revient à « donner un sens » non seulement à la dimension épistémologique incarnée par la pratique (individuelle et/ou collective) de la classe sociale exclue, mais aussi et surtout à la dimension épistémologique des catégories philosophico-politiques qui contribuent à reproduire ces liens d'exclusion.

En ce qui concerne la capacité esthétique biocritique de générer *mouvement esthétique* de l'art biocritique on trouve cette capacité dans l'idéal-type de l'exercice critique *queer* décrit par Butler, depuis lequel une action (ou un lien) esthétiquement biocritique de la politique queer serait une action parvenant

---

[25] Butler 2010: 322.

à produire un *mouvement esthétique* de « resignification » du langage et du symbolisme normatif à l'aide desquels le biopouvoir sédentarise son hégémonie.

Le *mouvement esthétique* au sein de l'art biocritique peut être illustré par cette spirale générée par une dialectique négative entre les actions biocritiques des sujets queer et la biocritique structurée par la théorie queer de Butler et des autres exercises de productions de connaissance chez la science ; une dialectique negative entre la dimension philosophico-politique (normative et épistémologique) et la pratique politique individuelle et collective au sein de a) de *ce qu'elle* critique ; b) de *ce avec quoi* elle critique c) de *la position à partir de laquelle* elle critique, d) de *ce qui critique la même chose* qu'elle ; et même e) de ce qui produit la sédentarisation de ce que l'art biocritique.

Qu'est-ce que le mouvement esthétique ? Principes esthétiques de l'art (bio)critique

On partant théoriquement de la théorie esthétique d'Adorno, on a définit concrètement l'art critique en tant que mouvement esthétique de contradiction, négation et tension esthétiques entre actions critiques et d'autocritique de l'art. En résumé, un mouvement de dialectique esthétiquement négative qu'on a traduit en termes d'une dialectique esthético-nihiliste pour laquelle : l'art critique est toute action esthétiquement critique produisant de mouvement esthétique au sein d'un ou de plusieurs des liens qu'il établit de manière locutive ou perlocutive avec : a) *ce qu'elle* critique ; b) *ce avec quoi* elle critique c) *la position à partir de laquelle* elle critique, d) *ce qui critique la même chose* qu'elle ; et même avec e) ce qui produit la sédentarisation de ce que l'art biocritique. Or, à fin d'observer l'art en tant que mouvement on l'a déconstruit en sept principes ontologiques de l'art critique.

Les sept principes ontologiques de l'art critique sont caractéristiques du *mouvement esthétique* de tout art critique et biocritique et ils peuvent être également appliqués à la définition ou à la reconnaissance du *mouvement esthétique* d'une action critico-esthétique poïétisée par d'autres styles cognitifs ou des individus et sujets sociaux esthétiquement antagoniques. Les sept principes ontologiques qui caractérisent le *mouvement esthétique* produit par les actions esthétiquement critiques de l'art sont : 1) le principe poïético-performatif ; 2) le p. de contradiction et de négation esthétique ; 3) le p. de tension esthétique ; 4) le p. d'autreté ou d'« extérieur constitutif » ; 5) le p. du matérialisme historique 6) le p. d'autonomie ; et 7) le p. nihiliste. Tous ces principes sont liés entre eux et se poïétisent de manière dialectique entre eux ; de plus, ils servent à décrire la tension esthétique de l'art vis-à-vis des dimensions socio-historique, artistique et épistémologique de la réalité ; il s'agit donc de caractéristiques observables de la vitalité du *mouvement esthétique* qu'une action esthétiquement critique de l'art biocritique – ou de tout autre criticisme esthétique – produit : a) sur *ce qu'elle* critique ; b) sur *ce avec quoi* elle critique c) sur la position *à partir de laquelle* elle critique, d) sur *ce qui critique la même chose* qu'elle ; et même e) sur ce qui produit la sédentarisation de ce qu'elle critique.

Cela signifie que le *mouvement esthétique* produit par une action (ou un lien) esthétiquement critique peut être reconnu dans les liens de l'art avec les dimensions individuelle/personnelle et collectives des catégories *a, b, c, d* et *e*. L'esthétique d'un exercice critique peut être déconstruite dans tous les liens que l'art établit avec cet exercice critique, de sorte qu'en reconstituant ces liens, on peut deconstruire le *mouvement esthétique* non pas d'une œuvre ou d'une action critique, mais bien de l'art qu'elle représente. Par exemple, la déconstruction de l'Œuvre multiorgasmique collective en tant qu'une action biocritique a permis de mettre en évidence les moments esthétiques liés à ce processus, mais aussi la présence des principes ontologiques de l'esthétique de l'art biocritique dans les liens de contradiction esthétique établis lors de ces moments esthétiques de l'œuvre déconstruite ou liés à elle, des moments d'exercice parfois critique, parfois autocritique.

Principe poïético-performatif ou de réflexivité déconstructive de l'art (bio)critique

Le principe poïético-performatif ou de réflexivité déconstructive est un besoin et une capacité ontologique de tout art critique, manifeste dans sa poïésis. La poïétique est la capacité empirique de tout esprit critique. De tous les principes ontologiques de l'esthétique critique, le principe réflexif est le plus ambigu, en raison des multiples définitions du concept de réflexivité entre lesquelles on est amené à choisir. Dans l'esthétique d'Adorno, la réflexivité est synonyme de critique : il n'existe pas de réflexivité sans critique, ni de critique sans réflexivité ; car l'art critique est pour Adorno le fruit d'une poïésis spiritualisée, qui est en partie une poïésis réflexive. La critique est donc le fruit et le processus de *l'esprit créateur* de l'art. Pour être encore plus spécifique dans notre description, on pourrait affirmer que la réflexivité est synonyme de critique en tant que processus et non en tant que produit. La réflexivité est donc la poïésis de la critique, et ce que nous avons jusqu'à présent qualifié de spiritualisation critique de la création n'est autre que la réflexivité, également appelée philosophie de la création ou poïétique.

Contrairement aux autres principes ontologiques, le principe poïético-performatif ou de réflexivité est un principe de base de l'esthétique critique, un principe fondamental d'action et non un principe de formes d'action, tel que le principe de négation et de contradiction. Ce n'est pas non plus un principe d'intentions politiques de l'action tel que le principe d'autonomie et de liberté, pour ne citer que ces exemples. À la différence des autres principes ontologiques de l'esthétique critique d'Adorno, le principe poïético-performatif réunit les éléments de base qui définissent la critique esthétique, à savoir : la réflexivité de la création, l'esprit et la praxis liés dialectiquement par la contradiction. C'est pourquoi ce principe, plutôt que de définir l'action ou l'orientation de l'esthétique critique, constitue un présupposé ontologique fondamental de celle-ci, dans la mesure où il concerne l'intention esthétique de *mouvement esthétique* en soi, avant même qu'elle ne devienne négation, contradiction ou émancipation.

Au sein du principe poïético-performatif se trouvent liées, à travers la dialectique négative, la réflexion en tant qu'*action philosophique* et l'*expérience créatrice*. Ces deux dimensions déconstructives du principe ontologique renvoient inévitablement à la dialectique entre le monde des idées (esprit) et celui de l'exécution (praxis) comme parties intégrantes des dimensions de tout processus de production artistique.

En ce qui concerne l'art biocritique, la déconstruction esthétique du principe poïético-performatif ou réflexif se divise en une déconstruction de la réflexivité corporalisée et une déconstruction de l'intention esthétique de l'action biocritique corpoalisée d'être un *mouvement esthétique*, en plus de la perspective et de la relation que chaque dimension du processus de production artistique établit avec l'autre.

Le principe poïético-performatif, outre qu'il est le présupposé de l'action au sein de l'ontologie de l'esthétique, est le principe dont la déconstruction permet de connaître le degré de spiritualisation de l'art. Or il faut se garder ici de considérer l'esthétique critique d'Adorno comme une promotrice de la spiritualisation de la praxis artistique en tant qu'*idéal-type esthétique*[26] de l'art biocritique. La position d'Adorno face à la spiritualisation de l'art est critique,

---

[26] Il existe deux types d'idéal-type esthétiques au sein de l'art critique et biocritique, l'un utopique, inexistant ou hyperbolique par rapport à la réalité, et l'autre fait de témoignages puisés de la réalité, dont la potentialité esthétique est reconnue et utilisée par l'exercice critique de l'art critique, tel que celui qui critique à l'aide de témoignages corporels et biographiques. Lorsque l'art crée une autreté imaginaire ou inexistante différente de l'autreté qu'il critique : c'est ce qu'on appelle au sein de l'art critique un « *idéal-type* ». L'*idéal-type* est la poïétique d'un idéal esthétique que l'art critique crée, théoriquement et poïétiquement, afin d'établir une relation de tension et de contradiction vis-à-vis de l'autreté qu'il critique. Sur le plan esthétique, Adorno applique cette dynamique de la manière suivante : « *Les œuvres d'art proviennent du monde empirique et produisent un monde doté d'une essence propre, opposé à la réalité empirique, comme si cet autre monde existait également* ». L'*idéal-type* est le modèle ou la version idéale créée par l'art critique afin d'établir sa critique esthétique à travers ses œuvres d'art.

ce qui ne signifie pas pour autant qu'il cherche à disqualifier ou à chosifier la spiritualisation en tant qu'émancipatrice de l'art ; il prône au contraire une vigilance vis-à-vis des dangers de chosification de n'importe quelle technique émancipatrice appliquée à l'art par l'art lui-même. Car l'attitude du criticisme adornien implique également une autocritique : Adorno lui-même souligne les revers de l'émancipation de l'art par le biais de la spiritualisation.

L'esthétique d'Adorno reconnaît la qualité émancipatrice de la spiritualisation pour l'art, tout en mettant en garde contre la chosification imminente d'une esthétique poussée à l'extrême du rationalisme kantien. Au sujet de « *la spiritualisation que l'art a connue au cours des deux derniers siècles et qui lui a permis de devenir adulte* »[27], Adorno dénonce une série de conséquences historiques *au sein* de l'art et *pour* l'art. *Pour* l'art, la spiritualisation a aiguisé la rancune des « exclus de la culture », qui s'est traduit par l'apparition historique de « l'art de consommation », comme une conséquence du système de marché capitaliste, tandis qu'*au sein* de l'art, la répulsion des artistes vis-à-vis de cette mercantilisation du système capitaliste faisant de l'expérience artistique un produit de consommation de masse « *poussait* [ces] *artistes à une spiritualisation de plus en plus radicale* »[28].

Si l'expérience artistique est exclusive de l'art, l'expérience esthétique peut quant à elle correspondre à tout processus exerçant le criticisme. Le criticisme est la loi de mouvement ontologique de l'art biocritique, qui est un mouvement spiritualisé. C'est précisément en raison de son caractère spirituel que l'esthétique d'Adorno peut être appliquée à tout autre processus d'émancipation poïétisée. En effet, l'une des implications essentielles de la méthode de déconstruction esthétique consiste à reconnaître dans le terme adornien d'« esthétique » un synonyme de « criticisme ».

---

[27] Adorno, 1977 : 109.
[28] Adorno, 1977 : 26.

Le rejet de l'empirisme par l'art – que décrit Adorno – est par conséquent un rejet de soi-même, qui explique la dimension empirique de l'auto-anéantissement. On pourrait dès lors suggérer que l'art est potentiellement suicidaire, tant ces questions ontologiques n'ont pour seule réponse que la mort des critiques, dans leur forme et/ou leur contenu, en vue d'atteindre une liberté et une autonomie esthétique : « *Si les œuvres d'art sont des réponses à leurs propres questions, elles deviennent elles-mêmes à plus forte raison des questions* »[29]. Cela expliquerait le caractère nihiliste de l'intention de *mouvement esthétique* de l'art biocritique lié au caractère périssable de ses critiques poïétisées sous la forme d'œuvres d'art. On peut ainsi mieux comprendre comment une critique – dans sa forme ou son contenu – ayant atteint son but émancipateur (découlant de l'intention esthétique de liberté et d'autonomie) court néanmoins le risque de se chosifier, de se sédentariser, dès lors qu'elle prétend être la seule forme d'émancipation et de critique valable. C'est pourquoi l'art critique (inclut l'art biocritique) survit en s'émancipant constamment (parfois de la praxis, parfois de l'esprit) dans toutes ses expressions ou manifestations, ce qui est indispensable à son émancipation esthétique.

Ainsi, pour déconstruire la poïétique en tant que forme de relation dialectique négative entre praxis et esprit, entre les dimensions et au sein même des dimensions d'un modèle de production sociale et/ou artistique, il existe deux niveaux de description de la poïétique de l'intention esthétique : l'identification d'expressions *spiritualisées* de l'esprit poïétique (discours sur la participation à la construction de connaissance), et l'identification d'expression *empiriques* de l'esprit poïétique.

---

[29] Adorno, 1977 : 16.

Principe de contradiction et de négation esthétique de l'art (bio) critique

La contradiction en tant que catégorie de la pensée critique adornienne peut être interprétée comme une partie de la réflexion philosophique sur le mouvement esthétique et la transformation de la pensée philosophique, que l'on retrouve dans son ouvrage *Dialectique des Lumières*, publié en 1947 en collaboration avec Max Horkheimer. Dans cet ouvrage, Adorno critique la mythification de la cosmovision des Lumières et de la modernité, ainsi que le déclin des Lumières provoqué par les mêmes raisons qui leur avaient permis en leur temps d'être révolutionnaires, lorsqu'elles avaient signifié une émancipation pour la pensée humaine. En leur temps, les Lumières s'étaient opposées à l'obscurantisme théocentriste en critiquent le paradigme de la pensée magico-mythique. La *Dialectique des Lumières* nous donne un bon exemple de contradiction métathéorique, un exemple de poïétique critique qui est une poïétique métathéorique découlant de l'expérience et de l'observation de la réalité, comme lorsqu'Adorno et Horkheimer affirment par exemple que « Les lumières éprouvent une horreur mythique pour le mythe » (Adorno-Horkheimer, 1947). Cette formule illustre à merveille la critique des Lumières exercée par ces penseurs, qui dans le même ouvrage établissent un lien de contradiction entre le concept d'*identité* et celui d'*identification*. La distinction entre la poïétique critique *métathéorique* du criticisme et la *praxis* de la poïétique critique esthétique réside dans le fait que la première oppose la *raison structurée* à l'*expérience représentée par la réalité observée*, tandis que la poïétique esthétique lui oppose *une autre expérience*.

Au sein de l'art biocritique, la contradiction esthétique n'est autre que la capacité et le besoin esthétique de l'art d'établir des liens de contradiction et de négation esthétiques vis-à-vis de tout signe de sédentarisation épistémologique au sein de : a) *ce* que critique l'art; b) *ce avec quoi* l'art critique ; c) la position *à partir de laquelle* l'art critique ; d) *ce qui critique la même chose* que l'art. Ces liens de l'art avec ces dimensions de la réalité liées à son exercice critique envers la sédentarisation épistémologique ou esthétique *au sein de* et *en dehors de* l'art, exposent la sédentarisation épistémologique ou esthétique comme la notion générale et abstraite à laquelle s'oppose tout exercice esthétiquement critique de l'art et de tout criticisme esthétique, en leur qualité de *mouvement esthétique*.

Or il s'avère que déconstruire le principe de contradiction et de négation esthétique au sein de l'art biocritique (ou de tout criticisme esthétique) implique une action philosophico-poïétique de ses exercices esthétiquement critiques. La déconstruction des liens de contradiction et de négation esthétique produits par l'art lorsqu'il génère un *mouvement esthétique* met en évidence l'existence d'un idéal-type de ce que critique l'art, et plus précisément un idéal-type de *mouvement esthétique* d'une dimension de ce que critique l'art. Cet idéal-type est produit par l'art afin de critiquer (établir des liens de contradiction et de négation esthétiques vis-à-vis de) ce qu'il critique parce cela représente une sédentarisation épistémologique. Par exemple, l'Œuvre multiorgasmique de *l'art biocritique* exprime différentes dimensions de contradiction esthétique vis-à-vis de ce qu'elle critique ; l'une d'elles est l'idéal-type d'expérience esthétique de l'individu qui exerce l'autoérotisme au sein de l'art avec une intention esthético-politique en contradiction avec la sédentarisation épistémologique du sens « abject » de l'autoérotisme dans la culture corporelle de l'individu moderne ou de la modernité tardive, entre autres liens de contradiction esthétique. Il existe une autre forme poïétique de production de liens de contradiction et de négation esthétique au sein de l'art, la forme poïétique des témoignages, qui comprend notamment l'exercice critique des Œuvres multiorgasmiques et qui implique l'intervention d'éléments potentiellement esthétiques présents dans la réalité socio-historique indépendamment de l'exercice critique de l'art, et que cet art utilise comme matériel esthétique de ses œuvres et/ou en tant que poïétisateurs de l'art. Cette forme poïétique de témoignages sur des éléments potentiellement esthétiques de la réalité renvoie au besoin esthétique de l'art (ou des artistes) de reconnaître la potentialité esthétique des aspects d'une réalité socio-historique dont il critique la sédentarisation épistémologique ou esthétique.

La sédentarisation épistémologique et/ou esthétique des criticismes – de l'art et de tout autre criticisme ou style cognitif tendant vers l'esthéticité de son exercice critique – représente un risque esthétique pour cet exercice critique. En effet, l'exercice esthétiquement critique de l'art est avant tout une *contradiction esthétique*, une forme de réflexion dialectique négative qui oppose les concepts aux choses au sein de la pensée critique, tant il « se méfie de ce qui est identique », tant il met en doute le fait que « l'objet soit identique à son concept ». La contradiction esthétique en tant que catégorie de réflexion constitue la structure générale et abstraite de tout exercice dont on peut dire qu'il est esthétiquement critique dans la mesure où il génère une dialectique négative entre ses actions critiques et autocritiques. En mots d'Adorno :

> « La contradiction est une catégorie de réflexion, la confrontation entre chose et concept au sein de la pensée. La dialectique négative, en tant que procédé, signifie penser en contradiction et de manière autocritique vis-à-vis de la contradiction auparavant ressentie dans la chose. ... Une telle dialectique [et]... son mouvement ne tend pas à l'identité [...] elle se méfie au contraire de ce qui est identique »[30].

Le concept de « contradiction » découle du sens qu'Adorno donne aux concepts de « négativité » et de « contradiction » dans sa théorie esthétique. Ces deux concepts sont liés au criticisme aussi bien dans la théorie sociale que dans la théorie esthétique, et peuvent donc sembler être des synonymes. La « contradiction » se réfère à la loi de mouvement de l'esthétique de ce qu'Adorno qualifie de *critique* au sein de l'art ; en reconnaissant que toute

---

[30] Adorno, 1965 : 141.

poïétique esthétique n'est ce qu'elle est qu'« *en relation interne à son autre (…) en litige avec son autre* »[31].

En effet, le concept de « litige » me semble définir une forme de relation dialectique dynamiquement plus équilibrée que le terme de « négation », car énoncer une contradiction revient à désigner le lien existant entre deux forces, tandis que le terme de négation n'énonce que la force de celui qui exerce la négation.

La négation (du latin *negatĭo, -ōnis*) est définie par le dictionnaire comme un « Acte de l'esprit qui consiste à nier, à rejeter un rapport, une proposition, une existence » ou comme une « carence ou manque total de quelque chose », tandis que la contradiction (du latin *contradictĭo, -ōnis*) est définie comme une « Relation entre deux termes, deux propositions qui affirment et nient le même élément de connaissance » et comme « Affirmation et négation qui s'opposent entre elles et se détruisent réciproquement ». Il nous semble donc que cet aspect d'une action définie comme une dynamique poïétique poussée « jusqu'à ses ultimes conséquences » au point de « se détruire » est la forme poïétique qui décrit le mieux l'esthétique d'un art critique qui ne se contente pas de critiquer la réalité, mais qui se critique également lui-même ainsi que ses manières poïétiques de critiquer. Ce besoin constant d'opposition, de par son caractère constant – mais pas nécessairement répétitif –, peut donc être considéré davantage comme une contradiction esthétique que comme une négation vis-à-vis de la loi de mouvement de l'art critique (et biocritique).

Une poïétique critique n'est esthétique qu'à travers son expérience et son aspiration (intention esthétique) à se poïétiser, car :

> « Même l'œuvre d'art la plus sublime occupe une position déterminée par rapport à la réalité empirique, en se dégageant de son emprise non pas une fois pour toutes, mais de façon toujours concrète et renouvelée, sous une

---

[31] Adorno, (1970)/2004 : 12.

forme inconsciemment polémique vis-à-vis de l'état de cette emprise à un certain moment de l'histoire ».

Au sein de la contradiction adornienne, la tension s'exerce entre des arguments construits : a) à partir d'éléments irréels, utopiques, qui constituent la matière d'une poïésis d'un *idéal-type* ou b) à partir d'éléments réels potentiellement esthétiques qui constituent la matière ou les co-poïétisateurs d'une œuvre d'art.

La contradiction et la critique ne doivent pas être réduites à un métadiscours au sein de l'œuvre d'art. La contradiction ou négation est la dimension communicationnelle de l'esthétique critique ; c'est une forme spécifique de relation de la critique avec la réalité, et bien qu'il existe plusieurs dimensions de la réalité, chaque fragment critiqué de la réalité représente nécessairement, pour la poïétique esthétique d'une critique, une relation de contradiction esthétique.

Le principe de contradiction esthétique est le suivant : toute critique esthétique implique des relations de contradiction esthétique, s'opposant partiellement ou intégralement aux caractéristiques du paradigme du modèle épistémologique dominant. Par conséquent, la poïétique esthétique d'une critique est à la fois un antécédent (jugement/théorie), un processus de négation (praxis) et un lien de contradiction esthétique vis-à-vis de la réalité critiquée et de la critique elle-même (nature de la contradiction). Ces dimensions de la contradiction esthétique renvoient aux capacités et besoins esthétiques de tout art critique. Des caractéristiques qui s'appliquent également à l'idéal-type du criticisme féministe *queer* théorisé par Butler, dont la première capacité renvoie à l'intention esthétique de « retourner le biopouvoir hégémonique contre lui-même » et de « produire des pouvoirs alternatifs » incarnés par les « exclus », tandis que la deuxième capacité renvoie à la reconnaissance du point de vue du matérialisme historique du « prix, des objectifs et des rapports de pouvoir » qui sédentarisent épistémologiquement le biopouvoir hégémonique critiqué.

Butler affirme au sujet de l'exercice critique *queer* que :

« dans l'idéal, [il] devrait étendre son champ d'action et nous faire comprendre à quel prix et avec quels objectifs on emploie ces termes et à travers quels rapports de pouvoir ont été engendrées ces catégories »[32].

On peut ajouter que l'« intention esthétique » de « faire comprendre » aux autres le « prix, les objectifs et les rapports de pouvoir » qui sédentarisent épistémologiquement le biopouvoir hégémonique critiqué, renvoie à la dimension individuelle et de classe de l'intention esthétique du criticisme *queer*, tandis que l'intention esthétique de « retourner le pouvoir contre lui-même » et de « produire des pouvoirs alternatifs » renvoie à la dimension structurelle de ce criticisme. Et enfin, que le *mouvement esthétique* de ce criticisme *queer* est la matérialisation de ces intentions.

Dans le cas de l'exercice critique de l'art biocritique qui critique à l'aide de témoignages sur la corporalité, le principe de contradiction et de négation esthétiques peut être déconstruit de manière générale non plus seulement en tant que contradiction entre le *mouvement esthétique* de l'art et la sédentarisation esthétique/épistémologique de ce qu'il critique, mais aussi en tant que contradiction et négation esthétique entre le biopouvoir hégémonique et les corps et les actions corporelles et sexuelles des identités sexuelles des exclues ou infériorisées par ce biopouvoir.

Par ailleurs, l'art biocritique lié aux criticismes féministes et queer exprime sa contradiction esthétique vis-à-vis du biopouvoir phallocentrique patriarcal et du symbolisme normatif et épistémologique de différenciation hétérosexuelle et binaire dénigrant les usages corporels exclus par ce pouvoir phallique au sein de l'économie sexuelle hégémonique ; cela implique une contradiction esthétique que peut exprimer toute figure poïétique d'idéal-type proposée par les critiques féministe/queer mais qui, dans le cas de l'art biocritique qui critique à l'aide de témoignages de corporalités exclues par le biopouvoir phallocentrique de la pensée hétérosexuell, binaire et androcentrique, confère une

---

[32] Butler 2010: 322

potentialité esthétique particulière à l'exercice critique de cet art envers les aspects épistémologiquement sédentarisés du phallocentrisme patriarcal. C'est notamment le cas lorsque l'art biocritique inclut dans son exercice critique et dans les processus poïétiques de ses œuvres d'art des témoignages oraux et/ou corporaux de « ces corps qui ne comptent pas » (Butler 1993/2010), des corporalités abjectes et/ou des identités du « Non-être » ou du « Non-être invisibilisé » (Wittig 1992/2006), comme matériel artistique ou en tant que co-poïétisateurs de l'art.

La déconstruction de la contradiction esthétique du mouvement esthétique produit par l'*art biocritique des corporalités abjectes* peut être réalisée en termes métathéoriques à travers la reconnaissance de la contradiction entre l'idéal-type de pensée épistémologiquement hégémonique au sein de la réalité socio-historique dans laquelle s'inscrit l'art, et l'idéal-type formulé par cet art ou reconnu et puisé par l'art dans cette réalité socio-historique. Dans le cas de l'art biocritique (lié aus critiques féministes et *queer*) qui critique avec le corps le phallocentrisme patriarcal, on peut interpréter la présence de témoignages corporels et biographiques d'identités exclues comme un type de poïétique testimoniale en contradiction esthétique avec une forme poïétique épistémologique hégémonique au sein du contexte socio-historique dans lequel l'art exerce son criticisme ; en effet, l'art et de nombreux autres biocriticismes qui critiquent la sédentarisation épistémologique en Occident (et aussi pour certains le phallocentrisme patriarcal) s'accordent à s'opposer (et pour certains à nier esthétiquement) aux formes épistémologiques qui repréproduisent la pensée hétérosexuel et binaire du biopouvoir phallocentrique comme la pensée hégémonique occidentale des derniers siècles. Ce qui explique que tout art biocritique est un processus plastique-poïétique qui induit et cristallise une tension dialectique-négative entre deux modèles de structures épistémologiques de production et de reproduction sociale de la pensée : celui de l'art et celui de la sédentarisation épistémologique au sein du contexte socio-historique. Et c'est précisément en fonction de l'interprétation conceptuelle de chaque structure de la production et reproduction du sujet que l'un des modèles est considéré comme le modèle d'hypothèse, qui représente l'aspect théorique fondamental auquel est confronté le modèle « idéaliste » que l'on qualifiera dans l'art de « modèle esthétique porteur d'espoir ». Un exemple paradigmatique est l'analyse que propose Butler au sujet du terme *queer*, où elle évoque la réalité sociale des activismes socio-politiques féministes et *queer* qui avec leur présence performative et visibilisatrice ont établi (pas forcément de manière intentionnelle) des liens de contradiction esthétique vis-à-vis du paradigme de la version constructionniste de la réalité sexuelle qui considère que le genre est une construction sociale, en développant plutôt une vision performative du genre en tant que mascarade. Par ailleurs, l'exercice esthétiquement critique de la théorie *queer* butlerienne consiste à reconnaître la potentialité esthétique des phénomènes sociaux *queer* en tant que discours ayant resignifié ce terme de *queer* en le chargeant de sens revendicatifs et émancipateurs des identités exclues par le phallogocentrisme patriarcal ; cet exercice critique repose également sur le fait que Butler établit des liens de contradiction esthétique entre ces identités et la vision épistémologique du genre véhiculée par la science pensée occidentale sédentarisée.

Le modèle hétéronome de la pensée moderne « reproduit » et/ou « construit » un sujet sexuellement hétéronome vis-à-vis du symbolisme normatif de la pensée hétérosexuelle dérivé du phallogocentrisme patriarcal ; ce modèle objective les capacités et les besoins du sujet en décorporalisant et en invisibilisant le plaisir sexuel et la masturbation en tant que besoins et capacités sexuelles; c'est un modèle épistémologique qui renvoie à une chosification construite socialement, observable et détectable dans les discours institutionnalisés et légitimés à grands renforts d'arguments positivistes sur la santé sexuelle. Il s'agit d'une domination positiviste qui structure les arguments avec lesquels il convient de parler de sexualité, et détermine qui est autoriser à en parler et ce qu'il faut en dire. Car au sein des sociétés modernes dès lors qu'il s'agit de sexualité, les arguments de la science médicale s'érigent en norme de construction et de maintien de la légitimité, aussi bien au sein des processus de légitimation de la rationalité des sujets occidentaux, qu'à travers les discours institutionnalisés de l'État qui deviennent les arguments essentiels de la socialisation de la sexualité du sujet.

Quant à l'art biocritique (féministe/*queer*) qui critique à l'aide de témoignages (corporels et biographiques) sur les identités sexuelles exclues, il contribue au contraire à l'autonomie du sujet produite esthétiquement à travers un processus plastique et corporalisé, un processus de construction du sujet sexuel où le méta-domaine des droits humains se transforme en méta-domaine de l'art.

Au sein de d'une action d'esthétique critique (inclut celles de l'art biocritique) la contradiction et négation esthétique se trouve dans le sens antagonique du modèle *idéal-type esthétique* offerte, visibilisé, « poïétisé » par l'art ; model à travers lequel l'art redonne vie à l'expérience négligée par le modèle épistémologique hégémonique ; par exemple, l'art biocritique redonne vie à l'expérience négligée par le modèle épistémologique du biopouvoir patriarcal et phallocentrique qui est tout expression socio-histórique de la pensée hétérosexuel, binaire et androcentrique ; l'art biocritique poïétise la contradiction et négation esthétique de ce biopouvoir en inversant la vision dénigrante des corporalités abjectes, la vision des altérités exclues. Par exemple, chez l'Œuvre multiorgasmique le model idéal-type esthétique de sujet social se traduit par une resignification du sens abject donné au plaisir sexuel construit socialement dans les sociétés occidentales et patriarcales. L'Œuvre multiorgasmique le fait en utilisant les fluides et le processus même de la masturbation comme des processus de production de matériel destiné à l'exercice critique de l'art. Paradoxalement, le corps intervient en amont et en aval de ce processus, en fournissant le matériel en vue d'une création basée sur la construction du plaisir autoérotisé et destinée à critiquer l'objectivation de l'expérience et le sens abjecte de la performativité corporelle et sexuelle d'un « Moi propre ».

L'art peut être l'expression de dialectiques individuelles, structurelles ou inter-dimensionnelles. Par exemple, l'art biocritique peut être l'expression d'une dialectique négative sur le plan psychologique, biologique, etc., sur le plan dimensionnel (individuel/système) ou sur le plan inter-dimensionnel (structure). Dans le sens adornien, l'art est un processus de création qui maintient des relations dialectiques négatives entre ce qui le construit socialement et ce qu'il crée, entre ce qui le sédentarise/chosifie et ce qui l'émancipe. Dans ce sens, la contradiction esthétique en tant que dialectique négative chez Adorno est une stratégie de fuite dont la logique de mouvement est une logique de contradiction et de négation esthétique.

Principe de tension esthétique : vitalité esthétique de l'art (bio)critique

La catégorie de tension esthétique correspond à la vitalité des critiques poïétisées par l'art biocritique. La vitalité et non la vie, car la vitalité, à l'instar de la tension, peut augmenter de manière graduée à différents niveaux de force, de tension. On peut observer tension esthétique dans tous les liens « locutives » ou « perlocutives » des actions critiques de tout art critique. À partir de cette définition de la tension esthétique, on peut évaluer la vitalité d'une action biocritique : plus la tension esthétique d'une action biocritique de l'art est forte, plus la vitalité de cette critique est grande. La vitalité de chaque critique dépend de deux facteurs : a) des évolutions socio-historiques de ce que l'art critique et b) de la capacité « suicidaire » ou « assassine » que partagent toutes les actions critiques poïétisées par cet art, et qui leur permet de « mourir entre les mains » d'une nouvelle critique avant que leur tension ne se relâche en se sédentarisant.

Adorno propose également un certain nombre de sous-catégories expliquant et découlant de la tension esthétique, par exemple la catégorie du *laid* (« *La catégorie du laid est tout aussi dynamique et nécessaire que son contraire, la catégorie du beau* »[33]), ou encore la catégorie de la *dissonance* en tant que « *terme technique qui désigne le fait que l'art accepte ce que l'esthétique, tout comme la naïveté, qualifie de laid* »[34]. Ces deux concepts peuvent aussi bien être appliqués à la déconstruction de la tension de l'art biocritique vis-à-vis de la production social de la réalité socio-historique. Car pour Adorno ce sont « *Les antagonismes non résolus de la réalité* [qui] *se reproduisent dans les œuvres d'art comme problèmes immanents de leur forme. C'est cela et non la trame des moments objectifs, qui définit le rapport de l'art à la société* »[35].

Pour que l'on puisse qualifier un processus épistémologique de processus critique, il est indispensable que se produise une *tension* à travers la contradiction esthétique entre les paradigmes épistémologiques en relation au sein d'une poïésis structurée de la critique. Le principe ontologique de tension esthétique repose sur la tension entre le paradigme épistémologique de l'art biocritique qui est le *mouvement esthétique* produit par l'exercice critique de l'art (la *dialectique négative*[36] entre actions critiques et autocritiques). Ce paradigme esthétique établit un lien de contradiction et de négation esthétique vis-à-vis de tout paradigme de sédentarisation épistémologique et esthétique. Néanmoins pour que l'on puisse qualifier un processus de création artistique de *processus esthétiquement critique* ou d'esthétique critique, il est indispensable que cette poïésis critique établisse des liens de contradiction esthétique exprimant une *tension esthétique* entre le *paradigme idéal-type esthétique*[37] et le reste des paradigmes des styles cognitifs liés à la critique poïétisée par l'art (présents dans : a) *ce que critique* l'art; b) *ce avec quoi* l'art

---

[33] Adorno, (1970)/2004: 69
[34] Adorno, (1970)/2004: 68
[35] Adorno, (1970)/2004: 15
[36] Ici la dialectique négative est aussi une « *dialectisation de la dialectique* » (Wittig, 2006: 78 y 79)
[37] Que cet idéal-type soit celui d'un art utopique et hyperbolique puisant des éléments potentiellement esthétique du contexte socio-historique, ou d'un art de témoignages sur ces éléments potentiellement esthétiques existant dans le contexte socio-historique.

critique ; c) le contexte *à partir duquel* l'art critique ; d) *ce qui critique la même chose* que l'art (les autres criticismes) ; et même f) ce qui sur un plan structurel *contribue à la (re)production de la sédentarisation* épistémologique que l'art critique). De plus, et c'est le plus important, cette poïésis critique devra également être une poïésis qui fait l'autocritique de l'art à un moment donné. Car l'art critique (inclut celui biocritique) est nécessairement tension esthétique entre actions critiques et actions d'autocritique – et ce jusqu'aux ultimes conséquences –, afin de générer le mouvement esthétique de dialectique négative constant de la « spirale historique » de l'art biocritique.

La tension esthétique en tant que catégorie d'analyse de l'art biocritique est en quelque sorte une catégorie esthétique qui adopte une perspective sociologico-historiciste dans l'analyse esthétique de l'art et de toute autre critique esthétique. Elle mêle les enchaînements socio-historiques des dimensions « internes » et « externes » de l'art en un tout, concevant ainsi l'art critique comme le fruit des enchaînements en forme de spirale entre la tension esthétique interne et externe de l'art.

En termes adorniens, la tension esthétique décrit la dépendance dialectico-historique de l'art, en tant qu'expérience, vis-à-vis de son passé et du présent : « *La définition de ce qu'est l'art est toujours donnée à l'avance par ce qu'il fut autrefois, mais n'est légitimée que par ce qu'il est devenu, ouvert à ce qu'il veut être et pourra peut-être devenir.* »[38] Ces facteurs imbriqués au sein de la poïésis artistique d'une critique expliquent d'emblée différents formes de tension esthétique : en tant que tension moral ou éthique, en tant que tension socio-historique, en tant que tension poïétique-artistique, en tant que tensión épistémologique, etc. ; lesquelles peuvent être reconnues et déconstruites au sein de tout art ou poïésis critiques.

De sorte que quelques exemples de tension esthétique susceptibles d'être déconstruites dans le cadre d'une action biocritique sont les suivantes :

---

[38] Adorno, (1970)/2004: 55.

a) *Tension socio-historique vis-à-vis de l'hégémonie épistémologique enculturée chez le sujet* b) *Tension épistémologique vis-à-vis de l'épistémologie hégémonique* c) *Tension éthico-moral* d) *Tension esthético-poïétique* e) *Autres formes de la tension esthétique*	*de* *l'art critique* *avec*	a) *ce qu'il critique ;* b) *ce avec quoi il critique ;* c) *la position à partir de laquelle il critique ;* d) *ce qui critique la même chose que lui ; et*

Pour mener à bien la déconstruction des contraires, des négations et des affirmations, il s'avère essentiel sur le plan méthodologique de considérer la tension esthétique comme la catégorie de déconstruction esthétique et d'analyse de la vitalité esthétique de l'art biocritique, car elle prend en compte l'ensemble des liens (de risque et esthétiques) du processus poïétique au sein duquel convergent tous les enchaînements de la spirale poïétique de la critique, ainsi que toutes les dépendances de la critique artistique envers le passé et le présent, mais aussi et surtout les dépendances socio-historiques de l'art en tant que critique et autocritique. Au sein de l'art critique, un lien esthétique est un lien qui exprime une tension esthétique ; les autres expriment un risque esthétique. Le schéma suivant illustre les exemples des liens de contradiction et tension esthétique en tant que tension épistémologique que peut produire le travail critique de l'art avec des autres styles cognitifs particulièrement celui de la science ; laquelles puisse être critique mais aussi acritique.

SCIENCE
CRITIQUE
(Paradigmes
epistémologiques
esthético-nihilistas)

Lien de
contradiction / tension
esthétiques
(pour l'émancipation de la science)

SCIENCE
ACRITIQUE
(Répructnetrice des paradigmes
dominants : paradigme
anthropocentrique ou de la
bestialité corporelle ; paradigme
e binaire-hetérosexnel ;
paradigme abstractionniste
rationaliste, abstractionniste et
décorporalisant du
sujet et de la sexualité humaine)

Lien de
contradiction et
tension esthétiques
(pour l'émancipation de la
science et le sujet social à
travers l'utilisation
esthétique)

Lien de
contradiction / tension
esthétiques
(contradiction esthétique de l'art
vis-à-vis de la sédentarisation
épistémologique produirte par tout style
cognitif au sein de la société, par
exemple : l'art biocritique envers la
science de la pensée phallocentrique,
binaire et androcentrique)

Lien de continuité
épistémologique
(enculturation,
socialisation domination
épistémologique des
paradigmes bien acceptés
par la culture d'une
société en tant que vérité
et réalité)

ART
CRITIQUE
(par exemple
l'Art biocritique)

Liens de
contradiction et tension
esthétiques avec le sujet
social :
1. Lien de contradiction et tension
esthétiques ENVERS des actions
reproductrices des paradigmes dominants
poïétisées per le sujet social; et

2. Lien de contradiction et tension
esthétiques avec toute action critique
poïétisé per le sujet social.

FACTEUR
SOCIAL
(Sujet social)

Lien de
contradiction /
tension esthétiques
(actions d'autocritique pour
l'émancipation de l'art et
principe esthético-nihiliste de tout
art critique)

Lien de
contradiction / tension
esthétiques
(pour l'émancipation du facteur social et du sujet
social)

ART CRITIQUE
(par exemple l'Art biocritique)

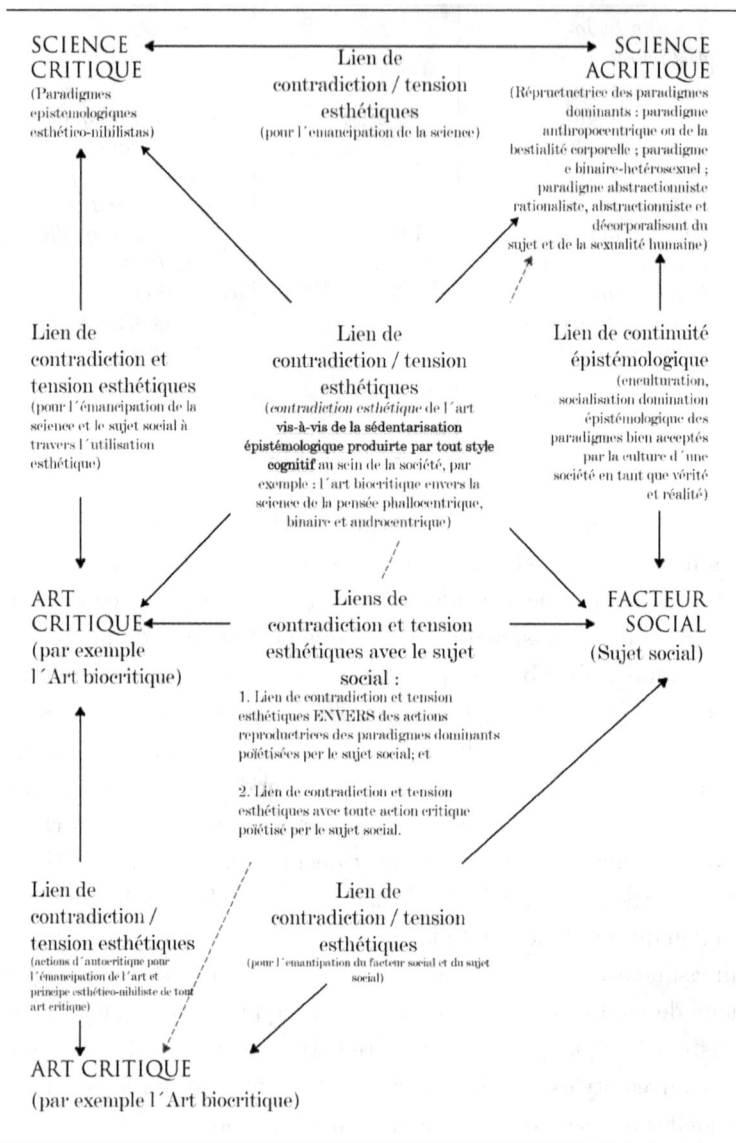

IMAGE. Esmeralda MANCILLA. Schéma du mouvement esthético-
épistémologique produit par la critique de l'art envers un facteur
social lié à l'hégémonie épistémologique du biopouvoir phallocentrique
et patriarcal, 2007.

Tension socio-historique en tant que tension esthétique de l'art (bio)critique

Tout art biocritique dont les poïésis s'inscrivent dans un contexte socio-historique dominé ou influencé par la sédentarisation paradigmatique d'un style cognitif exerçant une domination enculturante sur la sphère sociale tend normalement à établir des liens de contradiction esthétique vis-à-vis de ce style cognitif dominant, non seulement parce que ce style cognitif domine l'ordre social et le sujet, mais aussi et surtout à cause de sa sédentarisation épistémologique, aussi bien interne qu'externe, caractéristique de tout pouvoir hégémonique.

La tension esthétique repose sur la tension sociale exprimée au sein des enchaînements de contradictions esthétiques entre la réalité et l'*idéal-type* (poïétisé par l'art comme une version hyperbolique de la réalité potentiellement esthétique ou à travers des témoignages sur cette réalité). Elle fait partie des fonctions sociales attribuées sociologiquement à l'art dans son rapport à la société : fonctions émancipatrices, cristallisatrices, épistémologiques, mais aussi et surtout *critiques*.

Or les œuvres de l'art critique sont :

> « (…) des copies du vivant empirique pour autant qu'elles procurent à celui-ci ce qui lui est refusé au dehors et l'affranchissent de ce qu'en fait l'expérience extérieure chosifiante »[39].

Dans le cas de l'art biocritique, les œuvres sont :

> « [… témoignages] du vivant [corporellement, sexuellement et subjectivement] empirique pour autant qu'elles procurent à celui-ci ce qui lui est refusé au dehors et l'affranchissent de ce qu'en fait l'expérience extérieure chosifiante »[40].

---

[39] Adorno, (1970)/2004: 14.
[40] Adorno, (1970)/2004: 14.

Adorno souligne le lien socio-historique qui existe entre l'art critique et un type de société en particulier, la société contemporaine enculturée par les effets de l'hégémonie épistémologico-rationaliste de l'esprit de la Modernité. Dans ce cas, l'art biocritique s'émancipe lui-même de la rationalisation et émancipe la sphère sociale de la raison moderne sédentarisée. Il ne s'agit pas uniquement de l'art moderne, mais de l'art biocritique vis-à-vis de l'Esprit de la modernité et de ses conséquences actuelles au sein des sociétés appartenant à ce que Giddens (1991/1995) qualifie de « modernité tardive », et de toute autre société soumise à la sédentarisation épistémologique de cet Esprit de la modernité.

L'art critique auquel se réfère Adorno s'inscrit dans ce contexte socio-historique et il a recours à l'empirisme afin de neutraliser la chosification des formes et des contenus socialement réifiés, ainsi que d'autres formes et contenus oubliés, délégitimés ou dénigrés par l'ordre social au sein de la société ou de l'art :

> « Dans cette relation à la réalité empirique, les forces productives sauvegardent, neutralisé, ce que jadis les hommes apprenaient littéralement et indifféremment de l'existant et ce que l'esprit rejetait de celui-ci. »[41]

Le rapport de tension socio-historique entre l'art et les sociétés modernes définit le rapport de tension entre l'art et l'empirisme, qui n'est pas une tension vis-à-vis de la société, mais de ses formes sédimentées, chosifiées, un rapport dont découle « le double caractère de l'art comme autonomie et *fait social* »[42].

Pour Adorno, l'œuvre d'art est une synthèse ou un fragment d'altérité, en tant que critique poïético-spirituelle et empirico-réflexive du fait social, auquel elle est dialectiquement et intimement liée : « *l'Art est l'antithèse sociale de la société, non*

---

[41]   Adorno, (1970)/2004 : 15
[42]   Adorno, (1970)/2004 : 15

déductible immédiatement de celle-ci »[43]. Car la critique est la loi de mouvement de l'art, et la nature même de la critique esthétique n'est autre que cette loi de mouvement, c'est-à-dire la dialectique négative qui provoque de multiples changements, façonnant un devenir de mutations sur la peau de l'art. Cette loi de mouvement est une poïésis artistique de revendication permanente qui produit des critiques mutantes au sein de l'art, en contradiction ontologique avec ce qui existe déjà et qui par conséquent a cessé d'être utile à l'art dans sa quête émancipatrice : « *L'œuvre* [d'art] *est apparentée au monde grâce au principe qui l'oppose à celui-ci, et par lequel l'esprit a modelé le monde lui-même* »[44]. C'est ainsi que la contradiction esthétique détermine le rapport de l'art avec la société, la connaissance, l'art et les manières de créer.

La contradiction esthétique de l'art vis-à-vis de la société, conçue comme la différence entre la dynamique sociale et la dynamique artistique, est une contradiction entre la logique sociale et la logique artistique qui caractérise « l'œuvre d'art moderne », qui pour Adorno est également une « œuvre d'art critique ». Ce type de contradiction entre la société et l'art trouve son origine dans la démystification des Lumières et dans une critique de la modernité par la pensée critique de l'École de Francfort, dont Adorno est l'un des principaux représentants. Pour ce type d'œuvre critique, la contradiction apparaît comme une loi de mouvement de l'art, comme une caractéristique du rapport entre l'art et le tout social, mais aussi et surtout comme la condition de son émancipation vis-à-vis de ce qui menace de le chosifier ou de se chosifier.

Sur le plan méthodologique, Adorno souligne l'importance de la déconstruction de l'action de tension esthétique de l'art en lien dialectique avec les circonstances socio-historiques imposées par la structure sociale, car ce sont ces circonstances socio-historiques qui déterminent une forme critique plus intellectualisée à laquelle

---

[43] Adorno, (1970)/2004 : 18
[44] Adorno, (1970)/2004 : 17

l'art est confronté ou avec laquelle il peut faire son autocritique, non sans courir – dans tous les cas – le risque de se sédentariser. Toutefois la mise en garde d'Adorno contre les risques de sédentarisation des poïésis critiques de l'art ne porte pas tant sur le fait que celui-ci pourrait ne pas parvenir à s'auto-émanciper de cette forme rationaliste ou trop intellectualisée, mais plutôt sur les effets distanciateurs que ce type de critique pourrait avoir sur les liens entre l'art les « exclus de la culture », dont l'éloignement remettrait en cause la fonction émancipatrice de l'art. Car un art mal compris du sujet social ou trop intellectualisé ou rationalisé, inaccessible aux franges moins cultivées de la population, se replierait sur lui-même ou s'apparenterait à un cri lancé au milieu du désert. Cela aurait pour effet, dit Adorno, de susciter la « rancœur des exclus de la culture »[45], de générer un « art de consommation » et de renforcer chez les artistes une tendance structuraliste de la conception de la réalité sociale et de l'art lui-même.

Cette perspective sociologique de la critique au sein de l'art part du principe que tout facteur social critiqué par un art est une construction sociale, et par conséquent lorsque l'art biocritique un facteur social en tant que construction sociale, il critique aussi bien le produit de la construction que le processus lui-même de cette construction sociale ; considérant que le produit d'un processus de construction est susceptible de construire un autre processus de construction. Il peut également arriver que l'art biocritique directement le phénomène de construction sociale en tant que facteur social ; ce faisant, il critique à la fois le processus de production, le produit et les constructeurs du processus. En effet, la critique au sein de l'art n'est pas seulement une contradiction socio-historique, mais bien une contradiction *esthétique*, ce qui implique un sens poïétique et émancipateur de la contradiction dans tous les liens possibles de l'art (inclut le lien de celui avec lui même).

---

[45] Adorno, 1970: 26.

La dimension socio-historique de l'*intention esthétique* de l'art critique est celle de critiquer la sédentarisation épistémologique dans la société et l'histoire, cet intention s'accompagne d'une intention d'émanciper le sédentarisée de sa sédentarisation ; car l'art est toujours mouvement esthétique envers tout type de sédentarisation esthétique, épistémologique au sein de l'art et au sein d'un contexte socio-historique. Puis, l'art cherche assurément à s'émanciper de lui-même à travers l'acte de critiquer, mais en critiquent un facteur social (processus ou construction) qui inclut tous les éléments impliqués dans ce phénomène de construction, il cherche également à critiquer les autres éléments avec lesquels il a établi, directement ou indirectement, un lien de contradiction et tension esthétique. Il s'agit d'une émancipation esthétique : une émancipation aussi bien vis-à-vis du dominé que du dominant au sein du contexte socio-historique dont l'art se poïétise.

Une œuvre de l'art biocritique est une critique épistémologique dès lors que la tension esthétique d'un art biocritique découle des liens de contradiction esthétiques qu'établit cet art vis-à-vis de ce qu'il critique, créant un paradigme *idéal-type* (le sujet esthétique avec un « Moi propre ») non de manière consciente, mais comme un modèle émancipé de ce qu'il critique (le sujet social hétéronome au biopouvoir) afin de l'émanciper. Et si ce que critique cet art est un facteur social soumis à la domination d'une hégémonie épistémologique, alors le modèle qu'il poïétise afin d'établir un lien de contradiction vis-à-vis de ce qu'il critique, en plus d'être un paradigme esthétique (un *idéal-type* poïétisé artistiquement), est également un paradigme qui pourrait – en raison des circonstances socio-historiques d'hégémonie épistémologique – être déconstruit en tant que paradigme épistémologique.

Par exemple, dans le cas spécifique de l'Œuvre multiorgasmique, dans laquelle l'art biocritique poïétise artistiquement le sujet esthétique à travers une poïésis corporalisée de son plaisir sexuel, le processus créatif établit un lien de contradiction esthétique vis-à-vis du processus de production et de reproduction sociale de la sexualité du sujet social. Et la tension sociale en tant que tension esthétique s'établit entre un sujet social qui ne pratique pas, ne reconnaît pas et/ou réprouve certaines pratiques sexuelles et corporelles performatives d'un « Moi propre », et un autre sujet social qui en les pratiquant de manière volontaire afin de participer à une œuvre d'art, vit une expérience esthétique en donnât témoin de la performativité de son « Moi propre ». La somme des expériences esthétiques de tous les volontaires et participants à une œuvre d'art biocritique génère la poïésis d'une tension socio-historique entre la corporalités d'un sujet *idéal-type esthétique* (la corporalité du *sujet corporel avec des besoins* en tant que sujet esthétique corporalisé) et la corporalité d'un sujet moderne décorporalisé et pour tant des paradigmes décorporalisateurs. Par exemple, chez les sociétés modernes et de la modernité tardive il se produit un décorporalisation du sujet à travers de ce que alain Giami à nomé « médicalisation de la sexualité » :

> « (...) l'un des effets de la médicalisation de la sexualité (...) est que les problèmes du sujet et de son engagement dans la sexualité ont cessé d'être principalement appréhendés comme des problèmes moraux, pour tendre à être interprétés comme une question de bien-être individuel et social, dont rendent compte la notion de santé sexuelle (Giami, 2005), et celle de comportement responsable. »[46]

L'enculturation d'un paradigme scientifique en tant que paradigme culturel a lieu lorsque l'épistémologie d'un paradigme scientifique parvient à imposer son style cognitif à une culture et lorsque le traitement, le choix, l'organisation et la gestion de l'information du sujet social adopte de manière intrinsèque la taxonomie dominante de la science afin de surévaluer les connaissances scientifiques en tant que connaissances culturellement supérieures et par conséquent catalysatrices de ce

---

[46] Bozon, 2004 : 15.

qui est légitime et légitimateur, de ce qui est la vérité et la réalité aux yeux du sujet, et sous-évaluant les autres styles cognitifs, leurs vérités et leurs réalités. L'enculturation de l'épistémologie scientifique en tant que culture cognitive s'opère lorsque les formes scientifiques s'imposent au sein d'une culture comme les *meilleures* formes cognitives qui permettent au sujet d'acquérir des connaissances, limitant ainsi les capacités et les besoins du sujet social appartenant à cette culture scientificisée.

Il est important de souligner le fait que les actions biocritique au sein de l'art ou au sein d'un autre style cognitif ou de la société, sont les actions corporel et sexuellement antagoniques des capacités cognitives enculturées chez le sujet en tant que besoins cognitifs du corps, de ce qu'il a besoin de connaître, par l'hégémonie épistémologique dominante au sein de sa culture. Toutefois, il convient ici de préciser que les besoins du sujet social sont également des constructions, au point qu'un besoin construit socialement qui n'existait pas au sein d'une culture peut – à travers sa sédentarisation – se hisser au premier rang de ses nécessités et devenir un besoin *quasi* primaire. Or les circonstances socio-historiques de l'art biocritique des corporalités abjectes dans les sociétés de la modernité tardive sont marquées par la décorporalisation du sujet social en tant que sujet cognitif, ce que Giddens résume sous le terme de « séquestration de l'expérience » (Giddens, 1995), et que nous qualifierons de « séquestration épistémologique » de l'expérience poïétique phallique des sujets masculins par le patriarcat.

Tension épistémologique en tant que tension esthétique de l'art (bio)critique

La tension épistémologique est une forme de tension entre différents styles cognitifs, entre des manières de construire et de définir ce qu'est la réalité et ce qu'est la vérité à partir de la connaissance :

> « Cette recherche part du principe sociologique de Feyerabend[47] selon lequel une société est composée épistémologiquement de différents styles cognitifs [art, religion, science, magie, etc.] ayant chacun son importance ; la plus ou moins grande participation de chacun de ses styles à la construction sociale d'un facteur social constitue la caractéristique principale de la culture cognitive d'une société. »

Puis pour l'aetshétique de l'art biocritique, la tension épistémologique en tant que tension esthétique est une forme de tension entre les actions biocritiques et les actions des styles cognitifs (la science, la religion, la loi, la littérature, l'art même, la musique, le sport, etc.) acritiques et/ou reproducteurs de la sédentarisation épistémologique de ce qu'il critique : le biopouvoir phallocentrique et patriarcale de la pensée hétérosexuelle, binaire et androcentrique. Par ailleurs, lorsque la poïésis de l'art biocritique se met à critiquer – par exemple – un facteur social (phénomène récurrent au cours de toutes les étapes et dans toutes les circonstances sociales de l'histoire de l'humanité), il arrive parfois que le lien de contradiction esthétique vis-à-vis de ce facteur social s'applique par extension aux styles cognitifs socio-historiques exerçant leur domination sur le facteur social critiqué. Par exemple, les Œuvres multiorgasmiques critiquent la décorporalisation du sujet social en tant que sujet cognitif, un facteur social découlant de ce que le sociologue Giddens qualifie de « séquestration de l'expérience » par la raison moderne. Ce jugement sociologique présente un lien évident avec la critique marxiste de la domination du sujet social déshumanisé, un sujet social reconnu à travers le concept *idéal-type* marxiste du *sujet corporel avec des besoins* ; un type de sujet que Hinkelammert

---

[47] Feyerabend, 1987 : 188.

(2005, 2007 et 2008) considère également comme déshumanisé et que le criticisme de l'*art biocritique des corporalités abjectes*, qualifie de sujet cognitivement décorporalisé. Ces jugements critiques ont un lien direct avec ceux d'autres penseurs critiques dont certains se sont davantage concentrés sur la critique du style cognitif dominant, et d'autres sur les conséquences d'une telle domination de la raison abstractionniste de la connaissance. Foucault, par exemple, qualifie de *biopouvoir* cette forme de domination de l'ordre social sur la corporalité du sujet social. D'autres mettent leurs critiques au service de l'émancipation du rationalisme par des voies ultra-rationalistes comme le font Karl-Otto Apel (1985 y 2009) et Jürgen Habermas (1985 y 1989) avec leur concept de « société idéale de communication » composée de *sujets critiques*. D'autres penseurs critiques proposent plutôt une voie esthétique de l'émancipation de la pensée humaine, comme celles de l'interpretation de la pensée de Derrida en tant que *lecteur critique*[48] ; ou du *sujet autonome* de Castoriadis (1990, y 1997). D'autres enfin, tels qu'Adorno et Horkheimer (1947), estiment que ce phénomène de rationalisation a pour conséquence de créer une « fausse conscience », construisant une identité de *sujet chosifié*. Toutes ces pensées critiques s'accordent sur un point essentiel : elles dénoncent la domination du paradigme rationaliste et abstractionniste de la connaissance avec ses conséquences sur le sujet socio-historique, et le rôle de cette hégémonie épistémologique en tant qu'instrument de domination sociale et culturelle. Tous ces penseurs poïétisent leurs critiques afin de contribuer à l'émancipation de la pensée humaine vis-à-vis d'une raison sédentarisée qui prétend être le « meilleur » style cognitif pour construire, connaître, découvrir et légitimer la « vérité » et la « réalité » au sein de la science et en dehors d'elle, en tant qu'ordre social et que biopouvoir.

---

[48] Le *lecteur critique* de Derrida est une version du sujet autonome, faisant preuve d'une qualité poïétique d'émancipation esthétique, un interlocuteur compétent pour la discussion et la communication post-conventionnelle, capable de se considérer comme un sujet épistémologiquement poïétique. (Cohen & Dilon, 2007).

Adorno suggère que les œuvres d'art critique – en tant que poïésis critiques – sont les « ennemies mortelles » les unes des autres. Dans cette perspective, les critiques qui répondent à une certaine continuité dans l'utilisation d'un langage structuré – même s'il s'agit de poïésis critiques – sont des critiques ennemies d'autres critiques. Même les poïésis critiques de la pensée critique d'Adorno présentent une certaine continuité dans l'utilisation de certains concepts hérités d'autres critiques. L'art et l'artiste n'échappent pas à une telle dialectique, mais c'est l'aspect « mortel » de l'inimitié entre critiques au sein de l'art qui différencie les critiques produites par la pensée critique des poïésis critiques de l'art. Car dans le domaine de l'art, la critique est « mortelle » dans un sens esthético-nihiliste. Par conséquent, le lien entre l'art biocritique et la science est esthétique quand le lien esthétiquement critique entre l'art et la science ne s'établit pas uniquement avec la science dominante, mais aussi avec la science critique. Or les liens que l'art établit avec la science critique sont également des liens de contradiction esthétique, même si tous deux partagent certains traits de pensée critique.

Lorsque la critique de l'art biocritique s'exerce dans une société où l'hégémonie épistémologique de la science domine le sujet et la société, les liens de l'art biocritique avec la pensée critique structurée ne sont pas seulement des liens de « solidarité », d'« accord » et de « soutien », ils sont aussi, nécessairement, des liens de contradiction esthétique. Car même s'ils partagent un certain esprit critique, dans le sujet de l'émancipation corporelle et sexuel, la capacité émancipatrice de leur poïétique critique est différente à celle de l'art. En effet, sans vouloir enlever le mérite de la capacité critique de la pensée des sciences et la philosophie utilisant un langage structuré, celle-ci a besoin de la capacité critique d'une poïétique n'utilisant pas de langage structuré, dans la mesure où cette dernière est une critique dont la poïétique est poussée « jusqu'à ses ultimes conséquences » par les actions biocritiques poïétisées soit par les sujets sociaux, par des autres styles cognitifs ou par l'art. Il existe néanmoins de nombreuses poïésis critiques de la science qui vitalisent une tensión épistémologique en tant que tension esthétique entre science et action biocritique des sujets soxiaux ; permettent une émancipation de l'action biocritique poïétisée par les sujets sociaux, par exemple le cas de la tensión esthétique dans le lien entre l'exemple paradigmatique de la culture queen pris par la théorie queer de Judith Butler et la science et théorie social à laquelle participe son exercise de production de connaissance structuré que au même temps deviens une actio biocritique car vitalise la action biocritique queer qu'elle théorise.

Dans la perspective de Feyerabend, pour établir un lien de contradiction et de critique vis-à-vis de la science, il n'est pas nécessaire d'*être* une science. Feyerabend lui-même encourage le scientifique à utiliser de nouveaux outils afin de remettre en question les hypothèses et les croyances théoriques et méthodologiques de la science. Toutefois, toutes les critiques artistiques d'un facteur social étudié par la science, n'établissent pas nécessairement un lien de contradiction épistémologique vis-à-vis de la science, ou du moins pas dans les termes de ce que la science considère comme une critique légitime. Sinon, critiquer la science reviendrait à critiquer le langage structuré à l'aide d'un langage structuré, ce qui impliquerait « une certaine continuité » du paradigme scientifique ; il s'agit-là d'une distinction essentielle entre la contradiction critique de la science et la contradiction esthétique de l'art.

Dans le même esprit que l'anarchisme philosophique de Feyerabend, la critique qu'exerce le criticisme de l'art biocritique qui critique à l'aide de témoignages sur des corporalités abjectes, n'a pas besoin de se structurer à l'aide d'un langage scientifique pour établir des liens de contradiction esthétique vis-à-vis de la science.

En d'autres termes, comme l'affirme l'anarchisme épistémologique de Feyerabend, il n'est pas nécessaire d'être un scientifique pour critiquer un langage structuré à partir d'un autre langage structuré, quand bien même cette critique ne serait pas considérée comme légitime par la science, qui a ainsi trouvé l'antidote la préservant de toute remise en question. Par ailleurs, dans les circonstances socio-historiques actuelles, les liens de contradiction esthétique que l'art établit vis-à-vis de la science ne sont pas forcément des liens directs. En effet, bien souvent l'art qui critique un facteur social découlant d'une société scientificisée critique par la même occasion, de manière indirecte, l'hégémonie épistémologique étant à l'origine du facteur social en question. Ainsi, la critique de l'art critique envers un facteur social déterminé est également une critique du phénomène qui produit ou qui construit socialement ce facteur. En tout cas, l'art critique est obligé à établir des liens de tensión esthétique aussi avec la science critique qui critique le même facteur social qu'il critique.

C'est notamment le cas des liens de l'*art biocritique* avec les paradigmes interprétatifs du corps, des corporalités, des identités, du genre et de la sexualité humaine. En termes sociologiques, la construction sociale du corps représente une socialisation de l'épistémologie du corps, c'est-à-dire qu'au sein d'une société scientificisée (dominée par un paradigme scientifique) on peut reconnaître l'enculturation du paradigme épistémologique de la science en tant que style cognitif dominant au sein d'une culture donnée, ou du moins dominant les formes culturelles cognitives et de création de connaissance des individus qui appartiennent à cette société. Pour Feyerabend : « *Le choix d'un style (cognitif), d'une réalité ou d'une forme de vérité est une œuvre humaine. C'est un acte social qui dépend d'une situation historique.* »[49] Dans cette perspective, le paradigme de la construction sociale du genre, de la sexualité, des sens abjects du corps, du sujet social, etc. etc., est un paradigme épistémologique de la capacité cognitive de ce sujet, et par conséquent la construction sociale du sujet, de son corps, de sa sexualité, est une construction sociale de la *connaissance* sur ce sujet, sur son corps, sa sexualité, etc. et bien sur, des formes cognitives corporelles des individus. On peut en déduire que toute hégémonie épistémologique au sein d'une société scientificisée telle que la société de la modernité tardive,

---

[49] Feyerabend, 1987 : 188.

représente également une hégémonie sociale et culturelle ; par conséquent, toute critique envers un facteur social ou culturel de ce contexte socio-historique se doit nécessairement d'être une critique envers l'épistémologie scientifique.

On peut également déduire de la critique de Reich – si l'on inverse les termes de sa théorie sur le sujet producteur corporel de l'orgone –, que la domination d'un ordre social sur le sujet, le corps et la sexualité, ne découle pas seulement de la sélection de connaissances qui est transmise au sujet, mais aussi de la taxonomie et de la hiérarchisation des formes cognitives que l'ordre transmet au sujet à travers la socialisation, en promouvant certaines formes cognitives et en inhibant, pénalisant et réprouvant d'autres, comme c'est le cas de la corporalité humaine en tant que forme cognitive innée de l'être humain inhibée par la socialisation occidentale du sujet social. Or la normativité du corps est imposée par un *biopouvoir* (Foucault 1976 et 1984) sédentarisé par le paradigme de la naturalité du sexe et du genre (tout particulièrement dans le cas de la médecine), auquel s'oppose le paradigme des sciences sociales sur la construction sociale du genre. Par la suite, les actions biocritique de l'*art biocritique* et les théories féministes *queer* (avec le paradigme de la performativité du genre), établiront liens de tension esthétique même aussi vis-à-vis de ces paradigmes ; malgré, bien-sûre, à la réticence de part de la science acritique vis-à-vis de ces liens de discussion avec l'art.

À ce sujet Kuhn (1962), en étudiant « la structure des révolutions scientifiques », constate l'existence d'une résistance de la part des communautés scientifiques à reconnaître la légitimité des mutations que les scientifiques créatifs imposent au paradigme dominant et que la réalité elle-même exige pour son examen. C'est une caractéristique des paradigmes en général qui s'applique également au paradigme dominant de la production de connaissance par la science occidentale. Cette résistance face aux mutations du paradigme dominant au sein de la science moderne n'est d'ailleurs pas la seule caractéristique historique de la science soulignée par Kuhn (1962), qui mentionne également la tendance à la sédentarisation de tout paradigme qui, après avoir été accepté par la communauté scientifique comme légitime et légitimateur de l'interprétation scientifique de la réalité, finit par étendre sa domination au sein des sociétés modernes en tant que style cognitif imposé au sujet social moderne.

Cette sédentarisation et cette résistance face aux mutations du paradigme de la science occidentale observées par Kuhn constituent des caractéristiques générales de la production de connaissance et de critique par la science, car – toujours selon Kuhn – la science a besoin d'assurer et/ou d'encourager une certaine continuité de sa structure fondamentale, et par conséquent de limiter la contradiction de la critique, afin d'éviter que sa propre critique ne vienne ébranler, fragmenter ou fragiliser la légitimité de son paradigme dominant au sein de la production de connaissance scientifique. À ce sujet, Kuhn écrit :

> « En science, un paradigme fait rarement l'objet de contestation. Il doit en revanche faire l'objet d'une articulation et d'une spécification ultérieure dans des conditions nouvelles et plus rigoureuses, un peu comme une décision judiciaire qui crée un précédent ».[50]

Dans cette perspective kuhnienne, on observe que la science est peu disposée à la critique, comme le prouve cette résistance face aux révolutions scientifiques alors que l'art – pour utiliser l'analogie des révolutions scientifiques – est un « style cognitif » qui requiert, cherche, engendre et poïétise les révolutions, les crises, les mutations, les modifications et les ruptures, en tant que critique de la continuité. Voilà la tension épistémologique en tant que tension esthétique entre les paradigmes de ses styles cognitifs.

En science, la contradiction de la critique reste limitée non pas tant par rapport à ce qu'elle critique – lorsque ce qu'elle

---

[50] Kuhn, 1962/2007: 88.

critique est un facteur social –, mais par rapport à ses paradigmes en tant que les « outils d'examen », c'est-à-dire, à la science elle-même. En revanche, l'action critique de tout art critique (inclut l'art biocritique) n'est pas limitée par le besoin d'une « certaine continuité » du paradigme ; c'est au contraire, il a besoin esthétique d'une contradiction, négation et tension esthétique et épistémologique avec lui même (*b*) *ce avec quoi* il critique ; *c*) *la position à partir de laquelle* il critique). On parle ici d'une dialectique négative entre actions critiques et autocritiques qui reflète l'attitude nihiliste de l'art critique ; une attitude esthético-nihiliste qui en tant que loi de mouvement est poïétisée « jusqu'aux ultimes conséquences » en vue de l'émancipation esthétique de ce qui est critiqué et de l'art lui-même. Car la contradiction de la poïésis critique au sein de l'art est nécessairement nihiliste dans les aspects méthodologiques, epistemologiques ou gnoséologiques de ses poïésis et esthétique.

L'esthétique de toute action biocritique de l'art biocritique est une contradiction esthétique en raison de cette capacité et de ce besoin d'autocritique, parce que son ontologie ne repose pas seulement sur l'émancipation esthétique de ce qu'elle critique, mais aussi sur la poïésis de sa propre émancipation esthétique. Cette distinction ontologique entre la poïésis critique de l'art et celle de la science pourrait expliquer esthétiquement le fait qu'il existe des *sciences de l'art* mais pas d'*arts de la science*. Un art biocritique qui utilise par exemple le langage structuré d'une science afin de structurer ses critiques sans pour autant critiquer le paradigme scientifique, n'est pas un lien esthétique de l'art (bio)critique, dans la mesure où en ne le critiquent pas – c'est-à-dire en n'établissant pas de lien de contradiction esthétique avec lui – il contribue à la continuité et à la sédentarisation du paradigme scientifique. Le schéma suivant illustre visuellement la contradiction épistémologique qui existe entre la poïésis de la production de connaissance scientifique critique et la production non critique qui sert à renforcer le paradigme dominant au sein de la science.

SCIENCE ET PENSÉE (BIO)CRITIQUE		
(quelques auteurs de la pensée esthétique (bio)critique du XIXème et XXème)		
Critique envers la sédentarisation épistémologique des paradigmes hégémoniques au sein de la science:	Critique envers toute sédentarisation épistémologique au sein de la science ou au sein de la société:	Critique envers la sédentarisation épistémologique du paradigme phallocentrique au sein de la science et au sein bien évidement de la société (la pansée hétérosexuel, androcentrique et binaire du patriarcat):
• Paul Feyerabend • Thomas Kuhn • Karl Popper • Etc, etc.	• Theodore W. Adorno • Karl Marx • Friedrich Nietszche • Etc, etc.	• Margaret Mead • Malinowski • Luce Irigaray • Monique Witttig • Judith Butler • Teresa de Lauretis • Nancy Jodelet • Julia Kristeva • Joan Riviere • Marta Rosler • Young • Beatriz Preciado • Wilhelm ReichMichel Foucault • Félix Guattari • Franz Hinkelammert • Merleau-Ponty • Jaques Derrida • Herbert Marcuse • Anthony Giddens • Etc, etc.

ART ET PENSÉE BIOCRITIQUE
(quelques artistes de la pensée esthétique (bio)critique du XXème)
(Quelques exemples du XXéme siécle) envers les effets de la sédentarisation des paradigmes épistémologiques reproducteurs du patriarcat: a) paradigme anthropocentrique ou de la bestialité corporelle ; b) paradigme binaire-hétérosexuel ; paradigme abstractionniste rationaliste abstractionniste et c) décorporalisant du sujet et de la sexualité humaine).

- Simone Beauvoir
- Louise Bourgeois
- Claude Cahun
- Sophie Calle
- Helen Chadwick
- Judith Chicago
- Marlene Dumas
- Valie Export
- Nan Goldin
- Shigeko Kubota

- Ana Mendieta
- Orlan
- Gina Pane
- Cindy Sherman
- Carolee Schneemann
- Kiki Smith
- Sontog
- Faith Wilding
- Etc, etc.

Le schéma des pages précédents illustre la différence entre la science acritique et la science critique plus proche de l'art critique permettent de visualiser et de comprendre :

a) que la critique au sein de la science se caractérise par une contradiction *déterminée par le besoin d'une certaine continuité du paradigme dominant*, contribuant de manière limitée à son émancipation et à l'émancipation du facteur social vis-à-vis de l'hégémonie épistémologique. Car bien que dans le cas de la production de connaissance scientifique à travers le criticisme, la loi de mouvement soit également la contradiction – comme c'est le cas avec l'art –, la science est néanmoins dépendante d'une certaine sédentarisation, d'une certaine continuité de son paradigme, non pas pour assurer sa survie, mais en raison de la résistance de la communauté scientifique à tout changement de paradigme ou aux mutations de ce paradigme et du langage structuré de la science; c'est pourquoi les révolutions scientifiques sont des processus graduels, car la science résiste au changement et empêche toute critique scientifique légitime de remettre radicalement en cause les éléments du paradigme dominant. La contradiction au sein de la science ne peut être qu'une conquête progressive de la critique scientifique en raison de cette résistance aux mutations du paradigme. Il s'agit là de la différence fondamentale entre la critique scientifique et la critique esthétique de l'art critique : les deux formes de critique sont des contradictions, mais l'art d'esthétique critique, contrairement à la science, cherche et aspire à la « mort fragmentée » de son criticisme. Car toute poïésis de l'art critique, tout œuvre d'art critique, toute critique de l'art critique est potentiellement l'*ennemie mortelle* d'une autre.

b) que la critique au sein de l'art se caractérise par une *contradiction* esthétique vis-à-vis du paradigme dominant, et ce jusqu'aux ultimes conséquences de l'esthétique nihiliste, contribuant esthétiquement à son émancipation et à l'émancipation du facteur social par rapport à l'hégémonie épistémologique.

Tension artistique en tant que tension esthétique de l'art (bio) critique

La tension artistique de l'art est un type de tension qui concentre tous les liens de contradiction esthétique qu'un art biocritique établit à l'intérieur du *méta-domaine* de l'art. La tension artistique appartien à l'autocritique de l'art critique ; il s'agit des liens de l'art avec ses formes poïétiques ou de ses contenus esthétiques avec des formes poïétiques ou des contenus esthétiques d'autres moments de l'art ; cette autocritique peut être poïétisée à l'aide du langage structuré de la science ou d'un langage artistique. Un exemple d'autocritique structurée est précisément celle qui est réalisée à travers les sciences de l'art. Les sciences de l'art incluent toute science utilisée esthétiquement par l'art critique. L'art biocritique peut utiliser esthétiquement le langage structuré de n'importe quelle science afin de déconstruire de manière structurée la contradiction esthétique de ses poïésis critiques, c'est-à-dire de ses processus créatifs et des moments esthétiques impliqués dans la réalisation d'une œuvre d'art critique. Il fait ainsi son autocritique à travers son travail critique de manière structurée.

Au sein de l'art biocritique la tension artistique se manifeste à travers la *vitalité* des liens de contradiction esthétique entre poïésis, entre criticismes d'un même art biocritique ou de différents arts critiques. Cette tension décrit une émancipation de l'art vis-à-vis de lui-même, ou d'un autre art et « langage » ou poïétique artistique.

Sur le plan méthodologique, la tension artistique en tant que tension esthétique n'est autre qu'une forme de vitalité de la contradiction esthétique qui existe entre des œuvres d'art et entre des *manières de faire de l'art* ; c'est-à-dire entre des poïésis critiques et entre des manières poïétiques de critiquer artistiquement. Ce qu'Adorno a défini dans les termes suivants : la tension artistique de l'art critique démontre qu'« une œuvre d'art est l'ennemie mortelle d'une autre »[51].

Toutefois, la critique d'un paradigme sédentarisé peut également amener l'art qui le critique à sédentariser son propre exercice critique, tout comme le paradigme rationaliste chez la science a fini par se sédentariser alors qu'il avait pour objectif de séculariser la science et la pensée occidentale afin de l'émanciper de l'emprise de la « vérité divine ». Face aux risques de sédentarisation, l'art et son ontologie nihiliste est suffisamment sensible pour ne pas se cantonner à une seule forme de critique.

La tension artistique de l'art biocritique met en évidence la vitalité de la quête constante de l'art, du mouvement de contradiction esthétique en tant que mouvement qui génère la volonté de l'art biocritique de s'émanciper de ses propres manières de critiquer. Je me réfère ici à la capacité qu'a l'art biocritique de s'émanciper de son propre paradigme *idéal-type* qu'il soit :

a) un *idéal-type utopique, inexistant et hyperbolique*, vis-à-vis de la sédentarisation épistémologique/esthétique que l'art critique ; ou

b) un *idéal-type testimonial potentiellement esthétique du réel*,

---

[51] Adorno, (1970)/2004: 55.

fait avec des témoignages sur ces éléments potentiellement esthétiques de la réalité vis-à-vis de la sédentarisation épistémologique/esthétique que l'art critique; comme c'est le cas des Œuvres multiorgasmiques qui critiquent la vision abjecte de certaines pratiques sexuelles à l'aide de témoignages corporels d'autoerotisme et orgasme en tant que actions performatrices d'un « Moi propre » chez les sujets sociaux qui le sont contemporains.

Principe d'autreté de l'art (bio)critique

Le principe d'autreté ou d'altérité au sein de l'esthétique de l'art critique et biocritique définit le niveau structurel des liens entre la production épistémologique de l'art et celle d'autres criticismes plus ou moins reproducteurs de la sédentarisation épistémologique que l'art critique. Au sein de l'esthétique du criticisme féministe/ *queer* théorisé par Butler (y compris celui exercé par l'art biocritique), le principe d'autreté ou d'altérité esthétique renvoie à la potentialité esthétique de « l'extérieur constitutif » du pouvoir phallogocentrique, mais aussi à la potentialité esthétique de « l'extérieur constitutif » produit par le discours subversif et émancipateur qui critique la logique d'exclusion des pouvoirs hégémoniques.

La relation que l'art établit, à travers son exercice critique, avec son altérité suivant le modèle du mouvement esthétique, est similaire à celle qu'Adorno décrit entre l'art et la philosophie :

> « L'art et la philosophie ne convergent que dans cet acte, et non pas dans une philosophie de l'art qui dicterait à l'art ce que doit être son esprit »[52].

---

[52] Adorno, (1970)/2004: 124.

Il s'agit-là de la version poïétique du criticisme adornien, un criticisme poïétique et poïétisable, découlant d'une dialectique négative entre praxis et esprit :

« [L'art] se détermine dans le rapport à ce qu'il n'est pas. Ce qu'il y a en lui de spécifiquement artistique doit être déduit concrètement de son autre (…) L'art est en litige avec son autre »[53].

Concernant l'autreté de l'art, Adorno affirme que :

« L'art est contraint de se tourner contre ce qui constitue son propre concept et il devient, en conséquence, incertain jusqu'au plus profond de sa texture. »[54]

De sorte que sa contradiction, qui est sa loi de mouvement émancipatrice, est définie par son autreté. Lorsque cette autreté le chosifie ou se chosifie elle-même, elle représente ce à quoi l'art cherche à échapper, mais lorsqu'elle offre une possibilité de contradiction vis-à-vis de la chosification de son propre criticisme (en tant que forme ou que contenu), cette autreté peut se transformer en une possibilité d'émancipation, en une sorte de suicide esthétique, où l'art échappe à lui-même – de sa forme et de son contenu – en adoptant l'autreté afin de s'émanciper, de se poïétiser à travers l'autre, et d'éviter ainsi le risque de chosification inhérent au caractère périssable de tout discours critique.

Au sujet de ce principe nihiliste déterminant une forme de relation avec l'autreté qui l'émancipe au lieu de le menacer, dans la mesure où elle représente une contradiction vis-à-vis de ce qui a tendance à se chosifier au sein de l'art, Adorno écrit :

---

[53] Adorno, (1970)/2004: 12.
[54] Adorno, (1970)/2004: 10.

« En attaquant ce qui au cours d'une longue tradition lui semblait assuré comme son socle fondamental, l'art se transforme qualitativement, il devient autre chose »[55].

Et bien que l'art montre une dynamique d'antagonisme vis-à-vis de l'histoire et que cette dynamique soit sa loi de mouvement, son origine, son moyen et sa fin, ce processus de prise de distance doit constamment se renouveler ou se réinventer, c'est là ce qui explique son caractère périssable :

« Chaque œuvre d'art est un instant ; chaque œuvre d'art obtenue est un arrêt momentané du processus à travers lequel se manifeste l'œil persévérant »[56].

Ainsi, sa dialectique vis-à-vis de *l'autre* qu'il nie au moyen d'une autre dialectique intérieure, le pousse vers une mort constante. Selon ce principe, l'art (bio)critique n'est pas le contraire de son autreté, mais le processus même de contradiction vis-à-vis de ce qu'il n'est pas et cependant le chosifie. L'autreté que critique l'art (bio)critique est une autreté interne et externe au processus poïétique de l'expérience esthétique en tant que critique. Pour critiquer, la poïétique esthétique de l'art biocritique établit une relation d'opposition vis-à-vis de l'autreté ou crée un idéal-type qui fonctionne comme une autreté de la choséité et/ou de ce qui est chosifié ou sédentarise épistémologiquement le réel. Ce qui n'empêche pas l'*idéal-type esthétique* (utopique ou testimonial potentiellement esthétique du réel) de l'art biocritique de montrer parfois des signes de chosification après avoir déployé sa capacité émancipatrice.

La définition des caractéristiques de mouvement qui distinguent le criticisme esthétique d'un art qui se dit critique à un moment historique donné, permettra de déterminer ce que représente son autreté à travers la tension socio-historique, artistique et epistemologique qui composent l'esthétique de sa

---

[55] Adorno, (1970)/2004 : 10.
[56] Adorno, (1970)/2004 : 16.

loi de mouvement. C'est cette relativité dépendante du contexte qui fait dire à Adorno que « *L'art ne peut se réduire à la formule générale de la consolation ni à celle de son contraire* »[57]. La description de toute autreté implique la description préalable de ce avec quoi l'art établit une relation de contradiction et tension esthétique, en raison de sa chosification ou de sa choséité. Toutefois, la description de la choséité que critique l'art biocritique peut aussi bien être précédée par la manifestation pratique de l'*idéal-type*, sans qu'il y ait une description réfléchie, systématisée et structurée de cet *idéal-type*. Ce type d'art est ce qu'Adorno qualifie d'*artefact*, un art dont le criticisme n'est pas structuré ni systématisé philosophiquement à travers la réflexivité poïétique, réduisant ainsi les processus créatifs à de simples processus créatifs, dont la praxis n'établit pas de relation dialectique négative vis-à-vis de l'esprit en tant que partie du processus créatif de l'art biocritique. De telles créations pourront être par la suite récupérées par les esthètes, qui parviendront peut-être, après coup, à établir une relation dialectique négative vis-à-vis de ces œuvres, permettant ainsi l'émancipation spiritualisée de l'art.

Principe matérialiste-historique de l'art (bio)critique

Ce principe décrit une autre caractéristique de la loi de mouvement et le type de relation établie par tout phénomène d'esthétique critique. Ce principe est basé sur la reconnaissance du point de vue du matérialisme historique de l'historicité de l'art en tant que produit de l'histoire de a) *ce que critique* l'art ; b) *ce avec quoi* l'art critique ; c) le contexte *à partir duquel* l'art critique ; d) *ce qui critique la même chose* que l'art (les autres criticismes) ; et f) ce qui sur un plan structurel *contribue à la (re)production de la sédentarisation* épistémologique que l'art critique. On parle

---

[57]   Adorno, (1970)/2004 : 10.

ici de l'historicité de l'art en tant que discours dont l'histoire est la condition pour qu'une « pratique [discursive] ne puisse exister indépendamment de la sédimentation des conventions qui la produisent et la rendent lisible »[58]. Et nous ajouterons que lla potentialité esthétique des actions biocritiques de l'art qui critique à l'aide de témoignages corporels « abjects » ou exclus par le biopouvoir hégémonique est indissociable de la potentialité esthétique de la historicité du sens abjecte de ces corporalités et identités sexuelles et qui découle du sens d'exclusion de la répartition des rôles déterminée par l'économie sexuelle phallogocentrique du patriarcat en Occident.

Principe d'autonomie-liberté de l'art (bio)critique

Selon la théorie esthétique d'Adorno, l'autonomie-liberté au sein de l'art critique n'est pas un état, mais une quête de l'art, une constante émancipation de l'art à travers la contradiction esthétique et une intention esthétique qui explique et motive le mouvement. Cette quête ou émancipation esthétique à travers des poïésis – avec lesquelles l'art établit des liens de contradiction et de tension esthétique – forme le mouvement de spirale historique de l'art. Chaque critique de l'art critique est une boucle de la spirale historique du criticisme au sein de l'art, chaque critique poïétisée en tant qu'art critique naît en aspirant à émanciper une autre critique avant d'être émancipée à son tour par autre critique. Chaque critique au sein de l'art critique aspire à la vitalité nihiliste, et il n'est pas possible d'interpréter l'art critique sans comprendre la *dialectique négative* entre les poïésis de cet art. À ce sujet, Adorno écrit : « L'art ne peut être interprété que par la loi de son mouvement, non par des invariants. »[59]

En partant de ce principe, Adorno ira jusqu'à définir l'art

---

[58] Butler, (1993)/2010: 319.
[59] Adorno, (1970)/2004: 11.

authentique comme un mouvement de *négation*, de *contradiction*, issu du *doute*, dont la philosophie produit une *tension* et une *dissonance*. Il s'agit-là d'une loi de mouvement caractéristique de la critique, mais d'une critique permanente qui mène de manière cyclique à l'autodestruction. Adorno définit l'art critique comme un art historiquement nihiliste au sein de la structure sociale, car pour être libre il doit tôt ou tard se renier, afin d'échapper à l'hétéronomie et à la chosification. Tout cela dans une quête d'autonomie et liberté qui ne peut être atteinte de manière définitive, mais par instants, étant donné que la dialectique de l'art établit des liens socio-historiques avec le passé et l'avenir, qui lui sont anthropologiquement indispensables, et l'empêchent de sédentariser sa liberté acquise par instants, toujours prête à critiquer afin de s'émanciper de la sédentarisation, y compris de la sédentarisation d'une certaine autonomie et liberté. Dan ce sens Adorno dit : « La définition de ce qu'est l'art est toujours donnée à l'avance par ce qu'il fut autrefois, mais n'est légitimée que par ce qu'il est devenu, ouvert à ce qu'il veut être et pourra peut-être devenir ».[60]

Pour l'art biocritique l'autonomie est un processus de création qui établit de liens de dialectique négative vis-à-vis de la construction sociale sédentarisée épistémologiquement, et vice versa. L'autonomie et la liberté esthétique sont le fruit du criticisme. Toutes deux sont périssables et se traduisent par un *processus* et non par un *moment* de l'existence de l'art. La liberté et l'autonomie esthétiques sont la dynamique même et non le résultat de la dynamique, si l'on considère le mouvement dynamique au sein du criticisme esthétique comme la dialectique négative ou la contradiction esthétique.

L'art critique ne parvient jamais à être autonome au sens strict du terme, car sa nature dialectique ne le lui permet pas. En effet, « *L'art n'est ce qu'il est que dans sa relation interne à son autre ; l'art est en litige avec son autre* »[61], il ne devient jamais

---

[60] Adorno, (1970)/2004: 11.
[61] Adorno, (1970)/2004 : 12.

complètement autonome vis-à-vis de son autre, tout au plus construit-il une tension esthétique par rapport à cet autre. Et c'est en raison de cette tension esthétique que le mouvement esthétique en tant que mouvement historique de l'art peut être représentée sous la forme d'une spirale, et non d'un cycle, avec des mutations constantes, dont chacune est une version contraire à ce que l'art était avant elle. Puis, bien que l'autonomie et la liberté soient des principes irréalisables empiriquement, ils n'en constituent pas moins des valeurs omniprésentes au sein de l'art critique en tant qu'intention esthétique, c'est pourquoi on pourrait les définir comme des dimensions intentionnelles de la poïétique au sein de tout criticisme esthétique comme celui de l'art biocritique ; car tout criticisme esthétique exerce une contradiction dans le but d'échapper à la chosification et à l'objectivation, et j'ajouterais : à la sédentarisation épistémologique ou esthétique. C'est ainsi que l'autonomie et la liberté sont l'intention esthétique qui joue le rôle de contraire au sein du modèle *idéal-type* (utopique ou testimonial) du criticisme esthétique afin d'exercer sa critique.

Au sujet de la liberté en tant qu'intention esthétique dans la poïésis de tout criticisme esthétique, Adorno a écrit : « La liberté absolue dans l'art (c'est-à-dire dans quelque chose de particulier) entre en contradiction avec la situation pérenne d'absence de liberté dans le tout ».[62] Cela explique la défiance du criticisme envers toute chosification, toute sédentarisation et par conséquent toute absence de dialectique négative dans la manière d'entrer en relation avec les productions, les créations et les constructions de l'être humain. Ainsi, l'autonomie et la liberté en tant qu'intentions esthétiques de la loi de mouvement de l'art biocritique expliquent la constante mutation de cet art, car la contradiction en tant que loi de mouvement pousse l'art à se libérer, à s'émanciper, à échapper à sa propre nature. Cela explique également le fait qu'un criticisme esthétique (comme celui de l'art biocritique) essaie de ne répèter jamais deux fois de suite une forme d'émancipation esthétique, car répéter une critique – que

---

[62] Adorno, (1970)/2004 : 9.

ce soit dans la forme (poïétique, artistique, ou quelle qu'elle soit)
ou dans le contenu –, implique une identification du criticisme
à cette forme, or l'identification de deux critiques consécutives
annule le criticisme esthétique, car « L'identité esthétique doit
défendre le non-identique qu'opprime dans la réalité la contrainte
de l'identité ».[63]

Le principe d'autonomie de l'art biocritique se reformule
et subit des mutations au gré de sa situation historique, c'est
l'origine du principe dialectique de l'art dans l'histoire :

> « Même l'œuvre d'art la plus sublime occupe une position
> déterminée par rapport à la réalité empirique, en se
> dégageant de son emprise non pas une fois pour toutes,
> mais de façon toujours concrète et renouvelée, sous une
> forme inconsciemment polémique vis-à-vis de l'état de
> cette emprise à un certain moment de l'histoire ».[64]

Adorno défend ainsi l'existence d'un art autonome, ce qui
ne l'empêche pas de souligner par ailleurs l'impossibilité de cette
autonomie et de la liberté de l'art, tant il considère la tension entre
les contraires comme une dynamique naturelle de l'art critique.
Face à l'ambivalence de l'argumentation d'Adorno lui-même en ce
qui concerne l'autonomie conçue comme une intention esthétique
de l'art critique, nous observons que l'autonomie qui prédomine
dans sa théorie esthétique est celle qui peut être comprise comme
un mouvement et une contradiction, comme une fuite et une
évasion. C'est ainsi que l'on peut comprendre l'impossibilité
pour l'art d'être complètement autonome, tout simplement parce
que sa nature critique le pousse à nier, à contredire, à entrer en
contradiction ou en tension vis-à-vis de l'autreté qui le chosifie
pour se libérer, s'évader et fuir ; don, puis aussi à se à nier, à
contredire, etc.

Il en va de même pour l'art : les œuvres qui se contentent de
reproduire des échos d'indépendance seraient, pour reprendre les

---

[63] Adorno, (1970)/2004 : 13.
[64] Adorno, (1970)/2004 : 13.

termes d'Adorno, de simples « artefacts ». La différence entre les artefacts et les œuvres d'art réside dans le fait que, bien que les deux soient des :

> « produits du travail social, elles [les œuvres d'art] communiquent également avec la réalité empirique qu'elles renient et dont elles tirent leur contenu ».[65] « L'art s'oppose à la réalité empirique par le moment de la forme – et la médiation de la forme et du contenu ne peut être comprise sans leur distinction – il faut, dans une certaine mesure et généralement, chercher cette médiation dans le fait que la forme esthétique est du contenu sédimenté. »[66]

Pour déconstruire la dimension artistique du principe d'autonomie et liberté de l'art (bio)critique, il convient de prendre en compte la réalité empirique reniée par l'art en tant que forme esthétique sédimentée ou que contenu chosifié sous la forme d'empirisme artistique ; ce que le *domaine de l'art*[67] légitime comme étant artistique dans sa forme et son contenu. Car l'art, pour respecter son esthétique d'art critique avec intention esthétique de liberté et d'autonomie, a besoin d'échapper aux règles mêmes de l'art, et notamment à ces règles qui tendent à chosifier la manière de faire de l'art et le contenu de cet art. En effet, l'art doit lutter doublement pour sa liberté, vis-à-vis de son propre champ d'action et vis-à-vis du tout social. En ce qui concerne la négation du domaine de l'art lui-même, la réalité empirique de cette négation consiste à établir un lien de contradiction vis-à-vis des méthodes légitimées par le domaine spécialisé de l'art.

Or en tant que négation du fait social et contradiction vis-à-vis de lui-même, l'empirisme de l'art de par sa nature périssable tend à être rapidement périmé dans le domaine de l'art. Dès lors,

---

[65] Adorno, (1970)/2004 : 14.
[66] Adorno, (1970)/2004 : 14.
[67] Bourdieu, (1995)/2002.

cet empirisme puisé du tout social afin d'en contredire certains aspects tendra à la sédimentation, et il lui faudra alors se nier afin d'échapper à lui-même. Car :

> « il est historiquement indiscutable que le développement des méthodes artistiques que l'on résume habituellement sous le concept de style est étroitement lié au développement social »[68].

Cette interconnexion entre l'empirisme du tout social et l'empirisme artistique prend de nouveau des allures de relation ontologique fatale et inhérente à la tragédie de l'art, un art qui cherche sans cesse à être ce qu'il n'est pas : « *L'art est pour soi et ne l'est pas ; il manque son autonomie sans ce qui lui est hétérogène* ».[69]

L'idée d'autonomie et de liberté pour l'art biocritique sont inévitablement des constructions sociales qui peuvent être libérées par l'art – et le sujet – à travers la critique esthétique. En effet, ces constructions, tendront également à la chosification, car aussi bien l'art que le sujet – et par conséquent leurs poïesis – établissent un lien de tension dialectique vis-à-vis de la dimension historique du monde. La capacité auto-émancipatrice de l'art doit être comprise en rapport avec la loi de mouvement de la sphère sociale, et non avec la dynamique sociale comme telle. Néanmoins, comme le mentionne Adorno – repris par Ricardo Forster (1999) –, en raison de sa propre tendance à la contradiction, l'œuvre d'art est l'élément social qui contribue le mieux :

> « (...) à démasquer ces discours qui se proclament défenseurs de la liberté alors même qu'ils ne cessent de tisser l'épaisse maille de l'univocité des sens »[70].

---

[68] Adorno, (1970)/2004 : 15.
[69] Adorno, (1970)/2004 : 16.
[70] FORSTER, 1999, *in* DUSCHATZKY & SKLIAR. Consulté le 10 juillet 2010 sur le site : http://www.porlainclusion.educ.ar/documentos/Ladiversidadbajosospecha.pdf

En effet, l'art a constamment et irrémédiablement besoin de s'émanciper, car ses émancipations à travers le criticisme offrent une liberté – ou une apparence de liberté – très éphémère, en raison de la nature périssable de la critique même au sein du milieu socio-historique de ses poïésis.

Aussi paradoxal et absurde que cela puisse paraître, le criticisme aussi réduit l'art en esclavage, lorsqu'il se réduit lui-même à un instrument d'émancipation ; et la seule chose qui peut apporter une bouffée d'air frais au criticisme – en tant que dynamique émancipatrice qui finit par réduire également en esclavage –, c'est la contradiction et la négation esthétiques. Même si l'émancipation est un processus aussi ardu que le châtiment de Sisyphe, condamné à hisser sans cesse sa pierre au sommet de la colline, et qu'elle n'offre qu'un instant de liberté et d'autonomie, aussi éphémère que le séjour de Sisyphe au sommet de la colline avant que la pierre ne roule à nouveau jusqu'en bas. Et ce malgré le fait que l'autonomie et liberté (poïétique, esthétique, épistémologique, etc.) s'avère être la plupart du temps, *dans* et *pour* l'art, une aspiration ou une intention esthétique. On peut en conclure que tout œuvre d'art autonome a dû passer par un processus d'autonomisation, qui est la poïésis critique de la contradiction esthétique.

Principe nihiliste de l'art (bio)critique

Dans sa théorie esthétique, Adorno considère le sens nihiliste du mouvement esthétique de l'art critique comme un besoin d'émancipation esthétique de l'art ; et il laisse entrevoir la capacité d'émancipation épistémologique que cet art peut générer vis-à-vis de tout signe de sédentarisation, dans la mesure où il génère un mouvement esthétique, mouvement émancipateur de ses propres « continuités historiques ». Le mouvement esthétique de l'art critique (inclut celui biocritique) est un besoin nihiliste de déconstruction de ses propres actions critiques ; c'est un besoin esthétique « suicidaire » face à la sédentarisation esthétique, face à ce qu'Adorno qualifie de « continuité historique de ses dépendances » et qui implique non seulement l'historicité du « matériel » et des « langages » utilisés pour la critique, mais aussi les « dépendances » épistémologiques des co-poïétisateurs ou poïétisateurs de l'action critique, qui ne « proviennent » ni n'« appartiennent » pas au seul domaine de connaissance ou style cognitif à partir duquel la critique peut être exercée. Les dépendances historiques du poïétisateur concret d'actions critiques façonnent également l'historicité même du sujet, ses identités culturelles, idéologiques, etc. À ce sujet, les mots d'Adorno sont sur le nihilisme de l'art critique :

> « Le contenu de vérité des œuvres d'art fusionne avec leur contenu critique. C'est pourquoi elles se critiquent aussi mutuellement. C'est cela, et non pas la continuité historique de leurs dépendances, qui unit les œuvres d'art entre elles : « une œuvre d'art moderne est l'ennemie mortelle de l'autre »[71].

De la même manière, Adorno entrevoit ce besoin esthétique nihiliste dans des actions critiques poïétisées par des domaines de connaissance et des styles cognitifs aux langages structurés, mais aussi par des personnes ou des collectifs activistes. Ce principe nihiliste ou besoin « suicidaire » esthétique représente la reconnaissance par les poïétisateurs du fait que l'action esthétiquement critique d'un criticisme esthétique n'est jamais vraiment suffisante, qu'elle est toujours incomplète ou inachevée et qu'elle a invariablement besoin d'*autocritique*.

Cela nous amène à constater que le mouvement esthétique des critiques féministes et surtout de la politique *queer* exprime également ce besoin nihiliste face aux idéaux de l'exercice critique féministe et *queer* que théorisent Butler et Wittig. Les deux auteures définissent l'action critique du féminisme comme un

---

[71] Adorno, 1970/2004 : 55.

mouvement, une action « instable » et « inachevée », nécessitant
une autocritique et vice versa ; toutes deux s'accordent notamment
à dire que la critique n'est pas de la « subversion pure », mais
une opposition, une contradiction ou une négation de ce qui est
critiqué ou de l'autocritique ; et qu'il ne s'agit pas non plus d'une
opposition, contradiction ou négation poïétisée dans une seule
dimension, celle des « points pratiques » ou celle des « points
philosophiques » ou « politiques », mais d'une « dialectisation
de la dialectique » dit Wittig, une dialectique négative nihiliste,
émancipatrice de l'exclusion à partir de l'exclusion même, des
radicaux à partir de la radicalité même :

> « Dans L'idéologie allemande, Marx et Engels ont
> développé cette idée [multidimensionnelle de l'exercice
> critique], en maintenant que les groupes les plus radicaux
> ont besoin d'affirmer leurs points de vue et leurs intérêts
> en les présentant comme généraux et universels, une
> position qui concerne à la fois les points pratiques et
> philosophiques (politiques). »[72]

Wittig fait allusion – dans la citation précédente – aux
dimensions de l'action critique qu'elle reconnaît dans l'œuvre
de Marx et Engels lorsque ces théoriciens font référence aux
besoins esthétiques de l'action critique et de l'activisme des
groupes radicaux, qui s'avèrent très semblables et représentatifs
de ce que seraient, en la pensée féministe et queer, les besoins
des identités exclues, des « corps qui ne comptent pas » (Butler
(2004)/2010), ceux du « Non-être » (Wittig (1992)/2006) ou
des corporalités abjectes. Les mêmes circonstances s'appliquent
à l'exercice critique de l'art qui critique le phallogocentrisme
patriarcal à l'aide de témoignages d'identités sexuelles du « Non-
être » ou des corps qui « ne comptent pas », ou qui critique à
l'aide de témoignages de corporalités abjectes représentatives
et caractéristiques des identités exclues ou infériorisées par le

---

[72] Wittig (1992)/2006: 73-74.

biopouvoir hégémonique. Par exemple le cas de l'*art biocritique des corporalités abjectes*, et de celui des *Œuvres multiorgasmiques*. Selon Wittig, l'idéal-type de mouvement esthétique pour l'exercice critique du féminisme est esthétiquement lié à la dialectique marxiste, qu'elle critique à partir du féminisme lesbien, divisant en deux dimensions (pratique et philosophico-politique) la proposition poïétique de la critique féministe qualifiée par Wittig de « dialectisation de la dialectique », et dont l'objectif appliqué au travail critique de l'art biocritique reviendrait à poïétiser un mouvement esthétique en tant que « conscience de l'oppression » au sein de : a) *ce qu'il* critique ; b) *ce avec quoi* il critique ; c) la position *à partir de laquelle* il critique ; d) *ce qui critique la même chose* que lui ; et e) ce qui *produit la sédentarisation* de ce que l'art critique :

> « La conscience de l'oppression n'est pas seulement une réaction (une lutte) contre l'oppression. C'est aussi une totale réévaluation conceptuelle du monde social, sa totale réorganisation conceptuelle à partir de nouveaux concepts développés du point de vue de l'oppression. C'est ce que j'appellerais la science de l'oppression, la science par les opprimé(e)s. [...] [il s'agit de] la pratique subjective ultime, une pratique cognitive du sujet. »[73]

La critique que fait Wittig de la vision marxiste des besoins des groupes « radicaux » ou subversifs pour générer un mouvement esthétique, revitalise non pas tant le marxisme, mais bien la théorisation des révolutions sociales (mouvement esthétique des aspects sociaux épistémologiquement sédentarisés) ; une théorisation représentée par le discours de Marx et Hegel. Dans sa critique de la pensée de Marx et Hegel sur les actions efficaces et révolutionnaires des radicaux, Wittig met en avant la dimension « personnelle » et la dimension épistémologico-linguistique de l'activisme féministe, comme des dimensions poïétiques de

---

[73] Wittig, (1992)/2006: 41.

l'action politique révolutionnaire, exclues par le discours marxiste ou considérées comme « extérieurs constitutifs » de ce discours subversif sur les révolutions.

Wittig synthétise la reconnaissance de ces dimensions du mouvement esthétique appliquée à la réalité de la production littéraire féministe *queer*, en tant que productrice de littérature représentative de la lesbianité, une identité discursive considérée comme « radicale » et « exclue » par le biopouvoir hégémonique :

> « La lutte [dit Wittig] est rude parce qu'il faut se battre sur deux fronts : sur un plan formel avec les questions qui sont actuellement débattues au sein de l'histoire littéraire [et artistique], et sur le plan conceptuel, contre les préjugés et a priori de la pensée hétérosexuelle »[74].

En ce qui concerne, l'esthétique nihiliste de mouvement esthétique généré par l'exercice critique de la théorie *queer*, que l'on peut observer dans l'œuvre de Butler *Ces corps qui comptent*, peut être résumé par la notion de politique *queer* :

> « (…) être *queering* est ce qui déséquilibre et expose les faux-semblants ; c'est l'acte par lequel la colère, la sexualité et la couleur de peau font voler en éclats la surface racialement et sexuellement répressive de la conversation » ou du contexte. Être *queering* c'est s'exprimer avec une théâtralité ironique sur les composantes inégales ou dénigrantes des liens d'exclusion, à l'origine de la performativité du *symbolisme*[75] du langage normatif et épistémologiquement reproducteur de légitimité de l'économie hétérosexuelle »[76].

---

[74] Wittig, (1992)/2006: 91.

[75] "En termes lacaniens, les normes ou les idéaux transmis par le langage sont les normes ou les idéaux gouvernés par la différence sexuelle et qui sont connus comme le symbolisme » (Butler 2010 : 262).

[76] Par exemple, dans la théorisation d'Oscar Guasch, on peut trouver certains exemples de liens d'exclusion créés ou produits et renforcés

La proposition de Butler est concrète et implacable : s'approprier de l'outil discursif du pouvoir de performativité, afin que l'exclu ou l'action esthétiquement critique contre le pouvoir patriarcal phallogocentrique fasse sienne la forme imitative, et l'utilise pour « construire un pouvoir alternatif » en « retournant [l'outil du] pouvoir contre lui-même », tout en considérant que « *l'hétérosexualité hégémonique même est un effort constant et répété visant à imiter ses propres idéalisations* [...] »[77]

Ainsi la stratégie butlerienne peut-elle être sommairement synthétisée et interprétée comme une itérabilité de tactiques ayant recours à la théâtralité, et à la visibilisation des discours subversifs et d'opposition. Néanmoins, si toutes ces caractéristiques peuvent effectivement définir une action critique *queer* et féministe, elles ne suffisent pas en soi à définir une action esthétiquement critique du criticisme de Butler ou de Wittig, ni de l'esthétique adornienne de l'art critique. Par exemple, une action esthétiquement biocritique qui utilise la performativité et l'itérabilité théâtralisée pour visibiliser l'exclusion, sans aller au-delà de la théâtralité et de la visibilité mêmes, aura tendance à affaiblir la potentialité esthétique que produit originellement tout discours d'opposition, en cédant à la sédentarisation esthétique ou épistémologique. Par ailleurs, il arrive souvent que lorsqu'un criticisme se sédentarise dans un type d'action ou de poïétique d'opposition performative, l'itérabilité même du geste l'amène à confondre la tactique poïétique avec l'objectif. C'est pourquoi il faut éviter de considérer qu'une action esthétiquement critique appliquant la stratégie esthétique butlerienne devrait se limiter à jouer le rôle d'un « grain de sable » se transformant en « outil politique » de la stratégie performative à long terme de la politique *queer* butlerien (de répétition, d'itérabilité, de théâtralité et de visibilisation des liens d'exclusion). L'art qui adopte cette stratégie

---

par l'hétérosexualité qui l'amène à la qualifier d'homophobique, de reproductive, de coïtocentrique et de mysogine (Guasch, 2000 y 2010).

[77] Butler, (1993)/2010: 185.

en tant qu'« outil visibilisateur » doit relever un défi esthétique : veiller, grâce à une autocritique esthétique, à ce que l'utilisation des formes poïétiques liées à la performativité ne finisse pas par se reproduire en tant que « dépendance historique » de l'exercice critique de l'art (féministe et/ou *queer*).

Dimension personnelle et subjectivante du mouvement esthético-nihiliste de l'art (bio)critique

Comme stratégie esthétique de sa biocritique, Wittig propose sur un plan philosophico-politique la « dialectalisation de la dialectique » entre la « destruction du soi » en tant que « classe » et la « destruction du soi » en tant que « catégorie philosophico-politique » :

> « Le processus de destruction consiste en un double mouvement : se détruire soi-même en tant que classe […] et se détruire soi-même an tant que catégorie philosophique (la catégorie de l'Autre), car demeurer mentalement dans la catégorie de l'Autre (de l'esclave) représenterait une non-résolution en termes de dialectique marxiste »[78]

Il est intéressant d'interpréter esthétiquement la « destruction » évoquée par Wittig comme un avertissement appelant à redoubler de vigilance face au risque latent de sédentarisation épistémologique et esthétique que produisent les discours subversifs et invisibilisés du « Non-être » ou de groupes considérés comme exclus et abjects, qui représentent une marginalité délégitimée par un biopouvoir hégémonique donné.

En ce qui concerne la dimension personnelle des identités du « Non-être », Butler définit les caractéristiques d'une

---

[78] Wittig, (1992)/2006: 78 y 79.

stratégie esthétique de biocritique queer qui ressemble fort à celle proposée par Wittig, dans la mesure où elle évoque également un type de destruction : la « dissolution » en tant que mécanisme d'émancipation, et particulièrement d'émancipation ou de libération des corps opprimés ou construits comme des corps « qui ne comptent pas ». En effet, Butler écrit :

> « Le corps ne parvient à être libre qu'à travers sa propre dissolution »[79] et « Le moi acquiert en partie ce que l'on appelle sa « capacité d'action » par le fait même qu'il est impliqué dans les rapports de pouvoir auxquels il prétend s'opposer ».[80]

Pour Butler, la dissolution du moi (corporel) socialement assigné mène à la dissolution des rapports de pouvoir qui l'ont exclu et dénigré, mais aussi à leur réorganisation et à la resignification du symbolisme qui légitime l'hégémonie de la différenciation. Or si l'on pose la question : comment y parvenir ? Toutes deux, Wittig et Butler, s'accordent à reconnaître l'efficacité des outils épistémologiques qui contribuent à reproduire la différenciation hétérosexuelle excluante, et suggèrent donc, chacune à sa manière, de s'approprier ces outils : pour Wittig, à travers la « dialectalisation de la dialectique », pour Butler, en « retournant le pouvoir [du langage] contre lui-même ».

Après avoir lu ces deux auteures, je ne peux m'empêcher d'observer une différence dans leurs démarches respectives : la stratégie préconisée par Butler est de nature avant tout théorique, tandis que celle de Wittig est à la fois théorique et artistique. Cela explique peut-être l'audace du langage incarné utilisé par cette dernière, qui puise probablement dans une expérience poïétique la force lui permettant de s'opposer au phallogocentrisme et à la pensée hétérosexuelle non seulement à partir de l'objectivité extra-esthétique de la production d'une œuvre théorique, mais

---

[79] Butler, 2010: 239.
[80] Butler, 2010: 181.

aussi à partir de la production de son œuvre artistique (narrative et poétique), qui implique une certaine dimension testimoniale. Sans vouloir établir de hiérarchie entre les deux démarches biocritiques, cette expérience artistique explique sans doute pourquoi la biocritique théorisée par Wittig utilise un langage et des concepts caractéristiques d'une poïétique incarnée, qui laisse transparaître derrière l'analyse théorico-philosophique la stratégie esthétique d'une artiste. On le voit notamment dans l'utilisation d'un discours théorico-philosophique souvent rédigé à la première personne, un peu comme pour la déconstruction d'une œuvre d'art, que l'on qualifierait en français de « récit création », et qui n'est autre que l'autocritique de l'art biocritique. J'interpréterais donc le langage de destruction de Wittig en termes esthétiques, renvoyant à une poïésis théorique qui fait l'autocritique d'autres poïésis pratiques. C'est pourquoi lorsque Wittig parle de « *se détruire soi-même en tant que classe* [...] *et se détruire soi-même en tant catégorie philosophique* »[81] en évoquant une dialectique destructive de l'identité du « Non-être » entre les dimensions personnelle et collective de cette identité, entre l'œuvre de l'artiste et l'activisme féministe-lesbien qu'elle représente, et en introduisant par la suite une autocritique de ces pratiques sur le plan épistémologique, elle souligne également le besoin de destruction dialectique entre l'œuvre et l'action structurée (théorico-philosophique et/ou artistique, et qui peut faire l'objet d'une poïésis personnelle ou collective) ou entre le style cognitif et les criticismes et pensées féministes contemporaines.

Cela dit, même si la biocritique théorisée par Butler fait preuve d'une objectivité extra-esthétique, elle n'en considère pas moins la « dissolution » du corps comme une condition pour atteindre une certaine liberté. Or si l'on observe certains mots associés à celui de dissolution : désagrégation, éloignement, séparation et rupture, pour ne citer que ceux-là, on peut en déduire le sens que Butler donne au mot « dissolution » dès lors qu'il s'agit de créer des « pouvoirs alternatifs » au sein d'une

---

[81] Wittig, (1992)/2006: 78 y 79.

économie sexuelle phallogocentrique et hétérosexuelle : ne s'agit-il pas en effet de la désagrégation, l'éloignement, la séparation, et la rupture du corps vis-à-vis de son identité en tant qu'exclu et opprimé ? Cela impliquerait assurément une « resignification performative », la performativité n'empêchant aucunement le caractère incarné du langage de resignifier la vision « abjecte » de certaines corporalités n'ayant droit à aucune reconnaissance, soumises à l'oppression de la non-existence et du « Non-être » et situées en marge de l'ordre social patriarcal et phallogocentrique.

D'une manière générale, les biocritiques théorisées par Butler et Wittig partagent une esthétique nihiliste, reconnaissent la potentialité esthétique des identités du « Non-être », des corporalités abjectes et des « corps qui ne comptent pas » en tant que poïétisateurs de l'action esthétiquement critique, ou tout au moins reconnaissent-elles leur participation co-poïétisatrice. Et ce faisant, elles reconnaissent la potentialité esthétique d'une présence littérale de ces identités ou de quelque chose qui les représente. Cela est très important pour toute déconstruction d'une action biocritique liée à ces féminismes *queer*, dans la mesure où la présence de ces corporalités et identités peut représenter un premier symptôme de l'action esthétiquement biocritique d'une stratégie *queer* générale et d'un exercice critique de l'art biocritique ou de tout autre biocriticisme féministe, *queer* envers la pensée hétérosecuelle, binaire et androcentrique du biopouvoir phallocentriques des sociétés patriarcales contemporaines.

Dimension structurelle du mouvement esthético-nihiliste de l'art (bio)critique

Le principe nihiliste de l'esthétique critique définit la réponse de l'art face à la tragédie de sa propre mort comme un fait historique :

> « L'histoire de l'art, en tant que qu'histoire du progrès
> de son autonomie, n'a pu se soustraire à ce moment (…)

[où l'idée de l'autonomie esthétique semble avoir été soustraite de la tragédie] ».[82]

En résumé, Adorno refuse de donner une définition historique découlant d'une origine car il privilégie la relation dialectique entre l'art et l'histoire en tant que loi de mouvement entre le passé, le présent et le futur, et non en tant qu'archéologie se limitant à chercher une origine dans le passé ; autrement dit, il refuse d'adopter une position déductiviste du présent de l'art vis-à-vis du passé socio-historique. Dans cette perspective, il semble impossible de considérer l'existence d'un même art tout au long de l'histoire, car l'art « *se transforme durant et par rapport à l'histoire de l'art* (...) [cela explique pourquoi] *certaines choses étaient de l'art et ne le sont plus* ».[83]

Le principe nihiliste de l'art biocritique s'explique par le caractère périssable du criticisme esthétique qu'exerce cet art : cela s'applique également au caractère périssable de toute critique esthétique que ce type d'art poïétise artistiquement. Toute critique esthétique tend à mourir en se chosifiant et en se sédentarisant, y compris celle qui a été poïétisée artistiquement dans une œuvre d'art. Néanmoins, la mort de l'art est une mort fragmentée : ce sont ces fragments qui meurent, se chosifient et se sédentarisent, c'est pourquoi l'art biocritique reste vigilant vis-à-vis de la chosification/sédentarisation épistémologique et esthétique, en tant que processus et non en tant que résultat, car la mort de l'art n'est jamais une mort foudroyante ou totale.

En réalité, l'art biocritique s'émancipe du processus de chosification/sédentarisation qui ne cesse de resurgir entre les fragments chosifiables de l'art (et tous ses fragments le sont). C'est pour cela que l'art (bio)critique est condamné à l'autocritique pour s'émanciper, ce qui peut être une forme de suicide, même s'il ne s'agit que de la mort d'un fragment causée par l'art lui-même pour assurer la survie de son émancipation.

---

[82] Adorno, (1970)/2004 : 16.
[83] Adorno, (1970)/2004 : 11

La vigilance face au processus de chosification/identification que l'art critique maintient vis-à-vis de lui-même, y compris sur les éléments du criticisme qui en leur temps étaient parvenus à émanciper l'art critique, s'explique par le fait que l'art critique reconnaît et est conscient de son caractère périssable, et qu'il craint que tout début de sédentarisation ne finisse par chosifier jusqu'à son esprit. L'art critique éprouve alors le besoin de s'émanciper à nouveau, de se « suicider » en « assassinant » ce fragment qui a cédé à l'identification, avant que tout le processus du criticisme ne soit identifié et sédentarisé. Il s'agit donc pour l'art (bio)critique d'une mort fragmentée, d'un processus mortel permanent et non d'une disparition soudaine et absolue.

D'une manière générale la contradiction entre la mort de l'art (bio)critique par chosification/sédentarisation épistémologique/ esthétique et la mort par criticisme réside dans le fait que la mort par chosification mène au statisme et à la sédentarisation spirituelle, dont le pire état que l'on puisse imaginer pour l'art est l'action répétée, désignée, identifiée, uniformisée, indifférenciée, dictée, construite, sans aucune contradiction/négation esthétique. Tandis que la mort par criticisme esthétique est la transformation du criticisme, le « meurtre » d'une critique aux mains d'une autre critique. Sur le plan allégorique, on pourrait parler du meurtre du fils aux mains de sa propre mère, sans pitié, pour le bien de la famille entière, dès lors que le fils a montré les premiers symptômes de la pandémie.

D'une certaine manière, le sens esthétique du nihilisme de l'art critique (iclut l'art biocritique) est définie par Adorno comme une sorte de négation esthétique, dans la mesure où « *Incontestablement, les œuvres d'art ne sont cependant devenues telles qu'en niant leurs origines* ».[84] Dans cette citation, la négation peut être interprétée en tant que meurtre de l'art par l'art lui-même, mais il s'agit du meurtre d'un fragment de l'art à travers l'une de ses œuvres. Car le mouvement esthétique produit par les actions critiques et d'autocritique de tout art (bio)critique est

---

[84]   Adorno, (1970)/2004 : 12.

un mouvement nihiliste, un type particulier de mouvement qui se survit à lui-même à travers la mort, non pas en tant qu'objectif final, mais en tant que processus sans cesse réinventé.

Adorno conçoit le sens nihiliste de l'esthétique de l'art critique comme un processus de transformation, ce qui explique qu'il identifie ces moments de conscience et de vigilance de la part de l'art critique comme des moments de transformation : « *Ce qui au cours d'une longue tradition lui semblait assuré comme son socle fondamental (…) se transforme qualitativement, devient autre chose* »[85].

Pour Adorno, la mort au sein de l'art critique est due à son caractère périssable, qu'il qualifie de « menace de déclin », une menace de déclin qui en fonction du principe dialectique n'est autre que « l'extérieur constitutif » produit par tout discours subversif qui critique l'exclusion, poussant inévitablement l'art vers sa mort. La forme de spirale dialectique négative est assurément celle qui décrit le mieux la dialectique nihiliste des mutations au sein de l'art, et ce qu'est la mort par criticisme esthétique, qui n'anéantit l'art du passé qu'à travers la négation critique de l'esthétique de certaines œuvres par d'autres œuvres, pas forcément de manière consécutive, mais toujours de manière contradictoire. Toutefois, il conviendrait plutôt de parler de la constante réinvention ou transformation – pour reprendre le terme d'Adorno – de tout art (bio)critique:

> « Mais l'art et les œuvres d'art sont menacés de déclin, non pas seulement parce qu'ils sont hétéronomes, mais parce que jusque dans la formation de leur autonomie (…) au propre concept d'art est mêlé le ferment de sa suppression ».[86]

La reconnaissance du caractère périssable de chaque biocritique, en tant que création émancipatrice ou que processus

---

[85] Adorno, (1970)/2004 : 10.
[86] Adorno, (1970)/2004 : 13

d'émancipation, est ce qui permet à l'art biocritique de continuer à critiquer afin de continuer à s'émanciper. En un sens, la critique ou l'œuvre d'art biocritique qui parvient à émanciper l'art finit tôt ou tard par se transformer en son contraire. Car un art (bio) critique qui ne reconnaît pas ou n'a pas conscience du caractère périssable de ses critiques – et non pas du criticisme – condamnées de par leur propre nature à mourir en se chosifiant/sédentarisant esthétiquement/épistémologiquement, et qui ne reconnaît pas non plus les liens de risque esthétique de son exercice critique, est un art condamné à la disparition.

L'art périssable dessine avec son mouvement une ligne droite ou un cercle historiographique, tandis que le principe de l'art (bio) critique dessine une spirale. Les « arts » cycliques reproduisent des méthodes, l'utilisation de matériel spécifique, de formes et bien souvent de contenus. Ils semblent se sublimer à travers les modes et finissent par se chosifier dans une mode. Tandis que l'art biocritique, dont le mouvement historiographique est en forme de spirale, aura certes tendance à s'expliquer à travers ses liens de contradiction/négation esthétiques avec le passé, mais aussi à se légitimer « *par ce qu'il est devenu, ouvert à ce qu'il veut être et pourra peut-être devenir* ».[87]

Étant donné que le principe nihiliste de l'art biocritique fait partie intégrante de la loi de mouvement de tout processus de production artistique qui prétend exercer un criticisme esthétique, sa déconstruction se focalise sur la question suivante : Étant donné que la tension constitue le plus haut degré de vitalité d'un exercice critique contre la sédentarisation épistémologique/ esthétique, quels sont ses aspects les plus vulnérables face à la chosification/sédentarisation esthétique épistémologique ?

Sur la base de cette considération synthétisée, on peut expliquer la fonctionnalité de la déconstruction esthétique de tout action biocritique poïétisée par l'art ou par tout style cognitif ou sujet social qui, dans un sens nihiliste, constitue le meurtre spiritualisé des fragments de l'art identifiés comme

---

[87] Adorno, (1970)/2004 : 11.

étant vulnérables à la chosification, à l'identification et à la sédentarisation, et qui sont précisément identifiés comme tels par l'artiste grâce au travail de déconstruction esthétique. C'est pourquoi la méthode de déconstruction esthétique représente également une dimension spiritualisée de la vigilance et de l'émancipation esthético-nihiliste qu'implique tout art esthétique critique comme celui biocritique.

CHAPITRE 2
Potentialité esthétique des corporalités et sexualités « abjectes ».

Gnoséologie des corporalités abjectes

La corporalité « abjecte » est construite socialement comme une corporalité humaine *radicalisée* et *exclue* de la catégorie abstraite et universelle d'*être humain* par les institutions sociales, politiques et épistémologiques du biopouvoir. Julia Kristeva, dans son ouvrage *Pouvoirs de l'horreur. Essai sur l'abjection* (1980) explique que : le rejet de ce qui est considéré comme abject est une condition nécessaire à la formation sexuelle, psychologique et sociale de l'identité hétérosexuelle. L'enfant doit renoncer à une partie de lui-même pour se transformer en « moi ». Il doit apprendre que le « caca », le « pipi » et le « vomi » sont des substances sales et repoussantes qui ne peuvent en aucun cas procurer du plaisir. C'est essentiellement la mère qui se charge de lui apprendre ce qu'il doit rejeter. C'est elle qui lui enseigne à être propre et à utiliser le pot de chambre. Mais l'enfant doit également laisser sa mère pour entrer dans le monde civilisé. Cet abjection où habitent les incertitudes du narcicisme primaire est l'amenasse au *je* (*moi*) qui motive et explique la phobie à l'incest.[88] L'abjection aux corporalités du narcissime primaire est le mécanisme psychosocial de control des corps des sujets qui pour devenir sociaux sont socialisés pour rejeter leur narcissisme primaire. Selon Hal Foster : « *L'abjection manifeste la fragilité du passage temporaire entre le corps maternel et la loi du père.* »[89]

---

[88]   Kristeva, (1980)/2010 : 86.
[89]   Foster, 2005.

L'abjection est liée aux trois phases du processus constitutif : orale, anale et génitale. Ces orifices du corps humain fonctionnent comme la limite entre ce qui appartient au corps, et ce qui correspond au monde extérieur et doit donc être considéré comme un objet. Kristeva distingue trois catégories de choses qui, en fonction des circonstances socio-culturelles, sont considérées comme « abjectes » : les aliments/déchets (phase orale), les déjections corporelles (phase anale), et les signes de différenciation sexuelle (phase génitale). Kristeva constate que l'abjection, sous sa forme sublimée, fait partie de l'art, de la littérature, des rituels religieux et qu'elle est associée à tous les comportements sexuels que la société tend à rejeter.

L'abjection n'est donc pas uniquement un aspect de la « constitution » du sujet, elle renvoie à son discours culturel : l'art, la littérature, la philosophie, etc. Elle est liée aux pratiques transgressives en général, impliquant un dépassement des limites et une remise en question des interdits. Kristeva soutient que l'abjection est ce qui « *perturbe l'identité, le système et l'ordre. Ce qui ne respecte pas les limites, les positions, les règles* »[90]. En ce sens, l'abjection est liée aux mouvements d'avant-garde. Hal Foster en vient à cette conclusion : « *Aussi bien sur le plan spatial que temporel, l'abjection est la condition dans laquelle l'identité se trouve perturbée, où se produit un effondrement du sens. D'où l'attrait qu'il exerce sur les artistes d'avant-garde, qui cherchent à perturber aussi bien l'ordre du sujet que celui de la société* »[91].

En termes sociologiques, la psychologie de l'abjection exprime le lien invisibilisé entre les dimensions personnelle et politique, dans la mesure où psychologiquement, « [la corporalité abjecte] *perturbe l'identité, le système, l'ordre* »[92]. Ainsi, les discours du biopouvoir *sur* l'abjection du corps sont avant tout les discours qui *construisent* cette abjection, et pas nécessairement ceux qui génèrent un rejet chez le récepteur du

---

[90] Kristeva, (1980)/2010.
[91] Foster, 2005.
[92] Kristeva, 1980.

discours appartenant à une certaine culture de biopouvoir ; ces discours sur l'abjection du corps ou de la corporalité et de la vie intime du sujet peuvent généralement être interprétés comme des discours générés par le biopouvoir institutionnalisé (Église, Etat, École, La Loi, la culture, la science, etc.), déterminant les hiérarchies hétérosexuelles identifiées aux oppositions binaires de la métaphysique occidentale, qui universalisent, radicalisent et renforcent leurs arguments en faveur d'un contrôle de la vie intime ou à l'encontre de toute pratique d'une vie intime échappant aux normes imposées par une certaine culture de biopouvoir comme étant les seules légitimes pour le sujet social.

De plus, les discours sur l'abjection ne sont pas toujours des énonciations littérales, ce sont parfois des énonciations fragmentaires qui correspondent à un processus de *socialisation réfléchie*[93], dans la mesure où il ne s'agit pas de discours qui excluent ou disqualifient l'abjection de manière littérale et détaillée dans leur communication. La fragmentation de l'abjection dans les discours institutionnels a une fonction très spécifique de socialisation, à travers la sublimation des soumissions sociales. Or les abjections sublimées au sein de la modernité par les discours institutionnels représentatifs de l'idéologie dominante tendent à encourager la soumission du sujet et de son corps classifiés selon les catégories normatives de l'économie hétérosexuelle comme étant *dans* ou *hors* du paramètre de la « bestialité corporelle légitimé » par la métaphysique phallogocentrique.

Une distinction essentielle entre les discours corporels de l'abjection et les discours non corporalisés de l'abjection réside dans le fait que les discours *sur* l'abjection sont produits ou *re*produits par des institutions qui exercent le biopouvoir, tandis que les discours *de* l'abjection sont produits et/ou *re*produits par ce qui est construit socialement comme abject, c'est-à-dire par les sujets eux-mêmes à partir de leurs corps ou de leurs comportements physiques, corporels et sexuels. Les premiers (les discours corporels de l'abjection) sont des discours qui construisent socialement ce

---

[93] Giddens, 1995 : 9.

qui est considéré comme abject par le biopouvoir : des discours institutionnels ou sociaux définissant les comportements de la vie intime du sujet qui ne sont pas « acceptables », présentés discursivement comme des comportements illégitimes ou abjects allant à l'encontre de l'ordre et des normes reconnues et acceptées par l'institution. Ces discours sont de nature idéologisante et appartiennent à la culture cognitive des sujets sociaux en tant que reproducteurs du biopouvoir hégémonique.

Quant aux discours institutionnalisés ou non corporalisés de l'abjection, il s'agit de discours qui revendiquent l'existence de l'abjection à partir des discours de styles cognitifs légitimateurs de la sédentarisation épistémologique de la pensée binaire occidentale. Il existe des contextes au sein desquels l'hétérosexualité discursive des institutions juridiques et légales de l'État a apparemment été « dépassée », mais qui reproduisent néanmoins une connaissance binaire contradictoire limitant la portée de ce « dépassement » de la pensée hétérosexuelle. C'est pourquoi l'émancipation hétérosexuelle implique également une émancipation de la métaphysique binaire de la production de connaissance légitime. À titre d'exemple, on peut mentionner l'expression du comportement homosexuel d'un sujet au sein de l'espace public d'une société hégémoniquement homophobe ; dans ce contexte particulier, l'expression d'un comportement lesbien ou homosexuel – par exemple un baiser entre deux personnes apparemment du même sexe – au sein de l'espace public d'une société culturellement homophobe est un discours socialement construit comme « abject », qui peut potentiellement devenir – précisément en raison de la contradiction esthétique implicite entre pratique et contexte – un discours potentiellement esthétique et une action esthétique critique, à condition que la pratique de ce comportement soit co-poïétisée en tant que vitalité d'un mouvement esthétique de dialectique négative entre actions critiques envers le biopouvoir phallocentrique patriarcal et actions d'autocritique ; par exemple celle de l'*art biocritique des corporalités/sexualités abjectes* (art féministe, art *queer*, art d'appropriation, etc.) dans le contexte socio-historique producteur de la culture homophobe de cette société. En effet, la pratique du même comportement dans un contexte socio-historique et culturel non homophobe cesserait par là même d'être « abjecte » et perdrait sa potentialité esthético-biocritique, en l'absence d'éléments socio-historiques et culturels vis-à-vis desquels ce comportement pourrait établir des liens de contradiction, de négation et de tension esthétique.

L'art biocritique de témoignages des corporalités/sexualités abjectes établit des liens de contradiction, de négation et de tension esthétique vis-à-vis des discours qui véhiculent une image abjecte de la vie intime co-poïétisatrice du sujet social et qui légitiment comme une norme culturelle – souvent de manière perlocutoire et indirecte – : le paradigme anthropocentrique ou de « bestialité corporelle » ; le paradigme de la pensée binaire et de la hiérarchie hétérosexuelle ; et/ou le paradigme de la science abstractionniste qui considèrent comme abjectes les approches phénoménologiques ou poïético-corporelles du sujet social qui en tant que reproducteur d'une vie intime hétéronome ne parvient pas à être le co-poïétisateur de la construction sociale de son moi à travers sa vie intime et sociale. Dans ce contexte, l'action d'un sujet social reproducteur de la vie intime et sociale d'un moi inapproprié relève d'une pseudo-subjectivité ; car même lorsque ce moi est reconnu – y compris par les institutions sociales qui le légitiment – comme un moi de liberté, cette liberté reste normée par le biopouvoir, délimitée par des règles et des conventions sociales qui dénigrent certains comportements corporels, reproduisant une abjection corporalisée chez l'individu. Mais quelle est la nature de cette abjection corporalisée produite par de tels discours sur la corporalité abjecte ? Il s'agit d'une identification corporelle du sujet social à la corporalité considérée comme abjecte par et à partir des discours du biopouvoir phallocentrique et androcentrique des sociétés patriarcales gouvernées par la métaphysique binaire et hétérosexuelle caractéristique de la pensée occidentale.

Paramètre phallocentrique de « bestialité corporelle » : racine métaphysique de la potentialité esthétique des corporalités et sexualités abjectes

Les termes « bestial » ou « bestialité corporelle » renvoient à l'interprétation que fait Judith Butler du paramètre d'infériorité cognitive de la métaphysique phallocentrique, qui inclut tous ceux qui sont considérés comme *inférieurs* au sein de la hiérarchie hétérosexuelle ou qui sont exclus de cette hiérarchie. Ainsi cette conception binaire homme-femme de l'économie hétérosexuelle considère-t-elle comme *inférieurs* les corporalités qui assouvissent ce que le phallocentrisme qualifie d'« appétits » corporels ou sexuels : outre les animaux ou les bêtes (êtres dépourvus d'humanité), la « bestialité » concerne également les femmes (considérées comme inférieures au sein de la hiérarchie hétérosexuelle). Cette conception phallocentrique définit un paramètre d'« humanité » qui ne s'applique ni aux femmes ni aux bêtes. On trouve un paramètre de la bestialité corporelle de la pensée occidentale dans la racine methaphysique du phallocentrisme occidental décrite par Butler :

> « Dans la cosmogonie antérieure à celle qui introduit le concept de réceptacle, Platon suggère que si les appétits, ces indices de la matérialité de l'âme, ne parviennent pas à être maîtrisés, une âme – naturellement conçue ici comme l'âme d'un homme – **court le risque de s'abaisser au rang de femme, puis de bête.** En un certain sens, la femme et la bête sont les figures qui représentent la passion ingouvernable »[94].

Or le paramètre de la bestialité corporelle humaine est la racine métaphysique fondatrice et légitimatrice de la pensée binaire et

---

[94] Butler, (1993)/2010 : 79. (l'aspect subligné du texte ne correspond au texte original de Butler).

hétérosexuelle des sociétés occidentales où les corporalités abjectes sont toutes celles consideré comme inférieurs ou extérieurs dans cet paramètre ; historicité épistémologique qui explique aussi sa potentialité esthétique en tant que action biocritiques dans les sociétés occidentales contemporaines.

Bien que toute corporalité potentiellement esthétique ne soit vraiment esthétique que lorsqu'elle est poïétiquement critique et établit des liens de dialectique négative vis-à-vis d'autres moments esthétique liés à cette corporalité, le plus souvent ce sont les corporalités/sexualités socialement identifiées aux opprimés selon les dichotomies proposées par Pythagore puis moralisée par Aristote, qui sont susceptibles d'exprimer et de représenter une potentialité esthétique biocritique à travers l'affirmation de leur identité subjective. Dans son essai *Homo Sum*, Monique Wittig dénonce ces dichotomies et associations binaires comme étant des outils épistémologiques de la pensée philosophique occidentale ayant servi de fondement à la pensée hétérosexuelle en Occident, générant une culture épistémologique de la différenciation dichotomique hétérosexuelle (homme/femme) matériellement observable aussi bien dans la production de connaissance structurée (critique ou non) que dans la production cognitive de la vie quotidienne et au sein de l'organisation socio-politique des sociétés occidentales. Wittig reprend le premier tableau d'opposés qui est apparu dans l'histoire, élaboré par Aristote (*Métaphysique*, Libri I, 5, 6)[95] :

Limité	Illimité		Immobilité	Mouvement
Impar	Pair		Droit	Courbe
Un	Plusieurs		Lumiére	Obscurité
Droite	Gauche		Bon	Mal
Mále	Femelle		Carré	Rectangulaire

À travers cette dichotomie moralisée, on voit clairement l'épistémologie humaine abstraitement attribuée à la matérialité

---

[95]   Aristoteles en Wittig, 1992, 2006: 73-74.

masculine, caractérisée par les qualités suivantes de « l'Être » : limité, impair, un, droite, mâle, immobilité, droit, lumière, bon et carré. En revanche, les qualités épistémologiques attribuées par ce tableau à la matérialité féminine, associée au « Non-être », renvoient à tout corps ou corporalité classifiable au sein d'un vaste paramètre de « bestialité » où la femme/féminité se situe à la lisière entre la bestialité tolérable aux yeux de l'économie hétérosexuelle et celle qui n'est pas tolérable et par conséquent invisibilisée.

La vision abjecte des corporalités/sexualités liées au plaisir érotique tel que l'autoérotisme, prend ses racines dans les associations binaires héritées de la philosophie grecque, caractéristiques de l'hégémonie épistémologique phallogocentrique de la pensée hétérosexuelle en Occident. Parmi ces associations binaires, on peut mentionner les suivantes : âme/matière, forme/matière, intelligibilité/matière, pénétrant/pénétrable, actif/passif, indépendant/dépendant, raison/bestialité, etc., autant de vecteurs déconstructifs qui permettent d'expliquer la tension esthétique entre l'art qui critique corporellement le biopouvoir et toute reproduction épistémologique sédentarisée de cette métaphysique binaire de la pensée occidentale.

Dans son analyse de la culture cognitive et du modèle épistémologique dominants au sein de la pensée occidentale phallogocentrique, Longino (1997) souligne que la différenciation hétérosexuelle est présentée comme « naturelle » afin de légitimer un système socio-politique sexiste ; il suggère qu'au lieu d'expliquer le comportement humain comme une dynamique basée sur « *une cause hormonale et un effet comportemental* », l'on interprète plutôt ce comportement humain comme une dynamique tridimensionnelle interconnectée, dont l'indéterminisme s'explique par la variabilité permanente de « *la connectivité synaptique sous-jacente à la personnalité, au comportement et à la cognition* » : en effet, les caractéristiques comportementales du sujet sont affectées non seulement par son expérience et son vécu mais aussi, à l'étape de maturité, par sa capacité de « *réponse* à *l'autoréflexion* »[96]. Parmi les conséquences sur la modernité tardive de l'institutionnalisation du biopouvoir phallocentrique patriarcal au cours de la modernité, Longino constate l'existence de « formes épistémologiques de domination masculine » non seulement dans les discours de styles cognitifs tels que la science, mais aussi dans les pratiques intimes de l'individu occidental, une tendance interprétative et cognitive qui privilégie une approche masculine de la construction de connaissance et de l'interprétation de la connaissance produite par les autres.

La théorie de Longino permet de reconnaître le paradigme binaire au sein des descriptions et des explications proposées par la science sur les capacités cognitives déterminées par le sexe de l'individu, qui attribuent certaines capacités à l'homme et d'autres à la femme, en utilisant des arguments « scientifiques » pour justifier une hiérarchisation des potentialités intellectuelles favorable à l'homme au détriment de la femme, tout en invisibilisant les autres sexualités. Cette vision d'une science légitimatrice du paradigme binaire illustre bien comment se matérialise concrètement dans une culture un paradigme épistémologique de biopouvoir phallocentrique patriarcal en Occident. Néanmoins, les formes épistémologiques de construction de connaissance varient en fonction des contextes socio-historiques au sein desquels ce paradigme binaire est produit et reproduit par le biopouvoir, même si elles se traduisent presque toujours par une discrimination aussi bien des sexes inclus et dénigrés que des sexes exclus, qui subissent ainsi une double discrimination car ils sont invisibilisés avant d'être dénigrés.

On peut étendre ces observations à d'autres types de domination correspondant aux conditions culturelles, raciales ou de classes sociales. Quoi qu'il en soit, la reconnaissance d'une forme de discrimination basée sur les caractéristiques du corps (genre, race, aspect lié au comportement culturel, à la classe sociale, etc.) renvoie à une forme de domination du biopouvoir, à une « biodiscrimination » construite socialement et

---

[96] Longino, 1997 : 72.

épistémologiquement à partir les discours sociaux institusionalisés de ce biopouvoir. Ainsi la discrimination porte-t-elle aussi bien sur ce qui a été construit et considéré comme abject par le biopouvoir que sur ce qui est vécu à partir de la corporalité construite et considérée socialement comme abjecte. Certaines critiques féministes et queer – telles que celles de Butler, Wittig et Irigaray – ayant critiqué la métaphysique occidentale qui plonge ses racines dans la philosophie grecque classique, n'ont pas manqué de souligner à quel point cette métaphysique a exclu les identités sexuelles d'affirmation subjective qui n'appartiennent pas à la dichotomie dominante en les invisibilisant, leur niant ainsi jusqu'au statut phallocentrique d'« inférieures » et de « Non-être ». Or tout sujet poïétique a la capacité poïétique non seulement de s'affirmer subjectivement en tant qu'homosexuel, bisexuel, lesbienne, transsexuel ou transgenre, mais aussi de resignifier les catégories hétérosexuelles homme-femme.

Dans le cadre de cette recherche, le « paramètre de la bestialité » sera interprété à partir de la lecture critique de *Del Anima* de Platon faite par Butler, notamment en ce qui concerne les « appétits charnels » féminins et masculins qui selon Platon représentent un risque de régression évolutive pour l'homme et une prison corporelle (matérielle) pour la femme et les autres corps inclus – du point de vue du phallocentrisme – dans ce paramètre de la bestialité.

Butler observe que selon Platon, les corps et corporalités/sexualités inclus dans ce paramètre ont besoin d'ordre, et que leur subjectivité corporelle individuelle représente une sorte de prison des appétits et des passions du corps, qui chez les êtres inférieurs aux hommes s'avèrent ingouvernables (à différents degrés mais néanmoins ingouvernables) par leur propre raison. Cela explique pourquoi, aux yeux du biopouvoir phallocentrique, la perspective d'une liberté poïétique individuelle et toute expérience corporelle performative d'un « Moi propre » de ces êtres constitue une menace pour la supériorité masculine hétérosexuel fondatrice du patriarcat.

C'est en se basant sur la perspective queer butlerienne et ses liens critiques avec le matérialisme philosophique marxiste que la déconstruction de la potentialité esthétique de certaines corporalités abjectes en est arrivée à reconnaître ces corporalités comme transformatrices du corps ; d'où le sens butlerien de corporalité performative, qui s'applique aussi bien aux discours normatifs qu'aux discours critiques remettant en cause cette norme. Cela implique une déconstruction historico-matérialiste des corporalités/sexualités (abjectes) en tant que « sièges de transformation temporelle »[97], un sens qui renvoie à l'appropriation corporelle par des corporalités/sexualités abjectes d'une action potentiellement critique, subversive et révolutionnaire, c'est-à-dire potentiellement esthétique :

> « Si le matérialisme expliquait la praxis [la corporalité] comme étant ce qui constitue la matière même des objets [des corps] et concevait cette praxis comme une activité socialement transformatrice, alors cette activité serait considérée comme constitutive de la matérialité même [...] Selon ce nouveau matérialisme que propose Marx, l'objet [...] est l'activité transformatrice même ; de plus, [...], l'objet *se matérialise* dans la mesure où il est le siège d'une *transformation temporelle*. »[98]

Dans son texte « Ces corps qui comptent » (1993)/2010) Judith Butler reprend pour étayer sa critique *queer* la notion d'« extérieur constitutif » puisée du discours féministe de Luce Irigaray (1978, 2007 et 2009) qualifiant « la féminité » d'« extérieur constitutif » de l'économie phallogocentrique au sein de la pensée patriarcale occidentale. En effet, Butler constate l'existence d'un mouvement esthétique d'autocritique féministe au sein de la production théorique féministe, reconnaissant les « extérieurs constitutifs » d'Irigaray comme indissociables de la

---

[97] Butler, (1993)/2010 : 79.
[98] Butler, (1993)/2010 : 79.

pensée féministe, dont les discours produisent inévitablement leurs propres « extérieurs constitutifs », ceux que Butler reconnaît dans « ces corps qui *ne* comptent *pas* » au sein de l'économie hétérosexuelle phallogocentrique, parce qu'ils ne sont identifiés ni à la matière et l'intelligibilité de la masculinité, ni à la matière-réceptacle passive et pénétrable de la féminité. Ces corps qui ne comptent pas sont des corporalités/sexualités qui partagent avec la féminité le sens abject et bestial que la pensée occidentale attribue aux corps féminins ; en effet, bien qu'ils ne partagent pas forcément les caractéristiques biologiques féminines, ils partagent le caractère abject de leurs corporalités en tant que praxis potentiellement transformatrice de la société, dans la mesure où ces corporalités « illégitimes » remettent en cause la normativité phallogocentrique de la hiérarchie binaire hétérosexuelle. Car aussi bien les corporalités abjectes féminines que celles des « corps qui ne comptent pas », lorsqu'elles deviennent visibles au sein du contexte socio-historique, reflètent une hétérogénéité sexuelle indépendante de la biologisation hétérosexuelle des corps.

Butler reprend à juste titre la théorie de Donna Haraway sur la racine philosophique d'une épistémologie de l'exclusion en Occident, selon laquelle la culture occidentale s'est construite depuis les origines à travers « la suppression de l'hétérogénéité sexuelle », faisant ainsi référence aux origines philosophiques de l'hétérosexualité imposée au moyen de l'exclusion épistémologique de toutes les corporalités qui ne se produisent performativement ni ne se théâtralisent comme des corps identifiés au sexe masculin, unique corporalité privilégiée par la vision phallogocentrique du *Timée* de Platon ; il s'agit là de la racine philosophico-politique des outils épistémologiques de toute la production de connaissance de la pensée occidentale, où « Ni en latin ni en grec, la matière (et *hylé*) n'est une positivité ou un référent simple ou brut, [pas plus que ce n'est] une surface ou une ardoise vierge qui attend une signification extérieure, [dans la mesure où] elle est toujours, dans un certain sens, temporalisée »[99]. Or c'est précisément dans

---

[99] Butler, (1993)/2010: 59.

cette temporalité (caducité) de l'identification des sens abjects du corps en tant que performativité corporalisée s'opposant aux normes hétérosexuelles et phallogocentriques, que réside la potentialité esthétique de ces corporalités, dès lors qu'elles sont performatives de sens esthétiques critiquant et transformant la société, et remettant en cause cette normativité phallogocentrique de l'abjection.

Pour Aristote, « la matière est potentialité (*dynamis*), réalisation de la forme »[100], ce qui explique que la pensée philosophique grecque attribue à la masculinité un certain besoin de féminité, mais seulement en tant que matière passive, une féminité définie par cette pensée comme un réceptacle infiniment pénétrable par le masculin, dont l'intelligence est annulée parce qu'elle est incapable de lui donner une forme intelligible en raison de sa dépendance envers les appétits bestiaux attribués à la matière féminine et dominant les corps identifiés biologiquement comme des corps de femmes. C'est pourquoi dans la cosmogonie philosophique occidentale, la seule participation légitime de la corporalité féminine est celle d'un réceptacle passif en vue de la reproduction sexuelle, pour laquelle on dit que « *la femme apporte la matière et l'homme la forme. La hylé grecque est le bois [le corps de la femme] prélévé d'un arbre, instrumentalisé et instrumentalisable, un artefact, disponible pour son utilisation* ».[101] C'est là le sens philosophique associé à la féminité au sein de l'économie phallogocentrique de l'épistémologie coercitive de la pensée hétérosexuelle occidentale, excluant toute hétérogénéité corporelle qui ne soit pas masculine. Dans ce cas, « *la matière se définit clairement en vertu d'un certain pouvoir de création et de rationalité, dépouillée de la plupart des acceptions empiriques plus modernes du terme.* »[102]

---

[100] Aristóteles, "De Anima", *The Basic Works of Aristotle,* trad. De Richard Mckeon, Nueva York, Random House, 1941, libro 2, cap. 1, 412ª a 10, pág. 555. [En Butler, (1993)/2010: 59].

[101] Butler, (1993)/2010: 59.

[102] Butler, (1993)/2010: 60.

Selon cette ligne de pensée, la décorporalisation du sujet hétéronome est équivalente à la dépossession du corps non pas en tant que matière réceptrice de l'intelligibilité « pénétrante », mais en tant que matière intellectuelle pénétrable ou praxis transformatrice de la matière même ; c'est là le sens poïétique du corps en tant que corporalité et outil producteur, et non en tant que réceptacle philosophique reproducteur du phallogocentrisme, semblable au « *bois prélevé de l'arbre, instrumentalisé et instrumentalisable* » par l'âme identifiée au rôle philosophique et épistémologique « masculin ».

« Pour Aristote, l'âme [identifiée à la masculinité dans la pensée occidentale] désigne la réalisation de la matière [identifiée à la féminité], cette dernière étant conçue comme une potentialité non réalisée. L'âme « est la première catégorie de réalisation d'un corps normalement organisé. »[103].

Voilà la base philosophique de la biologisation des rôles et attributs intellectuels des membres d'une société organisée hétérosexuellement par la pensée phallogocentrique de la philosophie grecque classique. Et bien que la pensée aristotélicienne considère qu' « il n'y a pas à rechercher si l'âme et le corps sont une seule chose »[104] ; le féminisme d'Irigaray et Butler estime que c'est en se basant sur cette exclusion coercitive qui ne concède un rôle intelligible qu'à la masculinité, que l'on a pu :

« soutenir que les femmes doivent remplir certaines fonctions sociales et pas d'autres ou, en réalité, que les femmes doivent absolument se cantonner au terrain de la reproduction ».[105]

---

[103] Butler, (1993)/2010: 61.
[104] Butler, (1993)/2010: 61.
[105] Butler, (1993)/2010: 61-62.

Butler cite à juste titre l'opinion critique de Michel Foucault concernant cette distribution politique biologisée des rôles épistémologiques hétérosexuels reproduits par la hiérarchie phallogocentrique dans le contexte socio-historique occidental, une hiérarchie imposée aux sujets, selon laquelle les corps biologiquement dotés d'un vagin, d'un clitoris, d'un utérus, etc., sont associés à la performativité théâtralisée attribuée à la féminité, c'est-à-dire des corps et corporalités qui dépendent de l'intelligibilité de la masculinité, ayant un rôle passif de réceptacle toujours prêt à être pénétré, soumis, dépendant et prisonnier de la bestialité qui le caractérise biologiquement. C'est là le sens de la « prison du corps » matérialisée par sa corporalité, théorisée par Foucault (1976 et 1984), qui évoque « *la matérialité de la prison [qui...] s'étend [dans la mesure où] c'est un vecteur et un instrument de pouvoir [...] pour être exacts sur le plan grammatical, il n'y a aucune prison antérieure à sa matérialisation* »[106] ; car le sens abject des corps est produit et reproduit par les rapports de pouvoir, pour lesquels le sexe est une catégorie normative qui légitime des capacités et des rôles épistémologiques hétérosexuels privilégiant le masculin, infériorisant le féminin (Irigaray, 1978/2007 et 2009) et excluant tout ce qui se différencie de la masculinité heterosexuelle. (Butler 2002/2010).

Butler et Irigaray s'accordent à décrire psychologiquement la cosmogonie patrilinéaire du *Timée* de Platon comme une fantaisie masculine autogène caractéristique des auteurs de la philosophie grecque :

« une fantaisie de l'autogenèse ou autoconstitution [épistémologique] qui implique une négation et une cooptation de la capacité de reproduction de la femme [réduite à une matière réceptive, stérile et] castrée de ce pouvoir fécondant qui correspond exclusivement à la masculinité »[107].

---

[106] Butler, (1993)/2010: 63-64.
[107] Butler, (1993)/2010: 78.

Or cette réduction et cette annulation épistémologique de la féminité s'étend aux autres corporalités liées au plaisir sensuel/sexuel, représentant les appétits charnels que la pensée philosophique platonicienne associe à la nullité épistémologique de la matière féminine, dont la seule utilité est réduite à celle d'un réceptacle dépendant de la fécondité masculine. Ces appétits charnels liés aux plaisirs sexuels correspondent aux corporalités considérées par la pensée occidentale comme des « extérieurs constitutifs », des corporalités bannies de toute praxis corporelle humaine dans la mesure où leurs appétits s'apparentent à une forme de bestialité, identifiée à la dimension incontrôlable du désir féminin. Car selon la cosmogonie philosophique platonicienne, les appétits charnels liés au plaisir érotique et sexuel sont considérés comme bestiaux non seulement dans le cas des corps animaux ou biologiquement identifiés comme féminins, mais aussi dans celui de tous les corps dont le comportement sexuel échappe au contrôle du biopouvoir et à la norme hétérosexuelle de l'économie phallogocentrique, dont la hiérarchie biologisée détermine quels sont « les corps qui comptent ».

Ainsi, de même que la pensée et la lecture féministe des critiques d'Irigaray (1978, 2007 et 2009) et de Butler ont identifiés les « extérieurs constitutifs » au sein de la philosophie grecque et de la pensée occidentale, de même il est possible de reconnaître les corps théâtralisés par des corporalités abjectes liées aux appétits charnels comme les « extérieurs constitutifs » de l'économie phallogocentrique, dont les limites sont définies par cette abjection qui associe le corps humain à la bestialité, une bestialité qui caractérise, aux yeux de la philosophie grecque, le corps féminin bien plus que le corps masculin. De telle sorte que lorsque l'abjection des corporalités liées aux appétits charnels est attribuée à la matière féminine (au corps de la femme), elle représente un exercice poïétique performatif de la bestialité humaine ; dès lors, c'est l'abstinence ou la réalisation de ces pratiques corporelles du plaisir qui détermine le degré de bestialité non seulement chez tous les sujets, mais aussi et surtout chez les bio-femmes, dont le corps est en soi enclin à cette bestialité selon la pensée philosophique occidentale.

Cette lecture esthétique des pensées féministes et *queer* d'Irigaray (1978, 2007 et 2009) et de Butler explique la potentialité esthétique des corporalités liées au plaisir sensuel (ou corporalités abjectes) que Platon tend à associer aux « appétits bestiaux » identifiés aux corps de l'animal et de la femme, et non au corps masculin doté, lui, d'intelligibilité et capable de contrôler ces appétits. Néanmoins ces corporalités liées au plaisir sensoriel et sexuel, en tant qu'« extérieurs constitutifs », n'expriment véritablement leur potentialité esthétique au sein d'un contexte socio-historique épistémologiquement sédentarisé par le biopouvoir phallocentrique que dans la mesure où elles parviennent à nier la dépendance poïétique vis-à-vis de l'« intelligibilité masculine » et à dissocier le sens du plaisir sensuel/sexuel de cette vision selon laquelle les appétits charnels nécessitent un contrôle intelligible masculin.

Ainsi, la potentialité esthétique des corporalités abjectes liées au plaisir sensuel/sexuel et identifiées aux appétits charnels bestiaux renvoie directement à la négation de leur sens d'abjecte, et pas seulement dans le cas des corps dotés de clitoris, de vagin, d'utérus, etc. On le voit, la potentialité esthétique des corporalités abjectes en tant que actions biocritiques des sujets sociaux découle de la praxis d'une intention esthétique critique corporalisée qui nie poïétiquement et intellectuellement la performativité du discours phallogocentrique à l'aide de la performativité resignifiante du discours « abject » esthétiquement critique. Un exemple de ce type de corporalités potentiellement esthétique remettant en cause la reproduction épistémologique phallocentrique sur le plan personnel et individuel, est celui de l'autoérotisme corporalisé intelligiblement comme une négation du sens bestial attribué philosophiquement aux pratiques procurant du plaisir érotique et sexuel, et particulièrement à l'autoérotisme corporalisé par l'intelligibilité épistémologique identifiée à la matière passive, à un réceptacle « pénétrable à l'infini » par l'homme. Car l'autoérotisme est une corporalité qui remet en cause le sens philosophico-politique de l'abjection reproducteur de la sédentarisation épistémologique de sa condition de corporalité

« bestiale » et de sa condition d' « extérieur constitutif » face à la norme épistémologique des usages du corps en Occident.

Corporalités abjectes : *fausse conscience* de la subjectivité au sein de la *culture cognitive* hétérosexuelle phallocentrique

Selon la perspective sociologique poststructuraliste, le paradigme épistémologique hégémonique d'une société s'appuie sur des styles cognitifs qui socialisent la capacité cognitive du sujet social, sur la base d'une série de croyances et de théories épistémologiques partagées par un groupe humain en tant que culture cognitive et identité culturelle ; une série de théories, de croyances et de formes épistémologiques autour desquelles l'individu se socialise et se construit comme un sujet social. Sur le plan sexuel, le paradigme épistémologique d'une culture de biopouvoir joue le rôle de socialisateur des capacités et des besoins corporels et sexuels d'un sujet, qui détermine la plus ou moins grande intervention de l'expérience subjective de la corporalité et de la sexualité du sujet en tant que sujet cognitif et constructeur de sa propre identité sexuelle et corporelle, et qui définit la légitimité de la corporalité en tant que capacité cognitive du sujet social, par le biais d'une socialisation formelle et informelle et d'une construction sociale qui mélange l'enculturation mutuelle des individus et la socialisation de ces individus par les discours institutionnels.

Les paradigmes épistémologiques ou de la culture cognitive d'une société sont les manières légitimes d'être et d'acquérir des connaissances au sein d'un ordre social donné. Un tel paradigme épistémologico-culturel s'appuie sur la culture épistémologique d'une société qui socialise les formes cognitives de l'individu, et sur l'hégémonie épistémologique d'un ou de plusieurs styles cognitifs. Et même si sur le plan individuel tous les styles cognitifs ayant survécu *à* et *dans* un contexte socio-historique participent à la création sociale du sujet social et sont plus ou moins impliqués dans la construction d'un « moi » socialment partagé en tant que culture ; la présence de chaque style cognitif au sein de la culture corporelle de chaque individu dépend qualitativement et quantitativement des liens que ce style a établi avec l'individu tout au long de sa vie. En effet, au sein de chaque société il existe différents styles cognitifs, qui participent à différents degrés au paradigme culturel hégémonique d'une culture.

De plus, la participation hégémonique d'un style cognitif à un paradigme culturel ne se traduit pas par la production invariable d'un sujet social identique, tant il est vrai que les usages et les formes cognitives de la corporalité et de la sexualité varient chez chaque sujet en fonction de la présence et de la participation des différents styles cognitifs du biopouvoir hégémonique dans sa biographie, la construction de la personne s'appuyant sur un processus d'*enculturation*, ou d'*acculturation* lorsque le sujet déjà socialisé et/ou identifié acquière une nouvelle culture. Quoi qu'il en soit, le paradigme culturel peut présenter les caractéristiques d'une hégémonie épistémologique plus ou moins dominée par un ou plusieurs paradigmes correspondant à différents styles cognitifs. Ainsi par exemple, le paradigme culturel qui construit le sujet social au sein des sociétés modernes présente encore une certaine prédominance de l'idéologie du paradigme épistémologique des religions monothéistes avec cultures patriarcales -de la pensée hétérosexuelle, binaire et androcentrique- qui dominait les ordres sociaux patriarcaux et la pensée heterosexual et binaire des sociétés prémodernes.

Le paradigme culturel n'est pas uniquement une connaissance, c'est aussi une manière de construire de la connaissance, liée à ce qu'Adorno qualifie de « fausse conscience »[108] et qui fonctionne comme une identité culturelle revendiquant les formes

---

[108] « À l'ontologie de la fausse conscience appartient également l'attitude de la bourgeoisie qui, ayant dompté l'esprit autant qu'elle l'a libéré, malveillante même avec elle-même, accepte et tire de l'esprit précisément ce qu'elle ne peut réellement croire qu'il est. » (Adorno, 1970/2004: 32).

épistémologiques socialisées culturellement comme légitimes afin de construire cette connaissance au sein d'une culture cognitive donnée. Dès lors, le sujet social socialisé par une culture d'hégémonie épistémologique s'en remet à un système de sécurité épistémologique qui – étant de tendance sédentaire et acritique – amène les sujets à « s'identifier » au croyances et aux théories du paradigme culturellement hégémonique. Par ailleurs, le paradigme culturel du biopouvoir phallocentrique repose également sur les différentes formes et typologies taxonomiques de la culture corporelle et sexuelle d'une société qui permettent au sujet d'interpréter et d'organiser l'information sexuelle et corporelle qu'exprime son propre corps et le corps de l'autre.

Concernant la sexualité du sujet des sociétés contemporaines ou de la *modernité tardive*[109], le paradigme culturel du biopouvoir phallocentrique s'appuie sur une série de croyances et de théories épistémologiques socialisées comme des *pulsions culturelles*[110] par le symbolisme normatif de l'économie hétérosexuelle, et qui servent au sujet social de critères de sélection, de légitimation ou de rejet de ses pulsions bioénergétiques et subjectives. Dans cette perspective anthropologique, toute culture ou paradigme culturel du biopouvoir phallocentrique patriarcal exprime la poïésis du sujet social identifié au biopouvoir et au phallocentrisme ; par conséquent, toute expression *portant sur* la corporalité et la sexualité est l'expression de la participation du sujet à l'articulation du paradigme du biopouvoir hétérosexuel hégémonique, une cristallisation de la contribution du sujet à la reproduction d'un sujet hétéronome dans l'économie hétérosexuelle légitimée par la métaphysique de la pensée binaire et hétérosexuelle occidentale.

De plus, pour le criticisme de l'*art biocritique des corporalités abjectes*, cette identification du sujet à la *fausse conscience* du biopouvoir phallocentrique peut également être considérée d'un point de vue sociologique comme le fruit du processus de socialisation ou de construction sociale du sujet dominé par les

---

[109] Giddens, 1995.
[110] Reich, (1932)/2007 : 199.

discours institutionnels du biopouvoir, même s'il faut reconnaître que dans cette construction sociale du sujet identifié au biopouvoir – ou sujet hétéronome – interviennent également des processus d'enculturation entre individus exerçant leur fonction d'articulateurs des paradigmes de ce biopouvoir. Quant au processus de construction sociale qui transforme l'épistémologie d'un style cognitif en culture cognitive d'un groupe social, le criticisme de l'*art biocritique des corporalités abjectes* l'interprète en termes esthétiques comme une « identification » du sujet au biopouvoir phallocentrique qui véhicule une « *fausse conscience* » occidentale sur la corporalité humaine ; *une fausse conscience* qui repose sur une pensée binaire, hétérosexuelle, sur le paramètre de bestialité corporelle et sur une vision abstractionniste de la corporalité humaine. Or le criticisme de l'*art biocritique des corporalités abjectes* observe que lorsque le paradigme culturel constitue un biopouvoir épistémologique qui enculture le sujet, il tend à se sédentariser en tant qu'hégémonie épistémologique, socialisant chez le sujet une série de normes sexuelles qui permettent d'assurer l'articulation et la consolidation du paradigme, notamment à travers les pratiques individuelles, même si cela doit se traduire par l'inhibition, l'invisibilisation, l'humiliation et le mépris de la subjectivité du sujet.

En ce qui concerne cette hétéronomie ou fausse conscience de la corporalité du sujet de la modernité tardive héritée de la modernité, le criticisme de l'*art biocritique des corporalités abjectes* observe que la décomposition de l'identification moderne du sujet social au biopouvoir épistémologique phallocentrique de la modernité produit le phénomène culturel qu'Adorno qualifie de *réification* des « réactions intimes » chez le sujet moderne :

« Les réactions les plus intimes des hommes envers eux-mêmes ont été à ce point réifiées, que l'idée de leur spécificité ne survit que dans sa forme la plus abstraite : pour eux, la personnalité ne signifie guère plus que des dents blanches, l'absence de tâches de transpiration sous les bras et la non-émotivité. Et voici le résultat du triomphe de la publicité dans l'industrie culturelle : les consommateurs sont contraints à devenir eux-mêmes ce que sont les produits culturels, tout en sachant très bien à quoi s'en tenir ».[111]

Le criticisme de l'*art biocritique des corporalités abjectes* considère la *réification* ou *chosification* des « réactions intimes » dénoncée par Adorno comme un effet de l'identification corporelle du sujet social hétéronome à la pensée binaire et hétérosexuelle du biopouvoir phallocentrique issu de la modernité ; il considère également que l'*art biocritique de témoignages des corporalités abjectes* est un art qui cristallise les formes épistémologiques d'une culture du biopouvoir, en utilisant précisément ces « réactions intimes » humaines du sujet social afin de revendiquer leur existence chez ce sujet malgré sa construction sociale de sujet hétéronome.

Or la culture du biopouvoir dominante dans le contexte socio-historique des sociétés de la modernité tardive est directement liée à la culture des « *réactions intimes (…) à ce point réifiées* »[112], et le biopouvoir qui est critiqué par l'art biocritique au sein de la modernité tardive est la conséquence de cette chosification ou réification de l'intimité humaine, de même que cette chosification des réactions intimes humaines au sein de la modernité est une conséquence ou est directement liée aux formes hégémoniques du biopouvoir prémoderne dans des contextes similaires ; or il s'avère que l'ordre social qui a dominé la sexualité au sein de la modernité provient en bonne part de l'époque victorienne, c'est-à-dire d'une tradition puritaine qui cherche à contrôler tous les aspects de la vie intime, privilégiant les discours d'un biopouvoir institutionnalisé qui voue le discours sexuel aux gémonies, à l'inexistence, au mutisme et au rejet ; une tradition culturelle d'un biopouvoir socialisé chez l'individu moderne à travers des styles cognitifs essentiellement juridiques, moraux et religieux.

---

[111] Adorno, "L'industrie culturelle", GS 3 : 176.
[112] Ibid

Ainsi, les styles cognitifs du biopouvoir épistémologique institutionnalisé par la modernité avec lesquels l'*art biocritique des corporalités abjectes* établit des liens de contradiction esthétique – c'est-à-dire qu'il critique dans ses œuvres – sont par exemple le christianisme, le capitalisme, la science structuraliste et abstractionniste, entre autres styles dont les idéologies – dans certains cas – et les méthodes – dans d'autres – se sont chargées historiquement d'imposer les normes du biopouvoir au sein des sociétés modernes.

Parmi les antécédents du paradigme culturel du biopouvoir épistémologique dans des contextes de modernité tardive, on peut également mentionner d'autres conditions culturelles de biopouvoir – identifiées par Adorno – qui *cristallisent* l'art, telles que les notions de « plaisir sensuel », de « stimulation érotique » et d'« expérience » – sensuelle, érotique, physique, sexuelle ou corporelle du sujet créateur – propres à l'art de chaque contexte :

> « Le poids du plaisir sensuel dans l'art varie ; à des époques telles que la Renaissance qui succédaient à des époques ascétiques, [l'art] était un instrument de libération ; l'impressionnisme aussi, en tant qu'anti-victorianisme ; parfois, le duel créatural se manifestait comme contenu métaphysique lorsque la stimulation érotique imprégnait les formes (…) Est moderne l'art, qui d'après son mode d'expérience et en tant qu'expression de la crise de l'expérience, absorbe ce que l'industrialisation a produit sous les rapports de production dominants »[113].

Il convient de préciser que l'art auquel se réfère Adorno constitue, dans la mesure où il fonctionne comme cristallisateur du biopouvoir, une critique esthétique envers le paramètre de la bestialité corporelle du biopouvoir phallocentrique dominant dans le contexte socio-historique de l'industrialisation du corps au sein duquel l'art moderne a été poïétisé. De fait, on peut considérer

---

[113] Adorno (1970)/2004 : 53.

l'art biocritique des corporalités abjectes comme une spéculation intuitive et cristallisatrice de ce que la sociologie définit à l'aide d'un langage structuré comme la « *proliferation de techniques visant à assujettir les corps et à contrôler les populations* »[114].

Or à chaque époque les charateristiques socio-historiques du paradigme culturel du biopouvoir varient et constituent un noyau de tension esthétique entre l'art et la société dès lors que le sujet cesse d'utiliser, avec *l'art biocritique des corporalités abjectes*, les formes épistémologiques socialisées par ce biopouvoir et visant à en faire un articulateur de son paradigme, et qu'il les utilise au contraire en tant que formes épistémologiques désarticulatrices du paradigme en question. Car, rappelons nous, que selon l'anthropologie cognitive de Gleen (1985), le style cognitif ou paradigme culturel du biopouvoir dominant d'une culture permet aux individus qui appartiennent à cette culture de traiter et d'organiser toute l'information sur leurs besoins, leurs capacités et les normes sexuelles et corporelles qu'ils doivent adopter vis-à-vis d'eux-mêmes, des autres et de leur environnement. Puis, on peut décrire les actions biocritiques en tant que les négations et contradictions esthétiques socio-historiques des styles cognitifs ou paradigmes culturels du biopouvoir dominant.

Cela explique le fait que certaines formes d'art biocritique moderne puisse déranger tel ou tel style cognitif ou institution de l'ordre social identifié et reproducteur des paradigmes épistémologiques phallocentriques modernes ; et ainsi à chaque époque et contexte socio-historique de l'histoire de l'art. Cela explique aussi le fait que l'art biocritique soit un art socialement réprouvé dans la mesure où à chaque époque historique il perturbe l'identité, le système et l'ordre, au point que des institutions sociales ou des styles cognitifs apparemment antagoniques peuvent temporairement s'allier lorsqu'ils se sentent menacés ou perturbés, par cet art qui critique la pensée assurant la sédentarisation épistémologique de l'ordre social et du biopouvoir hégémonique.

---

[114] Foucault, 1984.

Un exemple d'utilisation de la corporalité abjecte comme un outil des actions biocritiques théorisées est celui du discours énoncé sous la forme d'un langage esthétique par les féministes postmodernes telles que Scott (1988), Sontog (2008), Jodelet (2002), Young (2000), Wittig (1992), Irigaray (1978/2007 et 2009) et Butler (1994), etc. ; toutefois, contrairement à plusieurs de ces exemples, les discours esthétiques de l'*art biocritique* constituent des actions biocritiques qui partent nécessairement des témoignages biographiques qui engagent corporellemente, sexuellement personnellement, subjectivement et biographiquement à l'artiste ou poïétisateur de l'action critique, dans la mesure où il s'agit de discours critiques poïétisés à partir de l'abjection à l'aide d'un *langage esthétique* qui n'est pas toujours un langage structuré. Par exemple la dialectique entre actions de critique et actions d'autocritique dans les actions biocritiques de Wittig qui fait un mouvement esthétique de dialectique entre des actions biocritiques théoriques et actions biocritique d'autocritique (corporellemente et sexuellement personnelle, subjective, peut-être biographique) dans ces aoeuvres littéraires sur la lesbianité.

D'une manière générale, l'*art biocritique* en tant qu'art critique envers les paradigmes phallocentriques dominants de la pensée hétéroseuxelle, binaire et androcentrique occidentale, est un art qui s'emploie à poïétiser un sujet esthétique à partir de la corporalité abjecte du sujet social, en un moment esthétique de ce sujet considéré comme un « non sujet », ou un « sujet d'abjection corporalisée » dans un contexte socio-historique de biopouvoir. De telle sorte qu'en se poïétisant à partir de la corporalité abjecte qui définit le sujet esthétique, l'*art biocritique* établit un lien de contradiction esthétique non seulement vis-à-vis des formes corporelles non abjectes du sujet social, vis-à-vis des discours de l'ordre social dominant du biopouvoir ; vis-à-vis des institutions et personnages représentants ou producteurs de ces discours légitimateurs du biopouvoir ; et en générale vis-à-vis de la *fausse conscience* d'une culture cognitive identifiée aux *trois paradigmes du phallocentrisme de la pensée occidentale*[115] présents dans la culture cognitive des sujets sociaux des sociétés de la modernité tardive (une fausse conscience qui produit et reproduit des sujets à la corporalité formatée et destinée à fonctionner poïétiquement comme articulatrice du paradigme de ce biopouvoir) et dans les discours institutionnels qui radicalisent et universalisent ces paradigmes au sein de ces sociétés.

Corporalités abjectes : outil d'*identification* (cohésion) sociale pour le biopouvoir phallocentrique

En tant que stratégie discursive au sein des sociétés modernes, l'abjection du corps peut être définie comme l'expression pré-formative et sublimatoire d'un argument d'exclusion et de marginalisation de la différence, fruit de la dynamique culturelle propre à la modernité. L'abjection de certaines corporalités en tant que stratégie discursive de domination constitue un bon exemple de discours universalisant et radicalisant, généré par l'ordre institutionnel moderne au sein de la modernité tardive afin de garantir une cohésion sociale favorable au biopouvoir. En ce qui concerne cette abjection corporalisée en tant qu'outil de cohésion sociale du biopouvoir hétérosexuel hégémonique, il convient de préciser que dans les discours du biopouvoir qui visent à « rendre abject » certains comportements, l'abjection est un outil discursif de cohésion sociale dans la mesure où elle fonctionne comme une identification dogmatique culturelle du sujet à la culture cognitive hétérosexuelle propre à la métaphysique binaire occidentale et à la norme sexuelle et poïético-corporelle qui légitime un ordre

---

[115] Le paradigme anthropocentrique ou de la bestialité corporelle ; le paradigme de la pensée binaire (ou de la hiérarchie hétérosexuelle) ; et le paradigme abstractionniste (ou de la science structuraliste, rationaliste ou positiviste).

social phallocentrique dominant tel que le patriarcat. C'est ce qu'Adorno appelle le « processus d'*identification* du sujet au tout social »[116], favorisant dans la modernité tardive ce que Giddens (1995) écrit comme « une situation dans laquelle le genre humain se transforme par certains aspects en un *nous* qui est confronté à des problèmes et des possibilités où « les autres » n'existent pas »[117].

On observe un processus d'identification corporelle et/ou sexuelle du sujet social au biopouvoir hégémonique dès lors que la corporalité et les besoins – physiques, biologiques, physiologiques, psychologiques, émotionnels et sociaux – liés aux corps de l'individu imitent les besoins du groupe, effaçant et invisibilisant les besoins particuliers et subjectifs de chaque être humain, afin de garantir le maintien ou la reproduction de l'ordre social dominant. C'est ainsi que le sujet social « s'identifie » à l'hégémonie épistémologique du biopouvoir, et qu'il contribue généralement – à travers ses pratiques corporelles et ses discours sur la corporalité – à l'articulation du paradigme culturel du biopouvoir dominant ; il s'agit par conséquent d'un sujet acritique qui contribue à la reproduction d'individus s'identifiant à leur tour à l'hégémonie épistémologique du biopouvoir : des individus dominés, acritiques, sans volonté d'émanciper ou de s'émanciper, et dont les pratiques et les discours cherchent à uniformiser les individus en leur inculquant les croyances et les théories paradigmatiques en tant que culture cognitive qui est ou a été dominante et hégémonique, et ce même lorsque celles-ci semblent menacées de perdre leur prééminence. La différence entre le comportement biocritique esthético-politique et le comportamente reproducteur corporel du phallocentrisme chez le sujet social elle est :

a) *Sujet social reproducteur corporel du phallocentrique.* Lorsque ces individus socialisateurs et reproducteurs du paradigme culturel du biopouvoir dominant participent à la construction sociale de leurs propres corps et du corps des autres, de

---

[116] Adorno, (1970)/2004.
[117] Giddens 1995 : 42.

leur sexualité et de la sexualité des autres et de toute autre construction sociale corporelle ou liée au corps, ils le font *avec* et *à partir d'*une subjectivité chosifiée et « identifiée » à une hégémonie épistémologique acritique. On peut dire que l'idéal pour ces processus de production et de reproduction du biopouvoir, c'est que le sujet identifié corporellement au biopouvoir fonctionne socialement comme un rouage de plus du paradigme hégémonique et par conséquent du style cognitif dominant du biopouvoir. Et même s'il peut à tout moment s'émanciper, son identification corporelle le pousse à ne pas le faire, et à nier ou ignorer qu'il pourrait le faire. Et pire encore à exclure, demeurer et sanctionner les corporalités émancipatrices chez les autres individus de sa société à laquelle lui appartient.

b) *Sujet social esthétique : sujet social x corporellement et sexuellement inachevé et discontinu.* Par ailleurs, dans la perspective d'une sociologie esthétique, la production d'identité corporelle peut être visualisée comme un processus de production identitaire du sujet social en forme de spirale ; au cours de ce processus, le sujet peut se construire dans le cadre d'un projet d'hétéronomie vis-à-vis du biopouvoir hégémonique, mais il peut également conquérir une certaine autonomie et passer ainsi de l'un à l'autre durant les différentes étapes de sa vie. Cela expliquerait pourquoi certaines conditions corporelles, sexuelles ou de genre de l'individu, tout en étant des constructions sociales de *l'abjection*, peuvent être transgressées par ce même sujet, puis perdre à nouveau cette capacité de transgression, et ainsi de suite. On peut également observer dans l'histoire occidentale un parcours en forme de spirale qui rapproche et éloigne successivement le sujet des pôles de liberté poïético-corporelle, en un va-et-vient d'ombres et de lumières entre l'hétéronomie et l'autonomie du sujet.

Ainsi, l'identification ou la production identitaire en tant que processus garant de la cohésion sociale d'une société s'avère être un processus multifactoriel au sein duquel intervient tout l'appareil social, consolidant l'identification et/ou la différenciation du sujet par rapport au reste du groupe social ; ce processus de production sociale d'un sujet *identique* ou *différent* répond aux besoins de cohésion sociale du groupe dominant, qui assure sa subsistance à travers des processus de socialisation où il fait intervenir ses représentants en tant qu'agents actifs de cette socialisation du sujet identifié au groupe.

Dans cette perspective, la corporalité abjecte fait partie du fonctionnement du *système de sécurité épistémologique d'un ordre social*[118] de biopouvoir, et l'on peut la déceler aussi bien dans les discours de l'ordre institutionnel de ce biopouvoir que dans les caractéristiques identitaires du sujet social. La plupart du temps, l'identité construite selon un processus d'identification renforcé par des discours sur l'abjection est une identité qui tend à chosifier le sujet, et sa manifestation la plus radicale est l'abjection corporalisée dans la vie intime de ce sujet, et ce même lorsque cette vie intime échappe à la surveillance et au contrôle – direct, illocutoire ou locutoire – des autorités de l'ordre dominant. L'abjection corporalisée prend corps lorsque le sujet corporalise son interprétation de l'abjection au-delà des lois d'une société, qu'il l'intériorise cette aliénation dans son for intérieur et sa conscience, au point d'inhiber, de nier ou de réprimer sa propre corporalité « abjecte ».

Or, étant donné que l'identification à une telle corporalité abjecte reflète le processus de production et de reproduction social du système de sécurité épistémologique des sujets d'un groupe, et que toute *identification* implique intrinsèquement une *différenciation*, il s'avère que tout processus social de production d'un sujet corporel implique également la production et la reproduction sociale du *non sujet corporel*, du *non égal*, de l'autre ou des autres, de toute personne ne correspondant pas au modèle de sujet promu par l'idéologie dominante comme étant un sujet corporel non abject. Dans cette perspective poststructuraliste du féministe et la théorie *queer* (Butler, Wittig, Irigaray, etc.),

---

[118] Giddens, 1995.

la différenciation découlant de l'abjection peut être considérée comme un discours socialisateur aussi bien dans l'espace public que privé, et aussi bien à travers les énonciations d'acteurs représentant l'idéologie dominante qu'à travers les corps des sujets dominés ou identifiés à cette idéologie. Au sein d'un ordre social de biopouvoir, les « sujets » et les « non sujets », ceux qui sont considérés comme abjects et ceux qui les considèrent comme abjects, partagent tous une culture et une identité de la différenciation, une identité interprétative de ce qui est et de ce qui n'est pas corporellement « abject ».

L'identité groupale de la différenciation corporalisée se traduit par l'exclusion du sujet identifié comme différent parce qu'il présente certaines caractéristiques d'un groupe marqué par une différence « abjecte », et ce même s'il ne présente que quelques-unes des caractéristiques de ce groupe abject. Toutefois cette exclusion du sujet abject peut également être vécue par le sujet vis-à-vis de lui-même, de sa propre histoire et de son propre corps. Dans cette perspective, le sujet abject est un sujet qui ne peut s'inscrire au sein du modèle dominant qu'à travers sa différence, en tant qu'individu étranger au groupe dominant et naturellement exclus de celui-ci mais aussi comme un besoin de ce groupe en tant qu'« extérieur constitutif » de la hiérarchie hétérosexuelle. Or une identité chosifiée qui objective le sujet en vient à légitimer l'exclusion de la différence corporelle comme un aspect de l'identité de groupe qui crée une certaine dissonance et suscite un rejet chez le sujet vis-à-vis de ce qui est sexuellement et moralement différent. De plus, le sujet dont la corporalité est considérée comme abjecte est un sujet qui perturbe le système et l'ordre social, et lorsque ce sujet affirme et revendique sa corporalité, non pas en tant que corporalité abjecte mais tout simplement parce qu'elle existe, alors son existence ne se contente plus de perturber le système, elle l'*ébranle* ; c'est ainsi que surgit ce que Giddens qualifie d'«ébranlement du *système de sécurité épistémologique* auquel était attaché le sujet dans les époques prémodernes »[119].

---

[119] Giddens, 1995.

Or au sein de la modernité tardive, les normes et les règles qui régentent la vie privée et intime et les pratiques sexuelles du sujet ont délégitimé toute construction corporelle et phénoménologique basée sur l'affirmation subjective de l'individu et sur la connaissance de son propre corps, produisant ainsi des sociétés gnoséologiquement atrophiées, des sociétés issues d'un ordre social de biopouvoir poussé aux limites de la décomposition corporelle. En effet, lorsque les corps sont régentés et contrôlés jusque dans leurs expressions les plus intimes par les discours de l'ordre institutionnel afin de brider les libertés poïético-cognitives narcissistes du sujet au point de l'empêcher d'intervenir subjectivement dans les processus de production sociale, il ne fait pas de doute qu'il s'agit d'une société dont le système de sécurité épistémologique a été verrouillé à travers la séquestration épistémologique de l'expérience poïético-cognitive liée au narcissisme primaire. La modernité, définie par cet ordre institutionnalisé de discours socialisateurs, produit une série d'interconnexions avec le sujet, établissant de nouveaux rapports entre ce que Giddens (1995) appelle les « *forces universalisantes* » et les « *dispositions personnelles* ».

Face à cette séquestration de l'expérience au sein de la modernité tardive, il arrive que les sujets sociaux identifiés à l'hégémonie épistémologique, en tant que rouages du paradigme et du style cognitif dominant, radicalisent et universalisent leurs discours et leurs pratiques corporelles conformes à la tradition. Quoi qu'il en soit, les interactions discursives qui façonnent la production et la reproduction sociale du sujet et de sa sexualité peuvent le rapprocher ou l'éloigner de l'autonomie ou de l'hétéronomie, de sorte que la vie d'un sujet pourrait être considérée idéalement – selon le criticisme adornien – comme une tension constante entre discours émancipateurs et discours idéologisants, entre chosification et humanisation, entre autonomie et hétéronomie, en un mouvement de dialectique négative entre actions critiques envers la sédentarisation et actions d'autocritique des aspects émancipateurs esthétiques.

Selon cette conception de la réalité, le sujet est plongé dans une lutte permanente d'émancipation face à cet ordre qui radicalise ses effets sur le corps social, et face à l'ébranlement des fondations du système de sécurité épistémologique. C'est ainsi qu'émerge au sein des sociétés de la modernité tardive une culture du risque, qui déstabilise le sujet en le plongeant dans l'insécurité et le doute face à la multiplication des hypothèses sur la réalité à laquelle il est confronté. Dans ce contexte, les discours institutionnels sur les pratiques sexuelles abjectes ne font qu'accentuer les accès d'angoisse et la sensation de risque permanent vécue par un groupe social dont le domaine de sécurité de base tend à se réduire aux caractéristiques spécifiques du groupe en question, incitant le sujet à adopter des stratégies de survie identitaire basées sur le mimétisme encouragé par le système social, afin de sentir qu'il appartient à un groupe dont les caractéristiques lui permettent de rétablir son système de sécurité traditionnel constamment ébranlé par la dynamique même du mécanisme de désenclavement propre à la modernité tardive.

Or si l'on admet que le discours sur l'abjection joue un rôle d'outil discursif de cohésion sociale au service d'un ordre institutionnel menacé par les effets non planifiés de la dynamique de la modernité, et que la sexualité est une connaissance construite socialement aussi bien par les discours de l'ordre institutionnel que par les discours les plus intimes de l'individu, ceux de sa corporalité et de sa sexualité affirmée subjectivement, on peut en déduire qu'au sein d'une telle société qui chosifie et séquestre l'expérience, l'objet de l'abjection et la dynamique de ce rejet peuvent justement offrir l'espace d'énonciation le plus efficace pour les discours émancipateurs du même sujet social.

Corporalités abjectes et *révolutions moléculaires* : potentialité esthétique des corps abjects

Lorsque l'on parle d'un processus d'enculturation, on se réfère à un processus de construction sociale de l'individu en tant que sujet social, c'est-à-dire à la formation du caractère du sujet, à la formation de la personne, du *moi*. Par ailleurs, la participation du sujet au processus de sa propre production sociale, même lorsque que cette participation a lieu à partir de la *fausse conscience* du sujet, génère nécessairement des mutations au sein de ce processus socio-historique. C'est le rythme des mutations du paradigme culturel dominant l'enculturation du sujet qui permet de déterminer s'il s'agit d'un paradigme critique ou acritique. Un paradigme culturel esthétique, c'est-à-dire critique et autocritique, est un paradigme moins résistant à la critique et qui poïétise l'autocritique, ce qui ne signifie pas pour autant qu'il s'agisse d'un paradigme culturel en constante mutation.

Pour le poststructuralisme et l'esthétique critique, la participation du sujet social en tant qu'articulateur ou que critique au sein du processus d'enculturation est le facteur social qui déterminera les éventuelles mutations historiques, y compris celles que Guattari (1977) qualifie de « révolutions moleculaires » :

> « On observe qu'un certain type de révolution n'est pas possible, mais en même temps on comprend qu'un autre type de révolution devient possible, non pas au moyen d'une certaine forme de lutte des classes, mais au moyen d'une révolution moléculaire qui non seulement met en mouvement les classes sociales et les individus, mais qui constitue également une révolution machinique et sémiotique »[120]

---

[120] GUATTARI, Félix, *Desiderio e rivoluzione : Entretien à Félix Guattari*, Squilibri, Milan, 1977. Conversation avec Franco Berardi (Bifo) et Paolo Bertetto.

De sorte que c'est la variabilité individuelle qui façonne la résistance face à l'imposition d'un paradigme unique par le biais de l'enculturation du langage et des discours du biopouvoir. Car même si l'enculturation épistémologique s'avère déterminante dans la construction des individus en tant que sujets sociaux, il ne faut pas sous-estimer la potentialité émancipatrice de chaque sujet à travers cette variabilité que lui confère l'histoire particulière de sa vie (corporelle et sexuelle subjective et subjectivante d'un (Moi propre) et qui lui offre la possibilité de résister aux processus d'enculturation homogénéisatrice qu'Adorno qualifie de processus d'*identification*.

Dans ce cas, la vision d'une corporalité abjecte au sein des sociétés modernes est aussi bien une conséquence qu'un outil discursif de cohésion sociale ayant ses répercussions sur la construction sociale de *l'identité du moi*[121] ; néanmoins, elle peut également mettre en évidence les points de tension esthétique permettant de poïétiser une critique du modèle et de l'ordre institutionnel qui produit et/ou reproduit cette vision d'une corporalité abjecte comme un argument socialisateur au sein du processus de construction sociale d'un sujet identifié au biopouvoir hégémonique. Parmi les exemples de cette tension esthétique entre la corporalité dite abjecte et les discours qui véhiculent cette vision d'une corporalité abjecte à partir de l'ordre social du biopouvoir, on peut mentionner l'usage que fait par exemple l'Œuvre multiorgasmique collective de l'orgasme (en tant que langage du plaisir sensuel) et de l'autoérotisme (en tant que corporalité performative d'un « Moi propre ») des sujets sociaux volontaires qui avec sa participation dans l'œuvre vitalisent une tension esthétique entre cet processus poïétique artistique et les discours du biopouvoir.

Mais comment le criticisme esthétique de l'art biocritique explique-t-il le fait qu'un paradigme épistémologique puisse se traduire en culture cognitive d'un sujet décorporalisé ? L'élément clé est le langage des discours institutionnalisés du biopouvoir et

---

[121] Giddens, 1995.

de l'ordre social qui produisent et reproduisent un sujet social destiné à devenir un articulateur de leurs paradigmes à partir de sa vie intime et quotidienne, au sein de l'espace public et privé. En ce qui concerne le lien du sujet avec sa réalité sociale, Feyerabend utilise la dialectique du matérialisme historique pour définir l'enculturation mutuelle des individus comme un enchaînement entre les usages cognitifs du sujet et ceux du paradigme épistémologique d'un style cognitif présent au sein de la société, et il précise :

> « Le choix d'un style (cognitif), d'une réalité ou d'une forme de vérité, incluant les critères de réalité et de rationalité, est (...) un acte social, [qui] dépend de la situation historique.»[122]

Dans cette perspective, bien qu'un sujet soit construit socialement en fonction de son appartenance à une culture déterminée et qu'il s'identifie aux formes épistémologiques de cette culture qui le socialise, si d'autres styles cognitifs participent au processus d'enculturation de cette personne particulière, il existe davantage de probabilités de qu'elle ne se construise pas comme un sujet social entièrement identifié au paradigme dominant, contrairement à une personne dont le processus d'enculturation a été dominé par un seul paradigme ou style cognitif.

Pour les poststructuralistes, le langage est une forme épistémologique d'enculturation du sujet social à laquelle celui-ci est sensible, même si ce n'est pas toujours de manière consciente. Par exemple, le langage est un outil de construction sociale organisé par les académies et les épistémologies qui contribuent à établir les définitions, les règles et les normes qui régissent l'usage de la langue ; des règles et des normes qui régissent également le rapport aux choses que les mots représentent. Le langage est une forme d'organisation sociale, c'est une construction sociale et un constructeur social ; c'est aussi une dialectique sociale à

---

[122] Feyerabend, 1987 : 96.

travers laquelle le sujet peut être reproducteur ou constructeur du biopouvoir hétérosexuel et phallocentrique.

Or face à cette potentialité esthétique de la corporalité à partir du langage, le sujet a tendance à réagir en déconstruisant et en soumettant le langage à des mutations qui transcendent les règles de la syntaxe, de la linguistique, de la grammaire, de la pragmatique et du « bon parler » dicté par les académies de la langue qui répondent également à l'hégémonie épistémologique d'un ordre social déterminé. Toutefois, malgré ces rébellions et transgressions du sujet vis-à-vis du langage ordonnateur du biopouvoir, la participation du langage à la séquestration de l'expérience au sein de la modernité n'en reste pas moins déterminante, particulièrement lorsque le langage des discours des styles cognitifs dominants fonctionne comme l'articulateur de l'hégémonie épistémologique du biopouvoir hétérosexuel et de la pensée binaire. Dans cette perspective, l'origine du biopouvoir épistémologique s'appuie sur la capacité enculturante du langage afin d'organiser et de définir le vocabulaire lié à la corporalité et à la sexualité humaine en tant qu'économie hétérosexuelle. Car le biopouvoir hétérosexuel et la métaphysique phallocentrique des oppositions binaires hégémoniques de la pensée occidentale ne cherchent pas tant à produire des sujets passifs que des sujets articulateurs du paradigme hégémonique. Or fonctionner comme articulateur d'un paradigme épistémologique qui tend à la sédentarisation de par son manque d'autocritique revient à fonctionner comme un sujet acritique contribuant à renforcer ce paradigme qui n'aspire qu'à se perpétuer et utilise le langage afin d'imposer une définition de ce qu'est une corporalité abjecte et une corporalité non abjecte.

Potentialité esthétique de la corporalité du fou ou du dément

Le dicton espagnol « Du fou, du poète et du médecin, nous avons tous un petit brin » pourrait avoir une relation allégorique avec l'esthétique biocritique vis-à-vis de la condition humaine et sociale, car du point de vue de la conception ontologique de l'art biocritique tout sujet social est effectivement potentialement un poïétisateur d'une action biocritique envers le moi socialement imposé par le biopouvoir hégémonique. Car au sein de l'esthétique biocritique, l'esprit poïétique –par exemple celui de l'artiste comme celui du fou – est une négation du sujet, une négation nécessaire et même naturelle à l'art critique, et par conséquent à l'artiste. Cependant, dans le cas du fou, il s'agit d'un état inconscient, qui n'a pas été prévu et n'est pas intentionnellement critique : on pourrait dire que chez le fou, l'esprit poïétique est gouverné par la négation totale (peut-être avec une forme poïétique cyclique) de ce qui imposse la société ; alors que l'esprit poïétique de l'artiste ou poïétisateur de l'action esthétiquement biocritique est une négation consciente de l'oppression, qui pour lésthétique biocritique a besoin de partir d'une « *conscience de l'oppression* »[123] constamment en quête d'émancipation.

Il convient de rappeler que du point de vue du biocriticismes féministes, *queer et de l'esthétique biocritique*, la négation de la construction sociale par le biais de l'affirmation subjective est une action esthétique dans la mesure où elle utilise l'action corporelle individuelle en vue d'une transformation socio-politique, où :

> « La conscience de l'oppression n'est pas seulement une réaction (une lutte) contre l'oppression. C'est aussi une totale réévaluation conceptuelle du monde social, sa totale réorganisation conceptuelle à partir de nouveaux concepts développés du point de vue de l'oppression. C'est ce que j'appellerais la science de l'oppression, la science par les opprimé(e)s. (…) [il s'agit de] la pratique subjective ultime, une pratique cognitive du sujet. »[124]

---

[123] Wittig, (1992)/2006: 41.
[124] Ibid.

Dans ce contexte, le fou est la version libérée mais cyclique de l'esprit poïétique, tandis que le poète ou poïétisateur d'une action biocritique représente la tension consciente entre le sujet chosifié et la liberté ; une forme poïétique plus des spirales formés par les dialectiques entre actions critiques et d'autocritique. En réalité, le dicton « Du fou, du poète et du médecin, nous avons tous un petit brin » n'exalte pas l'expression poïétique de l'esthñetique (bio) critique que tout artiste peut revendiquer : il s'agit plutôt d'une référence aux éléments chosifiés de l'être, auquel l'artiste et (co) poïétisateur d'une *action critique esthétique corporalisée* cherche à échapper. Or le besoin d'échapper à la chosification n'est pas partagé par tous, il ne l'est pas par les fous piégés dans la fuite, ni par ceux dont l'esprit a été chosifié et qui considèrent le fait de ne pas s'échapper comme synonyme des plus hautes vertus et qualités de l'histoire de l'humanité telles que l'adaptation, l'ordre, l'organisation, le respect phallocentrique, etc. La différence entre les poïésis ou négations esthétiques du poïétisateur d'une *action biocritique corporalisée* et celles du fou réside dans le fait que le premier aspire à l'émancipation, tandis que la poïésis du fou est une négation qui n'est pas nécessairement volontaire, dans la mesure où la volonté implique une prise de position dans le processus de production et reproduction social des hégémonies épistémologiques sédentarisées.

Les expériences de tension esthétique du criticisme chez un sujet sont comparables à celles provoquées par une œuvre d'art, à un moment esthétique d'autonomie ; une autonomie et une liberté qui – comme dans le cas de l'œuvre d'art – est mesurable à la force de la tension esthétique manifeste au sein de la relation dialectique entre praxis et esprit chez l'individu, et entre ces éléments de l'individu et la praxis et l'esprit de la dimension structurelle dont le sujet esthétique cherche à s'émanciper à travers l'exercice du criticisme ou de l'affirmation subjective. Le sujet esthétique est celui qui vit l'expérience esthétique, tandis que l'expérience esthétique est la corporalisation d'une contradiction esthétique face à la construction sociale d'un moi hétéronome vis-à-vis du biopouvoir hégémonique, un moi qui nie la subjectivité de l'individu. À ce sujet, Adorno a écrit :

> « La transition à la généralité connue discursivement, à travers laquelle les sujets individuels qui réfléchissent politiquement espèrent échapper à leur atomisation et leur impuissance, est esthétiquement une désertion de l'hétéronomie. »[125]

Dans cette perspective, le fou ou le dément est un type de sujet *non esthétique* et *esthétiquement non autonome*, dans la mesure où il n'est pas capable de contredire avec l'inténtion esthétique de critiquer, même s'il le fair insconscientement. La négation trouve ici ses limites dans sa propre sédentarisation, étant donné que la pratique ou le comportement sexuel du fou, bien qu'il établisse des liens de contradiction vis-à-vis de l'ordre social, se sédentarise dans la négation, et ce même lorsque ce lien est inconscient chez ce « fou » (ou du moins ainsi désigné par la science). Car bien que son esprit et sa praxis nient totalement la dimension structurelle de la société dans laquelle il vit, la relation entre le fou en tant qu'individu et l'ordre social correspond davantage – d'un point de vue scientifique – à une *négation* qu'à une *dialectique*. Toutefois ce qui explique avant tout que cette relation ne soit pas *esthétique*, c'est la sédentarisation de cette négation constante, qui n'est pas réellement critique mais pure praxis. Voilà pourquoi le criticisme de *l'art biocritique* ne considère pas la négation sédentaire de ces éléments comme une expérience esthétique.

En revanche, le sujet esthétique est celui qui vit des moments esthétiques d'autonomie et de liberté poïétisés non seulement en tant qu'actions d'affirmation subjective corporalisatrices et performatives d'identités sexuelles propres établissant des liens de tension esthétique vis-à-vis du biopouvoir hégémonique hétérosexuel mais aussi en tant qu'action d'autocritique de l'expérience critique même. L'expérience esthétique du sujet

---

[125] Adorno, (1970)/2004 : 63.

esthétique est soumise, de même que l'expérience esthétique de l'art, à une constante mutation, en raison du caractère périssable des formules du criticisme et de la transformation des éléments du processus de construction sociale qui tendent à sédentariser l'œuvre et le sujet. À ce sujet Adorno estime :

> « Même l'œuvre d'art la plus sublime occupe une position déterminée par rapport à la réalité empirique, en se dégageant de son emprise non pas une fois pour toutes, mais de façon toujours concrète et renouvelée, sous une forme inconsciemment polémique vis-à-vis de l'état de cette emprise à un certain moment de l'histoire. »[126]

Cette citation souligne le caractère périssable des expériences esthétique dans l'art et chez le sujet, mais aussi le caractère périssable des formules d'émancipation. Dans cette perspective, l'esthétique biocritique définie l'art biocritique en tant qu'une *fuite* constamment renouvelée ou réinventée, de sorte que l'émancipation d'esthétique biocritique représente aussi bien pour le sujet esthétique que pour l'art une « prise de position » constamment renouvelée ou réinventée, et pas seulement une poïétique de négation.

De son côté, le fou est en quelque sorte un fugitif chosifié dans sa fuite, en fonction des caractéristiques et des qualités de sa démence. Adorno insiste sur ce point lorsqu'en parlant de l'autonomie de l'art, il compare les besoins de l'art à l'esprit nihiliste du sujet esthétique, affirmant que son comportement esthétique « (...) *maintient la négativité de la réalité et prend position face à elle* »[127]. Dans cette optique, l'expérience esthétique du fou ou du dément pourrait faire les deux choses à la fois, bien qu'il soit impossible de l'affirmer avec certitude. On peut supposer que ses comportements sexuels sont une poïétique de la négation, mais il est bien difficile de savoir – au moins sur le

---

[126] Adorno, (1970)/2004 : 15.
[127] Adorno, (1970)/2004 : 24

plan scientifique – s'ils constituent véritablement « une prise de position » conscient.

D'une certaine manière, la dialectique esthético-nihiliste qui caractérise l'art biocritique et l'expérience d'esthétique biocritique est une forme d'action et de mouvement avec des moments de prise de conscience. C'est pourquoi, dans cette dernière citation, Adorno souligne combien il est important que la praxis maintienne la négativité (comme c'est le cas avec le fou), de même que l'esprit nihiliste, de manière alternative (or il n'est pas sûr que ce soit le cas avec le fou). Cela signifie qu'un comportement sexuel d'esthétique biocritique implique non seulement que l'on établisse un lien de contradiction vis-à-vis de la réalité, mais aussi que l'on *prenne position face à elle* avec ce que Wittig dénomine « conscience de l'opression »[128]. Or cet exercice n'est possible qu'à travers une dialectique négative entre esprit et praxis chez l'individu, et entre l'individualité du sujet et la structure socio-politique identifiée au biopouvoir hégémonique.

Potentialité esthétique de l'hérmafrodite

En Occident, le paradigme binaire de l'épistémologie phallocentrique – qui trouve ses racines dans la philosophie grecque antique – a constitué la base de la construction sociale de la classification hétérosexuelle des corps et des corporalités des membres d'un groupe social identifiés et reconnus nominalement et légitimement à partir de qualités physiques faisant d'eux soit des hommes, soit des femmes. Dans ce contexte, cette classification du biopouvoir a été relayée socialement à différentes époques historiques de la civilisation chrétienne et produite et reproduite socialement par différents styles cognitifs dominants tels que la religion, la science, les États, les lois internationales, etc., comme l'illustre le texte suivant :

---

[128] Wittig, (1992)/2006: 41.

« Par le passé, et dans notre culture, les personnes dont l'anatomie ou les fonctions physiologiques se trouvaient dans une zone intermédiaire s'efforçaient de le cacher, car une fois que leur condition était connue, leur vie devenait insupportable, tant il est vrai que les états intermédiaires ne sont pas acceptés en Occident. Au cours des dernières décennies et en accord avec le paradigme binaire, les interventions médicales ont tenté de corriger les organes génitaux des enfants qui présentaient une certaine forme d'ambigüité sexuelle (...) [car] en raison de la pression sociale voulant que le sexe soit binaire, toute personne devait être soit un homme soit une femme. »[129]

En ce qui concerne l'intégration forcée des différences physiques ou comportementales liée à la sexualité de l'individu, il est intéressant de mentionner le comportement cognitif qu'adoptent les membres – qu'il s'agisse de personnes ou de styles cognitifs – d'un groupe social dominé par le paradigme binaire face à la naissance d'individus présentant des caractéristiques physiques « intermédiaires », ou difficiles à classer dans les catégories de la typologie sexuelle « homme-femme » que reproduit le paradigme ou le système binaire. En effet, face à ces individus « différents », le comportement cognitif des personnes aliénées par le paradigme hétérosexuel peut non seulement les amener à considérer avec désagrément le nouveau-né comme n'étant ni vraiment un homme ni vraiment une femme, mais aussi les pousser à intervenir physiquement afin d'adapter ce nouveau-né différent à l'une des catégories considérées comme légitimes par leur culture cognitive. C'est notamment le cas lorsque les enfants hermaphrodites, au lieu d'être considérés comme appartenant à un troisième sexe, sont obligés par le paradigme binaire – à travers les personnes et les styles cognitifs hégémoniques – à

---

[129] Hubbard (2004), *in Millán de Benavides*, C. et ESTRADA, A. M., 2004 : 56.

adopter les comportements de l'un des deux genres reconnus par la typologie hétérosexuelle, au point de devoir subir un traitement corporel chimique et/ou chirurgical sur leur double génitalité afin d'adopter, de choisir ou de se voir imposer une seule d'entre elles. Pour reprendre les mots de Butler :

> « Sur le plan symbolique, la définition du sexe se produit en rapport avec cette réduction basée sur une synecdoque. C'est par ce moyen qu'un corps assume l'intégrité sexuée comme masculine ou féminine [...] par le biais d'une identification à sa réduction à une synecdoque idéalisée (« avoir » ou « être » le phallus) »[130].

Sur ce même plan symbolique, c'est le phallus qui contrôle le champ de la signification, capable d'autogenèse, élément actif de l'intellectualisation cosmogonique, physique, et anthropologique dominante, pour ne pas dire hégémonique dans l'histoire de la production de connaissance en Occident :

> « De sorte que le corps qui ne soumet pas à la loi ou qui utilise la loi dans le sens contraire de ce qu'elle dicte, perd pied – son centre de gravité culturelle – sur le plan symbolique et réapparaît en sa ténuité imaginaire, son orientation fictionnelle. Ces corps s'opposent aux normes qui gouvernent l'intelligibilité du sexe. »[131]

Ce sont précisément ces corps qui expriment avec leur « non soumission » une potentialité esthétique dans la mesure où ils incarnent ainsi une contradiction à la loi et à l'intégrité masculine ou féminine de l'économie hétérosexuelle.

---

[130] Butler, (1993)/ 2010: 201-202.
[131] Butler, (1993)/ 2010: 202.

Potentialité esthétique des « invertis » sexuels et des identités sexuelles performatives

Dans la perspective de l'esthétique *biocritique*, aussi bien au niveau *micro* que *macro* de la production sociale des individus en tant que sujets sociaux, le genre et le sexe sont des catégories normatives de la pensée binaire hégémonique au sein des sociétés occidentales, caractéristique d'une économie hétérosexuelle phallocentrique. Les genres homme-femme, en tant que catégorie normative de l'economie sexuelle hétérosexuelle sont produit de la classification intériorisée des corps et des corporalités des individus en fonction de l'articulation et du maintien d'un type d'ordre social et épistémologico-culturel de biopouvoir phallocentrique, au détriment des identités sexuelles performatives produit de la subjectivité de l'individu ; les poïésis des identités sexuelles performatives incluent bien évidemment la création de plaisir sexuel, mais aussi la recherche d'une « identité sexuelle propre » , une aspiration poïétique subjective indépendante du genre (ou du sexe) épistémologiquement, socialement, legalement et médicalement assigné au corps du sujet et des formes culturelles correspondant à la reproduction d'une culture cognitive hétérosexuelle.

D'une manière générale, l'ordre social dominé par la pensée hétérosexuelle ne reconnaît pas la capacité autopoïétique du sujet, pas plus qu'il n'accorde de légitimité aux identités sexuelles performatives et nées d'une autopoïésis subjective – qui sont considérées ou classifiées comme des identités sexuelles *abjectes*. Cela dit, la capacité poïétique et performative de la subjectivité de l'individu permet aussi bien d'articuler le paradigme que de le transgresser. En effet, même si la culture cognitive du biopouvoir détermine les caractéristiques corporelles considérées ou non comme légitimes, cette culture cognitive de la corporalité peut devenir un outil poïétique non seulement pour le sujet articulateur, mais aussi pour le sujet réfractaire qui n'accepte pas l'identité corporelle qu'on lui a assignée, contre laquelle il se rebelle en réorganisant sa corporalité, voire en créant une identité différente de celle que l'ordre social lui avait attribuée.

Or le paradigme épistémologique binaire-hétérosexuel qui définit la sexualité légitime du sujet social comme étant celle d'un *homme* ou d'une *femme*, définit hétérosexuellement non seulement les qualités physiques des corps, mais aussi les fonctions physiologiques et les capacités et besoins corporels, sensuels, sexuels, reproductifs et sensoriels des individus. Par ailleurs, il est important de souligner qu'il existe autant de types différents de biopouvoirs que de classifications des corps, des corporalités et des genres, en fonction des différents ordres sociaux, des styles cognitifs ou sous-cultures cognitives, des sociétés et des époques.

D'une manière générale, on peut considérer le biopouvoir hétérosexuel comme la norme culturelle cognitive – non pas absolue mais réinventée par chaque style cognitif, société, civilisation ou contexte socio-historique occidental – qui organise la corporalité des personnes appartenant à un groupe social donné ; une classification qui définit les corporalités légitimes et non légitimes pour chaque type de corps.

La classification dominante du genre dans la civilisation occidentale est déterminée par le paradigme culturel binaire ou « système binaire », il est significatif que le paradigme hétérosexuel dominant au sein de la culture cognitive de ces sociétés produise des individus fonctionnant comme des articulateurs et reproducteurs d'une telle conception binaire dès lors qu'il s'agit d'interpréter le corps, qu'il s'agisse de leur propre corporalité ou de celle des autres. Aussi, il arrive bien souvent que même les sujets qui se réinventent, qui autopoïétisent ou tentent d'autopoïétiser une identité (sexuelle) propre, finissent – malgré tout – par adopter et utiliser les caractéristiques que la culture dominante assigne socialement à cette autre identité sexuelle (genre) à laquelle ils aspirent ou qu'ils souhaitent acquérir, sans pour autant assumer le rôle de reproducteurs du phallogocentrisme, mais plutôt en se corporalisant à l'aide d'actions potentiellement esthétiques qui resignifient la « synecdoque sexuelle » (Butler 2010: 202) dans la mesure où cette identité est le fruit de l'affirmation de la subjectivité du sujet, même si elle l'est sous la forme d'une performance corporalisée de la théâtralisation des caractéristiques du rôle désiré.

Quoi qu'il en soit, les identités d'affirmation subjective telles que les transsexuels, bisexuels, homosexuels et lesbiennes ne correspondent entièrement ni aux hommes ni aux femmes des catégories de l'hétérosexualité ; il s'agit d'identités sexuelles propres, performatives, subjectives et subjectivantes, car elles sont le fruit de l'affirmation subjective de chaque individu ; en effet, chez ces sujets la définition du sexe ou du genre repose sur l'affirmation de la subjectivité du sujet et non sur la reproduction du rôle sexuel socialement assigné par la hiérarchie hétérosexuelle de l'économie phallogocentrique ; l'affirmation subjective d'un masque féminin ou masculin implique également la définition d'une identité phallique ou non phallique vis-à-vis du biopouvoir phallogocentrique : en effet, « affirmer subjectivement » une identité phallique revient également à revendiquer une identité (auto)poïétique et politique active s'opposant à la construction sociale phallogocentrique ; cela nous renvoie à la théorie élaborée par Butler à partir de son observation des actions critiques de mouvements sociaux *queers*, qui ont selon elles pour objectif de « *retourner le pouvoir contre lui-même afin de produire des modalités alternatives de pouvoir [... et de forger] un avenir à l'aide de ressources inévitablement impures* »[132] ; un objectif qui se rapproche de celui de l'esthétique de l'art biocritique ou de la théorie esthétique adornienne concevant l'art comme un mouvement esthétique, lié à la dimension esthétique des actions critiques poïétisées au sein de la réalité socio-historique et en dehors de l'art, qui peuvent également être considérées comme des actions esthétiquement critiques dès lors qu'elles génèrent un mouvement esthétique (au sein de : *ce* qu'elles critiquent ; *ce avec quoi* elles critiquent ; *la position à partir de laquelle* elles critiquent ; *ce qui critique la même chose* qu'elles ; et *ce qui produit la sédentarisation* de ce qu'elles critiquent).

Quant aux affirmations subjectives de genre et de sexe sous la forme de témoignages au sein d'une œuvre d'art biocritique, il s'agit généralement d'actions critiques s'opposant

---

[132] Butler 2010: 338.

à la norme hétérosexuelle, qui peuvent être considérées comme potentiellement esthétiques dans la mesure où elles génèrent un mouvement esthétique. Cela est d'autant plus visible lorsque d'autres styles cognitifs viennent revitaliser la tension esthétique créée par ces identités et corporalités subjectives considérées comme abjectes par l'ordre hétérosexuel phallogocentrique. C'est notamment le cas lorsque des styles cognitifs tels que la science poststructuraliste ou l'art biocritique intègrent à leurs actions critiques envers le biopouvoir phallogocentrique des témoignages (induits ou spontanés) de ces identités subjectives et de ces corporalités abjectes. Ainsi, tandis que la théorie *queer* de Butler estime que la capacité critique de ces affirmations subjectives de corporalités abjectes réside avant tout dans leur pouvoir performatif de « resignification »[133], la perspective de l'esthétique biocritique évalue la potentialité esthétique de ces actions critiques en fonction du mouvement esthétique qu'elles peuvent générer à différents niveaux de la réalité socio-historique critiquée, et qui implique une position nihiliste d'autocritique vis-à-vis de leur propre action critique.

Par contre, on sait qu'il a été démontré – y compris scientifiquement – que « la réalité de la dimension binaire du sexe n'est en aucun cas [ni culturellement, ni physiologiquement] définitive »[134]. Or cette position n'est pas partagée par la science et les théories scientifiques qui considèrent certes le genre comme une construction sociale, mais ne prennent pas en compte l'intervention des subjectivités individuelles, dont découle la potentialité esthétique des actions d'affirmation subjective

---

[133] Butler 2010: 337.

[134] « Pour une référence intéressante concernant les « sexes complexes » de certains athlètes et les discussions médico-légales visant à déterminer si le genre peut ou non être le fruit d'une décision, voir l'article de Jerold M. Loewenstein (38-39) [...]. Pour une analyse du féminisme à partir de la récente recherche du « gène du sexe », ou de la séquence ADN « chargée de déterminer » le sexe des corps, qui autrement seraient ambigus, voir Anne Fausto-Sterling. » Butler, 2004, *in Millán de Benavides*, C. et Estrada, A. M., 2004 : 278.

performative des identités sexuelles performatives d'un « Moi propre », telles que les identités LGBTYTI (Lesbienne, Gay, Bisexuel, Transsexuel, Transgenre, Travesti, Intersexuel et Pansexuel). Légitimant ainsi l'ordre hétérosexuel.

Par exemple, au cours du XXe siècle, les théories psychologiques de Sigmund Freud concernant la sexualité humaine ont contribué à légitimer l'exclusion sociale de la femme, considérée comme un genre fragile psychologiquement, son *statut psychique* d'infériorité ayant servi d'argument scientifique pour légitimer une incapacité psychologique de la femme à prendre part en tant que citoyenne aux décisions collectives :

> « La psychanalyse freudienne a été considérée comme la légitimatrice de la doctrine selon laquelle la place sociale qui revenait à la femme était de rester au foyer et de veiller sur ses « substituts du pénis » et que son épanouissement résidait dans le mariage et la soumission passive à la volonté sexuelle et sociale de l'homme »[135].

Dans leur ouvrage « Les femmes de Freud », Appignasi et Forrester soulignent la fonction sociale des théories freudiennes et de la psychanalyse, qui véhiculent une vision dichotomique de la normalité sexuelle basée sur l'infériorité sociale et juridique du rôle politique, intime et social de la femme par rapport à l'homme ; ils affirment également que les arguments scientifiques de Freud ont servi, au sein de la Modernité, à renforcer la pensée binaire, et j'ajouterais à légitimer le paramètre de la bestialité corporelle imposé par la pensée binaire hétérosexuelle du phallogocentrisme. Or ce genre d'arguments « scientifiques » (tels que ceux de Freud) augmentent la potentialité esthétique de ceux qu'ils dénigrent.

Par exemple, pour Freud, les conduites « inverties » exprimées dans la dimension individuelle entrent également dans la classification de la dimension structurelle de l'ordre social, mais en tant que conduites « perverties » et « anormales », j'ajouterais

---

[135] Appignanesi, L. et Forrester, J. 1992: 86.

en tant que corporalités « bestiales » et « abjectes » aux yeux du phallocentrisme. Dans la mesure où ces corporalités sont le fruit d'une affirmation subjective, elles sont représentatives d'une force performative de la poïésis des identités sexuelles subjectives au sein de la réalité socio-historique, mais aussi de la potentialité esthétique de la poïésis d'un sujet esthétique au sein de l'art.

Prenons par exemple le cas de la potentialité esthétique de la corporalité d'un sujet transsexuel né avec des organes sexuels masculins qui ont par la suite été substitués chirurgicalement par des organes féminins dans leur aspect extérieur. Un sujet qui en termes de Freud serai consideré comme un *inverti* ; expérience que pour le paradigme constructionniste serait consideré comme l'inversion d'éléments symboliquement représentatifs et chosifiés en tant qu'attribut exclusifs de la femme ou de l'homme. De sorte que l'ontologie vécue par un sujet à l'aide de ces procédés scientifiques, chimiques et chirurgicaux est très spécifique, il s'agit de l'expérience d'un changement de sexe de bio-homme ou bio-femme à transsexuel ; ce sujet se transforme *scientifiquement* en transsexuel et symboliquement en femme ou en homme.

Il convient ici de rappeler le cas de l'homme tuberculeux, commenté par Freud dans son texte sur les *invertis*, où il affirme avoir observé *scientifiquement* chez cet individu ayant perdu ses testicules à cause de la tuberculose un comportement féminin d'« homosexuel » passif dans sa vie sexuelle, ainsi que des :

> « caractères sexuels féminins de type secondaire très
> affirmés (modification de la chevelure, de la croissance
> de la barbe, accumulation de graisse aux seins et aux
> hanches) »[136].

Et bien que Freud ne mentionne pas l'âge du sujet observé, ni l'âge auquel il a perdu ses testicules, pas plus que les caractéristiques de l'éducation qu'il a reçue ; dans sa description Freud sugére que la perte des testicules, aient été à l'origine de

---

[136] Freud, (1905)/1987 : 53.

son comportement inverti ou d'« homosexualité passive », comme le qualifie Freud. Néanmoins il s'agissait semble-t-il d'une *inversion* de comportement temporaire, car dans la description du cas, Freud a pris soin d'ajouter :

> « Après la greffe d'un testicule humain cryptique, cet homme se mit à se comporter de façon masculine et à diriger de manière normale sa libido vers la femme. Simultanément les caractères féminins disparurent. »[137]

Freud estime que l'on ne peut pas considérer ce cas comme une « guérison » de l'inversion, ce qui constitue une évidence pour la théorie scientifique structuraliste fondée sur le paradigme de la construction sociale de la sexualité du sujet. Il nous semble par ailleurs intéressant d'envisager le cas spécifique de cette « inversion » dans une perspective de construction sociale, pas seulement de la dimension individuelle, mais aussi de la dimension symbolique qui entre en relation avec l'individu à travers les éléments représentatifs de la masculinité et de la féminité. Car en réalité ce sont ces éléments, qui font partie du discours socialisateur de l'ordre hétérosexuel établi, qui sont substitués ou transformés chimiquement dans le corps du sujet, ces éléments représentatifs de l'ordre social d'un biopouvoir hétérosexuel qui ne conçoit comme existence sexuelle que la classification dichotomique entre « homme » et « femme ». C'est cette classification véhiculée par un paradigme culturel imposant aux sujets une manière d'être « homme » et d'être « femme », qui détermine l'esthéticité de l'*inversion* en tant qu'expérience esthétique exprimée à travers les coutumes sexuelles d'un sujet socialisé selon un schéma exclusivement hétérosexuel.

On peut qualifier l'expérience d'inversion d'*expérience potentiellement esthétique* dès lors qu'elle représente une contradiction vis-à-vis de la dimension structurelle chosifiée d'un ordre social hétérosexuel, qui distingue les individus en fonction

---

[137] Lipschütz, A., 1919: 356-357 et Freud, (1905)/1987: 53.

de critères exclusivement hétérosexuels et qui les organise socialement et sexuellement sur la base de cette différence dichotomique appelée hétérosexualité. Cependant, l'inversion sexuelle ou transsexualité n'est une critique esthétique dans sa dimension individuelle qu'à partir du moment où elle produit une transformation sociale, générant ainsi ce que Wittig appelle une « conscience de l'oppression », comme c'est souvent le cas au sein de toutes actions biocritiques des groupes corporellement radicaux, considérés comme « inférieurs » ou jouant le rôle d'« extérieurs constitutifs » au sein de l'économie hétérosexuelle, dont les identités sexuelles sont souvent associées au paramètre de « bestialité corporelle » du phallogocentrisme.

En effet, les groupes sociaux radicaux, en tant que groupe socialement opprimés, se manifestent non seulement comme autopoïétisateurs de leur propre « moi », mais aussi comme poïétisateurs de la remise en cause du contexte socio-historique qui les a construits socialement comme des opprimés, et par conséquent comme poïétisateurs d'une nouvelle structure socio-historique où ils ne sont plus opprimés. Ainsi ces groupes sociaux font-ils preuve d'une véritable capacité critique en niant leur existence de « Non-être » ou « Non-être invisibilisé ».

Pour l'esthétique de l'*art biocritique*, l'activisme des groupes radicaux peut être considéré aussi bien comme une autopoïétique individuelle que comme une autopoïétique historique collective. Lorsque les corporalités et identités d'inversion sexuelle sont le fruit d'affirmations subjectives, elles nient leur construction sociale de reproducteurs de l'ordre social qui les opprime, exprimant ainsi leur potentialité esthétique, c'est-à-dire une capacité critique envers l'ordre hétérosexuel en tant que capacité transformatrice de la réalité socio-politique et de ses structures. Car du point de vue de l'esthétique de cet art et du criticisme poststructuraliste, pour réaliser une critique esthétique il ne suffit pas d'avoir été construit socialement comme un « Non-être » ou « Non-être invisibilisé », il faut également nier esthétiquement cette condition assignée, c'est-à-dire resignifier, retourner le pouvoir contre lui-même et produire des pouvoirs alternatifs qui redonnent leur place aux « extérieurs constitutifs » en tant qu'artisans de leur condition socio-politique et individuelle. L'action esthétiquement critique de l'inverti sexuel, du point de vue du féminisme radical de Monique Wittig, est interprétée comme l'adoption d'une existence poïétique de l'« Être » par des représentants du « Non-être » ou du « Non-être invisibilisé », ce qui implique de détruire d'abord le « moi assigné », puis les structures qui reproduisent ce « moi assigné », et même les méthodes qui en remettant en cause et en critiquant la décorporalisation du sujet social reproduisent également le phallocentrisme, comme c'est le cas, selon les féminismes tels que celui de Wittig, du marxisme. À ce sujet, Wittig a écrit :

> « Le besoin de remettre en cause la dialectique implique une « dialectalisation » de la dialectique, de la remettre en cause dans ses termes et dans ses oppositions en tant que principes, et dans son fonctionnement. [...]. Le processus de destruction consiste en un double mouvement : se détruire soi-même en tant que classe [...] et se détruire soi-même en tant que catégorie philosophique (la catégorie de l'Autre), car demeurer mentalement dans la catégorie de l'Autre (de l'esclave) représenterait une non-résolution en termes de dialectique marxiste. »[138]

Cette « dialectique dialectisée » ou critique esthétique de l'individu opprimé et de l'épistémologie structurelle de ce qui l'opprime (sur le plan social, politique, économique, etc.) renvoie à ce que l'esthétique de l'art biocritique qualifie de « critique esthétique » : une action critique liée à d'autres actions critiques et d'autocritique. Un exemple concret de critique esthétique envers le biopouvoir est ce que Wittig qualifie de « conscience de l'oppression » :

---

[138] Wittig, (1992)/2006: 78 y 79.

« L'oppression n'est pas seulement une réaction (une lutte) contre l'oppression. C'est aussi une totale réévaluation conceptuelle du monde social, sa totale réorganisation conceptuelle à partir de nouveaux concepts développés du point de vue de l'oppression. C'est ce que j'appellerais la science de l'oppression, la science par les opprimé(e)s. (...) [il s'agit de] la pratique subjective ultime, une pratique cognitive du sujet [...]. »[139]

Pour sa part, l'*art biocritique* a également encouragé et produit des poïésis critiques envers l'ordre social du biopouvoir où des sujets réels – qui participent à la réalité – se vivent comme des co-poïétisateurs de cet art, en corporalisant un idéal-type de sujet(x) esthétique corporel et sexuellement discontinu et inachevé.

Dans une perspective sociologique, ce type d'actions liées à la négation des corporalités et sexualités assignées socialement aux membres d'une société en tant que reproducteurs corporels (sexuels) de l'ordre social patriarcal hétérosexuel, cesse d'être potentiellement esthétique pour devenir esthétiquement biocritique dès lors que ces actions génèrent un *mouvement esthétique* au sein de la réalité sociale et du contexte socio-historique où elles ont été poïétisées : soit au niveau du lien entre le poïétisateur corporel de la négation esthétique et la réalité socio-historique au sein de laquelle il la poïétise en tant que négation corporalisée de son « moi assigné », soit au niveau du lien de tension esthétique et épistémologique que la corporalité (sexuelle) esthétique (radicale) établit non seulement vis-à-vis du « moi assigné » de l'individu poïétisateur, mais aussi vis-à-vis des reproducteurs épistémologiques et culturels de la détermination hétérosexuelle des corporalités (sexuelles) différenciées, hiérarchisées, reconnues ou non par la société.

On peut en conclure que les cas d'inversion induit par le sujet lui-même représentent une poïésis sexuelle potentiellement

---

[139] Wittig, (1992)/2006: 41.

esthétique du point de vue de l'esthétique de l'art biocritique. En effet, les cas d'inversion transsexuelle par des moyens chirurgicaux ou hormonaux (modification de caractéristiques secondaires liées au genre) faits de manière conscient et volontaire par le sujet corporelement impliqué, impliquent une critique envers l'ordre social hétérosexuel, une biocritique corporalisée qui devra néanmoins faire son autocritique à travers la déconstruction esthétique si elle aspire à se constituer en biocritique esthétique.

On doit néanmoins être conscient, si l'on réfléchit en termes de l'esthétique biocritique, que l'inversion sexuelle peut également se chosifier, se sédentariser et perdre son caractère critique et sa potentialité esthétique, par exemple lorsque après cette inversion symbolique de l'aspect corporel, sa praxis ou son comportement sexuel reproduit les comportements de l'hétéronomie de son nouveau genre. Il en va ainsi dans certains cas des individus d'identités sexuelles d'affirmation subjective (celles de *l'expérience potentiellement esthétique*, vécue par des individus dénigrés par le paradigme binaire et qui critiquent ce dernier à travers la revendication et l'affirmation subjective de leur propre identité sexuelle, en cristallisant les limites de ce paradigme binaire et en prônant socialement une classification en « arc-en-ciel »[140]) qui ne montrent aucun recul nihiliste vis-à-vis de leur propre action biocritique après avoir poïétisée l'inversion (par exemple, lorsqu'un sujet vit l'inversion corporalisée – performativement et subjectivement – en reproduisant les caractéristiques désignées socialement à l'un des deux genres, sans prendre le risque de réinventer son action critique et sa sexualité en s'aventurant hors des frontières de la dichotomie hétérosexuelle ou hors de la seule performance corporalisée de cet identité propre). Penchons-nous

---

[140] La proposition de certains critiques et activistes critiques envers le paradigme binaire consiste à prôner une culture cognitive de la corporalité de type « arc-en-ciel de genre », car « il n'y a aucune raison valable d'empêcher une personne de vivre comme un homme ou comme une femme sous prétexte qu'elle est née avec un pénis ou un vagin (Bornstein; Rothblatt) ». 27 Hubbard (2004), *in Millán de Benavides*, C. et Estrada, A. M., 2004 : 56.

maintenant sur la corporalité nihiliste de sujets x corporellement et sexuellement inachevés et discontinus que l'on retrouve dans la plupart des œuvres de l'artiste Ysumasa Morimura, et de manière magistrale dans son œuvre « *Un dialogue intérieur avec Frida Kahlo* » où Morimura assume le nihilisme de l'« inversion » sexuelle, ou plus exactement, le nihilisme de la « négation esthétique » de cette inversion sexuelle, et donc de sa propre identité fruit de l'affirmation subjective ; dès lors, plutôt que d'une négation de l'affirmation subjective en tant que telle, il s'agit d'une nouvelle affirmation subjective s'ajoutant à la précédente, et ce indépendamment du sujet. Voilà les spirales du mouvement esthétique sugere par l'esthétique biocritique de l'art biocritique. Esthétique qui sugère dans autres termes une forme pansexuelle de la corporalité esthétique ou corporalisation esthétique de ce que Wittig à nommé dialectisation de la dialectique.

Potentialité esthétique des corporalités abjectes au sein de l'art biocritique

Toute biocritique esthétique envers le biopouvoir phallocentrique – qu'elle soit artistique ou non – permet de cristalliser une culture cognitive et interprétative binaire, mais aussi d'abjection de la sexualité et de la corporalité du plaisir en tant que corporalité bestiale, une culture cognitive binaire de la bestialité qui :

> « considère que l'identité de genre est liée au sexe de manière causale ou mimétique [et que] l'ordre d'avènement qui régit la subjectivité du genre détermine la sexualité et le désir [du sujet] »[141].

Ainsi, avec la perspective du féminisme *queer* de Butler, on peut affirmer que la poïésis critique de l'*art biocritique* envers

---

[141] Butler, 2004, *in Millán de Benavides*, C. et ESTRADA, A. M., 2004 : 278.

le paradigme binaire du biopouvoir phallocentrique est un processus créatif *au sein duquel* ou *avec lequel* sont désorganisés et bousculés les usages et les interprétations que le biopouvoir assigne à la sphère corporelle, ce qui a pour effet de perturber « la fiction régulatrice » du plaisir sexuel (Butler, 2004) de la culture cognitive d'une société, reproduite par des individus et des discours institutionnels qui fonctionnent comme autant d'articulateurs au sein de cette « fiction régulatrice de la cohérence hétérosexuelle » (Butler, 2004) visant à sédentariser épistémologiquement l'ordre social phallogocentrique hétérosexuel (binaire et bestial) en tant que pensée hégémonique en Occident.

En effet, l'expérience potentiellement esthétique chez un sujet réel dont la corporalité est dénigrée peut être utilisée comme matériel artistique pour une œuvre de l'*art biocritique*. Dès lors, les caractéristiques corporelles, les processus physiologiques et les utilisations « abjectes » (liées par exemple au plaisir sexuel) du corps de l'individu – qu'il soit artiste ou tout simplement rebelle – dans le cadre du processus créatif de cette œuvre produisent :

« une désorganisation et une désagrégation de la sphère corporelle [en perturbant] la fiction régulatrice de la cohérence hétérosexuelle, [et en sublimant] l'impression que le modèle expressif perd de sa force descriptive et [cristallise] l'idéal régulateur (…) en tant que norme et que fiction déguisée en loi de développement afin de réguler la sphère sexuelle qu'elle prétend elle-même décrire »[142].

Au sein de l'*art biocritique* – qu'il s'agisse de l'Œuvre multiorgasmique collective ou d'autres œuvres – les utilisations et les formes cognitives des corporalités abjectes ne s'interprètent pas en fonction du paradigme binaire, elles transgressent cette interprétation car elle sont resignifiées en tant que corporalités esthétiques politiques, en tant qu'affirmations subjectives à l'aide

---

[142] Butler, 2004, *in Millán de Benavides*, C. et ESTRADA, A. M., 2004 : 278.

desquelles le sujet social nie sa condition construite socialement et affirme subjectivement sa corporalité en établissant une tension vis-à-vis des paradigmes phallocentriques (anthropocentrique ou de bestialité corporelle, binaire-hétérosexuel, abstractionniste). Parmi les œuvres d'*art biocritique* des corporalités abjectes dont la tension esthétique se concentre davantage sur le paradigme binaire que sur d'autres paradigmes du biopouvoir phallocentrique (*paradigme anthropocentrique ou de la bestialité corporelle ; paradigme abstractionniste*), on peut mentionner celles qui ont recours à l'inversion iconologique des personnages masculins en personnages féminins ou vice-versa. Ce type d'« inversion de genre », ou encore l'« inclusion de genres dénigrés » (tels que les transsexuels, transgenres, gays, lesbiennes, etc.) afin de remplacer les personnages d'une œuvre originale constitue un dispositif esthétique de création utilisé dans ce contexte afin de créer une œuvre ennemie de l'œuvre d'art existante, qui est généralement une œuvre emblématique de l'histoire de l'art universel.

Parmi les œuvres d'art récentes ayant eu recours à ce genre de dispositif afin de critiquer le paradigme binaire au sein de l'art et de la société occidentale et orientale, on peut mentionner une fois de plus celles de l'artiste plastique japonaise Yasumasa Morimura, qui crée un lien de tension esthétique vis-à-vis de certaines œuvres emblématiques telles que « L'Olympia » de Manet (1863), ou encore cet autoportrait de Frida Kahlo où elle se coupe les cheveux, ce qui constitue déjà en soi un traitement iconologique d'hybridation de genre et de réinterprétation du paradigme binaire-hétérosexuel. Ainsi, dans sa magnifique œuvre intitulée « Black Marilyn » (1996), Morimura établit un lien de tension esthétique vis-à-vis du paradigme binaire-hétérosexuel en utilisant l'image de sex-symbol de Marilyn Monroe afin de revendiquer l'existence de sexualités non reconnues par la typologie binaire du biopouvoir hétérosexuel, et de ce fait considérées et perçues comme « abjectes ». Dans le même ordre d'esprit, on peut également citer l'œuvre « To my little sister de Cindy Sherman », ennemie de l'œuvre intitulée « Untitled n° 96 », de Cindy Sherman. D'autres œuvres de Morimura impliquent non seulement une transgression de genre, mais aussi une réinvention raciale, comme le « Psychoborg » (1994) où une autre sex-symbol, cette fois des années 80 et 90, la chanteuse Madonna, côtoie visuellement un individu d'une autre race, à l'identité sexuelle indéfinie et par conséquent dénigré par le paradigme binaire : le chanteur Michael Jackson, autre icône des années 80 et 90.

Car pour l'*art biocritique*, la sexualité d'un individu est originellement une capacité poïético-cognitive bioénergétique, qui a été socialement délimitée et réduite aux usages cognitifs assignés à la corporalité d'un genre par le biopouvoir hégémonique, dans le cadre d'un processus de production sociale où les corporalités de la *fausse conscience* des sujets identifiés à la culture cognitive des paradigmes phallocentriques fonctionnent comme articulatrices de ces paradigmes. En revanche, lorsque certains sujets, dans la construction de leur *propre moi*, ignorent ou contredisent cette assignation sociale, ils deviennent aussitôt des sujets dont la corporalité ou la sexualité est considérée comme culturellement « abjecte » et « illégitime », des sujets dénigrés par la société parce que les paradigmes culturels phallocentriques ne les a pas inclus dans la normalité définie comme « la vérité » et « la réalité » cognitive de la pensée hégémonique, mais ils deviennent également des sujets esthétiques pour l'*art biocritique*.

Introduction à la potentialité esthétique des corporalités abjectes au sein de l'Œuvre multiorgasmique collective

L'*art biocritique* considère le plaisir sexuel comme l'une des expressions des capacités et des besoins de la subjectivité corporelle et d'esprit du sujet social en tant qu'être humain, indépendamment de son hétéronomie sociale ; ce faisant, cet art crée un lien de tension esthétique vis-à-vis du paradigme binaire qui établit des différences intellectuelles entre les sujets hétérosexuels afin de légitimer une hiérarchisation des capacités et des besoins de plaisir sexuel favorable à l'homme, au détriment d'une prétendue « bestialité humaine » représentée par la femme en vertu du paramètre de la bestialité corporelle de la métaphysique phallocentrique.

Pour l' *art biocritique* de corporalités abjectes, toute construction sociale qui met en jeu le corps et la corporalité des individus – tel que le genre et l'identité sexuelle, par exemple – devient potentiellement esthétique a) quand elle est le fruit d'enchaînements de tension esthétique entre la dimension symbolique et culturelle (construite socialement), la dimension subjective et la dimension biologique ; b) quand elle est le fruit d'enchaînements de tension esthétique entre la subjectivité – corporelle et d'esprit – de l'individu au sens de *fraction* de l'univers cosmologique, et le sens anthropocentrique de l'univers ; et c) quand elle est le fruit d'enchaînements de tension esthétique entre la subjectivité - corporelle et d'esprit - de l'individu en tant que poïétisateur historique, et son rôle de reproducteur d'une *fausse conscience* identifiée aux paradigmes épistémologiques et métaphysiques du phallocentrisme.

Pour l'esthétique de cet art, la potentialité esthétique de l'Œuvre multiorgasmique commence avec la critique spiritualisée de l'artiste envers la séquestration de l'expérience sexuelle, et continue avec la solidarité spiritualisée du volontaire, qui poïétise, à l'aide de son témoignage physique et oral, la création d'un plaisir sexuel à travers l'autoérotisme. Toutefois ce moment de l'œuvre ne peut devenir un criticisme esthétique que grâce au fait que les volontaires poïétisent le plaisir sexuel afin de créer des témoignages qui sont effectivement utilisés par l'artiste dans le but de créer une œuvre d'art biocritique. En termes de *micro* et de *macro*, l'Œuvre multiorgasmique *collective* s'intéresse à la capacité micro-révolutionnaire de la connaissance acquise dans le cadre de l'expérience intime de sujet social au sein d'une culture cognitive identifiée aux paradigmes du phallocentrisme occidental. Cela implique également une reconnaissance gnoséologique corporelle de la conscience politique de celui qui défend ses droits sexuels. Toutefois, la défense ou la lutte sociale en faveur de la légitimation de l'autoérotisme en tant que processus d'apprentissage du plaisir sexuel et de découverte des besoins et des capacités corporelles n'implique pas tant une action militante de ce sujet au sein de l'espace public, qu'une *volonté critique* sur le plan intime et public, une corporalité critique potentiellement esthétique.

Ainsi, dans une perspective militante, les critiques esthétiques corporalisées par l'individu en dehors ou au sein de l'*art biocritique* contribuent, en tant que critiques potentiellement esthétique envers le paradigme binaire du biopouvoir, à désorganiser, à bousculer et à cristalliser les limites descriptives de ce paradigme, en prônant parfois son abandon définitif mais aussi et surtout en sublimant de nouvelles formes descriptives qui, outre qu'elles dissocient le genre de l'appareil génital, reconnaissent des identités sexuelles qui, bien que dénigrées par le paradigme binaire, n'en sont pas moins présentes chez les individus réels. L'*art biocritique* permet ainsi de sublimer le besoin de contradiction esthétique non seulement vis-à-vis du paradigme binaire, mais aussi vis-à-vis du sens abject légitimé par le paramètre de la bestialité corporelle de la pensée phallogocentrique.

Un exemple de l'action de l'*art biocritique* est la tension esthétique générée par l'Œuvre multiorgasmique collective vis-à-vis des paradigmes phallocentriques d'une économie hétérosexuelle liée au paramètre de la bestialité corporelle, dans la mesure où le processus créatif de cette œuvre ne renvoie pas à une méthode d'autoérotisme ou de production de plaisir sexuel classifiée de manière binaire, et ne fait pas exclusivement appel à « des hommes et des femmes ». Ce qui n'empêche pas cette œuvre d'utiliser un langage renvoyant à une physiologie binaire lorsqu'elle demande aux volontaires de faire don « du sperme ou du fluide vaginal » fruit de leur orgasme et de leur plaisir sexuel en tant que matériel artistique destiné à être utilisé dans le cadre de l'œuvre en question. Car cela revient à demander des témoignages physiques sous la forme binaire de « fluide vaginal » pour les femmes et de « sperme » pour les hommes, renvoyant ainsi à une description également binaire de corps « de sexe masculin et de sexe féminin ». Avec le recul, il nous semble d'ailleurs que l'utilisation de cette dernière terminologie eût été plus adéquate. La Campagne multiorgasmique de cette œuvre a par ailleurs généré une tension esthétique vis-à-vis du paradigme binaire dans la mesure où ses affiches et dépliants, loin de se limiter à une classification binaire, invitent « toutes les personnes, sans distinction de sexe, de genre ou de préférence sexuelle », à participer à l'Œuvre multiorgasmique en offrant leur témoignage physique et oral, à travers un processus poïétique revendiquant le droit au plaisir sexuel et à l'autoérotisme en tant que droits humains universels :

« L'artiste convie les personnes intéressées à se manifester politiquement en faveur d'une légitimation de l'orgasme et de l'autoérotisme à travers l'Œuvre multiorgasmique. Sans distinction de genre ou de préférence sexuelle, elle les invite à créer des témoignages oraux et physiques à partir de leur réponse sexuelle, afin de les utiliser postérieurement comme matériel artistique dans cette œuvre.

L'Œuvre multiorgasmique prétend créer un pont entre l'intimité et l'espace public au sein duquel les individus peuvent donner libre cours à leurs désirs les plus intimes, leur intimité, leur individualité et leur subjectivité afin de défendre un modèle de sujet social digne de ces droits humains. Vous pourrez ainsi, à l'aide de votre témoignage, contribuer à exiger l'égalité des genres et le respect des droits sexuels de tous. »[143]

« L'Œuvre multiorgasmique vous invite à partager un échantillon de votre énergie sexuelle (sperme, fluide

---

[143] Texte des affiches et dépliants de la Campagne multiorgasmique distribués en 2007 à Guadalajara, au Mexique.

vaginal). Ces sécrétions seront utilisées comme matériel dans mon travail plastique, dans le but de réaliser une œuvre artistique revendiquant le droit au plaisir sexuel comme source de bien-être, à travers l'autoérotisme.»[144]

Ainsi cette œuvre d'art évite-t-elle soigneusement de se limiter à une quelconque exclusivité hétérosexuelle et binaire et reconnaît l'existence d'autres identités sexuelles au-delà de « l'homme et la femme », malgré une présentation apparemment binaire et hétérosexuelle dans son invitation à partager un échantillon de « sperme ou de fluide vaginal » sur du papier jetable dans le cadre d'un témoignage visant à défendre l'orgasme et l'autoérotisme en tant que droits humains. Il convient de souligner deux resignifications des fluides « abjects » véhiculées par le discours apparemment binaire de la Campagne multiorgasmique : 1) le sens abject des fluides corporels sollicités (sperme et fluide vaginal) renvoie au sens « abject » du plaisir sexuel, le discours de la campagne faisant appel aux témoignages physiques en tant que matière biologique *produite* par la réponse sexuelle orgasmique du corps des volontaires à travers un processus de leur affirmation subjective en tant que *sujets de désir* (sujets de plaisir) ; 2) le sens abject des fluides corporels sollicités (sperme et fluide vaginal) renvoie au sens abject du caractère (auto)poïétique de la subjectivité de l'individu au sein du processus de production sociale historique, le discours de la campagne ayant accueilli les témoignages physiques comme des extensions créatives de l'expérience individuelle autoérotique des volontaires, produite à travers un processus d'appropriation corporelle corporalisée de ces derniers en tant que *sujets poïétisateurs d'affirmations subjectives* – ou sujets historiques – générant une tension

---

[144] Mancilla, 2007, Texte des affiches et dépliants de la Campagne multiorgasmique distribués en 2008 à l'occasion du Congrès de sexologie de Strasbourg organisé par l'Association Inter-hospitalo Universitaire de Sexologie (AIHUS) et la Société française de sexologie (SFS).

esthétique vis-à-vis de l'hétéronomie du sujet reproducteur de la norme phallogocentrique ; et 3) un troisième sens attribué aux fluides corporels de l'Œuvre multiorgasmique, qui est d'ailleurs lié aux deux précédents et occupe une place centrale dans le discours de la campagne, renvoie au concept de *bioénergie*, également dénommée *orgon* dans la terminologie de la théorie orgonomique du psychiatre et sexologue Wilhelm Reich. Ce concept fait du sujet un producteur de cette énergie vitale – bioénergie ou orgon – qui le relie corporellement au cosmos, soulignant ainsi le lien de tension esthétique entre l'individu construit socialement et la nature cosmique.

Voici trois aspects essentiels tirés de la réinterprétation des textes de Butler et qui permettent de définir le mouvement esthétique généré/revitalisé par l'*art biocritique* et/ou par les expériences corporelles potentiellement esthétique des individus réels : 1) lorsque l'art utilise l'expérience d'affirmation subjective corporalisée de l'individu réel en tant que sujet historique au sein d'un processus de production sociale d'une réalité alternative, il désorganise et bouscule la sphère corporelle du sujet social, en niant son rôle de reproducteur du symbolisme et de la normativité des paradigmes phallocentriques et en s'affirmant comme un *sujet historique* (Wittig, (1992)/2006) et *sujet de désir* (Foucault, 1976 et 1984) ; 2) ce faisant, il perturbe la « fiction » de l'ordre social du biopouvoir et cristallise les limites de cet ordre social phallocentrique (pensée binaire, hétérosexuelle, anthropocentrique et paramètre de la bestialité corporelle) ; il cristallise également les limites de la critique esthétique corporalisée, qu'elle soit externe ou interne à l'art, et en dépassant ainsi la dénonciation, cet art parvient à 3) sublimer de nouvelles formes critiques – existantes ou fictives – de la corporalité/sexualité, ce qui se traduit par un affaiblissement des formes critiques dominantes.

Potentialité esthétique des identités sexuelles d'affirmation subjective au sein de l'art

En ce qui concerne la construction d'identités sexuelles d'affirmation subjective au sein d'un ordre social de biopouvoir phallocentrique – de fait tout ordre social exerce un biopouvoir dans la mesure où il classifie et régule d'une manière ou d'une autre les corporalités et les corps de ses membres –, il existe également des sous-cultures épistémologiques critiques qui exercent une poïétique interprétative des corps et des corporalités des individus à partir de leur propre expérience d'affirmation subjective corporalisée, au-delà de la notion d'*inversion* définie par la classification dominante. Ces identités sexuelles forgées par un *moi* autonome vis-à-vis des raisonnements moraux critiques conventionnels, sont des corporalités biocritiques et esthético-politiques grâce auxquelles l'individu découvre et réinvente ses appétits et ses préférences corporelles et sexuelles, des corporalités politico-esthétiques d'un *sujet de désir*, et d'un *sujet historique* affirmé subjectivement à partir du corps.

Dès lors que l'identité sexuelle et le « genre » sont le fruit de l'affirmation subjective corporalisée d'identités abjectes, il s'agit d'expériences de corporalités potentiellement esthétique, de l'autopoïésis corporelle d'un individu rebelle qui peut devenir une identité de genre esthétiquement critique dès lors qu'elle s'oppose à la construction sociale assignée au corps non seulement à partir de l'*inversion* qualitative de genre – qui substitue l'ordre, l'orientation ou la position de l'un des genres de la typologie corporelle binaire par son opposé –, mais aussi à partir de la *réinvention* de l'identité sexuelle hétérosexuelle ; c'est également le cas lorsque les expériences de l'individu poïétisateur de ces réinventions sont utilisées comme matériel artistique ou intégrées au processus d'une critique envers le biopouvoir.

Cela peut aussi bien arriver avec l'*art biocritique* qu'avec tout autre critique exercée envers le paradigme binaire-hétérosexuel du biopouvoir phallocentrique à partir d'un style cognitif non artistique, à condition que cette critique transgresse à son tour l'expérience transgressive de l'individu ou du groupe transgresseur et l'utilise comme une critique non seulement envers le paradigme binaire-hétérosexuel, mais aussi envers le biopouvoir dominant au sein de la culture cognitive de ce style cognitif poïétisateur de la critique. C'est notamment le cas lorsque la critique est réalisée à des fins esthétiques qui impliquent également une autocritique. À titre d'exemple, on peut mentionner l'utilisation artistique et l'interprétation esthétique que fait tout *art biocritique* et particulièrement l'Œuvre multiorgasmique collective, des sécrétions et des fonctions physiologiques et psycho-physiologiques du corps sexué, faisant fi de la vision abjecte de ces fonctions ou sécrétions corporelles que véhiculent les paradigmes épistémologiques du biopouvoir dominant.

Quant à la présence au sein d'une culture déterminée des paradigmes du biopouvoir phallocentrique (paradigme rationaliste-abstractionniste, p. binaire-hétérosexuel et p. anthropocentrique-bestial), elle ne correspond pas à une seule culture cognitive de la corporalité. En effet, différents paradigmes peuvent être plus ou moins présents au sein d'une même société, mais tous ont en commun, aux yeux du criticisme de l'art biocritique, d'encourager la construction sociale de formes épistémologiques véhiculant une vision abjecte de la corporalité d'affirmation subjective, en produisant et reproduisant des typologies et des classifications des corps et des corporalités en fonction d'un paramètre – avec les nuances et les hybridations propres à tout paramètre – allant de « absolument abject » à « pas abject du tout », selon l'interprétation du biopouvoir phallocentrique dominant .

Sur le plan social, la poïésis de l'*art biocritique* contredit et dépasse cette typologie dominante grâce à la reconnaissance et à la découverte des appétits, des capacités et des besoins du corps de l'individu à partir de son propre corps et au-delà des formes et des usages assignés à un genre donné par l'identification sexuelle du sujet social au biopouvoir. Cette découverte des appétits n'est pas qu'une expérience esthétique, c'est aussi l'affirmation d'une identité propre, équivalente à l'« appropriation » de sa sexualité, qui permet la subjectivation de la personne grâce à cette réappropriation de son propre corps, comme une première négation de la décorporalisation de la pensée occidentale :

> « C'est seulement parce que mon corps est le fruit de l'arbitraire aléatoire d'une nature impersonnelle que je puis éventuellement me l'approprier avec ses défauts et ses qualités et en faire le substrat permanent de ma biographie personnelle. (…) « On vit sa propre liberté », écrit Habermas, « comme étant en relation à quelque chose dont il est naturel qu'on ne puisse pas disposer »»[145].

La liberté poïétique n'existe sans doute qu'à travers la négation totale ou pure d'une manière explicite comme dans le cas de la corporalité du malade mental ou dans celui des premières explorations corporelles de l'enfant ; je me réfère ici aux propositions initiales de l'individu présocial, qui sont par la suite corrigées par l'environnement afin de fixer les usages cognitifs du corps ; des usages qui, moralement et socialement, sont socialisés chez le sujet social afin d'en faire un sujet cognitif articulateur des paradigmes du phallocentrisme occidental. Ces usages cognitifs du corps socialisés par le biopouvoir sont des formes cognitives qui chosifient le corps et décorporalisent l'individu en tant que sujet cognitif. De tels usages cognitifs de la corporalité, après avoir été socialisés en tant qu'identité corporelle et sexuelle chez le sujet social, s'expriment sous la forme de pratiques sexuelles chosificatrices que ce sujet reproduit ; et lorsqu'il les reproduit, le sujet social qui s'identifie avec les paradigmes du biopouvoir phallocentrique, en chosifiant sa corporalité cognitive, socialise et chosifie à son tour la corporalité cognitive des autres individus dans leur étape présociale. Or les actions esthétiquement critiques et les actions critiques potentiellement esthétiques s'opposent à ces pratiques et comportements sexuels et corporels qui représentent les usages chosifiés et chosifiants du biopouvoir.

---

[145] Lacroix, 2003.

C'est ainsi que l'*art biocritique* établit des liens de contradiction vis-à-vis de ces usages cognitifs du biopouvoir, et ce de manière transdimensionnelle.

Dès lors, la liberté poïétique pourrait être considérée comme un attribut original de la corporalité – non seulement en tant que corps mais aussi en tant que forme cognitive – de l'individu, et non comme un attribut de la construction sociale du sujet, même si ce processus est lié à une liberté poïétique enculturée chez le sujet construit socialement. La liberté poïétique est une forme de liberté qui ne provient pas de l'ordre social mais qui s'enchaîne avec lui, dans la mesure où la *praxis* et l'*esprit* chez le sujet maintiennent inévitablement une relation intrinsèque et dialectique avec la *praxis* et l'*esprit* du paradigme épistémologique culturel hégémonique de l'ordre social qui enculture ce sujet. Cette relation dialectique est comparable à la dialectique entre praxis et esprit qui définit l'art.

Un *sujet moral* est un sujet dont la corporalité est dominée par la pseudo-subjectivité ou fausse conscience assignée et socialisée en tant qu'identité sexuelle par le paradigme culturel hégémonique phallocentrique. Un *sujet esthétique* est un sujet social qui se ressent comme sujet critique en vivant une expérience de critique esthétique corporalisée envers ce phallocentrisme. Un sujet corporel devient un sujet esthétique dès lors qu'il vit corporellement une expérience esthétique, ce qui revient à poïétiser une critique esthétique politique. Quant aux poïésis de l'*art biocritique*, ce sont des poïétiques corporelles biocritiques et esthético-politiques dans le cadre desquelles le sujet social – c'est-à-dire le sujet corporellement et moralement hétéronome vis-à-vis du biopouvoir – nie corporellement son identification à ce biopouvoir à l'aide des usages cognitifs de son corps : c'est ainsi qu'il les resignifie en s'émancipant de la pseudo-subjectivité assignée par le paradigme culturel hégémonique grâce à des usages cognitifs contraires à ceux qui lui ont été culturellement assignés. Cela dit, l'existence du sujet corporel biocritique et esthético-politique est circonscrite à l'expérience esthétique de la négation et de la contradiction esthétique corporalisée, non pas à l'espace et au temps de l'expérience, mais à la capacité de tension esthétique exprimée par la contradiction esthétique de la poïésis en question. De sorte que le sujet qui poïétise son expérience sexuelle à travers une corporalité biocritique et esthético-politique devient un *sujet corporel esthétique*, dans la mesure où ses poïésis sexuelles expriment une tension esthétique vis-à-vis de ce avec quoi elles avaient dans un premier temps établi des liens de contradiction esthétique.

Un sujet corporel hétéronome et moral se différencie d'un sujet corporel esthétique par le fait que le sujet esthétique échappe fragmentairement à la morale identifié au biopouvoir hégémonique et reproductrice/légitimatrice de la sédentarisation épistémologique de celui-ci, en la niant et en la contredisant à travers l'expression d'une autre morale possible, inventée, renouvelée, innovante, alternative mais toujours nihiliste et autocritique, en mouvement esthétique, et toujours dialectiquement en contradiction avec ce qu'elle nie.

La négation et la contradiction, en tant que caractéristiques de la dialectique négative de l'art biocritique, ne rendent pas au sujet esthétique sa liberté poïétique originale, mais elles permettent à ce sujet corporel biocritique et esthético-politique – qui est aussi inévitablement un sujet social – d'utiliser les éléments qui lui appartiennent ou qui le constituent en tant que sujet social afin de créer esthétiquement une critique et de poïétiser corporellement l'expérience esthétique d'émancipation en tant que sujet critique *à partir de* et *sur* son corps. En d'autres termes, le sujet social se ressent comme un sujet corporel biocritique et esthético-politique *dans* les fragments de sa corporalité et de sa sexualité qui établissent des liens de contradiction esthétique vis-à-vis des usages cognitifs du paradigme du biopouvoir, et *durant* la tension esthétique du lien contradictoire entre les usages cognitifs de sa *corporalité d'affirmation subjective de sujet de désir et de sujet historique* et les usages cognitifs de sa *corporalité hétéronome vis-à-vis du biopouvoir*, une contradiction chargée de nouveaux sens biocritiques et esthético-politiques : la normativité et le symbolisme du biopouvoir, le langage biologique du corps, les usages du corps, les usages du plaisir, « les formes et les modalités du rapport à soi par lesquelles l'individu se constitue et se reconnaît comme sujet »[146], et aussi à partir du corps subjectif chargé de nouveaux sens, de l'espace habité par le corps à travers ces « *pratiques par lesquelles les individus ont été amenés à porter attention à eux-mêmes, à se déchiffrer, à se reconnaître et à s'avouer comme sujets de désir, faisant jouer entre eux-mêmes et eux-mêmes un certain rapport qui leur permet de découvrir dans le désir la vérité de leur être, qu'il soit naturel ou déchu* ».[147]

Dans son œuvre *Les usages du plaisir,* Foucault (1984/1989) a proposé une herméneutique du désir observé à travers les comportements sexuels de l'individu vis-à-vis de lui-même et des autres, afin de comprendre « comment l'individu moderne pouvait faire l'expérience de lui-même comme sujet d'une « sexualité »[148] ; dans le cadre de cette réflexion, il souligne la nécessité de connaître l'historicité des pratiques que l'on prétend interpréter dans leur contemporanéité : « Il était indispensable de dégager auparavant la façon dont, pendant des siècles, l'homme occidental avait été amené à se reconnaître comme sujet de désir ».[149] Sur le plan méthodologique, cette nécessité de prendre en compte l'histoire des formes d'expérience (corporelle, sexuelle, de plaisir) et d'appropriation du sujet appelé à se reconnaître comme sujet de désir équivaut au sein de l'*art biocritique* à l'exercice autocritique de déconstruction de l'historicité des corporalités que l'art intègre à ses processus de production artistique en tant que matériel artistique, permettant ainsi aux volontaires (co)poïétisateurs de révéler la potentialité esthétique de leurs corporalités et comportements sexuels dans un contexte qui leur est hostile. La pensée des féministes, de la théorie *queer*, des poststructuralistes (tels qu'Anthony Giddens, Michel Foucault (1976 et 1984), Judith Butler, Gilles Deleuze, Félix Guattari (1977), Luce Irigaray (1978, 2007 et 2009), Sarah Kofman, Jacques Derrida,

---

[146] Foucault, 1984: 13.
[147] Foucault, 1984: 12.
[148] Foucault, 1984: 12.
[149] Foucault, 1984: 12.

Jean-François Lyotard) s'accorde avec l'esthétique de l'art biocritique découlant de la dialectique négative et de la théorie critique de Theodor Adorno (Heidegger et Franz Hinkelammert) à considérer que l'historicité phallogocentrique et de la différence construite épistémologiquement et cognitivement par la pensée occidentale s'est avérée hostile à la subjectivité du sujet. Tous ont observé dans les contextes de la modernité, de la modernité tardive et de la postmodernité cette omission de la subjectivité dans la production rationaliste d'un sujet dématérialisé et décorporalisé, identifiant derrière cette décorporalisation du sujet occidental différentes formes de décorporalisation et de biopouvoir tout au long de l'histoire de cette pensée hégémonique : certaines de ces formes se sont maintenues à différents degrés depuis la philosophie grecque, tels que les paradigmes binaire-hétérosexuel et anthropocentrique-bestial ; d'autres sont apparues comme des métamorphoses de ces derniers, tel que le paradigme rationaliste-abstractionniste, un paradigme hégémonique ayant contribué performativement à la décorporalisation du sujet et que l'on retrouve dans le discours de styles cognitifs hégémoniques au sein des sociétés occidentales comme celui de la science positiviste, structuraliste, etc., dont l'épistémologie néglige et délégitime la capacité *historique* (liée au sens de *sujet historique* de Wittig) de la subjectivité du sujet.

Or l'hostilité de la pensée phallogocentrique occidentale et de la métaphysique binaire-hétérosexuelle envers l'affirmation subjective du sujet n'est pas la seule caractéristique significative du contexte socio-historique – épistémologique et de culture cognitive – observée à la fois par l'esthétique de l'art critique (l'esthétique adornienne) et par la théorie critique du matérialisme et des poststructuralismes et féminismes *queer* des auteurs précités ; en effet, on peut considérer que les manifestations esthétiques de l'art féministe, de l'art *queer*, de l'art d'appropriation et de l'hyperréalisme du XXe siècle ont exprimé une tension esthétique semblable vis-à-vis des paradigmes du phallocentrisme (rationaliste-abstractionniste, binaire-hétérosexuel et anthropocentrique-bestial) hégémoniques au sein de la culture cognitive dominant la pensée occidentale. Par ailleurs, la question de la contemporanéité posée par Foucault dans les années soixante-dix reste entière, dans la mesure où elle présente ses propres mutations et singularités caractéristiques des sociétés contemporaines de la modernité tardive, c'est-à-dire d'un processus de transition entre la modernité et la postmodernité. Car la question de la contemporanéité n'est pas la même dans le contexte des années soixante-dix que dans celui de la deuxième décennie du XXIe siècle, dont l'historicité inclut les quarante années postérieures aux observations philosophiques de Foucault (1976 et 1984), avec toutes les actions critiques, potentiellement esthétiques et acritiques de sujets réels, individuels ou collectifs, de l'art, de la science et d'autres styles cognitifs ayant contribué à la production et reproduction de la pensée occidentale au cours de ces quatre décennies. Cela dit, la réflexion de Foucault sur l'historicité du sujet de désir dans la pensée occidentale est un antécédent qui permet de mieux « comprendre comment l'individu moderne [peut] faire l'expérience de lui-même comme sujet d'une « sexualité » » [150] au sein de sociétés de la modernité tardive. La théorie sociologique poststructuraliste d'Anthony Giddens observe que face au chaos symbolique de cette transition, les discours institutionnalisés du biopouvoir ont tendance à réagir en universalisant et en radicalisant leurs paradigmes hégémoniques (phallogocentriques). L'art féministe et *queer*, l'hyperréalisme et l'art d'appropriation de la deuxième moitié du XXe siècle reflète un sujet qui signe sa subjectivité en établissant des liens de tension esthétique vis-à-vis de ces discours, bien que sa forme poïétique ne soit pas encore celle d'une poïésis artistique réalisée par des sujets réels au sein de la réalité, comme ce sera le cas de l'art de la dernière décennie du XXe et de la première du XXIe siècle, une époque charnière qualifiée de « période esthétique » où l'art demeure en quelque sorte un art hyperréaliste ou d'appropriation, mais dont le symbolisme iconologique a cédé la place à la matière et aux formes réelles qui imposent leur présence

---

[150] Foucault, 1984: 12.

vivante au sein de l'œuvre d'art. Ce processus d'effacement des frontières poïétiques entre le processus créatif de l'art et le processus actif de la réalité même, qui définit la potentialité esthétique des actions de l'art comme une potentialité esthétique de la réalité même indépendamment de cet art, a été qualifié par Hal Foster de « retour du réel » dans le domaine de l'art d'avant-garde, un phénomène qu'il considère comme une innovation de l'art contemporain. Cela nous renvoie inévitablement à la mise en garde de Giddens face à la radicalisation et l'universalisation des discours institutionnalisés du biopouvoir au sein des sociétés de la modernité tardive, des sociétés en transition, comme toutes les sociétés, certes, mais plus spécifiquement ici entre la modernité et la postmodernité, cette période que l'on qualifie de modernité tardive et qui reflète également à travers l'art les particularités d'un individu capable de se concevoir lui-même comme sujet d'une certaine sexualité. L'esthétique de l'art biocritique s'accorde avec les féminismes *queer* de Butler et Wittig à reconnaître que dans un contexte d'hégémonie phallogocentrique, ce sont les actions des corporalités infériorisées ou exclues par la différenciation binaire hétérosexuelle de cette pensée phallogocentrique (les corporalités abjectes, dénigrées, représentantes du Non-être, et autres « extérieurs constitutifs » de l'économie hétérosexuelle) qui montrent la plus grande potentialité esthétique ; or la potentialité esthétique de ces critiques esthétiques réside dans leur capacité à générer un mouvement esthétique, c'est-à-dire à transformer socio-politiquement la réalité.

Cette potentialité des corporalités exclues ou infériorisées par le biopouvoir hégémonique d'un contexte socio-historique avait déjà été soulignée par d'autres criticismes à différentes étapes historiques de la pensée occidentale, comme c'est le cas du matérialisme historique de Marx, qui selon Wittig a mis en évidence la capacité et le besoin – ou parfois simplement l'intention esthétique – qu'ont les *radicaux* de transformer la réalité, ce qui dans le domaine de l'art peut être comparé à la capacité et au besoin de générer un *mouvement esthétique* afin de pouvoir être reconnu en tant qu'art selon les termes de la théorie esthétique d'Adorno :

« Dans L'idéologie allemande, Marx et Engels ont développé cette idée [multidimensionnelle de l'exercice critique], en maintenant que les groupes les plus radicaux ont besoin d'affirmer leurs points de vue et leurs intérêts en les présentant comme généraux et universels, une position qui concerne à la fois les points pratiques et philosophiques (politiques) ».[151]

De leur côté, les théories féministes et poststructuralistes observent cette capacité à générer un mouvement esthétique bien au-delà du domaine de l'art, la qualifiant capacité de *révolution moléculaire* (Guatari, 1977) des individus, de capacité de *sujets historiques* (Wittig, 1992/2006), de *sujets de désir* (Foucault, 1976 et 1984), de *sujets corporels avec des besoins* (interprétation du Prométhée de Marx par Hinkerlammert), etc.

L'expérience individuelle, la capacité d'affirmation subjective ne s'exprime pas seulement à travers les concepts des théories critiques, dialectiques, matérialistes, poststructuralistes, féministes et *queer* de la fin du XXe et du début du XXIe siècle : l'art avait déjà exprimé à sa manière – c'est-à-dire avec des langages non structurés – cette même critique envers le phallogocentrisme, la sédentarisation épistémologique de la différenciation et de la pensée binaire occidentale, et ce dès de début du XXe siècle, par exemple dans les œuvres de Marcel Duchamp.

L'étape contemporaine se différencie du XXe siècle, car on voit affleurer au sein de l'art des deux premières décennies du XXIe siècle une tension esthétique entre criticismes structurés et actions critiques : les frontières entre les styles cognitifs qui exercent une critique s'effacent, l'art s'apparente parfois à un journalisme esthétique désormais considéré comme une science de l'art, qu'il utilise des langages structurés ou non, remplissant ainsi sa fonction de poïésis critique mais aussi de poïésis autocritique ; on voit émerger la figure d'un artiste critique et les sujets réels envahissent avec leurs témoignages vivants (qu'ils

---

[151] Wittig, (1992)/ 2006: 73-74.

soient physiques et corporels ou oraux et biographiques) la scène poïétique de certaines œuvres d'art. La science est démembrée par la réalité, de même que l'art, mais l'art étant par nature enclin au nihilisme et au suicide de ses formes poïétiques, il reconnaît aisément la caducité, la mortalité de ses actions critiques, il aspire au suicide esthétique parce que son esprit nihiliste le pousse à toujours chercher une contradiction esthétique qui puisse revitaliser son être de mouvement, non pas un mouvement quelconque de simple contradiction, mais un mouvement de tension esthétique contredisant ce qui se sédentarise épistémologiquement et ce qui devient prisonnier d'une hégémonie épistémologique, s'émancipant ainsi des sédentarisations aussi bien socio-historiques qu'artistiques. La science est régie par d'autres principes plus résistants au mouvement généré par cette invasion de la vie réelle, où les individus s'approprient leur subjectivité corporellement, une subjectivité qui leur permet de vivre une existence en mouvement, face à l'inévitable secousse de la réalité invasive de la production de connaissance et du chaos produit par « *l'extraction des relations sociales des contextes locaux d'interaction, puis leur restructuration dans des champs spatio-temporels indéfinis* »[152] et qui se traduisent par une indétermination de l'identification, au sein de ce que McLuhan avait qualifié dès les années soixante de *village global* (McLuhan 1962 et 1964), une société post-industrielle où l'information voyage plus rapidement que les êtres physiques. Au cours de cette époque que Castells a pour sa part qualifié d'*Ère de l'information* (Castells, 2001), Giddens souligne l'impérieuse nécessité pour les hégémonies – y compris celle du biopouvoir – de produire des discours universalisants et radicalisants visant à renforcer la légitimité des paradigmes épistémologiques et la culture cognitive qu'ils reproduisent. La radicalisation et l'universalisation de l'affirmation d'un paradigme donné a naturellement pour effet de créer ce que Butler qualifie d'« extérieurs constitutifs », renforçant ainsi les paradigmes phallogocentriques qui légitiment

---

[152] Giddens, 1995 : 10-11.

l'exclusion et la différenciation hétérosexuelle ainsi qu'une vision « bestiale » de certains individus et de la participation poïétique de leur subjectivité au processus de production identitaire. Un tel contexte hostile à l'affirmation sexuelle du *sujet de désir* au sein des sociétés de la modernité tardive, a été observé par différentes études sociologiques telle que celle de Michel Bozon, qui constate que « *les normes en matière de sexualité se sont mises à proliférer plutôt qu'à faire défaut, les individus sont désormais sommés d'établir eux-mêmes, malgré ce flottement des références pertinentes, la cohérence de leurs expériences intimes. Ils continuent néanmoins à être soumis à des jugements sociaux stricts, différents selon leur âge et selon qu'ils sont hommes ou femmes* »[153]. Une observation sociologique qui tend à corroborer cette radicalisation de la normativité hétérosexuelle au sein des discours institutionnalisés du biopouvoir phallogocentrique de ces sociétés. Face à cette radicalisation des discours normatifs du biopouvoir, l'art présente au contraire un sujet qui s'affirme subjectivement. C'est également le cas des criticismes féministes, et plus particulièrement de ceux de la théorie *queer*, qui considèrent comme paradigmatique le phénomène de resignification du terme même de *queer* par les mouvements socio-politiques de personnalités « étranges », que Marx aurait sûrement classées dans les groupes radicaux d'une société, mais qui sont néanmoins parvenues à vider ce terme de son sens abject afin de l'utiliser en vue d'une transformation politique à travers la force performative de l'itérabilité de leurs actions critiques et politiquement organisées, générant ainsi un mouvement esthétique de transformation sociale grâce à cette resignification du terme *queer*. Une transformation qui a par la suite été revitalisée par une autocritique structurée du phénomène *queer* telle que la théorisation de la politique *queer* réalisée par Butler, pour ne citer qu'elle. Ce fait social est un phénomène socio-politique qui met en évidence le besoin de transformation sociale, reconnu par

---

[153] Bozon, 2004 : 15

Marx chez les groupes radicaux et par Adorno au sein de l'art. Les interprétations de la théorie *queer*, des poststructuralismes et des féminismes théorisés convergent dès lors que les besoins et capacités esthétiques qui caractérisent une action critique visant à transformer la société se manifestent à travers l'affirmation corporalisée du sujet, et sont par conséquent observables sous la forme de comportements sexuels, de corporalités et d'usage du corps.

Wittig par exemple met l'accent sur le besoin – déjà souligné par Marx –qu'éprouvent les groupes radicaux de transformer leur condition, qu'elle définit en termes de transformation sociale de la pensée hétérosexuelle à partir d'un *double mouvement* :

« Le processus de destruction consiste en un double mouvement : se détruire soi-même en tant que classe [...] et se détruire soi-même an tant que catégorie philosophique (la catégorie de l'Autre), car demeurer mentalement dans la catégorie de l'Autre (de l'esclave) représenterait une non-résolution en termes de dialectique marxiste. »[154]

qui permet aux groupes radicaux de s'approprier l'hétérosexualité, afin de générer une conscience de l'oppression :

« L'oppression n'est pas seulement une réaction (une lutte) contre l'oppression. C'est aussi une totale réévaluation conceptuelle du monde social, sa totale réorganisation conceptuelle à partir de nouveaux concepts développés du point de vue de l'oppression. C'est ce que j'appellerais la science de l'oppression, la science par les opprimé(e)s. (...) [il s'agit de] la pratique subjective ultime, une pratique cognitive du sujet [...]. »[155]

---

[154] Wittig, (1992)/2006: 78 y 79.
[155] Wittig, (1992)/2006: 41.

Le cas de l'expérience *queer* a démontré la force performative des identités d'affirmation subjective à travers la resignification du langage en tant que pouvoir alternatif visant à retourner le pouvoir contre lui- même, une « resignification » réalisée grâce à la performativité des discours corporalisés d'identités sexuelles (radicales) exclues, infériorisées et considérées comme des « extérieurs constitutifs » de l'économie hétérosexuelle hégémonique au sein de la société occidentale. Cette capacité de transformation sociale à travers un double mouvement est intimement liée à ce que Felix Guattari (1977) a qualifié de *révolutions moléculaires* et que l'esthétique d'Adorno définit comme la loi de mouvement au sein de l'art. Sur le plan théorico-méthodologique, cela permet d'observer de manière structurée la potentialité esthétique de l'*art biocritique* comme étant celle des corporalités impliquées en tant que matériel artistique dans cet art, mais aussi de l'affirmation subjective du sujet, des identités sexuelles et des comportements sexuels qui en tant que fruit de cette affirmation subjective établissent des liens de tension esthétique vis-à-vis des discours radicalisants et universalisants du biopouvoir phallogocentrique institutionnalisé au sein des sociétés de la modernité tardive. Il est également important de redéfinir en termes esthétiques ce besoin qu'éprouvent les « radicaux » de générer une transformation socio-politique de leur propre statut de radicaux, observée par Marx (« les groupes les plus radicaux ont besoin d'affirmer leurs points de vue et leurs intérêts en les présentant comme généraux et universels, une position qui concerne à la fois les points pratiques et philosophiques (politiques). »[156]) La théorie *queer* de Butler conçoit la politique *queer* comme une resignification visant à retourner le pouvoir contre lui-même et à produire des pouvoirs alternatifs, fût-ce à l'aide de ressources impures (« concevoir le pouvoir comme une resignification [, …] réinstaller l'abjection comme le site de son opposition et […] reconcevoir les termes qui établissent et

---

[156] Wittig, (1992)/ 2006: 73-74.

soutiennent les corps qui comptent. »[157]). La théorie de Butler sur l'esthétique *queer* présente un sujet sexuellement discontinu et inachevé, découlant de son observation des identités sexuelles qu'elle qualifie d'« extérieurs constitutifs », considérées comme abjectes par l'économie hétérosexuelle qui légitime ainsi le système binaire de la pensée occidentale hégémonique. Et bien que l'art qualifié de « journalisme esthétique », « l'art d'appropriation » et plus particulièrement l'art qui nous intéresse ici, *l'art biocritique*, envisagent également la discontinuité et l'inachèvement de corporalités et de sexualités nées de l'affirmation subjective, ils présentent néanmoins certaines particularités poïétiques qui pourraient apparaître comme les « extérieurs constitutifs » de ces théories en termes poïétiques. Il convient en effet de prendre en compte l'accent que mettent la critique de Wittig et la théorie esthétique adornienne sur le nihiliste que l'on observe au sein du mouvement esthétique généré par l'art biocritique, un nihilisme très proche de l'idée de destruction multidimensionnelle de « soi-même » évoquée par Wittig : « *se détruire soi-même en tant que classe [...] et se détruire soi-même an tant que catégorie philosophique (la catégorie de l'Autre)* : en termes esthétiques, on peut lire la pensée de Wittig comme un mouvement esthétique fruit de l'affirmation du sujet, ce qui n'est pas incompatible avec la vision *queer* d'un sujet corporel sexuellement discontinu et inachevé ; néanmoins cette discontinuité et cet inachèvement ne seront pas esthétiques s'il ne s'agit que de remplacer le monopole de sédentarisation épistémologique d'un paradigme en un duopole o tripole de paradigmes, etc. Dans le langage de Wittig, la destruction souligne davantage la tension esthétique vis-à-vis de l'essence sédentarisatrice de la pensée occidentale, même s'il s'agit d'un discours politiquement plus risqué. Peut-être sommes-nous là à la frontière entre l'interprétation d'une transformation sociale en tant que mouvement esthétique et celle d'une transformation sociale qui ne serait pas nécessairement esthétique.

---

[157] Butler, (1993)/2010: 337.

L'*émancipation esthétique* est en quelque sorte la spirale dialectique négative d'une poïétique esthétique qui est à la fois critique et autocritique. Adorno qualifie cette spirale de « *phénomène esthétique primordial de l'ambivalence* »[158], et il la définit comme étant la tendance de l'art à nier ce qui, dans chaque réalité, est chosifié et doit par conséquent être nié afin de s'en échapper pour s'émanciper. Ce *phénomène esthétique d'ambivalence* peut être observé à travers l'émancipation corporelle du sujet social afin de devenir un sujet corporel esthétique. La théorie esthétique d'Adorno présente bien souvent l'art comme une émancipation, non pas en soi comme s'il s'agissait d'un état de liberté, mais comme la poïétique nihiliste d'un processus dialectique de négation de tout ce qui est chosifié, chosifiant ou en voie de l'être ; c'est-à-dire de tout ce qui est épistémologiquement sédentarisé ou sédentarisateur. Ainsi l'émancipation corporelle du sujet corporel ou du sujet social décorporalisé est-elle une poïésis de contradiction esthétique entre le modèle esthétique ou *idéal-type* de l'*art biocritique* et le modèle épistémologique du biopouvoir phallocentrique. Cette contradiction offre au sujet un paramètre d'émancipation corporelle, délimité d'un côté par l'*autonomie* et de l'autre par l'*hétéronomie* corporelle du sujet social.

Pour le criticisme de l'*art biocritique*, la sexualité du sujet est un enchaînement entre pulsions primaires et secondaires (bioénergétiques et culturelles) ; de même, pour Adorno l'expérience esthétique est le fruit de l'enchaînement dialectique négatif entre praxis et esprit. Adorno critique la sédentarisation de l'art, que ce soit dans la praxis par l'esprit ou dans l'esprit par la praxis, dans la mesure où c'est la dialectique entre les deux, dans un sens ou dans l'autre, qui permet de s'émanciper de la chosification :

---

[158] Adorno, (1970)/2004 : 27.

« Dans les œuvres d'art significatives, ce qui est sensoriel devient (grâce à la splendeur de leur art) quelque chose de spirituel, de même qu'inversement, l'esprit de l'œuvre confère une splendeur sensorielle à l'individualité abstraite, bien que cela soit indifférent face au phénomène. »[159]

Néanmoins dans le cas de l'esthétique de l'art biocritique, l'enchaînement correspond à une dialectique négative, contrairement à celui du biopouvoir qui hiérarchise ces liens au sein de l'individu. Cela ne signifie pas pour autant qu'au sein de la sexualité humaine, la bioénergie corresponde à la praxis et la culture à l'esprit ; l'expression corporelle d'un sujet est au contraire le fruit d'un enchaînement entre praxis et esprit, au sein duquel on peut reconnaître soit un lien de hiérarchisation, soit un lien de dialectique négative (d'esthétique biocritique) entre les usages cognitifs que le sujet social fait de sa corporalité et ceux ce qui lui sont assignés socialement et qui l'identifient au paradigme culturel du biopouvoir.

Dans cette logique, l'émancipation esthétique du sujet corporel décorporalisé par le biopouvoir repose sur un lien de contradiction esthétique qui lui permet d'aspirer à une autonomie cognitive fractionnelle et temporelle, et non pas à une forme d'autonomie cognitive de hiérarchisation sédentarisée entre praxis et esprit ; car la corporalité subjective en ces termes – je me permets d'insister sur ce point – est une capacité cognitive qui enchaîne les deux dimensions au sein de la poïésis de l'expérience sexuelle critique potentiellement esthétique. Cependant, cette liberté poïétique chez le sujet esthétique ne doit pas être confondue avec la liberté instinctive de l'individu, même si toutes deux sont le fruit d'une relation dialectique entre praxis et esprit ; la différence réside dans le fait que le sujet esthétique vit une expérience esthétique parce qu'il remet en cause la prééminence de la praxis.

---

[159]   Adorno, (1970)/2004 : 27.

Or pour s'émanciper et se ressentir comme un sujet esthétique, le sujet social doit nécessairement se servir de sa corporalité socialisée afin de poïétiser une *prise de position* [de contradiction ou de négation esthétique] *face à une réalité*[160] qui soumet sa corporalité en tant que capacité cognitive. L'émancipation corporelle du sujet décorporalisé qui permet à ce sujet de devenir – au moins le temps que dure la tension esthétique de ses contradictions – un sujet corporel esthétique, s'appuie sur l'usage contradictoire ou la négation esthétique des usages cognitifs de sa corporalité socialisée en tant que genre par sa sexualité. L'émancipation esthétique corporelle du sujet décorporalisé peut également être définie comme la négation esthétique des usages cognitifs de sa corporalité et de sa sexualité, de ces usages cognitifs ou pratiques et de ces comportements sexuels qui l'identifient au paradigme culturel du biopouvoir phallocentrique ; en tous les cas cette expérience l'identifie à une œuvre d'art. Adorno écrit à ce sujet : « *L'identité esthétique doit défendre le non-identique qu'opprime dans la réalité la contrainte de l'identité* ».[161] Pour s'émanciper l'art critique a tendance à poïétiser une nouvelle critique avant que la précédente ne commence à présenter des signes de sédentarisation et d'affaiblissement de sa tension esthétique. Il ne le fait pas tant pour s'émanciper que parce que son ontologie le pousse à critiquer et à faire son autocritique. Tandis que pour le sujet, il s'agit d'un choix, ce qui explique que pour lui la contradiction ne soit pas nécessairement suivie d'une reconnaissance ni la reconnaissance d'une contradiction.

Nous avons mentionné les observations de Bozon concernant les difficultés qu'éprouve le sujet à donner une certaine cohérence à ses expériences intimes face à la multiplication des possibilités, ainsi que les réflexions de Giddens sur la radicalisation et l'universalisation des discours institutionnalisés du biopouvoir phallogocentrique qui délégitiment et dénigrent les identités sexuelles d'affirmation subjective dans le contexte

---

[160] Adorno, (1970)/2004 : 24.
[161] Adorno, (1970)/2004 : 13.

de la modernité tardive, mais quelle est au juste la vision de l'art sur les différentes formes d'affirmation du sujet social, et notamment sur les témoignages physiques offerts par des individus réels (témoignages issus d'affirmations subjectives d'identités sexuelles), et sur l'invasion de l'art par la réalité (ou plutôt par des actions d'affirmation subjective corporalisées par des individus réels), par exemple dans le cas de l'art qualifié de « journalisme esthétique » ou de l'*art biocritique* ?

L'*art biocritique* défend l'idée d'un sujet poïétisateur de son propre « moi », de sa propre « identité sexuelle », un sujet poïétisateur de l'histoire, que Wittig qualifie de « sujet historique » et de « sujet individuel », soulignant ainsi l'interconnexion entre les dimensions personnelles et politiques, ce qui permet d'observer la *potentialité esthétique* des témoignages sur des identités fruits de l'affirmation subjective : il s'agit aussi bien d'une capacité autopoïétique du sujet à affirmer et à produire son « propre moi » et sa propre identité, que d'une capacité à transformer l'histoire à travers la force performative de ce type d'identités et d'actions d'affirmation subjective resignifiant les corps et les corporalités abjectes et bousculant l'ordre social et politique qui sédentarise épistémologiquement leur exclusion et leur infériorité au sein de la métaphysique de la pensée binaire et de l'économie hétérosexuelle hégémonique. Pour reprendre les mots de Wittig :

> « Pour les femmes, répondre à la question du sujet individuel en termes matérialistes consiste, en premier lieu, à montrer, comme l'ont fait les féministes et les lesbiennes[162], que les problèmes soi-disant subjectifs, « individuels » et « privés » sont en réalité des problèmes sociaux, des problèmes de classe ; que la sexualité n'est

---

[162] Wittig acentúa el caso de las Lesbiana pero éste puede ser compartido por cualquiera de las identidades afirmadas subjetivamente y consideradas como comunidad Lésbico, Gay, Bisexual, Transexual, Transgénero, Travesti e Intersexual (LGBTTTI).

pas, pour les femmes, une expression individuelle et subjective, mais une institution sociale violente ».[163]

Dans ces cas d'identités sexuelles affirmées subjectivement, on constate que la potentialité esthétique d'une critique ne dépend pas nécessairement d'un agent extérieur, tant il est vrai que les poïétisateurs de ces corporalités (sexuelles) potentiellement critiques et esthétiques peuvent mener à bien ce travail d'esthétisation. À ce sujet, Wittig a écrit :

> « C'est notre tâche historique, et pas seulement la nôtre, que de définir en termes matérialistes ce que nous appelons l'oppression, d'analyser les femmes en tant que classe, ce qui revient à dire que la catégorie « femme » et la catégorie « homme » sont des catégories politiques et économiques, qui ne sont par conséquent pas éternelles. »[164]

Pour sa part, l'*art biocritique* a défendu et produit des poïésis critiques envers l'ordre social du biopouvoir, où les sujets (x) réels se vivent comme des sujets individuels corporalisant un idéal-type de sujet(x) esthétique d'une œuvre d'art, en tant que *sujets historiques* de l'intention esthétique, parfois induite, de l'art. Sous la forme de témoignages offerts à l'art, ces actions de négation des corporalités et des sexualités assignées socialement aux membres d'une société destinés à être les reproducteurs corporels (sexuels) de l'ordre social patriarcal et hétérosexuel, cessent d'être considérées – par l'esthétique critique – comme des corporalités potentiellement critiques pour devenir des corporalités esthétiques et politiques, car en ayant été intégrées à l'art – ou à tout autre criticisme ou action critique –, elles génèrent en soi un *mouvement esthétique* sur le plan poïétique

---

[163] Wittig, (1992)/2006: 42.
[164] Wittig, (1992)/2006: 38.

et au sein du contexte socio-historique[165] qu'elles représentent et dans lequel s'inscrit le style cognitif (co)poïétisateur d'une nouvelle action critique envers la pensée hétérosexuelle et binaire. Il s'agit d'une sorte de course de relais, où l'art et les théories féministes, *queer* et poststructuralistes, prennent le relais – pas toujours consciemment au sein de l'art – des actions critiques potentiellement esthétiques, revitalisant ainsi cette tension esthétique – préexistante à la poïésis artistique – entre des corporalités abjectes resignifiées comme des corporalités biocritiques et esthético-politiques et les mêmes corporalités abjectes exercées comme de simples reproductrices du sens abject légitimant le biopouvoir phallogocentrique et la pensée hétérosexuelle et binaire.

Potentialité esthétique de l'orgasme et de l'autoérotisme

La construction sociale de l'autoérotisme en tant que capacité poïético-corporelle dénigrée le phallocentrisme s'est traduite par une réprobation basée sur les trois paradigmes phallocentriques (paradigme anthropocentrique ou de la bestialité corporelle ; paradigme binaire-hétérosexuel ; paradigme abstractionniste); dans cette perspective, la masturbation et l'autoérotisme sont considérés comme des pratiques abjectes, des comportements sexuels illégitimes aussi bien pour les sujets correspondant au modèle binaire que pour les sujets exclus de ce paradigme hétérosexuel (les identités LGBTYTI : lesbienne, gay, bisexuel,

---

[165] Pour générer ce mouvement esthétique au sein du contexte socio-historique en tant que transformation sociale, le marxisme et le féminisme radical de Wittig soulignent qu'il faut passer du particulier à l'universel : « Dans *L'Idéologie allemande*, Marx et Engels ont développé cette idée, assurant que les groupes radicaux ont besoin d'affirmer leurs points de vue et leurs intérêts en les présentant comme généraux et universels, une position qui concerne aussi bien les points pratiques que philosophiques (politiques). » Wittig (1992)/2006: 73-74.

transsexuel, transgenre, travesti e intersexuel), pour lesquels ce genre de pratique est parfois considérée comme une cause ou une conséquence de leur exclusion. En effet, une certaine tradition victorienne occidentale a eu tendance à faire en sorte que les capacités et les besoins sexuels de l'individu soient systématiquement niés, inhibés ou passés sous silence chez les sujets sociaux classifiés dans le paramètre de la bestialité corporelle du phallocentrisme. Il en va de même de l'autoérotisme en tant que pratique sexuelle considérée comme abjecte au cours de certaines étapes de l'histoire occidentale, une pratique qui a été particulièrement inhibée, réprouvée et dénigrée dans les contextes européens de biopouvoir marqués par cette tradition victorienne.

C'est en raison de l'historicité abjecte de cette pratique qu'il semblerait probablement absurde, pour la plupart des sociétés contemporaines, d'imaginer une connexion empirique et théorique entre la masturbation d'un individu et l'espace public. En effet, au cours de l'histoire récente des sociétés héritières de l'esprit prémoderne et moderne, l'autoérotisme a été considéré comme une pratique sexuelle abjecte par l'hégémonie des différents paradigmes phallocentriques de la pensée occidentale. Or la politisation de l'autoérotisme conçue comme un processus micro-révolutionnaire poïétisé par le sujet social efface les frontières spatiales entre les catégories publique et privée d'un ordre social imposé sous forme de morale aux sujets socialisés, soulevant ainsi la problématique de l'action de formation – ou *bildung* – en tant que construction sociale du corps et plus spécifiquement de l'« *effet automatique et sans agent d'un ordre physique et social de part en part organisé selon le principe anthropocentrique* »[166] (ce qui explique la force de la domination qu'il exerce), au sein duquel la participation du sujet social en tant que sujet cognitif est une participation articulatrice de la corporalité du paradigme hégémonique du biopouvoir.

En tant que pratique sexuelle du sujet social, la masturbation a été dénigrée et réprouvée par le phallocentrisme occidental

---

[166] Bourdieu, 2000 : 38.

du biopouvoir prémoderne et moderne sédentarisateur et chosificateur. Néanmoins, en tant que pratique sexuelle du sujet corporel considéré comme un sujet cognitif, l'autoérotisme est, de par son caractère de praxis « abjecte » du sujet cognitif, une capacité et un besoin poïétique *potentiellement esthétique*, car elle soulève une contradiction esthétique vis-à-vis des paradigmes du biopouvoir qui la réprouvent en tant que pratique d'une corporalité bioénergético et cognitive subjective/subjectivante.

Dans cette perspective, la pratique sexuelle de l'autoérotisme ne devient une forme poïétique d'expérience d'esthétique pour le sujet social que dans la mesure où cette pratique – en tant que poïétique d'une critique – s'inscrit dans une spirale d'enchaînements critiques qui la critiquent et/ou la déconstruisent esthétiquement, que ce soit à partir de la praxis ou de l'esprit. Dans le cas par exemple du sujet social, celui-ci peut – indépendamment de sa participation à un processus de création artistique – déconstruire son expérience et la critiquer à partir d'une autre praxis critique/ autocritique (structurée ou non) correspondant à n'importe quel style cognitif, action individuelle ou collective. Mais il lui est de toute manière indispensable de reconnaître structurellement les éléments avec lesquels sa pratique sexuelle a établi des liens de contradiction esthétique.

Pour qu'un sujet social se ressente comme un sujet de corporalité esthétique, il est nécessaire que sa corporalité et ses pratiques sexuelles soient corporellement critiques et établissent des liens de contradiction esthétique vis-à-vis des usages et des significations que l'ordre social du biopouvoir lui assigne ou attribue. C'est cette historicité en forme de spirale composée de poïésis bioénergétiques subjectivantes enchaînées et d'autocritiques qui constitue la forme esthétique de l'émancipation constante d'un sujet de corporalité esthétique. Dans cette logique, au sein des sociétés héritières du biopouvoir phallocentrique occidental, le sujet social décorporalisé qui se masturbe poïétise effectivement une *praxis* déspiritualisée de son émancipation, mais il ne s'agit pas pour autant d'une émancipation esthétique. Afin de générer une esthéticité biocritique de ses biocritiques corporalisées, il doit faire l'autocritique de sa poïétique, déconstruire la contradiction que poïétisent ses pratiques sexuelles, ou au moins intégrer ses praxis à la déconstruction esthétique de la critique envers le sens abject que le biopouvoir attribue aux pratiques sexuelles poïétisées sous forme de critique.

L'émancipation du sujet social n'existe que dans la mesure où sa corporalité s'éloigne de – ou contredit – la corporalité identifiée au paradigme du biopouvoir phallocentrique. Cependant, ce caractère de contradiction vis-à-vis de la corporalité identifiée au paradigme du biopouvoir ne fait pas de l'autoérotisme – ni de n'importe quelle autre pratique sexuelle réprouvée par ce biopouvoir – une pratique émancipatrice de tout sujet social, mais seulement du sujet social hétéronome vis-à-vis du biopouvoir ; il s'agit d'une pratique émancipatrice critique et potentiellement esthétique, mais pas esthétique.

Avec l'autoérotisme ou la masturbation en solitaire, le sujet hétéronome vis-à-vis du biopouvoir ne s'émancipe pas une fois pour toutes de ce biopouvoir, car l'expérience de l'autoérotisme n'est une praxis émancipatrice que dans un contexte socio-historique qui la réprouve ; cela ne confère pas pour autant à cette pratique un caractère esthétique anhistorique ou indépendant du contexte socio-historique au sein duquel elle est poïétisée.

Par exemple, il peut très bien arriver que dans le contexte social de la modernité tardive, la capacité de la masturbation à générer une tension esthétique varie d'une culture à l'autre. On pourrait dire la même chose de l'orgasme, de l'avortement, de la natalité sans contraception, de la circoncision, de la chirurgie de changement de sexe, de la chirurgie esthétique en général, du coït anal, du fait d'uriner dans la rue, etc. Un exemple scientifique est celui des cultures observées par Margaret Mead, au sein desquelles la masturbation publique – en tant que manipulation des organes génitaux sans le sens érotique de l'autoérotisme – n'est pas nécessairement une pratique qui génère une tension esthétique par rapport à l'ordre social de ces cultures. En effet, dans son travail anthropologique, Margaret Mead a observé que chez les peuples autochtones des îles Samoa (étudiés en 1925) ainsi que chez eux des îles de l'Amirauté (étudiés entre 1928 et 1929), la manipulation des organes génitaux au sein de l'espace public était davantage liée à des rituels de construction de la masculinité ou de différenciation des genres qu'à l'érotisation du corps ou à la recherche d'orgasmes. La manipulation des organes sexuels au sein de ces cultures s'apparentait donc plutôt à un acte social ou d'identification culturelle à l'ordre social.

Dans cette optique, la nature ou le caractère de la masturbation en tant que forme poïétique d'une critique esthétique ou potentiellement esthétique varie dans la mesure où l'expérience du sujet – *dans* et *en dehors* du processus de production artistique – est une poïésis qui s'inscrit dans un contexte socio-historique dominé par le biopouvoir qui le dénigre ; dans les contextes phallocentriques, l'autoérotisme et la masturbation sont dénigrés en tant que corporalités abjectes liées au plaisir sexuel et classifiées dans le paramètre de la bestialité phallocentrique. En ce qui concerne les pratiques sexuelles, leur capacité à générer une tension esthétique lorsqu'elles sont pratiquées ou exercées par le sujet social dépend avant tout de l'acceptation construite socialement par le biopouvoir. Car pour qu'une pratique ou un comportement sexuel soit esthétique, il faut non seulement qu'il établisse des liens de contradiction esthétique vis-à-vis de l'usage ou de la signification que lui attribue le biopouvoir hégémonique, mais aussi qu'il constitue une « prise de décision » de la part du poïétisateur, or cela implique la spiritualisation et l'autocritique de la praxis, qu'il s'agisse d'une autocritique intérieure/extérieure ou structurelle/non structurelle, exercée par exemple dans le cadre d'un processus de poïésis critique ou générée par une autopoïésis d'autocritique.

Dans le cas de l'*art biocritique*, la praxis du sujet est un matériel qui permet au criticisme de faire son autocritique. Ainsi les œuvres de cet art génèrent-elles une historicité en forme de spirale émancipatrice pour l'art lui-même en tant qu'art biocritique ; une spirale au sein de laquelle le sujet social – représenté par les volontaires – peut intervenir poïétiquement afin de s'identifier de plus en plus à l'œuvre et de moins en moins à l'hétéronomie qui séquestre ses capacités cognitives. Il s'agit pour le sujet social du *plaisir*, comme le dit Adorno, qu'offre la possibilité de *disparaître dans l'œuvre d'art*, car « *celui qui disparaît dans l'œuvre d'art est ainsi dispensé de la misère d'une vie qui est toujours insuffisante. Ce plaisir est capable de se réalimenter jusqu'à l'ivresse ; le concept de jouissance n'est pas assez fort pour le décrire* »[167].

L'autoérotisme et l'orgasme sont des corporalités considérées comme abjectes par la pensée occidentale dans la mesure où elles sont associées aux appétits bestiaux attribués dans la philosophie grecque aux catégories *féminines* ou de la *féminité*, cette conception étant le fruit d'une autogenèse masculine fantaisiste, comme lorsque Aristote affirme dans son ouvrage *De l'âme* – il s'agit bien sûr de l'âme de l'homme – que « L'âme est la réalisation (entéléchie) première d'un corps naturel organisé ». Cela implique une hiérarchisation au sein de l'organisation biologisée de l'économie hétérosexuelle hégémonique en Occident, qui considère les catégories masculines comme supérieures aux catégories féminines, et qui évoque l'existence d'une sorte de prison biologique des corps, découlant d'une dualité philosophique conçue par une autogenèse fantaisiste masculine selon laquelle les catégories féminines sont incapables de contrôler leurs appétits « bestiaux », des appétits charnels définis par Aristote comme des indices de la matérialité de l'âme. « *L'âme – naturellement conçue ici comme l'âme d'un homme –court le risque de s'abaisser au rang de femme, puis de bête.* »

Butler et Irigaray montrent bien, à travers leurs lectures des ouvrages de Platon (*Timée*) et d'Aristote (*De l'Âme*) comment la pensée philosophique grecque promeut une forme de réalisation intellectuelle dont les catégories sont des outils d'analyse philosophique ayant le pouvoir performatif de légitimer cette hiérarchie hétérosexuelle excluante et de justifier une prétendue supériorité de l'homme sur la femme, écartant toute autre forme de corporalité et toute possibilité d'une éventuelle hétérogénéité des identités sexuelles. Cette vision enferme les membres d'une

---

[167] Adorno, (1970)/2004 : 26.

société dans une sorte de prison hétérosexuelle biologisée, au nom d'une normalité sociale hiérarchisée où le rôle de la femme est inférorisé, et dont sont exclues toutes les autres identités sexuelles qui ne peuvent s'identifier ou qui réussissent à s'affranchir du modèle hétérosexuel.

Il convient toutefois de souligner que cette notion de prison corporelle n'est pas une caractéristique générale applicable à l'ensemble des membres d'une société ordonnée hétérosexuellement par la pensée philosophique grecque : elle concerne avant tout les appétits charnels que Platon identifie particulièrement à la féminité (la matière des passions ingouvernables) et aux animaux (les « bêtes »), même s'il considère qu'il existe également un risque dans le corps de l'homme (dans la matière de la masculinité). Mais si ce risque menace toute matière, la notion de prison concerne exclusivement les femmes et les animaux, chez qui la passion est considérée comme ingouvernable. Par ailleurs, si l'homme possède – comme le dit Platon – la faculté de maîtriser et de gouverner ces « indices de la matérialité de l'âme » afin d'éviter de « s'abaisser au rang » de la femme ou de la bête, la performativité de ce discours de Platon se traduit par une hiérarchisation intellectuelle plus vaste, qui suggère : a) une supériorité de l'homme dans sa capacité intellectuelle de gouverner les appétits du corps ; et b) une infériorité intellectuelle non seulement de la femme et de la bête, mais aussi de toutes les autres formes d'identités corporelles inclues quelque part dans ce *paramètre de bestialité corporelle phallogocentrique* délimitée par la femme et par les animaux, c'est-à-dire toute l'hétérogénéité des corporalités qui ne sont pas identifiées à l'homme, comme c'est le cas de l'homosexualité et du lesbianisme historiquement considérés comme abjects par la médecine occidentale, ou de toutes les autres sexualités considérées comme « déviantes » non seulement par la médecine mais aussi par la psychologie.

De sorte que c'est ce paramètre de bestialité qui définit les corporalités abjectes en Occident, considérant l'autoérotisme et l'orgasme comme des expressions corporelles qui rapprochent tout corps humain de la bestialité. La différenciation ne porte pas que sur la capacité intelligible à gouverner et maîtriser les appétits charnels, exclusivement réservée aux hommes : un autre trait caractéristique de cette pensée occidentale anthropocentrique consiste à rejeter les appétits charnels en tant que source de connaissance et à considérer les corporalités liées aux plaisir sexuel comme abjectes, et par conséquent comme des poïétiques cognitives illégitimes ne pouvant produire que des connaissances illégitimes car « bestiales ».

La « bestialité » des appétits charnels et des expériences corporelles de plaisir sexuel est un concept qui traduit un profond un mépris envers la production de connaissance découlant de l'expérience de ce plaisir et envers l'intervention subjective d'identités sexuelles différentes, un mépris et une certaine appréhension face à une poïétique qui impliquerait une immense hétérogénéité sexuelle, ingouvernable par l'ordre hétérosexuel établi. Le désir d'orgasme correspond à l'un de ces appétits considérés comme bestiaux, qui peut être connu par tout un chacun à travers l'autogenèse poïético-corporelle de pratiques telles que l'autoérotisme.

La potentialité esthétique de l'autoérotisme en tant que forme poïétique d'une critique corporalisée envers le phallogocentrisme réside précisément dans le fait qu'elle nie le paramètre de la bestialité issu des catégories de la philosophie grecque classique, des catégories reproductrices dont le pouvoir performatif sert essentiellement à sédentariser épistémologiquement l'hégémonie philosophico-politique de l'hétérosexualité en Occident.

L'autoérotisme, en tant que poïétique centrale d'une œuvre d'art biocritique dans un contexte d'hégémonie phallogocentrique, nie les arguments phallogocentriques en faisant valoir que le « risque » attribué aux expériences cognitives du plaisir sexuel et à l'autoexploration ou autoconnaissance corporelle, est avant tout un « risque » qui menace l'ordre épistémologique hétérosexuel, un ordre qui assure sa sédentarisation épistémologique à l'aide de la performativité de corporalités ordonnées par une vision de l'être humain héritée de la philosophie grecque classique, identifiée à tout ce qui n'est pas considéré comme « bestial », c'est-à-dire aux « corps naturels organisés » par l'intelligibilité masculine, qui a défini en Occident un ordre « naturel » hétérosexuel et hiérarchisé au sein duquel l'homme est l'unique juge en raison de sa supériorité sur la femme.

L'autoérotisme est une expérience corporelle potentiellement esthétique pour l'art, dans la mesure où il corporalise la critique envers le phallogocentrisme en faisant valoir que les soi-disant « risques » de l'autoexploration menacent avant tout la sédentarisation épistémologique de l'économie hétérosexuelle excluante du phallogocentrisme occidental, et en faisant valoir que l'autoérotisme en tant que poïétique cognitive matérialisatrice de l'« autogenèse et de la fantaisie autoconstitutive » de la connaissance est une capacité corporelle et cognitive partagée par tous, par les hommes mais aussi par tous les autres membres d'une société qui s'expriment à travers les corporalités performatives d'un raisonnement d'autonomie intellectuelle. L'Œuvre multiorgasmique reconnaît l'autoérotisme comme une capacité cognitive appartenant à tous, niant ainsi l'exclusivité masculine de l'autogenèse cognitive de l'intelligibilité et de la gouvernabilité de « soi-même ». L'orgasme et la masturbation en tant que autoérotisme sont corporalités classifiables psychologiquement comme des *corporalités biocritiques proches (par le cote politique) mais différents (par le coté esthétique) des corporalités classifiés comme de la connaissance construite et autopoïétisée* (le plus haut niveau d'autonomie cognitive selon les paramètre des niveaux de raisonnement et d'apprentissage proposés par William Perry[168]), et de *corporalités postconventionnelles orientées vers des principes éthiques universels*, en dialectique avec *la poïétique performative d'identités sexuelles propres,* les plus hauts niveaux d'autonomie selon les paramètres de raisonnement moral et d'éthique communicationnelle de Kohlberg (1971) et Habermas (1985, 1989 et 1991) appliqués au comportement corporel.

En définissant l'autoérotisme comme une pratique sexuelle abjecte, la culture moderne occidentale de tradition victorienne

---

[168] Perry in Field Belenki, M., Clinchy B., Goldberger N., Tarule, J., 1986 : 15-16.

et bourgeoise a par là même occasion délégitimé le sujet social en tant que co-poïétisateur de connaissance en général, mais aussi et surtout de connaissance *à partir du* corps et *sur* le corps. Ainsi, le plaisir sexuel et l'autoérotisme en tant que méthodes de production de connaissance ont été relégués au rang de capacités cognitives abjectes, qu'il s'agisse de la capacité de *sentir* ou de *créer* du plaisir sexuel.

On peut faire un parallèle entre cette chosification du sujet qui reproduit une vision abjecte du plaisir sexuel et de l'autoérotisme, et la réflexion de Feyerabend sur la capacité à voir et à croire en Dieu :

"[Si] (…) l'on a été éduqué pour croire en un Dieu qui non seulement a créé l'univers, mais qui est également présent dans cet univers afin de nous protéger et d'assurer la continuité de l'existence, on ne verra plus une disposition d'objets matériels, mais une partie de la création divine, et notre sentiment de crainte se transformera en une perception objective des éléments divins qui se trouvent dans la nature »[169].

L'analogie que l'on pourrait faire serait la suivante :

"[Si] (…) l'on a été éduqué pour croire en notre corporalité en tant que capacité et besoin cognitif autopoïétique, qui nous permet de créer du plaisir sexuel et qui est présente dans l'univers rationnel et corporel afin de nous protéger de la sédentarisation épistémologique et d'assurer la discontinuité des hégémonies –anthropocentriques, binaires, hétérosexuelles et rationnelles – sur l'existence corporelle et de l'esprit humain, on ne verra plus notre corps comme une disposition de « caractéristiques physiques » correspondant à une normativité d'un unique univers (hétéro)sexuel préexistant à notre existence, et notre sentiment de crainte se transformera

---

[169] Feyerabend, 1984 : 202.

en une perception subjective des éléments poïético-corporels émancipateurs de l'existence individuelle indépendamment du contexte de biopouvoir socio-historique dans lequel ils s'inscrivent ; car ces éléments du corps et de l'esprit des individus sont liés à l'univers en dialectique négative avec un « faux cosmos » construit socialement et légitimé par le biopouvoir ».[170]

Avec cette analogie, le criticisme de l'*art biocritique* invite à concevoir la corporalité « abjecte » – dans ce cas l'autoérotisme – comme une condition découlant des paradigmes épistémologiques qui socialisent le sujet social et le poussent à adopter une certaine attitude cognitive, que Feyerabend qualifie d'« attitude paradigmatique » lorsqu'il explique dans le texte susmentionné que pour voir Dieu il faut avoir été socialisé afin d'acquérir la capacité et le besoin cognitif qui nous permet non seulement de le voir, mais aussi de vouloir le voir. On pourrait poursuivre l'analogie en affirmant que pour éprouver du plaisir sexuel, et pour se voir comme un poïétisateur et non comme un reproducteur de connaissance corporelle, il faut avoir été construit comme un sujet poïétisateur et co-poïétisateur et avoir acquis ce besoin d'exercer sa capacité cognitive à partir de sa propre corporalité, afin de pouvoir et vouloir co-poïétiser et autopoïétiser cette connaissance corporelle, et forger son propre *moi*.

Ainsi les formes épistémologiques qui socialisent le sujet se traduisent-elles en capacités et en besoins cognitifs de l'individu socialement construit comme un sujet social. Cela ne signifie pas pour autant que la construction sociale confère au sujet la capacité ou le besoin de connaître.

En matière de corporalité humaine, le criticisme de l'*art biocritique* estime que les capacités et les besoins cognitifs de la corporalité qui se manifestent à travers les pulsions sexuelles bioénergétiques sont des capacités et des besoins innés de l'être humain, susceptibles d'être plus ou moins développés en fonction

---

[170] Analogie du texte de Feyerabend, 1984 : 202.

de l'épistémologie qui domine l'enculturation de l'individu. C'est pourquoi cet art parle d'une séquestration épistémologique de l'expérience, car comme le dit Feyerabend : « *Pour voir les dieux, il faut des hommes convenablement préparés. Les galaxies ne disparaissent pas quand disparaissent les télescopes. Les dieux ne disparaissent pas quand les hommes perdent l'habileté d'entrer en contact avec eux* ».[171] Ce que l'on pourrait adapter de la manière suivante :

> « Pour se voir comme un créateur de connaissance corporelle, il faut des individus convenablement préparés. Le plaisir sexuel ne disparaît pas quand on dénigre l'autoérotisme. La capacité poïético-corporelle ne disparaît pas quand les individus perdent – ou n'exercent plus – l'habileté d'entrer en contact avec elle ; il s'agit alors d'une capacité cognitive socialement inhibée mais latente, qui a besoin d'être émancipée. »[172]

Dans cette perspective, les pulsions bioénergétiques de la sexualité humaine ne disparaissent pas quand les hégémonies épistémologiques ne socialisent pas les capacités cognitives dont les sujets ont besoin afin de reconnaître l'existence de ces pulsions et de les utiliser, même si elles sont conditionnées par les formes cognitives de corporalité humaine enculturées chez ces sujets sociaux afin de définir leur identité sexuelle et/ou de genre.

Toutefois, malgré cette construction sociale que dénonce Feyerabend, et en s'appuyant sur les théories de ce penseur, l'*art biocritique* observe que le biopouvoir est incapable d'exercer une domination totale sur les corps. Cette incapacité est inversement proportionnelle à la capacité subjective et humaine du sujet social de se rebeller face aux assignations sexuelles et corporelles de sa construction sociale. C'est pourquoi l'*art biocritique* crée également des liens de tension esthétique vis-à-vis du paradigme

---

[171] Feyerabend, 1984 : 200.
[172] Analogie du texte de Feyerabend, 1984 : 200.

de cette construction sociale en cristallisant les exceptions à l'aide de l'autopoïétique de l'individu et de l'affirmation subjective de son propre *moi* et de sa propre identité sexuelle.

Art et biocriticisme n'utilisant pas de témoignages corporels

On peut parler d'un criticisme et/ou un art critique envers le biopouvoir en'utilisant pas de témoignages. Dans ce cas, celui de l'art qui établit des liens de contradiction avec le symbolisme ou la normativité de l'économie hétérosexuelle sans avoir recours à des témoignages et vécus biographiques, corporaux, oraux, ou documentaires sur les corporalités et les identités sexuelles subjectives/subjectivantes des victimes de l'exclusion de ce pouvoir que l'art critique, on parle d'un art dont l'esthéticité peut également être déconstruite afin de déterminer qu'il s'agit bien d'un art esthétiquement critique dans la mesure où il possède les trois capacités esthétiques de l'art critique, ce qui signifie qu'il établit des liens de contradiction, de négation et de tension esthétique vis-à-vis de a) *ce biopouvoir qu'il* critique ; b) *ce avec quoi* il critique ; c) la position *à partir de laquelle* il critique ; d) *ce qui critique la même chose* que lui ; et d'autres liens du processus esthétique. Cependant on ne peut toutefois pas considérer qu'il s'agit là d'*art biocritique*.

Art et biocriticisme utilisant de témoignages corporels

L'*art biocritique* est un art qui coproduit un idéal-type à travers des témoignages induits par les artistes sur des éléments potentiellement esthétiques de la réalité, ou qui récupère directement les témoignages potentiellement esthétiques d'expressions spontanées dont les artistes ont reconnu la potentialité esthétique des vécus et témoignages des biographies (corporelles et sexuelles) antagoniques au biopouvoir hegemonique au sein d'une determinée réalité socio-historique.

Puis, lorsque l'art biocritique établit un lien avec un témoignages des corporalités et sexualités de potentialité esthétique en vue d'une critique, il doit établir ce lien en la critiquant et non se contenter d'utiliser le langage artistique dans le seul but de « diffuser », « retransmettre », « communiquer » ou « illustrer » les objets épistémologiques des autres discours ; car ce type de subordination de l'art à l'exercice critique des autres styles cognitifs enferme l'art dans une relation hiérarchisée. Dans ce cas spécifique, lorsque le langage artistique est utilisé pour *illustrer* des critiques de la science comme une simple extension de cette critique ou comme un « moyen de divulgation médiatique », alors le langage artistique est réduit au rôle de *média*, et l'œuvre à celui d'*illustration*, de *vulgarisation* ou de *traduction en image* de ce qui a été observé par l'autre discours, et par conséquent il ne s'agit pas d'une œuvre d'art biocritique ; car la critique fait partie intégrante de l'ontologie de l'art biocritique, qui le pousse à établir des liens de contradiction esthétique vis-à-vis d'autres critiques, d'autres langages critiques ou d'autres expériences et corporalités critiques.

Pour l'art biocritique, toute poïésis plastique découlant d'une analyse scientifique comme si elle faisait partie de cette méthodologie scientifique n'est pas de l'art critique. Cela signifie que l'art biocritique ne peut – pas plus que tout autre art critique – être une simple illustration de la science, tout simplement parce que la science ne partage pas les principes ontologiques de l'esthétique de l'art critique. En effet, il est dans la nature esthétique de l'art biocritique de ne pouvoir se contenter d'être la simple illustration d'une autre critique, car l'art biocritique est un criticisme qui tend à construire une historicité à travers la critique et la contradiction esthétique, et qui ne peut par conséquent se limiter à être l'extension ou l'illustration d'une autre critique.

Les corporalités que reconnaît concrètement l'*art biocritique* et auxquelles il peut appliquer sa méthode de déconstruction de l'esthétique de l'expérience sexuelle humaine sont les suivantes :

a) *Corporalité « acritique »* poïétisée par l'individu au comportement sexuel et corporel hétéronome vis-à-vis du biopouvoir.

b) *Corporalité potentiellement esthétique* poïétisée par l'individu réel qui établit des liens de contradiction avec le comportement sexuel et corporel hétéronome vis-à-vis du biopouvoir.

c) *Corporalité esthétiquement biocritique au sein de l'art* : à travers un témoignage induit ou spontané de la *Corporalité potentiellement esthétique* (poïétisée par des individus réels aux corporalités abjectes, exclues et inférioisées par le biopouvoir hégémonique du phallogocentrisme patriarcal) elle établit des liens de contradiction esthétique avec la *corporalité hétéronome vis-à-vis du biopouvoir* et/ou avec la *corporalité potentiellement esthétique*, en produisant un mouvement esthétique au sein de : a) *ce qu'elle* critique ; b) *ce avec quoi* elle critique ; c) la position *à partir de laquelle* elle critique ; d) *ce qui critique la même chose* qu'elle ; et d'autres liens du processus esthétique. On ne peut toutefois pas considérer qu'il s'agit là d'*art biocritique*. Dans certains cas, ces corporalités sont vouées à l'exclusion et à la non-existence, leurs actions critiques et potentiellement esthétiques donnent une visibilité à leur mode de vie considéré comme marginal, inadapté socialement, voire même nuisible à la société et à ses membres. Ces actions critiques potentiellement esthétiques sont poïétisées par des identités individuelles ou collectives « abjectes » associées aux notions de « Non-être » (Wittig, (1992)/2006) et de « non-existence » des corps qui « ne comptent pas » (Butler, (2002)/2010) au sein de l'économie sexuelle hétérosexuelle du pouvoir hégémonique et phallogocentrique. Or ces actions, loin de reproduire leur invisibilité ou leur marginalité, la nient, en imposant leur présence et en les intégrant à la réalité socio-historique à travers leur itérabilité bucolique, de manière parfois spontanée, parfois organisée. Néanmoins ces actions critiques ne se transformeront pas en actions esthétiquement critiques si elles ne parviennent pas à établir un lien entre leurs poïésis d'autocritique et leurs actions critiques. C'est ce qui arrive par exemple quand elles se limitent à poïétiser une tension esthétique vis-à-vis de la sédentarisation épistémologique qui les marginalise, mais sans analyser du point de vue du matérialisme historique le biopouvoir hégémonique qui les marginalise et les sédentarise épistémologiquement en tant qu'« extérieurs constitutifs » de l'ordre social légitime. Car seule cette reconnaissance matérialiste historique de la reproduction sociale de leur propre marginalité leur permettrait de reconnaître également la capacité de leurs actions à générer des liens de tension esthétique vis-à-vis des hégémonies et des idéologies dominantes que l'art critique. Or c'est à ce besoin esthétique de reconnaissance autocritique de l'historicité de l'épistémologie qui les marginalise, qui les exclut, les invisibilise et/ou délégitime leur existence, que l'art, la science et tout autre style cognitif ou criticisme, peuvent répondre en critiquant l'action spontanée des identités/corporalités « qui ne comptent pas » aux yeux du pouvoir hégémonique, générant ainsi un mouvement esthétique et contribuant à ce que la potentialité esthétique que génère spontanément leur existence au sein de la société se transforme en action esthétiquement critique établissant des liens de contradiction esthétique vis-à-vis d'autres criticismes.

Par ailleurs, pour l'art biocritique les corporalités potentiellement esthétiques ou esthétiquement critiques n'existent qu'en fonction de leur relation dialectique avec la corporalité hétéronome vis-à-vis du biopouvoir, car si l'on ne reconnaît pas cette *corporalité du biopouvoir* au sein de la corporalité de l'individu réel, il est impossible de créer une tension esthétique pour la critiquer. Dans cette perspective, on peut affirmer que l'application de la *Méthode de déconstruction esthétique du biocriticisme* à une expérience sexuelle ou corporelle de l'individu dépend de la reconnaissance de l'existence de la corporalité du biopouvoir. De fait, cette reconnaissance socio-historique de la corporalité et de la sexualité du biopouvoir constitue la première étape de la *Méthode de déconstruction esthétique du biocriticisme.*

Dans l'exercice critique de l'art biocritique, il existe deux genres d'idéal-type esthétiques : a) l'idéal-type inventé, souvent hyperbolique, s'inspirant des aspects potentiellement esthétiques de la réalité ; et b) l'idéal-type basé sur des témoignages d'éléments potentiellement esthétiques présents au sein de la réalité ; ce dernier est l'idéal-type de l'*art biocritique* qui critique à l'aide de témoignages corporels et biographiques dans le cadre des Œuvres multiorgasmiques. Ces deux idéaux-types ont une capacité critique, mais ce qui caractérise le second c'est l'intégration de témoignages au sein des poïésis critiques de l'art, parfois en tant que matériel esthétique du processus artistique, parfois en intégrant les poïétisateurs de ces témoignages, représentants des corporalités abjectes et des identités sexuelles exclues par le pouvoir phallique en tant que matériel et poïétisateurs potentiellement esthétiques justement parce qu'ils sont considérés par le système épistémologique phallogocentrique comme dépourvus des attributs phalliques valorisés par le patriarcat occidental.

Types de témoignages des actions biocritiques au sein de l'art biocritique

Témoignage induit par l'art

Pour l'*art biocritique*, le travail ethnographique au sein du processus créatif peut être induit par l'artiste, qu'il s'agisse de sa propre corporalité ou de celle d'autres individus réels. Il s'agit d'un travail critique de l'artiste qui va bien au-delà des méthodes de récupération d'information à travers les différents entretiens, les enquêtes et les observations, et qui implique également la récupération des témoignages physiques ou oraux à l'aide desquels cet *art biocritique* est poïétisé.

L'expérience corporelle critique potentiellement esthétique *induit* par l'art critique est une co-poïésis nihiliste de l'artiste et des volontaires qui se poïétise « jusqu'aux ultimes conséquences » de ce qui est « nécessaire ». Pour l'*art biocritique*, les témoignages ne sont pas nécessairement oraux (entrevues, histoires personnelles, enquêtes, etc.), mais ils sont nécessairement corporels. Cela a notamment été le cas avec les *Campagnes multiorgasmiques*, qui ont été menées dans l'intention de créer l'Œuvre multiorgasmique *collective*, afin de rassembler des témoignages corporels et oraux de l'affirmation subjective de sujets réels en tant que *sujets de désir* et *sujets historiques* ; des témoignages d'individus réels qui se sont solidarisés avec les revendications de l'œuvre visant à légitimer leur droit au plaisir sexuel et à l'autoérotisme.

C'est également le cas de l'œuvre intitulée « A mi hermana. De moribundas y esperanzadas » (« *A ma sœur. Moribondes et pleines d'espoir* »), dans laquelle l'artiste a utilisé le témoignage physique et oral de l'appropriation corporelle d'une femme moribonde confrontée à la douleur psychologique et physique de la maladie. Cette œuvre a été créée à l'aide d'un témoignage corporel (des cheveux) et d'un témoignage oral, offerts par cette personne sept jours avant sa mort. Un autre exemple est celui de l'œuvre intitulée « Hémorragie collective » qui utilise des témoignages oraux et physiques (fluides corporels) d'individus réels, ces fluides considérés par le biopouvoir comme « abjects ».

Tous ces exemples reflètent le lien de l'art critique avec les identités/corporalités qui parce qu'elles sont abjectes aux yeux du phallocentrisme, pourraient être considérées comme des identités/corporalités *queers*. C'est le cas de l'Œuvre multiorgasmique collective, mais aussi de tout *art biocritique* dont les processus incluent le matériel ou la poïésis même des témoignages induits par l'art : des témoignages (physiques et/ou oraux) d'affirmations subjectives corporalisées qui représentent des identités exclues par le biopouvoir hégémonique que cet art critique, revendiquant les poïésis de l'expérience d'un individu réel en tant que « moi poïétisateur » et non plus que « moi reproducteur » ; des témoignages d'affirmations subjectives dont la potentialité esthétique réside dans le fait qu'il s'agit d'expériences poïétisées – des témoignages offert à l'art – par des représentants réels d'identités du « Non-être », dont la non-existence sociale et/ou l'exclusion est critiquée par l'art en question.

Tous ces exemples soulignent l'indispensable présence de la corporalité au sein des poïésis de l'art critique envers le phallocentrisme, tout en mettant en évidence un autre principe fondamental pour l'expérience d'esthétique des poïésis des témoignages induits : le fait qu'ils soient corporalisés, que toutes les expériences critiques potentiellement esthétique de cet art soient nécessairement des expériences corporalisées par des individus réels. Même lorsqu'elles sont induits, leur poïésis implique toujours une poïétique corporelle, soit de l'artiste, soit de l'autre quel qu'il soit et/ou de tous ceux qui sont impliqués dans le processus créatif de l'œuvre en tant que co-poïétisateurs de ces corporalités potentiellement esthétiques.

Pour reprendre l'exemple de l'Œuvre multiorgasmique *collective*, la proposition de l'artiste dans cette œuvre a consisté à inciter les participants à créer un témoignage ayant en quelque sorte valeur de preuve corporelle de leur expérience (leurs fluides séminaux ou vaginaux recueillis sur un mouchoir en papier), tout en laissant à chacun le choix de créer ce témoignage à sa manière. Il en est résulté des témoignages créés à l'aide de différentes méthodes de masturbation, certains volontaires ayant même modifié le support en lui préférant une serviette jetable, du papier hygiénique, etc. Quoi qu'il en soit, toutes ces variantes reflètent un comportement sexuel et une corporalité de l'individu réel qui ne relèvent pas d'une expérience fictive, de sorte qu'en dépit de la réprobation que cette méthodologie peut inspirer à l'orthodoxie scientifique, pour le criticisme de l'*art biocritique*, le fait de poïétiser des fenêtres ethnographiques de l'esprit poïétique de l'individu réel est un moyen esthétique permettant aux criticismes scientifiques structuralistes d'exercer une autocritique et d'observer une réalité qui échappe d'ordinaire à son angle d'observation, la réalité d'une force performative d'affirmation subjective corporalisée et d'une sexualité humaine que les criticismes radicaux et poststructuralistes (Marcuse et Reich), féministes et adeptes de la théorie critique (Butler, Wittig, Irigaray, Young, etc.) considèrent comme une capacité poïétique de l'individu à s'émanciper corporellement.

D'une manière générale, les témoignages induits par l'art peuvent porter sur la propre corporalité de l'artiste ou sur celle d'autres individus réels, qui ne sont pas forcément des artistes mais qui sont impliqués dans le processus créatif en tant que co-poïétisateurs de l'art. Dans le cas des témoignages de corporalités abjectes induits par des artistes sur leur propre corps, on peut mentionner l'exemple de l'artiste mexicain Héctor Falcón, et particulièrement de son œuvre intitulée *Métabolisme altéré* (1999), une œuvre composée de témoignages visuels et narratifs du processus de transformation physique vécu par l'artiste qui a suivi un régime riche en protéines et en stéroïdes, accompagné d'exercices d'aérobic et de musculation dans un gymnase. Les témoignages de sa transformation corporelle sont composés de photographies et de notes quotidiennes décrivant ce processus, ainsi que de vidéos et d'une série de dessins des appareils de musculation réalisés par l'artiste lui-même d'une main tremblante juste après avoir soulevé des poids, sans oublier un carnet où il décrit ses exercices quotidiens et fait part de ses observations tout au long de ce processus qui a duré 49 jours.

Un autre exemple d'expérience critique induit par l'artiste est celui des œuvres de l'artiste Orlan : en février 2005, Orlan a présenté une performance dans laquelle elle subissait pour la neuvième fois une chirurgie esthétique dans un bloc opératoire installé – à la manière d'un théâtre ouvert – au Palais de Tokyo à Paris, dans le cadre d'un processus créatif qu'elle a elle-même qualifié esthétiquement de « métamorphose culturelle », expliquant que l'objectif de sa poïésis était de devenir elle-même une œuvre d'art, en utilisant son propre corps comme matière première de sa création.

L'artiste a ainsi fait « sculpter » son visage afin de ressembler à la Vénus de Botticelli ou à la Joconde, en expliquant ainsi sa démarche : « *J'ai utilisé la chirurgie esthétique pour en faire autre chose qu'une quête de rajeunissement et pour démontrer que la beauté n'a pas toujours une belle apparence... Notre corps n'appartient qu'à nous et personne d'autre n'a le droit de nous dicter quelle doit être notre apparence* »[173]. Or si l'on souhaitait déconstruire la pratique de la transformation corporelle à l'aide de la chirurgie esthétique – une pratique qu'Orlan qualifie, dans le contexte de l'art, de *métamorphose culturelle* – en tant qu'expérience esthétique critique envers le phallocentrisme, il faudrait alors faire la distinction entre le témoignage induit par l'artiste et le témoignage non induit et observé par l'artiste critique dans la vie quotidienne de l'individu réel. Théoriquement, la distinction réside dans le fait qu'une expérience d'esthétique critique induit et poïétisée dans le cadre d'un processus créatif d'*art biocritique* – qu'elle soit poïétisée par l'artiste ou par l'individu réel volontaire – établit des liens de contradiction non seulement avec la corporalité hétéronome vis-à-vis du biopouvoir, mais aussi avec la corporalité critique spontanée et non induit observée chez l'individu réel ; tandis que la corporalité critique non induit et observée dans la vie quotidienne du sujet n'établit de contradiction – non encore esthétique – qu'avec la corporalité hétéronome vis-à-vis du biopouvoir. Il convient néanmoins de souligner que pour l'*art biocritique*, la critique structurée fait partie intégrante de sa loi de mouvement, ce qui n'est pas nécessairement le cas de tout art portant sur le corps ou utilisant la corporalité comme matériel créatif. En effet, l'art biocritique considère que les expériences critiques poïétisées par de nombreux artistes ayant utilisé la poïétique corporelle afin de faire de l'art sont tout aussi inconscientes de la contradiction esthétique ou potentiellement esthétique qu'exerce leur poïétique vis-à-vis du paradigme culturel du biopouvoir, que ne le serait les expériences de n'importe quel

---

[173] Anonyme, 2005. « Une Artiste française cherche à être une œuvre d'art ». Article publié sur le site internet www.esmas.com, le 24 février 2005. Consulté le 9 décembre 2010 sur le site : http://www. esmas.com/noticierostelevisa/investigaciones/428186.html

individu réel qui utiliserait son corps en contradiction vis-à-vis de ce même biopouvoir sans véritable intention critique. En résumé, une corporalité esthétiquement critique *induit* peut s'apparenter à une corporalité esthétiquement critique *non induit* ; peu importe que cette dernière soit structurée à l'aide du langage scientifique ou non, du moment qu'elle établit un lien de contradiction esthétique et qu'elle produit une tension esthétique vis-à-vis de la critique qui la précède.

Témoignage critique induit par un criticisme non artistique

Les témoignages induits des corporalités abjectes peuvent être utilisés par un criticisme non artistique. Cette méthode de prendre ou demander donation volontaire des témoignages corporels et oraux des corporalités (abjectes) pourrait donc être utilisée par des anthropologues, des ethnographes, des sociologues, des psychologues ou des chercheurs de tout autre domaine de la connaissance s'intéressant aux formes critiques de la corporalité humaine. Néanmoins pour ces scientifiques, utiliser la méthode de déconstruction esthétique du criticisme de l'art critique reviendrait à mener leur travail de terrain « jusqu'à ses ultimes conséquences », c'est-à-dire à aller au-delà des méthodes utilisées, légitimées et validées scientifiquement par l'hégémonie épistémologique qui structure la connaissance générée dans le cadre de leurs recherches. La proposition du criticisme de l'art biocritique consiste par conséquent à esthétiser le travail de terrain de la science: il s'agit en résumé de critiquer la méthode scientifique à l'aide d'outils créatifs et poïétisés par le chercheur.

L'esthétisation du travail de terrain implique la création de témoignages corporels et narratifs à partir de l'utilisation d'outils créatifs permettant de recueillir des informations ethnographiques sur la corporalité de l'individu réel, ou du chercheur lui-même en tant qu'individu réel. De sorte que le scientifique qui souhaite déconstruire scientifiquement la potentialité esthétique des corporalités observées devra oublier les limites méthodologiques que lui impose l'hégémonie épistémologique de son domaine de connaissance, et reconnaître que l'expérience sexuelle et corporelle de l'individu réel induit – non pas à la dérobée mais sous la forme une invitation exprimant clairement l'intention esthétique de la poïésis – est bien réelle et qu'elle peut être reconnue dans son objectivité, tout comme pourrait l'être la corporalité, le comportement sexuel ou l'expérience de l'individu réel non induit et « spontanée ». Toutes deux peuvent faire l'objet d'une observation scientifique structurée et plus encore, toutes deux peuvent être critiquées esthétiquement – c'est précisément ce qui intéresse le criticisme de l'art critique – à travers la déconstruction esthétique, afin d'établir leur degré d'esthéticité des corporalités déconstruites. On peut donc affirmer que l'attitude du critique est une attitude esthétique vis-à-vis de sa propre discipline dès lors qu'il applique la méthode proposée par le criticisme de l'esthétique critique dans la mesure où, de même que l'artiste, il doit induire l'expérience esthétique, tout en reconnaissant l'expérience ou le comportement corporel et sexuel de l'individu réel. Ainsi son travail de terrain relève d'un travail poïétique, anthropologique, sociologique, et/ou ethnographique, qui implique les principes ontologiques de l'esthétique de l'art critique.

Témoignage spontané ou ethnographique

Un témoignage spontané ou ethnographique d'expérience esthétique spontanée est une expérience de l'individu réel dont l'observateur critique reconnaît qu'elle constitue un comportement sexuel établissant des liens de contradiction esthétique vis-à-vis du paradigme culturel du biopouvoir, sans que le poïétisateur de cette critique en soit lui-même conscient. Et un art qui fait appel à des expériences corporelles et des poïétisateurs potentiellement esthétiques dans la poïésis de son exercice critique, est un *art biocritique* dont les pratiques et les expériences corporelles potentiellement esthétiques sont des actions esthétiquement critiques co-poïétisées par l'art et par les représentants des corporalités et des identités sexuelles des volontaires ayant offert leurs témoignages à l'art. Dans ces circonstances, les expériences corporelles potentiellement esthétiques sont des expériences esthétiques à travers leur co-poïésis critique *avec* et *au sein de* l'art.

Lorsqu'un artiste critique souhaite déconstruire une expérience corporelle critique, par exemple – pour prendre un cas lié à celui du travail d'Orlan – l'opération chirurgicale du transsexuel en tant qu'individu qui subit une chirurgie afin de changer de genre, transgressant ainsi l'identification sociale enculturée par le paradigme hétérosexuel du phallocentrisme, dans ce cas, on peut effectivement supposer que cet individu réel est en train de pratiquer ou de vivre – en se soumettant à cette opération chirurgicale – une expérience de corporalité critique potentiellement esthétique et peut-être même de corporalité esthétiquement critique. Quelle serait alors, pour la méthode de déconstruction proposée par le criticisme de l'art critique, la différence entre les deux pratiques ? Les deux pratiques peuvent être considérées comme étant le fait de corporalités critiques dans la mesure où elles établissent des liens de contradiction esthétique avec la corporalité hétéronome vis-à-vis du biopouvoir.

Cependant le fait que la critique soit une expérience esthétique de l'art critique ne signifie pas pour autant que sa poïésis soit excluante de l'art ; bien au contraire, l'art critique reconnaît l'esthétique de l'expérience critique de toute corporalité, expérience ou comportement sexuel de quelque individu réel que ce soit. Et bien que dans le cas de l'Œuvre multiorgasmique il se soit agi d'expériences esthétiques induites, pour l'art critique, la poïétique de la corporalité esthétique peut aussi bien être le fruit d'une induction que de l'observation de la part de l'artiste critique. Autrement dit, l'artiste critique peut entamer un processus créatif aussi bien à partir de la reconnaissance ethnographique qu'à partir de l'induction de certaines expériences de corporalité critiques, comme cela a été le cas avec l'Œuvre multiorgasmique *collective*. Toutefois, le lien entre la création et la réalité n'est pas le même dans ces deux cas, car tandis que pour l'expérience de corporalité esthétique induite, l'art établit un lien de contradiction esthétique vis-à-vis du biopouvoir en proposant au sujet réel de poïétiser un *idéal-type*, dans le second cas de figure, où l'art reconnaît une expérience non induite de corporalité esthétique chez les sujets réels, l'art agit davantage comme un criticisme. Car il est dans la nature ontologique de l'art critique (des témoignages de corporalités abjectes ou exclues) d'établir un lien de contradiction, à travers la critique, vis-à-vis de la réalité du biopouvoir hégémonique et même vis-à-vis de ce qui critique ce biopouvoir.

Cet art qui intègre le témoignage direct des exclus dans ses poïésis exprime également une certaine vulnérabilité esthétique dans la mesure où son exercice critique d'intention esthétique *queer* parvient à peine à visibiliser l'existence de ces identités et/ou à déconstruire ces exclusions afin d'intégrer les représentants du « Non-être » ou leurs témoignages (physiques ou oraux) comme matériel et/ou co-poïétisateurs de l'œuvre d'art. Une véritable œuvre d'art critique n'est pas une simple récitation qui se contenterait de visibiliser les exclus, mais une déconstruction esthétique du processus épistémologique à l'origine des exclusions produites par la sédentarisation épistémologique du biopouvoir hégémonique critiqué.

Or on peut dire que ces processus créatifs de l'art où interviennent les exclus en tant que co-poïétisateurs sont des processus de déconstruction esthétique, dans la mesure où ces exclus participent directement au processus poïétique de l'œuvre, en représentant indirectement au sein de l'art le pouvoir épistémologique phallique, ce même pouvoir qui les dénigre dans la réalité socio-historique que l'art critique.

Au sein de l'*art biocritique*, le témoignage spontané ou ethnographique est aussi une expérience menée par l'artiste sur son propre corps ou sur le corps de tout autre individu réel afin d'obtenir des témoignages d'expériences potentiellement esthétiques qui lui serviront de matériel créatif pour mener à bien un processus critique *à partir* et *avec* les corporalités et identités sexuelles abjectes. Un autre cas est celui de l'art biocritique lié à des identités et corporalités *queer* où ce sont les artistes eux-mêmes qui représentent ces identités du « Non-être » et qui poïétisent une œuvre critiquant la construction sociale d'une telle exclusion. Dans ce cas, les artistes doivent faire preuve d'une objectivité extra-esthétique vis-à-vis de leur identité de « Non-être », conçue en tant que classe et que catégorie philosophico-politique des exclus, afin de pouvoir déconstruire grâce à cette objectivité l'expérience personnelle qu'ils ont poïétisée dans l'œuvre d'art. Il doit alors impérativement s'agir d'une œuvre d'art ennemie mortelle d'une autre œuvre d'art, les deux œuvres renvoyant à des expériences du même artiste, la première en tant que critique de la construction sociale de son « Non-être » à partir de l'expérience personnelle-testimoniale au sein d'une œuvre d'art, et la seconde en tant qu'autocritique de son expérience personnelle de négation esthétique de ce « Non-être » et de son expérience en tant qu'artiste ayant reconnu dans le témoignage un matériel potentiellement esthétique efficace au sein de la poïésis d'une œuvre d'art critique liée au criticisme *queer*.

Cela dit, il ne faut pas perdre de vue la distinction entre les actions critiques ou potentiellement esthétiques et les actions esthétiquement critiques : toute action subversive qui poïétise son « propre moi » en contradiction et en tension esthétique vis-à-vis du « moi socialement assigné » n'est pas nécessairement l'action esthétique d'un artiste ou de l'art, elle ne l'est que dans la mesure où elle génère un mouvement esthétique au sein des différentes dimensions poïétiques liées au processus de cette critique. L'esthétisme de la critique réside dans le fait que les poïétisateurs d'une action critique potentiellement esthétique peuvent, à travers cette action, devenir les co-poïétisateurs d'un moment esthétique du criticisme *queer*.

CHAPITRE 3
Méthode de déconstruction esthétique de l'*art* et l'*action biocritique*

———————

Pour déconstruire une critique en tant que poïétique et esthétique de l'art biocritique, il faut déconstruire les liens de tension esthétique que produit cette critique, ainsi que la contradiction esthétique en tant que forme poïétique de l'art critique. C'est-à-dire déconstruire la tension esthétique en tant qu'effet de la vitalité de l'art biocritique, et la contradiction esthétique en tant que forme poïétique d'émancipation à l'aide de laquelle l'art établit une relation avec tout ce à quoi il est lié. Car l'art fuit la vie éternelle et n'aspire pas à la pérennité de ses critiques et de sa liberté, c'est pourquoi il crée sans cesse de nouvelles œuvres « assassines », afin de se sauver encore et encore.

Mais si l'objectif de la déconstruction est une œuvre (poïésis d'une critique) de l'*art biocritique* en tant que facteur social lié à l'hégémonie épistémologique (au symbolisme normatif et à l'économie hétérosexuelle du biopouvoir hégémonique du phallogocentrisme patriarcal critiqué par les criticismes féministes *queer* et par l'art) et à ses effets enculturants, alors il faudra non seulement déconstruire esthétiquement le processus créatif de l'œuvre, mais aussi, sur le plan sociologique, l'historicité du matériel artistique, des formes poïétiques et des (co)poïétisateurs qui caractérisent l'art en question et qui participent à l'œuvre d'art déconstruite. Et après avoir analysé l'historicité de ces éléments des processus poïétiques de l'exercice critique de l'art, il faudra reconnaître le type de liens que ces éléments et leur historicité établissent avec tout ce qui est lié à l'art, et tout particulièrement, bien sûr, avec ce que l'art entend critiquer.

Cette recherche vise à présenter une méthode déconstructive esthético-épistémologique de l'exercice critique de l'art féministe et *queer* qui critique à l'aide de témoignages sur la corporalité abjecte, même si cette méthode peut être appliquée en vue de la déconstruction de tout autre criticisme impliquant des corporalités et/ou des identités sexuelles abjectes, exclues et infériorisées par un biopouvoir hégémonique tel que biopouvoir phallogocentrique du patriarcat en Occident. Cette *Méthode de déconstruction esthétique* permet au critique – artiste, philosophe, esthète, humaniste ou scientifique – de souligner les liens de contradiction et de tension esthétique entre la critique faite par l'art et celle des autres styles cognitifs, mais elle permet également de déconstruire les liens de l'art vis-à-vis de : a) *ce qu'il* critique ; b) *ce avec quoi* il critique ; c) la position *à partir de laquelle* il critique ; d) *ce qui critique la même chose* que lui (les autres criticismes) ; et ce qui sur un plan structurel contribue à la (re)production de la sédentarisation épistémologique que l'art critique. Cette méthode permet en outre de préciser la nature des trois capacités (et besoins) esthétiques de l'art biocritique : 1) capacité et besoin esthétique de l'art biocritique à établir des liens de contradiction vis-à-vis de a, b, c, d, et/ou e ; 2) capacité et besoin esthétique de l'art biocritique à reconnaître du point de vue du matérialisme historique l'historicité de a, b, c, d et/ou e; et 3) capacité et besoin esthétique de l'art biocritique à générer un *mouvement esthétique* au sein de a, b, c, d, et/ou e). Autant de capacités que l'on peut observer dans tout exercice et toute action esthétiquement critique non seulement de l'art mais aussi de tout criticisme que l'on considère comme esthétique en raison de sa capacité à générer un mouvement esthétique émancipateur et auto émancipateur vis-à-vis de d'une sédentarisation épistémologique et esthétique. Nous utiliserons ici cette méthode afin de déconstruite l'*art biocritique*.

Néanmoins, la méthode qui servira dans ce chapitre à déconstruire l'expérience corporelle esthétique qui se poïétise au sein du processus créatif de l'*art biocritique*, peut également servir à déconstruire la potentialité esthétique de toute expérience corporelle et sexuelle d'un individu réel.

La *Méthode de déconstruction esthétique* du biocriticisme permet de déterminer si la corporalité et la sexualité de l'individu – induit par l'art ou reconnue comme une partie de son comportement sexuel – est une expérience potentiellement esthétique, et par conséquent une corporalité critique envers le biopouvoir. D'une manière générale, la potentialité esthétique de la corporalité, de l'expérience ou du comportement sexuel de l'individu représente sociologiquement la *capacité critique* de cet individu vis-à-vis du biopouvoir, mais dans le cas précis de *l'art biocritique des corporalités abjectes*, il s'agit également d'une *capacité émancipatrice* vis-à-vis de ce biopouvoir. La première est une corporalité critique, la seconde une corporalité esthétique, et bien que toutes deux établissent des liens de contradiction vis-à-vis de la corporalité du biopouvoir, la différence entre les deux réside dans le fait que la corporalité esthétique (celle de l'art biocritique) s'inscrit dans la loi de mouvement de la spirale esthétique de l'art biocritique, c'est-à-dire qu'elle est suivie par d'autres et qu'elle cherche constamment à fuir la sédentarisation.

En résumé, l'application de la méthode de déconstruction esthétique proposée par l'esthétique biocritique part du principe que toute œuvre de cet art peut être déconstruite en tant qu'expérience corporelle potentiellement esthétique (d'autonomie corporelle poïético-performative). Dans le présent chapitre, nous allons successivement décrire les quatre étapes de cette Méthode de déconstruction esthétique, afin de déterminer la potentialité esthétique des témoignages corporels au sein de l'art.

Pourquoi déconstruire esthétiquement l'art biocritique en tant que action (corporelle/sexuelle) biocritique?

Parce que dans un contexte historique de domination du biopouvoir, la décorporalisation du sujet social s'appuie sur l'enculturation chez l'individu des paradigmes culturels véhiculés par l'hégémonie épistémologique de ce biopouvoir. Dans cette perspective, pour l'art qui critique le biopouvoir phallogocentrique patriarcal en tant que paradigme culturel responsable de la décorporalisation et de la différenciation hétérosexuelle du sujet social, l'historicité des corporalités abjectes constitue, bien plus que le matériel créatif servant à réaliser la critique, l'essence même de la critique envers le biopouvoir, poussée jusqu'à ses ultimes conséquences.

Pour cet art, la corporalité « abjecte » du plaisir sexuel au sein des Œuvres multiorgasmiques (l'autoérotisme et l'orgasme) renvoie à la capacité poïétique du sujet qui remet en cause son enculturation (par le paradigme naturaliste de la médecine occidentale et constructionniste des sciences sociales modernes) à travers des expériences d'autopoïésis de resignification de ces corporalités abjectes. En effet, il s'agit d'un enchaînement entre le langage originel du corps – le langage biologique du plaisir orgasmique faisant partie du *ça*, le langage culturel inculqué au sujet social et la performativité de la volonté théâtralisée, itérable et répétée qui permet aux sujets de matérialiser et produire sexuellement ce qu'ils désirent resignifier à l'aide d'un langage « abject » correspondant à leurs identités sexuelles performatives et leurs corporalités exclues par le biopouvoir hégémonique phallogocentrique du patriarcat occidental et le symbolisme normatif et l'économie sexuelle de ce biopouvoir hétérosexuel excluant.

Dans cette perspective, la potentialité esthétique d'une corporalité abjecte est étroitement liée à l'historicité de la pseudo subjectivité articulatrice du paradigme culturel hégémonique, qu'Adorno qualifie de *fausse conscience*, et qui détermine les usages et les formes cognitives que le sujet reproduit sous la forme de pratiques et de comportements sexuels qui l'identifient au paradigme culturel dominant. Car le *moi* du sujet social peut être plus ou moins décorporalisé. Selon cette vision, la corporalité renvoie au *moi*, instance psychique médiatrice entre les exigences normatives du *surmoi* (normes, règles et interdictions parentales intégrées et dimension intime du processus d'enculturation cognitive) et les intérêts et désirs subconscients du *ça*.

Dans la perspective psychologique e Wilhelm Reich, c'est au sein du *moi* que s'enchaînent les pulsions primaires (biologiques) et secondaires (culturelles) du sujet sous la forme d'usages cognitifs du sujet social corporellement hétéronome, à partir de la sexualité et de la corporalité de ses expériences. Or un *moi* soumis au *ça* ou au *surmoi* est un *moi* psychologiquement hétéronome, et par conséquent non esthétique. Ainsi, pour l'esthétique de l'art biocritique féministe et *queer*, une corporalité ou une sexualité dominée psychologiquement par le *surmoi* ou par le *ça* est une corporalité non esthétique. Car pour être esthétique, l'expérience sexuelle doit fonctionner comme un *moi* corporel et critique, capable de poïétiser corporellement ses critiques, et donc de s'opposer au *ça* et au *surmoi*. L'*art biocritique* reconnaît l'expérience ou le comportement sexuel et corporel du sujet comme une expérience cognitive qui exprime une historicité, un raisonnement moral et communicationnel à partir duquel le sujet social – en tant que sujet cognitif – peut établir un lien de contradiction vis-à-vis du paradigme du biopouvoir en attribuant de nouveaux sens esthétiques et critiques à ses pratiques corporelles « abjectes ».

Pour reprendre la terminologie de Reich, il s'agit de critiquer non seulement le réductionnisme hétérosexuel phallogocentrique du paradigme naturaliste de la médecine occidentale, mais aussi le constructionnisme des sciences sociales modernes, car dans la perspective de l'*art biocritique* et les biocriticismes des théories féministes *queer* (de Monique Wittig et particulièrement de Judith Butler), la production sociale du *sujet de désir* repose sur un mélange non seulement de pulsions biologiques (pulsions primaires) et culturelles (pulsions secondaires), pour reprendre les termes de Reich, mais aussi de pulsions poïétiques liées à la capacité biologique, psychologique et culturelle à ressentir du plaisir sexuel au sein de ce processus de reproduction sociale ; des pulsions poïétiques qui peuvent correspondre à une *fausse conscience* hétéronome vis-à-vis du biopouvoir hégémonique, lorsque les sujets agissent comme des reproducteurs épistémologiques de ce biopouvoir, mais qui peuvent également devenir des pulsions poïétiques performatives esthétiquement critiques, lorsqu'elles génèrent un mouvement esthétique qui transforme leur moi socialement assigné en resignifiant le symbolisme normatif d'un biopouvoir soucieux d'éviter que ce moi ne devienne « producteur » de sa propre identité sexuelle et cesse d'être un simple « reproducteur » d'une pensée hétérosexuelle et d'une épistémologie phallogocentrique patriarcale qui cherche à l'exclure et à l'inférioriser.

La corporalité abjecte est ainsi considérée par l'*art biocritique* comme une fenêtre d'observation ethnographique permettant de reconnaître la capacité poïétique du sujet social comme une capacité émancipatrice de ce sujet – en tant que sujet cognitif – vis-à-vis du processus de reproduction sociale qui en avait fait l'articulateur du paradigme culturel du biopouvoir.

Pour l'esthétique biocritique, la tendance à classifier les pratiques et les comportements sexuels selon des typologies hétérosexuelles est réductrice et empêche de reconnaître une identité performative et plurielle de la sexualité et/ou de la corporalité du sujet social, qui par définition est toujours *en construction*. En effet, la corporalité et la sexualité d'un sujet social doit être abordée et étudiée comme un processus de production de connaissance inachevé et en mouvement ; c'est pourquoi l'*art biocritique* critique les méthodologies qui tendent à interpréter la corporalité et la sexualité humaine comme le fruit d'une production sociale achevée, car de telles méthodologies se traduisent bien souvent par des attitudes qui invisibilisent les capacités et les besoins poïético-cognitifs susceptibles de représenter la corporalité aux yeux du sujet lui-même. Cette interprétation de la corporalité en tant que capacité et besoin poïético-cognitif des sujets est celle qui permet le mieux de reconnaître le corps et son langage comme étant les principales cibles du contrôle social dans un contexte socio-historique marqué par l'hégémonie des styles épistémologiques du biopouvoir.

Dans cette perspective, le contrôle social d'un biopouvoir hégémonique peut être interprété comme le contrôle des capacités et des besoins poïético-cognitifs d'un sujet social enculturé par le paradigme culturel de ce biopouvoir. Par conséquent, afin d'éviter l'invisibilisation/exclusion de la potentialité esthétique des expressions performatives de cette capacité cognitive du sujet social au sein de la poïésis d'une critique envers ce contrôle social, la méthode de l'art biocritique propose de déconstruire de manière spécifique l'esthéticité des liens entre les corporalités abjectes impliquées dans la poïésis des témoignages artistiques et le biopouvoir hégémonique que cet art critique.

Méthode de déconstruction esthétique de l'art biocritique

Voici les différentes étapes de la Méthode de déconstruction esthétique de l'*art biocritique* :

Première étape. Description (structurée, semi-structurée et non structurée) des vécus et actions (corporels et sexuels) utilisées par l'art

Afin d'identifier une expérience corporelle ou une pratique sexuelle potentiellement esthétique, il faut d'abord déconstruire le lien qui existe entre *ce avec quoi* l'art critique (les corporalités abjectes) et *ce que* l'art critique (le biopouvoir phallogocentrique patriarcal). Le critique doit ensuite déterminer si l'expérience corporelle, la pratique sexuelle ou l'usage du corps potentiellement esthétique est poïétisée dans le cadre d'un processus de création artistique ou s'il s'agit d'une expérience observée par le critique et faisant partie de la vie quotidienne d'un individu réel, c'est-à-dire s'il s'agit a) d'une poïésis corporelle critique induite par l'artiste critique ; ou b) d'une poïésis corporelle critique non induite et reconnue comme faisant partie de la vie quotidienne du sujet.

Deuxième étape. Déconstruction (psychologique, sociologique et/ ou philosophico-épistémologique) de la potentialité esthétique des vécus et actions (corporels et sexuels) utilisées par l'art

Cette étape de la déconstruction correspond à l'interprétation du contexte socio-historique au sein duquel est poïétisée l'expérience dont on suppose qu'elle relève de l'esthétique biocritique. Pour interpréter ce contexte socio-historique, l'esthétique biocritique propose d'utiliser une constellation théorique ayant recours à tous les langages structurés dont le critique estime qu'ils peuvent lui être utiles pour décrire le contexte social au sein duquel est réalisée la poïésis, et qui se trouve être un contexte socio-historique marqué par le paradigme culturel d'un biopouvoir. Dans le cas spécifique de la présente recherche, l'esthétique biocritique *de corporalités abjectes* a développé deux constellations théoriques afin de décrire structurellement l'expérience corporelle des individus réels ayant participé à l'Œuvre multiorgasmique dans le cadre d'un contexte socio-historique caractérisé par l'hégémonie épistémologico-culturelle du biopouvoir : l'une qui fait appel à la sociologie et à l'histoire, et l'autre à la psychologie.

Troisième étape. Déconstruction épistémologique du mouvement esthétique revitalisé par les corporalités (abjectes) dans l'art

Il s'agit de la déconstruction poïétique des liens de contradiction/négation et de tension esthétique entre l'art et les paradigmes épistémologiques des discours, styles cognitifs ou criticismes qui critiquent la même chose que lui.

La déconstruction philosophico-épistémologique de la potentialité esthétique des corporalités abjectes en tant qu'« extérieurs constitutifs » de l'épistémologie phallogocentrique de la production de connaissance occidentale, implique la reconnaissance de la racine philosophico-politique de cette vision abjecte des corporalités, au sein d'une économie organisationnelle et biologisante dénigrant les capacités et les besoins des membres d'une société. Il s'agit ici de déconstruire la production historique de *la vision abjecte* de certaines corporalités afin de souligner la potentialité esthétique que leur confère leur condition d'« extérieurs constitutifs » au sein de cette économie d'exclusion corporelle héritée de la philosophie phallogocentrique de la Grèce antique.

La potentialité esthétique des corporalités « abjectes », répudiées, illégitimes ou interdites réside précisément dans le « pouvoir créateur de ce qui est interdit », dès lors que cette abjection est reconnue non seulement comme une matière mais aussi comme une praxis capable de transformer socialement (par la négation esthétique) les dimensions épistémologiques qui la reproduisent comme une catégorie philosophique matérialisatrice des limites épistémologiques d'une corporalité considérée comme « légitime » par la pensée hégémonique occidentale.

Les liens de tension épistémologique qu'établit l'art lorsqu'il corporalise ses critiques à l'aide témoignages sur la vision abjecte de la corporalité, sont des liens   entre le sens philosophique de la corporalité sédentarisée de l'économie épistémologique phallogocentrique et le sens de mouvement esthétique (nihiliste) attribué par l'art à ces corporalités « abjectes », en leur qualité de poïésis « bousculant » la normativité phallogocentrique sédentarisée et sédentarisatrice, qu'elles théâtralisent pour s'y identifier et qu'elles bousculent pour s'en affranchir et se désaliéner.

La déconstruction historico-philosophique de l'*historicité* des corporalités abjectes en tant que « potentialité esthétique » de ces corporalités implique les étapes méthodologiques suivantes : premièrement, il faut déconstruire l'historicité des paradigmes philosophiques qui reproduisent la sédentarisation épistémologique de la vision abjecte des corporalités impliquées dans les poïésis de l'*art biocritique* ; deuxièmement, il faut reconnaître les liens de tension esthétique entre cet art et d'autres criticismes (arts, styles cognitifs, domaines d'action et de connaissance) critiquant le paradigme épistémologique du biopouvoir qui reproduit cette vision abjecte de certaines corporalités en tant qu'« extérieurs constitutifs » d'une économie sexuelle excluante épistémologiquement sédentarisée.

Pour mener à bien la déconstruction de la potentialité esthétique des corporalités abjectes au sein de l'art, il convient d'analyser concrètement la fonction épistémologique de ces corporalités liées au plaisir sexuel – et particulièrement à l'autoérotisme et à l'orgasme (représentants du plaisir sexuel) –

au sein de l'économie phallogocentrique occidentale, en tant que fonction épistémologique attribuée aux corporalités qui remettent en cause la sédentarisation de cette économie hégémonique au sein de la production de connaissance en Occident. Cela nous permettra d'observer la tension épistémologique que l'*art biocritique* établit non seulement vis-à-vis du paradigme philosophico-politique du phallogocentrisme occidental, mais aussi vis-à-vis d'autres criticismes qui critiquent également ce paradigme et d'autres styles cognitifs ou domaines de connaissance qui le reproduisent, car l'art établit également des liens intrinsèques de tension esthétique vis-à-vis de la fonction reproductrice de ces derniers. La question à laquelle cherche à répondre ce type de déconstruction de la tension épistémologique en tant que tension esthétique est la suivante : quels types de liens épistémologiques l'*art biocritique* établit-il avec les autres criticismes (styles cognitifs, arts, domaines de connaissance, etc.) ? Nous verrons qu'il s'agit de liens de tension *esthétique*, *potentiellement esthétique* et *esthétiquement critique*.

Éléments psychologiques pour la déconstruction de la potentialité esthétique des corporalités abjectes

Au sein de l'*art biocritique*, le degré d'autonomie poïétique peut être évalué à l'aune des expériences, des pratiques et des comportements sexuels du sujet. On reconnaîtra une corporalité potentiellement esthétique à travers les usages du corps auxquels l'individu participe pleinement avec une autonomie poïétique, enchaînant ses expériences en contradiction esthétique vis-à-vis du biopouvoir. Cette attitude méthodologique permet ainsi d'éviter de réduire le sujet à l'expérience et l'expérience au sujet.

Les descriptions en question mettent en évidence que ce qui détermine la nature de l'expérience – ou du comportement sexuel et corporel – c'est le lien que le sujet établit vis-à-vis du paradigme culturel du biopouvoir (ou de ses représentants sociaux) à travers son corps, et partant, le lien que ce sujet établit vis-à-vis de son propre corps. Car l'esthétique biocritique *de corporalités abjectes* reconnaît que le corps du sujet devient une autreté pour le sujet lui-même dès lors que celui-ci ne reconnaît pas sa propre corporalité comme une capacité et un besoin poïético-cognitif, ce qui le pousse à considérer son corps comme étranger à lui-même et à exercer – à un degré plus ou moins avancé – une corporalité hétéronome qui fonctionne – dans une plus ou moins grande mesure – comme un élément articulateur du paradigme culturel du biopouvoir et de l'hégémonie des styles cognitifs qui véhiculent ce paradigme.

De la même manière, l'esthétique biocritique considère que dans la mesure où le sujet reconnaît et exerce sa corporalité en tant que capacité et besoin poïético-cognitif, il peut s'approprier cette corporalité, ce qui signifie qu'il se reconnaît comme un agent poïétique du processus de production sociale de sa propre sexualité performative ainsi que des principes et des valeurs morales en fonction desquels sont évalués les usages du corps, aussi bien dans la sphère publique que privée. Un sujet s'étant ainsi approprié performativement son corps est en mesure d'exercer une corporalité composée d'expériences et de comportements exprimant des moments d'autonomie ou d'émancipation vis-à-vis du biopouvoir.

La critique de l'*art biocritique* considère que l'autonomie poïético-cognitive exprimée à travers la corporalité du sujet est une manifestation de l'expérience corporelle et sexuelle performative, et que cette expérience corporelle performative ne peut être esthétique que lorsqu'elle est poïétisée dans un contexte socio-historique dominé par l'hégémonie épistémologique du paradigme culturel du biopouvoir. Ainsi, cette critique part elle du principe que les expériences corporelles et les comportements sexuels potentiellement esthétiques sont des expériences à travers lesquelles s'exprime corporellement la performativité de la réflexivité critique du sujet et sa biologie du plaisir, enchaînées dans un lien de contradiction esthétique avec la *fausse conscience* ou pseudo subjectivité du biopouvoir. De sorte que la méthode ainsi proposée cherche à déconstruire la potentialité esthétique de l'expérience en tant qu'expression de la contradiction entre la corporalité performative des témoignages sur des corporalités abjectes et la subjectivité découlant de la *fausse conscience* enculturée par le biopouvoir.

Élements sociologiques pour la déconstruction de la potentialité esthétique des corporalités abjectes

En ce qui concerne la déconstruction de l'Œuvre multiorgasmique collective, la reconnaissance sociologique de ce que construit socialement le biopouvoir phallogocentrique et de l'expérience non esthétique du sujet permettra d'affirmer *objectivement* que l'expérience que poïétise l'*art biocritique des corporalités abjectes* est esthétique, et pas seulement d'observer subjectivement l'intention esthétique de la poïésis de l'artiste, qu'il affirme intuitivement sans avoir besoin de démonstrations sociologiques ni scientifiques.

Dans le cas concret de l'*art biocritique des corporalités abjectes* de l'Œuvre multiorgasmique, il est donc indispensable d'affirmer objectivement – à l'aide du langage structuré de la sociologie – que dans le contexte socio-historique au sein duquel est poïétisée cette Œuvre multiorgasmique, il existe des conditions culturelles qui rendent difficile ou tendent à inhiber l'appropriation corporelle du sujet en construisant socialement une expérience corporelle de *reproduction* d'un paradigme dominant, et non de transgression, de négation ou de critique vis-à-vis de sa propre construction sociale, de celle de son moi, de son identité, de son corps, de son expérience cognitive corporelle et sexuelle, etc.

Affirmer objectivement à partir de la sociologie ce que l'*art biocritique des corporalités abjectes* affirme de manière intuitive, perlocutoire et indirecte à travers son processus poïétique, n'implique pas que l'on fasse une description complète des caractéristiques du biopouvoir des sociétés au sein desquelles s'est développée l'Œuvre multiorgasmique, mais il s'avère néanmoins indispensable d'identifier objectivement certaines catégories sociologiques permettant de reconnaître que l'esthétique de l'*art biocritique* (qui consiste à poïétiser ses œuvres à l'aide de témoignages corporels et oraux de corporalités abjectes) est une esthétique critique, dans la mesure où elle établit un lien de contradiction esthétique vis-à-vis des capacités poïétiques inhibées ou dominées d'un sujet hétéronome chosifié, déshumanisé et décorporalisé, qui a le plus grand mal à se reconnaître et à se poïétiser comme un *sujet avec des droits sexuels*.

En résumé, un art biocritique est un art sociologiquement déconstructible. Par conséquent l'art biocritique, en critiquant un contexte socio-historique déterminé et en se situant en contradiction esthétique vis-à-vis d'un ou plusieurs aspects de ce contexte, établit par là-même une relation avec le mouvement historique de ce contexte, faisant de l'art une philosophie de l'histoire. Dans cette perspective, pour pouvoir reconnaître que l'art biocritique est un art biocritique parce qu'il établit un lien de contradiction esthétique vis-à-vis de certaines caractéristiques du biopouvoir au sein de sociétés telles que la mexicaine ou la française, il a d'abord fallu reconnaître sociologiquement – même si cela aurait aussi bien pu se faire d'un point de vue anthropologique, ethnologique, psychologique ou de toute autre science sociale – que l'*expérience non esthétique* que l'*art biocritique* reconnaissait intuitivement comme une caractéristique du biopouvoir chez le sujet appartenant à ces sociétés, correspond effectivement à une condition socio-historique que l'on peut observer sociologiquement à travers la construction sociale du biopouvoir phallogocentrique, et qui peut être présentée et identifiée objectivement à l'aide de catégories similaires – malgré d'évidentes divergences – au sein de sociétés aussi apparemment différentes que la mexicaine et la française. En effet, il s'agit de catégories du biopouvoir objectivement reconnaissables dans n'importe quelle société, qui renvoient à des conditions socio-historiques du sujet social davantage liées à un moment historique qu'à une société particulière.

Il est vrai que la société mexicaine ne présente pas les mêmes conditions socio-historiques de biopouvoir phallogocentrique que la société française, et c'est pour cette raison que l'on utilise les caractéristiques sociologiques définissant un moment historique comme des catégories sociologico-descriptives générales, qui permettent de reconnaître non pas que les sociétés mexicaine et française présentent les mêmes caractéristiques de biopouvoir, mais plutôt qu'elles présentent chacune à leur manière certaines caractéristiques du phallogocentrisme qui, bien que différentes, ont en commun d'inhiber ou d'empêcher l'appropriation corporelle du sujet social exprimée à travers la pratique de l'autoérotisme et du plaisir sexuel, construisant un type de sujet hétéronome *reproducteur* de l'expérience corporelle et des identités sexuelles « légitimes », et non un sujet *co-poïétisateur* de cette expérience et d'une identité sexuelle propre, ce qui met en évidence le lien indissociable qui existe entre le contexte historique et la construction sociale du sujet.

Or toute déconstruction structurée de l'*art biocritique* faite avec langages structurées tels que celui de la sociologie permet d'observer structurellement la potentialité esthétique des corporalités abjectes utilisées et des actions de l'art déconstruit en tant qu'actions esthétiquement critiques. Cette déconstruction sociologique est nécessaire car le fait d'affirmer intuitivement – ou subjectivement – qu'un art est un art critique parce qu'il établit à travers sa poïésis un lien de contradiction esthétique vis-à-vis de la réalité sociale qu'il critique, n'est pas un argument légitime pour des langages structurés tels que l'esthétique critique ; il est donc indispensable de démontrer objectivement – à l'aide de l'un des langages structurés des sciences sociales – que l'expérience corporelle du sujet social que l'art considère comme non esthétique existe bel et bien.

Paramètres psychologico-cognitifs pour la déconsrruction psychologique et sociologique de la potentialité esthétique des corporalités abjectes

Déconstruire psychologiquement la contradiction/négation et la tension esthétique du lien entre ce que critique l'art et les corporalités abjectes qu'il utilise pour sa critique, revient à déconstruire les témoignages sur ces corporalités abjectes en tant qu'« expériences corporelles d'autonomie » des volontaires vis-à-vis du symbolisme normatif qui cherche à les exclure et à les inférioriser épistémologiquement.

La déconstruction psychologique de l'expérience corporelle abjecte en tant qu'expérience corporelle d'autonomie performative et potentiellement esthétique au sein de l'art, est une interprétation de la corporalité liée à un courant de recherches sur le développement cognitif de l'individu, le raisonnement moral et les niveaux éthiques du discours moral dans l'histoire de l'humanité, dont les précurseurs ont été les psychologues Lawrence Kohlberg (1927-1987) et Jean Piaget. Kohlberg a également été abondamment cité dans l'œuvre de Jürgen Habermas et Karl Otto Apel, en rapport aux niveaux d'éthique de la communication ou « éthique du discours ».

Habermas a développé, en collaboration avec Apel, une intéressante réflexion sur l'« éthique de la communication » et l'« éthique du discours », en s'inspirant de la théorie psychologique évolutive de Kohlberg sur le développement de la conscience morale.[174] Dans son analyse historique de l'évolution humaine, Habermas (1985, 1989 et 1991) souligne les grandes étapes du développement de l'humanité, établissant un parallélisme avec les étapes du *paramètre psychologique*[175] proposé par Kohlberg

---

[174] Entretien à Karl Otto Apel faite par Ricardo Maliandi consulté sur Internet le 30 decembre 2009 : http://www.aabioetica.org/entrev/entrev3.htm

[175] Bien que ni Habermas ni Apel (1985) n'aient utilisé le terme de *paramètre* pour désigner les niveaux de conscience morale de l'individu (Kohlberg, 1971) ou les niveaux de communication de l'humanité (Habermas, 1985, 1991, 2003), nous avons décidé de le

(1971) concernant le développement moral de l'individu. Dans la perspective de l'éthique de la communication discursive analysée aussi bien par Apel (1985 et 2009) que par Habermas (1985, 1989 et 1991), ce dernier compare les aspects psychologiques et discursifs des niveaux de communication au sein d'une société aux niveaux de raisonnement moral individuel de chacun de ses membres, analysé par Kohlberg.

Bien que l'analyse d'Habermas soit exclusivement centrée sur l'Europe, il est intéressant d'utiliser ce paramètre psychologico-discursif car il s'agit d'un effort visant à relier les discours personnels ou individuels à la production des formes hégémoniques de communication au sein d'une société. En s'inspirant de ce parallélisme entre les niveaux de raisonnement moral de l'individu et les « capacités » communicationnelles hégémonique sur le plan collectif, cette recherche entend interpréter les corporalités de l'individu tout d'abord comme étant le fruit d'un raisonnement moral corporalisé, puis comme un facteur politico-social et l'expression d'une culture cognitive hégémonique au sein d'une société, afin d'observer et de rendre observable scientifiquement le niveau de communication entre la dimension corporelle subjective et même biologique (la pulsion bioénergétique de Reich) et la dimension politico-environnementale. Car l'observation des corporalités d'une société ouvre une fenêtre sur l'interprétation du *macro* à partir du *micro*, de la pensée épistémologique hégémonique au sein d'une société à partir du raisonnement moral corporalisé de l'individu. En effet, si l'on analyse sur un plan structurel, et dans la perspective poststructuraliste de construction sociale du corps, les discours sur le corps contribuant à la production sociale du sujet social, c'est-à-dire les discours phallocentriques institutionnalisés produits par les styles cognitifs hégémoniques au sein d'une société, on s'aperçoit qu'aussi bien les discours du *macro* (styles cognitifs et institutions sociales) que ceux du *micro* (le corps, sa biologie, l'individu et sa corporalité) participent à la production et reproduction sociale du corps. Or ce que critiquent

---

faire dans cette rechercher en raison de la fonctionnalité de ce terme pour notre analyse.

à la fois les poststructuralistes, le matérialisme historique de Marx et Engels, les féminismes, la théorie *queer*, l'art biocritique et d'autres pensées biocritiques envers le phallocentrisme occidental, c'est le fait que cette production sociale et cognitive du corps soit dominée par les discours du biopouvoir hégémonique qui ne reconnaissent pas ou délégitiment la participation critique du *micro* et le caractère changeant de l'identité corporelle et sexuelle de l'individu.

Dans le cadre de cette recherche, on utilisera donc la perspective théorico-communicationnelle d'Habermas (1985, 1989 et 1991) et celle épistémique et morale de Kohlberg (1971) afin d'interpréter l'autonomie/hétéronomie des liens que le sujet corporalise en rapport avec l'ordre social ou le paradigme culturel du biopouvoir phallocentrique. On peut considérer que pour Kohlberg, les degrés de conscience exprimés dans l'expérience servent à évaluer la dimension rationnelle de l'autonomie performative de cette expérience, que l'on peut associer au degré de communication chez Habermas, et aux types d'attitude communicationnelle ou de lien communicationnel – exprimé corporellement – entre le sujet et le paradigme culturel, ou entre l'individu et la structure d'un modèle de construction sociale ou de production artistique.

Cette recherche entend néanmoins réinterpréter la théorie des niveaux de communication ou « éthique du discours » (Habermas 1985) et celle des niveaux de raisonnement moral de la personne (Kohlberg, 1971) en fonction des discours des styles cognitifs et institutionnels qui participent à la production sociale du sujet social. Dans une perspective de la biocritique poststructuraliste, féministe et *queer*, on observe tout d'abord que le modèle de corporalité hégémonique au sein du discours épistémologique phallogocentrique est celui de la différenciation hétérosexuelle binaire et du paramètre de bestialité corporelle, une culture cognitive qui délégitime les corporalités et identités sexuelles d'affirmation subjective ; il s'ensuit que les niveaux de raisonnement moral légitimés par les discours du phallocentrisme institutionnalisé sont les représentants d'une fausse conscience et d'une pseudo subjectivité corporelle qui se limite à la reproduction de cette différenciation hétérosexuelle binaire et de ce paramètre de bestialité corporelle. Dans cette perspective, tous les niveaux de communication ou d'éthique discursive répertoriés par Habermas et tous les niveaux de raisonnement moral de l'individu répertoriés par Kohlberg (1971) peuvent fonctionner comme reproducteurs de la différenciation phallogocentrique, y compris ceux qui correspondent aux niveaux post-conventionnels orientés vers le respect d'un contrat social et de principes éthiques « universels », si l'on entend par universel ce qui concerne les intérêts de l'humanité interprétés à partir des paradigmes hétérosexuels et abstraits de la pensée phallocentrique occidentale ; dans ce cas même les niveaux de raisonnement moral considérés par Habermas comme l'étape la plus avancée de la conscience morale des personnes dans l'histoire de l'humanité (eurocentriste) peuvent fonctionner comme des reproducteurs de l'ordre établi. En effet, la réinterprétation par l'esthétique de l'art biocritique des niveaux de raisonnement moral et de l'éthique du discours montre les limites de ces paramètres, même s'ils sont fonctionnels pour interpréter de manière structurée les niveaux d'hétéronomie corporelle exprimés par les discours corporalisés de l'individu ainsi que les niveaux d'hétéronomie exprimés en tant que culture cognitive légitimée par les discours des styles cognitifs hégémoniques participant à la (re)production sociale du corps et des corporalités différenciées par le phallocentrisme. Or si cette réinterprétation des paramètres d'Habermas et de Kohlberg montre les limites de ces paramètres, c'est précisément parce que les corporalités considérées comme critiques et potentiellement esthétiques dans la perspective de l'*art biocritique* sont celles qui s'opposent à toute *reproduction* morale et éthique du phallocentrisme. De sorte que s'il fallait les répertorier, il faudrait les situer au-delà du niveau post-conventionnel, peut-être à un niveau *ecto-conventionnel*[176] de

---

[176] On utilise ici le préfixe « ecto » en fonction de la définition qu'en donne le dictionnaire de l'Académie royale espagnole : « en dehors de ». Ainsi, si on l'applique au paramètre des niveaux de raisonnement, le terme « ecto-conventionnel » signifie « en dehors de toute conventionnalité », dans la mesure où il s'agit d'une négation esthétique de la sédentarisation épistémologique et cognitive qui

l'éthique du discours ; nous nous contenterons néanmoins ici de considérer ces corporalités critiques comme celles qui montrent la plus grande autonomie corporalisée de l'individu vis-à-vis de tout niveau d'éthique discursive et raisonnement moral reproducteur du phallocentrisme ; c'est la raison pour laquelle nous avons ajouté la corporalité biocritique et esthético-politique aussi bien au paramètre de Kohlberg-Habermas qu'au paramètre cognitif de William Perry (1970), repris par les chercheuses féministes Mary Field Belenky, Blythe McVicker Clinchy, Nancy Rule Goldberger (1986), et Jill Mattuck Tarule, afin de déconstruire de manière structurée la potentialité esthétique des corporalités abjectes utilisées comme matériel créatif par l'art ou intégrées en tant que co-poïétisatrices aux processus artistiques d'un art critiquant ce biopouvoir hégémonique qui tend à les exclure.

Certaines recherches féministes ont par ailleurs mis en évidence l'importance des conditionnements sociaux qui limitent épistémologiquement l'appropriation du corps par le sujet et l'apprentissage que celui-ci pourrait faire à travers ce corps. Parmi ces recherches, on peut citer celles de Mead, Kristeva, Jodelet et Sontog, qui se situent probablement dans la lignée du courant phénoménographique, tandis que celles de Young correspondent davantage à une perspective métacognitive. Dans le travail de Young, il me semble intéressant de retenir le concept d'« abjection », afin de le relier analytiquement aux connaissances qui sont socialisées structurellement et considérées comme « abjectes », ainsi qu'aux formes de construction de la connaissance qui sont ainsi délégitimées à partir de la structure sociale en tant que croyance épistémologiques intégrées par le sujet. Dans cette perspective phénoménographique, le criticisme de l'art biocritique considère qu'il existe différents niveaux socialisés d'« abjection », c'est-à-dire de rejet de certaines connaissances que l'*art biocritique* situe dans le corps et associe à l'expérience corporelle, un rejet que Giddens qualifie de « séquestration de l'expérience », et que l'on peut définir dans une perspective féministe comme une séquestration poïétique des individus, c'est-à-dire à une séquestration de la subjectivité.

---

produit les conventions.

Dans la ligne des travaux de Kohlberg et d'Habermas, on peut mentionner la typologie de formation morale du sujet proposée par William Perry (1970) repris par les chercheuses féministes Mary Field Belenky, Blythe McVicker Clinchy, Nancy Rule Goldberger (1986), que celui-ci a appliquée dans ses recherches sur la construction de l'éthique chez les adolescents, et qui a été reformulée dans une perspective féministe par les chercheurs Belenky, Clinchy, Goldberger, et Tarule afin de classifier les formes de construction de la connaissance chez la femme. Des formes cognitives que leur criticisme a relié aux usages cognitifs de la corporalité de l'individu réel en tant que *sujet social*, afin d'explorer les voies de la connaissance féminine, comme l'indique le titre de leur livre : *Women's ways of knowing*.[177]

Ces deux courants ont axé leurs recherches sur les différentes manières dont les individus réels abordaient les situations d'apprentissage. Dans la perspective métacognitive, ce sont les croyances épistémologiques qui déterminent la nature de la connaissance et de l'apprentissage, en fonction de modèles qui expliquent le rapport entre ces croyances épistémologiques et les différents aspects de l'apprentissage. De son côté, la perspective phénoménographique est axée sur l'analyse de la conception subjective de l'apprentissage, en reliant les aspects épistémologiques aux évènements et aux situations d'apprentissage de la vie quotidienne, afin de décrire et de systématiser les manières dont les individus conçoivent, comprennent, appréhendent les multiples phénomènes auxquels ils sont confrontés dans la réalité. Contrairement à la perspective phénoménographique, les méthodes d'analyse du courant méta-cognitiviste ont plutôt été développées sur la base d'observations quantitatives et descriptives. La perspective phénoménographique s'intéresse davantage à la construction individuelle de la connaissance et de l'expérience, et notamment aux « *différentes manières dont les apprenants vivent, comprennent et donnent sens à l'apprentissage en général* ». Les recherches des

---

[177] Field Belenki, M., Clinchy B., Goldberger N., Tarule, J., 1986 : 15-16.

courants méta-cognitiviste et phénoménographique ont permis de confirmer l'existence de formes et de modes d'apprentissage et de perception de la connaissance socialement déterminés. Ces deux tendances s'inscrivent dans le cadre d'une perspective scientifique qui s'interroge sur les modes structurels que partagent les sujets sociaux afin de participer ou non à la construction sociale de la connaissance, qui est synonyme de construction sociale de la réalité. Une perspective poststructuraliste sur la production sociale-cognitive du corps (par exemple féministe, *queer*, esthétique, etc.) analyse également les modes de participation du sujet à ce que nous avons qualifié dans cette recherche de *processus de production et de reproduction sociale du sujet.*

Le criticisme de l'*art biocritique* propose d'identifier, par exemple, la pratique corporelle ou le comportement et l'expérience sexuelle potentiellement esthétiques en tant qu'expression d'autonomie performative vis-à-vis de l'enculturation du sujet identifié au paradigme culturel du biopouvoir hégémonique, reflétant le lien de tension esthétique corporel du sujet vis-à-vis de l'ordre social phallocentrique. Un lien qui peut exprimer différents degrés d'autonomie poïétique dans chaque expérience corporelle, pratique sexuelle ou usage que le sujet fait de son corps. Pour interpréter l'expérience corporelle afin de déterminer le degré d'autonomie poïético-cognitive du sujet, l'esthétique biocritique propose d'utiliser ces deux paramètres permettant de mesurer l'autonomie-hétéronomie poïétique, le premier découlant de l'épistémologie et de la psychologie de Kohlberg reprise par la théorie critique d'Habermas, le second de la psychologie de William Perry réinterprétée par Belenky, Clinchy, Goldberger, et Tarule. Ces deux paramètres peuvent fonctionner de manière combinée, dès lors que l'on est bien conscient que le paramètre Perry-Belenky-Clinchy-Goldberger-Tarule vise à interpréter le lien corporalisé du sujet avec l'ordre social en tant que degré et que forme d'appropriation corporelle, tandis que le paramètre Kohlberg-Habermas vise à interpréter le même lien, mais en tant qu'élément de communication où le corps est l'instrument d'une autonomie construite plus rationnellement. Il semble que dans le cas du premier paramètre, l'autonomie découle de la reconnaissance de l'autonomie performative (ou de l'action poïétique), tandis que dans le cas du second, elle découle plutôt de la reconnaissance d'une autonomie plus rationnelle (ou de l'action rationnelle).

Dans cette perspective, pour affirmer qu'une expérience est potentiellement esthétique, il est nécessaire de reconnaître que cette corporalité – en tant qu'expression du *moi* (affirmation subjective corporalisée) du sujet social – établit des liens de contradiction esthétique – comme niveau de communication, forme cognitive et raisonnement éthico-moral – vis-à-vis de l'ordre social à travers son propre corps, et par conséquent vis-à-vis du sens attribué par le biopouvoir à son propre corps, et aux différentes corporalités et identités sexuelles.

L'esthétique biocritique propose d'appliquer ces typologies -en tant que typologies des usages cognitifs et esthétiques du corps- à la déconstruction de la corporalité ou de l'expérience sexuelle de l'individu réel reflétée dans les témoignages de l'art biocritique, afin de répondre par exemple à cette question : la corporalité, l'expérience et/ou le comportement sexuel observés à travers les témoignages de l'art déconstruit sont-ils ou non l'expression d'une reconnaissance de ce sujet comme un sujet poïétiquement cognitif , c'est-à-dire un *sujet de désir* et un *sujet historique* ? Il s'agit-là du principe de base de l'autonomie poïético-performative : le fait que le sujet se reconnaisse comme un agent poïétique/performatif du processus de production sociale de son *moi*, de sa sexualité, de ses comportements et de ses expériences sexuelles, qui ont certes un lien socio-historique avec le paradigme culturel du biopouvoir, mais qui ne dépendent pas pour autant de la *fausse conscience* ou pseudo-subjectivité que ce paradigme lui assigne afin d'en faire un articulateur dénué de sens critique. La méthode de déconstruction de la corporalité ou de l'expérience sexuelle consiste à appliquer les cinq étapes suivantes afin de déterminer le degré d'autonomie exprimé par le comportement sexuel ou l'expérience corporelle d'un sujet donné, ainsi que la dialectique négative – ou loi de mouvement – entre l'affirmation du sujet en tant que *sujet de désir* (qui s'approprie corporellement son corps) et son affirmation en tant que *sujet historique* à travers le processus de production sociale de la sexualité du sujet social.

À travers l'application de ces typologies, on observe que les catégories en question permettent d'interpréter la corporalité (l'expérience ou le comportement sexuel) comme des « chemins vers la connaissance » ou des « formes cognitives », qui peuvent s'entremêler au sein d'un même sujet ; par conséquent ces catégories ne peuvent être considérées comme des catégories universelles. On peut même les définir comme des concepts abstraits, notamment parce qu'il s'agit de catégories de connaissance qui ne répondent pas exclusivement à la perspective de genre.

La proposition de la *Méthode de déconstruction esthétique* du criticisme de l'*art des témoignages des corporalités abjectes* consiste à appliquer ces classifications à la déconstruction des expériences ou des comportements corporels et sexuels potentiellement esthétiques présentés dans les témoignages de cet art. Cette déconstruction s'appliquera aux témoignages oraux des volontaires ayant participé à l'Œuvre multiorgasmique sur l'expérience qu'ils ont vécue, des témoignages recueillis au cours d'entretiens enregistrés dans le cadre de cette œuvre.

Comme résultat de cette première étape de la déconstruction de l'Œuvre multiorgasmique collective, l'artiste critique pourra reconnaître un idéal-type de corporalité potentiellement esthétique à travers la déconstruction de l'expérience d'autoérotisme du témoignage induit par les Campagnes multiorgasmiques. Il en va de même dans le cas de la déconstruction critique d'une expérience corporelle spontanée ou d'une corporalité biocritique ou esthético-politique.

Version résumée des paramètres appliques aux usages cognitifs et esthétiques du corps[178]

---

[178] Il convient toutefois de préciser qu'on a décidé de remplacer les concepts "niveau de communications" et "raisonnement" de laversion originale du paramètre Kolberg-Habermas par le mot "corporalité" à fin de préciser l'usage précis de deux paramètres en tant que paramètres de l'esthétique biocritique appliques aux usages du corps.

Paramètre de l'autonomie-hétéronomie corporelle Perry-Belenky-Clinchy-Goldberger-Tarule	Paramètre de l'autonomie-hétéronomie corporelle Kohlberg-Habermas
Hétéronomie poïétique enculturée par le biopouvoir	Hétéronomie poïétique enculturée par le biopouvoir
1. *Corporalité du silence*	Niveau pré-conventionnel de corporalité
2. *Corporalité cognitive ou de connaissance reçue*	1. *Corporalité préconventionnelle orientée vers le châtiment et l'obéissance.*
3. *Corporalité cognitive subjective*	2. *Corporalité préconventionnelle d'orientation relativiste instrumentale.* Niveau conventionnel de corporalité
4. *Corporalité cognitive processuelle*	3. *Corporalité conventionnelle de concordance interpersonnelle.*
5. *Corporalité de la connaissance construite et potentialement esthétique*	4. *Corporalité conventionnelle orientée vers la loi et l'ordre.* Niveau post-conventionnel de corporalité 5. *Corporalité postconventionnelle liée au contrat social*
6. *Corporalité biocritique ou corporalité esthético-politique*	6. *Corporalité postconventionnelle orientée vers des principes éthiques universels et potentialement esthétique* Niveau trans-conventionnel ecto-conventionnel de corporalité 7. *Corporalité biocritique ou corporalité esthético-politique*
Autonomie d'une corporalité autopoïétique	Autonomie d'une corporalité autopoïétique

Paramètre de l'autonomie-hétéronomie corporelle du sujet social Perry-Belenky-Clinchy-Goldberger-Tarule (ou Paramètre de la potentialité esthétique du raisonnement moral-cognitif corporalisé).

Corporalité du silence

La corporalité du silence est « a position in which the persons experience themselves as mindless and voiceless and subject to the whims of external authority ».[179] Si l'on admet que le biopouvoir représente poïétiquement le contrôle de la bioénergie, on peut considérer le silence poïétique de la bioénergie comme la forme la plus absolue du contrôle du biopouvoir sur le corps du sujet. Dans cette perspective, la corporalité cognitive du silence est l'usage cognitif du corps qui représente le plus haut degré d'hétéronomie corporelle ; car cette corporalité cognitive du silence représente la négation hétéronome de la corporalité en tant que capacité et besoin cognitif, et la négation hétéronome de la subjectivité du biopouvoir. Lorsque le sujet social exerce la corporalité du silence, il ne reconnaît pas sa corporalité et sa sexualité comme une capacité et un besoin cognitif, il estime au contraire qu'elles sont ou doivent être irrémédiablement soumises aux normes morales de l'autorité sociale externe qui encourage la reproduction sociale d'un sujet articulateur du paradigme culturel du biopouvoir. Ainsi, l'emprise du biopouvoir se traduit généralement par le silence de la capacité poïétique et performative du sujet. L'ontologie de la corporalité cognitive du silence s'oppose – de manière non esthétique – aux principes ontologiques de l'esthétique biocritique de la manière suivante :

Principe poïético-performatif. La corporalité du silence peut être synonyme d'abaissement, d'asservissement, d'abandon, de mépris envers le plaisir sexuel, le corps du sujet ou les identités

---

[179] Field Belenki, M., Clinchy B., Goldberger N., Tarule, J., 1986 : 15.

sexuelles performatives, de la part du sujet lui-même. L'expérience ou le comportement corporel du silence poïético-performatif reflète le fait que le sujet ne reconnaît pas sa corporalité comme une capacité ou un besoin cognitif, pas plus qu'il ne reconnaît que sa sexualité répond à un processus de formation sociale. Il ne se reconnaît donc pas comme un sujet poïétique capable d'être un agent producteur de connaissance sur le corps ou transformateur des valeurs ou des principes du biopouvoir. Normalement, ce type de corporalité fonctionne comme articulatrice d'un paradigme culturel du biopouvoir.

Principe dialectique ou de contradiction et de négation esthétique. L'expérience corporelle ou comportement sexuel du silence bioénergétique n'exerce pas de négation ou de contradiction esthétique vis-à-vis des expressions du paradigme culturel du biopouvoir : en effet, le silence poïético-performatif ne peut pas être considéré comme une négation en tant que telle, il s'agit plutôt d'une reproduction du paradigme hégémonique de la culture du biopouvoir.

Principe de tension esthétique. La corporalité du silence poïético-performative n'exerce pas de tension esthétique vis-à-vis du symbolisme normatif du biopouvoir phallogocentrique et patriarcal.

Principe d'autreté ou d'« extérieur constitutif ». Au sein de l'expérience corporelle ou du comportement sexuel du silence bioénergétique, la principale autreté du sujet est le corps, qu'il ne le reconnaît pas comme étant sien et encore moins comme une capacité et un besoin cognitif. En effet, l'usage du corps caractéristique de ce type de corporalité du silence est celui qui représente le mieux l'emprise du biopouvoir : le silence des capacités poïético-performatives, un silence également appliqué aux comportements corporels des autres, étant également considérées comme illégitimes. Ce type d'usage du corps empêche le sujet de reconnaître sa corporalité comme une forme cognitive, dans la mesure ou sa dimension bioénergétique est ignorée ou disqualifiée par le biopouvoir qui la considère comme illégitime.

Principe du matérialisme historique. À travers l'expérience corporelle de silence poïético-performatif, le sujet reconnaît l'existence d'un lien historique – mais pas dialectique – avec les styles cognitifs du paradigme du biopouvoir qui imposent le silence bioénergétique en tant que besoin individuel et moral.

Principe d'autonomie. L'expérience ou le comportement sexuel caractéristique d'une corporalité du silence poïético-performatif n'exprime aucun besoin d'autonomie de la part du sujet, tout simplement parce que celui-ci ne se pose pas de questions et ne semble pas gêné par la dépendance ou l'hétéronomie corporelle enculturée par le paradigme culturel du biopouvoir. L'expérience ou le comportement sexuel du silence corporel performatif implique également que le sujet accepte d'utiliser son corps comme un articulateur du paradigme du biopouvoir ; c'est pourquoi il s'agit de l'expression corporelle reflétant le plus haut degré d'hétéronomie poïético-cognitive exprimée par les sujets. Dans ce type de corporalité, le sujet ne réfléchit pas et ne remet pas en cause sa sexualité et son corps, qu'il ne conçoit qu'en fonction de l'interprétation que fait du silence corporel le style cognitif qu'il considère comme producteur de vérité (qu'il s'agisse de Dieu, de l'État, de la science, etc.). Dans ce type de corporalité du silence corporel poïético-performatif, le sujet ne considère comme vraies que les connaissances assignées par les autorités sociales externes, la « vérité » et la « réalité » de la connaissance sur le corps ne pouvant à ses yeux provenir de l'expérience poïético-performative. Ce type de corporalité se distingue de la *corporalité cognitive* ou *de la connaissance reçue* dans la mesure où la *corporalité du silence* implique une attitude de rejet vis-à-vis de la corporalité poïético-performative. Car si le paradigme culturel du biopouvoir réprouve et dénigre les pulsions bioénergétiques et performatives, la corporalité du silence reproduit cette réprobation et ce dénigrement, en corporalisant le silence de sa subjectivité du plaisir. Le sujet s'avère alors, je le répète, corporellement hétéronome vis-à-vis du biopouvoir.

Principe nihiliste. La corporalité du silence corporel poïético-performatif n'est pas nihiliste dans la mesure où elle n'est pas critique mais reproductrice du biopouvoir.

Corporalité cognitive ou de la connaissance reçue

La corporalité cognitive ou de la connaissance reçue est « a perspective from which the persons conceive of themselves as capable of receiving, even reproducing, knowledge from the all-knowing external authorities but not capable of creating knowledge on their owen ».[180] Cette corporalité est caractéristique d'un sujet identifié comme articulateur du paradigme culturel du biopouvoir. Le sujet qui exerce cette corporalité considère son corps comme un « instrument du devoir » et se positionne face au biopouvoir comme un reproducteur des principes et des valeurs morales qui socialisent les sujets sociaux en tant qu'articulateurs du paradigme culturel de ce biopouvoir. L'ontologie de la corporalité de la connaissance reçue est l'expression d'une corporalité hétéronome du sujet social qui s'oppose – bien qu'elle ne le fasse pas esthétiquement – aux principes ontologiques de l'esthétique d'une corporalité poïético-performative de l'identité sexuelle.

Principe poïético-performatif. La corporalité de la connaissance reçue ne considère pas la corporalité comme une capacité et un besoin cognitif ; le sujet n'accorde aucune légitimité cognitive à ses expériences corporelles performatives liées à une identité sexuelle propre. En revanche, il considère sa corporalité comme une capacité à reproduire la connaissance des autorités de la connaissance, de sorte que le sujet se reconnaît comme articulateur du paradigme culturel du biopouvoir, comme c'est le cas avec la corporalité du silence. La différence entre les deux réside dans le fait que, bien que toutes deux fonctionnent comme des articulatrices du paradigme culturel du biopouvoir, la corporalité de la connaissance reçue exprime une hétéronomie de la connaissance identifiée à un style cognitif spécifique du biopouvoir, tandis que la corporalité du silence est l'expression d'une corporalité pouvant être considérée comme « *a position in*

---

[180] Field Belenki, M., Clinchy B., Goldberger N., Tarule, J., 1986 : 15.

which subjects experience themselves as mindless and voiceless and subject to the whims of external authority »[181].

Principe dialectique ou de contradiction et de négation esthétique. La corporalité de la connaissance reçue n'établit aucun lien de négation ou de contradiction vis-à-vis du biopouvoir, c'est au contraire une corporalité articulatrice de ce dernier.

Principe de tension esthétique. Cette corporalité n'établit aucun lien de tension esthétique vis-à-vis du biopouvoir.

Principe d'autreté ou d'« extérieur constitutif ». Pour ce type de corporalité, l'autreté principale du sujet est le corps en tant que propriété qui ne lui appartient pas : en effet, il ne se l'approprie pas, et c'est l'autorité extérieure qui le lui fait reconnaître comme un instrument, lui transmet cette information et le cantonne au rôle de *reproducteur.*

Principe du matérialisme historique. À travers la corporalité de la connaissance reçue, le sujet n'exprime ni ne reconnaît aucun lien historico-dialectique vis-à-vis du contexte socio-historique qui l'enculture, il ne conçoit qu'un lien historico-*reproducteur.* Car pour ce type de corporalité, le corps est un instrument identifié aux usages cognitifs du corps légitimés par le paradigme culturel du biopouvoir, et un articulateur de ce paradigme.

Principe d'autonomie. La corporalité de la connaissance reçue ne fait preuve d'aucune autonomie, car le sujet ne considère comme légitimes que la connaissance sur le corps et les usages de son corps ayant été dictés par des autorités externes (des styles cognitifs tels que la religion, la culture, la science, etc.).

Principe nihiliste. L'expérience sexuelle caractéristique de la corporalité de la connaissance reçue n'est pas nihiliste car elle fonctionne comme articulatrice de la tendance sédentarisatrice du paradigme culturel du biopouvoir.

---

[181] Ibid.

Corporalité cognitive subjective

La corporalité cognitive subjective est « a perspective from which truth and knowledge are conceived of as personal, private, and subjectively known or intuited ».[182] Cette corporalité s'exprime lorsque le sujet croit que la vérité et la connaissance sur le corps sont une affaire personnelle qui relève de la sphère privée, fruit d'un apprentissage ou d'une intuition subjective ; or cette subjectivité sur laquelle repose l'évaluation des usages du corps peut aussi bien être une subjectivité découlant des pulsions bioénergétiques qu'une subjectivité enculturée ou une fausse conscience découlant du biopouvoir. Ainsi les usages du corps peuvent-ils être ou non des expériences d'autonomie poïétique chez un sujet. La corporalité de subjectivité cognitive est une corporalité inconsciemment critique ou potentiellement esthétique grâce au lien de contradiction/ négation esthétique qu'elle établit spontanément vis-à-vis d'autre corporalités dont la subjectivité découle d'une fausse conscience et qui sont par conséquent entièrement hétéronomes. L'ontologie de la corporalité cognitive subjective est l'expression d'une corporalité d'autonomie corporelle poïético-cognitive spontanée. Quoi qu'il en soit, une corporalité de subjectivité des pulsions bioénergétiques ne parviendra jamais à devenir une expérience esthétique si elle ne fait pas son autocritique grâce à une réflexivité performative de resignification de son sens abject. Cette corporalité de subjectivité bioénergétique, celle qui s'oppose effectivement au paradigme culturel du biopouvoir, le fait de la manière suivante :

Principe poïético-performatif. L'expérience ou comportement sexuel d'une corporalité de subjectivité bioénergétique est une expression poïétique, mais pas nécessairement réflexive ou de communication post-conventionnelle (ou non conventionnelle) de la reconnaissance de la corporalité en tant que capacité et besoin poïético-cognitif du sujet. Pour qu'une expérience ou un comportement sexuel représente une corporalité potentiellement

---

[182] Field Belenki, M., Clinchy B., Goldberger N., Tarule, J., 1986 : 15.

esthétique, le sujet doit d'abord poïétiser performativement sa propre identité sexuelle à travers la resignification de sa corporalité en tant que critique du biopouvoir, puis en tant qu'autocritique réflexive de cette même corporalité abjecte.

Principe dialectique ou de contradiction et de négation esthétique. L'expérience ou le comportement sexuel d'une *corporalité de subjectivité bioénergétique* est la négation poïétique littérale des usages du corps légitimés par le biopouvoir. Toutefois, cette négation ou cette contradiction poïétique vis-à-vis du biopouvoir n'est pas nécessairement esthétique, elle ne l'est que dans la mesure où l'expérience de subjectivité bioénergétique est suivie d'une critique esthétique de la potentialité esthétique de cette corporalité. Quant à l'expérience corporelle de la *fausse conscience*, elle n'exprime pas la moindre négation ou contradiction vis-à-vis du biopouvoir, et encore moins une négation ou une contradiction esthétique.

Principe de tension esthétique. L'expérience ou le comportement sexuel d'une corporalité de subjectivité bioénergétique génère une tension vis-à-vis du biopouvoir mais cette tension n'est pas nécessairement esthétique, elle ne l'est que dans la mesure où l'expérience de subjectivité bioénergétique est suivie d'une critique esthétique.

Principe d'autreté ou d'« extérieur constitutif ». L'expérience d'une corporalité bioénergétique ne considère pas le corps comme une autreté ni comme un instrument étranger au sujet, contrairement à l'expérience de subjectivité découlant de la *fausse conscience*, qui ne réfléchit pas à l'autreté du corps, et le considère comme un instrument reproducteur des usages légitimés par le paradigme culturel du biopouvoir. La principale faiblesse esthétique de toute expérience sexuelle bioénergétique, est qu'elle n'exprime pas d'intérêt poïético-cognitif pour l'aspect ethnico-groupal de la corporalité et de la sexualité humaine, dans la mesure où elle réduit l'évaluation et la poïétisation de ses décisions et comportements corporels et subjectifs aux besoins de son corps. Ainsi, une expérience sexuelle découlant d'une corporalité de subjectivité bioénergétique exprime non seulement la négation extrême du biopouvoir, mais aussi la négation de la dimension sociale du sujet, qui est ainsi réduit à un individualisme tout aussi extrême. Toutefois, la corporalité de subjectivité bioénergétique ne s'exprime bien souvent qu'à travers certaines expériences corporelles ou comportements sexuels spécifiques, de sorte qu'une même expérience de subjectivité bioénergétique peut aussi bien mener à l'individualisme non identitaire qu'à l'autopoïésis émancipatrice, en fonction du degré d'autocritique corporel du sujet qui la poïétise. Ce qui est sûr, c'est que la dimension esthétique d'une expérience découlant de la subjectivité bioénergétique dépend du fait que celle-ci soit suivie ou non d'une critique.

Principe du matérialisme historique. L'expérience ou le comportement sexuel caractéristique d'une corporalité de subjectivité bioénergétique exprime un lien de contradiction vis-à-vis du contexte socio-historique et du paradigme culturel du biopouvoir, mais ce lien n'est pas automatiquement un lien esthétique. Ainsi, le lien établi entre le sujet et l'ordre social au sein d'une expérience ou d'un comportement sexuel découlant d'une fausse subjectivité n'est pas en mesure de créer un lien esthétique entre le corps et l'esprit ou entre l'expérience et le paradigme culturel du biopouvoir.

Principe d'autonomie. L'expérience ou le comportement sexuel caractéristique d'une corporalité subjective bioénergétique peut être l'expression d'un type de négation, ou d'un lien de contradiction esthétique inconscient vis-à-vis du paradigme culturel du biopouvoir, à condition que cette expérience ou ce comportement sexuel soit le fruit d'une évaluation réalisée à partir de la subjectivité pulsionnelle bioénergétique du sujet. Dans ce cas, la corporalité de subjectivité des pulsions bioénergétiques peut devenir une contradiction, mais pas nécessairement critique vis-à-vis du paradigme du biopouvoir. En revanche, lorsque l'expérience ou le comportement sexuel du sujet découle d'une pseudo-subjectivité ou d'une fausse conscience enculturée par le biopouvoir, elle n'exprime aucune autonomie poïétique : le fait que l'évaluation subjective des usages du corps relève du domaine intime et personnel ne signifie pas nécessairement que le sujet ait établi un lien corporel de contradiction esthétique vis-à-vis du paradigme culturel du biopouvoir, et encore moins lorsque ce domaine intime est gouverné par le biopouvoir en question ; dans ce dernier cas, la corporalité n'est autre que l'expression de l'hétéronomie du sujet.

Principe nihiliste. Dans le cas de l'expérience découlant de la *fausse conscience*, cela est tout simplement inenvisageable, car seule la critique esthétique encourage une attitude nihiliste dans les liens de contradiction entre *les usages (performatifs) du corps qui sont une décision du sujet* et *les usages du corps assignés au sujet* par le biopouvoir. La corporalité de subjectivité bioénergétique court également le risque d'une sédentarisation de l'expérience bioénergétique, or afin d'éviter cette sédentarisation de la potentialité esthétique spontanée que le sujet a réussi à créer avec cette poïésis, il est indispensable qu'il fasse une autocritique réflexive de sa corporalité bioénergétique.

Corporalité cognitive processuelle

La corporalité cognitive processuelle est « a position in which the persons are invested in learning and applying objective procedures for obtaining and communicating knowledge ».[183] L'esthétique biocritique définit cette corporalité par le fait que l'individu juge sa sexualité en fonction d'un système d'évaluation ou style cognitif qui privilégie l'« objectivité », à l'instar du paradigme de la science positiviste et des rationalismes scientifiques ; c'est-à-dire par le fait que la corporalité du sujet exprime une identification à l'évaluation des usages du corps correspondant aux paradigmes rationalistes.

Principe poïético-performatif. Au sein de l'expérience ou du comportement sexuel caractéristique d'une *corporalité*

---

[183] Field Belenki, M., Clinchy B., Goldberger N., Tarule, J., 1986 : 15.

processuelle, le sujet assume également le rôle de reproducteur d'une sexualité basée sur une objectivité culturelle, à la fois rationnelle et scientifique, de sorte qu'il ne reconnaît pas nécessairement sa corporalité comme étant une capacité et un besoin cognitif ; il réserve cette reconnaissance à sa raison, qui peut s'avérer être une *fausse conscience* rationnelle.

Principe dialectique ou de contradiction et de négation esthétique. L'expérience ou le comportement sexuel caractéristique d'une corporalité processuelle n'est pas l'expression d'une négation/contradiction du sujet vis-à-vis du paradigme culturel du biopouvoir ; elle ne le deviendra que dans la mesure où les usages bioénergétiques du corps et/ou la corporalité performative établiront un lien de contradiction vis-à-vis des usages rationnels de corps.

Principe de tension esthétique. Ce type de corporalité peut établir un lien de tension esthétique si les usages bioénergétiques du corps et/ou la corporalité performative établissent un lien de négation vis-à-vis de l'hétéronomie des normativités phallogocentriques et objectivistes qui excluent et infériorisent la capacité poïético-performative des sujets.

Principe d'autreté ou d'« extérieur constitutif ». L'expérience de corporalité processuelle reflète un lien étroit avec les styles épistémologiques du biopouvoir qui prônent une « appropriation » rationnelle du corps basée sur l'objectivité scientifique. L'expérience ou le comportement sexuel de la corporalité processuelle ne reconnaît que la connaissance sur le corps produite par des processus rationnels d'apprentissage. Par conséquent, le sujet est étranger à son propre corps, qu'il considère comme une autreté dont il ne peut s'approprier que par le biais de l'objectivité rationnelle. Pour sa part, le criticisme biocritique considère ces processus rationnels d'apprentissage comme des processus de décorporalisation prônés par le biopouvoir scientifique.

Principe du matérialisme historique. L'expérience ou le comportement sexuel caractéristique d'une *corporalité processuelle* peut impliquer la reconnaissance d'un lien avec le contexte socio-historique du biopouvoir, un lien qui peut devenir dialectique dans la mesure où le sujet permet cette dialectique à partir de sa subjectivité bioénergétique ou sa capacité performative.

Principe d'autonomie. L'expérience ou le comportement sexuel caractéristique d'une corporalité processuelle reconnaît avant tout les connaissances et les usages du corps légitimés par des styles cognitifs privilégiant une certaine objectivité, et répondant à des critères quantitatifs liés à la « normalité », la « réalité » ou la « vérité » au sein d'une culture donnée, ou déterminés par la raison. Les usages du corps au sein de la corporalité processuelle ne sont pas nécessairement une expression d'autonomie de la part du sujet, notamment si les normes dictant les usages du corps découlent d'une objectivité qui relève à sa manière d'une forme de biopouvoir.

Principe nihiliste. L'expérience ou le comportement sexuel caractéristique d'une corporalité processuelle peut être nihiliste si à partir de la négation rationnelle de certaines formes d'un biopouvoir non rationnel, le sujet vit une corporalité non seulement critique mais aussi autocritique à travers la subjectivité bioénergétique ou celle de la corporalité des identités performatives.

Corporalité de la connaissance construite

La corporalité de la connaissance construite est « a position in which the persons view all knowledge as contextual, experience themselves as creators of knowledge, and value both subjective and objective strategies for knowing ».[184] Cette corporalité est l'expression de la subjectivité d'un sujet qui reconnaît sa corporalité comme une connaissance « objective », mais aussi comme une connaissance qu'il peut poïétiser à partir de sa subjectivité bioénergétique et de sa capacité poïético-performative, évaluant ainsi les processus aussi bien objectifs que

---

[184] Field Belenki, M., Clinchy B., Goldberger N., Tarule, J., 1986 : 15.

subjectifs de sa corporalité et de son expérience sexuelle en tant que sujet cognitif. Ce type de corporalité est l'expérience ou la forme corporelle cognitive qui reflète la plus grande autonomie poïétique chez l'individu réel en tant que sujet cognitif dans le paramètre de l'autonomie-hétéronomie corporelle formulé par la psychologie de Perry-Belenky-Clinchy-Goldberger-Tarule ; et ce type de corporalité est l'unique -entre ceux des deux paramètre ici cités – potentialement esthético-biocritique.

Paramètre de l'autonomie-hétéronomie corporelle du sujet social Kohlberg-Habermas (ou Paramètre de la potentialité esthétique du niveau de communication et de raisonnement moral corporalisé).

Corporalité pré-conventionnelle

La *corporalité pré-conventionnelle* représente pour le sujet une corporalité d'identification au paradigme culturel du biopouvoir et à la construction sociale du « système de sécurité épistémologique » que cette identification lui apporte. La corporalité de ce niveau pré-conventionnel implique que la décision de l'usage du corps soit prise par l'individu réel – en voie d'enculturation en tant que sujet social par la normativité culturelle dichotomique de l'épistémologie philosophique phallogocentrique de l'ordre patriarcal en Occident qui identifie le pouvoir phallique ou capacité poïétique épistémologique aux corps masculins, infériorise les corps féminins en tant que matière de la création et exclut le reste des corporalités/corps et identités sexuelles performatives), une normativité qui considère les pulsions bioénergétiques ou biologiques du plaisir sexuel comme abjectes (et malsaines) et qui les soumet à des considérations physiques ou hédonistes (châtiment-récompense ou échange de faveurs par exemple). Selon Habermas et Kohlberg, il existe deux grandes orientations, que l'esthétique biocritique interprète comme : a) l'usage du corps en tant que corporalité pré-conventionnelle orientée vers le châtiment et l'obéissance, et b) l'usage du corps en tant que corporalité également pré-conventionnelle, mais instrumentalisée.

Corporalité orientée vers le châtiment et l'obéissance (1ère Niveau de Corporalité pré-conventionnelle)

Pour ce type de corporalité pré-conventionnelle, les usages que fait le sujet social de son corps sont l'expression d'une obéissance face la menace d'un châtiment. Les pulsions bioénergétiques et les capacités poïético-performatives du sujet sont soumises grâce à la peur du châtiment, et la réprobation enculturée de ces pulsions est déterminée par les conséquences physiques ou le châtiment représentant une menace pour tout sujet qui oserait vivre une corporalité performative ou celle de ses pulsions bioénergétiques. Dans un contexte d'hégémonie du biopouvoir, ce type de corporalité s'exprime lorsque le sujet évite d'utiliser son corps comme une source de connaissance, afin de sauvegarder son intégrité physique et d'être accepté par la société qui l'entoure ; il n'existe pas d'« au-delà » du corps, en raison de cet instinct de conservation ou de survie.

Principe poïético-performatif. À ce niveau de corporalité pré-conventionnelle orientée vers le châtiment et l'obéissance, les usages du corps dépendent des stimuli de prévention du châtiment, de sorte qu'il s'agit d'un niveau de raisonnement pré-moral dépendant du contexte dans lequel le sujet est enculturé. Le sujet refoule ses pulsions bioénergétiques et sa subjectivité performative. Le sujet est capable de reconnaître les pulsions bioénergétiques de son corps et les besoins et les capacités cognitives poïético-performatives de sa corporalité, mais il les refoule sous l'effet d'une enculturation basée sur la peur du châtiment. Ce type de corporalité donne également lieu à des expériences corporelles et des comportements sexuels que l'individu réel – en voie d'enculturation – poïétise afin d'obtenir la reconnaissance des personnes de son entourage chargées de le socialiser et l'identifier, comme c'est le cas, par exemple pour l'enfant, des éducateurs ou des parents. Ainsi, la corporalité est reconnue par l'individu réel comme une capacité poïético-performative orientée vers le châtiment ou aspirant à la reconnaissance physique. Il s'agit d'une corporalité domestiquée

Principe de contradiction/négation esthétique. À ce niveau de corporalité pré-conventionnelle orientée vers le châtiment et l'obéissance, les expériences corporelles et les comportements sexuels de l'individu sont l'expression du contrôle normatif de la corporalité en tant que capacité cognitive poïético-performative, et aussi de la domestication des pulsions bioénergétiques. Et si cette corporalité n'est pas esthétique, c'est précisément parce qu'elle est le fait d'un sujet qui ne s'est pas encore approprié son corps.

Principe de tension esthétique. Ce type de corporalité n'exprime aucun lien de tension esthétique vis-à-vis du biopouvoir phallogocentrique, même s'il établit des liens de tension (non esthétique) vis-à-vis des corporalités poïético-performatives.

Principe d'autreté ou d'« extérieur constitutif ». À ce niveau de corporalité pré-conventionnelle orienté vers le châtiment et l'obéissance, le corps et la corporalité des individus réels identifiés comme inférieurs ou exclus par la hiérarchisation épistémologique hétérosexuelle binaire *phallus-matière,* s'inscrivent dans un processus de décorporalisation, un processus au sein duquel le corps qui à l'origine leur appartenait commence à devenir une autreté pour le sujet identifié au paradigme du biopouvoir. Car dans tout processus d'enculturation au sein d'un contexte socio-historique dominé par des styles épistémologiques socialisés par le biopouvoir phallogocentrique patriarcal, les sujets identifiés aux identités sexuelles du « Non-être » ou à « des corps qui ne comptent pas », commencent à considérer leur corps comme quelque chose d'étranger, comme une autreté qui ne leur appartient plus en tant que forme et source de connaissance.

Principe du matérialisme historique. À ce niveau de corporalité pré-conventionnelle orienté vers le châtiment et l'obéissance, le raisonnement moral du sujet s'appuie sur (et s'exprime à travers) un usage du corps découlant d'une reconnaissance/identification de son lien avec le contexte historique immédiat – ou son intimité – dominé par les autorités représentantes du biopouvoir, auxquelles le sujet concède le pouvoir de le punir et le droit d'orienter les usages de son corps. À ce niveau de corporalité, il n'existe pas de reconnaissance ou de véritable conscience de l'historicité matérialiste historique ayant produit l'exclusion et la différenciation phallogocentrique chez l'individu. Ce niveau d'expérience n'en constitue pas moins le processus fondamental d'enculturation de tout style cognitif soutenant le paradigme culturel du biopouvoir. Car en tant qu'enculturation, ce niveau pré-conventionnel orienté vers le châtiment et l'obéissance implique que le sujet se retrouve sous l'emprise d'un processus de socialisation et de reproduction sociale de la normativité symbolique du biopouvoir phallogocentrique et de l'économie hétérosexuelle excluante, au sein d'un contexte socio-historique où le paradigme culturel du biopouvoir en question exerce une socialisation autoritaire basée sur la peur – *à partir de, dans* et *vers* l'intimité de l'individu réel – et visant à annuler, invisibiliser et étouffer la corporalité en tant capacité cognitive poïético-performative chez les sujets sociaux.

Principe d'autonomie. À ce niveau de corporalité pré-conventionnelle orienté vers le châtiment et l'obéissance, les usages du corps dépendent avant tout des stimuli de prévention du châtiment.

Principe nihiliste. À ce niveau de corporalité, les usages du corps sont associés à la reproduction sexuelle, et pas au plaisir sexuel. Il n'y a pas de dialectique vis-à-vis d'une corporalité de subjectivité poïétique et performative.

Corporalité d'orientation relativiste instrumentale (2ème Niveau de Corporalité pré-conventionnelle)

Ce type de corporalité considère le corps comme un instrument et ses usages sont évalués en fonction de leur capacité à satisfaire de manière instrumentale les besoins du *moi* et accessoirement les besoins des autres, mais jamais ceux de la subjectivité bioénergétique ou de la subjectivité poïético-performative. Au sein de toute expérience de corporalité pré-conventionnelle d'orientation instrumentale-relativiste, le corps est utilisé comme une marchandise ou comme une monnaie d'échange dans le cadre des liens corporels du sujet avec l'autreté, lui permettant d'acquérir une identité groupale.

Principe poïético-performatif. Au sein de la corporalité pré-conventionnelle d'orientation instrumentale, le sujet ne reconnaît pas sa corporalité comme une capacité cognitive et un besoin poïético-performatif ; tout au plus la considère-t-il comme un objet et un instrument lui permettant de satisfaire les besoins de son *moi* dans un processus de construction d'identité au sein duquel le corps n'est que l'outil qui lui permet de corporaliser une identité enculturée. Cette corporalité constitue également une réponse au processus d'enculturation du biopouvoir phallogocentrique : le sujet contribue ainsi à identifier son corps et sa corporalité à un rôle phallique, à un rôle de matière inférieure au phallus ou à un rôle d'invisibilité et d'existence niée, tout en instrumentalisant le corps comme articulateur du paradigme culturel de ce biopouvoir.

Principe de contradiction/négation esthétique. Au sein de la corporalité pré-conventionnelle d'orientation instrumentale, comme c'était le cas avec la corporalité orientée vers le châtiment et l'obéissance, l'expérience corporelle joue le rôle d'articulatrice du paradigme culturel du biopouvoir phallogocentrique.

Principe de tension esthétique. Ce type de corporalité n'exprime aucun lien de tension esthétique vis-à-vis du biopouvoir phallogocentrique même s'il établit des liens de tension (non esthétique) vis-à-vis des corporalités poïético-performatives.

Principe d'autreté ou de l' « extérieur constitutif ». Au sein de la corporalité pré-conventionnelle d'orientation instrumentale, l'autreté étrangère est la capacité d'une corporalité de subjectivité poïético-performative ; l'évaluation des usages du corps – dans un contexte socio-historique dominé par le biopouvoir phallogocentrique – correspond également à un processus de décorporalisation phallique et hiérarchisée du sujet ; un sujets décorporalisé par la normativité hétérosexuelle excluante et par une épistémologie phallique et patriarcale ; à ce niveau de corporalité, le sujet qui ne s'est pas encore approprié son corps le reconnaît néanmoins comme une autreté objectivée – un corps instrumentalisé en vue de la reproduction sexuelle ou du plaisir sexuel – en échange d'une identité ou d'une *fausse conscience* de groupe socialisée par le paradigme du biopouvoir.

Principe du matérialisme historique. Au sein de la corporalité pré-conventionnelle d'orientation instrumentale, il n'y a pas de reconnaissance du processus de production de l'historicité phallogocentrique des corps et corporalités abjectes, et encore moins de l'expérience corporelle des identités sexuelles performatives. Il s'agit plutôt d'un lien de négociation entre le sujet et les représentants de l'enculturation du biopouvoir, pour laquelle le corps est l'instrument que le sujet utilise afin de satisfaire son besoin d'appartenance identitaire sexuelle. Les expériences corporelles et pratiques sexuelles de ce type de corporalités instrumentales sont des expériences vécues et revendiquées par le sujet – en voie d'identification au biopouvoir – afin de s'intégrer au groupe social auquel il souhaite appartenir.

Principe d'autonomie. Les expériences corporelles ou comportements sexuels caractéristiques d'un niveau corporel pré-conventionnel d'orientation instrumentale n'expriment pas d'autonomie poïético-cognitive de la part du sujet, car les usages du corps correspondent à une utilisation objectivée de celui-ci. On pourrait certes considérer que le sujet utilise son corps comme s'il se l'était approprié, mais en réalité il évalue l'utilisation objectivée de son corps à partir d'une pseudo-objectivité de *fausse conscience*. Dès lors, les usages du corps ne sont pas l'expression d'une subjectivité bioénergétique, et ils n'offrent pas la possibilité d'une autonomie poïético-cognitive chez un sujet qui n'est pas encore en mesure d'éprouver la dimension subjective de cette corporalité afin de véritablement s'approprier son corps.

Principe nihiliste. Ce type de corporalité n'exprime aucun criticisme nihiliste, ni bioénergétique, ni réflexif.

Corporalité conventionnelle

La *corporalité conventionnelle* représente, pour le sujet qui la vit, un « bon comportement » qui lui vaut une approbation et une gratification sociale, dans la mesure où il assure la continuité de la sécurité épistémologique en pratiquant les usages du corps légitimés par le biopouvoir, qui identifient l'individu socialisé en tant que sujet social. Par exemple, dans certaines cultures le fait qu'une femme se présente vierge à son mariage peut être interprété comme relevant de la culture de corporalité conventionnelle interpersonnelle. Un autre exemple est celui du sens que le mariage peut revêtir dans la vie d'un individu, aussi bien sur le plan privé que public. Le *niveau corporel conventionnel* est basé sur le lien entre le sujet social identifié au biopouvoir et l'ordre social normatif de ce biopouvoir phallocentrique. L'expérience corporelle et le comportement sexuel d'un sujet à ce niveau de corporalité conventionnelle tendent à renforcer son identité sociale et son identification au biopouvoir, de manière comparable au niveau épistémologique d'une « science normale » au sein de la science (Kuhn, 1962/2007). Chez le sujet qui vit une corporalité conventionnelle, les attentes personnelles se réduisent à la satisfaction de ressembler à l'identité enculturée par l'ordre social, d'« être comme les autres », ces « autres » régis par la normativité des rôles imposés par l'économie sexuelle excluante du pouvoir phallique, représentant de la normalité hétérosexuelle et épistémologiquement phallogocentrique.

À ce niveau conventionnel de corporalité, la peur d'être différent du groupe au sein duquel le sujet a été enculturé, ainsi que la sécurité que représente l'identification et l'appartenance au groupe originel (normalement articulateur de ce biopouvoir) peuvent constituer des raisons inconscientes chez le sujet, déterminant son adhésion à cette expérience de corporalité conventionnelle.

Au sein de cette corporalité conventionnelle, on peut distinguer deux formes de raisonnement moral : un raisonnement où le renforcement identitaire se réduit à l'évaluation et à la reconnaissance culturelle au niveau interpersonnel ou à celui des représentants du biopouvoir dans l'intimité de chaque sujet ; et un autre où les usages du corps, instrumentalisés afin de renforcer l'identité du sujet, sont évalués en fonction de la reconnaissance publique et sociale du biopouvoir, projetant ainsi la reconnaissance morale et le renforcement identitaire du domaine personnel et privé vers les conventions sociales du domaine public.

Corporalité de concordance interpersonnelle (1ᵉʳ Niveau de corporalité conventionnelle)

Les raisonnements moraux ou évaluations des usages du corps à ce niveau conventionnel reflètent un sujet hétéronome utilisant son corps afin de reproduire les paradigmes du biopouvoir. En effet, les usages du corps à ce niveau visent à renforcer l'identification du sujet au paradigme culturel du biopouvoir, particulièrement dans le domaine intime et privé, et parfois aussi – bien que ce ne soit pas toujours le cas – dans le domaine public.

Principe poïético-performatif. À ce niveau corporel de concordance interpersonnelle, le sujet ne reconnaît pas sa corporalité en tant que capacité ou besoin poïético-cognitif, ni en tant que force performative de ses expériences corporelles, mais plutôt en tant que reproductrice des usages cognitifs du biopouvoir. Cette reproduction lui procure une sécurité épistémologique et se traduit par une sédentarisation ou par une absence de réflexivité.

Principe de contradiction/négation esthétique. L'expérience corporelle et le comportement sexuel de concordance interpersonnelle ne se traduisent pas par une négation corporelle du biopouvoir, mais par une reproduction de la négation de la corporalité et de la subjectivité bioénergétique, dans l'espoir de renforcer l'identification et l'appartenance du sujet à travers une fausse conscience personnalisée, qui fait office de pseudo-objectivité.

Principe de tension esthétique. À ce niveau corporel de concordance interpersonnelle, le sujet ne génère pas de liens de tension esthétique entre sa capacité poïétique de corporalité performative et l'identité que le phallogocentrisme attribue à son corps et aux usages de ce corps.

Principe d'autreté ou d'« extérieur constitutif ». À ce niveau de corporalité, les usages du corps et les comportements sexuels expriment une identité groupale du corps du sujet et de ses raisonnements moraux sur les usages du corps. Le corps et ses usages répondent à une fonction sociale déterminée : reproduire et maintenir la sécurité épistémologique interpersonnelle ; or la sécurité épistémologique est le fruit d'un syncrétisme et/ou d'une adaptation du discours du paradigme culturel du biopouvoir aux particularités d'un groupe social restreint, sociologiquement qualifié de « noyau familial » ; de sorte que, bien qu'à ce niveau de corporalité le corps soit étranger au sujet identifié au biopouvoir, celui-ci ne le perçoit pas comme étranger mais comme lui appartenant, dans la mesure où la *fausse conscience* – enculturée par le biopouvoir – lui fait croire que les usages de son corps articulateurs du biopouvoir et sédentarisateurs sont des usages qui, loin de le décorporaliser, le dignifient corporellement. Il n'est pas en mesure de voir que ces usages se traduisent par un renforcement identitaire de sa décorporalisation dans le domaine interpersonnel et privé. Dans cette perspective, les usages du corps à ce niveau conventionnel et interpersonnel n'impliquent pas chez le sujet de reconnaissance de son corps en tant qu'autreté étrangère ; en revanche, le sujet distingue clairement les usages « légitimes » (fonctionnant comme des articulateurs du paradigme culturel du biopouvoir) et les usages « illégitimes ».

Principe du matérialisme historique. Pour des raisons interpersonnelles de satisfaction et de gratification, dans ce type de corporalité conventionnelle, le sujet déjà identifié à un rôle épistémologique de l'ordre hétérosexuel, considère qu'il *fait partie* d'un groupe qui respecte les valeurs et les normes morales du paradigme phallogocentrique, et se reconnaît volontiers comme un articulateur de ce dernier.

Principe d'autonomie. Les expériences corporelles ou le comportement sexuel du niveau corporel de concordance interpersonnelle n'exercent pas d'autonomie, mais une hétéronomie et un consentement moral de la part du sujet qui se perçoit comme l'articulateur et le reproducteur des usages du corps « légitimes » ou « convenables », en vue d'un renforcement interpersonnel de son identification aux autres personnes appartenant à son groupe social, et ce jusque dans son intimité.

Principe nihiliste. L'expérience corporelle et le comportement sexuel de concordance interpersonnelle ne reflètent aucun nihilisme de la corporalité poïético-performative, mais plutôt une sédentarisation au service de la reproduction des rôles légitimes pour l'économie hétérosexuelle et le paradigme culturel du biopouvoir phallogocentrique.

Corporalité orientée vers la loi et l'ordre (2ème Niveau de corporalité conventionnelle)

Ce type de corporalité conventionnelle correspond à un usage du corps conforme aux normes légales et culturelles qui articulent – depuis l'intimité du sujet – le maintien de l'ordre social du biopouvoir phallogocentrique. La différence entre la corporalité conventionnelle interpersonnelle et celle orientée vers la loi réside dans le fait que, bien que toutes deux jouent le rôle d'articulateurs du paradigme culturel du biopouvoir, avec la première, le sujet évalue les usages du corps en fonction des « us et coutumes », des valeurs et des principes des groupes sociaux familiers et des liens interpersonnels à travers lesquels le sujet communique afin de renforcer son identification au système de sécurité épistémologique enculturé en tant que pseudo-subjectivité par le paradigme culturel du biopouvoir ; tandis qu'avec la seconde, le sujet évalue les usages du corps en fonction de principes et de valeurs morales dont la légitimité est avant tout juridique, des principes que les styles cognitifs du biopouvoir promeuvent afin de conserver, de préserver et de sédentariser l'ordre social et juridique établi. À ce niveau de *corporalité conventionnelle orientée vers la loi et l'ordre social*, les expériences sexuelles et les usages du corps sont évalués en fonction d'une justice déterminée par le biopouvoir, qui dénigre tout usage bioénergétique et poïético-performatif du corps ne jouant pas le rôle d'articulateur du paradigme culturel de ce biopouvoir phallogocentrique, et pouvant par conséquent être qualifié de « danger social » ; en revanche, ce type de corporalité conventionnelle orientée vers la loi reconnaît et valorise au plus haut point les usages du corps qui fonctionnent comme des articulateurs du paradigme du biopouvoir, dans la mesure où ils assurent sa sédentarisation comme s'il s'agissait d'un « bien social ».

Principe poïético-performatif. À ce niveau de corporalité conventionnelle orientée vers la loi et l'ordre, le sujet ne se reconnaît pas comme un sujet poïétisateur de sa corporalité et de sa sexualité performative. Il ne reconnaît pas sa corporalité comme une capacité et un besoin poïético-cognitif, mais comme un instrument d'identification sociale qui lui procure une sécurité épistémologique à la fois sur le plan public et privé.

Principe de contradiction/négation esthétiques. À ce niveau de corporalité conventionnelle, les usages du corps n'expriment pas de négation ni de contradiction vis-à-vis du paradigme culturel du biopouvoir et encore moins vis-à-vis des autorités sociales ou des styles cognitifs qui le représentent. Ce niveau de corporalité s'abstient particulièrement d'exprimer la moindre contradiction vis-à-vis des styles cognitifs qui soutiennent le biopouvoir à l'aide de discours basés sur une « objectivité légale ».

Principe de tension esthétique. À ce niveau corporel, le sujet ne génère pas de liens de tension esthétique.

Principe d'autreté ou d'« extérieur constitutif ». Le sujet qui s'identifie à ce niveau de corporalité reconnaît consciemment comme une *autreté sociale* tout groupe social n'utilisant pas le corps conformément aux normes juridiques qui sédentarisent et assurent la reproduction de l'ordre social sur lequel repose son système de sécurité épistémologique.

Principe matériel-historique. À ce niveau de corporalité conventionnelle, les usages du corps établissent vis-à-vis des styles épistémologiques, des discours et des autorités sociales représentant le paradigme culturel du biopouvoir, un lien essentiellement basé sur la *reproduction* de ce paradigme. La corporalité instrumentalisée comme articulatrice du paradigme culturel du biopouvoir n'établit aucun lien dialectique – à ce niveau conventionnel – vis-à-vis de l'ordre social, car sa relation avec le biopouvoir repose sur une identité dirigée, normée, régulée, hiérarchisée et surveillée par les styles cognitifs et par les représentants légaux chargés de l'application de la justice et des normes juridiques que le système hégémonique du biopouvoir a matérialisées sous la forme de lois, de règles et de préceptes, et enculturées sous la forme de conventions sociales déterminant les usages du corps considérés comme légitimes et ceux considérés comme illégitimes.

Principe d'autonomie. À ce niveau de corporalité conventionnelle orientée vers la loi et l'ordre, les usages du corps ne reflètent pas d'autonomie, mais une hétéronomie de l'exercice corporel du sujet en tant qu'articulateur du paradigme culturel du biopouvoir. Car bien que le sujet qui vit sa corporalité à ce niveau se considère comme autonome, il s'agit en fait d'une autonomie enculturée par la fausse conscience du paradigme du biopouvoir, qui lui assigne une liberté cantonnée à l'utilisation du corps en tant qu'instrument articulateur des rôles hétérosexuels de l'économie de différenciation épistémologique du phallogocentrisme.

Principe nihiliste. À ce niveau de corporalité, les usages du corps n'expriment aucun nihilisme, car ces usages du corps sont victimes de la sédentarisation qui caractérise les paradigmes hégémoniques des styles épistémologiques qui soutiennent le biopouvoir en tant qu'ordre social légitime et légal.

Corporalité de niveau post-conventionnel

La *corporalité de niveau post-conventionnel* repose sur l'utilisation du corps en tant qu'expression d'une quête morale – qui peut être critique d'un point de vue strictement rationnel mais aussi devenir une quête poïético-phénoménologique du sujet social –, visant à définir des principes moraux permettant d'évaluer les usages du corps, aussi bien dans le domaine public que dans l'intimité. La corporalité post-conventionnelle n'implique pas d'identification du sujet aux styles cognitifs qui promeuvent le paradigme culturel du biopouvoir, mais au contraire une réflexion critique et une contradiction vis-à-vis de la fausse conscience de ce paradigme. À ce niveau de corporalité, les usages du corps ne jouent pas le rôle d'articulateurs ou d'identificateurs du sujet au biopouvoir, mais de représentants d'une quête poïético-performative corporelle, sexuelle et de genre, parfois plus rationnelle que corporelle, mais s'inscrivant toujours dans une relation de dialectique négative entre la conscience morale et la fausse conscience du biopouvoir, ce qui permet au sujet – même s'il n'est pas toujours conscient du niveau corporel – d'élaborer une véritable réflexion. La corporalité de niveau post-conventionnel ne repose pas sur la reproduction du système de sécurité épistémologique du biopouvoir (éthique du dénigrement de la bioénergie). Il existe trois formes de corporalités postconventionnelles : la première est liée au contrat social, la seconde est orientée vers des valeurs éthiques universelles et la troisième relève de la poïétique performative. Cette dernière présente la plus forte opposition dialectique entre la subjectivité poïético-performative et le contrat social, tandis qu'au sein des deux premières, la subjectivité bioénergétique et performative reste soumise à des fonctions – à ce niveau post-conventionnel – d'articulation de la cohésion sociale.

Corporalité liée au contrat social (1er Niveau de corporalité post-conventionnelle)

Elle s'appuie sur un usage du corps déterminé en fonction du contrat social. Dans ce type de corporalité post-conventionnelle, le sujet évalue les usages du corps en fonction du rôle que leur a attribué l'enculturation en tant qu'usages contribuant à la sédentarisation, à la conservation ou à la reproduction du système de sécurité épistémologique phallogocentrique de l'économie hétérosexuelle sur lequel repose l'appartenance du sujet à une société donnée. Les usages du corps renforcent ainsi l'identité sociale du sujet en tant qu'agent et rouage important de la construction ou de la reproduction d'un objectif social qui consiste à maintenir cette forme de lien et d'organisation sociale entre les individus. Les usages du corps caractéristiques de ce type de corporalité découlent d'un « devoir être » réflexif et conscient d'un « bien commun » qualifié de « contrat social ».

Principe poïético-performatif. Dans ce type de corporalité post-conventionnelle orientée vers le contrat social hétérosexuel, le sujet ne reconnaît pas sa corporalité comme une capacité et un besoin cognitif poïético-performatif de son identité sexuelle ; de sorte que la dimension poïético-réflexive de ce niveau de corporalité dépend étroitement du paradigme culturel du biopouvoir.

Principe de contradiction/négation esthétique. À ce niveau de corporalité, les usages du corps reflètent avant tout un lien d'obéissance vis-à-vis de la normativité hétérosexuelle et de l'épistémologie phallogocentrique.

Principe de tension esthétique. À ce niveau corporel, le sujet ne génère pas de liens de tension esthétique.

Principe d'autreté ou d'« extérieur constitutif ». L'autreté ou « extérieur constitutif » de ce niveau de corporalité post-conventionnelle liée au contrat social hétérosexuel peut correspondre à toutes les identités sexuelles ou corporalités performatives.

Principe du matérialisme historique. À ce niveau de corporalité, les usages du corps reflètent un lien épistémologiquement hétérosexuel.

Principe d'autonomie. Les usages du corps liés au contrat social hétérosexuel sont avant tout ceux de la reproduction sexuelle. Or le sujet qui oriente les usages de son corps vers les besoins de reproduction hétérosexuelle ou de maintien du contrat social exerce sur lui-même une décorporalisation qui limite son autonomie au niveau de la subjectivité bioénergétique et de sa capacité cognitive poïético-performative.

Principe nihiliste. À ce niveau de corporalité, les usages du corps peuvent refléter un nihilisme esthétique si, en tant qu'articulateur du paradigme culturel du biopouvoir qui légitime un contrat social hétérosexuel, le sujet utilise son corps et vit sa subjectivité bioénergétique et sa capacité poïético-performative d'une manière qui n'entre pas dans le cadre d'une corporalité légitimée par le contrat social.

Corporalité orientée vers des principes éthiques universels (2ème Niveau de corporalité post-conventionnelle)

Au sein de ce type de corporalité post-conventionnelle, les usages du corps expriment l'adhésion du sujet à une éthique universelle. Les expériences corporelles et les comportements sexuels de ce niveau de corporalité renforcent l'identification du sujet à une éthique universelle, ce qui lui permet de prendre ses distances par rapport à la morale du biopouvoir. Cette corporalité post-conventionnelle se différencie de la corporalité liée au contrat social hétérosexuel par le fait que, tandis que les usages du corps articulateurs du contrat social servent à maintenir ou à sédentariser ce contrat en identifiant ce sujet social comme citoyen ou responsable moral d'un groupe à partir de son intimité, les usages du corps orientés vers des principes éthiques universels sont des usages moins sédentarisateurs et plus « humains », bien que cette humanisation de la corporalité dépende de ce que le paradigme épistémologique, hégémonique et culturel d'une société considère comme étant « objectivement » et « universellement » « humain ». Car il existe des styles cognitifs du biopouvoir qui enculturent des objectivités rationalistes chosificatrices de l'être humain et de son corps, comme c'est le cas par exemple de la science positiviste. Or il n'est pas rare que la corporalité post-conventionnelle orientée vers des principes universels corresponde à des principes éthiques proposés par ce genre de styles cognitifs liés au paradigme culturel du biopouvoir, reproducteurs d'une épistémologie phallogocentrique.

Principe poïético-performatif. La corporalité de niveau post-conventionnelle orientée vers des principes éthiques universels se caractérise par des usages du corps qui n'impliquent pas nécessairement de reconnaissance par le sujet de sa corporalité en tant que capacité performative et besoin poïético-cognitif. Cette reconnaissance n'a lieu que lorsque l'éthique universelle en fonction de laquelle les usages du corps sont évalués n'est un pas biopouvoir déguisé en objectivité scientifique. Ainsi, plus la dialectique entre la subjectivité bioénergétique et la subjectivité culturelle détermine la formation des principes éthiques universels, plus il y a de chances que le sujet reconnaisse sa corporalité comme une capacité et un besoin poïético-corporel.

Principe de contradiction/négation esthétique. Les usages du corps à ce niveau post-conventionnel ne reflètent pas de négation ni de contradiction vis-à-vis du biopouvoir lorsqu'ils répondent à une éthique pseudo-universelle ou qu'ils sont le fruit d'une fausse conscience correspondant à une éthique « universelle » découlant du biopouvoir. La médecine positiviste est un exemple d'éthique de fausse conscience universelle, sur laquelle s'est appuyé un système juridique pour justifier un cadre de légitimité orthodoxe limitant la marge de manœuvre corporelle de la subjectivité performative.

Principe de tension esthétique. À ce niveau corporel, le sujet ne génère pas de liens de tension esthétique.

Principe d'autreté ou d'« extérieur constitutif ». La reconnaissance de l'autreté dans ce type de corporalité post-conventionnelle dépend du type d'« universalité » légitimé par un style cognitif donné ou par le paradigme hégémonique d'une éthique « universelle » donnée, des styles et des paradigmes que l'on pourrait distinguer en fonction de leur tendance philosophique à mettre en avant les *différences* ou l'*égalité* entre les êtres humains. L'autreté ou « extérieur constitutif » de ce niveau de corporalité post-conventionnelle correspond à toutes les identités sexuelles ou corporalités performatives non reconnues ou exclues.

Principe du matérialisme historique. Dans ce type de corporalité, les usages du corps reflètent une conscience morale qui privilégie l'acceptation et l'inclusion de la diversité par rapport aux distinctions entre autretés au sein du contexte socio-historique du biopouvoir.

Principe d'autonomie. La capacité d'autonomie de l'expérience corporelle ou du comportement sexuel à ce niveau post-conventionnel de corporalité correspond à la reconnaissance par le sujet du besoin d'autonomie autopoïétique (de subjectivité performative) en tant que principe éthique universel ; c'est-à-dire à la reconnaissance de la subjectivité bioénergétique en tant que dimension fondamentale de la capacité et du besoin poïético-cognitive de tout être humain. Toutefois, le système de sécurité épistémologique peut aussi bien reposer sur des valeurs morales issues d'une fausse conscience universelle, comme par exemple celle de la science occidentale reproductrice d'une épistémologie phallogocentrique. Dans ce cas, le sujet peut atteindre dans sa corporalité un certain degré d'autonomie vis-à-vis d'un type de style cognitif lié au biopouvoir, dès lors que le paradigme culturel de ce biopouvoir est représenté par différents styles cognitifs qui enculturent la *fausse conscience du biopouvoir.* Un sujet peut alors évaluer les usages de son corps à partir d'une fausse conscience, par exemple lorsqu'il existe plusieurs styles épistémologiques du biopouvoir enculturant cette fausse conscience d'autonomie poïétique chez le sujet social : ainsi, lorsque le sujet est enculturé par un style épistémologique « A » qui s'oppose à la fausse conscience du style épistémologique « B », dans la mesure où il s'agit de deux styles épistémologiques du biopouvoir, le sujet peut ressentir un niveau d'autonomie vis-à-vis de style épistémologique « B », sans que ce soit nécessairement le cas vis-à-vis du style épistémologique « A », également lié au biopouvoir. On peut citer à titre d'exemple le cas d'un sujet qui, ayant été enculturé par l'idéologie du biopouvoir patriarcal catholique, commencerait un jour à évaluer les usages de son corps à partir du paradigme scientifique positiviste de la médecine, pour ne citer que cet exemple.

Principe nihiliste. Les usages du corps dans ce type de corporalité post-conventionnelle ne sont pas nécessairement nihilistes, mais ils peuvent l'être si l'éthique universelle avec laquelle le sujet les évalue légitime les identités sexuelles performatives et la performativité corporelle d'identités sexuelles en constante mutation.

Corporalité ecto-conventionnel ou trans-conventionnelle :
Corporalité biocritique ou d'esthétique biocritique

La corporalité biocritique esthético-politique est très proche de la corporalité de la connaissance construite (paramètre de l'autonomie-hétéronomie corporelle formulé par la psychologie de Perry-Belenky-Clinchy-Goldberger-Tarule) dans la mesure dont toutes les deux sont « *a position in which the persons view all knowledge as contextual, experience themselves as creators of knowledge, and value both subjective and objective strategies for knowing* ».[185] Tous les deux sont types de corporalité qui reflètent la plus grande autonomie poïétique chez l'individu réel en tant que sujet cognitif. Cependant, on dirais que la corporalité biocritique esthético-politique est « *a position in which the persons view all knowledge as contextual, experience themselves as [aesthétic] creators of [aesthétic] knowledge, and value both subjective and objective aesthétic strategies for knowing [: la dialectique négative]* ».[186] La corporalité biocritique esthético-politique implique poïétiser

---

[185] Field Belenki, M., Clinchy B., Goldberger N., Tarule, J., 1986 : 15.
[186] Ibid.

l'action corporelle/sexuelle avec l'inténtion esthétique de critiquer *avec* les « langages » bioénergétiques et/ou socialement abjectes du corps au sein d'un contexte socio-historique culturellement hégémonique du biopouvoir phallocentrique. En termes de l'esthétique biocritique, « tout art et toute action critique corporalisé qui se prétend esthétiquement (bio)critique doit observer :

1) Capacité esthétique d'établir des liens de contradiction esthétique avec :
• ce que l'art ou action corporelle et sexuelle critique ;
• ce *avec quoi* l'art ou action corporelle et sexuelle critique ;
• avec la position historique *à partir de laquelle* l'art ou action corporelle et séxuelle critique ;
• ce qui critique la même chose que l'art ou action corporelle et sexuelle (les autres (bio)criticismes) ; et
• ce qui sur le plan épistémologique structurel contribue à la (re)production de la sédentarisation épistémologique que l'art ou action corporelle et sexuelle critique ;

2) Capacité (et le besoin) esthétique d'une reconnaissance historique de *a, b, c, d* et/ou *e* ; et

3) Capacité (et le besoin) esthétique de générer un mouvement historique au sein de : a *a, b, c, d* et/ou *e*.

La corporalité biocritique esthético-politique est une action esthétique corporalisée et critique envers tout biopouvoir hégémonique. Elle repose avant tout sur la contradiction esthétique entre la corporalité et sexualité subjective/subjectivante du sujet humain et toute autre expression épistémologique ou forme poïético-cognitive du biopouvoir exercée sur la sphère sociale et sur l'individu dans le contexte socio-historique au sein duquel cette critique est poïétisée. Cependant, il convient de faire la différence entre la « corporalité biocritique de potentialité esthético-politique» et la « corporalité biocritique esthético-politique». Les deux sont essentiellement une contradiction entre la biocritique et le biopouvoir, une action critique corporalisée potentiellement esthétique dans un contexte socio-historique hostile à sa légitimation.

La premier (celle *biocritique de potentialité esthético-politique*) est seulement une action critique de contradiction tandis que la seconde (celle *biocritique esthético-politique*) est à la fois critique et autocritique, une action de critique esthétique corporalisée (même envers d'elle même): elle n'est pas excluante de l'art ni d'un quelconque style cognitif, mais elle se doit de critiquer le biopouvoir et de faire son autocritique. Toutes deux peuvent être poïétisées par n'importe quel sujet humain, de sorte que l'on peut facilement trouver dans la vie quotidienne de sujets appartenant à différentes sociétés de multiples manifestations exprimant une contradiction (corporelle et sexuelle) vis-à-vis des normes établies et légitimées par la société concernant le corps et l'usage du corps. Néanmoins, ces expressions de rébellion ne sont qu'une version basique de la contradiction et la potentialité esthétique présent dans la réalité socio-historique produite par lxs sujets et ne sont pas nécessairement des actions biocritiques esthético-politiques, même si elles peuvent l'être.

La « corporalité biocritique potentiellement esthético-politiques » se poïétise *dans* et *par* la corporalité et l'affirmation subjective/subjectivante corporalisée d'un sujet social qui se rebelle face aux normes corporelles légitimées par un biopouvoir qui cherche à inhiber et réduire au silence sa corporalité et sa subjectivité bioénergétique en tant que capacité et besoin poïético-cognitif, et à imposer les pulsions culturelles au détriment d'un «propre Moi », au détriment du pouvoir poietisateur d'une biopolitique antagonique des corporalités et sexualités abjectes, subjectives et subjectivantes de la production social de la réalité ; et au détriment des pulsions bioénergétiques du sujet. En d'autres termes, la corporalité biocritique de potentialité esthético-politique exprime une rébellion corporelle du sujet humain corporalisée par le sujet social face à des normes étouffantes qui ignorent ses besoins et ses capacités à créer de la connaissance à partir de son propre corps.

Par contre, la « corporalité biocritique esthético-politique » est en soi synonyme d'appropriation corporelle (*corporal empowerment* des individus). Cependant, il est indispensable que la poïésis s'appuie sur une « prise de conscience de soi-même », qu'il s'agisse d'une prise de conscience de la part du sujet qui poïétise lui-même cette contradiction, ou d'une prise de conscience du sujet social poïétisée par un style cognitif qui la reconnaisse en tant que telle. Pour qu'une pratique corporelle de rébellion vis-à-vis du biopouvoir poïétisée par l'individu soit considérée comme une action/corporalité biocritique esthético-politique, il faut que le sujet qui poïétise la contradiction vis-à-vis du biopouvoir avec sa corporalité « prenne conscience » de cette corporalité en tant que pouvoir et capacité et besoin poïético-cognitif de tout sujet humain. Dans cette prise de conscience de soi-même, le « soi-même » est la corporalité humaine en tant que capacité et besoin cognitif non seulement du sujet poïétisateur, mais aussi de tout autre sujet humain affirmé subjectivement en tant que *sujet de désir* (Foucault, 1976 et 1984) et *sujet historique* (Wittig, (1992)/2006) ; le premier étant un sujet qui s'approprie « soi-même » à travers l'affirmation de sa subjectivité corporalisée, et tous les deux un sujet qui se reconnaît en tant que co-poïétisateur de l'histoire ; les deux sens associent les dimensions *personnelle* et *politique* de l'existence corporelle du sujet social. C'est pourquoi il s'agit d'un acte d'humanisation esthético-politique du sujet social, qui se reconnaît ainsi dans n'importe quel autre sujet humain.

Dans la perspective d'une éthique marxiste, la « prise de conscience » est un acte de reconnaissance de « soi-même » et de « l'autre » en tant que sujets dont la corporalité a été « abaissée, asservie, abandonnée, méprisée » ; dans la perspective féministe de Wittig, c'est un acte de « conscience de l'oppression » :

> « La conscience de l'oppression n'est pas seulement une réaction (une lutte) contre l'oppression. C'est aussi une totale réévaluation conceptuelle du monde social, sa

totale réorganisation conceptuelle à partir de nouveaux concepts développés du point de vue de l'oppression. C'est ce que j'appellerais la science de l'oppression, la science par les opprimé(e)s. […] [il s'agit de] la pratique subjective ultime, une pratique cognitive du sujet.».[187]

De sorte que la « prise de conscience de l'oppression de soi-même » implique également un discernement des qualités épistémologiques, styles cognitifs, formes poïétiques et/ou discours représentatifs et articulateurs du paradigme culturel du biopouvoir hégémonique dans son contexte socio-historique, un biopouvoir délégitimant les capacités poïético-cognitives de l'action subjective et les pulsions bioénergétiques du sujet humain en tant que formes poïétiques abjectes et bestiales et donc menaçantes pour la pensée qui les considère comme abjectes.

D'autre part, si le sujet poïétisateur de l'acte corporel de rébellion esthétique n'est pas celui qui « prend conscience de l'oppression de soi-même », il est possible que cette contradiction corporelle soit co-poïétisée en tant que biocritique esthético-politique, par un style cognitif (quel qu'il soit) reprenant le fait réel de la rébellion poïétisée par le sujet humain, et la dévoilant en tant que contradiction esthétique vis-à-vis du biopouvoir à travers le langage du style cognitif en question.

Il existe de nombreux exemples de styles cognitifs ayant participé à ce type de co-poïétisation de la corporalité biocritique potentiellement esthético-politique à l'aide de leur langage spécialisé caractéristique : les arts, la littérature, la poésie, les sciences, etc. De manière plus spécifique, on pourrait mentionner les recherches en épistémologie, en sciences sociales, en sociologie, en anthropologie, en psychologie, en sciences politiques, etc., et notamment les perspectives épistémologiques poststructuralistes, matérialistes, féministes, *queer* et dialectiques telles que l'esthétique de l'art biocritique, portant sur les questions des corporalités abjectes, sur le genre et sur la sexualité et revendiquant

---

[187] Wittig, (1992)/2006: 41.

la corporalité humaine subjectivante (parfois bioénergétique) en tant que capacité poïético-cognitive d'affirmation subjective du sujet humain en tant que sujet social.

Dans le cas des sciences, il s'agit d'une co-poïétisation interprétative de la rébellion corporelle ; dans celui des arts, d'une co-poïétisation artistique de cette rébellion. Dans le cas de l'*art biocritique*, l'expérience de corporalité rebelle est poïétisée par le sujet humain « conscient de l'oppression de lui-même » dans le contexte historique d'un bipouvoir hégémonique et conscient de sa pouvoir de poïétisateur corporel d'une biopolitique antagonique à travers d'une œuvre d'art qui critique le biopouvoir hégémonique (le phallocentrisme), générant aussi une « prise de conscience de soi-même » chez le spectateur de l'œuvre d'art qui se reconnaît co-poïétisateur d'un mouvement historique impulsé par cette œuvre.

On peut donc en conclure que la corporalité biocritique esthético-politique n'est pas seulement une contradiction vis-à-vis du biopouvoir hégémonique, c'est aussi et surtout un mouvement esthétique de dialectique negative *esthétique* au niveau historique, ce qui signifie qu'elle (l'action biocritique esthético-politique) est à la fois critique et autocritique et genere un mouvement dans l'histoire même (de l'art ou de la société) à travers la vitalisationdes tensions entre biopouvoir et actions biocritiques et biopolitqiues antagoniques. Un exemple d'action biocritique esthético-politique poïétisée par l'*art biocritique* est une biocritique dont les qualités bioénergétiques entrent en contradiction avec les qualités épistémologiques privilégiées par le biopouvoir dans un contexte socio-historique réprouvant ou soumettant les pulsions bioénergétiques et l'affirmation subjective du sujet social qui vitalise la co-poïésis d'un ideal-type de *sujet esthético-politique*. Outres exemples spécifiques sont ceux des actes de révolte des personnages littéraires dans l'œuvre de Borges :

> « Par leurs actes de révolte, Emma et Tadeo donnaient vie au sujet esthétique dans la mesure où ces actes impliquaient – nécessairement – une « action matérielle ou immatérielle menée avec effort et vigueur qui semble

surpasser les forces naturelles [et sociales ; leur capital social et culturel] »... »

Principes esthétiques de la corporalité biocritique ou d'esthétique biocritique

La corporalité biocritique esthético-politique peut être définie par les sept principes ontologiques de l'*art biocritique* découlant de l'esthétique dialectique adornienne : *principe poïético-performatif ; principe dialectique ou de contradiction et de négation esthétique ; principe de tension esthétique ; principe d'autreté ou de l'« extérieur constitutif » ; principe du matérialisme historique ; principe d'autonomie ; principe nihiliste :*

Principe poïético-politique ou poïético-performatif dans la corporalité biocritique. Au sein de l'expérience ou du comportement sexuel caractéristique de la corporalité biocritique esthético-politique, le sujet poïétisateur se reconnaît comme un agent *poïético-performative* et critique vis-à-vis du processus de production sociale des principes et des valeurs morales qui servent à évaluer les usages du corps. Or si le sujet se reconnaît comme un agent critique et non comme un reproducteur ou un articulateur du paradigme culturel du biopouvoir, c'est bien parce qu'au départ il reconnaît dans sa corporalité la capacité et le besoin cognitif de tout sujet par poïétiser une réalité antagonique au biopouvoir. L'expérience ou comportement sexuel caractéristique de la corporalité biocritique esthético-politique est l'expression de l'esthétique de dialectique négative entre esprit performatif, pulsions bioénergétiques et culture corporelle, liés entre eux mais autocritiques.

Au sein de la corporalité biocritique esthético-politique les usages du corps sont clairement esthético-politiques et d'affirmation subjective, aussi bien dans le domaine public que dans la sphère privée, et ils sont le fruit de la force performative du discours d'un « moi » propre et de la conscience de l'oppression (dont l'expérience personnelle est politique) de tout « extérieur constitutif » produit par la sédentarisation épistémologique des (bio)pouvoirs hégémoniques ; une conscience de l'individu en tant que *sujet historique* et *sujet du désir*. En tant que *sujet historique*, dans ce type de corporalité, l'expérience et le comportement sexuel du sujet reflètent clairement une reconnaissance par ce sujet de sa corporalité en tant que besoin et capacité poïétique-cognitive ; en tant que *sujet de désir*, dans ce type de corporalité, l'expérience et le comportement sexuel du sujet reflètent plutôt une conscience de l'individu en tant que fraction du cosmos, de la nature en tension esthétique avec l'anthropocentrisme de la pensée occidentale, y compris celui du poststructuraliste. Étant donné que pour l'esthétique de l'*art biocritique*, la corporalité biocritique est une manifestation de la capacité poïético-cognitive et d'affirmation de la subjectivité du sujet – qui enchaîne l'imagination (l'idée), la matière (le corps) en langage (la corporalité) –, il en résulte que déconstruire une corporalité potentiellement esthétique implique que l'on parte du principe que cette expérience ou corporalité de l'individu réel constitue la *forme* épistémologique de participation poïétique de l'individu à son processus de production rebelle vis-à-vis du rôle d'articulateur et de reproducteur de la sédentarisation épistémologique des paradigmes du biopouvoir hégémonique ; le principe poïético-politique de la corporalité biocritique esthético-politique est donc la caractéristique d'un sujet critique, d'un sujet esthétique naturellement enclin à manifester ses capacités et/ou ses besoins poïético-cognitifs comme des affirmations subjectives corporalisées.

Principe dialectique ou de contradiction et de négation esthétique dans la corporalité biocritique. La corporalité biocritique esthético-politique nie non seulement les usages assignés au corps par le paradigme culturel du biopouvoir, mais aussi les usages découlant de la subjectivité bioénergétique, il s'agit donc d'une corporalité composée d'expériences qui critiquent et font leur autocritique, liées entre elles et vis-à-vis du biopouvoir par une contradiction esthétique.

Au sein de la corporalité biocritique esthético-politique les usages du corps d'un niveau post-conventionnel de corporalité poïético-performative impliquent une négation et une contradiction vis-à-vis du paradigme culturel du biopouvoir phallogocentrique, dès lors qu'il s'agit d'usages découlant d'une subjectivité performative potentiellement esthétique qui permet au sujet de s'approprier son corps. Au sein de cette corporalité, l'expérience d'esthétique biocritique est un processus de production de connaissance antagonique, une connaissance qui s'oppose, qui nie, contredit et critique le processus de production de connaissance hétéronome au sein duquel la participation et la fonction légitime et morale du sujet social est réduite à celle d'*articulateur* du paradigme culturel du biopouvoir. Par exemple, les témoignages des œuvres de l'*art biocritique* qui invitent des participants volontaires à offrir ces témoignages physiques et oraux de leur plaisir sexuel reflétant leur appropriation corporelle, constituent une critique esthétique du modèle épistémologique dominant de sexualité en Occident, dans la mesure où ils proposent et prônent une poïésis corporelle de la contradiction esthétique entre la subjectivité bioénergétique et la *fausse conscience* ou pseudo subjectivité du biopouvoir, générant une tension vis-à-vis de a) *ce que* critique l'art critique ; b) *ce avec quoi* l'art critique ; c) la position *à partir de laquelle* l'art critique ; d) *ce qui critique la même chose* que l'art (les autres criticismes) ; et f) ce qui sur le plan structurel *contribue à la (re)production de la sédentarisation épistémologique* que l'art critique.

Principe de tension esthétique dans la corporalité biocritique. La corporalité politico-esthétique établit des liens de tension esthétique vis-à-vis de la normativité du biopouvoir à travers une biopolitique antagonique corporalisée par les corps et les sexualités subjectivantes et abjectes. La corporalité biocritique esthético-politique établit des liens de tension esthétique vis-à-vis de la normativité du biopouvoir (*ce que* critique l'art) mais aussi vis-à-vis d'elle-même (*ce avec quoi* l'art critique), de la critique subjectivée (la position *à partir de laquelle* l'art critique), ainsi que vis-à-vis d'autres critiques, actions critiques individuelles ou criticismes collectifs, styles cognitifs, langages structurés ou non qui critiquent également le biopouvoir phallocentrique (*ce qui critique la même chose* que l'art); elle établit également des liens de tension esthétique vis-à-vis de certaines actions acritiques individuelles ou criticismes collectifs, styles cognitifs, langages structurés ou non, qui articulent, légitiment, reproduisent et sédentarisent épistémologiquement les paradigmes du biopouvoir phallocentrique (ce qui sur le plan structurel *contribue à la (re)production de la sédentarisation épistémologique* que l'art critique).

Principe d'autreté ou d'« extérieur constitutif » dans la corporalité biocritique. L'expérience ou comportement sexuel caractéristique de la corporalité politico-esthétique exprime une reconnaissance par le sujet de toute autreté sociale et corporelle, que celle-ci découle ou non du biopouvoir. Il s'agit d'une corporalité au sein de laquelle le sujet s'approprie son corps en tant que forme cognitive ou moyen d'exploration et de production de connaissance, ce qui ne signifie pas pour autant que le sujet croie tout connaître de son corps. C'est pourquoi l'expérience ou le comportement de la corporalité politico-esthétique est l'expression de l'appropriation de la *corporalité comme moyen de connaissance*, plutôt que de la *connaissance du corps* ; ainsi, le sujet qui la vit reconnaît partiellement son corps comme une autreté, dans la mesure où il se propose de continuer à le découvrir et d'apprendre à le connaître à travers sa propre expérience corporelle, réflexive et performative.

Au sein de la corporalité biocritique esthético-politique les usages du corps reflètent l'affirmation subjective corporalisée des identités sexuelles en tant qu'appropriation corporelle performative de « soi-même ». L'autreté ou « extérieur constitutif » de ce niveau de corporalité trans-conventionnelle correspond à toute identité sexuelle ou corporalités non esthétiquement performatives, et/ou reproductrices de la différence phallogocentrique et de l'exclusion de l'économie hétérosexuelle. Pour l'esthétique de *l'art biocritique*, la corporalité – observée dans chaque comportement ou pratique sexuelle et corporelle du sujet social – implique un certain niveau de communication entre le sujet et son corps, ainsi qu'entre le sujet corporel et l'autreté matérielle, corporelle et symbolique. Dans le phallocentrisme hégémonique de la pensée occidentale (y compris chez les reproducteurs involontaires de sa sédentarisation épistémologique tels que l'épistémologie structuraliste) les « extérieurs constitutifs » sont les identités sexuelles d'affirmation subjective, celles du « Non-être » (la femme et « les corps qui ne comptent pas », considérés comme inférieurs) ou celles du « Non-être exclu » : les identités LGBTyTI (Lesbienne, Gay, Bisexuel, Transsexuel, Transgenre, Travesti et Intersexuel) « les corps qui ne comptent pas considérés comme des « extérieurs constitutifs » de l'économie hétérosexuelle phallocentrique. Pour les pensées critiques envers le modèle phallocentrique (par exemple les féminismes ou les poststructuralismes et parfois l'*art biocritique*), l'« extérieur constitutif » peut être le produit d'une vision anthropocentriste, pas toujours résolue.

Ainsi, pour l'esthétique biocritique esthético-politique, les corporalités abjectes d'une biopolitique antagonique liées au plaisir autoérotique sont, en tant qu'expériences corporelles biocritiques esthético-politiques critiques envers l'anthropocentrisme, l'expression d'un lien d'appropriation corporelle entre le sujet et son propre corps ainsi que d'une forme de rencontre entre son corps et les autres corps de la nature (en dehors des constructions sociales), tels que ceux des animaux, des plantes, du cosmos ; de sorte que moins la corporalité paraîtra étrangère au sujet, plus celui-ci la reconnaîtra comme a) une capacité et un besoin poïético-cognitif personnel critique envers la construction sociale de la *fausse conscience* de subjectivité hétéronome ; b) une capacité et un besoin poïético-cognitif de *l'autreté* vivante (la nature) ; c'est dans cette mesure et à cette condition que le corps semblera moins « autre » pour le sujet, et que le concept de « bête » revêtira un sens d'égalité entre être humain et être animal, végétal ou astrologique, l'humain n'étant qu'une petite fraction de la nature et du cosmos. Cela signifie qu'au sein d'une expérience biocritique esthético-politique, le sujet s'approprie sa corporalité en tant que forme poïético-cognitive grâce à laquelle il peut atteindre un certain degré d'autonomie dans son rapport à son corps et à celui de la construction sociale phallocentrique.

Principe du matérialisme historique dans la corporalité biocritique. Au sein de la corporalité biocritique esthético-politique – correspondant au type de rationalité trans-conventionnelle – les usages performatifs potentiellement esthétiques du corps reflètent une conscience de l'historicité de la performativité du corps et de la normativité phallogocentrique, ou tout au moins une conscience de l'historicité de l'abjection envers certaines corporalités et identités sexuelles. Pour l'esthétique biocritique, les corporalités abjectes sont des corporalités biocritiques esthético-politiques en raison de l'historicité de l'abjection dont elle font l'objet, une abjection construite socialement : « *La définition de ce qu'est* [la corporalité (sexuelle) biocritique esthético-politique] *est toujours donnée à l'avance par ce qu'*[elle] *fut autrefois* [l'historicité et la construction sociale des corporalités abjectes], *mais n'est légitimée que par ce qu'*[elle] *est devenu(e), ouvert(e) à ce qu'*[elle] *veut être et pourra peut-être devenir* ».[188]

Principe d'autonomie dans la corporalité biocritique. Le comportement sexuel caractéristique de la *corporalité biocritique esthético-politique* est une expérience performative d'appropriation corporelle du sujet. À travers cette expérience poïético-performative de sa sexualité, le sujet exerce sa corporalité en tant que capacité et besoin cognitif qui lui permet d'être un sujet autopoïétique assumant les identités performatives liées aux usages de son corps. Ces expériences d'autopoïésis au sein desquelles le sujet reconnaît le corps comme une voie et une source de connaissance, et sa corporalité et subjectivité bioénergétique comme un besoin et une capacité poïético-cognitive, sont des expériences qui permettent au sujet d'exercer une véritable autonomie poïétique vis-à-vis du paradigme culturel du biopouvoir. Toutefois, cette autonomie ne

---

[188] Adaptation de la citation d'Adorno concernant l'art, (1970)/2004 : 11.

représente qu'un moment dans la vie du sujet poïétisateur et non un état poïétisé et acquis une fois pour toutes, car l'autonomie poïétique et les identités performatives esthétiques impliquent une autocritique et une négation de la sédentarisation, de sorte que cette corporalité ne peut être considérée comme une création totale et définitive, ni comme une libération ou une indépendance absolue et/ou définitive du sujet vis-à-vis de l'ordre social du biopouvoi.

En tant que rationalité trans-conventionnelle, la corporalité biocritique esthético-politique est l'expression de la capacité émancipatrice du sujet social en tant que sujet poïétiquement esthétique, un type de *sujet de désir* affirmé subjectivement, et en même temps de *sujet historique* (co-poïétisateur de la transformation sociale) ; il s'agit par conséquent de l'expression corporelle exerçant le plus haut niveau d'autonomie poïétique caractéristique des identités sexuelles fruit de l'affirmation subjective. La problématique d'autonomie poïétique chez le sujet social identifié au phallocentrisme est une problématique d'aliénation épistémologique de l'individu enculturé par un paradigme culturel du biopouvoir plaçant le sujet dans une situation de soumission épistémologique qui l'empêche de participer à la production sociale de son *propre moi* en délégitimant la voie épistémologique expérimentale et phénoménologique, ainsi que la réflexivité acquise à travers l'expérience subjective, corporelle et issue des pulsions bioénergétique. Pour Adorno, la poïésis de l'autonomie ou la poïétique de l'émancipation à travers la critique esthétique renvoie à une émancipation du sujet par le sujet, à laquelle celui-ci aspire poïétiquement à travers une dialectique nécessaire vis-à-vis de la réflexivité de l'esprit. Dans cette optique, toute expérience sexuelle ou corporelle biocritique esthético-politique représente chez le sujet la capacité corporelle de poïétiser des expériences d'autonomie ou d'émancipation vis-à-vis de l'hétéronomie poïétique enculturée par le biopouvoir, des expériences qui permettent au sujet social de sentir qu'il est un sujet *esthétique, de désir* et *historique* (co-poietisateur de l'histoire dès son propre corporalité et sexualité subjectivantes). Si l'on se souvient que pour Adorno, l'esthétique de l'art est synonyme de critique, et que le criticisme dans l'art est synonyme de spiritualisation de la dialectique négative entre praxis et esprit, on peut en déduire – par analogie – que le sujet esthétique est un sujet critique, dont l'esthétique dépend de sa capacité critique au sein du processus de production et de reproduction sociale de son identité. Car tout sujet est une construction épistémologique et cultural-sociale, et son émancipation repose sur sa participation poïétique au processus en question, à travers des usages du corps qui reflètent une corporalité poïétiquement autonome vis-à-vis de la sédentarisation épistémologique ou cognitive.

Ainsi, le principe d'autonomie poïétique appliqué au sujet social est-il, comme dans l'art, une aspiration poïétique et une incessante quête de liberté, un objectif poïétique susceptible de générer une loi de mouvement formée d'expériences esthétiques enchaînées. Mais alors, l'autonomie poïético-cognitive est-elle une expérience rationnelle ou corporelle ? Ni l'une ni l'autre, ou plutôt les deux (parfois à la fois), en tant qu'expériences enchaînées par des liens de contradiction esthétique. On pourrait conclure en faisant un parallèle avec d'autres autonomies renvoyant à ce type d'esthétique critique, telles que le *sujet réflexif* de Castoriadis (1990 y 1997), le concept de *lecteur critique* de Derrida[189], le *sujet discontinu et inachevé* de Butler, le *sujet de désir* de Foucault (1976 et 1984), le *sujet historique* de Wittig, le *Prométhée* de Marx, l'interprétation que fait Hinkelammert (2005) du concept marxiste du *sujet corporel avec des besoins,* ou encore le *sujet esthétique* de *l'art biocritique* offrant son témoignage de corporalité biocritique esthético-politique.

Principe nihiliste dans la corporalité biocritique. L'expérience ou comportement sexuel caractéristique de la *corporalité biocritique esthético-politique* est nécessairement nihiliste en soi

---

[189] Le *lecteur critique* de Derrida est une version du sujet autonome, faisant preuve d'une qualité poïétique d'émancipation esthétique, un interlocuteur compétent pour la discussion et la communication post-conventionnelle, capable de se considérer comme un sujet épistémologiquement poïétique. (Cohen & Dilon, 2007).

et dans ses liens de contradiction vis-à-vis de l'autreté. En tant qu'un type de rationalité trans-conventionnelle, la corporalité biocritique esthético-politique est l'expression des usages du corps établissant de véritables liens de négation et de contradiction esthétique vis-à-vis du biopouvoir, mais il faut avant tout que les usages en question établissent des liens de contradiction *entre eux*. Cette forme de communication entre les expériences et les comportements sexuels du sujet constitue la loi de mouvement de toute corporalité biocritique potentiellement esthétique dans un contexte de biopouvoir hégémonique ou de sédentarisation épistémologique. Pour expérimenter la corporalité biocritique esthético-politique, non seulement il est nécessaire d'établir un lien de contradiction corporelle vis-à-vis du biopouvoir – ce qui implique une attitude critique vis-à-vis de ce paradigme –, mais il est aussi ontologiquement nécessaire que l'expérience postérieure à cette contradiction soit une nouvelle critique, autrement dit que la critique soit une loi de mouvement de dialectique négative qui s'alimente du criticisme parce qu'elle est produite par le criticisme, ce qui donne une continuité à la spirale dialectique à travers une constante contradiction esthétique. En revanche, une loi de mouvement sans négation esthétique serait une loi de mouvement sans autocritique, qui mènerait – que ce soit dans le domaine de l'art ou dans le processus de production sociale du sujet ou de l'esprit – à l'annulation totale du processus esthétique.

Le nihilisme esthétique de la corporalité biocritique esthético-politique renvoie à une émancipation esthétique qui cherche à échapper à la chosification. La chosification de l'esthétique adornienne appliquée au sujet social se traduit par une *fausse conscience*, quelque chose comme une vie spirituellement étrangère, une sorte d'artefact au sein de l'art ou de « faux soi-même » chez le sujet. Car bien que les contenus se transforment au fil de l'histoire, les formes corporelles de construction demeurent : ce sont les outils sociaux les plus dangereux de la chosification (décorporalisation) du sujet, des formes épistémologiques (les usages du corps) qui finissent par être construites socialement en tant que culture cognitive que l'art et les sujets traînent comme un boulet, dans l'illusion que ces formes de création leur permettront un jour de se réaliser et d'atteindre la liberté. De telles expériences laissent généralement une sensation de vide chez le sujet après la praxis ; c'est par exemple le cas de l'imaginaire collectif contemporain des sociétés occidentales consuméristes, qui confondent le bonheur avec la capacité et l'exercice d'une consommation prédéterminée dans sa forme et son contenu, ou encore d'une vision du plaisir sexuel en tant que possession de l'autre dans l'esprit des sociétés patriarcales phallocentriques.

Le principe nihiliste appliqué à la corporalité et à la sexualité du sujet social des sociétés de la modernité tardive implique la reconnaissance par le criticisme de l'art biocritique du fait que la sexualité et la corporalité d'un sujet n'est ni une conquête ni une construction cognitive définitive pouvant être évaluée quantitativement par le nombre d'expériences critiques ou esthétiques du sujet ou de l'art concerné. Car l'esthétique biocritique esthético-politique se définit par le fait qu'une expérience esthétique est toujours l'ennemie mortelle d'une autre. Ainsi, pour l'esthétique biocritique de l'art biocritique, le nihilisme en tant qu'esthétique d'une expérience corporelle et sexuelle repose sur le fait que celle-ci ne correspond pas à un état ou à une caractéristique que le sujet attribue à sa corporalité une fois pour toutes, bien au contraire : une expérience biocritique esthético-politique n'est qu'un *moment poïétique* dans la vie du sujet, fruit de la critique envers le biopouvoir ou de l'autocritique.

Dans le même ordre d'idées, un sujet esthétique ne vit pas un cycle de vie mais une spirale de vie ; car « *au propre concept d'art est mêlé le ferment de sa suppression* ».[190] Ainsi, la formule de George Brassens : « *Et c'est la mort, la mort toujours recommencée* » semble faire écho à cette logique des moments de mort nécessaires à l'ontologie du sujet esthétique. Il en va de même de l'existence de l'art biocritique et du sujet esthétique : tout *idéal-type* qui répond à l'esthétique critique (dialectique négative

---

[190] Adorno, (1970)/2004 : 13

adornienne) s'alimente nécessairement de moments de mort, qui ne constituent jamais la mort de l'ensemble du processus, mais la mise à mort de moments esthétiques par d'autres moments esthétiques.

Le principe nihiliste du sujet esthétique repose sur les trois observations suivantes :

1) *Le nihilisme esthétique du idéal-type de sujet esthétique dans l'art biocritique renvoie au nihilisme de ses critiques*, en tant que moments d'autonomie, de liberté et d'émancipation obtenus grâce au criticisme. Le nihilisme esthétique de la dialectique négative est, pour l'art biocritique comme pour le sujet esthétique, une nature et une source de dynamisme ; il ne correspond ni à la disparition totale de l'art ni à la mort corporelle su sujet, mais bien à l'acceptation mortelle de l'action critique par une autre action critique, de la potentialité esthétique des actions et des corporalités critiques.

2) La mort esthétique de l'action biocritique dans l'art est un processus de chosification qui commence avec la chosification de la contradiction et tension vitalisées par l'action biocritique même ; se propage ensuite au reste des éléments du processus artistique, et finit par chosifier tout le criticisme. Jorge Luis Borges n'a-t-il pas écrit : « La mort est une vie vécue. La vie est une mort qui arrive » : le nihilisme esthétique de la dialectique négative est en accord avec cette définition poétique du processus absolu de l'existence d'un individu, et particulièrement dans cette perspective qui souligne le caractère ontologique expérimental de l'individu : la mort est une critique vécue (un moment d'émancipation, de liberté et d'autonomie, la victoire de la critique esthétique, la poïétique d'un esprit rebelle qui exerce le criticisme). Donc, l'émancipation est toujours une critique qui arrive. Puis dans l'art biocritique, un art fait des actions biocritiques de l'artiste ou sujets sociaux, la vie esthétique de l'art est la vie de l'expérience esthétique du sujet social. Adorno lui-même qualifie littéralement de « mortelles » les critiques représentées sous la forme d'œuvres d'art : « Les œuvres d'art, qui sont des produits

humains et mortels, disparaissent d'autant plus rapidement qu'elles s'acharnent à perdurer. »[191]

Le nihilisme esthétique de la dialectique négative est, en tant que moment, périssable, ce qui confère un caractère périssable à l'esthétique des critiques corporalisées à travers le criticisme. Pour Adorno, il n'existe tout simplement pas d'art sans criticisme au sein du processus artistique, il s'agit donc d'une caractéristique fondamentale pour comprendre le caractère vital qu'insuffle la thanatologie des critiques au processus lui-même. Cela ne signifie en aucun cas que le processus artistique soit un processus cyclique : en effet, lorsqu'un processus artistique commence à montrer les signes d'un mouvement cyclique, on peut au contraire considérer qu'il est en voie de chosification.

Il apparaît clairement que le processus artistique d'u art critique (comprenant celui biocritique) est un processus composé de moments formant une spirale sans orientation précise, mais en constante dialectique négative, ce qu'Adorno qualifie dans le domaine de l'art d'existence « in actum », en action, en mouvement : « *Les œuvres d'art ne sont ce qu'elles sont que "in actum", car leur tension ne conduit pas à l'identité pure vis-à-vis de tel ou tel pôle* »[192]. De sorte qu'aussi bien les moments de mort que les moments de liberté ou d'autonomie ne sont que cela : des moments, tout simplement, que l'art biocritique ne doit ni désirer ni essayer de conserver une fois pour toutes. Car la sédentarisation et le désir de s'approprier ces moments constituent le premier germe de la choséité. On peut également trouver dans la citation d'Adorno trois éléments fondamentaux pour comprendre par analogie l'épistémologique esthétique qui émancipe le sujet esthétique avec ses actions esthétique (il comprenant celles biocritiques) : l'action, la tension et l'existence de pôles au sein du processus d'émancipation.

En ce qui concerne le sujet esthétique, de même que l'art esthétique et celui biocritique, il renonce à son existence esthétique

---

[191] Adorno, (1970)/2004 : 237.
[192] Adorno, (1970)/2004: 236.

dès lors qu'il renonce au criticisme esthétique de dialectique negatuve entre actions esthétiquement (bio)critiques. Car l'émancipation d'une (bio)critique est toujours une autonomie poïético-cognitive périssable chez le sujet, à laquelle le processus épistémologique devra répondre ou essayer de répondre avec une autre (bio)critique, afin d'assurer la continuité de l'humanisation esthétique, et de continuer à être un processus émancipateur du sujet, c'est-à-dire un processus d'émancipation esthétique.

3) Seul le nihilisme esthétique de la dialectique négative, celui de la critique-autocritique, libère l'art critique et biocritique de la chosification de ses critiques actuelles et de celles qui l'ont émancipé par le passé ; ce qui, appliqué à la production épistémologique d'un sujet esthétique, se traduirait dans les termes suivants : seul le nihilisme esthétique de la dialectique négative – mortalité des critiques du sujet – peut éviter au sujet émancipé de se sédentariser dans son émancipation. Il en ressort que la nature périssable que partagent les moments de biocritique et les expériences de liberté et d'autonomie est précisément ce qui leur permet de s'inscrire – sous l'impulsion de leur propre tendance périssable – dans un processus de décomposition susceptible de les contredire. Ainsi, face à cette tendance, à cette nature périssable des moments d'autonomie produits par les actions biocritiques émancipatrices, il n'existe pas d'autre antidote qu'une autre biocritique. Car la sédentarisation d'un esprit commence lorsque le sujet croit naïvement, par exemple, qu'une action bio critique ou un type d'action biocritique peut conserver sa capacité émancipatrice parce qu'elle a démontré son efficacité une fois pour toutes.

Elle implique la réflexivité du sujet, et reflète une capacité de critique corporalisée. Les usages du corps qui caractérisent cette corporalité du niveau ecto-conventionnel o trans-conventionnel de la corporalité sont toujours un choix du sujet conscient de ses capacités et de ses besoins poïético-corporels. Ce niveau de corporalité reflète la capacité et le besoin poïético-cognitif du sujet de déconstruire le système de sécurité épistémologique qui l'a identifié au paradigme culturel du biopouvoir. Cette corporalité est l'expression de l'affirmation subjective et de l'appropriation corporelle du sujet, et elle se différencie de la corporalité subjective par le fait que les usages du corps sont évalués par le sujet sur la base d'une éthique esthétique qui reconnaît l'usage esthético-politique prépondérant de sa subjectivité et de ses pulsions bioénergétiques « abjectes » en tant que capacité poïético-cognitive et esthético-politique de forger sa propre identité sexuelle et en tant que force politico-performative de transformation sociale (mouvement esthétique).

CHAPITRE 4
Déconstruction esthétique de l'Œuvre multiorgasmique collective.

———

L'objectif de cette déconstruction esthétique de l'Œuvre multiorgasmique collective est de mettre en évidence d'une manière structurée que l'*art biocritique* est un art critique, dans la mesure où ses poïésis génèrent des liens de tension esthétiques entre elles et vis-à-vis de leur contexte socio-historique, artistique et épistémologique.

La principale hypothèse sur l'*art biocritique* de l'Œuvre multiorgasmique peut être résumée de la manière suivante :

Au niveau structurel, les poïésis corporelles de l'*art biocritique* sont constituées de différents enchaînements de critiques envers les aspects sociaux, artistiques et épistémologiques impliqués dans la construction sociale de la séquestration épistémologique et de l'abstraction de l'expérience. Cet art génère une tension artistique car en plus d'être critique, il est autocritique, c'est-à-dire qu'il s'émancipe y compris de sa propre poïétique émancipatrice.

Au niveau de l'expérience individuelle recueillie dans les témoignages des corporalités abjectes de l'Œuvre multiorgasmique, cet art génère une tension épistémologique vis-à-vis de la vision abjecte de certaines corporalités véhiculée par le paradigme philosophique du phallogocentrisme occidental, dont il critique la sédentarisation épistémologique et la logique de différenciation hétérosexuelle excluante, comme il critiquerait n'importe quel paradigme issu de n'importe quel style cognitif qui en participant à la construction sociale du sujet social tendrait à le dominer et à lui imposer son hégémonie culturelle afin de contrôler ses capacités et ses besoins poïético-cognitifs corporels et sexuels.

Le présent chapitre permettra d'analyser les résultats de l'application de la déconstruction psychologique des liens de tension esthétique au sein de l'Œuvre multiorgasmique.

RECUEIL D'INFORMATION ET DESCRIPTION GENERALE DE l'Œuvre multiorgasmique collective

Le procédé qui consiste à recueillir de l'information en vue de la déconstruction esthétique de l'Œuvre multiorgasmique collective se contente de rassembler des descriptions du processus poïétique et des témoignages déjà créés ou co-créés par l'artiste au cours du processus créatif de l'œuvre d'art à déconstruire. Dans ce type de déconstruction, le critique ou déconstructeur de l'œuvre ne s'occupe à aucun moment de la création des témoignages ni de la recherche de volontaires à cette fin : la première étape du travail déconstructif se réduit à identifier les moments esthétiques qui composent le processus créatif de l'expérience et à recueillir les témoignages (oraux ou corporels) qui ont été utilisés comme matériel créatif par cette œuvre.

Les campagnes multiorgasmiques

La poïésis artistique et esthétique de l'Œuvre multiorgasmique collective ne commence pas avec l'élaboration du matériel créatif comme telle, mais avec l'*intention* même d'utiliser (pour l'artiste) et d'offrir (pour le public de la Campagne multiorgasmique) des témoignages sur l'appropriation corporelle de corporalités « abjectes », à des fins esthétiques mais aussi et surtout afin de critiquer le phallogocentrisme qui les dénigre.

La première Campagne multiorgasmique a été réalisée à Paris au cours du printemps et de l'été 2006. La seconde a eu lieu à Guadalajara, au Mexique, au cours de l'année 2007. La troisième a donné lieu à une exposition et à une conférence à l'occasion du Congrès latino-américain et caribéen de Sciences sociales organisé à Quito en 2007 par la Faculté latino-américaine de Sciences sociales en Équateur. La quatrième campagne a été réalisée à l'occasion d'un Congrès international organisé à Strasbourg en avril 2008 par l'Association inter-hospitalo universitaire de Sexologie (AIHUS) et par la Société française de Sexologie clinique (SFSC). Ces campagnes incluaient des expositions de témoignages de l'Œuvre multiorgasmique collective et étaient relayées par différents moyens de diffusion tels que des affiches et des dépliants distribués dans des lieux publics (bars, campus et cités universitaires, centres de conventions, bureaux de poste, etc.) ; certaines de ces campagnes ont également fait l'objet d'une diffusion sur Internet, à l'aide de courriers électroniques, de blogs, etc. (à l'exception de celles réalisées dans le cadre des Congrès, en raison de leur courte durée). Voici quelques exemples des premiers dépliants et affiches utilisés dans le cadre de ces campagnes.

Les campagnes ont permis de recueillir la participation de 41 volontaires, chacun d'entre eux ayant fourni au moins un témoignage physico-corporel (un échantillon de sperme ou de fluide vaginal) et un témoignage oral portant sur son histoire personnelle et sur la poïésis de son expérience en tant que volontaire participant à l'Œuvre multiorgasmique collective.

Les témoignages corporels de l'Œuvre multiorgasmique collective

Les différents appels de la Campagne multiorgasmique ont ainsi permis de recueillir plus de 50 témoignages corporels (car certains participants ont offert plus d'un témoignage physique à l'artiste) présentant différentes caractéristiques : certains étaient présentés dans des flacons de verre réutilisés comme récipients afin de recueillir un peu de sperme ; d'autres – la grande majorité

– étaient constitués de mouchoirs ou de serviettes en papier, ou encore de papier-toilette provenant de toilettes publiques ou d'un domicile, tous ces papiers jetables ayant servi à recueillir du sperme ou du fluide vaginal, la plupart du temps sous la forme d'une tâche au centre. Il y eut également quelques supports différents tels que des bas en nylon (sans tâche de sperme) présentés comme des objets fétiches ayant servi à provoquer l'excitation sexuelle.

La plupart des témoignages physico-corporels ont été remis à l'intérieur d'une enveloppe en papier, certains dans des enveloppes postales de taille standard (environ 10 x 23cm), d'autres dans de plus grandes enveloppes (environ 34 x 23cm), d'autres enfin dans des enveloppes improvisées confectionnées à l'aide de feuilles de cahiers. Tous ces témoignages ont été remis et présentés à l'occasion de l'entretien oral et utilisés par la suite comme matériel créatif dans l'élaboration plastique de l'Œuvre multiorgasmique collective, qui est composée de différentes peintures à l'huile réalisées au pinceau sur les différents papiers jetables. Dans tous les cas, l'artiste a peint autour de la tâche, en prenant soin de ne pas peindre par-dessus, laissant même une aura autour de celle-ci. Cette information iconologique appliquée par l'artiste sur la composition déterminée dans un premier temps par le volontaire ou volontaire du témoignage fait par la suite l'objet d'une discussion dans le cadre de la déconstruction du moment poïétique correspondant à la création des témoignages de la part des volontaires.

L'artiste critique et déconstructive de l'Œuvre multiorgasmique collective a ainsi réalisé près d'une cinquantaine d'images, de nombreux volontaires ayant remis plus d'un témoignage physico-corporel. De plus, l'artiste a inclus quelques-uns de ses propres témoignages physiques. Certains témoignages comprennent par ailleurs des images réalisées sur des fragments de papier jetable qui ne faisaient pas partie – à l'origine – des témoignages physico-corporels remis par les volontaires. L'Œuvre multiorgasmique collective est ainsi composée d'un nombre de fragments plus important que les 41 témoignages de base remis par les volontaires. Tous ces fragments additionnels ont été ajoutés par l'artiste au moment de son intervention picturale sur les témoignages remis par les volontaires, afin d'obtenir la composition souhaitée à partir de chacune de ses interventions. Les témoignages physico-corporels qui composent l'Œuvre multiorgasmique Collective sont donc intégrés à des peintures à l'huile. Parfois, lors de l'exposition de cette œuvre picturale, l'enregistrement audio des témoignages oraux sert de fond sonore et de contexte auditif. Le résultat visuellement perceptible de l'œuvre multiorgasmique collective et campagnes multiorgasmiques sont 5 sériés picturales crées sur et avec les témoignages corporelles. Les noms des sériés sont : Série « Vía crucis de la mano » (« Chemin de croix de la main ») (2006) ; Série « Acuarela » (« Aquarelle ») (2006) ; Série « Paisaje » (« Paysage ») (2006) ; Série « Aves » (« Oiseaux ») (2006) ; et Série « Prometeos » (« Prométhées ») (2011).

Les témoignages oraux de l'Œuvre multiorgasmique collective

Les témoignages oraux sont des entretiens en profondeur d'une durée d'entre deux et six heures chacun. Soixante-six entretiens ont ainsi été réalisés, le jour même de la remise à l'artiste, par chaque volontaire, de son témoignage physico-corporel. Seuls 15 audios n'ont pu être enregistrés. Et bien que la grande majorité des entretiens aient donné lieu à un enregistrement audio et vidéo, dans la plupart des cas, les volontaires ont souhaité que leur image vidéo soit enregistrée sous un angle fermé ou réduit.

Quant au questionnaire appliqué au cours des entretiens, il n'a cessé d'évoluer tout au long du processus créatif de l'Œuvre multiorgasmique collective. Toutefois, les questions des différentes versions de ce questionnaire correspondent à une structure constante visant à mettre en lumière les liens de tension entre la construction sociale de la sexualité et les moments de négation cognitive (autonomie poïético-performative) de la normativité corporelle au cours de la vie de chaque volontaire, ainsi que son expérience de la poïésis corporelle du témoignage physico-corporel et les modes de raisonnement moral qui lui permettent d'évaluer les usages de son corps et les expériences corporelles et sexuelles personnelles et avec les autres.

PROCESUS POÏÉTIQUE DE L'ŒUVRE MULTIORGASMIQUE EN FONCTION DE SES MOMENTS ESTHÉTIQUES

Cette étape de la déconstruction vise à reconnaître la contradiction esthétique exprimée par chacun des moments considérés comme potetialement esthétiques et dont l'enchaînement constitue le processus poïétique de l'Œuvre multiorgasmique collective.

Les neuf moments potentiellement esthétiques de l'Œuvre multiorgasmique collective

Les moments potentiellement esthétiques de cette œuvre sont ceux qui permettent d'identifier les volontaires et l'artiste comme des représentants du *sujet social*, et leur corps comme les représentants du corps de ce sujet social. Ainsi, ces sujets sociaux étant enculturés *par* et identifiés *au* paradigme culturel du biopouvoir phallogocentrique, l'expérience consistant à utiliser esthétiquement leur corporalité les amène à s'assumer comme des *sujets esthétiques* à travers des moments d'autonomie poïético-cognitive. Dans le cas qui nous occupe, l'expérience potentiellement esthétique en tant qu'action esthétiquement critique est celle des témoignages corporels et oraux de corporalités « abjectes » de l'Œuvre multiorgasmique collective.

La poïésis esthétique de l'Œuvre multiorgasmique collective n'est autre que la poïésis esthétique de la critique envers le biopouvoir phallogocentrique ; cette œuvre est composée d'une série de moments esthétiques – poïétisés par l'artiste et les volontaires – qui établissent des liens de contradiction esthétique vis-vis du paradigme culturel de ce biopouvoir phallogocentrique. Or ce sont ces liens qui confèrent à l'expérience corporelle « abjecte » sa potentialité esthétique. Mais quels sont ces moments concrets qui s'entremêlent et s'enchaînent au sein de l'Œuvre multiorgasmique collective en tant que processus esthétiques et poïésis d'une action esthétiquement critique ? Et quel est le sujet poïétisateur de ces moments qui composent l'Œuvre multiorgasmique en tant qu'expérience esthétique ?

Le processus esthétique dans lequel s'inscrit l'Œuvre multiorgasmique collective – en tant que moment et expérience d'esthétique biocritique – est composé de neuf moments esthétiques, dont plusieurs sont liés aux témoignages oraux et physico-corporels remis par les participants de l'Œuvre multiorgasmique collective. Ces témoignages physiques et oraux sont eux-mêmes liés à la poïésis plastique et artistique de l'œuvre, tout comme ils sont liés *textuellement* à sa poïésis esthétique.

Les moments esthétiques identifiés comme faisant partie de la poïésis esthétique de la *critique corporalisée de l'Œuvre multiorgasmique collective* envers le biopouvoir phallogocentrique sont les suivants :

- *Premier moment.* Création de l'Œuvre multiorgasmique individuelle.
- *Second moment.* L'artiste développe la Campagne multiorgasmique.
- *Troisième moment.* Le volontaire décide d'y participer et prend contact avec l'artiste.
- *Quatrième moment.* Le volontaire crée son témoignage physico-corporel.
- *Cinquième moment.* Le volontaire crée son témoignage oral et remet personnellement son témoignage physico-corporel à l'artiste. L'artiste réalise l'entretien.

- *Sixième moment*. L'artiste réalise une intervention plastique sur les témoignages physico-corporels.
- *Septième moment*. Autocritique à l'aide d'un langage structuré de la potentialité esthétique des témoignages de corporalités abjectes au sein de l'Œuvre multiorgasmique (application de la Méthode de déconstruction esthétique).
- *Huitième moment*. l'Œuvre multiorgasmique dans les congrès scientifiques. La science légitime/délégitime la potentialité esthétique des témoignages de corporalités abjectes au sein de l'Œuvre multiorgasmique.
- *Neuvième moment*. Trois *récits création* de l'Œuvre multiorgasmique collective.

En ce qui concerne les moments esthétiques qui composent la poïésis artistique et plastique de l'Œuvre multiorgasmique collective, la déconstruction de l'esthétique de chacun de ces neuf moments s'appuie littéralement sur l'expérience corporelle et sexuelle de l'artiste et sur celle des volontaires, qui en tant que représentants du *sujet social* poïétisent un *sujet esthétique* : il s'agit d'un sujet social à la corporalité hétéronome vis-à-vis du biopouvoir phallogocentrique qui s'émancipe corporellement à travers son appropriation corporelle, utilisée esthétiquement comme un processus producteur de matériel plastique destiné à l'Œuvre multiorgasmique collective. C'est ainsi que durant le laps de temps et l'espace représentatif de cette expérience, les volontaires ou les corporalités des volontaires donnent vie au *sujet esthétique*. Un sujet abstrait et *idéal-type* de cet art, qui ne peut exister que le temps et l'espace d'une expérience corporelle d'esthétiquement critiquée.

Pour déconstruire les moments esthétiques qui composent la poïésis plastique et artistique de ce *sujet esthétique*, synonyme de poïésis plastique et artistique de l'Œuvre multiorgasmique collective, il faut déconstruire l'expérience corporelle comme telle des volontaires. Par conséquent, la déconstruction de l'esthétique de ces moments esthétiques s'appuie sur les témoignages oraux et physico-corporels utilisés comme matériel plastique dans l'Œuvre multiorgasmique collective, mais aussi sur la description du processus poïétique au cours duquel le sujet social nie esthétiquement sa corporalité hétéronome vis-à-vis du biopouvoir phallogocentrique et exerce ou pratique une corporalité esthétique en poïétisant corporellement une critique esthétique envers ce biopouvoir.

La *Méthode déconstruction esthétique* reconnaît et identifie l'expérience poïétique corporelle du sujet social (de l'artiste et des volontaires) comme une expérience de *corporalité critique potentiellement esthétique induite par l'artiste*, dans la mesure où elle établit un lien de contradiction esthétique entre les usages du corps et de la sexualité de ce sujet social dénigrés et délégitimés par le paradigme culturel du biopouvoir phallogocentrique, et les sens que leur attribue l'esthétique critique de l'œuvre multiorgasmique. Mais quels sont ces usages et ces sens du corps qui font partie de la poïésis corporelle de cette œuvre et qui ont établi des liens de contradiction esthétique vis-à-vis du paradigme culturel du biopouvoir phallogocentrique en étant poïétisés et utilisés esthétiquement au sein de l'Œuvre multiorgasmique ? Les usages du corps et les concepts qui acquièrent un nouveau sens au sein du processus créatif de l'Œuvre multiorgasmique sont identifiés en fonction des paramètres psychologiques d'autonomie ou d'hétéronomie poïético-performative ; permettant d'évaluer l'autonomie ou l'hétéronomie poïétique aux usages cognitifs et esthétiques que l'art fait de la corporalité du *sujet social* à chaque moment esthétique.

Le résultat de la déconstruction de ces moments esthétiques sera la reconnaissance de la contradiction esthétique entre la corporalité du *sujet social* en tant que *sujet esthétique* et la corporalité de ce même *sujet social* en tant que sujet hétéronome vis-à-vis du biopouvoir. Ces observations permettront également de décrire de manière détaillée les liens entre le *sujet social* et la corporalité abjecte en tant que capacité et besoin cognitif, mais aussi les liens entre ce même *sujet social* et le paradigme culturel et épistémologique qui enculture et décorporalise le sujet hétéronome en objectivant les corporalités poïétiques du corps humain sous la forme de corporalités « abjectes ». La déconstruction de ces moments esthétiques s'appuiera donc sur les témoignages oraux qui ont été utilisés comme matériel plastique de l'Œuvre multiorgasmique collective

Quant à la déconstruction des moments esthétiques qui ne sont pas liés aux témoignages physico-corporels et oraux des volontaires, elle porte sur les moments postérieurs à la conclusion des poïésis plastiques et artistiques de l'Œuvre multiorgasmique collective. Pour réaliser la déconstruction de l'esthétique de ces moments, il est indispensable de recueillir une information sur les liens que l'Œuvre multiorgasmique collective et la critique esthétique que cette œuvre poïétise corporellement établissent vis-à-vis d'autres critiques envers le biopouvoir − poïétisées par d'autres styles épistémologiques tels que les sciences sociales, humaines ou biologiques −, mais aussi vis-à-vis d'autres styles épistémologiques acritiques envers le biopouvoir phallogocentrique, ou reproducteurs de ce paradigme. La déconstruction de ces moments esthétiques s'appuie sur la description du processus poïétique établissant des liens entre l'*art biocritique* et d'autres styles épistémologiques liés à l'Œuvre multiorgasmique collective.

PREMIER MOMENT ESTHÉTIQUE : l'Œuvre multiorgasmique individuelle.

Description du premier moment esthétique

Ce moment esthétique est le processus créatif de la première Œuvre multiorgasmique de l'artiste Esmeralda Mancilla Valdez (auteur du présent texte), une œuvre créée entre décembre 2004 et janvier 2005, et composée d'une vingtaine de témoignages physico-corporels de l'artiste, créés en utilisant l'autoérotisme et l'orgasme en tant que matériel créatif de l'art. Le résultat est une œuvre picturale composée de vingt-trois peintures à l'huile réalisées par l'artiste avec la sensibilité manuelle et visuelle que lui a procuré le fait d'éprouver juste avant un orgasme fruit de l'autoérotisme. Derrière chacune de ces peintures à l'huile, se trouve la scène de leur poïésis : l'artiste nue face à un miroir, avec à ses côtés les peintures à l'huile et un papier blanc prêt à être utilisé dès qu'elle aura construit sa réponse sexuelle orgasmique manuellement.

Dans la poïésis de cette œuvre individuelle, la corporalité qui se manifeste à travers l'autoérotisme est utilisée dans un but esthétique et non pas afin d'obtenir du plaisir ou d'acquérir des connaissances corporelles. En effet, la corporalité est utilisée *esthétiquement*, dans la mesure où ses manifestations permettent de créer un certain état physique et mental (l'état orgasmique) dont l'artiste profite afin de peindre son autoportrait durant la phase d'excitation post-orgasmique. On considère par ailleurs que cette réponse sexuelle orgasmique construite par le biais de la masturbation et/ou de l'autoérotisme est une expérience corporelle d'esthétique biocritique, dans la mesure où elle représente une corporalité ou une pratique sexuelle traditionnellement dénigrée par le biopouvoir et utilisée en contradiction esthétique par l'*art biocritique*.

Tension/contradiction esthétique du premier moment esthétique

Tension esthétique entre fonction esthétique & fonction reproductrice de la corporalité abjecte au sein de l'Œuvre multiorgasmique individuelle.

Corporalité abjecte vue par le biopouvoir phallocentrique (dans le contexte socio-historique occidental)	Corporalité abjecte vue par l'art (dans le contexte du processus créatif de l'Œuvre multiorgasmique individuelle)
a) Dans l'intimité. L'*autoérotisme* est considéré comme une utilisation abjecte du corps visant à obtenir un plaisir sexuel, mais néanmoins tolérée, surtout pour le genre masculin, lorsqu'elle est réalisée dans l'intimité et de manière « clandestine ».	a) L'*autoérotisme* de l'artiste est une utilisation cognitive esthétique de son corps féminin.
b) Dans l'espace public. L'*orgasme* et l'*autoérotisme* sont des corporalités abjectes qui ne doivent pas faire l'objet de discussions dans le domaine public ; dans le domaine privé et intime, ils sont considérés comme plus ou moins légitimes en tant que sujet de discussion.	b) Aussi bien l'autoérotisme que l'état physico-mental de l'orgasme sont devenu un matériel créatif utilisé par l'artiste dans l'intention esthétique d'en faire également un sujet de discussion dans le domaine public et dans le domaine politico-social. ▶▶▶

Corporalité abjecte vue par le biopouvoir phallocentrique (dans le contexte socio-historique occidental)	Corporalité abjecte vue par l'art (dans le contexte du processus créatif de l'Œuvre multiorgasmique individuelle)
c) Selon le paramètre de William Perry, ces usages de la corporalité (l'autoérotisme et l'orgasme) du sujet social hétéronome vis-à-vis du biopouvoir peuvent découler d'une :	c) Selon le paramètre de William Perry, dans cette première Œuvre multiorgasmique, ces usages de la corporalité (l'autoérotisme et l'orgasme) du sujet social en tant que sujet esthétique découlent d'une :
• *Corporalité du silence ou du silence de la subjectivité poïético-performative* • *Corporalité de la connaissance reçue* • *Corporalité de subjectivité poïético-performative* • *Corporalité de subjectivité hétéronome vis-à-vis du biopouvoir ;* • *Corporalité cognitive processuelle*	• *Dehors de l'art, l'orgasme et l'autoérotisme peuvent être classifiés en tant que corporalités de la construction de la connaissance ; mais* • *En tant que matériaux artistiques de l'art ces corporalités sont considérées dehors de cet paramètre en tant que corporéités biocritiques et esthético-politique* ▶▶▶

Corporalité abjecte vue par le biopouvoir phallocentrique (dans le contexte socio-historique occidental)	Corporalité abjecte vue par l'art (dans le contexte du processus créatif de l'Œuvre multiorgasmique individuelle)
d) Selon le paramètre de Kohlberg-Habermas, ces usages de la corporalité (l'autoérotisme et l'orgasme) du sujet social hétéronome vis-à-vis du biopouvoir peuvent être l'expression du niveau de raisonnement moral de corporalités identifiées au biopouvoir, telles que les suivantes : • *Corporalité pré-conventionnelle orientée vers un relativisme instrumental* • *Corporalité conventionnelle de concordance interpersonnelle* • *Corporalité conventionnelle orientée vers la loi et l'ordre* • *Corporalité post-conventionnelle utile pour le contrat social* • *Corporalité post-conventionnelle orientée vers des principes éthiques universels.*	d) Selon le paramètre de Kohlberg-Habermas, ces usages de la corporalité (l'autoérotisme et l'orgasme) du sujet social en tant que sujet esthétique peuvent être l'expression du raisonnement moral d'une : • *L'autoérotisme et l'orgasme sont dehors de cet paramètre car elles sont en tant que corporalités abjectes : corporalités biocritiques et esthético-politique*

Ce moment esthétique, identifié comme l'*Œuvre multiorgas-mique individuelle*, peut être qualifié de potentiellement esthétique dans la mesure où il répond au principe ontologique de la contradiction/négation/tension esthétique de tout art critique.

L'Œuvre multiorgasmique individuelle exprime littéralement une contradiction esthétique vis-à-vis du biopouvoir phal-logocentrique, dès lors que l'orgasme et la masturbation/autoéro-tisme deviennent des usages du corps humain servant de matériel artistique et poïésis corporelle pour la création plastique d'une œuvre d'art dont l'intention esthétique critique est précisément d'établir des liens de tension esthétique vis-à-vis du sens abject attribué à l'autoérotisme et à l'orgasme –particulièrement chez la femme – par le phallogocentrisme hégémonique au sein de la pensée occidentale.

Au cours de ce moment esthétique, le corps de l'artiste représente l'infériorité attribuée aux catégories philosophiques de la féminité par la philosophie phallogocentrique d'Aristote et de Platon, cette vision abjecte et bestiale du sexe féminin et de sa corporalité étant constitutive du discours performatif du biopouvoir ; en revanche, l'expérience de cette féminité représentée par le corps de l'artiste au sein de l'Œuvre multiorgasmique individuelle corporalise l'autogenèse ou autoconstitution du plaisir sexuel désérotisé et intellectualisé en tant que critique esthétique de l'art envers le phallogocentrisme ; une critique de l'art biocritique qui repose sur la négation esthétique corporalisée de l'infériorité intellectuelle attribuée à tout membre de la société correspondant au paramètre de la bestialité décrit dans la section intitulée *Potentialité esthétique de l'orgasme et de l'autoérotisme, dans le contexte épistémologique phallogocentrique de la pensée occidentale*. En effet, l'expérience d'autoérotisme corporalisatrice d'un témoignage corporel (offert) destiné à servir de matériel pour une œuvre d'art biocritique envers le phallogocentrisme représente une action corporelle potentiellement esthétique dans la mesure où il s'agit d'une action découlant d'un raisonnement psychologique ecto-conventionnel ou trans-conventionnel et d'une expression corporalisée montrant le plus faible niveau d'hétéronomie vis-à-vis du rôle normatif attribué philosophiquement et politiquement aux catégories corporelles considérées comme « légitimes » par le pouvoir performatif du discours philosophique occidental classique. C'est ainsi que l'artiste qui s'autoérotise dans le cadre de l'Œuvre multiorgasmique individuelle s'oppose à l'économie hétérosexuelle dominante afin de nier sa vision naturaliste et biologisante des capacités corporelles et cognitives.

Vu sous cet angle, à partir d'un raisonnement moral, l'orgasme et l'autoérotisme peuvent fonctionner comme des usages esthétiques d'une critique envers le biopouvoir, dans la mesure où il s'agit d'usages cognitifs du corps dénigrés par ce paradigme qui rejette la performativité de la capacité poïético-cognitive du discours subjectif, particulièrement lorsqu'il s'agit de personnes dont les corporalités correspondent au paramètre de bestialité. Le rejet de l'autoérotisme et de l'orgasme/plaisir sexuel, peut être observé à différents niveaux et intensités chez le sujet social. En effet, le rejet de ces usages du corps peut être l'expression d'une *corporalité du silence* ou *du silence bioénergétique*, d'une *corporalité de la connaissance reçue*, d'une *corporalité de subjectivité*, d'une *corporalité de subjectivité hétéronome vis-à-vis du biopouvoir*, ou d'une *corporalité cognitive processuelle*. Le rejet de l'autoérotisme et de l'orgasme/plaisir sexuel d'un sujet identifié au biopouvoir peut également être le fruit de différents niveaux de raisonnement moral et d'évaluations des usages du corps ; par exemple, ce rejet peut découler d'un niveau de raisonnement moral pré-conventionnel caractéristique de la *corporalité orientée vers un relativisme instrumental*, mais aussi d'un *raisonnement moral conventionnel de concordance interpersonnelle* ou *orienté vers la loi et l'ordre* ; il peut également découler d'un niveau de *raisonnement moral post-conventionnel utile au contrat social* ou *orienté vers des principes éthiques universels*, dès lors que ces niveaux post-conventionnels du raisonnement correspondent au contrat social ou aux principes éthiques du biopouvoir phallogocentrique en Occident. L'aspect relatif de ces différents types de rejet est dû au fait qu'en tant qu'usages du corps et niveaux de raisonnement moral identifiés au phallogocentrisme, ils sont pour la plupart des expressions de différents niveaux d'hétéronomie poïétique exprimée à travers la corporalité d'un *sujet social* identifié au phallogocentrisme patriarcal.

On peut affirmer que l'expression poïétique d'autoérotisme de l'artiste dans l'Œuvre multiorgasmique individuelle est l'expression d'un usage esthétique de la *corporalité de subjectivité* directement liée à la *corporalité de connaissance poïétisée esthétiquement.* De plus, on peut reconnaître que l'intention esthétique d'utiliser l'autoérotisme et l'orgasme/plaisir sexuel comme matériel créatif d'une critique à partir de l'art plastique, exprime un niveau clairement ecto-conventionnel ou transconventionnel d'orientation poïétique de la corporalité du *sujet social.* Un niveau de corporalité caractéristique des poïésis de l'*art biocritique.*

Ainsi l'Œuvre multiorgasmique individuelle exprime-t-elle dans son intention esthétique et dans la poïésis même de l'œuvre une forme d'autonomie poïético-cognitive de la corporalité du *sujet social,* dans la mesure où elle isole les usages des sens attribués par le biopouvoir et leur attribue des sens nouveaux. Par là-même, elle reconnaît la corporalité de l'être humain comme une capacité et un besoin du corps humain ; elle attribue et reconnaît au poïétisateur de cette capacité et de ce besoin – au *sujet social* – la capacité de participer poïétiquement non plus en tant qu'articulateur du paradigme culturel de la fausse conscience, mais bien en tant que poïétisateur ou co-poïétisateur de sa propre identité sexuelle, de sa corporalité et de celle de l'autreté, de sorte que son action personnelle au sein de l'art devient une action politique.

Les principes nihiliste et d'autreté se concrétisent en ce moment esthétique dès lors que l'artiste expose publiquement l'intention esthétique de cette œuvre et reconnaît – de manière non structurée – une multiplicité de perspectives du rejet de l'autoérotisme, et plus généralement de la subjectivité poïétisatrice d'une hétérogénéité sexuelle potentielle exclue par l'ordre hétérosexuel hégémonique. Ces divergences dans les formes de rejet découlent d'enculturations propres à différentes cultures, générations, sexualités, à différents styles épistémologiques (la science, la religion, le rationalisme, etc.), que l'artiste a retrouvés dans les opinions du public de l'Œuvre multiorgasmique individuelle sur la définition de l'historicité et la potentialité esthétique des corporalités abjectes, l'appropriation corporelle et les droits sexuels. Après avoir reconnu ces divergences, l'art fait avec témoignages des corporalités et sexualités abjectes a fait son autocritique, non pas par rapport à la poïétique corporelle ou à l'utilisation de l'autoérotisme et de l'orgasme de l'artiste comme matériel plastique, mais par rapport à l'exclusivité de cette subjectivité poïétisée par un seul individu (l'artiste), et il s'est par conséquent proposé de se mettre à l'écoute des autres, et de rapprocher de l'*autreté* sexuelle et corporelle ce processus poïétique d'une œuvre revendiquant les droits sexuels du *sujet social*. C'est alors que j'ai décidé de promouvoir l'Œuvre multiorgasmique collective et les Campagnes multiorgasmiques. Cet instant est l'expression du nihilisme de l'Œuvre multiorgasmique individuelle.

DEUXIÈME MOMENT ESTHÉTIQUE : la *Campagne multiorgasmique.*

Description du deuxième moment esthétique

Au cours de la Campagne multiorgasmique, l'autoérotisme et l'orgasme ont fait l'objet d'un débat public en tant que sujets d'intérêt commun, et les personnes présentes ont été invitées à participer à cette discussion publique à l'occasion de laquelle l'œuvre, à travers l'artiste, se prononce en faveur d'une légitimation de l'autoérotisme et l'orgasme/plaisir sexuel en tant que droits humains. L'artiste a alors entrepris de promouvoir (par le biais d'affiches, de dépliants, de blogs, de chaînes de courriers électroniques, etc.) la légitimation de ces droits sexuels et proposé d'exprimer de manière artistique – à travers l'Œuvre multiorgasmique collective – la reconnaissance corporalisée de ces droits, *depuis* l'intimité du sujet social et *dans* l'espace public de la discussion.

La Campagne multiorgasmique demande à des volontaires de créer corporellement un matériel plastique afin de poïétiser une œuvre d'art qui devient ainsi l'expression d'une revendication sociale et collective de la légitimité du droit au plaisir sexuel et à l'autoérotisme en tant que droits humains. Dans le cadre de ce processus induit par l'artiste, l'orgasme et l'autoérotisme sont des éléments de la sexualité de l'individu réel qui, à travers ce processus créatif, acquièrent un usage et un sens cognitif désérotisé par l'art, lequel nie esthétiquement l'usage et le sens abject que leur attribue traditionnellement le paradigme culturel du biopouvoir phallogocentrique en Occident.

L'autoérotisme et l'orgasme/plaisir poïétisés corporellement à travers le processus créatif de l'Œuvre multiorgasmique collective, mais aussi poïétisés de manière discursive dans le cadre de la Campagne multiorgasmique, peuvent être considérés comme des expériences corporelles potentiellement esthétiques, dans la mesure où ces corporalités désérotisées par l'*art biocritiques de corporalités abjectes* font l'objet d'une discussion d'intérêt commun, ce qui revient à politiser des aspect intimes du vécu personnel au sein de l'espace public.

Tension/contradiction esthétique au cours du deuxième moment esthétique

Tension esthétique « ce qui est personnel est politique » entre fonction personnelle & fonction politique des corporalités abjectes au sein de l'espace public des Campagnes multiorgasmiques.

Paradigme culturel du Biopouvoir phallogocentrique	Espace public des Campagnes multiorgasmiques
a) Dans un contexte socio-historique dominé par le phallogocentrisme patriarcal, l'autoérotisme et le plaisir sexuel ne sont pas des droits humains mais des aspects « bestiaux » comportant un risque pour la société ; de plus, il s'agit de pratiques corporelles politiquement illégitimes en tant qu'objet de discussion car contrevenant à la normalité corporelle phallogocentrique. La pensée occidentale relègue l'autoérotisme et l'orgasme au rang d'affaire intime personnelle ou médicale, en vertu des limites de ce qui est reconnu philosophiquement et politiquement comme normal, et approprié pour l'ordre social phallogocentrique sédentarisé épistémologiquement. Dans le contexte socio-historique contemporain dominé par le phallogocentrisme, le paradigme culturel du biopouvoir accorde une légitimité « clandestine » aux hommes leur permettant de parler de leur sexualité dans les domaines publics et privés. Dans le domaine public, il considère les représentants de la science – et notamment de la médecine – comme des énonciateurs spécialisés d'une grande légitimité, à condition qu'ils utilisent un langage spécialisé. Par ailleurs, aussi bien dans le domaine privé que public, le sujet social peut acquérir une légitimité en tant qu'énonciateur parlant de sexualité à condition qu'il construise ses énoncés à l'aide d'un langage comique, cocasse ou à double sens.	a) Les campagnes multiorgasmiques sont actions biocritiques ou d'esthétique biocritique car celles s'énoncent et abordent la sexualité et la corporalité humaine sans hiérarchie binaire de genre ; elles incluent des genres différents dénigrés par l'économie hétérosexuelle du biopouvoir phallogocentrique considérée comme légitime dans les sociétés et cultures des campagnes multiorgasmiques (Paris, Guadalajara, Quito, Strasbourg). Les campagnes multiorgasmiques abordent l'intimité comme une affaire personnelle mais aussi politique, dès lors qu'elles établissent une discussion sur l'orgasme et l'autoérotisme en tant que droits humains, à l'aide d'un langage littéral et parfois scientifique, dans les domaines public et privé. ▶▶▶

Paradigme culturel du Biopouvoir phallogocentrique	Espace public des Campagnes multiorgasmiques
b) Dans le contexte socio-historique contemporain dominé par le phallogocentrisme, et dans le cas des individus identifiés socialement comme des *femmes*, l'orgasme et l'autoérotisme en tant que sujet de discussion ou de conversation expriment des usages cognitifs caractéristiques d'une : • *Corporalité du silence ou du silence bioénergétique ;* • *Corporalité de la connaissance reçue ;* • *Corporalité de subjectivité hétéronome vis-à-vis du biopouvoir ;* • *Corporalité cognitive processuelle* Ce qui reflète chez elles des niveaux de raisonnement moral correspondant à une : • *Corporalité pré-conventionnelle orientée vers le châtiment et l'obéissance* • *Corporalité pré-conventionnelle orientée vers un relativisme instrumental* • *Corporalité conventionnelle de concordance interpersonnelle* • *Corporalité conventionnelle orientée vers la loi et l'ordre*	b) Dans le cas de l'artiste identifiée socialement comme une femme, et qui réalise la promotion et la diffusion de la Campagne multiorgasmique, l'orgasme et l'autoérotisme en tant que témoignage (corporel/oral) de l'expérience personnelle de l'artiste et que sujet de discussion/ conversation, découlent d'une : • *Corporalité biocritique esthético-politique* Et sur le plan du raisonnement moral, ils sont l'expression d'une : • *Corporalité biocritique découlant d'un raisonnement ecto-conventionnelle ou trans-convetionelle* ▶▶▶

Paradigme culturel du Biopouvoir phallogocentrique	Espace public des Campagnes multiorgasmiques
c) Dans le cas des individus identifiés socialement comme des hommes, ces usages du corps en tant que sujet de discussion/conversation peuvent exprimer un usage cognitif du corps correspondant à une : • *Corporalité de la connaissance reçue* • *Corporalité de subjectivité hétéronome vis-à-vis du biopouvoir* • *Corporalité cognitive processuelle* • *Corporalité de la connaissance construite* Ce qui reflète chez eux des niveaux de raisonnement moral correspondant à une : • *Corporalité pré-conventionnelle orientée vers le châtiment et l'obéissance* • *Corporalité pré-conventionnelle orientée vers un relativisme instrumental* • *Corporalité conventionnelle de concordance interpersonnelle* • *Corporalité conventionnelle orientée vers la loi et l'ordre*	

La Campagne multiorgasmique a permis de poïétiser la contradiction esthétique – comme l'avait fait le moment esthétique de l'Œuvre multiorgasmique individuelle – entre le *sujet social* identifié au biopouvoir phallogocentrique et le *sujet social* poïétisateur du *sujet esthétique* de la Campagne multiorgasmique. Cette contradiction esthétique s'établit entre l'expérience du sujet social *dans* cette Campagne multiorgasmique et son expérience *en dehors* de celle-ci, dont la potentialité esthétique peut exister en dehors de l'art.

Énonciateurs légitimes/illégitimes au sein de la discussion intime/
publique sur l'orgasme et l'autoérotisme

Dans un contexte socio-historique dominé par le biopouvoir phallogocentrique, la corporalité identifiée à ce paradigme n'encourage pas un usage poïético-cognitif et de performativité subjective de la corporalité du sujet social, où le comportement sexuel et/ou les expériences corporelles personnelles seraient un sujet de conversation/discussion cognitive dans le domaine intime et privé. Néanmoins, dans l'espace public des sociétés de la modernité tardive, l'autoérotisme, l'orgasme/plaisir sexuel et la réponse sexuelle humaine, en tant que sujets de discussion publique, reçoivent un traitement différent en fonction des styles épistémologiques dont l'hégémonie est une forme de biopouvoir. Par exemple, dans ce même contexte de biopouvoir phallogocentrique contemporain, l'Église catholique peut exprimer une – ou plusieurs – formes de rejet, de censure, d'inhibition, etc., par rapport à ces sujets (l'orgasme/plaisir sexuel et l'autoérotisme) dans ses énonciations publiques, enculturant et/ou légitimant chez le sujet social des usages cognitifs du corps caractéristiques de la *corporalité du silence bioénergétique, de la connaissance reçue* ou *de subjectivité hétéronome vis-à-vis du biopouvoir* phallogocentrique, conformes à son idéologie. Ces usages cognitifs et idéologiques du corps sont tout à fait caractéristiques d'un raisonnement moral de niveau pré-conventionnel (*corporalité orientée vers le châtiment et l'obéissance* ou *vers le relativisme instrumental*), de niveau conventionnel (*corporalité de concordance interpersonnelle* ou *orientée vers la loi et l'ordre*), voire même de niveau post-conventionnel (*corporalité utile au contrat social* ou *orientée vers des principes éthiques universels* identifiés à l'organisation socio-patriarcale du biopouvoir phallogocentrique et de l'économie hétérosexuelle excluante).

Un autre exemple est celui qui caractérise le style épistémologique de la médecine positiviste, qui considère l'orgasme/plaisir sexuel et l'autoérotisme comme des sujets de discussion publique, tout en légitimant un usage cognitif du corps correspondant à une *corporalité processuelle* ou *de connaissance construite*, et non à une *corporalité de connaissance esthétiquement poïétisée*. L'objectivité scientifique avec laquelle la médecine exprime et enculture ces usages du corps reflète un niveau de raisonnement moral conventionnel (*orienté vers la loi et l'ordre*) ou post-conventionnel (*utile au contrat social et orienté vers des principes éthiques universels* identifiés au biopouvoir phallogocentrique et à son économie hétérosexuelle excluante).

À travers les témoignages oraux de la Campagne multiorgasmique, on retrouve de nombreux éléments narratifs décrivant un *sujet social* qui ne reconnaît pas l'orgasme/plaisir sexuel et l'autoérotisme comme des sujets de conversation politique, de discussion ou de communication publique, ni même interpersonnelle, exprimant différents degrés de rejet d'une telle reconnaissance. Toutefois, les volontaires de l'Œuvre multiorgasmique collective accordent une certaine légitimité ou « acceptation sociale » à des interlocuteurs ou des énonciateurs issus de domaines scientifiques dès lors qu'il s'agit de se prononcer en public sur ces sujets. On peut également observer dans les témoignages une tendance très claire à considérer qu'il est plus « normal » de parler ou d'entendre parler de l'autoérotisme des hommes que de celui des femmes, homosexuels, lesbiens et transgenre.

On a également observé une nette différence hiérarchique renvoyant à l'exclusion hétérosexuelle propre au phallogocentrisme hégémonique de la pensée philosophico-politique occidentale, dans le fait que pour les sujets identifiés comme masculins dans leur enfance et leur jeunesse, l'autoérotisme et l'orgasme sont des sujets de discussion et de conversation considérés comme propres à leur genre, voire même comme un signe de virilité. Ainsi, chez les sujets identifiés comme des hommes, le fait de parler d'autoérotisme et de plaisir sexuel reflète un usage cognitif du corps enculturé depuis l'enfance et l'adolescence, qui les a amené à pratiquer une corporalité de la *connaissance reçue* : or cette connaissance ne provient pas des autorités représentantes des styles épistémologiques du biopouvoir, mais de l'expérience corporelle d'autres garçons du même âge ou légèrement plus âgés ; en effet, tous les volontaires identifiés – depuis leur enfance – comme des individus masculins, affirment avoir reçu et partagé ce genre d'information avec d'autres garçons, qui leur ont donné le conseil de pratiquer l'autoérotisme ; cette connaissance poïétisée corporellement a ainsi été *énoncée par* et *discutée avec* leurs amis d'enfance. Il n'en va pas de même chez d'autres interlocuteurs tels que les femmes, les homosexuels, les lesbiennes[193], ou des personnes d'âges différents, de sorte que l'évocation de ce sujet comme usage cognitif du corps semble se réduire à la communication entre jeunes garçons.

Grâce à cette corporalité de la connaissance reçue interpersonnellement, les garçons découvrent dès leur plus jeune âge l'usage cognitif d'une corporalité de subjectivité bioénergétique. Cette connaissance interpersonnelle reçue de leurs camarades durant l'enfance développe chez les garçons une corporalité d'approbation interpersonnelle correspondant à un niveau de raisonnement moral pré-conventionnel, où le fait de parler d'autoérotisme et/ou de la pratiquer reflète un usage instrumental du corps qui leur permet de s'identifier en tant qu'hommes ou d'avoir le sentiment d'appartenir au groupe masculin. En résumé, et en partant du principe qu'aussi bien l'orgasme que la masturbation sont des sujets liés à la subjectivité bioénergétique de l'être humain, les histoires personnelles et les entretiens réalisés dans le cadre de l'Œuvre multiorgasmique collective permettent d'observer que pour l'individu identifié comme un garçon, le fait de pratiquer et/ou de parler de la subjectivité et de la corporalité bioénergétiques tend à instrumentaliser son corps, tout en lui permettant de s'identifier dès l'enfance à d'autres garçons. Ainsi, le fait de parler et/ou de pratiquer l'autoérotisme s'avère être une pratique « masculinisante » du sujet social, tandis que le *silence* de la performativité subjective, le fait de ne pas pratiquer et/ou de ne pas parler de l'orgasme ni de l'autoérotisme, est une pratique

---

[193] L'Œuvre multiorgasmique collective n'a pas reçu de témoignages de participants transsexuels ni transgenres, c'est pourquoi ils ne sont pas entionnés dans cette affirmation.

« féminisante », au moyen de laquelle les individus de sexe féminin s'identifient ou se répriment mutuellement afin de s'identifier en tant que filles/femmes.

Plus tard, à l'âge adulte, l'autoérotisme et le plaisir sexuel continuent d'être un sujet de conversation entre les hommes, mais les énonciations littérales cèdent la place à des langages subculturels à double sens, adoptant un ton cocasse ou comique. De sorte que la masturbation masculine acquière une sorte de légitimité clandestine entre interlocuteurs masculins depuis le plus jeune âge et conserve cette légitimité à travers différentes corporalités identifiées au biopouvoir phallogocentrique et découlant de raisonnements moraux de niveau pré-conventionnel (*orienté vers un relativisme instrumental*), conventionnel (*de concordance interpersonnelle* ou *orienté vers la loi et l'ordre*) voire même post-conventionnel (*utile au contrat social* ou *orienté vers des principes éthiques universels* phallogocentriques), ces derniers niveaux de raisonnement étant construits sur la base d'une conception de l'universalité et du contrat social qui s'identifie au paradigme culturel et épistémologique du biopouvoir phallogocentrique. Dans cette perspective, la corporalité se transmet et se partage également à un niveau de raisonnement conventionnel de concordance interpersonnelle, dès lors que cet échange interpersonnel a lieu au sein d'un groupe masculin.

Les témoignages oraux de personnes identifiées en tant qu'« hommes » ont été les plus nombreux parmi les volontaires participant à la Campagne multiorgasmique générale. En accord avec la théorie du raisonnement moral (Habermas, 1991 et Kohlberg *in* Habermas, 1991) qui considère la corporalité comme un moyen de communication entre le sujet social et l'ordre social, l'observation de la plupart des individus identifiés à des garçons durant l'enfance (mais pas nécessairement à l'âge adulte) met en évidence le fait suivant : le sujet social qui expérimente et parle de sa subjectivité et de sa corporalité de subjectivité performative durant l'enfance ou qui utilise poïético-cognitivement son corps à un moment donné de sa vie, et notamment avant que ne s'achève le processus d'identification sexuelle au biopouvoir, est le sujet social qui a la plus grande probabilité de s'engager dans un processus d'esthétisation de sa corporalité et de sa sexualité et de vivre une expérience corporelle esthétique, que ce soit pour des raisons poïétiques réflexives et/ou seulement pour des raisons ludico-libidinales. Il convient de souligner que dans la plupart des cas de personnes identifiées au sexe masculin durant l'enfance, la motivation de leur participation à la Campagne multiorgasmique s'appuyait sur ces deux arguments, avec une légère prédominance du nombre de volontaires motivés par des raisons exclusivement ludico-libidinales.

Par contraste, les individus ayant refusé de participer à l'Œuvre multiorgasmique (qu'ils aient été identifiés socialement à des hommes ou à des femmes durant l'enfance) représentent un *sujet social* dont la corporalité peut être qualifiée d'hétéronome ; c'est-à-dire un *sujet social* à la corporalité « stationnaire » ou identifiée au silence de la subjectivité ; un *sujet social* qui est passé de la *corporalité de la connaissance reçue* provenant du paradigme du biopouvoir à la *corporalité de subjectivité de la fausse conscience*, sans avoir expérimenté – que ce soit corporellement ou réflexivement – sa *corporalité de subjectivité performative*.

Après avoir succinctement expliqué les différences binaires de genre chez le sujet social des sociétés de la modernité tardive, il apparaît clairement que le fait qu'un sujet identifié corporellement à une femme par le paradigme culturel phallogocentrique réalise publiquement une invitation telle que celle de la Campagne multiorgasmique exprime et représente une contradiction esthétique non seulement vis-à-vis de la légitimité clandestine conquise par le genre masculin, mais aussi vis-à-vis de l'illégitimité relative de l'autoérotisme masculin/féminin en tant que sujet de conversation ou de discussion dans le domaine public, véhiculée par le paradigme culturel du biopouvoir phallogocentrique sédentarisé épistémologiquement au sein de la pensée occidentale.

La Campagne multiorgasmique, en tant que moment

esthétique de l'Œuvre multiorgasmique collective, exprime également une contradiction esthétique dès lors qu'elle utilise le langage caractéristique et les revendications des droits humains à travers les énonciations de l'artiste exposé dans les dépliants, blogs, courriers électroniques et affiches distribués au sein des espaces publics physiques et virtuels comme ceux de l'Internet.

En ce qui concerne l'utilisation du langage, la contradiction esthétique repose sur le fait que dans le contexte socio-historique du biopouvoir, les sujets liés à la santé sexuelle, à la sexualité et à la corporalité personnelle sont des sujets enculturés comme relevant exclusivement de la sphère privée et intime. Les témoignages ont néanmoins permis d'observer une tendance à reconnaître qu'il est plus « commun » de voir des hommes discuter de l'autoérotisme en général ou de leur propre masturbation dès l'enfance ou la jeunesse, que ce soit en utilisant un langage à double sens ou un langage littéral ; et que par la suite, à l'âge adulte, ces sujets de conversation sont davantage abordés par des hommes que par des femmes et qu'ils le sont presque toujours en utilisant un langage comique ou à double sens. Ces considérations concernant l'enfance sont d'ailleurs applicables aux personnes s'étant identifiées par la suite comme des homosexuels ou des lesbiennes, mais qui durant leur enfance avaient été socialisés en fonction des catégories d'identification sexuelle binaire homme/femme.

Dans le cadre de la Campagne multiorgasmique, le langage utilisé afin d'aborder ces usages du corps en tant que sujets de communication/discussion reflète également, en ce moment esthétique, une contradiction esthétique entre le langage de l'art en tant que style épistémologique et les langages d'autres styles épistémologiques tels que la médecine, le droit ou la psychologie. En effet, la Campagne multiorgasmique utilise des concepts et des termes provenant des langages spécialisés de la sexologie, de la psychologie, du droit international et des droits humains afin de diffuser le message social de l'Œuvre multiorgasmique collective ; or l'usage que fait l'art de ces langages spécialisés est un usage esthétique, avec une intention critico-esthétique, et non un usage courant comparable à celui des styles épistémologiques correspondant à la *science normale* (Kuhn, 1962/2007). La contradiction esthétique soulevée par l'utilisation de l'autoérotisme et du plaisir sexuel en tant que sujets de conversation en ce moment esthétique de la Campagne multiorgasmique réside dans le fait que, bien que ladite campagne utilise un langage scientifique pour les décrire, elle les désérotise en tant que méthodes de création d'énergie sexuelle ou que matériel créatif/artistique de l'Œuvre multiorgasmique collective, c'est-à-dire qu'elle leur attribue un usage *esthétique*.

En ce qui concerne l'utilisation d'un langage scientifique au cours de la Campagne multiorgasmique, on peut affirmer que l'art biocritique exprime dans son discours un niveau de raisonnement *post-conventionnel orienté vers des principes éthiques* universels, en raison de l'intention socio-politique de l'Œuvre multiorgasmique collective : l'utilisation de corporalités abjectes de subjectivité performative (l'autoérotisme et l'orgasme), dans l'intention plastique et artistique de se servir de cette subjectivité bioénergétique comme matériel créatif de l'Œuvre multiorgasmique collective. La Campagne multiorgasmique est un moment esthétique dans la mesure où elle exprime littéralement une intention esthétique liée à une intention politico-sociale, tout en établissant une dialectique négative vis-à-vis de l'intention plastique des usages du corps. Voici le fragment d'un discours textuel de l'Œuvre multiorgasmique collective diffusé dans le cadre de la Campagne multiorgasmique, qui exprime cette intention esthétique :

> « L'artiste appelle à se manifester politiquement à travers l'art plastique. Sans distinction de genre ou de préférence sexuelle, elle invite à la création de témoignage oraux et physiques portant sur la réponse sexuelle humaine (…) pour légitimer l'orgasme et l'autoérotisme en tant que droits humains (…). Cette œuvre vise à renforcer l'espoir et la confiance afin de promouvoir (…) une conscience

citoyenne considérant les besoins les plus intimes comme des droits fondamentaux, car ces besoins doivent être pris en compte par l'Etat de droit »[194].

L'autre moment esthétique de la Campagne multiorgasmique est celui où l'artiste a commencé à recueillir les témoignages physico-corporels et oraux sur l'histoire personnelle des participants et sur le processus de construction sociale ou d'enculturation du *sujet social* identifié au biopouvoir phallogocentrique. Il s'agit plus précisément du moment où l'artiste a poïétisé le principe nihiliste en recueillant le témoignage du premier volontaire de l'œuvre en question. Ainsi, au moment où le volontaire a décidé de participer et pris contact avec l'artiste à cette fin, l'intention esthétique de l'œuvre a cessé d'être littéralement l'expression de la corporalité de subjectivité performative et potentiellement esthétique *de l'artiste*, pour devenir celle *du sujet social* ; car dès lors que cette intention est partagée réflexivement et poïétiquement par la collectivité (représentée par les volontaires), le *sujet social* nie esthétiquement sa corporalité identifiée au paradigme du biopouvoir phallogocentrique.

TROISIÈME MOMENT ESTHÉTIQUE : le volontaire décide de participer comme volontaire

Description du troisième moment esthétique

Le volontaire accepte la proposition, il se solidarise avec l'intention sociale de légitimer le plaisir sexuel et l'autoérotisme en tant que droits humains. Il prend contact par courrier électronique ou par téléphone avec l'artiste – qui est pour lui un parfait inconnu –

---

[194] Mancilla, Texte tiré du dépliant de la Campagne multiorgasmique du Mexique 2007.

afin de lui faire part de sa décision, et de fixer un rendez-vous pour l'entretien (témoignage oral).

Tensions esthétiques au cours du troisième moment esthétique

Tension esthétique entre érotisation de l'art/rejet de l'intention artistique & désérotisation des corporalités abjectes au sein du public des Campagnes multiorgasmiques.

Érotisation de l'art/rejet de l'intention artistique (corporalité abjecte reproductrice de son sens abject)	Désérotisation des corporalités abjectes (corporalité abjecte critique de son sens abject)
ceux qui n'ont pas participé	*ceux qui ont participé*

a) Les sujets identifiés au biopouvoir qui ont refusé de participer à l'Œuvre multiorgasmique collective – essentiellement des femmes – ont exprimé un usage cognitif du corps correspondant à une :

- *Corporalité du silence ou du silence*
- *Corporalité de la connaissance reçue*
- *Corporalité de subjectivité hétéronome vis-à-vis du biopouvoir*

Et d'un raisonnement moral correspondant à une :

- *Corporalité pré-conventionnelle orientée vers le châtiment et l'obéissance*
- *Corporalité pré-conventionnelle orientée vers un relativisme instrumental*
- *Corporalité conventionnelle de concordance interpersonnelle*
- *Corporalité conventionnelle orientée vers la loi et l'ordre.*

a) La participation à l'Œuvre multiorgasmique collective de celles qui se sont identifiées elles-mêmes comme des femmes, a été l'expression d'un usage cognitif du corps correspondant à une :

- *Corporalité de subjectivité*
- *Corporalité biocritique esthético-politique*

Et d'un raisonnement moral correspondant à une :

- *Corporalité post-conventionnelle orientée vers des principes éthiques universels ;*
- *Corporalité ecto-conventionnelle d'orientation biocritique esthético-politique.*

▶▶▶

Érotisation de l'art/rejet de l'intention artistique (corporalité abjecte reproductrice de son sens abject)	Désérotisation des corporalités abjectes (corporalité abjecte critique de son sens abject)
	b) La participation à l'Œuvre multiorgasmique collective des sujets qui se sont identifiés eux-mêmes comme bisexuels, homosexuels ou lesbiennes, a été l'expression d'un usage cognitif du corps correspondant à une : • *Corporalité biocritique politico-esthétique* Et d'un raisonnement moral : • *ecto-conventionnel d'orientation biocritique esthético-politique.* *Si nous ne faisons pas mention ici d'autres sexualités telles que les transgenres, les transsexuels, etc., c'est parce qu'il n'y a pas eu de participants se reconnaissant comme tels. ▶▶▶

Érotisation de l'art/rejet de l'intention artistique (corporalité abjecte reproductrice de son sens abject)	Désérotisation des corporalités abjectes (corporalité abjecte critique de son sens abject)
	c) Les personnes interrogées qui se sont identifiées elles-mêmes comme des hommes ont fait part de leur décision de participer en s'appuyant sur un raisonnement moral qui renvoie à une : • *Corporalité de subjectivité* • *Corporalité biocritique politico-esthétique* Et d'un raisonnement moral : • *Post-conventionnel orienté vers des principes éthiques universels* • *Ecto-conventionnel d'orientation biocritique esthético-politique*

Ce moment, qui semble très concret, peut être considéré comme un moment potentiellement esthétique parce qu'il représente une métamorphose de l'intention esthétique de la Campagne multiorgasmique qui, dès lors que chacun des participants la fait sienne, se transforme en intention esthétique collective, en humanisant l'intention de l'art en intention d'individus réels.

La contradiction esthétique interne à l'art biocritique repose sur ce moment où l'intention esthétique en tant qu'idéologie d'une œuvre est adoptée et humanisée par la décision d'un sujet social hétérogène et non hétérosexuel, représenté par le volontaire. Une autre contradiction esthétique est établie au moment même où le volontaire décide de prendre contact avec l'artiste. Il s'agit d'une contradiction esthétique entre l'acte de participer et celui de ne pas participer à l'Œuvre multiorgasmique collective car l'un comme l'autre, ces deux actes impliquent de la part de l'individu une décision interne de contradiction esthétique personnelle vis-à-vis des usages de son corps : en effet, en décidant de participer, l'individu décide de nier esthétiquement l'illégitimité des usages du corps promus par la Campagne multiorgasmique, et dénigrés par le paradigme du biopouvoir phallogocentrique et de la pensée occidentale. Par ailleurs, à cette contradiction esthétique interne chez les volontaires s'ajoute une contradiction esthétique entre le volontaire et la partie du public de la campagne ayant exprimé son rejet des usages du corps promus par cette campagne.

En termes d'autonomie poïético-cognitive de la corporalité et des usages du corps du sujet social en tant que *corporalité biocritique esthético-politique*, la décision du volontaire et l'acte même de prendre contact avec l'artiste renvoient à un moment esthétique, dans la mesure où ils reflètent la métamorphose qui s'opère lorsqu'un usage cognitif de la corporalité identifiée d'une manière ou d'une autre au biopouvoir et correspondant à un niveau de raisonnement moral hétéronome vis-à-vis de ce biopouvoir, est expérimenté et corporalisé esthétiquement par le volontaire lui-même à des fins poïétiques liées à l'intention esthétique, artistique et plastique de l'Œuvre multiorgasmique collective.

Et bien que ces usages esthétiques du corps ne soient qu'une représentation de l'intention de participer du volontaire, il convient de prendre en compte le fait que cette décision représente également une promesse d'autonomie poïético-cognitive et une autopoïésis d'appropriation par un individu réel du processus de construction sociale d'un sujet social hétérogène, c'est-à-dire une autopoïésis de l'individu réel mais aussi du sujet social que ce dernier représente en tant que sujet esthétique. Ainsi, la décision d'un volontaire de participer à l'œuvre représente l'intention de nier esthétiquement le paradigme culturel du biopouvoir phallogocentrisme (le fond épistémologique de la construction sociale) et l'enculturation hétérosexuelle de sa sexualité et de sa corporalité identifiée au biopouvoir (la forme poïétique de la construction sociale de ce biopouvoir hégémonique).

Dans cette perspective, bien qu'à ce stade le volontaire n'ait pas encore corporalisé son intention esthétique dans son témoignage physique ou oral, ce moment n'en est pas moins esthétique dans la mesure où il exprime la poïésis spirituelle et réflexive de l'intention esthétique personnelle et sociale des volontaires de critiquer le biopouvoir phallogocentrisme en tant que personne et que sujet social hétérogène, en revendiquant les droits sexuels mis en avant par l'Œuvre multiorgasmique collective en tant que droits humains pour soi et pour les autretés sexuelles de son contexte socio-historique. Cette poïésis de la tension esthétique peut être observée à travers les arguments recueillis lors des témoignages oraux des volontaires en tant qu'expressions d'un niveau post-conventionnel de leur raisonnement moral. Voici quelques exemples où les volontaires expliquent leur décision de participer à l'Œuvre multiorgasmique collective en s'appuyant sur un raisonnement moral de niveau post-conventionnel qui exprime des intérêts poïétisateurs de principes éthiques universels visant à intégrer les usages du corps en question, tout en revendiquant ces droits pour soi et pour un sujet social hétérogène ; ces exemples reflètent en outre certaines réticences, notamment de la part de personnes s'identifiant elles-mêmes comme des femmes, ce qui n'est pas le cas des volontaires identifiées dans leur enfance comme des femmes et se reconnaissant elles-mêmes comme bisexuelles et lesbiennes :

Cyrille.- *J'ai décidé de participer, après tout c'est pour tes études, pour approfondir la question, pour mieux comprendre le sens du vécu et sa finalité.*

Emeline.- *Dès le début, quand tu m'as parlé de l'œuvre, j'ai eu envie d'y participer… et après quand tu es venue parler de ton projet et tout ça, je me suis dit que j'allais le faire, l'idée me plaisait […] j'avais envie d'y participer.*

Nathalie.- *Je me suis permise, j'ai osé, je savais pas vraiment ce que ça impliquait, j'avais pas bien lu, mais j'ai décidé de le*

faire, voilà [...]; bon, ça intervient dans une période de ma vie un peu particulière et entre le moment où je me suis décidée, où je me suis dit « allez ouais je réponds » et le moment où toi tu m'as répondu, j'étais peut-être plus très sûre, je me suis dit : mais de quoi il s'agit vraiment en fait ?... et c'est beaucoup plus la curiosité, une envie de rencontrer ça... cet ensemble [...]. Il y a pas longtemps que je suis tombée enceinte, il m'a quitté et j'ai avorté.... c'est ce qui s'est passé et ça a été très dur et depuis j'ai vécu tellement de sensations mais pas forcément que négatives, dans mon corps, le fait d'être enceinte, le fait de prendre ce médicament, le RU, le médicament qui arrête la grossesse et t'expulse l'œuf, j'ai saigné pendant un mois et demi, je me souviens que je parlais à cette petite créature, je sentais même une bosse juste à l'utérus qui était un peu gonflée, donc les sensations changeaient, j'avais un autre rapport à mon corps... et en plus c'était fini avec mon ami, notre relation était très sexuelle et donc c'était très particulier, ça : je tombe enceinte, il me quitte, j'avorte, pff, mais c'est pour ça j'y repense encore, j'ai hésité à venir parce que pour moi c'était de la sexualité alors qu'en fait, ça en n'est pas, pour moi le fait de répondre à l'appel, c'était comme un cliché dans ma tête : « bah, c'est qu'un acte sexuel... », et en le faisant, en étant là, je suis en train de me rendre compte que pour moi c'est plutôt une autre route vers moi-même, vers mon corps et vers mon plaisir. [...]. J'ai failli ne pas venir, mais je t'aurais pas fait ça [...].
-En fait j'ai eu peur, j'ai mal dormi cette nuit, j'ai relu hier soir mes mails chez un ami, d'un côté je lui ai dit que j'y allais, et j'avais envie d'y aller, je sais pas pourquoi, et de l'autre côté j'ai pensé : « avec ce que tu vis Nathalie, excuse-toi et t'iras pas »... tu vois plusieurs choses. [...] Il y avait la peur et puis l'envie d'aller à ta rencontre et à ma rencontre aussi. [...].

Gerardo.- *J'ai décidé de participer parce que je suis convaincu que la base de toute révolution c'est l'amour, non seulement au lit, mais aussi à la maison et au travail, parce que si on agissait tous avec amour, le monde serait différent [...]. Et bien sûr, si* tu es bien dans ton couple, au niveau de la communication et aussi au niveau sexuel, tu es plus heureux dans la vie, dans la rue, plus satisfait, tu sens que tu aimes et que tu es aimé, et ça te permet de mieux fonctionner, de mieux vivre et de te sentir mieux, et c'est ce genre de choses qui peuvent influencer une société, pour que l'être humain se sente plus à l'aise en société et dans la vie.

León.- J'ai milité en faveur des droits sexuels, c'est pour ça que je me suis identifié immédiatement et que je t'ai dit oui dès le premier jour : c'est bon, on fixe une date ! J'ai aussi été motivé par l'idée de faire quelque chose de différent, parce qu'à vrai dire ça me serait jamais venu à l'idée de laisser un témoignage de mon autoérotisme, ça pourrait même être un peu gênant, et ça je crois que ça m'a paru intéressant, j'ai été séduit par l'idée de faire quelque chose que j'avais jamais fait. Et aussi par le fait de participer à quelque chose de plus vaste, de plus collectif, tu m'as dit que beaucoup de gens y participaient et je me suis dit « c'est trop cool ! Des gens de pays différents [...], je crois dans la collectivité et dans la connexion qui existe entre les gens et tout ça a formé un ensemble [...]. En plus, cette serviette en papier avec du sperme, si je l'avais pas utilisée pour ton œuvre, je l'aurais jetée à la poubelle ; ça change complètement le concept, le fait que quelqu'un me la demande, et que ce soit pour une création artistique, ça c'est encore plus intéressant.

Edgar.- J'ai décidé de participer parce que le principe m'a paru très intéressant, cette notion de créativité, et qu'à partir d'une idée comme ça que tu défends tu puisses créer de l'art. [...] Je suis vachement sensible aux questions artistiques, même si je sais que ta démarche a un arrière-plan politique, je dois te dire que c'est la dimension artistique qui m'attire, ça c'est clair. Je trouve très intéressant de rendre public quelque chose de privé et d'en faire de l'art.

Angela.- Ce qui m'a intéressé c'est le côté novateur de ton projet, j'ai trouvé très originale cette manière de défendre les droits des *femmes, et je me suis décidée quand j'ai su que ton travail était quelque chose de sérieux.*

Miguel.- J'ai décidé de participer parce que j'ai toujours *été intéressé par l'art ; je ne prétends pas du tout être un artiste, mais par exemple je travaille en ce moment à promouvoir de cet espace culturel, alors je trouve toujours intéressant de participer à une proposition nouvelle, quoi… c'est d'abord ça qui m'a motivé ; et l'autre aspect qui m'a donné envie de participer, c'est que j'ai toujours pensé qu'il était temps que la question sexuelle sorte du placard, n'est-ce pas ? de redonner sa naturalité au sexe, parce que pour moi c'est une question toute naturelle ; et si j'ai décidé de participer sans hésiter c'est justement parce que pour moi le sexe c'est quelque chose de super naturel. Je parle avec mes amis – filles et garçons – de manière tout à fait naturelle de ma sexualité parce que j'en ai pas honte, parce que je considère que c'est quelque chose de naturel qui devrait pas être éloigné du quotidien de l'être humain ; [la sexualité] c'est un besoin comme les autres, c'est comme manger : tu le fais tous les jours et personne te demande « quand as-tu mangé ? », ou alors si on te le demande, c'est de manière anodine, ça va pas plus loin que ça ; tandis qu'avec le sexe, quand on te demande : « avec qui tu as eu une relation ? » « Quand ? » ou « Comment tu t'y es pris ? », il y a toujours comme une curiosité malsaine, non ? Moi je trouve que ça devrait pas être le cas, parce que je pense que le sexe est quelque chose de tout à fait naturel. C'est pour ça que je participe à ton œuvre, parce que ça va dans le sens de mes idées, je me retrouve là-dedans […].*

Melissa.- *J'ai décidé de participer tout d'abord parce que lui [le petit ami de cette volontaire] trouve ça très intéressant ; il aime beaucoup l'art, alors ça l'a beaucoup intéressé, et c'est surtout ça qui m'a motivé, à vrai dire. Et puis j'ai bien aimé les œuvres, j'ai bien aimé le travail et je me suis dit : « on pourrait faire partie de ce projet » […]. Cela dit j'avais pas fait le lien entre l'Œuvre multiorgasmique et l'objectif de revendication sociale [du droit au plaisir], je viens juste de m'en rendre compte.*

Christian.- *J'ai décidé de participer par ce que j'ai toujours bien aimé participer à ce genre de choses ; j'aime bien briser des tabous, c'est quelque chose de peu orthodoxe, alors je me suis dit : « c'est bon, je vais contribuer à la cause ! [il prend un air de compassion], pour les encourager, pour qu'ils continuent » [...]. Je trouve ça vraiment intéressant ce que tu vas faire, le fait d'essayer de transformer cet entretien en un sentiment, ou ce bout de papier avec une potion orgasmique en une œuvre d'art, qu'elle soit plastique ou mentale ; ça me paraît vraiment très intéressant.*

Ricardo.- *J'ai décidé de participer, même si au début j'étais un peu gêné ; mais bon, c'est quelque chose de naturel, [je me suis dit] « je vais quand même pas passer pour un plouc [...], Esmeralda va dire : « il n'ose pas ce pauvre plouc » », c'est d'abord pour ça que j'ai décidé de le faire, mais après en y regardant de plus près je me suis dit : « en fait c'est quelque chose de normal, c'est pas la mer à boire, ni quelque chose de top secret non plus » ; j'ai pensé : « bon, je vais y aller, on verra bien ». En fait c'était surtout le témoignage physique qui me gênait, qui me mettait un peu mal à l'aise, quoi ; mais je me suis dit : « bon, tout le monde le sait, tout le monde le fait » ; et puis quand tu l'exposeras tu expliqueras en quoi consiste le témoignage, j'imagine ; alors je me suis dit : « ok il n'y a pas de problème, il faut y aller » [...]. J'en ai parlé à deux ou trois amis, mais au début eux aussi ont trouvé ça bizarre, du genre « et comment on va y mettre des couleurs ? », et moi je leur ai dit « hé ben, ils vont y mettre des couleurs, c'est logique », alors ils m'ont demandé : « et comment peindre avec ça si ça a pas de couleur ? » Avec un peu d'imagination, on y met de la couleur et ça fait comme de la peinture et puis voilà. [Et ils m'ont répondu :] « Ah bon, d'accord », et à partir de là, ils ont trouvé ça normal et ils ont arrêté de me poser des questions. En fait c'est la première impression, la question de savoir « comment on peut peindre » avec du sperme qui les a intrigué, mais après ils ont plus fait grand cas de tout ça.*

Benjamin.- *En fait au début j'ai décidé de participer sur un coup de tête, parce que j'avais encore jamais participé à une œuvre d'art, ensuite le sujet, j'avais jamais entendu parler de ce type de travail, et ça a été un mélange : d'un côté ça me paraissait une idée originale et de l'autre j'avais jamais participé à quelque chose de ce genre, ou disons plutôt à une œuvre en général, et je me suis dit, si ça doit être la première fois, tant qu'à faire, autant que ce soit quelque chose d'original [...]. Au début, tu ressens pas grand-chose ; tu te sens plutôt comme un moyen, comme quelqu'un qui fournit la matière première pour que d'autres fassent les efforts ; par exemple, c'est un peu comme si on publiait un manifeste, et que tu sentais que tu en es l'imprimeur, l'éditeur ; c'est presque toi, au début tu sens pas que c'est toi qui fais les efforts parce que tu te contentes de remettre quelque chose, mais tout d'un coup tu sais plus trop quelle va être la finalité, ou plutôt l'utilisation qu'on va en faire ; des fois tu sens que tu remets juste un bout de papier, tu t'en débarrasses et t'entends plus parler de tout ça ; en fait, c'est le côté politique qui me plaît le plus dans tout ça ; j'aime bien savoir que je peux faire partie d'un projet, jusqu'à un certain point, que j'ai apporté mon petit grain de sable ; d'ailleurs pour reprendre l'image du manifeste, en fait l'imprimeur aussi a son importance : sans lui le manifeste serait pas publié ; mettons que si tu fais les gravures, les peintures, ça c'est ta partie ; mais je sens que moi aussi je fais partie de l'engrenage, que je contribue à ma manière au développement du projet, non ? Moi je ne peux pas le faire sans toi, mais toi tu pourrais pas le faire sans moi [...]. On se sent presque nécessaire, indispensable [...]. En fin de compte, je vais me contenter de faire ma part, mais sans cette contribution le projet serait pas possible [...] en fait, je sens que si je participais pas, l'œuvre pourrait pas être faite, j'aime bien cette idée, même si c'est peut-être un peu illusoire, de savoir que même s'il y a des dizaines d'autres personnes qui y participent, parmi tous ces gens, il y a ma voix.*

Roberto.- *J'ai décidé de participer parce que ça m'a paru intéressant, j'avais jamais participé comme ça à une manifestation publique, ou à un acte artistique ; ce qui m'a le plus interpellé c'est l'œuvre comme telle que tu fais, c'est pas scolaire, mais plutôt académique ; alors ça m'a paru intéressant et j'ai décidé de tenter l'expérience.*

Alicia.- *Pourquoi je me suis décidé à le faire ? Hé bien parce que je crois aussi d'une certaine manière qu'on pense donner beaucoup d'importance au sexe de nos jours, mais qu'en réalité on donne plus d'importance à tout ce qu'il y a autour, non ? à la provocation, au fait d'être belles, et puis on donne trop d'importance à des questions du genre : « avec combien de personnes tu es sortie ? », ou « ça fait combien de temps que tu sors avec ton mec ? » ou « combien tu as eu de relations? », et en réalité, moi je pense qu'il y a très peu de gens qui savent vraiment en profiter; je sais pas moi, mes copines, les filles – c'est surtout ce qui concerne les femmes qui m'intéresse, le fait que ce soit une femme qui le vive – mes amies, elles sortent avec leur petit ami depuis des années, et la plupart d'entre elles continuent d'avoir, comment dire, des tonnes de préjugés sur la sexualité, plein de préjugés sexuels, surtout sur elles-mêmes ; il y a tant de femmes de nos jours qui savent pas apprécier leur sexualité et qui considèrent qu'elle leur appartient pas, qu'elle appartient à quelqu'un d'autre, qu'en fait leur sexualité appartient à l'homme, ou que c'est l'homme qui doit la révéler en elles, non ? C'est pour ça que je trouve ça super qu'il y ait plein de femmes qui parlent de tout ça, quoi, qui abordent ces sujets.*

Guillaume.- *J'ai trouvé le principe intéressant et j'ai voulu participer à ce projet. Il y avait un peu d'excitation aussi chez moi, le fait de se masturber et de garder son sperme et puis de l'emmener à l'artiste ; il y a quelque chose d'un peu excitant là-dedans, le plaisir qu'on a à faire sortir ce liquide. La masturbation, c'est quelque chose de personnel, qu'on fait mais qu'on cache ; donc s'en servir pour autre chose, pour une œuvre d'art, ça je trouve que c'est un plaisir qui est intéressant. Le plaisir de le faire, et aussi qu'il y ait un autre but que l'orgasme là-dedans.*

Irina.- *J'ai voulu participer d'abord parce que ça m'a paru surprenant, mais après ça m'a plutôt intrigué, puis intéressé [Irina éclate de rire, avant d'ajouter :] et puis je me suis dit : « pourquoi pas y participer ? » Et c'est comme ça que j'ai décidé de prendre contact avec toi.*

Jorge.- *J'ai pas hésité à participer, je me suis tout de suite dit : « je trouve ça très bien, alors je participe », voilà ce que je me suis dit ; j'en ai parlé à ma femme et elle m'a dit : « non non non, comment peux-tu faire ce genre de choses ? » [et je lui ai répondu :] « Bon, faut d'abord que tu voies l'affiche et tu diras » ; et même comme ça, elle a pas été d'accord. J'ai aussi invité des collègues de travail à qui j'ai envoyé l'affiche et [ils ont dit :] « non non non, pas nous ». [...]. Moi je crois qu'ils se ferment et qu'ils interprètent mal l'information ; ou plutôt qu'ils ont mal interprété ce que disait l'affiche ; [...] parce qu'ils me disaient : « et tu vas faire ça avec elle [l'artiste] ? » ; [et moi je répondais :] « pas du tout, à aucun moment » ; et ils me balançaient : « alors c'est un peu comme de la prostitution », c'est dire qu'ils comprenaient rien à la situation. Et parmi tous ceux que j'ai invités et à qui j'ai envoyé l'affiche ou le blog, personne a voulu participer [...]. Parmi les réactions spontanées à mon invitation, il y avait des réponses du genre : « c'est complètement dingue cette histoire ! » « En voilà une*

idée débile ! » « Elle a fumé de la moquette ou quoi ? », etc.
Honnêtement, moi j'ai jamais visité le blog. J'ai pas cherché
à en savoir plus ni rien, je me suis dit qu'avec le « témoignage
physique » tu allais probablement créer une peinture, parce
que je sais que tu peins ; mais j'ai pas cherché à en savoir plus,
je me suis juste dit : « je sais pas, elle va sûrement faire quelque
chose de bien et il faut la soutenir, allons-y, pas de problème,
je suis sûr qu'elle va faire quelque chose de bien, c'est parti ! »,
« je veux faire partie de ce projet », quoi [...]. « Je veux en
faire partie parce que j'ai bien aimé tes commentaires [ceux
de l'affiche] sur le plaisir sexuel et la liberté de se masturber
et tout ça, et je me suis dit « ben oui, pourquoi pas ? Je me
masturbe et il y a pas de problème ».

Afin d'illustrer le type de raisonnement qui motive la décision
du volontaire de participer à l'Œuvre multiorgasmique collective,
il est indispensable de citer ici ce fragment tiré d'un des dépliants
faisant la promotion de la Campagne multiorgasmique, tout en
soulignant que ce moment esthétique n'entend nullement établir
de hiérarchie entre poïésis spirituelle et poïésis corporelle, entre
praxis et esprit, dans le cadre du processus d'appropriation
sexuelle et corporelle du *sujet social*, même si la solidarité envers
l'intention socio-politique de l'Œuvre multiorgasmique collective
était présentée comme un élément essentiel de la participation à
la campagne multiorgasmique :

Pour participer, il faut :

1) *Se solidariser avec l'intention socio-politique de promouvoir*
   l'égalité des genres à travers l'appropriation sexuelle.
2) *Créer le témoignage physique dans l'intimité et ensuite prendre*
   contact avec l'artiste afin de lui remettre ce témoignage
   physique et de réaliser l'entretien (témoignage oral).

Il apparaît clairement dans la forme textuelle de cette
invitation que pour la Campagne multiorgasmique, la décision
de participer demande au volontaire un processus de réflexivité
autour de « l'intention socio-politique de l'œuvre », qui doit par
la suite être corporalisé à travers la création du témoignage

physique, puis du témoignage oral. Cependant, tous les volontaires ayant participé à l'Œuvre multiorgasmique n'ont pas décrit leur processus de décision dans cet ordre séquentiel : d'abord la réflexivité, ensuite la corporalité.

À ce sujet, on observe une différence notoire selon que le processus réflexif concerne des volontaires se reconnaissant eux-mêmes comme des hommes ou comme des femmes, des bisexuels, des homosexuels et des lesbiennes. Les premiers affirment pour la plupart avoir connu très tôt une corporalité de subjectivité, qui leur a permis de s'approprier leur corps dès l'enfance et l'adolescence. Et bien qu'ils expriment et décrivent une corporalité et des usages du corps produits d'un raisonnement moral oscillant entre les niveaux conventionnel et post-conventionnel, il apparaît clairement au fil des commentaires de certains participants que leur décision de participer reposait avant tout sur un rapport au corps ludico-libidinal, qui correspond davantage à un raisonnement post-conventionnel d'orientation poïétique liée à une corporalité subjective, et non pas à une corporalité orientée vers des principes éthiques universels ou politico-esthétique, comme ça a été le cas des volontaires s'identifiant eux-mêmes comme des femmes, des homosexuels, des bisexuels, des lesbiennes et des autres participants (y compris une partie des hommes), dont la décision de participer reposait également sur un raisonnement moral de niveau post-conventionnel d'orientation poïétique, mais en relation avec un niveau post-conventionnel orienté vers des principes éthiques universels visant à intégrer les autretés à une corporalité cognitive politico-esthétique, sans toutefois manifester d'intérêt ludico-libidinal correspondant à une corporalité de subjectivité bioénergétique. Voici un exemple de participation motivée par un intérêt ludico-libidinal :

> « [À l'appel] il y avait un peu d'excitation aussi chez moi, le fait de se masturber et de garder son sperme et puis de l'emmener à l'artiste ; il y a quelque chose d'un peu excitant là-dedans, le plaisir qu'on a à faire sortir ce liquide. »

Ainsi, la participation non politico-esthétique de *certains* volontaires identifiés comme des hommes semble correspondre avant tout à un acte ludique ; à la différence des autres participants (y compris une partie des hommes), la plupart des hommes ont présenter leur intention esthétique de participer – non seulement de créer le témoignage physique mais aussi de remettre à l'artiste ce témoignage et de parler avec elle de leur sexualité – comme une intention esthétique liant un usage agréable de leur corporalité de subjectivité bioénergétique à un usage du corps basé sur une connaissance poïétisée et un raisonnement poïétique associant directement le plaisir sexuel de leur expérience personnelle à l'expérience de leur participation à l'Œuvre multiorgasmique collective, et liant ainsi le plaisir sexuel à l'intention esthétique de la création artistique. Ce qui se passe dans ces cas-là, c'est que les corporalités impliquées (l'autoérotisme et l'orgasme) ne sont pas désérotisés, et ce malgré qu'ils soient liés à une intention politique de la part des volontaires ayant décidé de participer ; de sorte que chez certains volontaires, cette décision impliquait une certaine érotisation du processus artistique. En voici deux autres exemples :

« [...] cette serviette en papier avec du sperme, si je l'avais pas utilisée pour ton œuvre, je l'aurais jetée à la poubelle ; ça change complètement le concept, le fait que quelqu'un me la demande, et que ce soit pour une création artistique, ça c'est encore plus intéressant. »

« J'aime bien savoir que je peux faire partie d'un projet, jusqu'à un certain point, que j'ai apporté mon petit grain de sable ; d'ailleurs pour reprendre l'image du manifeste, en fait l'imprimeur aussi a son importance : sans lui le manifeste serait pas publié ; mettons que si tu fais les gravures, les peintures, ça c'est ta partie ; mais je sens que moi aussi je fais partie de l'engrenage, que je contribue à ma manière au développement du projet, non ? Moi je peux pas le faire sans toi, mais toi tu pourrais pas le faire

sans moi [...]. On se sent presque nécessaire, indispensable
[...]. »

Ces commentaires mettent en évidence les effets de la différenciation hétérosexuelle phallogocentrique, ce qui explique pourquoi on peut attribuer une plus grande potentialité esthétique à la décision de participer prise par des personnes aux identités inférorisées en tant qu'« extérieurs constitutifs » de l'économie phallogocentrique (femmes, lesbiennes, homosexuels, bisexuels, transgenre, etc.).

En ce qui concerne les femmes, leur décision de participer reflète le même lien entre l'usage d'une corporalité de la connaissance poïétisée et un raisonnement moral de niveau post-conventionnel *orienté vers des principes éthiques universels* visant à intégrer les autretés et identités sexuels de performativité subjective, mais en aucun cas ces volontaires du sexe féminin n'ont affirmé être motivées par un intérêt ludico-libidinal.

Dans le cas des volontaires identifiées durant leur enfance à des filles et qui se sont reconnues elles-mêmes dans leur témoignage oral comme des lesbiennes, tout comme dans le cas des volontaires identifiés durant leur enfance à des garçons et qui se sont reconnus dans leur témoignage oral comme des homosexuels et des bisexuels, leur participation à l'Œuvre multiorgasmique collective semble avoir été motivée par l'usage cognitif d'une corporalité *de la connaissance construite* liée à un raisonnement moral post-conventionnel *orienté vers la poïésis de principes éthiques universels* non identifiés au biopouvoir phallogocentrique, de même que les autres participants hommes et femmes –, mais ces volontaires ont par ailleurs exprimé un intérêt ludico-esthétique associant l'art à la poïésis de principes universels *d'intégration.* Il en ressort que chez les individus réels ayant poïétisé corporellement dans leur propre vie la reconnaissance performative de sexualités « réprouvées » ou non-légitimées par le biopouvoir phallogocentrique, de même que chez les femmes, la décision de participer à l'Œuvre multiorgasmique collective a davantage été motivée par une volonté de poïétiser des principes éthiques universels non identifiés au biopouvoir que par un intérêt ludico-artistique, contrairement à une partie des volontaires identifiés à des hommes.

Il est intéressant d'observer que même les volontaires se réclamant des sexualités les plus invisibilisées par le biopouvoir, telles que l'homosexualité, le lesbianisme ou la bisexualité[195], ont éprouvé moins de difficultés que les femmes à reconnaître dans leur participation un intérêt ludico-artistique. Cette plus grande difficulté chez les femmes à considérer la poïésis corporelle de principes universels non identifiés au biopouvoir comme répondant à un intérêt ludique peut être observée à travers des affirmations telles que les suivantes :

> « ...*entre le moment où je me suis décidée, où je me suis dit « allez ouais je réponds » et le moment où toi tu m'as répondu, j'étais peut-être plus très sûre, je me suis dit : mais de quoi il s'agit vraiment en fait ?... et c'est beaucoup plus la curiosité, une envie de rencontrer ça... cet ensemble [...] J'ai hésité à venir parce que pour moi c'était de la sexualité alors qu'en fait, ça en n'est pas, pour moi le fait de répondre à l'appel, c'était comme un cliché dans ma tête : « bah, c'est qu'un acte sexuel... »*

> « *J'ai apporté comme témoignage ce que tu demandais, comment appeler ça ? Du liquide ? Disons du liquide vaginal, du fluide de mon vagin. À vrai dire, ça a pas été la même réponse que d'habitude, en fait j'étais nerveuse, parce que j'ai senti une pression. J'ai senti la pression de devoir rendre ce témoignage [...], je me suis sentie sous pression parce que je me suis dit : « Et si j'arrive pas à*

---

[195] D'autres sexualités telles que les transsexuels et les transgenres n'ont pas été prises en compte dans cette analyse faute de participation à l'Œuvre multiorgasmique collective, mais on peut supposer que cette affirmation s'applique également à la performativité de ces sexualités.

obtenir une réponse satisfaisante ? ». Mais bon, je l'ai
fait, et j'y suis enfin arrivée, mais pas comme d'habitude.
Je sais pas, d'une certaine manière je me suis bloquée
mentalement et c'était pas pareil. Disons que quand je le
fais d'habitude, ça va tout seul, je peux avoir un orgasme
même assise, quand je l'ai pas fait depuis longtemps, je
peux même jouir comme ça. Mais cette fois j'ai vraiment
eu du mal, je saurais pas dire pourquoi. C'est que j'arrive
pas à le faire sur commande. [...] Ma pensée avant de le
faire, ça a été : « pourquoi je me suis prêtée à ça ? [Angela
éclate de rire] Et je me suis dit : « Mais quel besoin
j'avais ? », [...après] j'ai pensé : « bon, je me suis engagée
et je vais pas lui faire faux bond, alors je le fais un point
c'est tout » ; c'était plus une question de responsabilité
qu'autre chose, parce que je me suis dit : « j'avais dit à
Esmeralda que je le ferais, alors je dois le faire » [...].»

La dimension ludique dans certains de ces témoignages
consiste à reconnaître l'art comme un moyen de manifestation
sociale attractif afin de militer en faveur des objectifs socio-
politiques de l'Œuvre multiorgasmique collective. Il est vrai
que la plupart des volontaires ont manifesté l'intérêt de
poïétiser des principes éthiques universels non identifiés au
biopouvoir phallogocentrique ; la différence réside surtout dans
le fait que certains des hommes ont également inclus dans
leur participation l'intérêt ludico-libidinal d'une subjectivité
bioénergétique leur procurant un certain plaisir personnel,
similaire à celui qu'ont manifesté certains homosexuels et
bisexuels identifiés dans leur enfance à des garçons (avant qu'ils
ne se reconnaissent comme homosexuels ou bisexuels), tandis
que les femmes n'ont pas exprimé cet intérêt ludico-libidinal
à chercher un plaisir sexuel dans leur participation à l'Œuvre
multiorgasmique collective. Quant aux volontaires identifiées
comme des filles dans leur enfance mais se reconnaissant elles-
mêmes comme des lesbiennes dans leur témoignage oral, elles ont
manifesté un certain intérêt ludico-libidinal, mais aussi artistique.

Ce moment de la décision du volontaire de participer à l'Œuvre multiorgasmique collective exprime une contradiction esthétique chez le volontaire par rapport à lui-même. Car le volontaire, en décidant de participer à l'Œuvre multiorgasmique collective, nie esthétiquement le *moi* identifié aux catégories hétérosexuelles (homme/femme) et aux corporalités « non abjectes ». En effet, lorsque les volontaires décident de participer et prennent contact avec l'artiste, ils concrétisent une première négation de leur dimension corporelle et sexuelle identifiée au paradigme culturel du biopouvoir, tant il est vrai que tous les sujets des sociétés de la modernité tardive enculturés dans un contexte socio-historique épistémologiquement hégémonique, sont – dans une plus moins grande mesure – identifiés à l'une ou l'autre des formes épistémologiques de ce biopouvoir. Ainsi, celui qui décide de faire sienne l'intention de poïétiser corporellement une contradiction esthétique vis-à-vis de n'importe quel aspect de la corporalité hétéronome du sujet social identifié au biopouvoir phallogocentrique, poïétise ainsi une autreté esthétique de lui-même à partir du moment réflexif motivant l'intention de participer. Cette action exprime également une contradiction esthétique des volontaires vis-à-vis des individus qui ne participent pas et représentent également le sujet social, et qui, indépendamment du fait qu'ils aient eu ou non connaissance de l'invitation de la Campagne multiorgasmique, rejettent les usages cognitifs du corps liés à l'intention esthétique de l'œuvre collective. Cette contradiction met en évidence le respect du principe historico-dialectique en ce moment esthétique de l'historiographie de l'Œuvre multiorgasmique collective.

Ce moment esthétique de la décision du volontaire implique également le respect du principe d'autonomie et du principe poïético-réflexif à travers l'intention esthétique des volontaires qui décident de poïétiser cognitivement des témoignages physiques et oraux, enchaînant ainsi un usage cognitif du corps de subjectivité bioénergétique à un usage politico-esthétique visant à contredire avec leur corporalité la réprobation par le biopouvoir de leur sexualité, de leur plaisir sexuel et de leur autoérotisme.

Ce moment esthétique est tout à fait illustratif du lien poïétique entre praxis et esprit en tant que principe poïético-réflexif de l'ontologie de toute expérience corporelle « abjecte » potentiellement esthétique, car il reflète le lien entre la poïétique corporelle et la poïétique réflexive, liée en contradiction esthétique dans une décision : la décision d'être volontaire et de participer à l'Œuvre multiorgasmique collective, en acceptant l'invitation de la Campagne multiorgasmique. De sorte que ce moment illustre l'enchaînement et la dialectique négative entre praxis et esprit qui est générée comme une partie de la poïétique corporelle caractérisant toute critique esthétique, toute expérience corporelle « abjecte » potentiellement esthétique, et dans ce cas toute œuvre d'*art biocritique*.

Enfin, au cours du processus poïétique proposé par la Campagne multiorgasmique, après ce moment survient un autre moment esthétique qui représente l'enchaînement nihiliste et de contradiction esthétique caractéristique des moments qui composent le processus créatif d'une œuvre de cet art. Le moment qui suit la décision du volontaire et qui confère à cette action réflexive la seconde dimension du nihilisme de tout moment esthétique de l'art biocritique, est celui de la poïétique corporelle du témoignage physique, la première dimension du nihilisme de ce moment étant l'appropriation par le volontaire de l'intention de l'œuvre, « assassinant » ainsi le sens abstrait du *sujet esthétique* en humanisant sa solidarité et son intention participative en tant que sujet social poïétisateur de principes éthiques universels non identifiés au biopouvoir. Par la suite, ce même volontaire « assassine » l'intention esthétique dont il s'était approprié lorsqu'il avait décidé de participer à l'Œuvre multiorgasmique collective, et il le fait à l'aide de la poïétique corporelle de son témoignage. Ce nihilisme exprime la négation esthétique de la critique poïétisée réflexivement dans la décision du volontaire.

QUATRIÈME MOMENT ESTHÉTIQUE :
poïésis corporelle du témoignage physique

Description du quatrième moment esthétique

Le volontaire se masturbe expressément afin de créer un *témoignage physique*, qui consiste matériellement en un peu de fluide vaginal ou séminal déposé sur un mouchoir jetable ou dans un flacon, fruit de son orgasme et représentant son plaisir sexuel. Après avoir déposé son fluide sur le mouchoir, le volontaire le conserve soigneusement afin de pouvoir ensuite le remettre physiquement à l'artiste.

En ce qui concerne les témoignages corporels et physiques, il convient de mentionner qu'ils permettent de recueillir non seulement des éléments du corps mais aussi des *témoignages oraux* ou des récits sur la poïésis des témoignages corporels réalisés par l'individu poïétisateur (le volontaire). En résumé, les témoignages du sujet poïétisateur ainsi recueillis présentent un volet physique et un autre narratif.

Tension/contradiction esthétique au cours du quatrième moment esthétique

Tension esthétique entre érotisation de l'art/rejet de l'intention artistique & désérotisation des corporalités abjectes dans la poïésis corporelle des témoignages physiques des volontaires de l'Œuvre multiorgasmique.

Érotisation de l'art/rejet de l'intention artistique (corporalité abjecte reproductrice de son sens abject)	Désérotisation des corporalités abjectes (corporalité abjecte critique de son sens abject)
Chez ceux qui n'ont pas participé à l'Œuvre multiorgasmique collective	Chez ceux qui ont participé à l'Œuvre multiorgasmique collective
a) Les fluides corporels sont une matière biologique considérée – dans une plus ou moins grande mesure – comme abjecte (une matière *sale* ou *porteuse* de risques/ maladies) par le sujet social enculturé par le paradigme épistémologique du biopouvoir phallogocentrique hégémonique (et à travers sa propre transition entre le sens abject dogmatique et le sens abject socialisé par la médecine) au sein des sociétés occidentales	a) Les fluides corporels sont une matière biologique identifiée comme quelque chose d'esthétique : les participants de *l'Œuvre multiorgasmique collective* font la distinction entre el sens abject de la matière biologique déposées sur un papier jetable et le sens que cette même matière testimoniale acquiert lorsqu'elle n'est pas jetée à la poubelle et qu'elle est au contraire utilisée comme matériel d'une œuvre d'art, acquérant ainsi un sens corporel, personnel et intime désérotisé de l'expérience vécue d'un orgasme fruit de l'autoérotisme. Ce raisonnement revitalise la potentialité esthétique de la poïésis corporelle des témoignages physiques, ainsi que le sujet esthétique de *l'art biocritique* critique envers le biopouvoir phallogocentrique occidental. ●●▶

Érotisation de l'art/rejet de l'intention artistique (corporalité abjecte reproductrice de son sens abject)	Désérotisation des corporalités abjectes (corporalité abjecte critique de son sens abject)
b) Chez le sujet social de pensée occidentale et de corporalité hétéronome vis-à-vis du biopouvoir phallogocentrique, l'autoérotisme est un usage abject du corps, néanmoins toléré dans l'intimité dès lors qu'il reste « clandestin », particulièrement chez les sujets identifiés au genre masculin, tandis que l'autoérotisme féminin est, davantage qu'abject, inconnu/ignoré/invisibilisé par tous les membres des sociétés hétérosexuelles du phallogocentrisme. Chez les personnes socialisées durant l'enfance et l'adolescence avec une identité masculine, la réprobation de l'autoérotisme féminin en tant qu'usage cognitif du corps et poïétique d'une œuvre d'art, peut correspondre à une :	b) Chez les participants s'étant identifiés eux-mêmes comme des hommes hétérosexuels au cours de l'entretien. La poïésis corporelle de l'autoérotisme visant à créer le témoignage physico-corporel est l'expression d'un usage cognitif du corps caractéristique d'une corporalité subjective (intérêt ludico-libidinal) lié à une corporalité de la connaissance construite et biocritique (caractéristique d'un sujet s'étant approprié sa corporalité). Ces deux corporalités correspondent à un raisonnement moral de niveau post-conventionnel d'orientation aux principes éthiques universels (mêlant l'intérêt du plaisir sexuel personnel qu'ils éprouvent à participer à l'Œuvre multiorgasmique collective en tant qu'expérience personnelle et en tant que plaisir artistique leur permettant de sublimer leur expérience sexuelle à travers l'art, avec l'intérêt – moins fort – de poïétiser des principes éthiques universels visant à revendiquer les droits sexuels dont la légitimité est défendue par l'Œuvre multiorgasmique collective). Chez eux, la poïésis porte sur une expérience ludico-libidinale agréable sur le plan personnel et de surcroît sublimée à travers l'art ; ce sens de la poïésis prédomine sur celui qui consiste à poïétiser des principes éthiques universels visant à intégrer les droits et les sexualités réprouvées par le biopouvoir : en effet, bien que ce dernier sens soit également présent chez l'homme, il est moins important que l'intérêt ludico-libidinal et artistique orienté vers la sublimation de sa corporalité à travers l'art. ●▸

Érotisation de l'art/rejet de l'intention artistique (corporalité abjecte reproductrice de son sens abject)	Désérotisation des corporalités abjectes (corporalité abjecte critique de son sens abject)
• *Corporalité de la connaissance reçue* • *Corporalité de subjectivité hétéronome vis-à-vis du biopouvoir* • *Corporalité cognitive processuelle* • *Ou être l'expression d'un niveau de raisonnement moral :* • *Pré-conventionnel orienté vers le relativisme instrumental* • *Conventionnel orienté vers la loi et l'ordre* • *Post-conventionnel utile au contrat social hétérosexuel* Chez les personnes socialisées durant l'enfance et l'adolescence avec une identité féminine, la réprobation de l'autoérotisme féminin en tant qu'usage cognitif du corps et poïétique d'une œuvre d'art, peut correspondre à une :	Chez les participants s'étant identifiés eux-mêmes comme des femmes hétérosexuelles au cours de l'entretien, la poïésis corporelle de l'autoérotisme visant à créer le témoignage physique est l'expression d'un usage cognitif du corps caractéristique d'une corporalité de la connaissance construite ou d'une corporalité de la connaissance biocritique esthético-politique (caractéristique d'un sujet s'étant approprié sa corporalité), correspondant un raisonnement moral de niveau post-conventionnel d'orientationaux principes éthiques universels (sans plaisir sexuel personnel découlant de la participation à l'Œuvre multiorgasmique collective), basé sur la crédibilité de l'art en tant que moyen d'utiliser leur expérience sexuelle afin de poïétiser des principes éthiques universels visant à revendiquer les droits sexuels dont la légitimité est défendue par l'Œuvre multiorgasmique collective : l'autoérotisme et le plaisir sexuel, ainsi que d'autres droits sexuels également dénigrés par le biopouvoir, et ce à travers l'art. Cet usage du corps reflète chez la femme aussi un niveau de raisonnement moral ecto-conventionnel ou trans-conventionnel d'orientation biocritique esthético-politique. Chez la femme, la poïésis porte sur des principes éthiques universels revendiquant des droits sexuels dénigrés par le biopouvoir.

••▶

Érotisation de l'art/rejet de l'intention artistique (corporalité abjecte reproductrice de son sens abject)	Désérotisation des corporalités abjectes (corporalité abjecte critique de son sens abject)
• *Corporalité du silence* • *Corporalité de subjectivité hétéronome vis-à-vis du biopouvoir* • *Ou être l'expression d'un niveau de raisonnement moral :* • *Conventionnel orienté vers la loi et l'ordre* • *Post-conventionnel utile au contrat social hétérosexuel* Chez les personnes se reconnaissant à l'âge adulte comme homosexuelles, lesbiennes, bisexuelles, transgenre, etc., il n'y a pas de réprobation de l'autoérotisme en tant qu'usage cognitif du corps ni en tant poïétique d'une œuvre d'art, en rapport avec la performativité subjective de leur identité sexuelle, ce qui peut correspondre à une :	Chez les participants s'étant identifiés eux-mêmes en tant qu'homosexuels, bisexuels et lesbiennes au cours de l'entretien (ou témoignage oral), la poïésis corporelle de l'autoérotisme visant à créer le témoignage physique est l'expression d'un usage cognitif du corps correspondant à une corporalité de la connaissance biocritique esthético-politique (caractéristique d'un sujet s'étant approprié sa corporalité), et à un raisonnement moral de niveau ecto-conventionnel d'orientation biocritique esthético-politique (avec un plaisir sexuel personnel dû à l'expérience de l'autoérotisme en soi, et non au lien entre l'autoérotisme et la remise du témoignage à l'artiste), basé, comme chez la plupart des femmes participantes, sur la crédibilité de l'art en tant que moyen d'utiliser leur expérience sexuelle afin de poïétiser des principes éthiques universels visant à revendiquer les droits sexuels dont la légitimité est défendue par l'Œuvre multiorgasmique collective, ainsi que d'autres droits sexuels également dénigrés par le biopouvoir phallogocentrique et le contrat social hétérosexuel. Cet usage du corps reflète chez les participants homosexuels, bisexuels et lesbiennes une corporalité de la connaissance et biocritique esthético-politique, caractéristique de tout sujet s'étant approprié sa

●●➤

Érotisation de l'art/rejet de l'intention artistique (corporalité abjecte reproductrice de son sens abject)	Désérotisation des corporalités abjectes (corporalité abjecte critique de son sens abject)
Corporalité de la connaissance politico-esthétique Ou être l'expression d'un niveau de raisonnement moral : Corporalité post-conventionnelle relevant de la politico-esthétique	corporalité, par exemple à partir du plaisir sexuel ; il correspond également à un niveau de raisonnement moral post-conventionnel orienté vers des principes éthiques universels non identifiés au biopouvoir phallogocentrisme, ainsi qu'à un niveau ecto-conventionnel et trans-conventionnel des corporalités biocritiques esthético-politiques. Chez les participants homosexuels, bisexuels et lesbiennes, on observe la présence d'un plaisir ludico-libidinal découlant de leur participation, sans qu'il soit nécessairement lié à l'artiste sur le plan rationnel ; ce plaisir ludico-libidinal présente un meilleur équilibre vis-à-vis de l'intérêt de la poïésis artistique de principes éthiques universels revendiquant des droits sexuels dénigrés par le biopouvoir, mais pas nécessairement vis-à-vis de la poïésis artistique de la sublimation de leur expérience sexuelle, comme c'est le cas chez la plupart des participants hommes.

Fausse conscience phallocentrique dans la poïésis des témoignages oraux et physiques

> « À l'ontologie de la fausse conscience appartient également l'attitude de la bourgeoisie qui, ayant dompté l'esprit autant qu'elle l'a libéré, malveillante même avec elle-même, accepte et tire de l'esprit précisément ce qu'elle ne peut réellement croire qu'il est. »[196]

L'action poïétique qui consiste à corporaliser le témoignage physique de l'autoérotisme et de l'orgasme constitue le moment esthétique le plus représentatif – pour ne pas dire paroxysmique – de tout processus créatif de l'*art biocritique*. C'est à travers la poïésis corporelle du témoignage physique que le volontaire s'affirme comme *sujet esthétique*, dans la mesure où son autoérotisme et la réponse sexuelle orgasmique sont orientés vers des fins poïétisatrices d'une critique politico-esthétique de la corporalité hétéronome identifiée à la fausse conscience du biopouvoir phallogocentrique occidental. C'est à ce moment esthétique que se concrétise littéralement l'expérience d'autonomie poïético-cognitive chez le sujet, à travers un usage de sa corporalité de subjectivité bioénergétique en tant que corporalité de la connaissance poïétisée ; un acte découlant du moment précédent, une décision réflexive découlant d'un raisonnement moral post-conventionnel d'orientation biocritique esthético-politique. Ainsi, le *sujet social* – représenté par tous les volontaires – devient poïétisateur du *sujet esthétique* dès le moment où il décide de participer et jusqu'à ce qu'il réalise l'entretien.

En outre, c'est à ce moment esthétique que se poïétise un lien dialectique négatif entre les usages cognitifs du corps légitimes pour le *moi* du volontaire identifié – dans une plus ou moins grande mesure – au biopouvoir phallogocentrique, et les usages du corps qui, du fait qu'ils sont socialement considérés comme abjects et illégitimes dans le contexte d'hégémonie

---

[196] Adorno, 1970/2004 : 32.

culturelle phallogocentrique, représentent une autreté pour le volontaire, au point que son corps devient également une autreté dont l'étrangeté est proportionnelle à l'identification et à l'hétéronomie corporelle vis-à-vis de ce biopouvoir. Car le sujet hétéronome vis-à-vis du biopouvoir phallogocentrique n'est pas celui qui croit consciemment que son corps lui est étranger, mais celui qui croit consciemment que son corps lui appartient, à ceci près que les usages cognitifs qu'il pratique et à l'aide desquels il s'approprie son corps se réduisent aux usages cognitifs de corporalités identifiées au biopouvoir et reproducteurs du symbolisme normatif de l'économie hétérosexuelle. Voilà en quoi consiste la *fausse conscience* de la propriété du corps que critique l'*art biocritique* avec l'Œuvre multiorgasmique.

Dans le cas de la poïésis du témoignage physique au sein de l'Œuvre multiorgasmique collective, l'expérience esthétique du *sujet social* en tant que *sujet esthétique* n'est qu'une expérience temporelle, dimensionnelle et mortelle, et non un état conquis, total et immortel du *sujet social*. De sorte que la poïésis de l'expérience d'esthétique biocritique – ou le moment esthétique de la poïésis corporelle de cette expérience – ne cesse d'être esthétique, même lorsqu'il présente des éléments évidents de la fausse conscience au sein de la poïésis du volontaire. Car l'expérience esthétique est faite de moments esthétiques enchaînés en contradiction esthétique entre eux et vis-à-vis de ce qu'elle critique. Toutefois, cet enchaînement et cette poïésis n'impliquent pas nécessairement une négation esthétique *pure*, mais plutôt un lien de contradiction esthétique.

« Le contenu de vérité des œuvres d'art fusionne avec leur contenu critique. C'est pourquoi elles se critiquent aussi mutuellement. C'est cela, et non pas la continuité historique de leurs dépendances, qui unit les œuvres d'art entre elles : « une œuvre d'art moderne est l'ennemie mortelle de l'autre »[197].

---

[197] Adorno, 1970/2004 : 55.

Cependant, il est intéressant de reconnaître également la fausse conscience en tant que discours culturel performatif d'une poïétique normalisée/normalisatrice et régulée/régularisatrice qui se reproduit dans la créativité même de l'expérience corporelle de la vie quotidienne des volontaires ; une fausse conscience qui peut être observée à travers les éléments de composition du témoignage corporel et dans une série d'éléments esthétiques au sein même de la création des témoignages physiques de l'Œuvre multiorgasmique collective. Cela dit, le fait de trouver des éléments de fausse conscience au cours du moment esthétique de la poïésis corporelle d'une critique envers cette fausse conscience de la pensée phallogocentrique n'affaiblit aucunement ni ne délégitime esthétiquement la capacité critique de ce moment, et encore moins de l'ensemble du processus poïétique ; cela ne fait que mettre en évidence la dialectique négative littérale entre l'expérience esthétique et l'expérience réelle que cette expérience esthétique nie esthétiquement. Cela permet également de mettre en évidence la mortalité et les « extérieurs constitutifs » des discours et des œuvres de l'art biocritique.

La potentialité esthétique que recèle la poïétisation d'une œuvre d'*art biocritique* réside dans la négation de la hiérarchie et de l'hétérosexualité épistémologique, et non dans la reproduction de cette hiérarchie, et encore moins dans une quelconque substitution de positions ou inversion des rôles au sein de cette hiérarchie hétérosexuelle qui consisterait à installer les sujets dénigrés et inférieurisés à la place des sujets privilégiés par le système et vice-versa. Quoi qu'il en soit, au sein de l'expérience esthétique des participants d'une œuvre de cet *art biocritique*, malgré la praxis politique exprimée par ces volontaires ayant offert leurs témoignages (et par les artistes impliqués), on peut facilement déceler les résidus d'une insistante fausse conscience hétérosexuelle et phallogocentrique, par exemple à travers leurs jugements sur : a) la valeur du témoignage ; b) la valeur de leur participation en tant que co-poïétisateurs d'une critique envers le biopouvoir hégémonique ; c) le rôle de l'art dans cette poïésis ; d) leurs décisions poïétiques au moment de réaliser le témoignage physique, entre autres jugements observés au cours des entretiens et à travers les témoignages physiques, que l'on observe dans le cadre de cette déconstruction des manifestations de la fausse conscience au sein de l'expérience esthétique des participants.

Érotisation/désérotisation des témoignages corporels et oraux : fausse conscience des volontaires offrant leurs témoignages

Chez les volontaires socialisés comme des *hommes* (dont certains n'ont pas reproduit cette identification normative à l'âge adulte) on a constaté une totale méconnaissance de l'autoérotisme féminin, et ce depuis leur enfance et leur adolescence, contrairement à l'autoérotisme « masculin », construit comme un vécu faisant l'objet d'une complicité de genre entre adultes, et dans une moindre mesure, entre mineurs, pour qui l'autoérotisme a été un sujet de conversation et de jeux clandestins, une clandestinité néanmoins relativisée par la complicité de l'autorité masculine adulte et par l'accessibilité des outils visuels (pornographie variée renforçant une vision hétérosexuelle du sexe, montrant des femmes nues, des hommes avec des femmes, ou parfois même la photographie d'une femme avec un animal) autant d'éléments considérés comme « érotisants » par les adultes (maîtres, frères, pères, connaissances, etc.) dans le cadre d'une sorte de complicité corporalisée de genre. On a également constaté qu'à l'âge adulte, l'autoérotisme ne faisait plus l'objet de conversations entre amis, car chez les sujets se réidentifiant comme des hommes, le fait de parler de ses expériences d'autoérotisme impliquerait une sorte d'échec machiste remettant en cause leur virilité dans la mesure où l'autoérotisme est considéré comme une option de satisfaction sexuelle de substitution, par rapport aux orgasmes éprouvés à l'occasion de rapports hétérosexuels partagés. Chez les participants socialisés comme des hommes mais corporalisés à l'âge adulte comme bisexuels ou homosexuels, de même que chez les participantes socialisées comme des femmes mais corporalisées à l'âge adulte comme lesbiennes, on n'a pas observé de réticences à faire de l'autoérotisme un sujet de conversation, ni de hiérarchisation entre l'orgasme fruit d'un processus d'autoérotisme et celui éprouvé à l'occasion de rapports sexuels partagés.

Chez les volontaires socialisés comme des *femmes* (dont certaines n'ont pas reproduit cette identification normative à l'âge adulte) on n'a pas constaté d'émulation entre filles et adolescentes à travers des échanges d'information ou des jeux corporalisés liés à la découverte de l'autoérotisme féminin. On a toutefois observé une généralisation de la découverte individuelle de l'autoérotisme en tant qu'expérience clandestine dans tous les cas où cette expérience a été vécue durant l'enfance ou l'adolescence. Toutefois, à la différence de ce que l'on a observé dans le cas des garçons, les femmes représentantes de l'autorité (mères, grands-mères, tantes, autres membres de la famille, maîtresses, etc.) ont contribué à l'inhibition de la connaissance, à une absence totale d'information, montrant même une attitude répressive lorsque ces figures d'autorité ont surpris des filles se caressant le pubis ou les organes génitaux.

Dans tous les cas, les individus identifiés à des filles durant l'enfance et l'adolescence n'ont pas reçu d'information sur l'autoérotisme féminin avant l'âge adulte où elles ont acquis ces connaissances à leur propre initiative. La plupart des participantes ont découvert la possibilité de l'autoérotisme par hasard lors de leurs explorations corporelles, certaines au cours de l'enfance, d'autres durant leur jeunesse ou à l'âge adulte, et dans plusieurs cas après avoir eu des relations sexuelles (hétérosexuelles). Ces expériences d'autoérotisme ont été motivées par un besoin de connaissance. Dans un seul cas parmi tous les entretiens, la participante a été invitée par une amie au cours de l'adolescence à pratiquer l'autoérotisme et à découvrir l'orgasme, mais dans tous les autres cas, l'expérience de l'autoérotisme a été une poïétique découverte de manière individuelle et isolée. On a également observé qu'à l'âge adulte, l'autoérotisme est un sujet dont on ne parle qu'entre (groupes d') amies.

En résumé, la poïésis corporelle d'un témoignage d'autoérotisme réalisé expressément pour être offert à une œuvre d'art dans une intention esthétique et socio-politique (dans le cas de l'Œuvre multiorgasmique, celle de légitimer socialement le plaisir sexuel et l'autoérotisme en tant que droits humains et sexuels) implique la création d'un lien entre l'art et les volontaires/ solidaires, qui se reconnaissent comme les co-poïétisateurs d'une critique corporalisée envers le biopouvoir phallogocentrique et patriarcal (celui-là même qui dénigre l'utilisation par l'Œuvre multiorgasmique de l'orgasme et de l'autoérotisme, entre autres corporalités correspondant au paramètre de la bestialité). Or c'est précisément dans ce lien entre l'art et les participants en tant que co-poïétisateurs de la critique envers le biopouvoir que l'on a observé certaines différences entre les expériences esthétiques des participants volontaires et solidaires, qui découlent très probablement de la socialisation et de la construction sociale hétérosexuelle de ces participants. En effet, bien qu'à l'âge adulte certains d'entre eux se soient identifiés sexuellement à des corporalités performatives en mouvement, cela ne les a pas empêché d'exprimer au cours de l'expérience du témoignage des motivations et des attitudes s'éloignant de l'esprit même de la poïésis dudit témoignage, qui était dès le départ destiné à être offert à l'œuvre d'art. Le fait d'offrir ce témoignage n'a pas été pour tous les participants un acte personnel politisé à travers l'art. Certains l'ont plutôt perçu comme la possibilité d'esthétiser leur corporalité, en une sorte de transformation de leur intimité « bestiale » en une intimité « embellie ». Pour d'autres, le fait d'offrir un témoignage a été vécu comme un stimulant érotique, l'art ayant eu pour effet d'érotiser leur sexualité, le témoignage devenant ainsi en soi une expérience excitante (comme peut l'être le fait d'avoir des relations sexuelles dans des lieux publics, où le facteur stimulant est le risque d'être surpris) ; dans la plupart de ces cas, le facteur stimulant sur le plan érotique était le fait de remettre le témoignage à une parfaite inconnue (l'artiste) représentante de l'art. Un autre type de lien co-poïétisateur entre l'art et les participants est celui qui s'est créé lorsque ces derniers ont établi un lien direct entre l'expérience intime, corporelle et personnelle de la réalisation du témoignage et l'intention socio-politique de l'œuvre ; néanmoins dans certains de ces cas, cette conscience politisée a eu pour effet de désérotiser l'acte corporel (particulièrement chez les femmes) ; d'autres participants ont maintenu l'érotisation de la poïésis du témoignage et ont même érotisé la remise du témoignage et la rencontre avec l'artiste (particulièrement certains garçons), tandis que d'autres encore ont maintenu l'érotisation de l'expérience mais sans érotiser la remise du témoignage (cela a été le cas de quelques garçons, de peu de femmes et de tous les bisexuels, lesbiennes et homosexuels).

La « tache au centre » : fausse conscience « poïétique » dans les témoignages physiques

La corporalité du sujet hétéronome vis-à-vis du biopouvoir tend à exprimer une fausse conscience associée ou identifiée au silence ou au contrôle de la subjectivité bioénergétique, mais jamais à *l'usage poïétique* et *biocritique esthético-politique* de cette subjectivité. Certains des éléments de la fausse conscience présents dans la plupart des témoignages physiques des volontaires peuvent être décelés dans la composition que ces volontaires ont imposée à chaque témoignage physique en s'efforçant de déposer la tache de sperme ou de fluide vaginal au centre de la serviette ou du mouchoir jetable. Sociologiquement, cette composition initiale appliquée par les volontaires de manière intentionnelle reflète la présence d'une fausse conscience des formes poïétiques privilégiées, observée dans ce qui est considéré comme l'endroit adéquat ou approprié pour situer ce qui est le plus important, « le protagoniste » ou personnage principal de l'œuvre d'art – dans ce cas l'Œuvre multiorgasmique : leur sperme ou leur fluide vaginal.

En effet, la campagne se limitait à recommander l'utilisation d'un mouchoir ou d'une serviette jetable, sans autre précision, afin d'y déposer le sperme ou de toucher le vagin avec, avant de le laisser sécher sans le plier. À aucun moment la campagne n'a spécifié l'endroit précis où devait se situer la tache sur le papier. Or certains volontaires n'ont pas suivi les règles ; par exemple, certains d'entre eux ont plié le papier après y avoir déposé le fluide corporel, et d'autres l'avaient même plié avant. Toutefois, ce que pratiquement tous les volontaires ont fait, c'est de situer – ou d'essayer de situer – la tache de leur fluide corporel au centre du support de papier jetable. Cet acte de composition visuelle dans la poïésis du témoignage physique de l'autoérotisme et de l'orgasme, peut être considéré comme découlant d'une esthétique de la fausse conscience. En effet, les témoignages créés afin d'être offerts volontairement à l'art ont révélé, aussi bien dans les entretiens que dans les témoignages physiques, certaines constantes ; comme le fait d'essayer de situer la tache de fluide corporel au centre du support en papier choisi, un choix de support qui s'est d'ailleurs avéré assez varié, malgré la suggestion d'utiliser un « mouchoir jetable », car les participant ont utilisé, outre des mouchoirs jetables, des serviettes en papier, du sopalin ou encore du papier toilette de la maison ou provenant de toilettes publiques, etc. Quant à la « tache au centre », il s'agit d'une constante visuelle représentative des « régularités objectives et courantes » et des « valeurs esthétiques » du sujet social non artiste, qui peuvent trahir la présence d'une fausse conscience persistante au sein des expériences des poïésis réalisées volontairement et librement par les membres d'une société donnée. Cela dit, la constante de la « tache au centre » ne doit pas être interprétée uniquement comme un signe esthétique hégémonique chez des participants appartenant à des sociétés occidentales, on doit aussi interpréter sociologiquement ce signe comme « un choix qui engage des valeurs esthétiques et éthiques » ; un choix visuel qui implique, si l'on en croit la sociologie de l'image de Pierre Bourdieu, des décisions éthiques de la part de l'individu. [198]

> « Rien ne s'oppose plus directement à l'image commune de la création artistique que l'activité du photographe amateur (…) Cependant, alors même que la production de l'image est dévolue à l'automatisme de l'appareil, la prise de vue reste un choix qui engage des valeurs esthétiques et éthiques […] L'artiste – dit Nietzsche – choisit ses sujets : c'est là sa façon de louer »[199]. Étant donné qu'il s'agit d'un « choix qui loue », et que son intention est de fixer, c'est-à-dire de solenniser et éterniser, la photographie ne peut être livrée aux hasards de la fantaisie individuelle et, par la médiation de l'ethos – intériorisation des régularités objectives et communes – le groupe lie sa pratique à la règle collective, ce qui fait que toute photographie exprime, outre les intentions explicites de l'auteur, le système des schèmes de perception, de pensée et d'appréciation commun à tout un groupe ».[200]

Au sujet de l'esthétique découlant du « sens commun » du sujet social, Bourdieu affirme que dans la composition du photographe amateur, on observe une nette tendance à situer le ou les personnages au centre de l'image photographique, comme une pratique correspondant aux « régularités objectives et courantes » et aux « valeurs esthétiques » du sujet social non artiste. Il est intéressant à cet égard de faire référence au travail sociologique de Bourdieu et à ses découvertes concernant les clichés de photographes amateurs, car si l'on applique cette réflexion à la constante visuelle de la « tache au centre » des témoignages physiques offerts à l'Œuvre multiorgasmique, il

---

[198] Bourdieu, (1965)/1979.
[199] F. Nietzsche, (1882)/1984 : 245.
[200] Bourdieu, (1965)/1979.

apparaît comme une évidence sociologique que « le groupe lie sa pratique à la règle collective »[201]. Cette interprétation sociologique selon laquelle les paramètres de liberté d'une pratique poïétique dépendent forcément de la règle collective peut être appliquée aux identités subjectives qui, tout en revendiquant une certaine liberté, présentent et reproduisent performativement dans leur poïésis certains traits de leurs anciennes chaînes normatives.

Ce que Bourdieu qualifie de « fantaisie individuelle » équivaut à la subjectivité corporalisée à travers la poïésis du témoignage physique, et ce qu'il désigne par « médiation de l'ethos » ou « intériorisation de régularités objectives et courantes » découle d'un raisonnement de fausse conscience. La fausse conscience, sous la forme de valeurs esthétiques et éthiques, s'appuie sur des règles et des conventions qui se manifestent à travers toutes les pratiques du sujet, des canons esthétiques et éthiques qui semblent implicites dans l'évaluation des actions personnelles de chaque sujet, mais se traduisent par une certaine régularité dans les jugements esthétiques et éthiques qui sous-tendent les tâches les plus anodines de ce sujet. Ainsi, des décisions prises à des fins pratiques telles que : a) se masturber de telle ou telle manière, à l'aide ou non de tel ou tel objet ; à l'aide ou en présence de telle ou telle personne ; b) utiliser tel ou tel support de papier jetable (papier-toilette, sopalin, serviette ou mouchoir jetables) ; plier ou ne pas plier le support avant ou après y avoir déposé le fluide corporel ; le repasser ou non avant d'y déposer le fluide corporel, le froisser ou non avant de le laisser sécher ; c) faire ou non plusieurs témoignages ou essais de témoignages afin de choisir « le meilleur » à remettre ; choisir ou non l'un ou l'autre des témoignages ou en choisir plusieurs afin de laisser l'artiste décider lequel elle utilisera ; d) s'efforcer de placer la tache de fluide corporel au centre du support ; créer ou non des formes avec le fluide sur le support, et/ou ajouter ou non de la brillantine d'une couleur ou d'une autre sur la tache fraîche ; e)

---

[201] Bourdieu, (1965)/1979.

utiliser un flacon en verre ou en plastique, d'aliment industriel, d'échantillons de laboratoire, etc., sont autant de décisions qui représentent, en principe, des usages du corps induits par l'Œuvre multiorgasmique collective mais qui une fois poïétisés par le volontaire reflètent des « valeurs esthétiques et éthiques », des « règles et conventions sociales » représentatives de la dimension culturelle du sujet social, qui peuvent également constituer des éléments de la fausse conscience identifiée au biopouvoir avec laquelle le sujet social (le volontaire) évalue d'autres usages de son corps.

Le présent travail n'a pas vocation à énumérer les pourcentages et le détail de tous les éléments représentant la fausse conscience présents dans la poïésis des témoignages physiques des volontaires de l'œuvre, mais il est néanmoins important de souligner qu'à travers chacune de ces actions menées à des fins pratiques, on peut observer un lien étroit de tension esthétique interne aux décisions de chaque volontaire. Et qu'au sein de la poïésis du témoignage physique (de l'autoérotisme destiné à servir de témoignage, en déposant le sperme ou le fluide sur un support jetable, etc.) on peut clairement observer la tension esthétique entre les usages cognitifs du corps hétéronomes vis-à-vis du biopouvoir et ceux proposés par la Campagne multiorgasmique afin de créer le témoignage physique ; ainsi que, bien entendu, la tension esthétique entre les caractéristiques du raisonnement moral hétéronome ou identifié au biopouvoir et celles du raisonnement poïétique orienté vers une biocritique de ce biopouvoir.

Car dans toute corporalité à finalité esthétique poïétisée par le *sujet social*, on trouve aussi bien le contexte socio-historique qui l'a identifiée au biopouvoir phallogocentrique en tant que fausse conscience ou pseudo-objectivité, que la subjectivité corporelle contrôlée, niée ou passée sous silence par la fausse conscience chez ce *sujet social*. C'est pourquoi dans la moindre action ayant une finalité corporelle, aussi insignifiante qu'elle puisse paraître, il est possible d'observer l'autonomie/hétéronomie poïético-cognitive du *sujet social*.

Ainsi, malgré le fait que les volontaires aient créé une composition visuelle caractéristique de la fausse conscience, qui tend à situer le personnage principal (« la tache ») au centre de l'espace visuel, la force de la contradiction esthétique entre la potentialité esthétique du témoignage physique et la vision abjecte des corporalités en jeu ne réside pas dans cette composition visuelle créée par le volontaire, mais bien dans le matériel organique (les fluides corporels) et dans la méthode employée pour produire ce matériel (l'autoérotisme/masturbation), qui reposent sur des corporalités et/ou des usages cognitifs du corps orientés vers la poïésis d'une œuvre d'art biocritique, et qui constituent en soi un moment esthétique dans la mesure où ils corporalisent une critique commune – des volontaires et de l'intention esthétique de l'œuvre – vis-à-vis de la corporalité de fausse conscience commune identifiée au biopouvoir phallogocentrique.

Enfin, ce moment esthétique reflète la dimension nihiliste de son esthétique sous deux aspects : d'abord, le fait que la poïétique corporelle du témoignage du *sujet social* soit suivie d'une poïésis plastique réalisée par l'artiste ; ensuite, le fait que témoignage physique du volontaire soit suivi de la poïésis réflexive du témoignage oral de ce dernier. Ainsi, le nihilisme de la poïésis corporelle est poïétisé à la fois par l'artiste et par le volontaire, dans un processus où l'artiste n'est plus le représentant du *sujet social* mais de l'art biocritique.

CINQUIÈME MOMENT ESTHÉTIQUE :
poïésis du *témoignage oral* (entretien).

Description du cinquième moment esthétique

Les témoignages oraux ou biographiques fournissent de précieuses informations sur les aspects de la vie de l'individu réel en lien avec l'expérience corporelle à déconstruire. La poïésis des témoignages oraux dans l'*art biocritique* vise notamment à recueillir des témoignages oraux permettant de mieux comprendre le sens des comportements et de la corporalité sexuelle du sujet social, qu'il s'agisse de corporalités hétéronomes articulatrices du paradigme du biopouvoir phallogocentrique, de corporalités potentiellement esthétiques ou de corporalités esthétiquement critiques. De fait, ces informations sur les aspects biographiques de l'individu réel liés à la corporalité, l'expérience ou le comportement sexuel en question peuvent être recueillies à l'aide de n'importe quel outil permettant d'avoir ensuite accès à cette information par la voix des volontaires : il peut s'agir de brefs entretiens, de discussions plus profondes, d'enquêtes, de récits biographiques ; l'important, c'est que le critique puisse recueillir le témoignage des aspects du vécu de l'individu réel – et poïétisateur de l'expérience – renvoyant au sens que le paradigme culturel hégémonique attribue à la pratique corporelle en question. Ce récit ou témoignage biographique est la première étape de la reconnaissance du degré d'autonomie poïético-cognitif exprimé par le sujet au cours de l'entretien, dans sa dimension subjective, vis-à-vis de cette corporalité induite par le critique-scientifique. Il convient ici de rappeler que pour la méthode de déconstruction du biocriticisme, ce qui est indispensable, c'est de recueillir à travers un travail de terrain les témoignages de l'*individu poïétisateur* (qu'il s'agisse de l'artiste ou du sujet observé), tandis que les témoignages du critique ou de l'observateur sont optionnels dès lors que celui-ci n'est pas le poïétisateur de l'expérience. Ces témoignages serviront ensuite à réaliser la déconstruction esthétique des œuvres de l'art biocritique.

Au sein de l'Œuvre multiorgasmique, le volontaire assiste au rendez-vous qu'il a fixé avec l'artiste – qui est pour lui une parfaite inconnue dans la quasi-totalité des cas – afin de réaliser l'entretien. L'artiste rencontre le volontaire – qui est pour elle un parfait inconnu dans la quasi-totalité des cas –, elle lui pose une série de questions sur sa sexualité et son intimité tout au long de son parcours de vie, sur ses comportements, ses décisions et ses expériences sexuelles et corporelles et sur la poïésis de son témoignage physique. L'artiste reçoit le témoignage physico-corporel que le volontaire lui remet personnellement. Au cours de l'entretien, les volontaires racontent à l'artiste l'histoire de leur vie sexuelle, le processus de construction sociale de leurs corporalités et la création du témoignage physique ; ils lui montrent leur témoignage et tous deux l'observent et en parle. Une fois l'entretien terminé, l'artiste touche littéralement le témoignage physico-corporel avec ses doigts et son pinceau afin de réaliser son intervention picturale ; dans le cas du témoignage remis dans un flacon, l'artiste utilise le sperme comme un substitut d'eau afin de faire de l'aquarelle.

Tension/contradiction esthétique au cours du cinquième moment esthétique

Tension esthétique entre Silence/Érotisation de l'entretien & Politisation et Désérotisation de l'entretien chez les participants de l'Œuvre multiorgasmique.

Silence/Érotisation de l'entretien (dans le contexte socio-historique du biopouvoir)	Politisation et Désérotisation de l'entretien (dans le cadre du processus poïétique de l'Œuvre multiorgasmique collective)
Chez ceux qui n'ont pas participé à l'Œuvre multiorgasmique collective	**Chez ceux qui ont participé à l'Œuvre multiorgasmique collective**
-l'orgasme et l'autoérotisme en tant que sujets de conversation/discussion sont considérés comme des sujets illégitimes dans le domaine public, ou passés sous silence dans l'intimité mais pratiqués dans la clandestinité.	l'orgasme et l'autoérotisme sont considérés comme des sujets de conversation/ discussion légitimes dans le domaine public, en tant que sujets politiques et de droits humains, ce qui reflète chez les participants une :
Pour ce type de sujet social hétéronome vis-à-vis du phallogocentrisme, les sujets liés à la sexualité de corporalités « abjectes » ne sont pas considérés comme des sujets de discussion politique, ni relevant des droits humains. Ils sont néanmoins considérés comme des sujets légitimes de la discussion publique dès lors qu'ils sont énoncés par des spécialistes ou des autorités médicales.	• *Corporalité de la connaissance construit ; et une* • *Corporalité biocritique esthético-politique*
Au sein de l'espace privé, le fait de parler ou non d'autoérotisme et d'orgasme révèle des différences découlant de l'éducation normative et hétérosexuelle qui caractérise le contexte socio-historique dans lequel évoluent les participants.	Ou l'expression d'un niveau de raisonnement moral :
Le fait de refuser de participer l'Œuvre multiorgasmique en évoquant sa vie sexuelle et la question de l'autoérotisme et de l'orgasme d'un point de vue personnel et politique, correspond chez le sujet social à une :	• *ecto-conventionnel ou transconventionnel*
• *Corporalité du silence* • *Corporalité de la connaissance reçue* • *Corporalité de subjectivité hétéronome vis-à-vis du biopouvoir phallogocentrique*	
Ou est l'expression d'un niveau de raisonnement moral :	
• *Conventionnel orienté vers la loi et l'ordre* • *Post-conventionnel utile au contrat social hétérosexuel*	

La contradiction esthétique que reflète ce moment esthétique s'établit aussi bien vis-à-vis du moment esthétique précédent que vis-à-vis du paradigme épistémologico-culturel de la pensée et de l'économie hétérosexuelle du biopouvoir phallogocentrique. La contradiction vis-à-vis du moment précédent est de nature poïétique. La contradiction vis-à-vis du biopouvoir phallogocentrique s'opère au niveau des usages cognitifs du corps dans le domaine public en tant que sujets de discussion/conversation politique liée aux droits humains, car ce moment décrit l'acte de partager l'histoire de sa vie personnelle non seulement avec un inconnu (l'artiste), mais aussi en sachant que cette information biographique sera « publiée » en étant utilisée comme matériel créatif d'une œuvre d'art et comme partie d'une analyse critique de cette œuvre d'art (la présente déconstruction).

On peut considérer le moment de l'entretien comme un moment esthétique dans la mesure où au cours de celui-ci, le *sujet social* – représenté par le volontaire – déconstruit à l'aide de son récit sa propre corporalité en tant qu'expérience poïétique dans le cadre de la poïésis du témoignage oral, mais aussi parce que ce récit fait de l'expérience corporelle, intime et personnelle un sujet politique.

Sur le plan poïétique, l'entretien est une déconstruction esthétique de l'usage poïétique de la corporalité du volontaire (le moment esthétique du témoignage physique) et des usages cognitifs de sa corporalité identifiés au paradigme culturel du biopouvoir phallogocentrique, et dont il a par la suite reproduit lui-même l'identification.

Contrairement à la poïétique réflexive du moment esthétique où le volontaire décide de participer à l'Œuvre multiorgasmique collective, au cours de l'entretien, la poïésis réflexive du volontaire agit comme une déconstruction de la poïésis corporelle de son propre témoignage, tandis que la décision de participer agissait de manière déconstructive sur une autre poïésis réflexive (faire un usage poïétique de la corporalité abjecte afin de critiquer la corporalité du biopouvoir) et sur une poïésis « étrangère » (la poïésis de l'intention esthétique). Tout cela crée une double tension esthétique interne chez le *sujet social* : entre le *sujet social* et son propre corps et entre le sujet social et l'ordre social du biopouvoir phallogocentrique.

Ce moment esthétique de l'entretien met en évidence une contradiction esthétique entre les usages cognitifs de la *corporalité de subjectivité hétéronome* et ceux de la *corporalité orientée vers la loi et l'ordre* et de la *corporalité utile au contrat social hétérosexuel*, dès lors que ces dernières sont identifiées à l'une des formes épistémologiques du biopouvoir phallogocentrique de la pensée occidentale ; car c'est au cours de l'entretien que le *sujet social*, après s'être masturbé afin de créer un témoignage physique de sa corporalité sexuelle (de son autoérotisme et de son orgasme/plaisir sexuel), réfléchit sur ses propres actes personnels en tant que sujets politiques et les relie à la corporalité et aux usages qu'il a fait de son corps tout au long de sa vie.

Le témoignage oral n'est pas une réflexion descriptive mais déconstructive, car au cours de cet entretien le *sujet social* raconte réflexivement son expérience au sein de l'Œuvre multiorgasmique collective et reconnaît la tension esthétique qu'il a ressentie en décidant de créer un témoignage physique et oral, en se masturbant, en créant le témoignage, en le remettant à l'artiste et en racontant son expérience. L'entretien représente, dans le cadre de la poïésis esthétique de l'Œuvre multiorgasmique collective, la reconnaissance – de la part du volontaire – de la tension esthétique entre les usages esthétiques de l'autoérotisme et du plaisir sexuel/orgasme et les usages considérés comme abjects par le biopouvoir, que le sujet a intériorisé tout au long de sa vie.

À l'occasion de ce moment esthétique, le volontaire reconnaît narrativement que sa sexualité et sa corporalité sont des capacités et des besoins poïético-cognitifs appris, c'est-à-dire construits socialement ; il reconnaît également le silence et le contrôle social imposés à sa corporalité bioénergétique et l'inhibition sociale depuis l'enfance de sa capacité poïético-cognitive, qui caractérisent un contexte socio-historique marqué par l'hégémonie du biopouvoir phallogocentrique et de l'économie hétérosexuelle.

Grâce au récit poïétisé par le volontaire au cours de l'entretien, la poïésis corporelle de son témoignage est anéantie esthétiquement par la poïésis de l'histoire de sa vie, car au cours de l'entretien, le sujet se demande malgré lui quelles sont les raisons qui l'ont poussé à accepter ou à résister à la poïésis corporelle du témoignage physique liée à l'autoérotisme, à l'orgasme, à l'art corporel, aux fluides corporels, à la corporalité abjecte ou à tout autre aspect que la Campagne multiorgasmique et que son expérience en tant que volontaire l'ont amené à reconnaître.

Étant donné que chaque moment esthétique du processus poïétique de l'Œuvre multiorgasmique collective reflète analogiquement le processus de production sociale du sujet, l'autonomie poïético-esthétique du moment esthétique de l'entretien est lié à l'autonomie poïético-cognitive de l'usage que le volontaire fait de sa corporalité biocritique esthético-politique au cours de l'entretien, en en faisant un sujet de conversation/discussion destiné à être exposé publiquement.

Au cours de l'entretien, le volontaire reconnaît la tension esthétique corporalisée par son propre *moi*, qui est également la fausse conscience du *sujet social* hétéronome ; grâce à cette reconnaissance, le sujet évoque dans son récit tous les moments de sa vie qui renvoient à une contradiction esthétique par rapport à la poïésis de sa participation. En d'autres termes, cette reconnaissance réflexive du volontaire au cours de l'entretien porte sur la tension esthétique que génère en lui le fait de faire un usage cognitif mais surtout politique de son corps en tant que corporalité de connaissance poïétique ou d'orientation politico-esthétique ; il reconnaît ainsi que le fait d'inscrire cette corporalité d'orientation politico-esthétique dans un processus esthétique crée une distance – durant la poïésis – vis-à-vis de sa corporalité quotidienne.

Dans cette perspective, à ce moment esthétique de l'entretien, le *sujet social* concrétise son expérience d'autonomie poïético-cognitive dans la mesure où il se reconnaît à travers son expérience narrative comme co-poïétisateur de l'Œuvre multiorgasmique collective et comme co-poïétisateur d'une critique politique collective envers un ordre social hétérosexuel exclusif basé sur une biologisation normative des sexes qui cherche à éviter que le sujet ne se constitue en co-poïétisateur de sa propre identité sexuelle :

« J'aime bien savoir que je peux faire partie d'un projet, jusqu'à un certain point, que j'ai apporté mon petit grain de sable ; d'ailleurs pour reprendre l'image du manifeste, en fait l'imprimeur aussi a son importance : sans lui le manifeste serait pas publié ; mettons que si tu fais les gravures, les peintures, ça c'est ta partie ; mais je sens que moi aussi je fais partie de l'engrenage, que je contribue à ma manière au développement du projet, non ? Moi je peux pas le faire sans toi, mais toi tu pourrais pas le faire sans moi [...]. On se sent presque nécessaire, indispensable [...]. »

Le principe poïético-réflexif de l'entretien est on ne peut plus évident dans la poïésis réflexive et narrée de ce moment esthétique ; un moment où le volontaire se reconnaît comme poïétisateur de la critique exprimée par l'Œuvre multiorgasmique collective, où il reconnaît des aspects de l'histoire de sa vie qui reflètent une corporalité hétéronome vis-à-vis du biopouvoir en tant qu'autreté en contradiction esthétique vis-à-vis de l'expérience qui consiste à poïétiser corporellement son autoérotisme et son plaisir sexuel dans une œuvre d'art. Ces aspects de la corporalité des volontaires hétéronome vis-à-vis du biopouvoir font partie de leur biographie et sont la représentation personnelle du lien dialectico-historique entre les pulsions bioénergétiques et les pulsions culturelles qui ont dominé, contrôlé ou passé sous silence leur subjectivité et leur corporalité.

Ainsi, le nihilisme de ce moment esthétique s'exprime au moment même où le volontaire se présente à l'entretien, remet son témoignage physique à l'artiste et raconte sa poïésis corporelle afin que ce récit serve également de matériel créatif pour l'Œuvre multiorgasmique collective. Cet acte nie esthétiquement la légitimité clandestine et bien entendu la réprobation ou le silence imposé à la corporalité subjective par les différentes formes de contrôle social véhiculées par le paradigme culturel du biopouvoir phallogocentrique à travers différents styles épistémologiques ou institutions sociales, qui contribuent à la socialisation d'une corporalité du sujet social identifié à ce biopouvoir. La seconde dimension nihiliste au cours de l'entretien s'exprime de manière bidimensionnelle : d'abord à travers la remise du témoignage physique des mains du volontaire aux mains de l'artiste. L'autre dimension est la forme réflexive du nihilisme, d'un récit de critique introspective sur la tension esthétique entre la poïésis corporelle du volontaire et le contexte socio-historique du biopouvoir, qui n'est pas seulement reflété par sa propre histoire de vie mais aussi par l'ordre social qui le pousse à reproduire une corporalité hétéronome. Lorsque le volontaire raconte son histoire et que l'artiste l'écoute, cela crée une tension esthétique entre l'usage biocritique esthético-politique de la corporalité subjective et le silence auquel celle-ci avait été réduite par le biopouvoir. L'entretien génère également une tension esthétique entre la réflexivité du volontaire et celle de l'artiste, dès lors que ce dernier utilise les témoignages oraux comme matériel créatif. Par la suite, cette tension permettra de créer un autre moment potentiellement esthétique de l'Œuvre multiorgasmique, où les récits et témoignages physiques des volontaires seront déconstruits à l'aide la *Méthode déconstruction esthétique*, afin de légitimer à partir de la structuration de cette critique corporalisée la potentialité esthétique d'une œuvre d'art biocritique qui critique le phallogocentrisme à l'aide de témoignages de corporalités abjectes.

Il est possible que l'entretien constitue le dernier moment esthétique pour le sujet volontaire, mais cela n'est pas forcément le cas : cela dépend de chaque histoire personnelle et de son rapport avec le processus créatif de l'Œuvre multiorgasmique collective. L'essence de la personne continue d'imprégner les moments esthétiques suivants de la poïésis esthétique de cette œuvre à travers les témoignages oraux et physiques qui constituent autant de fragments, non pas du magma social ou de la construction sociale du sujet de corporalité hétéronome vis-à-vis du biopouvoir, mais du magma esthétique de la poïésis corporelle du sujet esthétique qui exprime à travers ces témoignages oraux et physiques une éthique esthético-humaniste et même marxiste sur la sexualité et la corporalité du sujet social. On retrouve cette éthique dans des affirmations qui expriment l'autonomie et l'appropriation corporelle du *sujet social* en tant que sujet corporel avec des besoins, correspondant à l'éthique marxiste que Hinkelammert (2005 et 2008) décrit avec cette formule : « Je suis si tu es » ; une éthique que l'*art biocritique* transpose à la corporalité et à la sexualité du *sujet social*, et qui pourrait se traduire par « j'ai des capacités et des besoins poïético-cognitifs si tu as des capacités et des besoins, ma propre identité sexuelle étant poïétisée et poïétisable grâce à ma capacité poïético-cognitive à établir des liens de dialectique négative entre sa construction sociale (pulsions culturelles) et les pulsions bioénergétiques de mon corps ». Car les volontaires de l'Œuvre multiorgasmique collective, après s'être reconnus comme des sujets corporels avec des besoins, ont reconnu avoir besoin que l'*autre* se reconnaisse à son tour comme un sujet ayant les capacités et les besoins poïético-cognitifs de sa propre identité.

SIXIÈME MOMENT ESTHÉTIQUE : intervention plastique de l'artiste sur les témoignages

Description du sixième moment esthétique

Après avoir reçu le témoignage physique, l'artiste intervient avec de la peinture à l'huile sur les supports de papier jetable portant une tache de fluide vaginal et/ou séminal déposée par le volontaire. L'artiste crée avec de la peinture à l'huile différentes scènes en s'inspirant notamment de représentations de Prométhée se faisant dévorer le foie réalisées à différentes étapes de l'histoire de l'art occidental. Dans le cas des témoignages remis dans un flacon, elle a utilisé le liquide séminal comme diluant pour peindre à l'aquarelle, la limite de création de l'image étant dans ce cas la quantité de sperme remise. En ce qui concerne les témoignages oraux, elle a sélectionné certains fragments des entretiens afin de les utiliser comme bande sonore de l'Œuvre multiorgasmique collective. L'exposition physique consiste en une présentation simultanée de ces images et de la piste audio éditée des témoignages oraux.

Tension/contradiction esthétique au cours du sixième moment esthétique

Tension esthétique entre le Prométhée émancipateur de l'humanité & L'Humanité s'émancipant de l'épistémologie grecque dans la composition visuelle de l'Œuvre multiorgasmique.

▶▶▶

Prométhée émancipateur de l'humanité	Humanité s'émancipant de l'épistémologie grecque
Dans l'iconologie visuelle phallogocentrique et hétérosexuelle de l'histoire de l'art occidental :	Dans l'iconologie de l'*art biocritique* :
a) La Mythologie grecque établit les catégories phallogocentriques *légitimes* dans la production de la pensée philosophico-politique hégémonique représentée dans l'iconologie et la composition visuelle de l'art occidental.	a) La Mythologie grecque établit les catégories phallogocentriques *épistémologiques sédentarisées* de la pensée philosophico-politique hégémonique représentée dans l'iconologie et la composition visuelle de l'art occidental.
b) Prométhée représente les catégories normatives privilégiées par la hiérarchie théologico-phallogocentrique de la mythologie grecque, selon laquelle il est un demi-dieu qui émancipe les mortels humains.	b) Au sein de l'Œuvre multiorgasmique, Prométhée représente la hiérarchisation théologico-phallogocentrique de l'épistémologie hétérosexuelle hégémonique au sein de la production de connaissance occidentale. Contrairement à la version mythologique originale, c'est l'humanité et l'hétérogénéité des mortels (représentés par les témoignages corporels et oraux des participants à l'œuvre) qui émancipent Prométhée de sa divinité émancipatrice.
	▶▶▶

Prométhée émancipateur de l'humanité	Humanité s'émancipant de l'épistémologie grecque
c) Dans le mythe de Prométhée, selon la mythologie grecque, l'aigle représente et exerce le châtiment infligé par Zeus à Prométhée, un châtiment infini et quotidien : se faire dévorer le foie, une atteinte à son corps, qui représente également la chair et la matière. En se faisant dévorer le foie, organe représentant la divinité, Prométhée est dénigré et atteint dans sa chair, à travers la matière divine de son corps qui représentait son privilège de dieu. Ce châtiment corporel cyclique, qui repose sur le fait que son foie repousse, reflète certaines caractéristiques de la pensée épistémologique occidentale : 1) La hiérarchie théologico-phallogocentrique qui considère comme abject ce qui est mortel, humain : la chair, le corps, la matière, une matière qui chez Prométhée est dépossédée de son caractère divin (le foie) ; 2) c'est à la chair, au corps, à la partie humaine de la matière que les dieux infligent un châtiment : bien que Prométhée soit un demi-dieu, il est atteint dans la partie de son corps qui symbolise son essence divine : le foie ; 3) le châtiment est infligé tous les jours par une déité inférieure à Prométhée, l'aigle ; et 4) le mouvement du châtiment est cyclique et sédentarisé par la position de Prométhée (enchaîné à un roc), par le cycle du jour et de la nuit, et par la figure de l'aigle et la hiérarchie des dieux.	c) L'Œuvre multiorgasmique génère une tension vis-à-vis de la dimension cyclique du châtiment infligé à Prométhée, qui renvoie à la dimension cyclique de l'itérabilité et de la nature répétitive du pouvoir performatif de la normativité hétérosexuelle hégémonique enculturée par la pensée phallogocentrique du patriarcat occidental. La tension se produit entre A) cette dimension cyclique épistémologiquement sédentarisée, enchaînée philosophiquement et politiquement aux catégories phallogocentriques de la pensée occidentale et B) la dimension nihiliste, discontinue et inachevée que l'*art biocritique* et les participants de l'œuvre attribuent au *mouvement esthétique* que peuvent produire dans un contexte socio-politique les corporalités potentiellement esthétiques, et que produisent les corporalités esthétiquement critiques, qui sur un plan psychologique correspondent à des corporalités biocritiques esthético-politiques ou issues d'un raisonnement *post-conventionnel d'orientation biocritique esthético-politique* ; des corporalités qui produisent un sujet social « x » se reconnaissant comme un sujet corporel « x », discontinu et inachevé, dont l'identité sexuelle est le fruit d'une tension esthétique entre les pulsions bioénergétiques (biologie du corps), les pulsions culturelles (construction sociale phallogocentrique de la sexualité et du genre biologisés et naturalisés) et les pulsions poïétiques biocritiques esthético-politiques, de dialectique négative, qui remettent en cause le discours cyclique de la reproduction sexuelle normative, binaire, hétérosexuelle et excluante. ▶▶▶

Prométhée émancipateur de l'humanité	Humanité s'émancipant de l'épistémologie grecque
Dans la pensée phallogocentrique occidentale moderne :	Dans l'art biocritique :
d) Le fait de toucher, d'utiliser et de manipuler les fluides corporels, de créer des échantillons de fluides corporels personnels et de les remettre à autrui sont des usages du corps :	d) Le fait de toucher, d'utiliser et de manipuler les fluides corporels, de créer des échantillons de fluides corporels personnels et de les remettre à autrui sont des usages du corps :
• dangereux et abjects en public. • dangereux et abjects dans des contextes interpersonnels, intimes et privés. • dangereux et abjects, mais légitimes dans le contexte des sciences de la santé. • abjects même dans un contexte artistique.	• relativement dangereux en public. • dangereux mais pas nécessairement abjects dans le domaine intime et privé. • dangereux dans n'importe quel contexte épistémologique mais pas nécessairement ou exclusivement réservé aux sciences de la santé. • beaux et esthétiques dans un contexte artistique.
Attribuer un sens abjects au fait de toucher, d'utiliser et de manipuler les fluides corporels, de créer des échantillons de fluides corporels personnels et de les remettre à autrui) correspond à des raisonnements moraux de niveau :	Ce sont des usages cognitifs du corps reconnus par l'*art biocritique* comme des usages caractéristiques, qui correspondent à un raisonnement moral :
• *conventionnel de concordance interpersonnelle* • *conventionnel orienté vers la loi et l'ordre* • *post-conventionnel utile au contrat social hétérosexuel identifié au biopouvoir phallogocentrique*	• *ecto-conventionnel et trans conventionnel des actions et corporalités d'esthétique biocritique*

Triple tension esthétique au sein de l'iconographie de l'Œuvre multiorgasmique collective : du Prométhée au Sujet x corporel et discontinu

L'Œuvre multiorgasmique procède à une déconstruction picturale des scènes déjà existantes qui représentent l'histoire mythique de Prométhée dans l'art occidental. Dans le cadre de cette œuvre, les témoignages corporels s'affranchissent de la masculinité « protagonique » d'un Prométhée qui représente le sujet social hétéronome, en niant esthétiquement l'hétéronomie de cette histoire mythique d'un demi-dieu masculin issu de la cosmogonie occidentale et en s'opposant à toute fausse conscience hiérarchisée hétérosexuellement. De plus, dans l'Œuvre multiorgasmique, ce n'est pas Prométhée qui sauve l'humanité, mais l'humanité (représentée par les témoignages corporels et biographiques de l'expérience esthétique des participants de l'œuvre collective) qui émancipe la cosmogonie occidentale de sa sédentarité épistémologique phallogocentrique et hétérosexuelle. C'est ainsi qu'à travers l'expérience de leurs témoignages corporels et oraux, les participants co-poïétisent une critique esthétique envers le phallogocentrisme, car en matérialisant cette expérience esthétique ils donnent vie à un sujet social esthétisé, a un *sujet x corporel discontinu*, sans cesse inachevé ; un sujet qui n'existe qu'à travers le nihilisme d'une corporalité subjective qui nie la tension entre les pulsions bioénergétiques et la construction sociale d'une sexualité normative, et qui le fait à l'aide d'expériences esthétiques, c'est-à-dire d'expériences corporalisées critiques envers le phallogocentrisme.

Le *sujet x corporel discontinu et inachevé* de l'Œuvre multiorgasmique collective nie la construction sociale de la sexualité normative d'un sujet reproducteur du discours performatif hétérosexuel excluant, selon lequel la normalité et la santé sexuelle consiste en une capacité cognitive de reproduction sexuelle qui régente et gouverne les appétits bestiaux (plaisir sexuel), tout en niant et en annulant les capacités/possibilités d'une corporalité poïétique (celle du plaisir érotique) et créative où la sexualité du sujet est discontinue, sans cesse inachevée et en constante mutation ; une mutation au sein de laquelle le sujet est tantôt créatif tantôt reproducteur de discours normatifs. C'est pourquoi l'Œuvre multiorgasmique implique une triple tension entre a) le pouvoir de la biologie (pulsions bioénergétiques) ; b) le pouvoir épistémologique de la pensée philosophico-politique du patriarcat phallogocentrique qui régente les corps à travers une économie hétérosexuelle excluante ; et c) le pouvoir performatif du *discours biocritique esthético-politique* d'une poïétique (corporalité) nihiliste sur la subjectivité du sujet x. Ainsi, l'Œuvre multiorgasmique suggère-t-elle que la production sexuelle du sujet est un processus constant et inachevé auquel participent non seulement les pulsions bioénergétiques (besoins biologiques) et les pulsions culturelles (construction sociale de la sexualité normative), mais aussi les pulsions poïético-cognitives caractéristiques d'une corporalité subjective.

Tension esthétique liée au fait que l'artiste ait touché les témoignages physiques

Il convient par ailleurs de souligner que l'intervention picturale ne débute pas lorsque l'artiste commence à peindre sur le témoignage physique, mais bien dès que le volontaire commence à se masturber dans le but de poïétiser le témoignage physique, dans la mesure où ce processus de masturbation est une méthode de production d'un témoignage destiné à être utilisé comme matériel créatif.

La contradiction esthétique de ce moment esthétique a été poïétisée dans un premier temps par les volontaires en opposition au biopouvoir phallogocentrique, et elle repose dans un deuxième temps sur l'intervention picturale de l'artiste sur le témoignage physique. Il s'agit donc d'une double action : action des volontaires sur leur propre corporalité et action de l'artiste sur la corporalité d'autrui, dès lors que le volontaire remet son témoignage physique à l'artiste, que celle-ci le reçoit, et à plus forte raison lorsqu'elle le touche ou le manipule dans le cadre de la poïésis et de l'intervention picturale de l'œuvre.

Ce moment esthétique reflète une contradiction esthétique entre le sens abject de la manipulation des fluides corporels (personnels et d'autrui) véhiculé et enculturé par le paradigme culturel du biopouvoir phallogocentrique (sens abject essentiellement reproduit et légitimé par la médecine occidentale, qui au-delà du risque pour la santé que pourrait comporter un contact avec des fluides corporels, s'est employée à diffuser la vision de la médecine antique considérant les sujets « humides » comme abjects, inférieurs intellectuellement et soumis à des pulsions « bestiales »[202]), et le sens esthétique attribué à cet acte dans le cadre du processus de production poïétique de l'Œuvre multiorgasmique collective.

Enfin, ce moment exprime son nihilisme, tout d'abord en contredisant le moment précédent, puis en se laissant « assassiner » par le moment suivant, qui est une autocritique communicationnelle entre les styles épistémologiques.

---

[202] Pour mieux comprendre le rôle de la médecine occidentale dans l'historicité de la vision abjecte du toucher véhiculée par la construction filosophico-politique de la pensée hétérosexuelle et phallogocentrique en Occident, voir le *récit création* de l'Œuvre multiorgasmique collective, intitulée « Poïétique esthétique de la femme citoyenne… », publié dans l'ouvrage intitulé *Œuvre multiorgasmique.*

SEPTIÈME MOMENT ESTHÉTIQUE :
déconstruction structurée de l'œuvre

Description du septième moment esthétique

Avec l'Œuvre multiorgasmique collective, *L'art biocritique de corporalités abjectes* poïétise une autocritique structurée et devient un criticisme esthétique structuré dès lors que l'artiste déconstruit psychologiquement et/ou philosophiquement – à l'aide du langage structuré des sciences sociales et humaines utilisées comme sciences de l'art – la contradiction esthétique entre le sens esthétique attribué par l'Œuvre multiorgasmique collective à l'autoérotisme et au plaisir sexuel, et le sens abject qu'attribue à ces usages le paradigme culturel du biopouvoir phallogocentrique.

Tension/contradiction esthétique au cours du quatrième moment esthétique

Tension esthétique entre poïétique corporelle (critique) & poïétique structurée (autocritique).

▶▶▶

Poïésis artistique de l'Œuvre multiorgasmique collective : critique de l'art envers le biopouvoir *phallogocentrique*	Déconstruction structurée de l'Œuvre multiorgasmique collective : autocritique de l'art biocritique
Critique du biopouvoir et Autocritique non structurée de l'Œuvre multiorgasmique individuelle	Critique du biopouvoir et Autocritique structurée de l'Œuvre multiorgasmique collective
a) Dans le cadre de l'Œuvre multiorgasmique collective, l'art biocritique poïétise corporellement une biocritique envers le biopouvoir phallogocentrique, établissant des liens de contradiction esthétique : 1) entre l'art (corporalité biocritique esthético-politique du sujet esthétique) & le phallogocentrisme (corporalité hétéronome du sujet social) 2) entre les corporalités biocritiques esthético-politiques & les corporalités de la fausse conscience 3) entre deux œuvres d'art : l'Œuvre multiorgasmique individuelle et l'Œuvre multiorgasmique collective.	a) L'art biocritique, en agissant comme un criticisme, est une autocritique structurée de la critique poïétisée par l'Œuvre multiorgasmique envers le biopouvoir phallogocentrique. À l'aide de la Méthode de déconstruction esthétique, 1) il déconstruit psychologiquement la potentialité esthétique des corporalités abjectes dans les témoignages physiques et oraux de l'Œuvre multiorgasmique collective ; et 2) il déconstruit philosophiquement les liens de tension esthétique entre l'Œuvre multiorgasmique collective et les autres discours liés au processus de production sociale du sujet social hétéronome. Cette autocritique établit des liens de contradiction esthétique entre : 1) l'art & le phallogocentrisme 2) la critique corporalisée envers le biopouvoir phallogocentrique (à l'aide d'un langage artistique) & l'autocritique structurée de l'art biocritique (à l'aide du langage structuré des sciences sociales et humaines en tant que sciences de l'art) Ce sont des usages cognitifs du corps reconnus par l'art biocritique, qui correspondent à un raisonnement moral : • *ecto-conventionnel et trans conventionnel des actions et corporalités d'esthétique biocritique*

Ce moment de l'Œuvre multiorgasmique collective est considéré comme un moment esthétique avant tout parce qu'il s'agit d'un exercice rationnel et réflexif de l'art, dans le cadre duquel cet art se poïétise en tant que critique structurée (à l'aide du langage structuré des sciences sociales et humaines), afin de faire l'autocritique de la forme déstructurée de sa propre poïésis artistique (utilisant un langage artistique).

Ce moment, qui s'inscrit dans le processus créatif de l'Œuvre multiorgasmique collective, est esthétique parce qu'il repose sur une négation et une contradiction esthétique entre la forme poïético-corporelle de l'Œuvre multiorgasmique collective et la forme structurée de l'Œuvre multiorgasmique collective déconstruite esthétiquement à l'aide du langage structuré des sciences sociales et humaines en tant que sciences de l'art.

Cela dit, le criticisme structuré de l'*art biocritique* ne réduit pas la contradiction esthétique aux types de langage, car la création de la critique ne repose pas que sur un langage, mais aussi sur une épistémologie et une méthode.

La critique envers le biopouvoir phallogocentrique poïétisée comme une œuvre d'art et l'autocritique structurée de cette œuvre (déconstruction de l'œuvre d'art à l'aide d'un langage structuré et en appliquant la *Méthode déconstruction esthétique*) sont toutes deux des actions esthétiquement critiques, dans la mesure où elles établissent un lien de contradiction esthétique vis-à-vis du biopouvoir phallogocentrique. Qu'elles utilisent un langage artistique ou un langage structuré, ces deux formes de la biocritique sont des poïésis d'un art biocritique et de son criticisme ; or ces deux formes critiques de l'art (critique et autocritique) ont esthétiquement besoin l'une de l'autre, car leur enchaînement esthétique est en soi l'expression du principe poïético-réflexif qui caractérise toute biocritique, qu'elle soit structurée ou non.

Bien qu'il existe une différence de langage entre les critiques structurée et non structurée, leur contradiction esthétique réside avant tout dans l'*utilisation esthétique* que l'art fait des langages corporel et scientifique. Car si le processus de création d'une biocritique en tant qu'œuvre d'art utilise le langage des témoignages de corporalités abjectes comme matériel créatif afin d'établir un lien de contradiction esthétique vis-à-vis du biopouvoir phallogocentrique, le processus de déconstruction esthétique d'une œuvre de cet art utilise quant à lui le langage structuré des science humaines et sociales comme matériel interprétatif et déconstructeur du lien de contradiction esthétique entre l'œuvre déconstruite et le biopouvoir, de sorte qu'il établit également un lien de contradiction esthétique vis-à-vis de ce biopouvoir. Dans les deux cas, l'utilisation des langages non artistique (corporel) et non esthétique (scientifique) s'avère être une utilisation esthétique dans la mesure où elle sert à établir – de manière structurée ou non – une contradiction esthétique vis-à-vis de la séquestration épistémologique de l'expérience poïético-cognitive, et de la décorporalisation du *sujet social* au sein des sociétés occidentales.

L'utilisation esthétique du langage structuré des sciences sociales et humaines en tant que sciences de l'art en vue de la déconstruction d'une œuvre d'art biocritique génère trois liens de tension esthétique entre : 1) l'*art biocritique* & et le biopouvoir phallogocentrique présent en lui ; 2) cet art & la science *acritique* envers ce biopouvoir ; et 3) cet art & la science *critique* envers ce biopouvoir.

En ce moment esthétique, l'*art biocritique* est l'autreté de lui-même dans la mesure où il devient un criticisme esthétique structuré, mais ce pourrait être le cas de tout style épistémologique qui encourage, légitime ou représente une forme de biopouvoir phallogocentrique, et notamment bien sûr de tous les paradigmes de la science qui tendent à contribuer à la *r*eproduction de ce biopouvoir, et tout particulièrement la science critique, celle qui tout étant critique envers le biopouvoir tend vers et/ou succombe à la sédentarisation épistémologique phallogocentrique afin de survivre en tant que *science normale*.

HUITIÈME MOMENT ESTHÉTIQUE :
L'Œuvre multiorgasmique dans les congrès scientifiques

Description du huitième moment esthétique

L'artiste tente d'engager une discussion entre l'art et la science, exposant l'Œuvre multiorgasmique collective en tant que biocritique dans des lieux consacrés à la discussion scientifique et invite le public spécialisé à participer à la poïésis corporelle de l'Œuvre multiorgasmique et à offrir son témoignage physico-corporel et oral.

Tension/contradiction esthétique au cours du quatrième moment esthétique

Tension esthétique entre l'esthétique critique de l'Œuvre multiorgasmique & la sédentarisation esthétique de la *science normale*.

Liens de la science acritique	Liens de l'art biocritique
Au sein de la science acritique : le lien entre la science & l'art incluant iconologiquement le corps humain	Au sein de l'art biocritique : le lien entre la science & l'art incluant iconologiquement le corps humain

La science acritique envers le biopouvoir phallogocentrique ne reconnaît pas à l'art de capacité de lien dialectique ni de discussion non hiérarchisée entre l'art et la science, ni de capacité de poïésis de critique structurée. Par exemple, la science positiviste et le rationalisme scientifique acritiques (et articulateurs du paradigme épistémologique du biopouvoir phallogocentrique), reconnaissent l'art incluant iconologiquement le corps humain en tant que :

- langage mystérieux, déchiffrable scientifiquement, psychologiquement, sociologiquement, etc.
- expression belle et/ou de divertissement.
- expression subjective de l'artiste.
- langage non structuré éloigné de la science, incapable de par « sa nature » d'établir une discussion avec tout autre style épistémologique ayant recours à un langage structuré.
- outil pour illustrer les critiques structurées par d'autres styles épistémologiques.

L'*esthétique biocritique* reconnaît à l'art incluant *iconologiquement* le corps humain une capacité de lien dialectique et de discussion non hiérarchisée entre l'art et la science, ainsi qu'un langage esthétique, et par conséquent capable de poïétiser une critique envers le biopouvoir phallogocentrique et d'engager une discussion avec d'autres styles épistémologiques ayant recours à un langage structuré, en tant que criticisme philosophique, esthétique et politique.

Ce sont des usages cognitifs du corps reconnus par *l'art biocritique* comme des usages caractéristiques, qui correspondent à un raisonnement moral :

- *ecto-conventionnel et trans conventionnel des actions et corporalités d'esthétique biocritique*

▶▶▶

Liens de la science acritique	Liens de l'art biocritique
Au sein de la science *acritique* : le lien entre la science & l'art incluant *littéralement* le corps humain	Au sein de l'art biocritique : le lien entre la science & l'art incluant *littéralement* le corps humain

La science acritique (positiviste, rationaliste ou articulatrice du paradigme épistémologique du biopouvoir phallogocentrique), reconnaît l'art incluant *littéralement* le corps humain ou sa corporalité, en tant que :

- expression ludique ou découlant de la subjectivité de l'artiste, mais pas nécessairement critique.
- langage explicite et/ou abject.
- langage non structuré éloigné de la science, incapable de par sa nature d'établir une discussion avec tout autre style épistémologique ayant recours à un langage structuré.

Cette perspective cognitive qui délégitime ou réprouve un tel usage du corps est l'expression des niveaux de raisonnement moral suivants :

- *conventionnel orienté vers la loi et l'ordre (plus ou moins identifiés au biopouvoir phallogocentrique).*
- *post-conventionnel utile au contrat social (plus ou moins identifiés au biopouvoir phallogocentrique).*
- *post-conventionnel orienté vers des principes éthiques universels (plus ou moins identifiés au biopouvoir phallogocentrique).*

Pour l'art biocritique, l'art qui inclut *littéralement* le corps humain est un langage esthétique, capable de poïétiser des critiques envers le biopouvoir phallogocentrique, à l'aide d'un langage structuré ou non. Cette perspective cognitive qui légitime l'utilisation littérale des témoignages du corps des volontaires est l'expression chez le sujet social (représenté par les participants et volontaires d'une œuvre d'*art biocritique*) du niveau de raisonnement esthético-moral suivant :

- *ecto-conventionnel et trans conventionnel des actions et corporalités d'esthétique biocritique*

- Pour l'artiste de l'*art biocritique*, l'utilisation *de témoignages physiques et oraux du* corps est l'expression d'un niveau de raisonnement moral *ecto-conventionnel et trans conventionnel des actions et corporalités d'esthétique biocritique*

▶▶▶

Liens de la science acritique	Liens de l'art biocritique
Au sein de la science *critique* : le lien entre la science & l'art incluant *littéralement* le corps humain	
Les sciences (positivistes, rationalistes et humaines herméneutiques non positivistes) critiques envers le biopouvoir phallogocentrique reconnaissent l'*art biocritique* incluant *littéralement* des témoignages corporels du corps humain ou de sa corporalité, en tant que :	
• langage explicite ou abject et expression subjective de l'artiste dotée d'une capacité critique envers le biopouvoir phallogocentrique. • langage non structuré éloigné de la science, incapable de par sa nature d'établir une discussion avec tout autre style épistémologique ayant recours à un langage structuré ; et par conséquent incapable de poïétiser une critique scientifique, mais néanmoins capable d'*illustrer* les critiques structurées par d'autres styles épistémologiques tels que la science.	▶▶▶

Liens de la science acritique	Liens de l'art biocritique
Au sein de la science acritique : le lien entre la science & le Sujet social	Au sein de l'art biocritique : le lien entre l'art et le Sujet social

La science acritique envers le biopouvoir phallogocentrique enculture et/ou légitime chez le sujet social des corporalités hétéronomes vis-à-vis du biopouvoir phallogocentrique scientifique, telles que la :

- *Corporalité cognitive processuelle (plus ou moins identifiés au biopouvoir phallogocentrique).*
- *Corporalité de la connaissance construite (mais plus ou moins identifiés au biopouvoir phallogocentrique).*

Découlant des niveaux de raisonnement moral suivants :

- *post-conventionnel utile au contrat social (plus ou moins identifiés au biopouvoir phallogocentrique).*
- *post-conventionnel orienté vers des principes éthiques universels (plus ou moins identifiés au biopouvoir phallogocentrique).*

L'attitude épistémologique de l'art biocritique suggère un sujet social x corporel discontinu et inachevé des corporalités autonomes vis-à-vis du biopouvoir phallogocentrique, légitimant des usages du corps caractéristiques d'une :

- *Corporalité biocritique esthético-politique*

Correspondant à un niveau de raisonnement moral :

- *ecto-conventionnel et trans conventionnel des actions et corporalités d'esthétique biocritique*

▶▶▶

Liens de la science acritique	Liens de l'art biocritique
Les **sciences critiques** envers le biopouvoir phallogocentrique représentent une perspective cognitive qui délégitime la capacité de discussion de l'art avec la science et instrumentalise l'art au service de la critique scientifique, ou qui établissent une hiérarchie dominée par la science, une attitude correspondant à des niveaux de raisonnement moral épistémologique caractéristiques de la science *normale* (Kuhn, 1962/2007), tels que les suivants :	

- *conventionnel orienté vers la loi et l'ordre de la science normale (Kuhn, 1962/2007).*
- *post-conventionnel utile au contrat épistémologique de la science normale (Kuhn, 1962/2007).*
- *post-conventionnel orienté vers des principes éthiques universels découlant de la science normale (Kuhn, 1962/2007).*

Sciences acritiques & sciences critiques dans l'expérience structurée de l'Œuvre multiorgasmique collective

La critique poïétisée par l'*art biocritique* n'est pas une critique scientifique dans la mesure où elle n'est pas poïétisée à l'aide du langage structuré de la science. L'*art biocritique* n'est pas une illustration de la science, mais il est lié à la science et à toute pensée prométhéenne et critique envers le biopouvoir phallogocentrique, dès lors qu'il fait son autocritique. Toutefois, cet art reconnaît que toutes les autocritiques ne sont pas nécessairement structurées à l'aide du langage structuré de la science ou des sciences humaines ; en effet, il considère également comme valide toute autocritique poïétisée sous une autre forme poïétique qui permette à cet art de s'émanciper de la sédentarisation des formes et des contenus de son criticisme. Ainsi, les sciences qui sont utilisées esthétiquement par l'art biocritique avec une fonction d'autocritique en vue de la déconstruction structurée de l'art peuvent-elles être qualifiées de *sciences de l'art*.

Dans le cas de l'art, la critique est en principe un jugement sur la réalité qui peut prendre des formes différentes ou être poïétisé à l'aide d'outils critiques provenant de n'importe quel style cognitif existant au sein d'un contexte socio-historique donné. Il en va de même avec l'autocritique. L'autocritique au sein de l'art biocritique est un jugement sur la réalité de l'art, sur l'historicité formée par ses poïésis passées, présentes et futures : « *La définition de ce qu'est l'art est toujours donnée à l'avance par ce qu'il fut autrefois, mais n'est légitimée que par ce qu'il est devenu, ouvert à ce qu'il veut être et pourra peut-être devenir* »[203].

La perspective kuhnienne comme la perspective adornienne reconnaissent que l'art et la science sont des styles épistémologiques étroitement liés à un contexte socio-historique et que la critique est un jugement dialectico-négatif de chaque style épistémologique vis-à-vis de son contexte particulier. Pour l'esthétique d'Adorno, la capacité critique d'un style épistémologique peut être jugée à l'aune de sa capacité d'autocritique, en fonction de ce qu'il appelle la *loi de mouvement*, qui n'est autre que la capacité nihiliste de mutation, de critique (lien de contradiction esthétique vis-à-vis du contexte socio-historique de chaque poïésis) et d'autocritique (capacité de contradiction esthétique entre poïésis).

Aussi bien la science que l'art peuvent interpréter de manière critique la réalité historique et sociale, en poïétisant une

---

[203] Adorno, (1970)/2004 : 11.

contradiction esthétique vis-à-vis de cette réalité. Néanmoins les outils d'interprétation (les paradigmes) propres à la science maintiennent presque toujours une certaine continuité entre les différentes poïésis critiques envers le contexte socio-historique, ce qui tend à générer une sédentarisation de la poïésis scientifique, une forme poïétique que Kuhn qualifie de *science normale* (Kuhn 1962). Il n'en va pas de même avec l'art, car l'art biocritique crée des liens interprétatifs de la réalité socio-historique qui ne tendent pas à la sédentarisation épistémologique/esthétique, dans la mesure où chaque poïésis interprétative de la réalité socio-historique est à la fois une critique de cette réalité et une autocritique de l'art lui-même, ce qui signifie que chaque poïésis à l'aide de laquelle l'art interprète la réalité socio-historique afin de la critiquer devient l'ennemie mortelle d'autres poïésis critiquant cette même réalité. De sorte que le paradigme esthétique de l'art biocritique est un paradigme poïétiquement mortel et même suicidaire, car il est l'ennemi mortel de la sédentarisation de la poïésis critique et de sa propre sédentarisation épistémologique/ esthétique.

Pour tout art biocritique, les langages structurés de la science sont des outils poïétiques à l'aide desquels l'art biocritique est en mesure de faire son autocritique de manière structurée. Or l'autocritique poïétisée à l'aide d'un langage scientifique est considérée par l'esthétique biocritique comme tout aussi valide – en accord avec la loi de mouvement de l'art biocritique – que l'autocritique poïétisée sans langage structuré. Dans cette perspective, on peut qualifier de « science de l'art » toute science ou langage structuré des sciences utilisé esthétiquement par un art biocritique afin de faire son autocritique. Et l'on peut qualifier d'« utilisation esthétique » de la science toute utilisation d'un langage structuré par un art biocritique dans le but exprès de faire son autocritique.

En ce qui concerne l'utilisation des sciences sociales et humaines par l'*art biocritique*, on peut affirmer que les langages structurés de la science utilisés esthétiquement par la *Méthode de déconstruction esthétique* dans la déconstruction de l'Œuvre multiorgasmique collective ont été utilisés par cet art pour faire son autocritique, tout en générant simultanément une critique envers le biopouvoir phallogocentrique. Pour l'histoire kuhnienne de la science, la fonction épistémologique du langage structuré (le paradigme) au sein de la science est avant tout d'*interpréter* la réalité. « *Aucune histoire naturelle ne peut être interprétée en l'absence d'un minimum implicite de croyances théoriques et méthodologiques interdépendantes qui permettent la sélection, l'évaluation et la critique.* »[204] Néanmoins, pour l'art biocritique, l'utilisation du langage structuré de la science peut être qualifiée d'esthétique dans la mesure où ce langage ne sert pas à *interpréter* mais à *déconstruire* et à *critiquer*, le style cognitif de la science étant utilisé par l'art afin de faire son autocritique. Or quand le langage structuré d'une science est utilisé sous une forme poïétique dans la poïésis d'une autocritique de l'art, l'utilisation esthétique de cette science la transforme en « science de l'art », en raison de sa participation à cette poïésis de l'autocritique de l'art. C'est notamment le cas des langages structurés de Theodor Adorno, Wilhelm Reich, Luce Irigaray, Judith Butler, Monique Wittig, Julia Kristeva, Jürgen Habermas, Lawrence Kohlberg et William Perry (1970) entre d'autres, utilisés par la *Méthode de déconstruction esthétique*. On peut donc affirmer qu'indépendamment de la critique envers le biopouvoir phallogocentrique découlant de cette déconstruction structurée de l'Œuvre multiorgasmique collective, la *Méthode de déconstruction esthétique* reflète un usage esthétique du langage structuré des sciences sociales et humaines, car l'objectif principal de cette méthode est la déconstruction d'une critique esthétique (négation et resignification) poïétisée sous la forme d'une œuvre d'art, par l'art lui-même, afin de faire son autocritique. Il s'agit donc d'une utilisation esthétique de la science.

Dans certains styles épistémologiques tels que la science, les formes poïétiques de la critique sont structurées par un langage ou paradigme donné ; dans d'autres tels que l'art, chaque poïésis

---

[204] Kuhn, (1962)/2007 : 80.

critique est différente « jusqu'aux ultimes conséquences », au point de naître en étant l'« ennemie mortelle d'une autre » poïésis. Pour ces deux formes critiques, celle structurée par la science et celle de l'art, le jugement sur la réalité socio-historique ou sur l'historicité de la poïétique interne formée entre les poïésis, est un jugement dialectique étroitement lié au moment historico-social dans lequel s'inscrit ce qui est critiqué.

De même que l'*art critique* poïétise une dialectique vis-à-vis du contexte socio-historique dans lequel s'inscrivent ses œuvres et/ou auquel appartient la réalité qu'il critique à l'aide de ses œuvres ou processus artistiques, de même l'autocritique (le criticisme) d'un *art biocritique* est dialectiquement liée au contexte socio-historique dans lequel s'inscrit l'art en tant que critique. Paradoxalement, l'*art biocritique* critique une séquestration de l'expérience qui découle d'un rationalisme légitimé chez le sujet par la science elle-même. C'est l'*abstractionnisme* de la connaissance au sein de la science positiviste. Or c'est sur l'abstractionnisme épistémologique traduit en abstractionnisme cognitif chez le sujet social que reposent les cultures des sociétés de la modernité (tardive) qui privilégient les arguments provenant de la science comme étant non seulement les meilleurs, mais les seuls détenteurs de la « vérité ». Au sein de cette société, la vérité scientifique a pris la place qu'occupait auparavant la vérité religieuse : c'est la chosification de la science.

La tension potentielle entre l'art biocritique et les arguments de la science – quelle qu'elle soit – concernant les jugements critiques de cet art sur un fragment social donné n'exclut ni ne réduit en rien la fonctionnalité des outils conceptuels et des théories de la science sur l'art, car grâce à ces instruments scientifiques, l'art biocritique peut se permettre de structurer et de déconstruire les critiques qu'il poïétise, après les avoir poïétisées.

Le criticisme d'une autocritique structurée au sein de l'art n'est pas une scientifisation de l'*art biocritique*, car lorsqu'il déconstruit la tension esthétique entre une de ses œuvres et le biopouvoir phallogocentrique – à l'aide du langage structuré des sciences et la philosophie –, il ne le fait pas dans l'objectif de démontrer la véracité du jugement de l'art sur la réalité, mais dans celui de le critiquer et en même temps de faire son autocritique.

Dans cette perspective, l'utilisation des sciences sociales dans l'autocritique structurée de cet art est une utilisation esthétique car le langage structuré de ces sciences est utilisé afin d'*interpréter* le jugement de cet art sur la réalité. Aussi bien l'art que la science interprètent en critiquant, à ceci près que l'interprétation de la science sédentarisée – ou ayant une tendance à la sédentarisation épistémologique en tant que « science normale » – est réalisée à l'aide d'un paradigme sédentarisé, tandis qu'au sein de l'art, une interprétation est toujours l'ennemie mortelle d'une autre.

Dans la philosophie orientale, le changement est appelé *mutation* et ce concept constitue l'essence d'un des livres les plus importants pour l'Asie, le Yi Jing, ou Livre des mutations. Il existe des liens curieux entre l'esthétique adornienne et la philosophe chinoise, même si le concept de mutation n'est pas exclusif de cette philosophie : en effet, plusieurs modèles philosophiques d'interprétation ontologique de l'être humain formulés par les plus grands penseurs de la philosophie de l'histoire au cours des XIX et XXe siècles ont accordé un intérêt particulier à la notion de « changement », contrairement à d'autres courants de pensée idéologisants ou idéologisés qui ont préféré mettre l'accent sur la stabilité d'un ordre considéré comme immuable. Ces derniers en sont arrivés à confondre le progrès et l'homogénéité, l'égalité étant l'une des valeurs républicaines les plus importantes pour les sociétés des Lumières et pour le *sujet social* de l'esprit moderne. Il s'agit-là de l'essence de l'épistémologie occidentale : l'étudier, l'analyser permet de mieux comprendre l'histoire de l'Occident.

Or la poïésis d'une *critique scientifique structurée* de la *science normale* envers une réalité dominée par l'hégémonie du rationalisme repose d'abord sur un jugement interprétatif de cette réalité effectué à l'aide du langage, de la structure et du paradigme de la *science normale* en question, puis sur une contradiction vis-à-vis de cette réalité interprétée à l'aide du langage et de la structure d'un paradigme scientifique qui présente une certaine continuité. La poïésis d'une certaine forme de « critique » poïétisée par la *science normale* tend à se « suicider », non pas aux mains d'une autre critique poïétisée par cette *science normale*, mais en raison de la décomposition propre à toute critique dont la tension vis-à-vis de ce qui est critiqué tend à se transformer de manière naturelle, et non à rester pétrifiée dans une interprétation fixe. Les critiques de la *science normale* qui ne sont pas « assassinées » par de nouvelles critiques ou autocritiques poïétisées par la science, sont des critiques ou poïésis pseudo-critiques qui fonctionnent comme articulatrices et conservatrices de la sédentarisation de la science dans son état de *science normale*.

En revanche, bien que la poïésis artistique d'une critique structurée envers cette réalité dominée par l'hégémonie rationaliste soit d'abord un jugement interprétatif, ce jugement est ensuite poïétisé à l'aide du langage structuré de n'importe quel style cognitif à l'exception du style sédentarisateur, dominant et chosifié de l'hégémonie épistémologique qu'elle critique ; ainsi, l'art établit un lien de contradiction esthétique vis-à-vis de la forme épistémologique qu'il critique à partir de sa forme poïétique. Il en va de même de l'autocritique.

L'idéal de l'art biocritique est la critique, la contradiction esthétique, les relations de tension esthétique, le mouvement ; car ces caractéristiques représentent son émancipation y compris vis-à-vis de ses propres idéaux, de ceux qu'il a lui-même proposés comme critique. Pour l'*art biocritique*, la critique est une condition ontologique de son esthétique biocritique, qui fait partie de sa loi de mouvement : la contradiction esthétique ou dialectique négative. Tandis que pour la science, c'est un état temporaire caractéristique des mutations ou de l'apparition de paradigmes. Quoi qu'il en soit, l'art biocritique peut se servir du langage scientifique pour structurer ses critiques et faire son autocritique. Il va de soi que cela génère une double contradiction au sein de cet art, car en structurant ses critiques il établit nécessairement un lien avec le paradigme scientifique spécifique qu'il utilise, ce qui a souvent pour effet de créer une nouvelle contradiction ou parfois tout simplement d'assurer une continuité du paradigme.

Et ce en plus de la contradiction vis-à-vis de l'aspect de la réalité que les deux expliquent et critiquent. À ce sujet, il serait intéressant de se demander si un art biocritique qui ferait reposer la structuration de sa critique sur un paradigme sans établir de contradiction vis-à-vis de ce dernier ne cesserait pas par là-même d'être un art biocritique, pour devenir une simple illustration ou continuité du paradigme scientifique qu'il utilise. Cette question n'est pas anodine, car si tel était le cas, l'art cesserait d'être en contradiction et par conséquent d'être de l'art ; en effet, l'art n'est jamais continuité et encore moins continuité de la science, car la contradiction esthétique, en tant que lien poïétique avec d'autres styles épistémologiques, fait partie de l'ontologie esthétique qui constitue sa loi de mouvement. Ainsi, bien que l'art biocritique utilise le langage structuré de la science afin de structurer sa critique, il ne cesse pas pour autant d'être en contradiction vis-à-vis de la réalité, et vis-à-vis de la science elle-même.

L'art biocritique ne défend pas un style épistémologique particulier, ni une science particulière, pas plus qu'il ne défend ou ne s'oppose au paradigme rationaliste en tant que tel. L'art biocritique, comme tout art critique, s'oppose à la sédentarisation épistémologique et à l'exclusivité d'un seul paradigme et d'un style cognitif dans la construction de la réalité en tant que poïétique de la connaissance. L'art biocritique, s'il tant est qu'il est un style épistémologique – comme l'affirme Feyerabend – est un style versatile, nomade, émancipateur, poïétisateur de la perplexité, insaisissable, mais aussi et surtout épistémologiquement mortel.

Quatre types de tension esthétique de l'œuvre multiorgasmique (représentante de l'art biocritique) et la science

Le huitième moment esthétique est composé de l'introduction de l'Œuvre multiorgasmique collective (représentant de l'*art biocritique)* dans des contextes scientifiques et de la réponse-réaction des représentants de la science face à cette tentative de discussion proposée par l'art. Bien qu'à ce moment esthétique cet art soit représenté non seulement par l'œuvre matérielle mais aussi par une communication structurée à l'aide de langages scientifiques, la science génère un lien de tension esthétique lorsqu'elle refuse d'accorder la moindre légitimité scientifique à l'art qui cherche à établir une discussion à l'aide des langages structurés des sciences sociales et humaines. En effet, malgré le caractère abstrait du lien entre l'art et la science, on observe une contradiction esthétique dans les réactions ou les réponses des scientifiques – représentants d'un domaine de connaissance donné et d'un paradigme épistémologique ou courant scientifique donné – à la proposition de discussion que l'art fait à la science, en s'introduisant dans son domaine et dans des contextes habituellement réservés à la discussion scientifique et académique.

Or afin de poursuivre sur cette voie déconstructive, il est indispensable de rappeler que tout art critique se considère tout à fait capable – de même que la pensée critique au sein de la science – d'engager une discussion scientifique avec des domaines de connaissance utilisant un langage spécialisé, à condition que ces autres domaines de connaissance ou interlocuteurs de l'art reconnaissent également que celui-ci dispose d'un langage esthétique capable d'établir une communication à des fins critiques de niveau post-conventionnel avec d'autres styles épistémologiques utilisant un langage structuré. Car si la *discussion* est un niveau de communication qui exige la maîtrise et la connaissance des langages spécialisés concernés pour que ces derniers puissent servir de matériel créatif d'une communication critique en forme de spirale, elle représente également une forme poïétique de la critique. Ainsi, étant donné que la critique de la science est une critique structurée qui tend à produire un criticisme abstrait, si ce n'est abstractionniste, lorsqu'il porte sur la corporalité de l'être humain et du *sujet social*, c'est précisément cet aspect qui aura tendance à être critiqué par l'*art biocritique*.

Il se trouve qu'au cours du processus graduel de création de l'Œuvre multiorgasmique collective, l'artiste a eu l'occasion d'exposer les premiers témoignages recueillis lors de la première

Campagne multiorgasmique, ce qui lui a permis de lancer de nouveaux appels et de donner une série de conférences à différents congrès de psychologie, d'anthropologie, de sciences sociales et de sexologie. Au cours de ces conférences, elle n'a pas hésité à critiquer l'Église catholique, l'État de droit, ou encore les difficultés qu'éprouve le sujet social à s'approprier sa corporalité et sa sexualité. Toutes ces propositions de communications publiques ont été acceptées par les différents congrès afin d'être exposées et débattues dans le cadre de tables rondes, et dans certains cas, comme dans celui du congrès de sexologie, le texte de la conférence a même été publié dans les mémoires du congrès. Par ailleurs, l'Œuvre multiorgasmique a été exposée physiquement dans le cadre des congrès de sciences sociales et de sexologie française. Dans tous les cas, l'art biocritique a formulé son argumentation dans le langage spécialisé correspondant au domaine de connaissance du congrès accueillant la conférence en question. Cet aspect communicationnel illustre bien la volonté de discussion structurée de l'*art biocritique* (celui de l'Œuvre multiorgasmique collective) et de l'artiste représentante de cet art ; or ces deux cas spécifiques serviront ici à illustrer le niveau ou le type de contradiction esthétique que la proposition de discussion faite par cet a suscité dans des contextes scientifiques correspondant à des paradigmes épistémologiques différents. Cela permettra de mettre évidence que ce n'est pas la science en général qui établit un lien de contradiction esthétique avec la critique poïétisée (de manière structurée ou non) par cet art, mais une certaine science qui organise la connaissance scientifique et interprète scientifiquement la réalité en fonction de formes épistémologiques identifiées ou articulatrices du paradigme épistémologique du biopouvoir phallogocentrique.

Par ailleurs, en plus de cette contradiction vis-à-vis de certains styles épistémologiques de la science en fonction de leur degré plus ou moins élevé d'identification au biopouvoir phallogocentrique, il existe également une contradiction esthétique entre l'*art biocritique* et la science qui ne reconnaît pas la capacité de critique structurée de l'art critique. Cette dernière contradiction esthétique est étroitement liée à la première contradiction de ce moment esthétique, tant il est logique qu'un style épistémologique de la science qui ne reconnaît pas la mutabilité de la corporalité humaine en tant que sexualité discontinue et inachevé, ni la légitimité esthétique de la poïétique corporelle du *sujet social,* ne reconnaisse pas non plus celle de l'*art biocritique*, et vice-versa.

Enfin, il existe des styles épistémologiques scientifiques qui concèdent une certaine légitimité à la poïétique corporelle d'une critique corporalisée dans l'art, mais qui considèrent néanmoins que l'art est incapable d'établir avec la science une discussion à l'aide d'un langage structuré hiérarchiquement comparable, c'est-à-dire une communication post-conventionnelle.

Ce moment esthétique a ainsi permis d'observer toute une variété de liens de contradiction esthétique entre l'art biocritique et les sciences, mettant en évidence différents niveaux et formes de tension esthétique entre l'art et la science au sein de ce moment esthétique de l'Œuvre multiorgasmique collective. En effet, reconnaître une légitimité critique à l'art ne signifie pas qu'on lui reconnaisse pour autant une capacité de *discussion* avec la science. Si l'on applique les paramètres d'autonomie-hétéronomie poïético-cognitive aux usages cognitifs du corps et aux niveaux de raisonnement moral dont découlent ces usages du corps, on peut également utiliser ces paramètres afin de mesurer le niveau d'autonomie-hétéronomie poïético-cognitive que les différents styles cognitifs – dans ce cas l'art et la science – concèdent à la corporalité de l'être humain et du *sujet social.* D'une manière générale, ce moment esthétique reflète quatre types de liens de tension esthétique entre l'art et la science :

a) Lien de tension esthétique vis-à-vis de la *science acritique vis-à-vis du biopouvoir qui ne reconnaît pas la légitimité de la critique corporalisée de l'art biocritique.* Le premier type de contradiction esthétique est la contradiction esthétique entre l'*art biocritique* et la science *acritique* vis-à-vis du biopouvoir phallogocentrique, qui interprète la réalité en reproduisant scientifiquement des formes épistémologiques identifiées au biopouvoir phallogocentrique, générant ainsi des corporalités performatives au service d'une économie hétérosexuelle en tant que normativité de ce biopouvoir.

Ce premier type de lien de contradiction esthétique met en évidence les liens différents que la science acritique et l'art biocritique ont établis avec le biopouvoir phallogocentrique, tout en exprimant un rejet voire une aversion de la part de ce paradigme de la science envers la critique corporalisée par l'*art biocritique*.

L'*art biocritique* considère la corporalité humaine, comme une capacité poïético-cognitive et critique du *sujet social* dans un contexte socio-historique marqué par l'hégémonie du biopouvoir phallogocentrique. C'est pourquoi cet art fait un usage esthétique des corporalités abjectes ; tandis que l'usage cognitif du corps que fait le rationalisme scientifique est un usage instrumentalisé, caractéristique de d'une épistémologie qui légitime un type de corporalité processuelle chez le *sujet social*, une corporalité de la connaissance construite non pas par le sujet social et son corps, mais par la science. Le rationalisme en tant qu'exercice de la corporalité correspond donc à une *corporalité de la connaissance reçue* par le *sujet social* et construite par la science, une corporalité cognitive processuelle. Dans le cadre de ses processus épistémologiques de production de connaissance scientifique, la science rationaliste utilise le corps du sujet social comme un objet de connaissance, selon un niveau de raisonnement moral *conventionnel orienté vers la loi et l'ordre*. Le corps est considéré comme un objet d'étude et non comme un moyen épistémologique de construire de la connaissance.

Par exemple, les positivistes et les rationalistes de la médecine occidentale ont délégitimé d'emblée les capacités de la critique poïétisée corporellement et proposée par l'*art biocritique* dans l'Œuvre multiorgasmique collective afin de discuter avec la science. Ces spécialistes de la médecine ont ainsi tendance à considérer la critique esthétique poïétisée par l'art comme incapable d'établir une discussion structurée avec la science. Une expérience concrète illustrant cet état de fait a eu lieu au Congrès de sexologie de Strasbourg en avril 2008, à l'occasion duquel j'ai donné une conférence et présenté une exposition des premiers témoignages de l'Œuvre multiorgasmique collective. Au cours de ce Congrès, à la suite d'une critique émise par l'un des sexologues – appartenant à la première génération de sexologues français – qui dénigrait le travail de cette œuvre, l'exposition correspondante a été réinstallée à une certaine distance de la zone consacrée à l'exposition d'affiches présentées par les participants de ce congrès. Ce sexologue avait tenu à exprimer publiquement son désaccord avec ce qu'il considérait comme une « intrusion » de l'artiste dans l'intimité du « patient », en une allusion directe à mon œuvre. Il estimait en effet qu'il n'était pas éthique de la part de l'artiste de s'immiscer ainsi dans l'intimité des volontaires et à plus forte raison d'exposer publiquement leurs témoignages corporels (bien qu'ils les aient donnés en sachant pertinemment qu'ils allaient être utilisés pour la création d'une œuvre d'art et dans le cadre d'une recherche de doctorat en sciences de l'art). Cette opinion et d'autres du même style mettent en évidence une enculturation du paradigme méthodologique des différents domaines de connaissance chez les scientifiques effectuant leurs recherches dans ces domaines, qui prend la forme d'une éthique ou d'une morale scientifique conditionnant et limitant la création de connaissance dans chacune de ces disciplines. Or l'esthétique biocritique ne répond pas à cette morale scientifique, mais à une esthétique d'inspiration marxiste qui plaide en faveur de l'autopoïésis du sujet esthétique et aspire à « *renverser tous les rapports dans lesquels* [l'être humain] *est un être abaissé, asservi, abandonné, méprisable* »[205].

À la suite de cette critique, les témoignages de l'Œuvre multiorgasmique collective ont ainsi été déplacés du deuxième étage (où cette exposition devait initialement être présentée), et alors que toutes les autres affiches ont été transportées jusqu'à l'entrée principale, les témoignages de l'Œuvre multiorgasmique collective, eux, ont été relégués dans un coin dont ne s'approchaient guère les visiteurs et les personnes participant au congrès.

---

[205] Marx, 1867 cité par Hinkelammert, 2005 : 20.

b) Lien de tension esthétique vis-à-vis de la science critique envers le biopouvoir phallogocentrique qui reconnaît à l'art une capacité de poïésis critique mais ne lui reconnaît pas de capacité épistémologique de discussion structurée avec la science. En effet, même si cette science s'oppose au biopouvoir phallogocentrique, elle génère – dans une plus ou moins grande mesure – et met en évidence l'enculturation et l'identification de la corporalité du sujet social à l'économie hétérosexuelle de ce biopouvoir. Car bien qu'elle critique le biopouvoir, elle ne reconnaît pas à l'art de capacité de discussion structurée avec la science, et délégitime par là-même la critique poïétisée par le langage du corps et la potentialité esthétique des corporalités abjectes, comme c'est le cas des œuvres de l'art biocritique. Ce deuxième type de contradiction esthétique entre cet art et la science illustre le fait que la science qui n'établit pas de lien d'égalité avec d'autres styles épistémologique non scientifiques tels que l'art, est une science qui s'appuie sur un niveau épistémologique identifié au paradigme de la « science normale » :

« Les scientifiques n'ont pas non plus pour but, normalement, d'inventer de nouvelles théories, et ils sont souvent intolérants envers celles qu'inventent les autres[206]. Au contraire, la recherche de la science normale est dirigée vers une connaissance plus approfondie des phénomènes et théories que le paradigme fournit déjà. »[207]

On peut donc affirmer que la *science normale* repose sur un raisonnement scientifico-moral articulateur du paradigme, c'est-à-dire un raisonnement épistémologique méthodologiquement acritique ; il en va de même avec la corporalité articulatrice du paradigme culturel du biopouvoir au sein de la société, qui se base sur un raisonnement moral conventionnel et post-conventionnel.

---

[206] Barber, 1961 in Kuhn, (1962)/2007 : 90.
[207] Kuhn, (1962)/2007 : 90.

On pourrait dire, si l'on adaptait cette idée à la science, que la *science normale* est une épistémologie conventionnelle orientée vers la loi et l'ordre représentée par l'hégémonie scientifique, voire même post-conventionnelle utile à l'hégémonie paradigmatique ou orientée vers des principes éthico-scientifiques et vouée à se sédentariser en tant que *science normale*.

Par ailleurs, certains positivistes et rationalistes capables d'une pensée critique ont accordé le bénéfice du doute à l'*art biocritique* : ils ont reconnu à cet art une certaine capacité de critique, mais n'ont pas pu s'empêcher de hiérarchiser cette critique comme étant moins « objective », moins « scientifique » (moins « vraie » ?) qu'une critique ayant été structurée à l'aide de méthodes positivistes et d'un langage structuré, comme celles, pour ne prendre que cet exemple, de la médecine. Ces scientifiques ont délibérément ignoré la capacité de l'*art biocritique* – en tant que criticisme – à communiquer ou à établir une relation d'égal à égal, en termes de ressources et de capacités communicationnelles, avec le langage structuré de la science. Avec ces formes épistémologiques de la science, l'art établit un lien de tension esthétique qui lui permet de critiquer leur méthode et leur paradigme, non seulement parce que les poïésis corporelles d'une critique de cet art n'interprètent pas la réalité à partir de formes épistémologiques reproduisant des aspects du biopouvoir, mais aussi parce qu'avec sa poïésis corporelle d'une critique envers le biopouvoir phallogocentrique, l'*art biocritiques des corporalités abjectes* peut critiquer la *science normale* pour sa sédentarisation épistémologique ou son manque d'autocritique, qui la pousse précisément à se sédentariser en tant que science normale, contrairement à l'art biocritique, qui tout en poïétisant corporellement ses critiques envers le biopouvoir, fait également son autocritique (structurée ou non structurée).

Pour le rationalisme scientifique, la science peut discuter avec la science à l'aide d'un langage scientifique structuré, mais elle ne peut pas le faire avec l'art, même si celui-ci utilise le langage structuré de la science, comme c'est le cas des sciences de l'art ; peut-être parce qu'établir un niveau de communication post-conventionnel sous la forme d'une *discussion* avec l'art, reviendrait pour le rationalisme à reconnaître dans l'art un style épistémologique métaphysique qu'historiquement la raison moderne s'est employée à classifier comme étant incompatible avec celui de la science ; et peut être aussi parce qu'une telle reconnaissance impliquerait pour la science une certaine autocritique épistémologique qu'elle n'est pas disposée à exercer sur elle-même ; ou tout simplement parce que la nature épistémologique de la *science normale* (Kuhn, 1962/2007) est de tendre vers la sédentarisation et non vers la contradiction/négation/tension esthétique, qui est une loi de mouvement propre à tout style épistémologique critique et autocritique.

La contradiction de l'art vis-à-vis de la science qui ne reconnaît la légitimité esthétique de la biocritique de l'art qu'en tant que critique déstructurée sans capacité de discussion critique avec la science, repose sur cette attitude épistémologique de la science – même lorsque celle-ci se montre critique envers le biopouvoir –, qui l'empêche d'établir un lien de communication post-conventionnel aussi bien avec le corps du *sujet social* qu'avec l'art, dans le processus de construction de connaissance.

Malgré tout, on peut citer à titre d'exemple la réponse et la réaction de certains phénoménologues, métaphysiciens et critiques des sciences sociales et humaines, qui ont reconnu la capacité critique de l'*art biocritique* (pas forcément de l'Œuvre multiorgasmique comme telle mais d'autres exemples de ce courant de l'histoire de l'art biocritique, comme l'art féministe et queer), tout en lui reconnaissant une certaine capacité de *discussion* avec la science.

Par exemple, certains professeurs et chercheurs s'efforcent d'encourager et de renforcer les liens entre l'art et la science dans leurs centres universitaires et académiques respectifs, même s'ils ne cherchent pas toujours à développer un lien de *discussion esthétique* ou de communication post-conventionnelle basée sur un rapport d'égalité entre l'art et la science, dans le cadre d'une poïésis de la critique structurée.

c) Lien de tension esthétique entre la science critique envers le biopouvoir phallogocentrique qui reconnaît la légitimité de la biocritique poïétisée par l'art biocritique et semble même souhaiter établir un lien de discussion avec elle, sans toutefois parvenir à le faire. Ce lien ne repose hélas pas non plus sur une dialectique entre l'art et la science, tout au moins en ce qui concerne la réponse et l'attitude de ce type de science critique, dans la mesure où cette science, bien qu'elle reconnaisse la capacité et la légitimité critique de l'art biocritique et de tout art critiquant le biopouvoir phallogocentrique, base sa relation avec l'art sur un raisonnement éthico-épistémologique qui tend à instrumentaliser l'art ; elle entend ainsi réduire le rôle de l'art à celui d'illustration de la critique scientifique, ou tout au plus de mise en image d'une critique envers le biopouvoir phallogocentrique ; ainsi, la relation que cette science établit avec l'art n'est pas basée sur une discussion de dialectique négative permettant de produire et de poïétiser dialectiquement une discussion critique.

c) Lien de tension esthétique entre la science critique envers le biopouvoir phallogocentrique qui reconnaît à l'art une capacité de poïésis critique, une capacité épistémologique de discussion structurée avec la science, et qui établit un lien de discussion structurée avec elle. Ce lien repose sur une dialectique négative entre l'art et la science, tout au moins en ce qui concerne la réponse et l'attitude de ce type de science critique, dans la mesure où cette science, qui reconnaît la capacité et la légitimité critique de l'art biocritique et de tout art critiquant le biopouvoir phallogocentrique, base sa relation avec l'art sur un raisonnement éthico-épistémologique qui ne tend pas à instrumentaliser épistémologiquement l'art ; elle ne cherche donc pas à réduire le rôle de l'art à celui d'illustration de la critique scientifique.

En analysant ces quatre types de liens entre l'*art biocritique* et la science, on trouve certains styles épistémologiques qui considèrent le corps comme un « réceptacle » de la connaissance et la normativité phallogocentrique, tandis que d'autres le reconnaissent comme un poïétisateur de la connaissance subjective d'identités sexuelles inachevées et discontinues d'un sujet social x (comme c'est le cas de l'art). De même, certains styles épistémologiques de la science établissent une relation avec l'art en le considérant pour certains comme un objet (« réceptacle » cognitive), pour d'autres comme un moyen de communication ou de reproduction d'une critique structurée, pour d'autres enfin comme le réalisateur d'une critique indépendante ou en contradiction avec la science (non structurée). Ainsi, à travers ce moment esthétique qui met en relation l'art et la science, on observe une autonomie poïétique de l'*art biocritique* vis-à-vis de la médecine qui véhicule une vision biologiste du genre identifié avec l'économie hétérosexuelle du phallogocentrisme, et vis-à-vis du paradigme constructionniste qui explique le genre et l'identité sexuelle en tant que construction sociale, mais ne prend pas en compte l'intervention d'une corporalité biocritique esthético-politique dans ce processus de production sociale. Voici donc quelques exemples des tensions épistémologiques que génère cet art biocritique dans ses liens avec les autres styles cognitifs lorsqu'il critique (volontairement ou perlocutoirement) le biopouvoir phallogocentrique à l'aide des témoignages de corporalités abjectes.

C'est ainsi que l'*art biocritique* structure sa biocritique poïétisée corporellement dans le cadre de l'Œuvre multiorgasmique collective et tente d'engager une discussion habermassienne avec quelques-unes des sciences qui étudient la construction sociale des corporalités et des sexualités du *sujet social*, en utilisant les langages structurés de la philosophie et des sciences sociales ; de ce fait, l'*art biocritique* agit comme un criticisme. Et bien que cet art ne parvienne pas à engager une véritable *discussion* avec les scientifiques assistant aux congrès où il a été exposé en tant que communication structurée, il n'en établit pas moins un lien dialectique avec le langage structuré des sciences humaines et des sciences en général sous sa forme de biocriticisme, dès lors qu'il agit en reconstructeur de ses propres critiques, faisant ainsi son autocritique.

Trois paradigmes générant une tension esthétique vis-à-vis de l'œuvre multiorgasmique (représentante de l'art biocritique)

On peut observer cette tension esthétique entre la *science normale* et la potentialité esthétique des corporalités abjectes à l'occasion des rencontres de l'Œuvre multiorgasmique collective avec les scientifiques dans les congrès et d'autres contextes scientifiques où l'Œuvre collective a été exposée et présentée à l'occasion de différentes conférences. Voici un résumé chronologique de mes principales immersions dans le monde scientifique entre 2005 et 2012 : en 2005, j'ai suivi une année de formation dans le cadre du Diplôme universitaire de Sexologie de l'Université Paris XIII ; suivie d'une autre année en 2006 dans le cadre du Diplôme universitaire « Droits humains, santé sexuelle et reproductive » de la Faculté de Médecine de l'Université Paris V-Descartes et l'Université Paris VII-Diderot, une formation qui allait par la suite être renommée « Conseiller en santé sexuelle ».[208] En 2007, l'Œuvre multiorgasmique a été présentée pour la première fois au cours de conférences au Congrès international de Sexologie organisé à Strasbourg en avril 2007 par l'Association inter-hospitalo universitaire de Sexologie (AIHUS) et par la Société française de Sexologie clinique (SFSC) ; au Congrès latino-américain et caribéen de Sciences sociales organisé à Quito en octobre 2007 par la Faculté latino-américaine de Sciences sociales en Équateur ; au Congrès latino-américain d'Anthropologie (San José, Costa Rica 2008), au Congrès Science et Religion (Veracruz, 2011) et enfin au Congrès Genre et Société (Córdoba, Argentine 2012).

En 2005, je cherchais des concepts qui me permettraient de faire une lecture structurée de la poïétique de l'art en lien avec des corporalités « abjectes », en tant que capacité

---

[208] On trouve une description plus détaillée de ces rencontres dans le récit création de l'Œuvre multiorgasmique intitulé « Art courageux : dialectique négative entre corporalités abjectes de l'Œuvre multiorgasmique et forces sociales du biopouvoir phallogocentrique ».

émancipatrice du sujet social. J'ai donc eu recours à la sexologie, car je souhaitais à l'instar de Wilhelm Reich revendiquer cette capacité de « révolution moléculaire » du sujet et ses effets sur la sphère sociale, à partir de l'expérience la plus intime du sujet, qui est celle de l'orgasme ; il s'agit de la capacité émancipatrice des pulsions bioénergétiques ; cependant, j'ai par la suite pris conscience des limites de ce concept renvoyant à la fois au plaisir sexuel, à la fonction biologique de la réponse sexuelle orgasmique et à la capacité créatrice de l'individu. Il m'est en effet apparu que ce concept ne permettait pas de déconstruire d'une manière satisfaisante le sens philosophico-politique que l'*art biocritique* attribuait dans l'Œuvre multiorgasmique aux usages esthétiques de l'orgasme et de l'autoérotisme en tant que poïétique et matériel esthétique d'une œuvre revendiquant ces manifestations de corporalités « abjectes » comme des droits humains mais aussi comme une manière de critiquer l'ordre social hégémonique que les considère comme « abjectes ». La tension épistémologique entre cet art et les forces sociales représentantes du phallogocentrisme ne pouvait être déconstruite dans toute sa complexité à l'aide de ce concept issu de la théorie de Reich (que l'on considère néanmoins comme révolutionnaire du point de vue des actions esthétiquement critiques de l'art biocritique), car la tension épistémologique de l'art de l'Œuvre multiorgasmique ne se réduit pas à une tension entre les pulsions bioénergétiques et les pulsions culturelles ; il existe certes une tension entre ces pulsions qui peut être déconstruite à l'aide des concepts théoriques de nombreux philosophes et pensées critiques du XXe siècle critiquant par exemple la pensée occidentale moderne, et notamment la science et ses paradigmes ; cependant, la tension mise en évidence par Reich et ses travaux ne prenait pas en compte parmi les fonctions et capacités/besoins biologiques du corps la *capacité créative* – et pas seulement créatrice – du sujet, qui allait être mise en avant au cours de ce même XXe siècle par les théories féministes, *queer* et en général les théories inspirées du marxisme, entre autres théories s'employant à analyser les mutations de la pensée humaine, les révolutions épistémologiques, philosophiques, scientifiques, sociales, etc. Car ce que l'esthétique critique de l'art définit comme le « mouvement esthétique de l'art » peut être produit par différentes formes d'actions esthétiquement critiques. La tension esthético-épistémologique générée par ce type d'actions de l'art ou de tout autre criticisme s'opposant aux forces sociales du biopouvoir phallogocentrique est une triple tension, tant il est vrai que ces forces sociales ne se contentent pas d'essayer de régenter, de contrôler et de dominer les pulsions bioénergétiques de l'individu, ses capacités et besoins biologiques, physiques et corporels à travers la normativité hétérosexuelle des rôles sociaux ; le phallogocentrisme s'emploie également à régenter, contrôler et dominer les capacités et besoins poïétiques des individus en les soumettant à la *fausse conscience* d'une action pseudo-poïétique ou poïétique hétéronome de *reproduction* (reproduction sexuelle, mais aussi épistémologique et par conséquent philosophico-politique), qui a pour effet de sédentariser épistémologiquement la pensée humaine et sociale dans une normalité identifiée au biopouvoir phallogocentrique hétérosexuel. La tension esthético-épistémologique générée par l'*art biocritique* n'est pas uniquement une tension entre les capacités biologiques de l'individu et la construction sociale de son corps, de son genre et de sa sexualité ; c'est également un tension vis-à-vis des « pulsions » poïétiques de liberté, ces capacités poïético-esthétiques qui renvoient au besoin d'émancipation exprimé par les groupes sociaux qui selon la terminologie féministe représentent les « corps qui ne comptent pas », les corporalités infériorisées, exclues et dénigrées parce qu'elles ont osé poïétiser elles-mêmes leur propre identité sexuelle, qu'elle soit homosexuelle, bisexuelle, lesbienne ou transgenre, ou encore de femme hétérosexuelle, en établissant ainsi des liens de tension esthétique entre les pulsions culturelles du biopouvoir phallogocentrique et leurs propres besoins et capacités biologiques. Néanmoins, pour mener à bien la déconstruction de cette triple tension épistémologique, il a d'abord fallu établir des discussions avec différentes sciences et personnages scientifiques et philosophiques ; des rencontres au fil desquelles s'est peu à peu dessinée cette triple composition de la tension esthético-épistémologique de l'*art biocritique* vis-à-vis d'autres discours épistémologiques tels que ceux des sciences sociales et humaines, à partir de 2005 et durant près de sept ans.

En tant qu'artiste, en 2005 et au début du parcours de la déconstruction de la potentialité esthétique des corporalités abjectes de l'orgasme et l'autoérotisme au sein de l'Œuvre multiorgasmique collective, la Sexologie me semblait être la science s'étant le plus intéressé à l'étude de cette question en tant qu'élément de la Réponse sexuelle humaine. J'ai donc passé un concours en vue de l'obtention d'un diplôme interuniversitaire de sexologie, et j'ai été acceptée à la faculté de médecine de Bobigny. Mais les cours et les examens étaient centrés sur les diagnostics de pathologies de différents cas de patients malades : nous devions établir un diagnostic en fonction des symptômes psycho-physio-biologiques que présentaient les patients et suggérer quels étaient les traitements appropriés. Afin d'atteindre le nombre minimum d'inscrits pour une génération, cette formation avait accepté d'accueillir une avocate, un éducateur d'adolescents et moi, en tant que chercheurs en sciences sociales. Nous devions par la suite passer des examens de médecine, car n'étant pas médecins, nous n'avions pas les connaissances suffisantes dans ce domaine. J'ai alors décidé de renoncer à cette formation. Je cherchais une formation qui ne soit pas centrée sur une perspective médicale de la sexualité. Paradoxalement, il n'existait pas en 2005 de formation universitaire sur la sexualité ouverte à d'autres domaines de connaissance, ni de métiers permettant d'étudier ou de produire des connaissances scientifiques sur la sexualité humaine en dehors du champ de la Médecine. Impossible de trouver une formation permettant d'aborder les problématiques de la sexualité en dehors du cabinet médical, par exemple en tant que travailleur social, conseiller matrimonial, éducateur, avocat, etc. Deux ans plus tard, en 2006, une formation pilote a été proposée à la Faculté de Médecine de Paris V sur la santé sexuelle et les droits humains. J'ai donc passé le concours afin de m'y inscrire.

Tout au long de cette formation, les cours présentaient une orientation positiviste ou privilégiaient les recherches et les études sociologiques et anthropologiques de tendance positiviste. Néanmoins il s'agissait d'une formation qui expliquait la sexualité humaine dans une perspective transdisciplinaire, offrant par conséquent une approche transdisciplinaire des problématiques.

Au cours de cette formation à la faculté de médecine Descartes de Paris V, le professeur Thierry Troussier, directeur de la formation, m'a demandé de lui expliquer quel pouvait être l'apport de l'art à la production de connaissance scientifique et ce que j'entendais par « art biocritique » au sein de l'Œuvre multiorgasmique. Je lui ai répondu ceci :

Il existe un lien entre l'art et la science, mais il ne s'agit pas d'un alignement. En principe avec sa déconstruction esthétique à l'aide des langages structurés des sciences sociales et humaines, l'art biocritique n'aspire pas à se scientificiser, pas plus que les autres arts – me semble-t-il –, ni à s'incorporer à la structure scientifique d'une science. Cela s'explique par le fait que toute scientifisation contrarierait le principe ontologique de base de l'art, qui est la liberté. Or l'art a besoin d'être critique afin de rester libre. Et bien que l'Art et la Science produisent de la connaissance, cela ne signifie pas pour autant qu'ils soient sur la même ligne, tout simplement parce que l'art, même lorsqu'il utilise les mêmes outils que la science pour critiquer, ne se contente pas de créer une critique en tant que production de connaissance, il tend nécessairement à chercher la mort de cette critique. L'art cherche à créer la vie mais aussi la mort de ses critiques, ce qu'on pourrait comparer dans le domaine des sciences aux révolutions scientifiques. Quelque chose comme produire de la connaissance afin de critiquer une autre connaissance, avant de produire une nouvelle connaissance afin de critiquer la précédente et ainsi de suite. De son côté, la science, qui s'appuie sur des processus légitimateurs propres à chaque domaine, tend à perpétuer ses structures, son capital et ses paradigmes, à perpétuer les connaissances. Et elle n'accepte pas facilement la critique lorsque celle-ci remet en cause la structure ou les paradigmes prédominant dans un domaine donné, à plus forte raison lorsque ces critiques proviennent d'un autre domaine de connaissance. L'exemple de Wilhelm Reich est illustratif à cet égard.

Reich ne cherchait d'ailleurs pas qu'à démontrer l'existence de la bioénergie ou énergie sexuelle, mais aussi sa capacité à transformer l'environnement, et dans le cas du « Cloudbuster[209] », le climat. Pour sa part, l'art biocritique s'intéresse également à la capacité transformatrice de la bioénergie reconnue par Reich, mais en tant que capacité cognitive exprimée corporellement par le sujet social à travers une corporalité biocritique esthético-politique qui permet au sujet de s'approprier sa sexualité, afin de participer – en tant que co-poïétisateur – à la construction sociale de son corps et de sa sexualité.

Le point commun entre l'art biocritique et l'orgonomie réside précisément dans cette reconnaissance de la force poïétisatrice des corporalités abjectes ; cependant, tandis que l'art reconnaît la force performative du discours d'une corporalité biocritique esthético-politique en tant que corporalité potentiellement esthétique ou esthétiquement critique du sujet social, Reich considère quant à lui le corps – et non la corporalité – comme le producteur de la bioénergie. Les deux formes de production de connaissance, l'orgonomie et l'art biocritique, montrent un individu qui s'approprie sa corporalité, en liant la poïétique intime de l'orgasme – et du plaisir sexuel – à la transformation sociale.

Cependant, l'art biocritique ne cherche pas à structurer la connaissance de la sexualité humaine, mais à déconstruire – à

---

[209] A *cloudbuster* (or *cloud buster*) is a device designed by Austrian psychoanalyst Wilhelm Reich, which Reich said could produce rain by manipulating what he called "orogone energy" present in the atmosphere. The cloudbuster was intended to be used in a way similar to a lightning rod: focusing it on a location in the sky and grounding it in some material that was presumed to absorb orgone – such as a body of water – would draw the orgone energy out of the atmosphere, causing the formation of clouds and rain. Reich conducted dozens of experiments with the cloudbuster, calling the research «Cosmic Orgone Engineering." (Sharaf, 1983: 379–380).

travers l'usage des corporalités abjectes en tant que poïétique et matériel esthétique de l'art biocritique – cette connaissance (et son processus de construction sociale) de la sexualité humaine légitimée par les discours des forces sociales du paradigme du biopouvoir phallogocentrique. En effet, l'art biocritique ne structure la connaissance de la sexualité humaine qu'en tant qu'autocritique, à travers la déconstruction esthétique de ses œuvres ; afin de critiquer le biopouvoir phallogocentrique, l'art réalise une déconstruction corporalisée – avec des corporalités abjectes – des normativités épistémologiques et culturelles du paradigme phallogocentrique qui domine la légitimation des connaissances contemporaines sur la sexualité ; une déconstruction des paradigmes qui conçoivent la sexualité non seulement comme un produit de la biologie (paradigme phallogocentrique du genre naturalisé et catégories normatives hétérosexuelles) du corps humain, mais aussi comme une construction sociale (paradigme de la construction sociale du genre). L'art biocritique remet en question les sciences médicales qui conçoivent la sexualité comme le fruit de la nature humaine ainsi que les sciences sociales qui la conçoivent que comme une construction sociale, car ces deux paradigmes expliquent la sexualité humaine comme une production échappant au contrôle ou à l'influence de l'individu, du sujet et de son corps, et délégitiment ainsi l'expérience personnelle en tant que source de connaissance.

L'art biocritique reconnaît la capacité poïétique subjectivant du sujet et applique une méthodologie phénoménologique et expérimentale afin de faire émerger un sujet social esthétique corporel inachevé et discontinu à travers une corporalité esthétique politisée. Pour cet art, le sujet esthétique surgit des tensions esthétiques (épistémologiques) entre pulsions bioénergétiques, pulsions culturelles et actions critiques potentiellement esthétiques ou esthétiquement critiques, menant à une co-poïésis corporalisée des identités sexuelles. Or l'autoérotisme est un exemple d'action esthétiquement critique.

L'art biocritique est une critique des connaissances ayant exclu les hypothèses de Reich, car ce sont ces mêmes théories qui continuent de produire des sujets sociaux incapables de participer en tant que co-poïétisateurs d'une identité sexuelle et d'une connaissance de leur propre corps. Des sujets ignorant la force performatrice des corporalités biocritiques esthético-politiques parce qu'ils ont été formés afin d'inhiber leurs besoins de créer (avec créativité) le plaisir sexuel, et construits socialement afin de contrôler et de dénigrer la connaissance découlant de l'expérience corporelle d'autonomie.

Il me semble que ce dénigrement de la construction de connaissance corporalisée par le propre sujet et par son corps n'est qu'une manifestation particulière du dénigrement de la production de connaissance scientifique à l'aide de méthodes et de théories à tendance qualitative. On pourrait même parler d'une répartition légitimée scientifiquement des objets d'étude. Au sein de la médecine occidentale, qui a dominé le champ d'action de la production de connaissance durant des siècles et jusqu'à nos jours, les recherches qualitatives ont toujours eu le plus grand mal à obtenir une certaine légitimité.

Je me permets par ailleurs d'attirer votre attention sur les propos du professeur Alain GIAMI, qui avait déclaré à l'occasion du congrès de sexologie réalisé à Strasbourg en 2007 la suivant idée : Nous, les spécialistes de la Sexologie en France, nous avons réussi à contrôler les maladies sexuellement transmissibles, la natalité, l'élargissement des connaissances sur la sexualité au-delà des paramètres de la vie reproductive de l'être humain, mais nous n'avons pas réussi à « désacraliser » la sexologie auprès de la population.

Les propos du professeur illustrent très bien l'autocritique envers la vocation de contrôle social d'une certaine sexologie, qui malgré ses progrès dans la prévention des maladies sexuelles, reconnaît implicitement sa contribution à la non-participation poïétique et à la non émancipation sexuelle du sujet social. Alain GIAMI faisait référence au pouvoir des mots, à la légitimité du discours sur une sexualité séquestrée par la médecine, qui hiérarchise le dialogue sur ce sujet non seulement avec le « patient », mais aussi avec les autres domaines de connaissance, comme si la seule science détentrice d'une légitimité absolue sur les questions de sexualité et de corporalité était la médecine, ou la sexologie. Qu'en est-il du dialogue avec les autres domaines de connaissance qui portent également sur la sexualité humaine, qu'en est-il du débat scientifique au sein de ces congrès, qui permettrait de comprendre de manière structurée, chacun dans son domaine de connaissance, le paradigme de la construction sociale du sujet en lien avec le paradigme biologique de la sexualité ? Qu'en est-il du débat entre les paradigmes, qui permettrait de mieux comprendre ces enchaînements entre la biologie du corps, le sexe, le genre socialement construit et les corporalités biocritiques esthético-politiques du sujet social (des identités sexuelles inachevées et discontinues), entre ce que Reich qualifie de « pulsions » bioénergétiques, culturelles et la force performative des corporalités abjectes?

Au fil de ces rencontres de l'Œuvre multiorgasmique avec les sciences, on a vu apparaître un certain nombre de différences entre un idéal-type de sujet social légitimé par la médecine occidentale moderne et un idéal-type de sujet social *esthétique* revitalisé par les œuvres de *l'art biocritique*. L'idéal-type de sujet social esthétique de l'art biocritique génère une tension esthétique vis-à-vis de la médecine occidentale dans la mesure où il présente dans ses œuvres un sujet social co-poïétisateur de la resignification des corporalités abjectes ; cela dit, l'art n'est pas le seul à s'opposer à la prétention du biopouvoir phallogocentrique de déterminer quelles sont les corporalités que l'on peut qualifier d'« abjectes » à travers les discours institutionnels tels que celui de la science. En effet, au sein de l'Œuvre multiorgasmique, le sujet social n'est pas représenté par l'artiste, mais par les participants et volontaires, des sujets x réels, qui à l'aide de leurs témoignages de corporalités abjectes co-configurent un sujet x corporellement et sexuellement discontinu et inachevé, dont les actions d'autonomie corporelle biocritique esthético-politique établissent/revitalisent des liens de tension esthétique vis-à-vis des usages du corps et des corporalités qui correspondent – selon le paradigme phallogocentrique hétérosexuel – à la « normalité » sexuelle assignée aux individus sous la forme biologisée de « sexe » ou de « genre », comme si leur rôle social devait être déterminé par les caractéristiques naturelles de leurs organes génitaux à leur naissance. Les actions esthétiquement critiques du sujet social revendiquent des usages du corps qui s'opposent corporellement et esthétiquement à cette vision naturaliste du « sexe » et du « genre » et aux rôles attribués en fonction de paramètres hétérosexuels ou de bestialité corporelle servant à différencier les comportements corporels « normaux et sains » et « abjects et malsains ». Le sujet revitalisé par les témoignages de l'Œuvre multiorgasmique collective nie esthétiquement ces paramètres de bestialité et cette notion de « corporalité abjecte » à travers l'usage qu'il fait de sa corporalité (orgasme/plaisir sexuel et autoérotisme) et le sens politico-esthétique qu'il donne à cette corporalité au sein de l'art.

Tension épistémologique entre l'Œuvre multiorgasmique et le paradigme scientifique de la construction sociale

Pour l'*art biocritique*, l'idéal-type de construction sociale du sujet social est un processus de construction esthétique qui permet une liberté épistémologique, ou du moins des moments esthétiques de liberté épistémologique. Pour l'épistémologie esthétique, tous les styles cognitifs d'une société ont une valeur équivalente au sein du tissu social, de même que Feyerabend (1987) considérait qu'ils ont une valeur équivalente en ce qui concerne la production de critique épistémologique au sein de la science et de la philosophie. La forme historico-poïétique de l'histoire occidentale ressemble à celle de la science occidentale.

Selon la perspective théorico-épistémologique de Feyerabend, l'hégémonie d'un seul paradigme enculturant (ou « système de sécurité épistémologique ») au sein d'une société constitue un obstacle à la liberté épistémologique du sujet. D'autre part, selon la perspective théorico-esthétique d'Adorno (1970)/2004), (et la perspective esthétique de l'art biocritique), un « système de sécurité épistémologique » adapté à un sujet épistémologiquement esthétique serait un système critique obéissant à une loi de mouvement esthétique, c'est-à-dire à une contradiction esthétique en fonction de laquelle le paradigme dominant reconnaît et poïétise la critique et l'autocritique qui permet d'émanciper la société de la sédentarisation et de l'hégémonie épistémologique. Pour l'*art biocritique*, l'*idéal-type épistémologiquement esthétique* du processus de construction sociale d'un sujet social esthétique reposerait sur cette affirmation : un système de sécurité épistémologique hégémonique ne peut pas être critique et encore moins esthétique dans la mesure où l'hégémonie est synonyme de sédentarisation, tandis que l'esthétique épistémologique de l'art critique est synonyme de mouvement esthétique et de mutation critique en contradiction avec tout ce qui tend vers la sédentarisation épistémologique dans une société, que ce soit au sein d'un système de sécurité épistémologique ou en dehors d'un tel système. Par ailleurs, la sécurité épistémologique des poïésis d'esthétique critique du sujet social des sociétés occidentales contemporaines repose sur une contradiction esthétique vis-à-vis des qualités épistémologiques du biopouvoir phallogocentrique ; la sécurité épistémologique de la poïésis d'esthétique critique n'est pas un système, c'est au contraire une loi de mouvement nihiliste, mortelle, assassine et suicidaire en constante mutation, qui nie esthétiquement tout élément sédentarisateur du paradigme de ses poïésis ; c'est, en résumé, une dialectique négative entre actions critiques et actions autocritiques.

L'hégémonie épistémologique d'une culture ou société commence à fonctionner en tant que système de sécurité épistémologique lorsque le paradigme hégémonique outrepasse les frontières de son style cognitif pour enculturer l'ensemble de la société. Car un paradigme n'est autre chose que le système de sécurité épistémologique d'un style cognitif existant au sein de la société qui – selon la théorie anarchiste de Feyerabend – cherche à asseoir son hégémonie enculturante sur cette société. Et lorsque l'hégémonie épistémologique de ce style cognitif parvient à enculturer la société, il domine la pensée et la production de la connaissance du sujet social. En effet, lorsque le paradigme d'un style cognitif parvient à asseoir son hégémonie épistémologique sur une société, ce sont les croyances et les théories de ce paradigme qui déterminent l'ordre social. Dès lors, le comportement des sujets découle d'une interprétation de la réalité basée sur les croyances et les théories de ce paradigme dominant, qui régente leurs pratiques, leurs expériences et leurs connaissances, déterminant ce qui est « normal », « réel », « vrai », « légal », « légitime », ou au contraire « abject », « illégitime », « condamnable », etc.

Le fonctionnement normal d'un paradigme culturel du biopouvoir phallogocentrique en tant que système de sécurité épistémologique d'une culture ou société occidentale est similaire au fonctionnement du paradigme épistémologique hégémonique de ce que Kuhn qualifie de *science normale* (Kuhn, 1962/2007): acritique et sédentarisateur, il fait obstacle aux révolutions scientifiques. Pour la pensée critique du féminisme et de la théorie *queer* des XXᵉ et XXIᵉ siècles, le fonctionnement normal du paradigme culturel de la société occidentale en tant que système de sécurité épistémologique correspond à l'hégémonie symbolique de la normativité hétérosexuelle du paradigme phallogocentrique qui organise la production de connaissance sur la base d'une pensée binaire hiérarchisée attribuant une supériorité aux *formes* et catégories épistémologiques masculines sur les féminines et identifiant le sujet au groupe culturel, ce qui a pour effet de déterminer l'identité poïétique du groupe des sujets reproducteurs de ce paradigme hégémonique.

Cette identité groupale hétérosexuelle produite par l'idéologie patriarcale dominante privilégiant les formes masculines repose sur un processus d'identification hétérosexuelle du sujet et de différenciation entre les « corps qui ne comptent pas » et les « corps qui comptent » pour l'économie hétérosexuelle (Butler, 2002/2010) qui, lorsqu'il atteint un certain degré de chosification/sédentarisation épistémologique, peut être assimilé par le sujet à une légitimation de l'exclusion des *autretés*, au nom de la normalité hiérarchisée du binôme féminin/masculin, basé sur la différence constitutive de son propre corps.

L'Occident a clairement privilégié une homogénéisation hétérosexuelle des sujets, de leurs corps, de leurs sexualités, de leurs pratiques, comme une forme de contrôle social à partir du corps et de la production même de connaissance sur le corps. Selon les théories féministes, *queer* et déconstructives de la pensée occidentale, c'est la pensée philosophico-politique du paradigme phallogocentrique – lequel prend ses racines dans la philosophie grecque classique – qui définit le système de sécurité épistémologique des sociétés occidentales (ou occidentalisées). C'est cette hiérarchie épistémologique binaire et hétérosexuelle qui détermine la production de connaissance des différents styles cognitifs dominant la production sociale et la vie quotidienne et corporelle du sujet social.

Déjà Young (2000) dans sa théorie sur la différence avait identifié une vaste gamme de discours participant à la réification du sujet, faisant remarquer que « *le discours scientifique, médiatique, moral et légal construit [les groupes méprisés] comme des objets avec leur propre nature et leurs attributs spécifiques, différents et confrontés au sujet qui les montre du doigt, les contrôle, les manipule et les domine* »[210]. Dans cette perspective, ni le sujet prémoderne qui dépend d'un système de sécurité épistémologique soumis à l'hégémonie idéologisante du christianisme, ni le sujet moderne qui dépend d'un système de sécurité épistémologique soumis à l'hégémonie rationaliste de la science positiviste, ne sont des constructions sociales *esthétiques*, tout simplement parce que ce sont des poïésis de systèmes sociaux dominés par l'hégémonie épistémologique d'un style cognitif sédentarisateur et acritique. Enfin, avec la modernité tardive, le ou les systèmes hégémoniques de sécurité épistémologique phallogocentrique commencent à vaciller, semant un doute chez le sujet et ouvrant ainsi de nouvelles possibilités de restructuration de ce système de sécurité, avec toutefois un risque d'universalisation et de

---

[210] Young, 2000 : 248.

radicalisation épistémologique des styles cognitifs hégémoniques craignant de perdre leur pouvoir.

En ce qui concerne la sexualité du sujet social au sein de ces sociétés de la modernité tardive, décrites par le sociologue français Michel Bozon (2004) comme des sociétés qui ne sont pas encore postmodernes, mais qui présentent une modernité de transition, « *où les normes en matière de sexualité se sont mises à proliférer plutôt qu'à faire défaut, les individus sont désormais sommés d'établir eux-mêmes, malgré ce flottement des références pertinentes, la cohérence de leurs expériences intimes. Ils continuent néanmoins à être soumis à des jugements sociaux stricts, différents selon leur âge et selon qu'ils sont hommes ou femmes* »[211], on observe par conséquent que le discours du biopouvoir phallogocentrique est tenté de se radicaliser et d'universaliser ses croyances et théories paradigmatique sur ce qu'est et doit être la sexualité humaine.

Le système de sécurité épistémologique des sociétés de la modernité tardive conserve en matière de sexualité humaine certaines caractéristiques du paradigme idéologisant du christianisme, d'autres du paradigme épistémologique rationaliste et d'autres encore qui entrent en concurrence avec les deux premiers et prétendent receler les meilleures promesses d'explication de ce qui est et n'est pas légitime sur le plan sexuel. Or aussi bien l'hégémonie paradigmatique d'un style cognitif enculturant que le changement de paradigme au sein de la culture d'une société sont des phénomènes du processus de production et de reproduction sociale. L'hégémonie paradigmatique d'un style cognitif en tant que facteur d'enculturation est néanmoins une étape au cours de laquelle le système de sécurité épistémologique d'un sujet social n'est pas menacé, dans la mesure où il est clairement dominé par un paradigme prépondérant, qui fonctionne de manière stable, à l'image de la *science normale* définie par Kuhn.

Kuhn affirme qu'un paradigme est un modèle *accepté*. En ce sens, l'analogie entre l'histoire occidentale et l'histoire de la science

---

[211] Bozon, 2004 : 15

occidentale peut être étendue à l'histoire de toute construction sociale, paradigme ou style cognitif de la société occidentale. En effet, tous reproduisent d'une manière ou d'une autre cette tendance à la sédentarisation et à la reproduction du paradigme, à l'absence de critique, de remise en question et d'autocritique. Or cette analogie entre l'histoire de la science et l'histoire occidentale permet de mieux comprendre la difficulté historique de l'Occident à produire des paradigmes de la différence.

L'analogie entre la culture paradigmatique de la science positiviste analysée par Kuhn et la culture inculquée au *sujet social* des sociétés de la modernité tardive reflète l'ascendant de la science occidentale sur le *sujet social*, et notamment sur sa sexualité, car il s'agit de sociétés au sein desquelles l'hégémonie épistémologique des sciences médicales a atteint de tels niveaux qu'elle s'apparente à une véritable *déification* de la science. On peut considérer qu'une société en est arrivée à déifier la médecine lorsque l'individu construit socialement évalue moralement sa corporalité ainsi que les usages de son corps et de celui des autres à partir d'un niveau de raisonnement conventionnel « déguisé » en niveau post-conventionnel. Dès lors, les sciences médicales s'érigent en détentrices de la seule vérité, qui prime sur tout ce que sont susceptibles d'exprimer d'autres styles épistémologiques, et même sur l'expérience vécue par le sujet lui-même.

Toutefois, lorsque j'affirme que l'histoire occidentale épouse la forme historiciste de la science positiviste, il s'agit d'une proposition analogique délibérément inversée. Car c'est bien évidemment la science, en tant que création humaine et sociale inscrite dans l'histoire de l'Occident, qui acquière les caractéristiques du contexte créateur. C'est pourquoi il est intéressant de penser la « construction sociale » à partir de ses propres poïésis. Cela dit, bien que la science soit l'une des principales poïésis occidentales, d'autres poïésis peuvent également partager cette culture acritique qui n'ose pas remettre en cause la poïésis épistémologique sédentarisatrice que Kuhn qualifie de *science normale*.

La science occidentale est un style cognitif qui tend à la

sédentarisation paradigmatique, au rejet de toute critique et de toute mutation du paradigme. Dans son ouvrage sur la structure des révolutions scientifiques, Thomas Kuhn affirme que les scientifiques sont socialisés afin d'articuler un paradigme, de le faire fonctionner, et de défendre l'idée que ce paradigme constitue la meilleure somme de croyances et de théories permettant d'interpréter la réalité et de légitimer ce qui est « vrai », « réel », ce qui est considéré comme une connaissance légitime ainsi que les formes épistémologiques valides pour le sujet social en tant que sujet cognitif. Au sein de la prémodernité, cette légitimité épistémologique était réservée à la religion, puis avec les Lumières et la modernité, la raison et la science ont pris le relais ; enfin, au cours de la modernité tardive, ce système de sécurité épistémologique a commencé à être ébranlé, ce qui s'est traduit à la fois par un affaiblissement, une radicalisation et une tentative d'universalisation des discours socialisateurs hégémoniques.

Toutefois, malgré cette perte de pouvoir de l'hégémonie épistémologique du biopouvoir phallogocentrique au sein de sociétés déifiant la science, les sujets sociaux de la modernité tardive continuent de se montrer réticents à toute critique et autocritique, et restent immergés dans cette culture de résistance au changement et à la poïétique critique. À ce sujet, Kuhn s'accorde à reconnaître avec Bernard Barber que cette « culture » de résistance à la création (à la poïétique) et à l'autocritique est inculquée aux scientifiques par la communauté scientifique elle-même. Rappelons ce qu'écrivait Kuhn à ce propos :

> « Les scientifiques n'ont pas non plus pour but, normalement, d'inventer de nouvelles théories, et ils sont souvent intolérants envers celles qu'inventent les autres[212]. Au contraire, la recherche de la science normale est dirigée vers une connaissance plus approfondie des phénomènes et théories que le paradigme fournit déjà. »[213]

---

[212] Barber, 1961 *in* Kuhn, (1962)/2007 : 90.
[213] Kuhn, (1962)/2007 : 90.

De même que la sédentarisation du paradigme épistémologique représente pour la science l'accumulation de connaissances, l'articulation du paradigme et le renouvellement de la promesse selon laquelle le paradigme dominant constitue la somme de croyances et de théories scientifiques la plus à même d'interpréter la réalité, de même la sédentarisation du paradigme culturel hégémonique au sein d'une société où coexistent différents styles épistémologiques représente pour la construction du sujet social la référence culturelle chargée de définir et de légitimer ce qu'est la « vérité » et la « réalité ».

> « Dans la culture occidentale, les styles qui s'opposent sont, par exemple, la science, l'art et la religion ; alors que dans d'autres cultures, il s'agit par exemple de la science, du chamanisme ou de l'animisme, [lesquels] n'obéissent à aucune logique selon leurs détracteurs. » [214]

La sédentarisation paradigmatique acritique est une tendance culturelle historique en Occident, c'est pourquoi on trouve encore au sein des sociétés de la modernité tardive certains vestiges de la domination des styles cognitifs qui prédominaient dans le passé. On observe même des résurgences et l'apparition de nouveaux adeptes de certains de ces styles cognitifs, ainsi qu'une radicalisation et une volonté d'universalisation de leurs discours.

Le système de sécurité épistémologique auquel se rattachait le sujet durant les étapes prémodernes est devenu dans la modernité tardive un système hybride, au sein duquel la somme de croyances et de théories paradigmatiques du style cognitif dominant a perdu son caractère hégémonique, dans la mesure où chacun des autres styles épistémologiques prétend être le mieux à même d'interpréter la réalité. C'est pourquoi les styles épistémologiques qui dominaient l'enculturation du sujet social

---

[214] Vásquez Rocca, 2006 dans la revue électronique Observaciones filosóficas, visitée le 10 septembre 2010 : http://www.observacionesfilosoficas.net/download/feyerabendabril.pdf

ont tendance à radicaliser et à universaliser leurs discours afin d'imposer leurs propres croyances et théories paradigmatiques. Pour faire un parallèle avec *La structure des révolutions scientifiques* exposée par Kuhn, on pourrait dire que les sociétés de la modernité tardive traversent une étape de transformation paradigmatique. En ce sens, la poïétique corporelle utilisée par l'art afin de critiquer le biopouvoir phallogocentrique de la pensée hétérosexuelle occidentale peut également être un signe de la radicalisation des discours de l'art en tant que style épistémologique d'une société de la modernité tardive en pleine transformation. Dans cette optique, aussi bien les poïésis de l'Œuvre multiorgasmique et de *l'art biocritique* que d'autres critiques corporalisées envers le biopouvoir phallogocentrique – poïétisées au cours de la deuxième moitié du XXᵉ et au début du XIXᵉ siècle – sont des manifestations de la radicalisation des discours de l'art biocritique, un art définit dans l'un des *récits création* de l'Œuvre multiorgasmique comme un « art prométhéen marxiste », qui aspire à humaniser la création en poïétisant ses critiques « jusqu'aux ultimes conséquences » dans un contexte de modernité tardive.

D'une certaine manière, une version radicalisée de ce Prométhée au sein de la modernité tardive est poïétisé par *l'art biocritique* dans l'Œuvre multiorgasmique, à travers le corps du sujet social, où l'art cherche le feu de la création littéralement dans le corps de l'autre, tandis que cet autre donne vie avec sa poïétique corporelle à l'idéal-type abstrait de sujet social esthétique – un sujet social x corporel, discontinu et inachevé – exprimant une critique esthétique corporalisée envers le biopouvoir ; ce sujet esthétique prend vie le temps que dure l'expérience esthétique qui l'amène à se rebeller contre les hégémonies épistémologiques de la religion et de la science (« les dieux du ciel et de la terre »), à prendre conscience d'un *soi-même* esthétique, corporellement et socio-historiquement esthétique, « rejetant tout discours du biopouvoir phallogocentrique » qui n'accepterait pas la participation poïético-cognitive de sa subjectivité et de sa corporalité politique esthétique dans le processus de construction sociale de son identité sexuelle.

Tension esthético-épistémologique entre le sujet social & et le sujet esthétique au sein de l'Œuvre multiorgasmique

La négation esthétique du paradigme épistémologique de l'hétérosexualité phallogocentrique corporalisée par un sujet social esthétique x corporellement et sexuellement discontinu et inachevé se manifeste quand un sujet donné n'inhibe pas les désirs qu'il ressent en rapport à sa propre corporalité : par exemple le désir de s'explorer, de toucher son corps en solitaire, et qu'il ne ressent ni culpabilité, ni dégoût au contact de son propre corps. Dans le cas contraire, le sujet développe ce que Kristeva qualifie d'« abjection » corporelle et qui est le fruit de la normativité idéologique imposée par le paramètre de la bestialité corporelle légitimé par le paradigme du biopouvoir phallogocentrique au sein de la pensée occidentale. Ce qui est considéré comme corporellement « abject » est tout ce qui représente symboliquement la culpabilité, le rejet et l'aversion, qui éclipse l'expérience des sens et de la connaissance de son propre corps.

Il convient ici de souligner que le sujet social identifié au phallogocentrisme hétérosexuel peut être légitimé par le processus de production de connaissance scientifique, et qu'il pourrait même correspondre au concept général de *sujet de droit* pris en compte dans les législations internationales sur les droits humains ; or c'est précisément cette production de légitimité positiviste reproduite par la pensée moderne occidentale qui entre en contradiction avec la corporalité du sujet esthétisé par *l'art biocritique* et avec les pulsions biologiques du corps humain.

Ainsi, aussi bien dans la théorie que dans la praxis de la poïétique de *l'art biocritique*, la perspective d'une confrontation épistémologique entre les différents paradigmes des sciences sociales contribue à cristalliser les tensions entre les différentes conceptions du sujet présentes au sein des témoignages, qui peuvent être jaugées à l'aune des différents modèles épistémologiques s'affrontant au sein d'une même œuvre.

Dans l'Œuvre multiorgasmique collective, l'autoérotisme représente la connaissance produite par le sujet et son corps au sein d'une œuvre d'art qui fonctionne davantage comme un contexte mêlant le public et le privé, les discours sociaux et les discours subjectifs – et considérés socialement comme « abjects » – du corps. Une tension que le sujet réel crée en introduisant volontairement au sein d'une œuvre d'art les témoignages de sa corporalité considérée comme abjecte par le processus de production sociale identifié au phallogocentrisme.

L'expérience poïétique est la capacité performative de la subjectivité des individus réels, une capacité chosifiée chez le sujet social par le phallogocentrisme en tant que modèle épistémologique dominant au sein de l'Occident moderne, qui produit des sujets réifiés dont la praxis est réduite à la *re*production des formes et des contenus épistémologiques de l'économie hétérosexuelle afin de perpétuer l'ordre social patriarcal. On peut en conclure que la critique poïétisée par l'*art biocritique* porte essentiellement sur la séquestration épistémologique de l'expérience poïétique de la subjectivité corporelle et politique du sujet réel, une séquestration qui ne représente que l'une des dimensions aliénatrices du phallogocentrisme hétérosexuel.

À ce sujet, il convient de prendre en compte le fait que l'*art biocritique* – en général et pas seulement dans l'Œuvre multiorgasmique – défend une gnoséologie corporalisée et performative d'un *sujet social x corporellement et sexuellement inachevé et discontinu* ; au sein de l'Œuvre multiorgasmique, il s'agit de la performativité corporelle des droits sexuels en tant que processus décodificateur, émancipateur et « perturbateur » (Butler, (2002)/2010) des droits sexuels (humains) identifiés à la pensée hétéronome du paradigme hétérosexuel du phallogocentrique patriarcal ; poïétiquement, la réalisation d'une œuvre d'art à l'aide de témoignages de corporalités abjectes représente la force performative de ces corporalités abjectes en tant que corporalités perturbatrices et en tant que processus esthétique (décodificateur, émancipateur, « perturbateur » et resignifiant) de la forme poïétique (sexuelle/corporelle) hégémonique du sujet social identifié au paramètre de la bestialité du paradigme hétérosexuel du phallogocentrisme patriarcal. L'esthéticité des actions de l'*art biocritique* réside dans cette force perturbatrice et resignifiante des corporalités abjectes utilisées comme matériel poïétique d'une œuvre d'art biocritique.

L'utilisation de corporalités « abjectes » au sein d'une œuvre d'*art biocritique* transforme la construction d'autonomie du sujet en autonomie de l'art, et l'on peut envisager – à titre d'hypothèse – une production de ce type à travers la dialectique négative entre le sens esthétique des corporalités abjectes dans l'art et le sens de ces corporalités dans tous les discours sociaux – y compris les discours sur le corps – susceptibles de participer à la construction sociale du sujet social. Or l'art entre en jeu en tant que discours resignifiants et « perturbateur» de ce modèle de construction sociale et des paradigmes épistémologiques (de la construction sociale et biologiste) avec lesquels les sciences interprètent la production sociale du corps et des identités sexuelles. En ce sens, l'œuvre d'art constitue le contexte du processus de production esthétique du sujet esthétique (version esthétique du sujet social x corporellement et sexuellement discontinu et inachevé).

La production de ce sujet social esthétique peut être visualisée comme l'intervention du discours de l'art sur le corps et les corporalités abjectes face aux tensions épistémologiques des sciences sociales qui interprètent la production sociale des identités sexuelles, et légitiment ou critiquent le paramètre de la bestialité (corporelle et sexuelle) induit par le paradigme épistémologique de l'hétérosexualité phallogocentrique. Il en ressort que pour l'*art biocritique* il y a une légitimité scientifique à analyser la production de connaissance scientifique *sur* la sexualité. Cela dit, la polémique fait rage entre les courants épistémologiques dès lors qu'il s'agit de considérer le corps et son discours comme partie prenante dans la production de connaissance scientifique. Or cette polémique découle précisément de l'interprétation que chaque approche théorico-épistémologique fait des capacités d'action et de participation – poïétique ou *re*productive – du sujet dans le processus de production sociale du sujet social.

NEUVIÈME MOMENT ESTHÉTIQUE : *récit création* de l'œuvre

Description du neuvième moment esthétique

On pourrait synthétiser le processus déconstruit jusqu'à présent de la manière suivante : l'art biocritique de l'Œuvre multiorgasmique individuelle fait son autocritique à l'occasion de la Campagne multiorgasmique, puis il corporalise la critique en faisant un usage esthétique et plastique de l'orgasme et l'autoérotisme sous la forme de témoignages de corporalités abjectes du sujet social, afin de créer l'Œuvre multiorgasmique collective. À ce moment esthétique, l'*art biocritique* poïétise à l'aide de la *Méthode de déconstruction esthétique* une autocritique structurée de la potentialité esthétique des corporalités abjectes au sein de l'Œuvre multiorgasmique collective. Cette œuvre est ensuite présentée en tant que communication structurée au sein de congrès scientifiques, ce qui donne lieu à différentes rencontres, qui sont suivies d'une autocritique déstructurée à travers les trois *récits création* de l'œuvre collective. Ces trois *récits création* critiquent la structuration et le risque de sédentarisation esthétique auquel peut mener le rationalisme et la scientifisation de la déconstruction structurée réalisée à l'aide de la *Méthode de déconstruction esthétique*, tout en se constituant comme une nouvelle action critique envers le biopouvoir phallogocentrique, une action potentiellement esthétique de l'*art biocritique,* car les témoignages oraux des volontaires de l'Œuvre multiorgasmique collective ont été intégrés dans ces œuvres littéraires. Ce moment esthétique permet de revitaliser l'*art biocritique* auquel appartient l'Œuvre multiorgasmique, une revitalisation que l'on peut observer à travers les liens de tension esthétique que ces trois récits créations parviennent à établir vis-à-vis des moments esthétiques précédents (en tant qu'autocritique) et vis-à-vis du biopouvoir phallogocentrique lui-même (en tant qu'action esthétiquement critique envers ce biopouvoir).

Tension/contradiction esthétique au cours du neuvième moment esthétique

Tension esthétique entre (auto)critique structurée & (auto) critique non structurée.

La déconstruction structurée de l'Œuvre multiorgasmique collective est une :	Les récits création de l'Œuvre multiorgasmique collective sont une :
a) critique corporalisé (non structurée) envers le biopouvoir phallogocentrique ; et b) autocritique structurée de l'*art biocritique*.	a) critique littéraire (non structurée) envers le biopouvoir phallogocentrique ; et b) autocritique non structurée de l'*art biocritique*.
a) En tant que critique corporalisée (non structurée) envers le biopouvoir phallogocentrique, l'*art biocritique* exprime des contradictions esthétiques entre :	a) En tant que critique littéraire (non structurée) historique envers le biopouvoir phallogocentrique, les récits création expriment des contradictions esthétiques entre :
1) l'*art biocritique* (corporalités abjectes en tant que corporalités biocritique esthético-politiques) & le biopouvoir phallogocentrique (corporalités abjectes en tant que normativité sexuelle légitimatrice de l'économie hétérosexuelle)	1) l'*art biocritique* & le biopouvoir phallogocentrique
2) le sujet esthétique (qui nie l'identité sexuelle et poïétique assignée par le biopouvoir hégémonique) & *sujet social hétéronome* (ou identifié à l'économie hétérosexuelle du biopouvoir phallogocentrique)	2) *le sujet esthétique* (corporellement et sexuellement inachevé et discontinu) & le sujet social hétérosexuel au sein d'une fiction inspirée de la mythologie grecque.

▶▶▶

La déconstruction structurée de l'Œuvre multiorgasmique collective est une :	Les récits création de l'Œuvre multiorgasmique collective sont une :
3) l'expérience des participants volontaires ayant offert des témoignages physiques et oraux de leurs orgasmes et de leur autoérotisme, où s'exprime une corporalité plus ou moins hétéronome & une corporalité esthétique politisée, fruit d'un raisonnement moral de niveau post-conventionnel orienté vers la poïésis d'une corporalité critique envers différents aspects du biopouvoir phallogocentrique (détectés par les participants au cours de l'entretiens et avec d'autres concepts), tels que :	3) les personnages fictifs des récits création de l'Œuvre multiorgasmique expriment une tension esthétique entre une corporalité figée & une corporalité sexuellement inachevée et discontinue, fruit d'un raisonnement moral de niveau *ecto-conventionnel et trans conventionnel* vers corporalités biocritiques esthético-politiques envers les aspects suivants du paradigme culturel du biopouvoir phallogocentrique:
• l'économie hétérosexuelle et la pensée binaire • le paramètre imaginaire de la corporalité bestiale	• l'économie hétérosexuelle et la pensée binaire • le paramètre imaginaire de la corporalité bestiale • le rationalisme épistémologique de la science. • l'instrumentalisation de l'art par la science critique. ▶▶▶

La déconstruction structurée de l'Œuvre multiorgasmique collective est une :	Les récits création de l'Œuvre multiorgasmique collective sont une :
b) En tant qu'autocritique structurée de l'Œuvre multiorgasmique collective, les *récits création* de l'Œuvre multiorgasmique sont en contradiction esthétique avec : • l'économie hétérosexuelle et la pensée binaire • le paramètre imaginaire de la corporalité bestiale • la poïétique corporelle biocritique esthético-politique (témoignages physiques et oraux) des volontaires de l'Œuvre multiorgasmique collective (au sein de l'*art biocritique*) & la corporalité de pseudo-subjectivité ou fausse conscience chez le *sujet social* plus ou moins hétéronome (identités hétérosexuelles de la fausse conscience d'un idéal-type de sujet social identifié au biopouvoir phallogocentrique)	b) En tant qu'autocritique non structurée de l'Œuvre multiorgasmique collective, les *récits création* de l'Œuvre multiorgasmique génèrent une tension esthétique vis-à-vis de : • l'économie hétérosexuelle et la pensée binaire • le paramètre imaginaire de la corporalité bestiale • le rationalisme épistémologique de la science. • l'instrumentalisation de l'art par la science critique. • la poïétique corporelle biocritique esthético-politique (témoignages physiques et oraux) des volontaires de l'Œuvre multiorgasmique collective (au sein de l'*art biocritique*) & la corporalité d'un sujet social esthétique corporellement et sexuellement inachevé et discontinu (l'idéal esthétique de sujet social pour l'*art biocritique*)

Le *récit création* de l'Œuvre multiorgasmique où l'*art biocritique* exerce sur lui-même une nouvelle autocritique ne correspond nullement à un exercice cyclique, qui alternerait sans cesse entre la poïésis d'une critique structurée et la poïésis d'une critique déstructurée. Car aussi bien la critique structurée que l'autocritique d'esthétique biocritique répondent à une historicité poïétique en forme de spirale, composée de critiques et d'autocritiques enchaînées les unes aux autres et liées en contradiction esthétique entre elles et avec le biopouvoir phallogocentrique ; une historicité poïétique qui génère et représente une loi de mouvement esthétique caractérisée par une constante et mutante tension esthétique, et non par une sédentarisation ou une reproduction du mouvement critique.

Car si l'*art biocritique* passait d'une critique corporelle envers le biopouvoir phallogocentrique à une critique structurée à l'aide d'un langage structuré, puis de nouveau à une critique corporelle des mêmes contradictions et ainsi de suite, ce serait l'expression d'une *sédentarisation poïétique* de son exercice critique et de la *forme* du mouvement cyclique, d'une chosification de la critique et de la forme poïétique. C'est pourquoi la contradiction esthétique en tant que loi de mouvement au sein de l'*art biocritique* ne produit pas nécessairement une alternance entre poïétique structurée et déstructurée.

Voici un exemple permettant d'illustrer fragmentairement ce fait : la loi de mouvement esthétique qui caractérise le processus esthétique de l'œuvre intitulée « *A mi hermana. De moribundas y Esperanzadas* » (« *À ma sœur. Mourantes et pleines d'espoir* ») génère une tension esthétique vis-à-vis de l'Œuvre multiorgasmique collective, bien qu'il s'agisse de deux œuvres de l'*art biocritique*. En effet, la première poïésis de ce processus est formulée en langage poétique ; il s'agit d'un recueil de poèmes écrits par la sœur et accompagnatrice d'une femme mourante atteinte d'une maladie en phase terminale, qui vit une expérience d'appropriation corporelle quinze jours avant de mourir. Le matériel créatif de ce processus créatif lié à l'expérience de la femme mourante et de son accompagnatrice est constitué par : a) des poèmes écrits durant le processus d'appropriation corporelle de la femme mourante et durant les deux mois et demi précédant la mort de cette femme, ces poèmes étant des témoignages poétiques de son accompagnatrice ; et b) des témoignages physiques et oraux de la femme mourante ; et c) témoignages oraux de femmes malades recueillis à l'hôpital ou de femmes âgées résidents de maisons de soins infirmiers. Le premier résultat de ce processus est un recueil de poèmes. De cette poïésis poétique est également née une œuvre audiovisuelle utilisant les témoignages oraux des femmes malades, dont celui de la femme mourante. Une œuvre a ensuite été créée à partir des témoignages physiques et oraux de cette dernière. On peut donc dire qu'au sein de la poïésis esthétique de l'œuvre « *A mi hermana. De moribundas y esperanzadas* », la contradiction esthétique entre les moments qui composent ce processus poïétique – et qui sont en réalité bien plus nombreux que ceux mentionnés ici – n'est pas une contradiction esthétique entre une critique structurée et une critique déstructurée envers le biopouvoir phallogocentrique, mais bien une contradiction esthétique entre les témoignages de la personne accompagnant l'appropriation corporelle de la mourante, le témoignage de celle-ci sur sa propre appropriation corporelle et le témoignage d'appropriation corporelle des autres femmes malades, considérés par l'art comme des témoignages d'esprits non mourants et comme des expressions de volonté et courage. Voici une phrase tirée du témoignage oral de la femme mourante co-poïétisatrice de cette œuvre : « *Ce n'est pas la même chose d'écrire ce que ressentent les autres que de le vivre…* »[215]. Cette phrase illustre bien la tension esthétique entre l'expérience d'appropriation corporelle d'un corps malade (en tant que corporalité biocritique esthético-politique) et vision de la femme véhiculée par le biopouvoir phallogocentrique.

Dans cette perspective, la dialectique entre poïétique structurée et poïétique déstructurée ne correspond pas à une norme ontologique caractérisant la loi de mouvement esthétique de l'*art biocritique,* car l'autocritique en tant que moment esthétique d'une œuvre d'art biocritique ne présente pas – au sein de l'art – une forme univoque dans chaque processus créatif, même si elle respecte tous les principes ontologiques de l'esthétique de cet art. Par exemple, dans le cas du neuvième moment esthétique

---

[215] Ma. Natividad Mancilla Valdez *in* MANCILLA 2009: 7.

de l'Œuvre multiorgasmique, les trois *récits création* établissent une contradiction esthétique vis-à-vis du huitième et du septième moment esthétique, et le huitième fait de même vis-à-vis du septième moment, etc.

Il convient d'ailleurs de souligner que les septième, huitième et neuvième moments esthétiques cessent d'être seulement une critique envers le biopouvoir phallogocentrique pour devenir aussi une autocritique de l'*art biocritique*, c'est-à-dire un criticisme de cet art.

Tension esthétique entre les récits création de l'œuvre (neuvième moment) et le septième moment esthétique

On peut même dire qu'au neuvième moment esthétique, la critique devient plus spécifique dans la mesure où c'est à ce moment que sont identifiés – grâce à la *Méthode de déconstruction esthétique* – les aspects spécifiques du paradigme du biopouvoir phallogocentrique vis-à-vis desquels l'Œuvre multiorgasmique collective établit des liens de contradiction esthétique. Qui plus est, cette déconstruction du septième moment où l'art biocritique agit comme un biocriticisme permet d'identifier non seulement les aspects spécifiques de la tension esthétique entre l'Œuvre multiorgasmique collective et le biopouvoir phallogocentrique, mais aussi tous les autres aspects sociaux susceptibles de motiver, au sein de l'art biocritique de l'Œuvre multiorgasmique, une « nouvelle » critique envers le biopouvoir phallogocentrique. Il convient néanmoins de préciser qu'il ne s'agit pas d'une formule normative applicable à tous les processus esthétiques de l'*art biocritique*.

Au sein de cet art, la transition entre les actions autocritiques ne fait que mettre en évidence le fait que l'action autocritique de cet art – structurée à l'aide de la *Méthode de déconstruction esthétique* – peut aussi bien être une contradiction vis-à-vis de la forme (par exemple entre les différents langages), que du fond.

En effet, la transition entre les septième/huitième et le neuvième moment de la poïésis esthétique de l'Œuvre multiorgasmique collective peut aussi bien générer une connaissance structurée de la contradiction esthétique entre une œuvre de l'*art biocritique* et le biopouvoir phallogocentrique, qu'une connaissance plus approfondie du biopouvoir lui-même. Un peu comme si un explorateur de la jungle s'engageait dans une exploration avec une certaine connaissance de la jungle et de l'exercice d'exploration, avant de structurer son expérience, puis d'analyser cette expérience et les outils utilisés à cette fin et même d'apprendre à utiliser de nouveaux outils, afin d'obtenir – pour pouvoir se lancer dans une deuxième exploration – une connaissance plus vaste des outils d'exploration et de la jungle elle-même. Un tel processus permettrait ainsi à l'explorateur de poïétiser des chemins qu'il n'a pas encore parcourus.

La tension esthétique entre les déconstructions structurées et non structurées au sein des *récits création* de l'Œuvre multiorgasmique s'exprime également à travers les formes poïétiques (entre l'utilisation esthétique que fait cette œuvre des corporalités abjectes en tant que langage artistique, et l'utilisation esthétique que fait le langage structuré des sciences sociales de ces témoignages, afin de déconstruire la potentialité esthétique des corporalités abjectes en question). Par la suite, la critique structurée des septième/huitième moments et le *Récit création* de l'Œuvre multiorgasmique collective (neuvième moment) établissent des liens de contradiction esthétique vis-à-vis des aspects du paradigme culturel et *épistémologique* du biopouvoir phallogocentrique. La contradiction esthétique entre les septième/huitième moments et le neuvième moment repose donc sur l'utilisation du langage et sur la structuration.

Le *Récit création* de l'Œuvre multiorgasmique collective constitue un moment esthétique parce qu'il repose sur un riche enchevêtrement de contradictions esthétiques entre l'*art biocritique* et différentes expressions, aspects ou formes du biopouvoir phallogocentrique. Avec les *récits création* de l'Œuvre multiorgasmique collective, le mouvement esthétique interne de l'*art biocritique* de l'Œuvre multiorgasmique se réaffirme comme un enchaînement de contradictions esthétiques internes et externes, sur la base d'une autonomie esthétique poïétisée de manière interne à travers la Campagne multiorgasmique, le langage corporalisé des témoignages des corporalités abjectes de l'Œuvre multiorgasmique collective et le langage fictif, narratif et littéraire des *récits création* de cette œuvre collective.

Or c'est précisément l'utilisation de ce langage littéraire qui permet à l'*art biocritique* de poïétiser ce moment d'autonomie vis-à-vis de la science et de ses effets de scientifisation sur la déconstruction esthétique de l'art biocritique. Ainsi, chaque *récit création* de l'Œuvre multiorgasmique collective est une œuvre littéraire « ennemie mortelle » de la déconstruction structurée de cette œuvre.

CHAPITRE 5
Mouvement esthétique revitalisé par l'Œuvre multiorgasmique collective

———

Ce chapitre a permis d'identifier neuf moments esthétiques liés à la poïésis esthétique de l'Œuvre multiorgasmique collective, tout en reconnaissant que la poïésis esthétique d'une œuvre d'art n'équivaut pas à la poïésis artistique ou plastique de cette œuvre. En résumé, on pourrait affirmer que le processus esthétique de la biocritique qui poïétise l'Œuvre multiorgasmique collective en tant qu'intention esthétique génère une tension et une contradiction esthétiques vis-à-vis de différents aspects du biopouvoir phallogocentrique, mais aussi vis-à-vis d'autres moments esthétiques de l'*art biocritique*. Ainsi, la contradiction esthétique entre les moments esthétiques de cet art et le biopouvoir émancipe esthétiquement le *sujet social*, qui poïétise une œuvre d'art à l'aide de sa corporalité abjecte, tandis que la contradiction esthétique entre les différents moments esthétiques de l'Œuvre multiorgasmique émancipe esthétiquement l'art biocritique lui-même de la sédentarisation épistémologique et esthétique de ses critiques. Ainsi, grâce à la déconstruction esthétique de l'Œuvre multiorgasmique collective, il nous a été possible de reconnaître que l'historicité poïétique de l'*art biocritique* est un enchaînement de moments esthétiques critiques envers le biopouvoir phallogocentrique et de moments esthétiques d'autocritique, ce qui permet d'affirmer que la tension esthétique générée par les neuf moments liés à l' Œuvre multiorgasmique est le fruit de la dialectique négative entre actions esthétiques et actions d'autocritique, en un mouvement caractéristique d'un art biocritique.

Sur le plan épistémologique, la déconstruction de l'Œuvre multiorgasmique collective est à la fois l'expression et l'ennemie mortelle de cette même œuvre collective, sans pour autant cesser d'être une critique envers le biopouvoir phallogocentrique. Pour sa part, le *Récit création* constitue une nouvelle poïésis d'autocritique non structurée de cet art visant à critiquer le phallogocentrisme, tout en étant l'ennemie mortelle de la déconstruction structurée de l'Œuvre multiorgasmique collective et de la *Méthode de déconstruction esthétique*. Lorsque l'*art biocritique* de l'Œuvre multiorgasmique agit comme une autocritique structurée, il poïétise également une critique envers le biopouvoir, et c'est au moment esthétique où il se poïétise à la fois en tant qu'autocritique et que critique envers le biopouvoir, qu'il agit comme un véritable criticisme esthétique, comme un véritable art d'esthétique critique.

Le *Sujet esthétique* de l'Œuvre multiorgasmique collective revitalisé par l'expérience esthétique du volontaire de l'Œuvre multiorgasmique

La poïésis de l'*art biocritique* est la poïésis corporalisée d'un idéal type esthétique de sujet social qui s'affirme subjectivement en tension esthétique avec l'historicité des sujets dont les corporalités sont considérées comme « abjectes » par le biopouvoir hégémonique. La poïésis de l'Œuvre multiorgasmique collective est celle d'un *sujet esthétique* corporalisé à travers une l'expérience esthétique collective des volontaires qui ont participé à ce processus créatif en offrant leurs témoignages de corporalités abjectes. Ces volontaires proviennent essentiellement des sociétés mexicaine et française[216].

---

[216] Partant de l'hypothèse anarchiste de Feyerabend selon laquelle aussi bien l'art que la culture, la religion, la science, etc., sont des formes de connaissance et de production de connaissance que chaque ordre

L'Œuvre multiorgasmique collective critique le paramètre de la bestialité corporelle phallocentrique – présent dans la culture cognitive de ces deux sociétés – considérant qu'il s'agit d'une épistémologie chosificatrice du sujet social. L'œuvre propose d'offrir un témoignage de sa réflexion corporalisée sur l'autoérotisme et le plaisir sexuel en tant que droits sexuels, et sur son expérience d'affirmation subjective en tant que *sujet de désir* et *sujet historique*. C'est la poïésis de ces témoignages (physiques et oraux) qui permet de rendre sociologiquement perceptible la tension entre la culture cognitive hégémonique phallocentrique (construction sociale et pulsions culturelles du sujet) et l'action d'affirmation subjective du sujet social en tant que *sujet esthétique* et *sujet historique* qui revendique le plaisir sexuel et l'autoérotisme comme des droits humains et sexuels (sens politique de l'expérience), mais aussi en tant que *sujet de désir* qui s'affirme subjectivement en revendiquant ces droits humains et sexuels et d'autres souvent considérés comme illégitimes par ces sociétés.

La proposition de poïétiser un sujet esthétique à travers l'autoérotisme en tant que réflexivité corporalisée ne constitue dans l'Œuvre multiorgasmique collective et son interprétation rien de plus que cela : une proposition qui ne prétend aucunement être une hypothèse à démontrer. En d'autres termes, un élément historique déclencheur d'une tension construite, produite et induite par une œuvre plastique qui se propose de faire voir aux

---

social tend à hiérarchiser à sa manière, on peut constater qu'en ce qui concerne le rapport au corps, dans la culture mexicaine le paradigme magico-religieux maintient une certaine présence en tant que style cognitif au sein de la population, tout en se combinant au paradigme sécularisateur de la science occidentale, tandis que dans la culture française, c'est clairement le paradigme médical, rationaliste et positiviste de la santé sexuelle qui prédomine en tant que style cognitif hégémonico-culturel, même si on peut encore observer une persistante influence de la morale catholique dans le rapport au corps humain, et en ce qui concerne la législation des droits sexuels des identités LGBTYTI (Lesbiennes, Gays, Bisexuels, Transsexuels, Transgenre, Travestis et Intersexuels).

volontaires (principalement) et aux spectateurs cette tension entre les expériences corporelles et sexuelles d'affirmation subjective des volontaires et les discours reproducteurs et légitimateurs des paradigmes phallocentriques, et tout particulièrement ceux qui attribuent un sens abject au corps, aux corporalités et aux expériences sexuelles d'affirmation subjective.

La critique esthétique de l'Œuvre multiorgasmique collective repose sur la tension entre la construction sociale du sujet et les expériences corporelles d'affirmation subjective des individus réels en tant que *sujets de désir* et *sujets historiques*. La différence entre le modèle de poïésis esthétique du sujet esthétique dans l'art et la construction sociale du sujet social dans le réel réside dans le fait que la dialectique au sein de l'art se maintient à travers la négation de la chosification du sujet social, une négation de l'hégémonie du biopouvoir dans la culture cognitive du sujet, et une négation la sédentarisation épistémologique de la reproduction sociale de ce biopouvoir. Car la production sociale gouvernée par la pensée occidentale phallocentrique tend à la sédentarisation épistémologique, et par conséquent à la reproduction de l'idéologie et de l'hégémonie du (bio)pouvoir.

La déconstruction esthétique de l'Œuvre multiorgasmique collective se présente comme une analogie entre l'ontologie de l'*art biocritique* et l'ontologie du sujet esthétique. Or les caractéristiques (principes ontologiques) de l'esthétique du sujet esthétique au sein de cet art, sont les mêmes que l'on peut observer à travers la déconstruction du sujet esthétique hors de l'art.

PRINCIPE POÏÉTICO-POLITIQUE dans l'expérience esthétique du volontaire de l'Œuvre multiorgasmique

Au cours de l'expérience esthétique du volontaire de l'Œuvre multiorgasmique collective, qui dure le temps de sa participation, le principe poïético-réflexif se manifeste dans la corporalisation de l'intention esthétique de contribuer, avec les témoignages de son intimité et de sa réponse sexuelle, à la création d'une revendication politique corporalisée (légitimation du plaisir sexuel/orgasme et de l'autoérotisme en tant que droits humains et sexuels) à travers une œuvre d'art. Tant la création du témoignage physique que l'entretien oral sont des preuves d'une volonté et d'une intention critique politique matérialisée dans un acte créatif. Chez les participants de l'Œuvre multiorgasmique, ce principe s'exprime à travers la volonté et le courage de produire un témoignage physique et un autre oral, en se masturbant et en créant une réponse sexuelle orgasmique afin d'offrir une expression de leurs pulsions primaires et subjectives, démontrant ainsi leur capacité à s'opposer à l'asservissement de leur corporalité par une culture qui réprime la subjectivité et les *pulsions bioénergétiques* (Reich, 1932/2007) en tant que formes de connaissance.

Au niveau de l'expérience des volontaires, la poïétique politique d'une action critique esthétique corporelle est autant une structuration qu'une corporalité, tant il est vrai que l'expérience esthétique des volontaires de l'Œuvre multiorgasmique est un enchaînement au sein d'une spirale de mouvement, et non une répétition, entre la poïésis du témoignage physique à l'aide de l'autoérotisme et la poïésis du témoignage oral (l'entretien avec l'artiste). Le principe poïético-politique se manifeste clairement lors de l'entretien des participants, quand ces derniers, en plus de créer leur témoignage physique, décrivent le processus de construction sociale phallocentrique de leur propre sexualité en tension esthétique avec des expériences d'affirmation subjective – corporalisée et sexuelle – afin de revendiquer leurs droits humains et sexuels comme ceux des tous les autres ; une reconnaissance politique des droits humains et sexuels des autres à partir de la reconnaissance intime et individuelle de leurs propres droits.

Par ailleurs, certains participants de l'Œuvre multiorgasmique collective ont souligné à quel point l'autoérotisme représentait un tournant dans la vie sexuelle du sujet lorsque celui-ci la découvrait à l'âge adulte. En revanche, durant l'enfance, elle est plutôt intégrée comme une forme de connaissance de la différenciation hétérosexuelle phallocentrique : cette corporalité est consolidée chez les garçons comme une activité de construction et de valorisation de leur masculinité (« *La sexualité dans ce sens ou plutôt la génitalité – pas avec le complément de l'érotisme, mais seulement la génitalité – c'est quelque chose qui t'est exigé socialement par tes amis.* [...]. *T'es qu'un enfant si t'as pas eu une expérience génitale* [...] » *(Edgar)*). En revanche, *l'absence* ou le silence de cette faculté de la connaissance corporelle subjective de son propre corps correspond – dans l'imaginaire des garçons comme dans celui des filles – à une caractéristique féminine. C'est du moins ce qui ressort des entretiens, les participants ayant notamment évoqué l'attitude passive des femmes dans les films pornographiques et les critiques et l'abjection dont faisaient l'objet les filles et les adolescentes qui se masturbaient.

La plupart des participants ont affirmé ressentir une satisfaction liée au sentiment d'être créateurs lorsqu'ils se masturbaient, par exemple en réalisant leur témoignage physique destiné à l'œuvre, ou encore lorsqu'ils avaient des relations sexuelles. Cette satisfaction repose sur la valorisation et la reconnaissance des sujets en tant que créateurs de plaisir sexuel, aussi bien pour eux que pour l'autre, à travers le corps de l'autreté. Toutefois, il y a une différence entre la satisfaction d'avoir créé un plaisir sexuel pour soi-même à travers l'autoérotisme et la satisfaction d'avoir créé un plaisir sexuel chez l'autre. Chez les participantes identifiées culturellement durant l'enfance et l'adolescence – en fonction de leur éducation sociale et familiale hétérosexuelle – à des femmes, on a observé une tendance à reconnaître dans l'autoérotisme une capacité d'autonomie poïétique de leur propre plaisir sexuel ; un certain nombre d'entre elles ont fait une référence comparative au plaisir partagé physiquement avec une autre personne ou évoqué la présence imaginaire d'une autre personne comme fantasme de leur expérience d'autoérotisme lors de la création du témoignage physique, tandis que d'autres, à peu près aussi nombreuses, ont plutôt mis l'accent sur l'aspect sensoriel de l'expérience sans faire de comparaison avec le plaisir de l'acte sexuel partagé, même si certaines de ces dernières – pas toutes – ont également fait référence à la présence imaginaire d'une autre personne comme élément érotique contribuant à leur excitation sexuelle. En général les participantes de ce deuxième groupe ont exprimé une capacité à déconstruire sensoriellement leur expérience d'autoérotisme en tant que réponse sexuelle orgasmique individuelle et individualisée. Les participantes du premier groupe ont quant à elles exprimé le besoin d'une présence (au moins imaginaire) de l'autre en tant qu'objet d'excitation, faisant ainsi preuve d'une sorte de dépendance poïétique envers cet objet, une dépendance qui renvoie à la culture sexuelle des participants identifiés et socialisés durant leur enfance et leur adolescence comme des garçons, dont la poïétique du plaisir sexuel implique une certaine dépendance vis-à-vis de l'autre en tant qu'objet du plaisir sexuel (pour s'exciter) et/ou en tant que sujet de plaisir, dans la mesure où faire sentir du plaisir à l'autre revient à se faire plaisir, même si l'autre est parfois perçu avant tout comme un objet de conquête :

« [J'ai la capacité de] faire plaisir à l'autre, et faire plaisir à l'autre c'est se me faire plaisir [...]. J'ai la capacité de trouver du plaisir sexuel dans un certain nombre de choses, le plaisir sexuel il commence avant l'acte, ça se conquiert un petit peu le plaisir sexuel, [...] pendant l'acte il est un peu à son apogée et après l'acte c'est une satisfaction [...] une satisfaction personnelle et collective, collective pour deux. Donc, le plaisir à ce moment-là il est partagé, alors que quand on se masturbe tout seul le plaisir il est solitaire. » (Guillaume)

« Ben le besoin sexuel je crois que c'est aussi autre chose que du plaisir, c'est [...] quelque chose de biologique ; le besoin de sentir que je suis avec une femme ou d'avoir des relations. » (Luis)

« [...] Je considère que c'est aussi une partie de ma réponse sexuelle, la capacité de la stimuler, de la faire jouir, qu'elle prenne son pied, quoi. Parce que dans la mesure où elle se sent bien, on se correspond et c'est comme un cercle vertueux, ça vaut vraiment le coup, c'est une sorte de récompense. C'est pas une récompense du genre « voilà le prix que t'as gagné », c'est le sexe en soi qui est la bataille, la guerre et la récompense. » (Roberto)

Ainsi observe-t-on à travers les exercices d'autoérotisme des participants identifiés durant l'enfance et l'adolescence comme des garçons une certaine forme poïétique représentative de la masculinité, l'objet de l'excitation reflétant une fixation psychologique induite par le discours même des productions pornographiques, où l'autre est réifié, comme on peut le constater dans les différents médias (revues, films, photos, écrits, télévision, etc.) qui véhiculent une vision mécaniciste du processus d'excitation et de la réponse sexuelle masculine. L'extrait d'entretien suivant permet d'observer la présence de cette culture de la femme-objet chez les participants ayant été en contact avec la pornographie durant l'enfance et l'adolescence :

"[…] moi ce que j'ai reçu de ma famille proche sur la sexualité c'est plutôt de l'omission qu'une répression frontale. En fait cette vision [des mythes], c'est mes amis qui me l'ont transmise. J'ai entendu des histoires d'amis qui ont entendu ce type de commentaires de la part de gens d'autorités, de leurs parents. Moi-même j'en ai entendu – ça me revient maintenant – : une fois où on s'était réunis pour regarder un film porno, la mère de mon ami nous a surpris en train de regarder ce film et elle commencé à gueuler et à nous accuser, elle s'est d'abord adressée à lui et puis au groupe : « pourquoi vous faites ça ? » et « bla bla bla ». Un discours totalement répresseur et moraliste et désinformé. […] [Moi j'avais déjà eu contact avec] la pornographie en général, pas seulement avec des films. Et c'est terrible, c'est une désinformation terrible, ça te donne une information grotesque. D'un côté, sur le moment, sur le plan génital, tu comprends, ça te plaît, et tu rentres dans le truc, mais avec le recul, quand t'essaies de comprendre autrement les choses, le fait de partager, d'avoir des sentiments, tu commences à voir à quel point ça déforme. Ce que t'as vu là ça a rien à voir avec ce que tu trouves dans la réalité. [...] Avant tout, je crois qu'une caractéristique de la pornographie – à mon avis – c'est de traiter la femme comme un objet. Les scénarios des films vont un peu dans ce sens-là, un peu beaucoup, je dirais ; [Les scénarios] te proposent d'avoir quelqu'un qui te répond pas. Finalement c'est comme une sorte de masturbation ce qu'on te montre, pas un dialogue, un monologue avec un objet : l'objet, c'est la femme. Rien à voir avec quand t'es vraiment avec une femme. » (Edgar)

Par ailleurs, le fait de faire dépendre son propre plaisir sexuel de celui de l'autre (c'est-à-dire : « j'ai besoin de te donner du plaisir pour sentir du plaisir ») observé au cours des entretiens avec les participants identifiés comme des garçons durant l'enfance et l'adolescence correspond chez l'adulte à la quatrième étape de dépendance liée à masculinisation et à la différenciation hétérosexuelle, à laquelle ces participants disent avoir été conditionnés.

La première de ces dépendances est : a) « Tu es un garçon si tu te masturbes, et tu n'es donc pas une fille » et « Plus tu te masturbes, mieux c'est »[217] :

---

[217] Certains participants mexicains identifiés durant l'enfance et l'adolescence comme des garçons ont décrit des rituels où ils participaient en groupes à ce genre de compétition, chacun d'entre eux se masturbant de manière individuelle tout en observant les organes génitaux des autres et leur manière de se masturber, le gagnant étant celui qui arrivait à éjaculer en premier.

« Au secondaire, comme on pouvait pas passer à l'acte et avoir des relations sexuelles, l'exercice de la masturbation c'était notre masculinité, quoi, c'est ça. Autrement dit, plus tu te masturbes, plus t'as de sperme et plus t'es un homme [...] Après il y avait les vannes du genre : « tu vas devenir retardé [mental] » ; « tu vas avoir des poils sur la main » [...]. Je me rappelle, [...] au secondaire, la vitesse c'était le plus important. Des fois c'était « Je m'enferme dans ma chambre, pourvu que mes parents m'entendent pas » et ce genre de plan. Moi je l'ai jamais fait mais j'ai entendu parler de concours où une bande d'amis adolescents s'enfermaient dans une chambre et le premier à jouir avait gagné, je sais pas trop quel était le prix qu'il gagnait, je préfère pas le savoir. [...] C'était comme une fierté de dire « ce mec a joui super vite ». Évidemment avec le recul tu te dis : « ben non, quel dommage ». » (Jorge)

« [...] c'est comme le passage à l'âge adulte, d'autre ont franchi le pas et toi tu veux pas rester en rade. Et c'est cette idée qu'à ce moment-là précisément, ce que tu veux c'est devenir un adulte. La sexualité dans ce sens, ou plutôt la génitalité [...] c'est quelque chose qui t'es exigé socialement par tes amis. » (Benjamin)

La deuxième dépendance est : b) « Tu es un homme si tu as des relations sexuelles avec une femme (fille, adolescente, jeune femme, etc.) et par conséquent tu n'en es pas un si tu n'as pas eu de relations » :

« En fait ça a été la même chose pour moi avec le sexe, c'est vraiment chouette de se masturber, mais c'est pas comparable avec la première fois que j'ai eu des relations sexuelles avec une nana. [...] au début c'est vrai t'apprécies pas trop, parce que tes amis te mettent la pression, en te disant : « Oh ! tu vas quand même pas rester puceau ! » et des trucs dans le genre. Mais maintenant, j'apprécie ce premier baiser, ça a été mon initiation à l'érotisme. [...] Les gens font tout un foin avec ça, ils commencent à dire : « Moi je l'ai déjà fait », ou « T'es encore un gamin, tu peux pas comprendre ces choses-là ». C'est comme ça qu'on te met la pression. » (Témoignage de l'Œuvre multiorgasmique)

La troisième dépendance est : c) « Tu es le plus fort si ton érection dure longtemps et si tu fais durer le coït » :

« Après les films tu t'imagines la première relation avec des filles chaudes et tu t'imagines que toi aussi tu vas durer aussi longtemps et tu penses « ben ils durent bien 40 minutes dans le film » et tu te dis logiquement « ça doit pas être si difficile » et tu vois que la fille arrive toujours à jouir. Par contre il y a un grand problème parce qu'au moment d'éjaculer dans les films ils le font jamais dans la fille et toi la première fois tu te demandes : « qu'est-ce qui se passe maintenant ? Je la sors ou je reste dedans ? » [...] Bref, l'imaginaire personnel de ce que devait être ma réponse sexuelle, avant la première et la deuxième fois, ça se résumait à « tu dois durer quarante minutes, éjaculer en dehors d'elle [...] et avoir une bite géante ». C'est comme ça que je m'imaginais et j'espérais vraiment qu'elle avait pas vu ces films parce que sinon elle risquait d'être déçue. » (Témoignage de l'Œuvre multiorgasmique)

Et la quatrième dépendance est : d) « Tu es le plus fort si tu arrives à donner du plaisir à l'autre » :

« Sur le plan sexuel, la première fois t'es vachement timide, il y a beaucoup de timidité dans le contact avec une femme, je sais pas si c'est dû à l'éducation ou quoi, mais en tant qu'homme on a toujours peur de pas la satisfaire, et cette peur fait que nous même on soit pas satisfait ; parce que par exemple moi, ou nous en tant qu'hommes, on voit la sexualité comme un défi, comme une victoire : « si elle a joui, peu importe ce que j'ai fait, je m'en suis bien sorti ! ». (Benjamin)

« Moi ce qui m'excite c'est de savoir que je procure du plaisir à ma copine, c'est comme quand on te donne du plaisir à toi, ça t'excite et ça te rend heureux de savoir que toi aussi tu donnes du plaisir. » (Gerardo)

« Ma conception du plaisir sexuel c'est de satisfaire l'autre, et dans la mesure où tu le satisfais, toi aussi tu seras satisfait. » (Jorge)

Cette dernière formule de dépendance, en dépit de son apparente équité vis-à-vis de l'*autre* (qu'il s'agisse d'une relation hétérosexuelle ou homosexuelle) qui partage l'acte sexuel, peut néanmoins être considérée comme une forme de dépendance phallocentrique, dans la mesure où elle définit la capacité de plaisir sexuel de l'autre comme dépendante de sa propre capacité à procurer du plaisir au cours de l'acte sexuel partagé. Ce rôle poïétique actif de l'homme en tant que créateur/découvreur du plaisir d'un autre passif dans le cadre de relations hétérosexualisées a été présentée comme une attente dans la plupart des entretiens avec les participants identifiés durant l'enfance et l'adolescence à des filles. Chez les participants identifiés durant l'enfance et l'adolescence à des garçons, on a également observé au moins l'une des formes de dépendance mentionnées ci-dessus.

Dans le cas des filles, les dépendances que l'on peut observer à travers leur expérience d'autoérotisme sont :

a) se considérer comme sujet de reproduction sexuelle, ou donner du plaisir en tant qu'objet sexuel, mais ne pas vraiment se reconnaître comme *sujet de plaisir sexuel* :

« Pourquoi je me suis décidé à le faire ? Hé bien parce que je crois aussi d'une certaine manière qu'on pense donner beaucoup d'importance au sexe de nos jours, mais qu'en réalité on donne plus d'importance à tout ce qu'il y a autour, non ? à la provocation, au fait d'être belles, et puis on donne trop d'importance à des questions du genre : « avec combien de personnes t'es sortie ? », ou « ça fait combien de temps que tu sors avec ton mec ? » ou « combien t'as eu de relations? », et en réalité, moi je pense qu'il y a très peu de gens qui savent vraiment en profiter, je sais pas moi, mes copines, les filles – c'est surtout ce qui concerne les femmes qui m'intéresse, le fait que ce soit une femme qui le vive – mes amies, elles sortent avec leur petit ami depuis des années, et la plupart d'entre elles continuent d'avoir, comment dire, des tonnes de préjugés sur la sexualité, plein de préjugés sexuels, surtout sur elles-mêmes ; il y a tant de femmes de nos jours qui savent pas apprécier leur sexualité et qui considèrent qu'elle leur appartient pas, qu'elle appartient à quelqu'un d'autre, qu'en fait leur sexualité appartient à l'homme, ou que c'est l'homme qui doit la révéler en elles, non ? C'est pour ça que je trouve ça super qu'il y ait plein de femmes qui parlent de tout ça, quoi, qui abordent ces sujets. » (Alicia)

b) être un sujet de plaisir sexuel créé par l'autre :

« Peut-être que tout le monde attend que les caresses de l'autre soient comme les siennes, mais non... peut être que tu peux t'exciter plus vite si tu te touches toi-même, mais ça c'est différent [...]. Merci Esmeralda, ma dernière relation c'est ça que je me suis demandé, je me suis rendu compte que ce que moi je connaissais... qu'en fait je tournais en rond, c'est comme si j'avais pris quelqu'un pour me caresser quand on faisait l'amour, j'aimais pas forcément la façon dont il me faisait l'amour, donc je lui ai montré ce que j'aimais, mais on s'est enfermé là-dedans et lui il a eu peur de ne pas me donner forcément les caresses que j'attendais… donc quand on faisait l'amour je m'ennuyais presque parce que je savais pratiquement tout ce qui allait se passer, mais j'avais peur, ou je voulais pas qu'il ose me faire autre chose… on s'est enfermé là-dedans, d'ailleurs c'est fini… Alors que les autres, je leur ai permis de m'explorer. […] Merci, ça m'a permis de me donner une réponse… que c'est pas uniquement une façon de me connaître, que d'une certaine manière on se masturbe tout le temps, que ce soit quelqu'un d'autre ou soit même […]. C'est marrant je suis en train de me regarder et je me dis tiens, ce corps d'amour-là, parfois on dirait que je le vois différemment, tu sais je le vois d'une façon et je le vois plus comme il est… » (Nathalie)

c) être un sujet de plaisir sexuel procurant du plaisir à l'autre mais pas nécessairement à soi-même :

« Une capacité, c'est comme le moyen que t'as de réaliser quelque chose. Ma réponse sexuelle fait partie de mes capacités, mais c'est autre chose que d'être conscient de ses besoins sexuels (de mon partenaire). Être tout le temps attentive à ce qu'il prenne autant de plaisir que moi, c'est un premier point. Faire en sorte qu'il se sente aussi bien que moi, qu'il se sente bien avec moi, qu'il ait vraiment envie d'être avec moi. Je sens que dans ma génération, il y a peu de gens qui s'en soucie, en tout cas qu'il y a peu de garçons qui se soucient de la réponse sexuelle de la fille, autrement dit, qu'ils cherchent juste leur plaisir et c'est tout. »(Melissa)

d) Être un sujet de plaisir sexuel capable de procurer du plaisir à l'autre mais aussi à soi-même, même si parfois on a recours à la présence imaginaire de l'autre, ou on réduit la pratique de l'autoérotisme à la seule absence de l'autre :

« Aujourd'hui, je vis tranquille et heureuse avec ou sans homme, grâce à moi-même. [Même si] l'idéal ce serait d'avoir un compagnon qui me donne le plaisir dont j'ai besoin, qui ne soit pas trop exigeant, et qui soit en bonne santé, c'est tout. » (Angela)

« Ce que je peux dire, c'est que me masturber me donne une grande satisfaction personnelle qui maintient mon appétit sexuel, quand je vois que je vais bientôt avoir une relation, pour garder mes énergies pour la vraie relation ; c'est pas que l'autre soit pas vraie, mais elle est individuelle et donc elle a des caractéristiques différentes. [...] Même si je crois que la masturbation vient compléter et d'une très belle manière les besoins sexuels d'un couple. » (Irina)

« [Quand je me suis masturbé pour la première fois] j'avais déjà une idée, c'est-à-dire, je m'étais jamais touchée, mais on m'avait déjà touchée, et je l'ai fait par curiosité. [Mais] je n'ai pas trouvé ça si génial (elle fait une moue d'indifférence). Je sais pas, je crois que j'ai vécu des trucs mieux, ou quelque chose comme ça, [avec mes partenaires] que quand je suis seule. » (Melissa)

« Il y a autre chose de nouveau, c'est que je commence à imaginer des choses quand je me masturbe, j'essaie de penser à d'autres personnes, j'essaie presque toujours de penser que c'est quelqu'un d'autre ; c'est-à-dire, il y a quelque chose de vraiment bizarre ; en fait, je trouve ça un peu énervant, parce que j'ai toujours tendance à penser que c'est quelqu'un d'autre qui me le fait. » (Témoignage de l'Œuvre multiorgasmique)

La présence imaginaire de l'autre et le fait de considérer l'autoérotisme comme un pis-aller en cas d'absence de relations sexuelles avec l'autre reflètent une dépendance qui a été observée chez de nombreuses participantes – même si elles n'étaient pas majoritaires – de l'Œuvre multiorgasmique collective, parallèlement aux expériences d'affirmation subjective corporalisée des participantes poïétiquement actives dans la production constante d'identités sexuelles et corporelles propres. Les autres dépendances, à l'exception de la première (se considérer comme un sujet de reproduction sexuelle et non comme un sujet de plaisir sexuel) ont également été observées dans les récits biographiques des participantes identifiées hétérosexuellement à des filles durant l'enfance mais pas à l'âge adulte, ni au moment de réaliser leurs témoignages physiques et oraux. Cette présence imaginaire de l'autre durant l'autoérotisme le fait de considérer l'autoérotisme comme un pis-aller en cas d'absence de relations sexuelles avec l'autre constitue l'un des derniers vestiges d'une dépendance poïétique phallogocentrique enculturée chez les participantes ayant par ailleurs vécu des expériences d'affirmation subjective corporalisées qui leur ont permis de créer leur propre identité sexuelle, qu'elle soit homosexuelle, bisexuelle, lesbienne ou hétérosexuelle.

Néanmoins, nombre de participantes de l'Œuvre multiorgasmique collective n'ont pas manifesté une telle dépendance envers la présence imaginaire de l'autre durant leurs expériences d'autoérotisme destinées au témoignage physique, ni au cours de l'entretien :

> « Tu vois, la masturbation ça fait partie de la vie sexuelle, au même titre que les relations avec les garçons, il y a ce que tu te fais toute seule, et ce que les garçons te font, le coït, ce que tu veux vivre avec eux [...]. Le sexe c'est vachement important pour moi, et même quand c'est pas avec quelqu'un d'autre, c'est aussi merveilleux toute seule [...]. Des fois je pense que j'ai appris plus de choses en me masturbant qu'en faisant l'amour avec des

garçons [...]. Grâce à la masturbation, ma sexualité a beaucoup évolué, par exemple quand je me masturbe, je cherche à jouir, mais si je ne jouis pas, c'est pas grave, ça me stresse pas du tout [...]. Je me suis même amusée à différencier les types d'orgasmes. Quand un garçon me demande « ahhh, je veux que tu te masturbes », « je veux voir comment tu fais ça », je lui dis : « ben je préfère le faire moi-même, je pourrais passer la journée à t'expliquer comment je le fais pour que tu puisses le faire pareil, mais ça m'intéresse pas, ce qui m'intéresse avec toi c'est ce que je fais avec toi, et ce que je peux pas faire toute seule ». (Alicia éclate de rire). « Moi ce qui m'intéresse c'est ce que t'as et que j'ai pas » (Alicia)

Partant de cette observation, on peut constater que bien qu'elles soient liées, ces dépendances poïétiques observées à travers l'autoérotisme des participantes sont des formes de création de plaisir sexuel qui correspondent plutôt à un besoin, tandis que d'autres types de dépendances correspondent davantage à une affirmation subjective corporalisée, à l'expression d'une identité propre, latente. Les témoignages de l'Œuvre multiorgasmique collective sont le fruit d'une reconnaissance d'affirmation subjective des participantes en tant que *sujets de désir* et *sujets historiques*, et décrivent le *sujet esthétique* participant comme un sujet qui reconnaît sa capacité et son besoin de créer corporellement du plaisir sexuel pour lui-même à travers l'autoérotisme, sans nécessairement procurer du plaisir à un autre, comme un droit sexuel et humain universel. En tant que principe d'altérité, ces formes poïétiques de témoignage d'autoérotisme peuvent être résumées par les formules suivantes : « J'ai besoin de me donner du plaisir et je peux me donner du plaisir autant que toi, et que tous les autres ».

Tandis qu'en tant que principe poïético-réflexif, elles peuvent être résumées par cette autre formule : « Je suis capable de me donner du plaisir » ou « Je suis capable de me donner et de donner du plaisir ». En revanche, la dialectique entre ces deux reconnaissances s'avère indispensable pour que puisse exister un sujet esthétique. Cette dialectique peut être observée dans les affirmations des participants qui, à partir de reconnaissances différentes, ont établi avec leur participation une dialectique négative vis-à-vis de leurs affirmations sur le plaisir sexuel antérieures à cette participation.

Indépendamment du fait que la Campagne multiorgasmique défende l'autoérotisme et le plaisir sexuel en tant que droits sexuels et humains, les participants ont montré de fortes divergences dans leurs réponses lorsqu'on leur a demandé de parler de leurs capacités sexuelles. Les participants de culture française ont eu tendance à mettre l'accent sur leur capacité à créer du plaisir, tout en montrant une certaine crainte ou résignation face à la création de plaisir chez l'autre, tandis que les participants de culture latino-américaine avaient au contraire tendance à surestimer la création de plaisir chez l'autre en tant que besoin sexuel valorisant leur propre plaisir sexuel. Cela est particulièrement vrai pour les hommes hétérosexuels, tandis que les participants bisexuels, femmes et lesbiennes avaient tendance à accorder une importance équivalente à leur capacité de créer du plaisir en solitaire en tant que plaisir non dépendant.

Le principe poïético-réflexif est la capacité déconstructive d'une personne soumise à l'influence de la culture cognitive des formes poïétiques qui décorporalisent le sujet social. Ce principe poïétique permet de reconnaître la capacité à critiquer, à établir une contradiction vis-à-vis de cette culture et à exercer cette contradiction. Dans le cas du biocriticisme, l'exercice de la contradiction entre la culture cognitive phallocentrique et l'affirmation subjective du sujet social en tant que sujet de désir et sujet historique, implique une corporalisation de cette expérience d'affirmation subjective.

En effet, au sein de l'Œuvre multiorgasmique collective, le volontaire ne parvient pas à s'expérimenter comme sujet esthétique s'il ne corporalise pas sa critique, qu'elle soit structurée ou non. Pour l'*art biocritique*, la structuration de la critique poïétisée sous la forme d'une œuvre d'art n'est pas suffisante, il faut que cette œuvre d'art soit une expérience esthétique, et qu'elle pousse jusqu'à ses ultimes conséquences la critique structurée. Si l'œuvre d'art est au départ une critique corporalisée non structurée, alors il lui faudra répondre à la dialectique négative propre au criticisme de cet art biocritique en structurant cette critique corporalisée à l'aide d'un langage structuré. Si la critique envers la corporalité abjecte ou la séquestration de l'expérience corporelle abjecte est au départ une critique structurée par l'artiste et que celui-ci décide de la poïétiser en tant qu'œuvre d'art, alors il lui faudra corporaliser cette critique, la transposer dans le domaine de l'expérience, jusqu'aux ultimes conséquences, pour que cette critique devienne une expérience esthétique, et partant, un mouvement esthétique caractéristique d'une œuvre d'art biocritique.

Une critique structurée n'est pas une expérience esthétique, ce n'est pas une œuvre d'art, et elle ne sera pas considérée comme de l'art par l'esthétique de l'art biocritique tant qu'elle n'aura pas été exercée en tant qu'action critique esthétique corporalisée. Dans le cas de l'Œuvre multiorgasmique collective, la critique envers la séquestration de l'expérience et une culture réprouvant la corporalité et la connaissance acquise corporellement ou sensuellement, ne pourra se transmuer en expérience esthétique tant qu'elle n'aura pas été corporalisée.

Les participants de l'Œuvre multiorgasmique collective sont des sujets esthétiques dans la mesure où ils participent à l'œuvre, en se masturbant, en créant un témoignage physique de leur réponse sexuelle orgasmique et en partageant l'histoire de leur vie sexuelle au cours de l'entretien, avec l'intention esthétique de voir toute cette intimité partagée servir de matériel créatif pour cette œuvre. Le principe poïético-réflexif recèle une capacité déconstructive de toute critique, de toute œuvre, de toute expérience esthétique, de tout sujet esthétique. Dans le cas des participants de l'Œuvre multiorgasmique collective, le principe poïético-réflexif se manifeste à travers les trois altérités formant le principe d'altérité du sujet esthétique de l'Œuvre multiorgasmique, et il se manifeste précisément comme une capacité déconstructive. Face à la première altérité corporelle, le sujet esthétique exprime le principe poïético-réflexif en tant qu'auto-connaissance et reconnaissance de soi-même comme *sujet de désir* (capacité corporelle à se percevoir comme sujet de plaisir sexuel). Face à la seconde altérité, l'altérité historico-sociale, le sujet esthétique expérimente ce principe à travers la reconnaissance de sa corporalité en tant que capacité cognitive, en tant que capacité créatrice de plaisir sexuel et émancipatrice de son *moi* sexuel ; il s'agit d'une reconnaissance de soi-même comme *sujet historique.* Enfin, face à l'altérité du plaisir sexuel, ce principe s'exprime chez le sujet esthétique comme une reconnaissance de sa capacité et de son besoin de créer son propre plaisir sexuel afin de revendiquer l'autoérotisme en tant que droit sexuel et humain de tous les autres êtres humains sans distinction et exclusion hétérosexuelle phallocentrique.

PRINCIPES DE CONTRADICTION-NÉGATION ET DE TENSION ESTHÉTIQUE dans l'expérience esthétique du volontaire de l'Œuvre multiorgasmique

Le principe de négation ou de contradiction esthétique en tant que loi de mouvement de l'expérience esthétique des participants de l'Œuvre multiorgasmique collective s'affirme dès lors qu'ils manifestent leur intention de participer, à travers la réflexion et les doutes qui pourraient les inciter à se désister, mettant ainsi en évidence le courage et l'audace dont ils font preuve en décidant malgré tout de participer et de réaliser leurs témoignages physiques et oraux pour cette œuvre collective. Ainsi, le principe de négation ou de contradiction esthétique en tant que loi de mouvement de l'art biocritique se manifeste dès le moment où ils entendent parler de l'œuvre et de la Campagne multiorgasmique et qu'ils décident de se solidariser en y participant, de contribuer avec leur corporalité à la critique que réalise cette œuvre et bien sûr de reconnaître et d'exiger avec elle le droit au plaisir et à l'autoérotisme en corporalisant ces droits, c'est-à-dire en se masturbant, et en offrant le témoignage d'un orgasme. Ils s'opposent ainsi à l'ordre social phallocentrique en niant la vision abjecte de leurs corporalités et en exposant en public leurs capacités et besoins sexuels poïétiques d'affirmation subjective d'une identité propre.

N'oublions pas que toute critique découlant du biocriticisme est par principe une critique qui se corporalise, une corporalité qui se critique, une dialectique négative qui se poïétise corporellement. Cela définit la loi de mouvement de ce criticisme, qui n'est pas une répétition mais une dialectique, pas un *cercle* mais une *spirale* historique. Ainsi, toute critique envers un biopouvoir phallocentrique poïétisée corporellement en tant qu'œuvre d'art est une expérience esthétique qui devra nécessairement être critiquée et niée à son tour par une autre critique poïétisée par ce même criticisme. C'est ce qui s'est produit avec l'Œuvre multiorgasmique individuelle critiquée à travers l'Œuvre multiorgasmique collective. Et c'est également ce qui s'est produit avec les participants de l'Œuvre collective qui ont critiqué leur propre autoérotisme, leur réponse sexuelle, leur orgasme et le fait même de parler de leur affirmation sexuelle subjective en participant au processus créatif de ces pratiques sexuelles d'affirmation subjective corporalisée destinées à servir de matériel créatif en vue de la poïétisation d'une critique envers la soumission et l'ignorance corporelle du sujet social au sein des sociétés de la modernité tardive.

Toute personne qui crée son plaisir sexuel à travers l'autoérotisme, qu'elle soit ou non consciente de la construction sociale réprouvant une telle action, fait partie de la critique, participe de la critique envers cette culture cognitive phallocentrique qui réprouve le plaisir sexuel et les corporalités assimilées au paramètre de la bestialité corporelle légitimé par le phallocentrisme ; néanmoins cela ne signifie pas pour autant que cette personne vive une expérience esthétique. Il s'agit certes d'un sujet corporellement critique, mais pas esthétiquement critique. Il est important de rappeler ici que pour être esthétique, toute action critique envers l'hégémonie d'un paradigme épistémologique du biopouvoir phallocentrique doit non seulement reposer sur une expérience corporelle, mais aussi être structurée par un langage structuré. Ce qui, au sein de l'expérience individuelle ou subjective, implique trois capacités (et besoins) d'action esthétiquement critique de l'art : a) capacité à établir des liens de contradiction esthétique, b) capacité de reconnaissance du point de vue du matérialisme historique et c) capacité de générer un mouvement esthétique au sein de : a) *ce que* l'art critique, b) ce *avec quoi* l'art critique, c) la position *à partir de laquelle* l'art critique ; d) *ce qui critique la même chose* que l'art (les autres criticismes), et même f) ce qui sur le plan structurel contribue à la (re)production de la sédentarisation épistémologique que l'art critique.

En ce sens, l'expérience esthétique d'offrir un témoignage repose nécessairement sur une contradiction esthétique. Ce qui ne veut pas dire que tous les participants qui contribuent avec leur expérience au processus créatif d'une œuvre *d'art biocritique* déterminée soient conscients de cette contradiction esthétique entre leur affirmation subjective et le symbolisme normatif des discours institutionnalisés du biopouvoir phallocentrique.

Au sein de l'Œuvre multiorgasmique collective, l'appropriation corporelle du sujet critique qui participe et coopère avec ses témoignages – physique et oral – est une expérience esthétique d'affirmation subjective des volontaires en tant que *sujets de désir* et *sujets historiques*. Néanmoins le fait que des sujets critiques qui se masturbent reconnaissent ainsi leur capacité corporelle à créer du plaisir et de la connaissance sexuelle à travers l'autoérotisme n'implique pas en soi qu'ils vivent une expérience esthétique. En effet, l'expérience esthétique exige la génération d'un mouvement esthétique, qui puisse être revitalisé grâce à l'autocritique structurée de cette expérience, qu'elle soit réalisée au sein de l'art ou en dehors de celui-ci. Par exemple, une forme de structuration ou de prise de conscience grâce à laquelle un sujet peut faire l'autocritique de sa corporalité affirmée subjectivement de manière individuelle en dehors de l'art est celle de la psychanalyse. Toutefois, pour que la critique de la psychanalyse vis-à-vis de sa sexualité soit esthétique, il lui faudrait par la suite corporaliser une critique de sa critique psychanalytique. Et bien qu'un tel mouvement puisse donner une impression de va-et-vient, il ne faut pas perdre de vue qu'un criticisme – quel qu'il soit– ne revient jamais en arrière : il critique, il mute, il contrarie, mais jamais il ne se sédentarise esthétiquement ou épistémologiquement : il forme une spirale, et non un cercle historique.

PRINCIPE D'ALTÉRITÉ OU D'« EXTÉRIEUR CONSTITUTIF » dans l'expérience esthétique du volontaire de l'Œuvre multiorgasmique

Chez les personnes s'étant montrées solidaires de l'Œuvre multiorgasmique collective, j'ai identifié trois types d'altérité dans la construction de leur expérience esthétique : la première altérité corporelle pourrait être décrite par cette formule « Je suis si ma subjectivité sexuelle est » (le *sujet de désir*); la deuxième altérité socio-biographique, par « Je suis parce que je participe subjectivement à la construction sociale » en affirmant que « Je suis si l'autre est » ou « J'ai des droits humains si tu as les mêmes droits » (le *sujet historique*) ; et la troisième altérité, par « Je suis poïétiquement un mouvement esthétique subjectif et historique» (le *sujet esthétique*). Les 41 participants m'ont dit avoir expérimenté la première altérité avant d'avoir participé à l'Œuvre multiorgasmique collective. Reconnaître la première altérité revient à reconnaître la réponse sexuelle de chaque sujet, la manière dont tout son corps réagit à l'excitation sexuelle, son plateau, son orgasme et sa résolution. Beaucoup d'entre eux, mais pas tous, ont affirmé l'avoir découvert grâce à l'autoérotisme.

En les écoutant, il m'est apparu clairement que la première altérité se produit chez le sujet social dès lors qu'il corporalise la reconnaissance et l'affirmation subjective des capacités et des besoins sexuels auparavant considérés comme « abjects », le plus souvent à l'occasion du premier orgasme. Or il s'avère que cette reconnaissance corporalisée du plaisir sexuel en tant que capacité et besoin sexuel affirmé subjectivement, et de l'autoérotisme en tant que moyen d'y accéder, est antérieure à leur participation à l'Œuvre multiorgasmique collective. Bien que l'importance accordée à l'autoérotisme varie d'un participant à l'autre, la plupart des hommes ont eu tendance à minimiser cette expérience par rapport à l'orgasme construit avec une autre personne, tandis que la plupart des lesbiennes, homosexuels, bisexuels et la plupart des femmes participantes ont considéré l'orgasme fruit de l'autoérotisme et l'autoérotisme même comme étant aussi important et aussi présent dans leur vie sexuelle que les relations partagées avec une autre personne.

Cette première altérité reconnue par les participants vis-à-vis de leur corps pourrait donc être décrite par cette formule : « Je suis si mon corps est ». Elle est expérimentée par les sujets s'étant approprié leur propre corps, l'appropriation corporelle du sujet social pouvant être conçue comme la reconnaissance des capacités et des besoins qui lui ont été niés socialement à travers la légitimation phallocentrique de la réprobation culturelle de certaines pratiques d'affirmation subjective telles que l'autoérotisme, des pratiques qui permettent à ce sujet social de reconnaître sa capacité et son besoin de plaisir sexuel, mais aussi et surtout sa capacité de poïésis et son besoin de *connaissance corporelle* en tant que *sujet de désir* :

> « [Le plaisir sexuel de la masturbation] c'est quelque chose de vital pour sentir qu'on est un homme, cette recherche dans l'excitation… de connaître ses sensations, ses pulsions, de les contrôler […] ça nous valorise. Se masturber c'est se toucher soi-même, être sensible, comment dire ça… Les mots ou les sensations qui nous touchent au plus profond de nous. » (Cyrille)

« Pour le corps, [la masturbation] c'est un besoin physique. » (Émeline)

« [la masturbation] c'est mon droit à la connaissance de mon corps, parce que je me rends compte qu'il y a plein de parties de mon corps que je connais pas et que je touche pas ou alors toujours de la même façon. Je vais me déshabiller, me laver parfois, et je me dis ahhh! » (Nathalie)

« J'ai le droit de d'avoir du plaisir sexuel et de me masturber pour être content et mieux agir dans ma vie quotidienne. [...] Je pense que le plaisir sexuel et la masturbation influence l'humeur des gens, la manière dont ils se sentent sur le plan personnel et tout ça. » (Gerardo)

« J'ai le droit d'avoir du plaisir en me masturbant parce que je pense qu'on a tous le droit de profiter pleinement de la sexualité et la masturbation c'est une des manières d'en profiter. Personnellement [...] je peux être de mauvais poil, avoir envie et ça me fait du bien, ou être de bonne humeur et avoir envie et c'est encore mieux ! » (León)

« La masturbation c'est comme une capacité de t'aimer toi-même, [parce que] si on a une relation sentimentale avec quelqu'un d'autre, on peut aussi bien avoir une relation sentimentale avec soi-même, et compléter comme ça la sexualité avec la masturbation. » (Benjamín)

« Pour moi la masturbation c'est pas la substitution d'une chose par une autre, du genre : « comme je peux pas avoir de relation sexuelle avec quelqu'un, je me masturbe », non. Pour moi [l'autoérotisme] c'est une pratique quotidienne de plaisir, que j'aie ou pas de relation avec quelqu'un d'autre. [...] Pour moi c'est comme un bien de première nécessité, non ? comme manger, dormir, s'amuser, tout ça. » (Miguel)

« La masturbation je vois ça d'abord comme une manière de se connaître soi-même, et après quand tu te connais, tu t'explores et ça te plaît, tu te fais plaisir, aussi bien pour les hommes que pour les femmes. J'ai le droit de me masturber pour me connaître et me faire plaisir. Chacun a ses goûts, ses besoins. » (Melissa)

« La masturbation c'est un peu comme quand tu tires les cartes de Tarot : tu te détends, tu crées une ambiance propice et tu te touches partout, pas seulement le sexe, tout ce qui est à ta portée, quoi. C'est comme une redécouverte, une manière de me retrouver comme ça "shuif". » (Christian)

« C'est quelque chose que, heu, en fait je sais pas comment [le dire]. [...]. C'est comme quand t'as faim, [...] ça dépend des besoins que t'as. C'est comme le besoin de manger parce que le corps te le demande. [...] je crois que la sexualité en fait c'est un besoin physique. » (Ricardo)

« La masturbation c'est une autre manière de satisfaire le besoin sexuel [...]. Moi je vois pas ça comme un dernier recours, mais comme une opportunité. [...] La masturbation ça te déstresse énormément, c'est trop bon. [...] Je crois qu'en fait les hommes et les femmes cherchent la même chose, se détendre, [...] je crois qu'ils sentent la même chose, qu'ils arrivent à se détendre comme ça. »

« Je me masturbe pour me donner du plaisir, et ça implique un contrôle de mon corps, mais en fait le

contrôle c'est plutôt quand t'arrêtes de le faire [...],
t'essaye de te contrôler en arrêtant de te masturber [...]
La masturbation c'est très important. »(Luis)

« Pour moi la masturbation c'est un complément de
ma vie sexuelle partagée [...] En me masturbant j'ai
appris à savoir dans quel état je suis, ce dont j'ai besoin,
pourquoi je cherche un type de plaisir à un moment
donné, et des fois je me vois essayer de retrouver le même
genre de plaisir avec un homme mais je sens pas la même
chose [...] Le sexe c'est vachement important pour moi,
et même quand c'est pas avec quelqu'un d'autre, c'est
aussi merveilleux toute seule [...]. » (Alicia)
« Le droit de se masturber c'est un idéal, [...] d'abord
c'est se connaître soi-même, son plaisir, son sexe, la
manière de jouir, [...] avant de pouvoir le partager
avec une autre personne. Je pense que l'un va pas sans
l'autre. »(Guillaume)

« Ce que je peux dire, c'est que me masturber me donne
une grande satisfaction personnelle qui maintient mon
appétit sexuel, [...] je crois que la masturbation vient
compléter et d'une très belle manière les besoins sexuels
d'un couple. » (Irina)

En termes plus généraux, il s'agit de la reconnaissance de
l'expérience corporelle « abjecte » en tant qu'affirmation subjective
en tension esthétique avec le biopouvoir qui la considère comme
abjecte. Car le sujet social ne peut aspirer à la construction sociale
de sa liberté et d'une certaine autonomie qu'avec l'affirmation
subjective d'une identité propre, qui lui a été niée à sa naissance
afin de lui imposer l'identité hétérosexuelle et binaire assignée par
la culture cognitive des sociétés occidentales, où l'usage du corps
est limité à la reproduction des différences phallocentriques. La
délégitimation de la corporalité en tant que forme cognitive est le
produit d'une construction sociale de la personne en tant que *sujet*

social, une construction qui induit un certain fonctionnement de l'individu au sein du groupe, visant à reproduire un ordre social régentant les fonctions corporelles et sexuelles des membres de la société en question, et dictant les interdits et la réprobation de certaines pratiques sexuelles considérées comme abjectes parce qu'elles ne conviennent pas aux groupes sociaux favorisés par cet ordre social.

C'est lorsque le sujet social connaît le plaisir sexuel – que ce soit en solitaire ou en compagnie de quelqu'un d'autre – et qu'il reconnaît sa capacité de créer ce plaisir à travers l'autoérotisme, qu'il est en mesure de construire son autonomie – vis-à-vis de la culture cognitive qui le rejette – à partir de l'affirmation subjective de son intimité sexuelle, grâce à l'appropriation de son corps qui devient sa première autreté au sein d'une société où dominent les paradigmes épistémologiques phallocentriques. Une autreté car bien que la corporalité en tant que capacité cognitive de son corps lui appartienne dès la naissance, elle lui a été ôtée par la soumission à un ordre social lui interdisant de connaître ce corps de plaisir et de se connaître lui-même en tant que *sujet de désir* et *sujet historique*, une connaissance à laquelle il est pourtant en droit de prétendre légitimement, malgré les discours des institutions sociales qui régentent l'ordre social en fonction de leurs intérêts. Or ces intérêts reposent sur des connaissances scientifiques, laïques ou religieuses diffusées par des discours phallocentriques institutionnalisés par des États, des religions et d'autres styles cognitifs qui n'ont cessé au fil de l'histoire de la pensée occidentale de reproduire les paradigmes phallocentriques (p. binaire-hétérosexuel, p. anthropocentrique-bestial et p. scientifique rationaliste) ; il s'agit de croyances et de dogmes visant à décorporaliser le sujet, comme c'est le cas dans les sociétés patriarcales. La reconnaissance de son propre corps en tant qu'altérité corporelle repose sur la reconnaissance des pulsions primaires qui ont besoin d'exister. C'est pourquoi je décris cette altérité corporelle dans la construction du *moi* comme la nécessité d'une existence du corps pour que puisse exister le *propre moi*, à travers la formule suivante : « Je suis si mon corps est ».

Tous les participants de l'Œuvre multiorgasmique collective ont identifié sous différentes formes une répression sociale du langage du corps, du plaisir sexuel, des corporalités abjectes d'affirmation subjective et de la reconnaissance des capacités et des besoins du corps durant leur enfance et leur adolescence. J'ai donc demandé aux participants de me raconter les anecdotes biographiques dont ils avaient gardé le souvenir et qui révélaient une censure concernant les sujets sexuels et leur corporalité, datant aussi bien de leur enfance que de leur adolescence, de la jeunesse et même dans certains cas de l'âge adulte.

La reconnaissance des participants en tant que *sujets de désir* leur a permis d'envisager une définition bidimensionnelle de la sexualité humaine, en tant que construction sociale composée d'un aspect subjectif (physiologique et biologique difficile à nommer), et d'un aspect culturel ; une construction au sein de laquelle les aspects subjectifs sont considérés comme inférieurs ou « extérieurs constitutifs », et les individus jouant le rôle d'agents reproducteurs guidés par une fausse conscience subjective. De sorte que la deuxième altérité reconnue chez les participants de l'Œuvre multiorgasmique collective a été celle de l'altérité historico-biographique présente dans la construction sociale de leur identité sexuelle, que l'on a observée chez la plupart des participants (hétérosexuels, bisexuels et homosexuels) sous la forme d'une *conscience de l'oppression* des représentants des catégories défavorisées par les discours institutionnels du biopouvoir hégémonique. Cette altérité repose parfois sur un processus de recouvrement de la mémoire et de souvenirs rétrospectifs de leur histoire personnelle et de leur vie. Elle correspond à une prise de conscience du participant en tant que *sujet historique* qui reconnaît psychologiquement que l'inhibition de sa participation subjective corporelle au sein du processus de production identitaire est le fruit d'une construction sociale d'exclusion de la différence au nom de l'hétérosexualité ou du paramètre de la bestialité corporelle phallocentrique.

Pratiquement tous les participants de l'Œuvre multiorgasmique collective ont reconnu leur altérité socio-biographique (« Je suis parce que je participe subjectivement à la construction sociale », c'est-à-dire « Je suis si l'autre est » ou « J'ai des droits humains si tu as les mêmes droits » (l'identité poïétique de *sujet historique*)) avant d'avoir participé à cette œuvre ou à l'occasion d'une expérience qui leur a permis de prendre conscience de leur identité en tant que *sujets historiques*. L'affirmation subjective des individus en tant que *sujets historiques* est une manifestation poïético-sexuelle susceptible de renforcer le lien social de l'individu au-delà de la répression de ses besoins sexuels. Je me réfère ici à la reconnaissance de la part des participants de leur besoin de se sentir créateur ou coparticipants à la création de leurs droits sexuels en tant que droits humains des autres :

> « Je vois aussi des besoins sexuels dans ce que je ressens pour les autres, leur sexualité ; comme par exemple la paternité ou la maternité [...] [Je pourrais satisfaire] mon besoin de paternité avec une adoption par exemple, [...] sans forcément avoir à fonder une famille. Je crois que la sexualité c'est quelque chose de merveilleux, de très beau, que c'est le moteur de notre vie, mais que quand on agresse l'autre, que ce soit à travers la discrimination, l'abus ou le harcèlement sexuel, ça devient quelque chose de dangereux et de nuisible. Voilà pourquoi je pense qu'il faut promouvoir les droits sexuels – comme le droit au plaisir sexuel – auprès des gouvernements, des associations, des familles, des universités, pour éviter ce genre de choses. » (León)

La deuxième altérité corporelle a été fort bien décrite par la pensée critique de Franz Hinkelammert (2005, 2007 et 2008), comme étant la valeur éthique essentielle à partir de laquelle tout ordre social respectueux des droits humains se doit de construire le *sujet social*, afin que celui-ci ne soit jamais humilié, asservi, ni méprisé au sein des relations sociales qui le construisent. La pensée critique de Hinkelammert pourrait être résumée par cette formule : « Je suis si tu es ». De cette altérité découle la reconnaissance humaine du sujet social en rapport avec l'autreté sociale ; les deux sexualités, celle du sujet réflexif et celle de son autreté, étant enchaînées l'une à l'autre ; or le *sujet de droit* doit être conçu comme un *sujet corporel avec des besoins,* un sujet qui a des capacités et des besoins sexuels, et qui a par conséquent des droits sexuels.

Quoi qu'il en soit, certains volontaires ont montré qu'ils reconnaissaient de manière concrète – et pas seulement verbale – la troisième altérité (« Je suis poïétiquement un mouvement esthétique subjectif et historique », « Je revitalise le *sujet esthétique* qui est un mouvement esthétique de l'histoire ») en décidant de participer à l'Œuvre multiorgasmique collective et d'offrir leur témoignage physique et oral afin de défendre le droit au plaisir sexuel et à l'autoérotisme, non seulement comme un droit individuel mais aussi comme un droit humain et collectif indéfini et inachevé, s'identifiant ainsi à des sujets sociaux ayant des besoins corporels et sexuels en constante évolution et transformation, comme tous les êtres humains :

« Avoir une capacité c'est avoir les armes nécessaires pour faire une action [...]. Mes capacités sexuelles sont liées à ma liberté d'expression sur la sexualité. Cette liberté me rend capable de beaucoup de choses ; entre autres, d'avoir une relation émotionnelle et intime avec plusieurs personnes à la fois et indépendamment du sexe de ces personnes. Je peux aussi parler librement de mon intimité et même peut-être d'une certaine manière éduquer les gens, par exemple [...]. Je crois qu'à partir du moment où j'ai reconnu mes préférences sexuelles, je suis passé par une étape, bon, normalement on passe par une étape dans ce genre de cas, par exemple, je suis bisexuel, non ? Hé bien quand je le reconnais, je reconnais d'abord que je suis gay, ensuite je reviens en arrière et je reconnais que je suis bi. Je reconnais mes préférences sexuelles en tant que bi et je commence à vouloir partager, je sens se développer en moi cette capacité et ce besoin de m'exprimer sexuellement et cette liberté d'exercer mes préférences sexuelles comme je l'entends. [...] En fait tout ça est lié, les deux choses sont arrivées en même temps. C'est-à-dire qu'avant, il y avait une certaine répression vis-à-vis de ce que j'exprimais de ma sexualité, de la part des autres, pas personnellement. [...] Avec la masturbation, j'avais aucun problème, je pouvais le faire quand et où je voulais. [...] Quand je dis que je veux partager, en même temps je reconnais ces préférences qui sont les miennes et je ressens le besoin de m'exprimer sexuellement, et cette liberté d'avoir ces préférences. La découverte de mes préférences sexuelles m'a plongé dans une certaine confusion, ça a pas été très agréable, non, ça a vraiment pas été facile, parce que ça a été une perte totale de contrôle et une confusion totale. Mais à partir du moment où je l'ai reconnu, ça a été comme une autre découverte, celle de ma capacité à m'exprimer sexuellement avec d'autres personnes [...]. Tu peux dire ce qui te plaît, ce qui te plaît pas, quand ça te plaît, comment ça te plaît, à quel moment ça te plaît, si ça te plaît avec moi ou pas... Je veux dire, c'est quand la possibilité de ce dialogue existe, je crois, qu'on peut reconnaître la liberté de l'expression sexuelle parce que quand cette possibilité existe pas, ça limite énormément. » (Miguel)

« Par exemple pour l'expérience je me suis masturbée mais je n'y arrivais pas comme d'habitude, d'habitude la route dont tu parles, je la connais elle est presque directe, celle que je connais depuis l'enfance elle a évolué mais c'est aujourd'hui que je sens qu'il y a d'autres envies [...], tu vois ? Les parties que je te décris je les découvre presque. Je les connais mais on dirait que j'ai plus envie de la même chose, de me caresser ou de me faire caresser en prenant le même chemin et donc jusqu'à maintenant

la route que je prenais c'était : d'abord la bouche si je suis avec quelqu'un, il me prend, me caresse les seins, le sexe [...] et c'est tout [...]. Alors que ces autres parties je les ai découvertes en dehors du rapport sexuel, dans des liens amicaux ou sensuels mais pas forcément [...]. J'ai pas d'expérience avec des filles mais ça peut être une amie qui me dit : « Oh Nathalie... » et là, ça me fait comme des petites bulles dans ma tête, comme quand je fais un câlin à un copain ou à une copine et ça fait comme une ouverture et cette ouverture je la connais pas vraiment. [...]. Donc, aujourd'hui quand tu me demandes quels sont les endroits les plus sensibles, ben je les ai pas forcément découverts dans une relation sexuelle ou en me masturbant, je les ai découverts de différentes façons, ça peut être dans l'herbe, me rendre compte que j'adore que l'herbe soit surtout à ce niveau-là tu vois... (Nathalie se touche l'intérieur des jambes) ; [...] la peau de mon visage, les joues, la peau ici [...] et si on me touche c'est encore mieux [...]; ma nuque, mon cou, la peau est tellement fine, ça me fait respirer donc je sais que je suis à un endroit juste chez moi. [...]."
(Nathalie).

La troisième altérité corporelle est une négation esthétique de l'affirmation subjective, ainsi qu'une dialectique esthétique entre la reconnaissance de ses propres capacités et besoins sexuels en tant qu'affirmation subjective ou au niveau philosophico-politique, autrement dit une dialectique négative entre le personnel et le politique, et entre la poïétique subjective et la construction sociale, générant n mouvement de contradiction et de tension esthétique entre ces niveaux et la sédentarisation épistémologique des formes poïétiques subjectives annulées par le sujet social hétéronome vis-à-vis du biopouvoir hégémonique. La reconnaissance de cette altérité revitalise le mouvement esthétique des autres reconnaissances et revitalise évidemment le sujet esthétique.

Le sujet esthétique est un sujet critique, davantage qu'un sujet rebelle. Les actions du sujet corporellement rebelle sont des actions critiques potentiellement esthétiques mais elles ne deviennent esthétiquement critiques que lorsqu'il revitalise le mouvement de tension esthétique entre les dimensions personnelle et politique ; l'affirmation subjective équivaut à une critique (négation) esthétique de « soi-même » en tant que classe et en tant que catégorie philosophique ; après quoi il convient de nier esthétiquement la critique avec l'autocritique de ses formes poïétiques.

Le principe d'altérité du biocriticisme est étroitement lié à la loi de mouvement esthétique de l'art biocritique, c'est-à-dire à la contradiction inhérente à l'art et à l'indispensable présence de la dialectique négative en tant que manière de faire de l'art, d'être une œuvre d'art, d'être un sujet esthétique et de vivre une expérience esthétique découlant de ce criticisme. De sorte que toute critique esthétique corporalisée envers le biopouvoir phallocentrique, en plus de se nourrir de la contradiction esthétique entre l'affirmation subjective du sujet social en tant que *sujet de désir* et *sujet historique,* se doit de continuer à rechercher cette contradiction esthétique y compris vis-à-vis d'elle-même, afin d'éviter de sombrer dans la sédentarisation. En termes littéraires, toute critique vécue comme une œuvre d'art par un sujet esthétique, toute expérience véritablement esthétique recherchera la tragédie avant d'être séduite par le charme idéal de l'ineffabilité et de la vie éternelle de cette critique. Car toute critique, toute œuvre, toute existence du sujet esthétique ou de l'expérience esthétique doit muter esthétiquement à travers la tragédie avant que cette mutation ne soit irrémédiablement annulée par le devenir même de l'existence. Cette transformation de volontaires en sujets critiques et de ceux-ci en sujets esthétiques a été vécue par les participants lorsqu'ils se sont masturbés afin de construire une réponse sexuelle, un orgasme et un témoignage de cet orgasme en tant que matériel artistique, avec l'intention biocritique esthético-politique de critiquer les discours légitimateurs des paradigmes phallocentriques. Les volontaires eux-mêmes le reconnaissent d'ailleurs en ces termes.

Principe matérialiste-historique dans l'expérience esthétique du volontaire de l'Œuvre multiorgasmique

Le principe historico-dialectique représente pour tout criticisme la reconnaissance de la construction socio-historique de ce qui dérange et/ou qui est critiqué pour son existence. En ce qui concerne le *sujet esthétique* de l'Œuvre multiorgasmique collective, il convient de souligner que le principe historico-dialectique représente essentiellement la reconnaissance de la *construction sociale de l'identification de la culture cognitive du sujet social aux paradigmes épistémologiques du phallocentrisme* ; il s'agit de la reconnaissance du fait que son *moi* sexuel est déterminé dimensionnellement par la culture du biopouvoir hégémonique.

Chez les participants de l'Œuvre multiorgasmique collective, le principe historico-dialectique s'exprime de manière plus évidente au cours de l'entretien, lorsqu'ils reconnaissent et évoquent les besoins sexuels qu'ils ont éprouvés au cours de leur vie. Et tout particulièrement lorsqu'ils parviennent à identifier l'autoérotisme non seulement comme une méthode d'auto-connaissance au cours de leur histoire personnelle, mais aussi comme un droit humain. Ce principe implique et représente chez le *sujet esthétique* de l'Œuvre multiorgasmique collective la reconnaissance de soi-même comme un sujet de droit, lié en tant qu'être humain et corporel aux autres sujets sociaux, lorsqu'après avoir reconnu sa capacité critique corporelle, il reconnaît ses besoins sexuels comme des capacités sexuelles et comme des droits humains, et que cette reconnaissance lui permet de relier la dimension humaine à la dimension sociale, la dimension personnelle et intime à la dimension collective et politique de l'autreté sociale, à l'altérité humaine qui découle de l'altérité du plaisir sexuel.

Or, parmi les 41 participants de l'Œuvre multiorgasmique collective, quels sont ceux qui ont reconnu la construction sociale et culturelle de leur corps et de leur sexualité identifiés à une économie sexuelle excluante? Tous, absolument tous : lesbiennes, homosexuels, bisexuels et hétérosexuels ont reconnu la capacité cognitive qu'impliquait le fait de toucher de leur propre corps, une capacité dévaluée par l'éducation reçue, ou réprouvée par la culture et le contexte social au sein duquel ils ont grandi. Au cours de l'entretien, les participants ont expressément identifié quatre sources principales de socialisation au cours de leur enfance et de leur adolescence : le noyau familial (l'Église à travers ce noyau), l'école, les amis et les médias. Pour la quasi-totalité des participants, l'influence de la famille dans la construction de leur sexualité a essentiellement consisté à éviter ce sujet de conversation, ou à en faire un sujet de honte et de rejet non verbal. Pour sa part, l'école, en tant que source socialisatrice, transmet avant tout l'image d'une sexualité reproductive, et ce dès le primaire ; à partir du secondaire, à l'image de cette sexualité reproductive s'ajoute la notion de risques physiques, et de maladies sexuelles souvent mortelles. Les participants ont ainsi mentionné le fait que la peur du SIDA véhiculée par l'éducation sexuelle reçue durant leur adolescence avait influencé leur *moi* sexuel en leur transmettant la vision d'une sexualité potentiellement mortelle, ou menacée les maladies sexuellement transmissibles. Par ailleurs, pratiquement tous les participants identifiées durant l'enfance et l'adolescence à des garçons ont désigné les amis d'enfance et d'adolescence comme la source d'information la plus révélatrice sur la sexualité du plaisir, car c'est en discutant avec leurs amis que les enfants et les adolescents se socialisent et prennent connaissance d'une sexualité du plaisir. C'est donc naturellement le milieu des amis et des camarades de classe qui permet et encourage la corporalisation du plaisir sexuel à travers l'autoérotisme en tant qu'expérience cognitive. C'est également à travers cette source socialisatrice que les participants entrent en contact avec la pornographie, par le biais de films, de photographies, de revues et de l'Internet, ce qui est perçu comme une activité ludique, de divertissement et de socialisation. Chez les garçons, le fait de partager de l'information sur la sexualité apporte des éléments importants dans la construction du *moi* sexuel masculin : une personnalité capable de contradiction, basée sur l'audace et le courage d'aborder les sujets sexuels, l'audace de recueillir et de partager de l'information documentaire sur ces sujets, et le courage de se réunir afin d'en parler :

« Tu sais pas trop pourquoi tu commences à te toucher ;
[...] D'un côté il y a l'influence de tes amis, qui te
disent qu'il faut que tu t'y mettes et tout et tout, mais
il y a aussi une partie répressive, tu commences à
entendre des commentaires, une série de mythes sur
ce qui peut t'arriver si tu te masturbes [...] D'un côté
t'entends toute la désinformation exagérée et fausse
de tes amis qui te disent toutes sortes de choses pour
te motiver, et de l'autre il y a une série de blagues, de
commentaires moralisateurs qui vont dans l'autre sens
[celui de la répression]. Et tout ça vient se mélanger au
cocktail d'hormones de l'étape que tu traverses. Alors
tu comprends pourquoi c'est si terrible, l'adolescence. »
(Témoignage de l'Œuvre multiorgasmique)

« C'est quelque chose qui t'est exigé socialement, par tes
amis. [...] T'es un enfant si t'as pas eu une expérience
sexuelle. [...][Ce premier contact sexuel-génital avec
une autre personne] c'est ce sentiment d'appartenance,
dont je te parle, du partage. » (Témoignage de l'Œuvre
multiorgasmique)

« Quand j'étais gamin, je pensais pas au « sexe » [...]
En tout cas, je ressentais pas le désir. [...] Je crois que
c'est pour des raisons à la fois sociales et physiques, j'ai
commencé à voir que de plus en plus de copains avaient
des relations et [je me suis dit] : « Je vais pas rester en
rade ». Mais c'était surtout par rapport à la question
des relations sexuelles, pas juste des pelotages et tout
ça, l'idée c'était surtout de pas rester en rade au niveau
des relations, de suivre le processus d'évolution [...]
et il y avait aussi la pression de mon cercle d'amis. »
(Christian)

« Moi, ma première masturbation je crois que c'était
à quinze ans, ou douze, je sais plus, quelque chose

comme ça. Entre douze et quinze ans, je m'en rappelle pas vraiment. Mais en fait je savais pas comment m'y prendre ; mes amis me disaient : « regarde, fais comme ça ». [...] Mais je savais pas comment conclure, je savais pas et je me disais : « putain, c'est énervant ». Je veux dire, le fait de pas arriver à conclure, quoi. Ça durait un moment et après c'était : « bon, et alors ? », « ça y est, je me suis encore énervé et je sens plus rien, je bande et tout, mais je sens rien », que je me disais. Peut-être parce que je savais pas comment, ou que je le faisais pas avec la même émotion que les autres qui l'avaient senti, je sais pas. Je veux dire, ça allait pas loin, jusqu'à ce qu'un jour après deux ou trois essais, la troisième fois je me suis dit : « hé ben voilà ! », après, la première fois que j'ai senti l'orgasme, je me suis dit : « bon, ben maintenant je sais ce que je dois faire ». [...] En fait c'étaient des gosses et ils arrivaient pas vraiment à m'expliquer ce qu'ils sentaient. C'était comme une compétition, on se disait « et toi, combien de fois par jour ? » (Ricardo)

« Le premier qui m'a parlé de l'orgasme c'est un copain, et tout de suite ma réaction ça a été : « je te crois pas ». Et lui il me disait : « mais si, puisque je te dis que je le fais, c'est trop bon, touche-toi ». Curieusement, **entre nous ça a commencé comme un conseil, comme on recommanderait un bon film** : « vas-y », « tu devrais aller le voir ». Ça commence comme ça: « te prive pas de ça », et d'une certaine manière tu te dis : « ok c'est bon, je vais le faire » parce que d'une certaine manière on te l'a bien recommandé. » (Jorge)

Pour ce qui est des filles, si certaines d'entre elles ont eu l'occasion de partager et de discuter de sujets sexuels liés au plaisir, ou d'échanger entre elles des informations documentaires ou des expériences sur la masturbation et la pornographie, par exemple, il ne s'agit que de cas isolés, qui prennent très rarement la forme d'activité ludique de socialisation.

« À l'école ça a été ça, les copains et les copines savaient que les hommes se masturbent car tout le monde sait que les hommes se masturbent ; mais personne mentionne par exemple le fait qu'une femme aussi peut se masturber. » (Melissa)

« Je savais bien que [le sexe] c'est quelque chose dont les gens ont besoin, mais je me disais : « Bon, jusqu'à maintenant c'est quelque chose dont je peux me passer » […], ça a commencé à m'intriguer parce qu'au Lycée j'avais une amie très précoce […] Elle savait tout l'ABC du sexe, je pouvais parler de tout ça avec elle. […] Elle avait déjà eu des expériences avec plein de garçons et moi pas. Et sans lui dire que j'avais pas encore eu ma première expérience, j'ai commencé à me renseigner dans les livres, à demander à mes autres amies et j'ai commencé à me dire : « Ben dis donc ! ça a l'air drôlement intéressant comme expérience. » (Angela)

« […] je me souviens que mon frère m'avait dit : « tu sais ce que c'est, ça ? » (en faisant le geste de se masturber) et moi je lui ai dit : « qu'est-ce que c'est ? » et lui : « hé ben c'est ça… » (Alicia reproduit la mimique de son frère en imitant avec ses doigts un orifice dans lequel elle introduit les doigts de l'autre main en un va et vient suggestif, et se met à rire) […] Alors un jour au collège et j'ai fait le geste devant mes copines. Le bruit a couru dans toute la classe et toutes les filles se retournaient et s'amusaient à le faire (Elle refait le geste du coït avec ses mains et sourit). [Après] je me suis découverte moi-même, j'ai commencé à me toucher et j'ai eu une drôle de sensation (Alicia imite avec sa main un coup de hache coupant l'autre main). Évidemment au début j'ai adoré ça, mais ensuite j'ai eu comme un choc terrible en pensant à ce qu'était supposé être « une fille bien », à ce que disait l'Église. Et par rapport à ça je devais être rien de moins qu'une « grosse cochonne » et en plus je pouvais plus me confesser. Comment dire tout ça à un curé ? [...] Il m'a fallu beaucoup de temps avant que je puisse en parler avec quelqu'un, en fait jusqu'au lycée. Au lycée j'ai été capable d'en parler avec une fille qui sentait la même chose, et on s'est dit : « ça peut plus durer ! », « ce truc-là, il faut en parler ». On devait avoir à peu près quatorze ans... En tout cas mes amies au début elles faisaient mine d'être scandalisées. » (Alicia)

On peut observer à travers ces témoignages une différenciation hétérosexuelle entre la socialisation des filles et celle des garçons, dans la mesure où chez ces derniers, l'initiation corporelle génitalisée au plaisir sexuel à travers la connaissance de leur propre corps est une initiation poïétique collective, partagée, qui fait l'objet de discussions et se pratique même parfois de manière collective, reproduisant l'appropriation corporelle de l'enfant en un rituel de « fraternité » de genre, d'intégration à une collectivité masculine. Il n'en va pas de même avec les filles, chez qui on observe une discrimination, une répression ou une réprobation de celles qui osent pratiquer l'autoérotisme ou partager cette expérience personnelle avec des amies. Les échanges autour de la sexualité sont le plus souvent des discussions intimes entre deux amies et non au sein d'un groupe ; les relations sexuelles et l'autoérotisme, loin d'être valorisés en tant que pratiques féminisantes, sont au contraire perçus comme des pratiques honteuses aussi bien pour soi-même que pour les autres, en une reproduction des formes poïétiques d'enculturation durant l'enfance de la différenciation phallocentrique du paramètre de bestialité. Il est par ailleurs intéressant de souligner que les pratiques d'initiation sexuelle des garçons supposent une vision plus tolérante et un assouplissement du paramètre original de bestialité, lequel considère les appétits charnels comme des éléments abjects également chez les garçons, chez qui le risque de bestialité potentielle doit être contrôlé individuellement et de manière rationnelle. Cela dit, ces pratiques d'initiation ou de masculinisation génitalisée, corporalisée, et de discussion collective, s'inscrivent dans la lignée de la pensée des différenciations et oppositions binaires phallogocentriques, tandis que le silence autour du thème de l'autoérotisme féminin correspond aux aspects passifs attribués à la féminité par cette même pensée phallogocentrique hégémonique au sein des sociétés occidentales de la modernité tardive, telles que les sociétés française et mexicaine.

À cette différence en matière de socialisation, il convient d'ajouter le fait que tous les participants ont affirmé n'avoir entendu parler de la masturbation féminine dans aucun des contextes ni par aucune des sources de socialisation mentionnées, tandis que la masturbation masculine était sinon encouragée, au moins reconnue dans les milieux scolaires et par les moyens de communication et de socialisation prédominants au cours de l'enfance et de l'adolescence, et notamment par la pornographie. Toutefois, la pornographie échangée clandestinement ne constitue pas la seule source de socialisation à laquelle les enfants et les adolescents aient accès : on peut également mentionner par exemple les émissions érotiques à la télévision ou même la présence de documents ou d'information pornographique dans le milieu familial.

Dans ces derniers cas, les éléments présents dans le foyer familial de l'enfant ou de l'adolescent confrontent évidemment leur capacité socialisatrice avec le milieu familial, car leur présence reste clandestine, cachée, niée, réprouvée, tandis que les émissions érotiques sont censurées par les parents. Et lorsque cette censure est imposée, elle est accompagnée d'un silence, d'une absence d'explication de la part des censeurs, qui contribue au rejet de la sexualité en tant que sujet de discussion au sein du milieu familial ou du moins en présence des membres de la famille représentants de l'autorité. Quant aux échanges de pornographie au sein du milieu familial entre membres de hiérarchie équivalente, par exemple entre frères, ils prennent souvent la forme de troc, sur fond de complicité la plupart du temps implicite ou non énoncée.

« Pendant la puberté [...] même si ton père est le dernier des puritains tu cherches la manière de rompre avec tout ça. C'est là que tu commences à entrer dans un cercle d'amis, parce qu'avant ça les premières fois c'est plutôt dans le cadre familial, quand tu trouves un film dans la chambre de ton frère et que tu le regardes ; un autre ami pique une revue porno à son frère, il l'amène à l'école et te la prête ; des fois on allait en petits groupes chez le marchand de journaux pour essayer de lui acheter quelque chose ; et même s'il était évident qu'on y arriverait pas avec notre uniforme du secondaire, on tentait quand même le coup ; et quand ton père te surprenait avec ce genre de choses, tu te faisais engueuler [...] Quand tu te faisais pincer, d'abord tu te sentais coupable, mais après tu le rationalisais pendant une ou deux heures et puis tu t'arrangeais pour trouver une méthode pour pas te faire attraper, je me rappelle que je prenais des films pour enfants, et je mettais le film dans une jaquette de Mickey Mouse, comme ça personne dans la maison allait le regarder, ou je changeais l'étiquette comme si c'était un documentaire, c'est-à-dire je mettais les trucs les plus ennuyants pour que mes parents les cherchent pas. Et avec mes frangins, c'était comme un système de mensonge partagé : tu trouvais quelque chose dans sa chambre, tu le piquais, et lui il disait rien de peur de se faire pincer , il allait jamais dire « Maman, t'as pas vu le film porno que j'avais laissé sur mon lit ? », on savait très bien tous les deux que je lui avais piqué [...] ce que je veux dire par « mensonge partagé », c'est que ton frère attendais que tu t'en ailles, il rentrait dans ta chambre et prenait ce que t'avais, on était des sortes de distributeurs hypocrites parce que personne disait rien, même que si ma mère m'engueulait, il se mettait du côté de mes parents à m'accuser, mais moi je disais rien parce que si je l'accusais, en même temps j'accusais mon fournisseur. » (Benjamín)

« [Quand j'ai entendu parler de masturbation pour la première fois] je devais avoir huit ans [...] [je me souviens que] vers les douze ans, un copain s'était procuré une revue « Regarde ce que j'ai piqué à mon frère » et on se mettait à regarder ; hé, prête-là moi, et une fois dans l'intimité on se frottait, enfin, moi personnellement je me frottais. » (Jorge)

« À dix ans, je parlais de ces sujets avec des amis plus grands qui allaient voir des films porno. Moi j'y allais pas parce que j'étais mineur et on me laissait pas entrer, mais les copains plus âgés de quinze ou seize ans nous racontaient aux plus jeunes ce qu'ils voyaient et ce que d'autres frères leurs disaient. En fait, c'était du bouche à oreille, quoi. » (Témoignage de l'Œuvre multiorgasmique)

« Ouais, [l'expérience de la masturbation a plutôt rapport avec le contexte privé de la maison familiale qu'avec celui de l'école ou des amis], tout à fait. Mais on parlait avec des amis, vers treize ou quatorze ans. Les conversations c'était plutôt parce qu'on draguait des filles quand on était jeunes, donc on sortait avec des filles, des fois on allait chez elles, des fois chez un ami [...] donc on avait des contacts avec des filles et on parlait beaucoup. [Surtout] avec un ami, [par exemple] « de cette fille-là », « est-ce que tu crois queeee, on va faire l'amour avec elle », ou « est-ce que tu crois que... ». Non, [Les limites pour parler du sujet je les perçois plutôt à la télé], c'est la télé qui dit ça. En regardant la télé, des fois il y une scène ou il y a un film porno qu'on coupe. Je pense que ceux qui montrent les limites, [Et qui coupent?] c'est les parents, peut-être vers quatorze quinze ans, quelque chose comme ça- [...] il y a des moments où tu sais qu'il y a une scène de film ou trop violente ou trop sexuelle ou érotique et on coupe, la télé est coupée, on change de chaîne. [Mais], on parle pas

beaucoup, dans la famille on parle pas beaucoup de ça.
[…] Avec des amis, oui, on parle de ça, oui. » (Guillaume)

En ce qui concerne la masturbation en tant qu'expression de ce besoin de connaissance sexuelle, chez pratiquement tous les garçons, la première expérience masturbatoire est née d'une volonté de connaissance sexuelle inspirée par un groupe d'amis. Dans tous les cas, les amis d'enfance ou d'adolescence leur ont conseillé de découvrir et d'expérimenter l'autoérotisme. En revanche, les participants – hommes et femmes, hétérosexuels, homosexuels, lesbiennes et bisexuels – ont affirmé ne pas avoir entendu parler de l'autoérotisme féminin avant l'âge adulte, et dans les cas où ils ont eu connaissance de cette pratique chez la femme, cela a été sous la forme d'une information informelle, provenant à nouveau de connaissances ou d'amis d'enfance et/ou d'adolescence.

Tous les participants de sexe masculin ont participé en tant que socialisateurs et ont été socialisés par le discours de leurs amis d'enfance ; ils partageaient avec eux des informations sur la sexualité, l'érotisme et le plaisir sexuel, sous la forme de conversations, de récits, d'anecdotes et même de jeux tournant autour de leur corporalité. Tandis que les filles n'avaient de contact avec la corporalité du plaisir masculin ou féminin qu'en tant qu'observatrices du plaisir des garçons, et dans les cas de discussions entre filles ou adolescentes, leur rôle consistait essentiellement à raconter ou écouter des histoires qu'elles avaient entendu, et très rarement à raconter les expériences qu'elles avaient vécues à travers leur propre corporalité du plaisir.

« Mais il m'a fallu beaucoup de temps avant que je puisse en parler avec quelqu'un, en fait jusqu'au lycée. […] En tout cas mes amies au début elles faisaient mine d'être scandalisées mais avec le temps, avec les années, petit à petit, tout doucement, elles ont fini par admettre qu'elles aussi, elles se masturbaient : une depuis qu'elle avait neuf ans, l'autre je sais plus comment […] Mais au début ça a été un scandale. » (Alicia)

Or il est fort probable que cette participation active des garçons dans la construction sociale de la sexualité de leur congénères contribue à la consolidation d'une certaine solidarité de genre, qui expliquerait l'existence à l'âge adulte d'une poïétique politique d'affirmation collective entre « égaux » (masculins) chez les hommes et d'affirmation intime plutôt que d'affirmation collective chez les femmes. Sans doute s'agit-il là d'un autre effet néfaste du système patriarcal phallocentrique sur le tissu social, au sein duquel on peut observer le processus de production esthétique des identités sexuelles potentiellement esthétiques considérées comme inférieures ou exclues de l'économie hétérosexuelle (femmes et identités LGBTTTI), dont le corps et les corporalités sont considérées comme abjectes, soulignant ainsi le processus de co-poïésis des « identités propres » en tant que processus qui commence avec l'affirmation subjective des individus en tant que *sujets de désir,* et se poursuit avec leur affirmation subjective en tant que *sujets historiques* (sujets co-poïétisateurs de leur propre identité).

Par ailleurs, pratiquement tous les participants de sexe masculin, homosexuels, bisexuels ou hétérosexuels ont affirmé avoir puisé l'essentiel de leur information sexuelle dans des films pornographiques et parmi les amis de leur âge entre l'enfance et l'adolescence.

En réfléchissant sur l'autoérotisme, tous les participants se sont souvenus de la capacité cognitive découlant du toucher et des sensations éprouvées sur la peau de tout leur corps, ainsi que de la capacité de la main comme outil érotique par excellence. Tous ont reconnu une capacité sensuelle-cognitive présente dès l'enfance et ont attribué à cette capacité une valeur de besoin cognitif, un besoin essentiellement corporel devant être satisfait non seulement par le corps, mais aussi et surtout *corporellement.*

« Je me vois vraiment quand j'étais gosse que j'adorais courir dans les champs de blé et là je sais que j'étais pas dans le contrôle. [...]. J'étais souvent à la campagne j'avais un plaisir, une jouissance, d'ailleurs je mettais souvent pas de culotte, juste une petite robe [...]. » (Nathalie)

Ils ont par la suite insisté sur le fait que cette reconnaissance découlait d'une soif de connaissance que beaucoup ont essayé de satisfaire à travers des livres, mais qu'ils n'ont véritablement perçue comme connaissance sexuelle qu'à travers l'expérience même de leur propre plaisir sexuel et du plaisir partagé. Parmi les participants, une grande majorité a identifié la sexualité comme un besoin non seulement intellectuel mais aussi corporel de connaissance, qui devait être satisfait avec la corporalité, ce qui n'a pas empêché quelques-uns d'entre eux de chercher des réponses à leurs questions dans les livres, non seulement durant l'enfance et l'adolescence, mais aussi dans certains cas jusqu'à l'âge adulte. Tous ont néanmoins affirmé n'avoir vraiment satisfait leur besoin de connaissance qu'à travers l'expérience d'affirmation subjective corporelle, et dans plusieurs cas à travers l'expérience de l'autoérotisme.

En ce qui concerne la sexualité du plaisir et les incitations à vivre l'expérience sexuelle transmises par les amis, la totalité des garçons ont reconnu avoir été motivés et souvent même fortement incités par les amis de leur âge à découvrir leur capacité de connaissance cognitive. Dans le cas des filles, la découverte de l'autoérotisme et la première expérience de masturbation sont souvent l'expression d'une volonté cognitive personnelle :

« La première fois c'était après, au secondaire, et je me rappelle que j'avais déjà entendu parler de masturbation, j'avais déjà entendu parler de comment s'y prendre, des descriptions, quoi, mais j'avais jamais eu envie de le faire, jusqu'à un jour où j'étais, en fait j'étais chez ma grand-mère, mais j'étais tout seul et j'en ai eu envie ; ça s'est fait comme ça, sans aucune raison sociale ou mentale ; ça a été physique et très bizarre en fait, comme ça, la première fois en me frottant, mais ça a été vraiment bon. » (Christian)

« Ils m'ont poussé à le faire, on pourrait dire. La première fois que je me suis masturbé [...] ça a pas vraiment été « la grande expérience » qu'ils disaient que c'était, non. Mais j'ai pas été déçu non plus, parce que c'était gratifiant, c'était agréable. » (Jorge)

« [...] jusqu'à mes treize ans, quand on a déménagé dans une autre ville. C'est à cette époque que je me suis découverte moi-même, que j'ai commencé à me toucher et j'ai eu une drôle de sensation (Alicia imite avec sa main un coup de hache coupant l'autre main). Évidemment au début j'ai adoré ça, mais ensuite j'ai eu comme un choc terrible en pensant à ce qu'était supposé être « une fille bien ». » (Alicia)

Afin d'expliquer l'absence d'information sur la masturbation féminine dans les milieux familiaux et scolaires et la présence de l'autoérotisme chez les garçons et les adolescents, certains participants ont même été jusqu'à invoquer une moindre réponse sexuelle chez les femmes que chez les hommes. La réponse sexuelle de ces derniers, plus facile à percevoir visuellement grâce à l'érection du phallus, a certainement contribué à rendre plus visible la sexualité masculine dans l'éducation familiale et scolaire, la prépondérance de ces signes représentatifs de la réponse sexuelle ayant sans doute eu pour effet d'éclipser les signes pourtant visibles de la réponse sexuelle féminine. Non seulement cette visibilité de la réponse sexuelle masculine a contribué à renforcer l'importance de l'aspect visuel dans la construction de la connaissance sur la sexualité, mais elle s'est également traduite par un certain phallocentrisme dans la perception et l'identification de la réponse sexuelle de la corporalité des deux sexes. Par ailleurs, l'importance accordée aux signes visibles de la réponse sexuelle chez les deux sexes durant la jeunesse et l'âge adulte a engendré une déficience sensuelle dans la construction corporelle de la connaissance de soi-même et de la réponse sexuelle des autres partenaires au sein d'une relation sexuelle. Une déficience qui réduit la capacité cognitive corporelle des sujets en donnant trop d'importance au sens de la vue dans la construction de connaissance sexuelle partagée, au détriment des autres sens. Cette déficience cognitive imposée au sujet à travers la culture peut être corrigée par une reconnaissance réflexive de la corporalité et des réactions du corps qui redonne toute son importance à la perception des sens dans la réponse sexuelle de chacun. Une telle capacité réflexive de la reconnaissance corporelle de la réponse sexuelle peut être développée dans le cadre d'une sexualité partagée, lorsque le sujet cognitif la vit « orgasmiquement ». Car sans orgasme, il est fort difficile de connaître la corporalité de sa propre réponse sexuelle. C'est en vivant la relation de manière orgasmique que le sujet est en mesure de percevoir les signes externes de la réponse sexuelle orgasmique de son partenaire. Mais seule l'expérience orgasmique vécue dans sa propre chair permet la structuration subjective de la réponse sexuelle du sujet.

Principe d'autonomie dans l'expérience esthétique du volontaire de l'Œuvre multiorgasmique

Le principe d'autonomie, selon les termes de la théorie reichienne sur la formation du caractère du sujet, pourrait être interprété comme la reconnaissance de l'existence de pulsions primaires (biologiques) et de pulsions secondaires (culturelles), mais aussi et surtout comme la reconnaissance de la capacité des pulsions primaires à émanciper le sujet des impositions culturelles dont découlent les pulsions secondaires de sa sexualité, de son *moi* sexuel. Le principe d'autonomie implique donc que le sujet reconnaisse la capacité d'émancipation de son *moi* sexuel affirmé subjectivement à travers son propre corps, afin de pouvoir s'approprier la force performative de sa corporalité. Dans le cadre de cette recherche, nous avons identifié chez les participants ces deux étapes de reconnaissance de l'expérience esthétique du *moi* sexuel. Dans l'Œuvre multiorgasmique, les participants critiquent et poïétisent la séquestration de leur expérience sexuelle et de leur capacité créatrice de plaisir sexuel à travers l'autoérotisme et une réponse sexuelle orgasmique. Ils reconnaissent ainsi une certaine autonomie découlant de leur masturbation, de l'autoérotisme en tant que méthode légitime constructrice de plaisir sexuel.

Dans le cas très spécifique des participants à l'Œuvre multiorgasmique collective, le principe d'autonomie pourrait être interprété comme la reconnaissance de leur propre construction sociale en tant que sujets décorporalisés par une culture réprouvant le plaisir sexuel et l'autoérotisme, suivi de la reconnaissance corporalisée de leur capacité créatrice de plaisir sexuel. Ainsi, les participants sont-ils devenus des sujets corporellement critiques dès lors qu'ils ont exercé consciemment leur capacité créatrice de plaisir sexuel à travers l'autoérotisme, que ce soit avant ou après avoir participé à ou eu connaissance de l'Œuvre multiorgasmique. Et bien qu'ils soient des sujets corporellement esthétiques à travers l'expérience de l'autoérotisme et de la création d'une réponse sexuelle orgasmique dans l'intention esthétique de voir leur témoignage physique ou oral servir de matériel créatif, cela ne signifie pour autant que le principe d'autonomie soit exclusif de l'expérience esthétique ; en effet, aussi bien le sujet critique que le sujet esthétique peuvent expérimenter l'autonomie ou la liberté que leur permet la critique potentiellement esthétique. La différence entre les deux expériences réside dans le fait que l'autonomie conquise par l'expérience esthétique répond à une dialectique négative et recherchera la « tragédie » – une autre critique de la critique émancipatrice – afin de se libérer du processus de sédentarisation, de chosification et de décomposition vers quel tend toute critique, qu'elle soit esthétique ou non, corporalisée ou non.

Avec le principe d'autonomie, c'est la capacité de liberté poïétique qui s'affirme chez le sujet esthétique et dans l'œuvre d'art, dans la mesure où tous deux relèvent d'une expérience esthétique, une expérience de liberté. Il s'agit bien évidemment d'une liberté relative et nécessairement liée au moment, à l'action conjoncturelle consistant à contredire poïétiquement ce que l'on critique. Dans le cas de l'art, cette liberté répond aussi nécessairement à une tendance à la sédentarisation et à la décomposition naturelle du devenir historique, selon laquelle toute critique poïétique et/ou structurée finit par devenir obsolète de par la nature mutante de ce devenir historique. Ainsi, sa contradiction cessera-t-elle inexorablement d'exercer une tension lorsque le devenir historique qu'elle critique se transformera. La temporalité des expériences esthétiques est relative et dépend des évolutions historiques, mais quoi qu'il advienne, tôt tard, toute critique cessera d'exercer sa tension esthétique face à l'histoire. C'est pourquoi le criticisme envisage la tragédie du « suicide » ou de l'« assassinat » de ses propres critiques avant que leur contradiction ne cesse d'en être une. Dans le cas du sujet esthétique, en tant qu'expérience esthétique, le principe d'autonomie suggère également l'expérience d'une certaine liberté, une liberté vécue par le sujet critique vis-à-vis de l'élément ou de l'aspect de sa propre construction sociale qu'il critique. Dans le cas des participants de l' Œuvre multiorgasmique collective, le principe d'autonomie pourrait être interprété comme la reconnaissance par les participants de la construction sociale de leur sexualité, de la force performative de leur corporalité d'affirmation subjective en tant que *sujets de désir*, puis comme la reconnaissance corporelle de la capacité émancipatrice de leur corps, dont ils s'approprient en faisant un usage conscient de leur corporalité en tant que capacité cognitive et créatrice à travers l'autoérotisme (reconnaissance des participants en tant que *sujet historiques*). Dans cette œuvre collective, les témoignages physiques d'autoérotisme ont représenté une synthèse des pratiques corporelles en tension vis-à-vis du phallocentrisme (des pratiques soulignant une « désidentification » face aux normes régulatrices qui matérialisent la différenciation sexuelle. De telles désidentifications collectives peuvent faciliter une reconceptualisation des « corps qui comptent » et des corps susceptibles de servir de matière critique intéressante »[218]) ; l'affirmation subjective corporalisée d'identités sexuelles et corporelles propres est le fruit de la force performative des corporalités abjectes d'affirmation subjective poïétisées par les individus réels se reconnaissant comme *sujets de désir* et *sujets historiques*.

La différenciation hétérosexuelle qui sous-tend l'autoérotisme, la masturbation et les thèmes liés à la réponse sexuelle humaine génère chez les garçons des pratiques corporalisables d'appropriation corporelle et de complicité collective qui permettent l'appropriation poïétique non seulement de l'individu masculin mais aussi du groupe identitaire qu'il représente ; tandis que chez filles, la vision abjecte de l'autoérotisme en tant que pratique et sujet de conversation tend au contraire à dissoudre le lien collectif identitaire. Partant de cette différence, on peut observer à travers ces pratiques liées au plaisir sexuel corporalisées chez des filles et des garçons du même âge une reproduction du paramètre de la bestialité corporelle phallogocentrique et de la différenciation hétérosexuelle hérité de la philosophie grecque d'Aristote et de Platon, qui constitue selon Wittig, Irigaray et Butler, la racine de la pensée occidentale. Cette différenciation binaire a été élaborée par Aristote dans sa *Métaphysique* (Libri I, 5, 6)[219], qui évoque la production sociale d'un sujet masculin « actif » (limité, impair, un, droit, lumineux, bon, carré et immobile) et d'un sujet féminin « passif » (illimité, pair, variant, courbe, obscur, mauvais, rectangulaire et en mouvement).

L'historicité de la vision de l'autoérotisme comme une pratique abjecte est étroitement liée à l'historicité des pratiques et corporalités considérées comme abjectes en fonction du paramètre phallogocentrique de bestialité corporelle. L'autoérotisme représentent de manière concrète l'assouvissement de l'appétit sexuel, un appétit associé à la féminité par le paramètre de bestialité corporelle en question, et dont la présence dans le corps

---

[218] Butler, (1993)/2010: 21.
[219] Aristóteles en Wittig, 1992, 2006: 73-74.

masculin le rabaisse lorsqu'il se laisse gouverner par cet appétit de plaisir sexuel, mais pas lorsqu'il pratique normalement sa sexualité, contrairement au corps féminin, considéré comme un réceptacle, un sujet passif incapable de gouverner sa passion, et dont la seule attitude convenable consiste à passer sous silence ses appétits sexuels.

Pour l'*art biocritique*, l'autoérotisme représente une pratique corporelle « abjecte » potentiellement esthétique dès lors qu'elle est exercée par des personnes identifiées biologiquement comme des femmes par le discours de socialisation hétérosexuelle phallogocentrique ; mais cela peut également être une pratique critique potentiellement esthétique lorsqu'elle est exercée par des personnes identifiées comme des garçons durant l'enfance et l'adolescence, dès lors qu'elle implique une reconnaissance de l'historicité de la production sociale d'un imaginaire symbolique de la différenciation hétérosexuelle.

D'une manière générale, l'autoérotisme étant une pratique différenciée hétérosexuellement qui représente l'initiation corporelle du garçon à son appropriation phallique en tant que *sujet historique* poïétiquement actif dans la production d'une identité sexuelle propre, le témoignage de l'autoérotisme offert à une œuvre d'art poïétisée afin de revendiquer les droits sexuels « abjects » en tant que droits humains vise à « dénaturaliser » cette différenciation phallogocentrique hétérosexuelle, car au même titre que le travestisme, « il peut être utilisé aussi bien en vue de la dénaturalisation que de la réidéalisation des normes hétérosexuelles hyperboliques de genre »[220], particulièrement lorsque l'autoérotisme est pratiqué par des sujets identifiés aux formes cognitives passives (féminines) par la métaphysique occidentale, mais aussi lorsqu'il l'est par des sujets identifiés aux formes actives (masculines), à condition que les sujets masculins en question dépassent la simple fonction érotique à l'aide de pratiques politisées (telles que les témoignages physiques et oraux de l'Œuvre multiorgasmique) leur permettant de nier

---

[220] Butler, (1993)/2010: 184.

esthétiquement cette différenciation hétérosexuelle entre sujets actifs et passifs, comme dans le cas suivant :

> « On considère souvent la masturbation comme un besoin ou un soulagement, mais moi j'essaye plutôt de voir ça comme une manière récréative de mieux me connaître, de découvrir jusqu'où peut aller ma sexualité, plutôt que ses limites. [...] Il y a des fois où la masturbation c'est quelque chose de mécanique et d'autres où il y a une excitation spéciale, une nouveauté ; par exemple cette idée du témoignage ça a été quelque chose en soi qui m'a donné envie, quoi, de le faire. » (Roberto)

L'autoérotisme comporte davantage de similitudes avec le travestisme qu'on pourrait le croire. En effet, les témoignages – physiques, corporalisés ou oraux – de l'autoérotisme et de la réponse sexuelle orgasmique destinés à servir de matériel créatif pour une œuvre d'art publique en tant qu'expression critique politisée de l'intimité au sein de l'espace public, impliquent une dénaturalisation du genre et une performativité d'identités sexuelles propres qui fait songer aux actions hyperboliques du travesti lorsqu'il s'affirme à son tour comme *sujet de désir* et *sujet historique* dans le contexte analysé par Butler (1985/2010).

De même que le travesti évoqué par Butler s'emploie à dénaturaliser la différenciation hétérosexuelle, le sujet de désir au sein de l'*art biocritique* représenté par le sujet pratiquant l'autoérotisme (ou d'autres pratiques considérées comme abjectes par phallogocentrisme, à l'aide desquelles il s'affirme subjectivement comme un *sujet de désir* et *sujet historique* ayant sa propre identité sexuelle) « est constitué par et au moyen de l'itérabilité de ses actions, une répétition que lui sert à la fois à légitimer et à délégitimer les normes d'authenticité qui l'ont construit [en tant que sujet abject] »[221]. En ce sens, le témoignage est une action hyperbolique réalisée par le sujet critique

---

[221] Butler, (1993)/2010: 192.

potentiellement esthétique qui, au moyen de l'itérabilité du témoignage collectif, produit une crise remettant en cause le sens abject attribué à l'autoérotisme par le paramètre de la bestialité corporelle phallogocentrique, dans la mesure cette pratique corporelle met en évidence la différenciation hétérosexuelle poïétique socialisée sous la forme de catégories sexuelles actives « supérieures » et passives « inférieures ». De sorte que la potentialité esthétique de l'autoérotisme en tant que témoignage physique et oral offert spontanément par un groupe diversifié à une œuvre d'art biocritique, réside dans la vision abjecte de cette corporalité en tant que « pratique représentant les limites de l'intelligibilité » au sein de la pensée occidentale, et soulignant ainsi le rejet par le phallogocentrisme des formes poïétiques considérées comme des « extérieurs constitutifs », ainsi que de toutes les autres formes poïétiques d'affirmation subjective corporalisée. Or c'est précisément sur ce rejet que repose la potentialité esthétique de ces corporalités « abjectes » – au sein ou en dehors de l'art – à l'origine de la « crise » permettant de remettre en cause les catégories de l'hétérosexualité reproductrices de la vision phallogocentrique binaire qui distingue les sujets actifs des sujets passifs et bestiaux, et de tous les autres sujets exclus du pouvoir phallique mais inclus dans le paramètre de la bestialité corporelle phallogocentrique.

Si l'on considère comme Butler que toute « crise subie par ce qui constitue les limites de l'intelligibilité se traduira par une crise des noms »[222], alors l'autoérotisme et toutes les autres pratiques corporalisées d'affirmation subjective recèlent une potentialité esthétique au sein des sociétés de la modernité tardive, en tant que détonateurs potentiels d'une crise des *noms* à l'aide desquels la pensée phallogocentrique sédentarise épistémologiquement la culture cognitive quotidienne et les apprentissages sexuels qui se succèdent à partir de l'enfance.

[222] Butler, (1993)/2010: 201.

Principe nihiliste dans l'expérience esthétique du volontaire de l'Œuvre multiorgasmique

Pour l'esthétique biocritique, le principe nihiliste représente le courage du criticisme qui cherche à soumettre ses propres critiques à l'expérience de la tragédie afin d'éviter qu'elles ne perdent la tension et la contradiction esthétique qui caractérise la vitalité de toute critique. Ce principe ontologique du criticisme sert d'avertissement et permet de veiller constamment à cette vitalité. Au sein de l'Œuvre multiorgasmique collective, les sujets critiques expérimentent le principe nihiliste sous une forme transcendante, dans la mesure où leur propre subjectivité perd de son importance face à celle de la collectivité, en tant qu'éléments qui composent poïétiquement le *sujet esthétique idéal* dans l'œuvre d'art qu'ils sont par la suite appelés à observer en tant que spectateurs, aux côtés du public en général. Dans ce cas, leur expérience esthétique se transmue en une possibilité d'expérience esthétique pour eux-mêmes et pour les autres, mais cette fois comme spectateurs et non plus comme participants d'une telle corporalité. Or cette expérience esthétique vécue en tant que spectateur exige que l'on soumette l'œuvre observée à une autocritique concernant la forme poïétique corporalisée de la participation à l'Œuvre multiorgasmique visant à critiquer le biopouvoir phallocentrique.

Le principe nihiliste chez le sujet esthétique de l'Œuvre multiorgasmique est constitué par tout changement de perspective sexuelle découlant de sa participation à cette œuvre, marquant un *avant* et un *après* cette participation, grâce à une affirmation subjective des participants qui manifestent ainsi leur revendication politique des droits sexuels à travers leurs témoignages physiques et oraux offerts à l'Œuvre multiorgasmique collective :

> « J'ai aussi été motivé par l'idée de faire quelque chose de différent, parce qu'à vrai dire ça me serait jamais venu à l'idée de laisser un témoignage de mon autoérotisme, ça pourrait même être un peu gênant, et ça je crois

que ça m'a paru intéressant, j'ai été séduit par l'idée
de faire quelque chose que j'avais jamais fait. Et aussi
par le fait de participer à quelque chose de plus vaste,
de plus collectif, tu m'as dit que beaucoup de gens y
participaient et je me suis dit « c'est trop cool ! Des gens
de pays différents [...], je crois dans la collectivité et
dans la connexion qui existe entre les gens, et tout ça ça
a formé un ensemble. » (León)

« Je suis vachement sensible aux questions artistiques,
même si je sais que ta démarche a un arrière-plan
politique, je dois te dire que c'est la dimension artistique
qui m'attire, ça c'est clair. Je trouve ça très intéressant
de rendre public quelque chose de privé et d'en faire de
l'art. » (Edgar)

« Ce qui m'a motivé c'est le truc dont tu m'as parlé –
comment t'as dit que ça s'appelait ? – le « témoignage
physique », parce que ça m'a intrigué, quoi. [...] J'ai
décidé de participer parce que... ben pour défendre les
différents droits, les différents sexes qu'il y a dans le
monde, et ici. Ça m'a paru une démarche généreuse
[...]. » (Ricardo)

« J'ai décidé de participer parce que ça m'a paru
intéressant, j'avais jamais participé à quelque chose
comme ça, à une manifestation publique ou à un acte
artistique. » (Roberto)

« Je me suis dit qu'avec le « témoignage physique » tu
allais probablement créer une peinture, parce que je sais
que tu peins ; mais j'ai pas cherché à en savoir plus, je
me suis juste dit : « je sais pas, elle va sûrement faire
quelque chose de bien et il faut la soutenir, allons-y, pas
de problème, je suis sûr qu'elle va faire quelque chose de
bien, c'est parti ! », « je veux faire partie de ce projet »,

quoi […]. « Je veux en faire partie parce que j'ai bien aimé tes commentaires [ceux de l'affiche] sur le plaisir sexuel et la liberté de se masturber et tout ça, et je me suis dit « ben oui, pourquoi pas ? Je me masturbe et y a pas de problème. » (Jorge)

« Ma pensée après la création du témoignage physique, ça a été : « j'ai tenu parole ». » (Angela)

« Dans notre témoignage, je vois comme nos désirs, ce qu'on a senti, ce qu'on aime. Ça a comme absorbé la relation qu'on a eue pendant toute une année, et on a voulu l'exprimer dans une œuvre. […] Je sais pas, ça apporte un peu de spiritualité, de l'inspiration ; c'est comme transmettre une expérience pour qu'elle dure et qu'elle tombe pas dans l'oubli. » (Melissa)

« Ma pensée avant de faire le premier témoignage, ça a été de voir la serviette et de me dire : « j'avais jamais fait ça sur commande ». […] D'une certaine manière, tu te dis : « entre ça où jeter le truc directement à la poubelle, au moins je sens qu'une serviette sur mille que j'ai jetées à la poubelle servira à quelque chose ». » (Benjamín)

Certains participants ont ainsi manifesté l'envie ou le désir de nouvelles possibilités et de nouveaux horizons dans leur vie sexuelle, comme résultat d'une mutation de certains aspects de leur imaginaire sexuel et politique à la suite de cette expérience. C'est du moins ce qu'affirment avoir vécu certains participants à l'Œuvre multiorgasmique à travers cette nouvelle expérience en tant que spectateurs.

Toutefois, un récit littéraire peut tout aussi bien représenter une critique de l'œuvre plastique. Non pas en tant qu'extension de cette œuvre, mais en tant que récit critique envers le processus créatif et revitalisant du mouvement esthétique produit par l'œuvre et dans l'expérience personnelle et collective des participants (à travers leur affirmation subjective en tant que *sujets de désir* et *sujets historiques*). Un récit qui confondrait les dimensions idéale et réelle du sujet esthétique.

Quoi qu'il en soit, on peut considérer l'expérience du principe nihiliste à travers l'expérience esthétique des participants à cette œuvre comme un acte courageux. En effet, on ne peut pas dire que tout le monde soit capable de se masturber ou de pratiquer l'autoérotisme, de produire un témoignage de sa réponse sexuelle orgasmique et de partager son récit créateur à travers l'art, c'est-à-dire non seulement avec l'artiste, mais aussi avec le public de l'Œuvre multiorgasmique collective. Cet acte implique un certain courage, c'est pourquoi on peut considérer cette œuvre comme un acte de bravoure esthétique de la part des participants. De plus, il convient de souligner que les participations en question ne sont pas le fait de personnalités désinhibées, ce qui ne fait qu'accentuer le courage et la bravoure des participants. En effet, dans leur récits, ces derniers ont spontanément fait part de leurs craintes et de leurs appréhensions, et ce sans que je leur aie posé de questions à ce sujet, ce qui met en évidence le courage dont ils ont dû faire preuve pour mener à bien cette expérience en tant que coparticipants et co-créateurs de l'Œuvre multiorgasmique collective.

CHAPITRE 6

Déconstruction épistémologique des rapports entre science et art biocritique

━━━━━━━

Une pensée critique est potentialement biocritique dans la mésure...

Pour l'esthétique biocritique, au sein du contexte socio-historique du biopouvoir phallocentrique hégémonique au seins des sociétés de la modernité et la modernité tardive, une pensée critique est potentialement biocritique dans la mésure où reconnais ou aide à réconaitre la potentialité esthétique de la corporalité humaine d'affirmation subjective (d'identités propres et d'identités personnelles) en tant que l'expression d'une « conscience de soi-même » et besoin esthétique de l'émancipation du sujet humain face à toute sédentarisation épistémologique du biopouvoir hégemonique. Parmi ces pensées biocritiques du XXe siècle, on peut mentionner plusieurs biocritiques dissidents de l'hégémonie épistémologique moderne des sciences sociales , dissidents du structuralisme lesquels ont critiqué le matérialisme historique de Marx à travers une resignification de celui-ci ; resignification du paradigme de la contradiction (reconnaissance-critique-révolution) chez la pensée critique marxiste au sein de la philosophie et la théorie sociale de la modernité et de la modernité tardive représentés par plusieurs auteurs. Quelques uns comme Theodore W. Adorno, Karl Marx et Friedrich Nietszche (parmi d'autres) avec une critique plus abstraite envers toute sédentarisation épistémologique au sein de la science ou au sein de la société. Quelques autres comme Paul Feyerabend, Thomas Kuhn et Karl Popper (parmi d'autres) avec une critique envers toute sédentarisation épistémologique particulièrement au sein de la science moderne et la pensée occidentale. Et d'autres auteurxs critiques comme Margaret Mead, Malinowski, Luce Irigaray, Monique Wittig, Judith Butler, Teresa de Lauretis, Nancy Jodelet, Julia Kristeva, Joan Riviere, Marta Rosler, Iris Young, Beatriz Preciado, Wilhelm Reich, Herbert Marcuse, Michel Foucault, Félix Guattari, Franz Hinkelammert, Merleau-Ponty, Jacques Derrida, Herbert Marcuse, Anthony Giddens, Gleen (parmi d'autres) avec une critique particulièrement envers toute sédentarisation épistémologique d'un ou plusieurs paradigmes phallocentriques au sein de la pensée moderne occidentale et de la modernité tardive. Dans presque tous les cas, ces critiques portent (de façon locutive ou perlocutive) notamment sur la séquestration épistémologique de l'expérience de la corporalité et la sexualité humaine du sujet moderne. Par exemple, le cas de la théorie sociologique de la modernité tardive de Giddens, qui dénonce la séquestration épistémologique de l'expérience et reconnaît le corps comme un *système d'action*, une *praxis* poïétisante de l'*auto-identité* dans un contexte de modernité tardive :

> « Le corps n'est pas seulement une entité physique que nous « possédons », il est un système d'action et il est fondamental (par son implication éminente dans les interactions de la vie quotidienne) pour l'identité du « je ».» [223]

Parmi les autres pensées prométhéennes critiquant le biopouvoir et reconnaissant la force performative des capacités poïético(corporelles) cognitives de la subjectivité du sujet social, on peut mentionner des concepts précis : le concept du *Prométhée* de Marx interprété par Hinkelammert (2005 et 2008) en tant que *sujet corporel avec des besoins*, la théorie du biopouvoir imposant sa norme au *sujet de désir* formulée par Foucault (1976 et 1984),

---

[223] Giddens, 1995 : 99.

la théorie de la fonction sociale de l'orgasme et de l'*orgonomie* de Reich, la théorie de l'éthique du discours du *sujet autonome* d'Habermas et Appel, la théorie de la formation éthique et du raisonnement moral de Kohlberg (1971) ; la théorie esthétique, la dialectique négative d'Adorno et son concept d'*expérience esthétique*, la théorie de l'*abjection* de Kristeva (1980) ou encore la théorie de la *peur de la différence* de Young (2000) ; le concept du *sujet historique* de Wittig (1992), la *force performative* de la corporalité *queer* dans la théorie *queer* de Butler, etc.

Avec toutes ces pensées biocritiques des sciences on peut critiquer l'identification ou reconnaissance de la production d'une *fausse conscience* chez le sujet social et *observer et faire observables* avec les langages structurés de la science que la sexualité et la corporalité du sujet humain sont aussi voies d'expression des capacités poïético-esthétiques performatives d'une *identité du «je»* – comme dit Giddens –, ou au moins d'une *identité antagonique* (émancipation) du sujet par rapport à son rôle d'articulateur du paradigme hégémonique. La corporalité d'affirmation subjective du sujet humain est alors conçue comme une *corporalité biocritique esthético-politique*[224] en tant que capacité de contradiction esthétique vis-à-vis du biopouvoir, une capacité critique basée sur la dialectique négative entre l'historicité de la construction sociale du sujet et son affirmation subjective ; une dialectique négative d'esthétique nihiliste qui produit un *sujet critique*, revitalisant un *sujet esthétique* qui renvoie au *lecteur critique*[225] de Derrida, ou au sujet de *rationalité réflexive* chez Castoriadis (1990 y 1997), ou encore à l'*affirmation du sujet* chez Touraine (2006) :

> « au *sujet réflexif* de Castoriadis (1990 et 1997); le genre de *lecteur critique*[226] representé par Derrida ; très

---

[224] Une définition de la corporalité esthético-politique est consultable dans le chapitre intitulé « Méthode de déconstruction esthétique de l'*art de témoignages des corporalités abjectes* ».

[225] Cohen & Dilon (coord.), 2007.

[226] Cohen & Dilon (coord.), 2007.

proche de ce que pourrait être dans le domaine de la morale sexuelle ce sujet qui « se reconnaît » comme *sujet de désir*, selon les termes de la théorie du biopouvoir de Foucault (1984 : 12); ce sujet qui émancipe sa capacité de connaissance à travers l'expérience, libérant cette expérience dont Giddens (1991/1995) déplore qu'elle ait été séquestrée depuis l'Esprit moderne et jusqu'à la modernité tardive. Le genre de sujet capable de reconnaître le langage de son corps et la présence de l'énergie sexuelle qui interagit avec les règles sociales dans la construction de son *moi* ; de reconnaître les enchaînements entre les pulsions primaires et secondaires, que Reich qualifie respectivement de pulsions bioénergétiques et de pulsions culturelles. Le genre de sujet qui s'humanise en humanisant ses droits sexuels comme des droits humains, au-delà des accords internationaux, dans la pratique sensuelle, subjective, subjectivante de son intimité biographique avec lui-même et avec les autretés. Le genre de sujet qui reconnaît sa sexualité comme le fruit de l'interaction entre construction sociale et autopoïésis. Un sujet que la sociologie marxiste et Franz Hinkelammert (2008) m'ont décrit comme *sujet corporel et avec des besoins*. Un sujet qu'Adorno qualifierait de sujet esthétique et que l'art biocritique a cherché à poïétiser dans ce qu'il a appelé l'*Œuvre multiorgasmique*. Il s'agissait d'un sujet critique, qui poïétisait jusqu'aux ultimes conséquences ses critiques de la séquestration de l'expérience sexuelle et de la décorporalisation du *sujet moderne*, subjectivant la connaissance objectivée, légitimant le droit au plaisir sexuel avec sa propre expérience au-delà de la théorie et du concept de la loi, reconnaissant son esprit poïétique grâce auquel il pouvait modifier les impositions sociales et l'ordre moral qui l'entravaient dans la construction de connaissance, à travers sa propre expérience sensuelle et corporelle subjectivante. Voilà le *sujet historique* chez

Monique Wittig et la *force performative* de l'expérience corporelle d'affirmation subjective chez Judith Butler. Voilà, les *révolutions moléculaires* de Félix Guattari (1977) ; voilà les sujets sociaux qui donnent leurs témoignages esthétiques à l'art biocritique. Voilà, le *sujet esthétique* des œuvres d'art biocritique des corporalités abjectes »[227]

un sujet qui, tout en vivant dans un contexte où le biopouvoir est produit par les qualités que Longino (1997) et Wittig (1992/2006) qualifient de *masculines*[228], est néanmoins capable d'exercer son autonomie de sujet qui poïétise la connaissance en utilisant des qualités épistémologiques réputées sans légitimité sociale, celles que Longino qualifie de *féminines*.

Au-delà des pensées critiques que nous venons de mentionner, le XXe siècle a vu se consolider un autre courant poïético-épistémologique s'opposant à la sédentarisation des pensées prométhéennes poïétisatrices de critiques humanisantes : il s'agit d'expressions artistiques ayant commencé à intégrer littéralement la poïétique corporelle de la critique en tant que poïétique essentielle de leurs poïésis. C'est notamment le cas de

---

[227] Fragment de l'"Introduction aux trois récits création de l'Œuvre multiorgasmique chez *La fonction esthétique-politique de l'orgasme* Volume I. (Guattari, Félix, *Desiderio e rivoluzione : intervista a Félix Guattari*, Squilibri, Milan, 1977. Conversation avec Franco Berardi (Bifo) et Paolo Bertetto.).

[228] « Wittig reprend le premier tableau d'opposés qui est apparu dans l'histoire, élaboré par Aristote (Métaphysique, Libri I, 5, 6). À travers cette dichotomie moralisée, on voit clairement l'épistémologie humaine abstraitement attribuée à la matérialité masculine, caractérisée par les qualités de « l'Être », tandis que celles de la femme correspondent au « Non-être », aux côtés de toutes les corporalités rentrant dans le vaste paramètre de bestialité et d'abjection, représentées non seulement par le corps de la femme et d'autres genres performatifs invisibilisés et infériorisés, mais aussi par toutes les expressions humaines, sociales et même environnementales correspondant à l'une des qualités épistémologiques du pôle féminin. » Texte pris de l'essai intitulé « Art biocritique. Qu'a-t-il été, qu'est-il devenu et qu'aspire-t-il à devenir ? » du chapitre 6 de cet livre.

l'art biocritique qui, au cours des XIXe, XXe et XXIe siècles, a critiqué les formes épistémologiques du biopouvoir en poïétisant corporellement une humanisation dont on peut dire qu'elle est liée à la pensée éthico-marxiste dans la mesure où elle consiste à poïétiser corporellement la contradiction esthétique vis-à-vis de toute forme épistémologique où la corporalité et la subjectivité esthétique du sujet humain serait une dimension « abaissée, asservie, abandonnée, méprisé »[229].

Dans cette perspective, toutes les pensées biocritiques esthétiques et tous l'art biocritique des XIXe, XXe et XXIe siècles partagent une intention poïétique et esthétique révolutionnaire d'émancipation du sujet social aliéné, chosifié et identifié par les biopouvoirs hégémoniques de chaque contexte socio-historique ; à savoir l'intention de critique envers les différents formes épistémologiques, politiques et socio-culturelles du biopouvoir phallocentrique ; à savoir l'intention esthétique de légitimation socio-historique et reconnaissance esthétique du fait que la *conscience corporalisée de soi-même* constitue la force performative d'affirmation subjective du sujet humain face à la force de toute épistémologie hégémonique (de la religion, de la science ou de tout autre style cognitif). Ainsi, la production d'un art biocritique au sein d'un contexte socio-historique caractérisé par la présence épistémologique d'une science moderne sédentarisée et *déifiée* épistémologiquement implique que l'art en question soit critique par rapport à cette hégémonie scientifique, qu'il considère comme articulatrice d'une *fausse conscience* ou pseudo-subjectivité

---

[229] Le philosophe et économiste allemand Hinkelammert fait une interprétation éthique de la figure du « Prométhée de Marx » dans son article intitulé « *Prométhée, le discernement des dieux et l'éthique du sujet. Réflexions à partir d'un livre* » publié en espagnol dans la revue *Pasos* (mars-avril 2005, DEI, San José, Costa Rica, 2005). Dans cet article, l'auteur mis l'accent sur la suivante cite du Marx en tant qu'impératif éthique de la pensée éthique et *humanisante* du Prométhée de Marx : « *L'homme est pour l'homme l'être suprême, ce qui aboutit à l'impératif catégorique de renverser tous les rapports dans lesquels l'homme est un être abaissé, asservi, abandonné, méprisé.* ». (Voir aussi le chapitre de ce livre dédié à la pensée marxiste).

hétéronome vis-à-vis d'une science *déifiée*[230] et érigée en source de raison et de jugement légitime de vérité et de réalité. Dès lors, au cours des XIXe, XXe et XXIe siècles, l'art biocritique envers le biopouvoir phallocentrique a logiquement retourné sa critique contre la science occidentale, en dénonçant la déification de cette science génératrice d'une *fausse conscience* qui décorporalise le sujet humain.

La critique d'esthétique biocritique se poïétise en établissant un lien de dialectique négative et esthético-nihiliste vis-à-vis de ces constructions sociales à travers un processus de création artistique qui expose l'*idéal-type* esthétique de l'*art biocritique* (à savoir une critique biocritique/resignification esthétique des corporalités/sexualités abjectes de potentialité esthétique du sujet socio-historique réel) afin de dénoncer en critiquant la construction sociale du sujet et de sa sexualité en tant que processus de *reproduction* et d'*identification* sexuelle exclusivement basé sur les qualités épistémologiques privilégiées par le biopouvoir phallocentrique.

L'*art biocritique de témoignages des corporalités abjectes* observe et fait observer – à travers le rôle de premier plan des corporalités « abjectes » dans ses poïésis – qu'au sein de sociétés où règne l'hégémonie épistémologique des *paradigmes du phallocentrisme* (les paradigmes binaire-hétérosexuel, rationaliste-abstractionniste, et de bestialité corporelle)[231], et où dominent

---

[230] Voir plus sur la déification de la science moderne dans le « Chapitre 5. Fonction esthétique du « On observe qu'un certain type de révolution n'est pas possible, mais en même temps on comprend qu'un autre type de révolution devient possible, non pas au moyen d'une certaine forme de lutte des classes, mais au moyen d'une révolution moléculaire qui non seulement met en mouvement les classes sociales et les individus, mais qui constitue également une révolution machinique et sémiotique. » de Marx. Le matérialisme historique est-il un biocriticisme ? » de cet même livre.

[231] On trouvera une définition et une description des paradigmes épistémologiques reconnus dans le cadre de cette recherche comme phallocentriques dans le texte intitulé « Paradigmes du phallocentrisme occidental moderne : Pour quoi l'art biocritique

par conséquent les *qualités épistémologiques masculines*[232], la sexualité humaine est une construction sociale qui crée chez le sujet humain des besoins et des capacités corporelles fonctionnant comme des forces articulatrices et sédentarisatrices du paradigme hégémonique en tant qu'apparente « subjectivité » assignée au *sujet social*, invisibilisant, inhibant, voire même interdisant toute reconnaissance de la force performative de sa corporalité d'affirmation subjective et des besoins et des capacités cognitives sexuelles et corporelles de ce sujet et même de tout être vivant (animaux, nature, cosmos) « abaissée, asservie, abandonnée, méprisé » par sédentarisations et/ou déifications épistémologiques au sein de la production socio-historique du réel socio-historique. C'est pourquoi la forme de la biocritique esthétique envers le biopouvoir épistémologique inclut l'autopoïésis et la participation - par exemple - de la corporalité et sexualité d'affirmation subjective des sujets sociaux car l'historicité épistémologique de ces corporalités abjectes est la dimension de la sexualité humaine « abaissée, asservie, abandonnée, méprisée » ; historicité qui représente la potentialité esthétique d'une corporalité biocritique *esthético-politique* du *sujet social* en tant que *sujet esthétique* co-poïétisateur des biocritiques envers le biopouvoir.

En effet, l'ontologie du sujet esthétique qui intègre l'expérience corporelle/sexuelle d'affirmation subjective dans la construction de la connaissance sur la sexualité (et dans la production d'identités sexuelles propres et d'identités personnelles) est avant tout un criticisme esthétique car la part d'originalité qu'est susceptible d'apporter l'expérience subjective de chaque sujet détermine des aspects socialement « indéterminés », permettant ainsi la véritable émancipation esthétique du *sujet social*. Dans cette perspective, une ontologie expérimentale de la sexualité

---

critique la science? » (Chapitre 1 du présent volume) et dans le texte intitulé « Paradigmes épistémologiques du biopouvoir phallocentrique au sein de la modernité tardive » (Chapitre 2 du présent volume).

[232] À ce sujet consulter l'essai intitulé « Art biocritique. Qu'a-t-il été, qu'est-il devenu et qu'aspire-t-il à devenir ? » du chapitre 6 de cet livre.

est un moment poïétique esthétique au cours de la construction sociale du sujet, équivalent à l'expérience subjective que peut apporter *l'être-en-soi subjectif et non imitatif*, un sujet présentant une certaine originalité, à mi-chemin entre ce que Wilhelm Reich (1932/2007 et 1945/2003) appelle les pulsions culturelles et les pulsions bioénergétiques, une dialectique négative entre la culture et la bioénergie qui ne soit pas dominée par la seule culture et inhibée sur le plan esthétique.

Le sujet esthétique de l'*art biocritique des corporalités abjectes* n'est pas une méthode scientifique mais un « Prométhée esthétique », poïétisé sous la forme d'une œuvre d'art revitalisant le mouvement esthétique de toutes les dimensions sédentarisées de l'économie hétérosexuelle hégémonique au sein d'un ordre social hétéronome vis-à-vis du phallocentrisme. Or si le Prométhée de Marx reconnaît la forme poïétique de l'autopoïésis en tant que capacité du sujet humain, il place avant tout sa confiance dans la forme poïétique basée sur la raison matérialiste scientifique. L'art biocritique est interprétée aussi par l'esthétique biocritique en tant qu'un moment esthétique du matérialisme historique car elle est une resignification esthétique du moment scientifique de celui. Car l'intention esthétique de l'*art biocritique* est de mettre en avant un sujet esthétique en critiquant toute forme poïétique et tout style cognitif – y compris la science – qui ne reconnaîtrait pas la subjectivité esthétique en tant que capacité et besoin poïético-cognitif du sujet humain.

La biocritique esthétique de cet art dénonce la participation d'une pseudo-subjectivité assignée à l'individu en tant que *sujet social*, car elle considère que la subjectivité qui participe aux processus de production et de reproduction sociale du Prométhée esthétique ou sujet esthétique de l'*art biocritique* n'est pas une subjectivité pure et autonome, tant il est vrai que l'expérience du sujet est étroitement liée à sa dimension sociale. L'expérience d'esthétique biocritique s'agit d'une subjectivité (corporelle/sexuelle) abjecte resignifiée et resignifiante, qui possède une grande force performative productrice d'identités propres et d'identités personnelles, et qui représente un type de pouvoir alternatif, antagonique   au type biopouvoir hégémonique. En termes de Butler, un type de pouvoir émancipateur de resignification de cette différence exclue par l'hétérosexualité, et que Marx considère pour sa part comme un besoin des groupes radicaux :

> « Les groupes les plus radicaux ont besoin d'affirmer leurs points de vue et leurs intérêts en les présentant comme généraux et universels, une position qui concerne à la fois les points pratiques et philosophiques (politiques).[233]

Tandis que la théorie queer de Butler conçoit la politique queer comme une resignification visant à retourner le pouvoir contre lui-même et à produire des pouvoirs alternatifs, fût-ce à l'aide de ressources impures :

> « Concevoir le pouvoir comme une resignification [, …] réinstaller l'abjection comme le site de son opposition et [...] reconcevoir les termes qui établissent et soutiennent les corps qui comptent. »[234]

C'est pourquoi la proposition plastique de l'*art biocritique des corporalités abjectes* consiste à poïétiser des processus poïétiques auxquels le sujet participe avec les qualités épistémologiques de sa corporalité d'affirmation subjective en tant que corporalité esthético-politique ; il s'agit non seulement de la subjectivité rationalisée et abstraite du *sujet social*, mais aussi de la subjectivité sensuelle et la corporalité esthétique de ce *sujet social* en tant que *sujet esthétique, sujet de rationalité réflexive* (Castoriadis, 1990 et 1997), *sujet d'affirmation* subjective (Touraine, 2006),

---

[233] Wittig, (1992)/ 2006: 73-74.
[234] Butler, (1993)/2010: 337.

lecteur critique[235], *sujet de désir* (Foucault, 1984 : 12), sujet d'un « Moi propre » (Giddens, 1991/1995) ; sujet de bonne circulation bioénergétique (Reich, (1932)/2007) ; *sujet corporel et avec des besoins* (Franz Hinkelammert, 2008) ; *sujet historique* (Monique Wittig, (1992)/ 2006) sujet de subjectivité performatif (Judith Butler, (1993)/2010) ; sujet des *révolutions moléculaires* (Félix Guattari (1977).[236] « Voilà les sujets sociaux qui donnent leurs témoignages esthétiques à l'art biocritique. Voilà, le *sujet esthétique* des œuvres d'art biocritique des corporalités abjectes »[237]

Pour ce faire, l'*art biocritique des corporalités abjectes* invite les sujets à participer à la création d'œuvres revendicatrices des droits humains et sexuels avec leur corporalité et leur subjectivité esthétique en tant que forces co-poïétisatrices du corps. Les œuvres esthétiques sont des microprocessus artistiques au sein desquels la dimension prédominante n'est pas la construction culturelle sociale ni la bioénergie de l'individu poïétisateur mais la corporalité d'affirmation subjective biocritique esthético-politique, considérée comme abjecte par le phallocentrisme, ce qui lui confère une potentialité esthétique en tant que mouvement esthétique remettant en cause la sédentarisation épistémologique phallocentrique, en contradiction esthétique avec les schèmes culturels hégémoniques de ce biopouvoir.

Il est important de préciser qu'au sein de la poïésis des critiques esthétiques de l'*art de témoignages des corporalités abjectes*, ce n'est pas l'« expert en art » (l'artiste), mais bien le *sujet social* en tant que sujet humain et rebelle qui autopoïétise

---

[235] Cohen & Dilon (coord.), 2007.

[236] « On observe qu'un certain type de révolution n'est pas possible, mais en même temps on comprend qu'un autre type de révolution devient possible, non pas au moyen d'une certaine forme de lutte des classes, mais au moyen d'une révolution moléculaire qui non seulement met en mouvement les classes sociales et les individus, mais qui constitue également une révolution machinique et sémiotique. »

[237] Fragment de l'"Introduction aux trois récits création de l'Œuvre multiorgasmique du premier volume de la série intitulée « La fonction esthétique-politique de l'orgasme ».

sa *conscience de lui-même* (Marx, 1841/1844), qui corporalise son *identité du « je »* ou *identité personnelle* (Giddens, 1991/1995), en *s'affirmant* (Touraine, 2006) en tant que *sujet corporel avec des besoins* ((Marx, 1841 *in* Hinkelammert, 2005 : 20) *sujet de désir* (Foucault, 1976 et 1984), *sujet historique* (Wittig, 1992), sujet ayant une identité sexuelle propre produite par la *force performative* (Butler, 1993/2010) des expériences *queer* d'affirmation subjective ; un *sujet social* en tant que sujet humain et rebelle qui autopoïétise sa *conscience de lui-même* (Marx, 1841/1844) à travers l'autocritique de sa *fausse conscience*, à travers la *contradiction esthétique* (Adorno, 1970/2004) vis-à-vis de sa corporalité *articulatrice* (Kuhn, 1962) d'un paradigme du biopouvoir propre au contexte socio-historique au sein duquel il se poïétise en tant que biocritique esthétique dans le cadre du processus de production d'une œuvre d'art.

L'*art biocritique* renforce l'esthétique de la révolution socio-politique à partir de la révolution intime fondée sur l'appropriation de la conscience de soi-même par le sujet social, en tant qu'appropriation corporelle et esthétique assumant pleinement sa dialectique poïétique vis-à-vis de la sexualité culturelle véhiculée par le biopouvoir – dont l'art biocritique reconnaît la présence au sein de la corporalité du sujet sous la forme de pulsions culturelles (1932/2007, 1945/2003 et 1947/2004), tout en privilégiant l'utilisation des corporalités « abjectes » en tant que corporalités d'affirmation subjective poïétisatrices d'une critique esthétique envers le phallocentrisme, tant il est conscient du fait que ces corporalités traditionnellement abaissées, asservies, abandonnées, méprisées par le biopouvoir phallocentrique au moyen de normes morales et éthiques dont les formes argumentatives varient en fonction des contextes socio-historiques et de l'hégémonie épistémologique prédominante du moment, sont des corporalités potentiellement esthétiques en raison de l'historicité de leur caractère « abject ». Cette reconnaissance de l'influence performative de la sphère personnelle sur la sphère publique trouve ses racines dans le mouvement féministe et dans des criticismes esthétiques ayant développé des concepts tels que les *révolutions moléculaires* de Felix Guattari (1977), la *démocratisation de l'intimité* en vue d'une *démocratisation socio-politique* de Giddens (1991/1995), la *conscience de l'oppression* de Wittig (2006 : 41), ou encore la *politique queer* de Butler (1993/2010), pour ne citer que ceux-là.

La critique esthétique poïétisée corporellement par l'*art biocritique* en tant qu'expérience esthétique d'un sujet socio-historique du réel est possible dans la mesure où elle est poïétisée dans un contexte socio-historique moderne et de la *modernité tardive*[238] dominé par une structure cognitive rationaliste et désensualisante, une épistémologie articulatrice du biopouvoir hégémonique : le phallocentrisme. Il en ressort une continuité des dépendances historiques – d'abord entre la religion et la modernité, puis entre la modernité et la raison matérialisée par la science – de l'idéal-type d'une corporalité du sujet social soumise aux hégémonies épistémologiques de la religion et de la raison scientifique, une continuité qui s'est exercée au détriment des pulsions esthétiques de la corporalité du sujet. D'où l'utilité de l'autopoïésis du Prométhée esthétique ; c'est-à-dire d'où le moment esthétique de la resignification esthétique/artistique du matérialisme historique en tant que science de l'art biocritique.

Pour l'*art biocritique*, la corporalité biocritique esthético-politique est la capacité et le besoin poïético-cognitif permettant au sujet humain de poïétiser dans un tel contexte une expérience subjective, c'est-à-dire de s'affirmer subjectivement au sein de la collectivité en tant que Prométhée esthétique – face au Prométhée matérialiste épistémologiquement sédentarisé dans la méthode scientifique basé sur le paradigme rationaliste, abstractionniste de la science moderne occidentale –, tout en veillant à ce que son expérience esthétique soit l'expression d'une intention esthétique prométhéenne équivalente à une critique esthétique, c'est-à-dire

---

[238] À ce sujet voir aussi : « Chapitre 2. Art biocritique au sein de la modernité tardive » et « Chapitre 4. Tension esthétique entre esthétique biocritique et science moderne occidentale » de cet même livre.

une émancipation esthétique poïétisée à travers des témoignages par le *sujet corporel avec des besoins* – qui est le sujet humain réel – et non par l'« expert en art », ni par la science, ni par aucun autre style cognitif particulier.

Même lorsque cette poïésis s'inscrit dans le cadre d'un processus artistique, le poïétisateur fondamental n'est autre que le sujet socio-historique du réel socio-historique qui se contredit corporellement et réflexivement en assumant le rôle d'articulateur d'un *idéal-type* de sujet esthétique à partir de sa corporalité d'affirmation subjective, un *idéal-type* qui ne peut être esthétique que dans la mesure où il n'est ni déifié ni sédentarisé épistémologiquement. Or l'*art biocritique* en tant qu'art critique, veille à ce que cela n'arrive jamais car il établit des liens de contradiction avec lui-même avant de succomber au sédentarisme poïétique ou épistémologique, avant d'être déifié.

Pour cet art, la capacité émancipatrice de l'expérience subjective dans un contexte comme celui que l'on vient de décrire se rapproche de ce qu'Adorno qualifie d'*expérience esthétique*, c'est pourquoi on utilise ce terme pour désigner l'autopoïésis esthétique et artistique d'esthétique biocritique, autrement dit la poïésis biocritiques de l'art, du sujet socio-historique du réel ou d'un autre style cognitif n'importe quel . Pour l'*art biocritique*, l'expérience esthétique qui fait du sujet humain poïétisateur un sujet esthétique est l'expérience de la biocritique et de la contradiction esthétique vis-à-vis de la sédentarisation d'un paradigme acritique qui tend à abaisser, asservir, abandonner et mépriser l'épistémologie corporelle, subjective et esthétique du sujet humain et de tout être vivant (animaux, nature, cosmos) « abaissée, asservie, abandonnée, méprisé » par sédentarisations et/ou déifications épistémologiques au sein de la production socio-historique du réel socio-historique. Dès lors, de cette expérience esthétique surgit le *sujet esthétique* ou Prométhée esthétique, resignifié esthétiquement poïétisé artistiquement par cet art biocritique envers le biopouvoir en tant que sujet autopoïétique d'affirmation subjective ayant besoin d'établir à partir de sa corporalité un lien de contradiction esthétique avec sa propre dimension et avec la dimension sociale de sujet décorporalisé.

Pour l'*art biocritique*, l'expérience d'esthétique biocritique ou biocritique esthétique est la participation de la corporalité esthético-politique (corporalité non assignée culturellement au sujet social ou corporalité « abjecte ») à la production de la conscience de soi-même, à la production d'identités sexuelles propres, d'identités personnelles.

L'expérience d'esthétique des biocritiques esthétiques du lien entre le sujet et son propre corps et sa sexualité est une relation au sein de laquelle le sujet et sa corporalité se réinventent subjectivement dans un enchaînement de dialectique négative esthético-nihiliste vis-à-vis de la culture hégémonique véhiculée par le biopouvoir. Non plus en tant que reproducteurs d'une corporalité et d'une sexualité assignée ou conforme à ce que « doit être » le « bien-être individuel » et social ou ce que « doit être » la « santé sexuelle » d'une *fausse conscience* de la corporalité et la sexualité médicalisées, mais bien en tant que sujets participant pleinement à leur propre poïésis dans cet enchaînement esthético-nihiliste entre les pulsions culturelles et les pulsions biocritiques (celles socialement abjectes), au sein duquel ces dernières établissent un lien de contradiction esthétique vis-à-vis des premières, dans le cadre de l'expérience individuelle et sociale. Voilà ce qu'est l'autopoïésis biocritique de la *conscience de soi-même* ou affirmation subjective corporalisée par le sujet humain que Marx reconnaît comme *l'essence suprême du sujet humain* et que l'*art biocritique* poïétise corporellement à travers ses œuvres et processus artistiques.

La corporalité d'affirmation subjective ou l'autopoïésis de l'*auto-conscience de soi-même* corporalisée chez le sujet humain poïétisant l'*art biocritique*, survient à l'image de

> « L'être-en-soi auquel on remet des œuvres d'art, ce n'est pas une imitation de quelque chose de réel, mais l'anticipation d'un être-en-soi qui n'existe pas encore, de quelque chose d'inconnu et qui se détermine à travers le sujet »[239].

---

[239] Adorno, 1970 : 109.

C'est ce que cet art poïétise dans ses œuvres à travers la dialectique négative entre les pulsions culturelles et les pulsions esthétiques, au sein d'un processus de production socio-historique du *sujet social* et d'un système épistémologique esthétique.

Les œuvres de l'*art biocritique* mettent en évidence la capacité micro-révolutionnaire du sujet social à travers un processus plastique. Cela implique parfois une reconnaissance gnoséologique corporelle de la conscience politique de celui qui défend ses droits sexuels à travers une corporalité esthético-politique. Dans le cas de *l'œuvre multiorgasmique collective*, la défense ou la lutte sociale en faveur de la légitimation de l'autoérotisme en tant que processus d'apprentissage du droit au plaisir sexuel (particulièrement l'orgasme et l'autoérotisme) et à la connaissance des besoins et des capacités corporelles du *sujet social*, n'implique pas nécessairement de sa part une action militante au sein de l'espace public, mais plutôt une intention esthético politique, à dire la poïésis biocritique d'une volonté esthético-politique latente de défendre sur le plan intime et de manière publique ses droits sexuels ; une telle démarche a au moins le mérite de reconnaître la sexualité en tant que capacité et besoin poïétique du sujet, une sexualité jusqu'alors séquestrée par les formes épistémologiques du phallocentrisme dominante au sein de la modernité et de la modernité tardive.

Dans le cas de l'*œuvre multiorgasmique*, il a fallu créer et même recréer l'expérience corporelle de plaisir sexuel en tant que poïétique du sujet sexuel, afin de nier esthétiquement la construction sociale de la sexualité « abjecte » du *sujet social* dénigrée par le phallocentrisme. Cette œuvre émancipe esthétiquement l'expérience corporelle d'affirmation subjective séquestrée épistémologiquement et dénigrée par la normativité et le symbolisme du biopouvoir phallocentrique. Elle le fait tout d'abord en spiritualisant une critique qui défend l'expérience sexuelle orgasmique, et toute autre liée au plaisir sexuelle, afin de contredire l'épistémologie dominante qui la dénigre en tant que capacité et besoin épistémologique du sujet ; puis elle le fait en transmuant la création du plaisir sexuel en création de matériel artistique. C'est dans cette transmutation que réside fondamentalement la praxis du criticisme esthétique de l'*œuvre multiorgasmique*; il lui faudra néanmoins procéder à une nouvelle spiritualisation, cette fois non seulement de la construction chosifiée de l'expérience sexuelle, mais aussi de l'art lui-même, comme une conséquence indispensable de l'émancipation de cet art. Car seule la déconstruction esthétique d'un art, de son concept esthétique et de son œuvre, permet de mener à bien cette seconde émancipation, qui n'est autre qu'une autocritique. Or le *Modèle de déconstruction esthétique* proposé par l'esthétique (bio) critique s'avère être un excellent outil permettant de réaliser une autocritique structurée de l'art ou de toute pensée critique, esthétique ou prométhéenne. Un autre exemple contemporain d'art biocritique vis-à-vis du biopouvoir phallocentrique ne portant pas sur le plaisir sexuel mais dans ce cas sur la différence hétérosexuelle chez les sujets dont les corps sont non seulement dénigrés par le phallocentrisme mais aussi malades, est constitué par l'œuvre intitulée «*A mi hermana. De moribundas y esperanzas*» (« À ma sœur. Moribondes et pleines d'espoir »), dans laquelle l'artiste utilise les cheveux d'une femme moribonde atteinte d'un cancer comme matériel créatif, associé à son témoignage oral ; des matériaux appartenant à la sœur moribonde de l'artiste, donnés par celle-ci quelques jours à peine avant sa mort, accompagnés d'un dialogue littéral entre les deux sœurs autour du thème de la mort.

L'esthétique biocritique d'une biocritique de témoignages des corporalités abjectes est une critique corporalisée envers une construction sociale dénigrant l'expérience corporelle/sexuelle, utilise des matériaux et des processus représentatifs de ce que le féminisme et la politique queer de Butler, Wittig et Irigaray identifient comme des corporalités *queer* (Butler, 1993/2010), corporalités « abjectes » qui impliquent une *conscience de l'oppression* (Wittig, (Wittig, 2006: 41) ; ainsi ce criticisme substitue-t-il les matériaux et les processus de la création artistique par les matériaux (témoignages physiques) et les processus (témoignages oraux et biographiques) de la création d'une expérience dénigrée par l'épistémologie dominante en Occident, par exemple le plaisir sexuel, le toucher du corps, les fluides corporels, l'autoérotisme, la mort, le corps malade, etc. Par exemple, il le fait de manière particulière dans l'Œuvre multiorgasmique collective en utilisant artistiquement les mouchoirs avec fluides corporels produits par la réponse sexuelles orgasmique des corps des volontiers donnants, orgasmes produites par un processus d'autoérotisme particulièrement dédiés à la création des témoignages physiques donnés à l'art ; puis en utilisant artistiquement les témoignages oraux et biographiques des volontiers donnants (entretiens sur la biographie sexuelle, corporelle des donnants et sur leur participation co-poïétique à l'œuvre multiorgasmique).

Cependant, l'art biocritique ne se limite pas à critiquer la séquestration de l'expérience sexuelle abjecte liée au plaisir sexuel ; il peut aussi bien critiquer la séquestration de l'expérience exprimée dans tout autre domaine de la réalité sociale dénigrée par le phallocentrisme ou n'importe quelle sédentarisation et/ou déification épistémologique ayant des effets d'hétéronomie, aliénation, identification, chosification et esclavage corporelle du sujet socio-historique humain et de tout être vivant (animaux, nature, cosmos) « abaissé, asservie, abandonné et méprisé».

L'expérience sexuelle esthétique au sein de l'*art biocritique* situe précisément en position de tension vis-à-vis du biopouvoir phallocentrique les qualités épistémologiques que ce biopouvoir dénigre le plus au sein du contexte socio-historique dominé par son hégémonie épistémologique, les qualités abaissées, asservies, abandonnées et méprisées par les paradigmes phallocentriques : les *qualités épistémologiques féminines*[240]. Au cours de l'histoire de l'art on peut identifier un certain nombre de biocritiques esthétiques ainsi poïétisées artistiquement :

---

[240] À ce sujet consulter l'essai intitulé « Art biocritique. Qu'a-t-il été, qu'est-il devenu et qu'aspire-t-il à devenir ? » du chapitre 6 de cet livre.

« Parmi les poètes qui « donnèrent la parole » au corps en déconstruisant le processus de création picturale et en substituant l'espace ou l'instrument par le corps et ses sécrétions, je me souviens notamment de ceux qui au XXᵉ siècle ont commencé à avoir recours au sang, au sperme, à l'urine et aux excréments de leurs propres corps et de ceux des autres, humains et animaux. Parmi eux, je me souviens de Duchamp, Oldenburg, Manzoni, Warhol, des actionnistes viennois, ainsi que de Vito Acconci, Michel Journiac, Robert Mapplethorpe, Andrés Serrano, Mike Kelley et Ron Athey. Mais je me souviens tout particulièrement de Judy Chicago, Miriam Schapiro, Bárbara Kruger, Helen Chadwick, Kiki Smith, Carol Schneemann, Gina Pane et Ana Mendieta, entre autres. Car ce sont ces dernières qui allaient utiliser les fluides de la manière la plus assertivement critique envers la contrainte corporelle exercée sur les dominés par le patriarcat [phallocentrique]... »[241]

[...]

À ce sujet : « Ann March m'a dit un jour que les actionnistes viennois exprimaient «l'idée de la masculinité dans son sens le plus destructeur [car la participation des hommes était constamment celle de...] maîtres du discours, maîtres de cérémonie et plus encore, maîtres de la douleur »[242]. Pour ma part j'ajouterais qu'au grand détriment de la réactivation de la spirale historique, les actionnistes viennois se représentèrent comme les maîtres de la création même. (...) Ils ont représenté et personnifié de manière très synthétique le système patriarcal en tant que dominateurs, humiliateurs et subjugueurs du corps humain, et plus particulièrement

---

[241] Fragment de texte pris du récit création de l'œuvre multiorgasmique collective intitulé « Le Toucher. L'œuvre multiorgasmique dans les mythes historiques du Toucher » chez *La fonction esthétique-politique de l'orgasme* Volume I.
[242] Solans, 2000 : 60-61.

des corps de la biodiversité qui ne présentaient pas les caractéristiques physiques et comportementales de l'homme. »[243]

Toutes ces poïésis de l'art corporel du XXème siècle ont révélé leur potentialité esthétique dès lors qu'elles ont été capables de répondre aux *trois besoins esthétiques de tout biocriticisme esthétique* s'opposant à la vision abjecte de certaines corporalités dénigrées par le phallocentrisme : 1) le besoin esthétique d'établir des liens de contradiction esthétique avec : *a*) ce que l'art critique ; *b*) ce *avec quoi* l'art critique ; *c*) la position *à partir de laquelle* l'art critique ; *d*) ce qui critique la même chose que l'art (les autres (bio)criticismes) ; et *e*) ce qui sur le plan structurel contribue à la (re)production de la sédentarisation épistémologique que l'art critique ; 2) le besoin esthétique d'une reconnaissance historique de *a, b, c, d* et/ou *e* ; et 3) le besoin esthétique de générer un mouvement historique au sein de : a *a, b, c, d* et/ou *e*.

Ainsi, au sein de l'esthétique de l'art biocritique corporel, les actions critiques esthétiques sont synonyme d'émancipation ; or l'émancipation au sein de l'art biocritique n'est autre que l'émancipation de cet art lui-même.

Ainsi, si l'on considère l'esthétique d'une pensée biocritique envers le biopouvoir comme une pensée critique utilisant des *qualités épistémologiques féminines* en tant que matériel esthético-politique (dans le cas de l'art, artistique) de ses poïésis biocritiques, on peut dès lors qualifier de pensées esthético-bicoritiques de nombreuses autres pensées, styles cognitifs ou manifestations culturelles du sujet social envers le biopouvoir au sein d'un contexte socio-historique donné en tant qu'actions et manifestations des pensées biocritiques ; pensées biocritiques avec lesquels l'art biocritique a besoin d'établir un lien de contradiction critique jusqu'aux ultimes conséquences

---

[243] Fragment de texte pris du récit création de l'œuvre multiorgasmique collective intitulé « Le Toucher. L'œuvre multiorgasmique dans les mythes historiques du Toucher » chez *La fonction esthétique-politique de l'orgasme* Volume I.

du mouvement esthétique de l'art biocritique : la dialectique esthético-nihiliste entre poïésis critiques et d'autocritique dont les langages structurés des sciences prennent plusieurs et différents places à : *a*) ce que l'art critique ; *b*) ce *avec quoi* l'art critique ; *c*) la position *à partir de laquelle* l'art critique ; *d*) ce qui critique la même chose que l'art (les autres (bio)criticismes) ; et *e*) ce qui sur le plan structurel contribue à la (re)production de la sédentarisation épistémologique que l'art critique

Quelques éléments conceptuels pour une déconstruction épistémologique des rapports entre l'art et la science

Lorsqu'il s'agit de déconstruire un criticisme esthétique poïétisé en tant qu'œuvre d'*art critique*[244] qui critique un facteur social impliquant une hégémonie et sédentarisation épistémologique – telle que celle du phallocentrisme critiqué par l'*art biocritique* –, l'utilisation de la catégorie déconstructive de *paradigme* et de *style cognitif* peut s'avérer fort utile pour se référer aussi bien au phénomène de la critique qu'au poïétisateur du criticisme en tant que aspects du processus de production de connaissance esthétique

---

[244] Dans la mesure où l'on considère comme légitimes d'autres définitions de l'art, il nous semble pertinent d'utiliser le terme spécifique d'« art critique », bien qu'Adorno lui-même n'utilise pas ce terme. Car pour Adorno il n'existe pas d'art qui ne soit pas une critique, car sinon on ne pourrait pas le qualifier d'art à proprement parler. J'ai cependant choisi dans ce texte d'expliciter la notion d'*art critique*, précisément parce que j'adhère à la définition adornienne d'art en tant qu'art critique , et aussi parce qu'il existe d'autres définitions de l'art défendant également leur légitimité ontologique, qu'il serait par ailleurs intéressant d'analyser à l'aide la *Méthode de déconstruction esthétique* proposée par le criticisme bioénergétique, mais étant donné que cela n'est l'objet principal de cette recherche, celle-ci se bornera à établir une relation de respect et de reconnaissance de leur existence, qualifiant de « critique » l'art et la pensée et particulièrement la critique poïétisée par l'art biocritique.

(ou épistémologico-esthétique) revitalisant le mouvement esthétique de la réalité socio-historique et s'opposant à toute sédentarisation épistémologique présente dans ce contexte, et par conséquent, à tout exercice épistémologique ou style cognitif qui, étant impliqué dans ce processus de production socio-historique de la réalité sédentarisée, joue le rôle de reproducteur de la sédentarisation épistémologique des paradigmes hégémoniques chez un culture critiquée.

Dans le cadre de cette œuvre, nous avons utilisé le terme de *paradigme* dans son acception sociologico-anthropologique (Gleen, 1985) et historico-épistémologique (Kuhn, 1962 et Feyerabend, 1987), pour désigner les formes de construction ou de production de connaissance caractérisant chaque *style cognitif* (science, religion, art, etc.) participant au processus de production et de reproduction sociale phallocentrique de la différenciation hétérosexuelle et du paramètre de « bestialité[245] » corporelle (ou

---

[245] « Le paramètre de « bestialité » renvoie à l'interprétation que fait Judith Butler du paramètre d'infériorité cognitive de la métaphysique phallocentrique, qui inclut tous ceux qui sont considérés comme inférieurs au sein de la hiérarchie hétérosexuelle ou qui sont exclus de cette hiérarchie. Ainsi cette conception binaire homme-femme de l'économie hétérosexuelle considère-t-elle comme inférieurs les corporalités qui assouvissent ce que le phallocentrisme qualifie d'« appétits » corporels ou sexuels : outre les animaux ou les bêtes (êtres dépourvus d'humanité), la « bestialité » concerne également les femmes (considérées comme inférieures au sein de la hiérarchie hétérosexuelle). Cette conception phallocentrique définit un paramètre d'« humanité » qui ne s'applique ni aux femmes ni aux bêtes. Butler définit le paramètre de la bestialité corporelle phallocentrique de la manière suivante : « Dans la cosmogonie antérieure à celle qui introduit le concept de réceptacle, Platon suggère que si les appétits, ces indices de la matérialité de l'âme, ne parviennent pas à être maîtrisés, une âme – naturellement conçue ici comme l'âme d'un homme – court le risque de s'abaisser au rang de femme, puis de bête. En un certain sens, la femme et la bête sont les figures qui représentent la passion ingouvernable ». (Butler, (1993)/2010 : 79). » Paragraphe pris du texte intitulé « Paramètre phallocentrique de « bestialité corporelle » : racine métaphysique de la potentialité esthétique des corporalités et sexualités abjectes » (Chapitre 2, La potentialité esthétique-politique de l'orgasme

paramètre des corporalités « abjectes ») en tant que facteurs sociaux potentiellement esthétiques. Car aussi bien dans son acception sociologique que dans sa définition anthropologique, le terme de *paradigme* désigne la forme et la structure légitimée de production de connaissance au sein d'un style cognitif déterminé. Kuhn (1962) définit le paradigme scientifique comme l'ensemble des hypothèses, des croyances, des lois et des outils de sélection et d'organisation de la production épistémologique qui caractérise la *science normale*. Dans le cas historique de la science, ce paradigme implique une résistance au changement et une sédentarisation de la pensée. Pour sa part, Gleen (1985) décrit le paradigme comme une forme de « traitement de l'information humaine » d'une culture donnée, c'est-à-dire comme un système de sélection et d'évaluation de *ce qui est* et de *ce qui n'est pas* une connaissance légitime caractérisant l'activité cognitive d'un groupe de personnes donné. La distinction entre la définition anthropologique et la définition historico-épistémologique du paradigme est très subtile, car aussi bien pour Kuhn que pour l'anthroplogue Gleen (1985), le paradigme désigne la structure des croyances et des hypothèses scientifico-épistémologiques dominantes à l'aide desquelles un groupe de personnes produit des connaissances. Pour Gleen, la connaissance est la culture cognitive d'un groupe social, tandis que pour Kuhn, il s'agit de la culture épistémologique d'une communauté scientifique. Dans les deux cas, le paradigme est une culture légitimée et légitimatrice de la connaissance au sein d'un groupe humain déterminé. Cette interprétation mêlant la dimension anthropologique et l'aspect historico-épistémologique est étroitement liée à l'interprétation anarchico-épistémologique que fait Feyerabend du *style cognitif.*

Feyerabend qualifie aussi de « style cognitif » les fondements scientifiques qui permettent à la science de fonctionner de manière structurée. Pour sa part, Kuhn attribue des caractéristiques similaires au *paradigme* qui permet à la science de fonctionner comme une « science normale ». Quant à Gleen, il considère que

---

Volume II).

cette fonction revient à la *culture cognitive*, en tant qu'ensemble de croyances et de formes de cognition et de production de connaissances légitimées et légitimatrices au sein d'un groupe social. Feyerabend, en tant que critique de l'élitisme rationaliste du style cognitif de la science occidentale, dénonce précisément cette hiérarchisation que la science rationaliste a imposé au sujet en Occident en dénigrant tous les autres styles cognitifs et paradigmes critiques envers le rationalisme au sein de la science, de l'art, etc. :

"[…] cuando los europeos se enfrentaron a concepciones opuestas sobre la naturaleza del conocimiento proveniente de culturas no-europeas, no desplegaron ni un mínimo esfuerzo por comprenderlas, simplemente: «...no hubo ninguna comparación objetiva de métodos y resultados. Solo hubo colonización y represión de las tribus y naciones colonizadas"[246]. En el presente, las alternativas epistemológicas han sido anuladas en su mayoría; o han ido sucumbiendo por el desuso o bien se han adaptado a la ideología occidental triunfante que ha exhibido una extraordinaria capacidad para descomponer a sus rivales y luego integrarlas o marginarlas según sus conveniencias."[247]

Cette recherche part du principe sociologique de Feyerabend pour qui une société est composée épistémologiquement de différents styles cognitifs ayant chacun son importance et présence épistémologique chez la culture cognitive des individus ; la plus ou moins grande participation de chacun de ses styles à la construction sociale d'un facteur social constitue la caractéristique principale de la culture cognitive d'une société. Par exemple, au sein d'une société où règne l'hégémonie

---

[246] Feyerabend, 1993 : p. 112 en Toledo Nickels en Cinta moebio 4, 1998 : 102-127.

[247] Toledo Nickels en Cinta moebio 4, 1998 : 112.

épistémologique scientifique, on peut s'attendre à observer les effets des paradigmes hégémoniques de la science dominante sur la culture et la vie quotidienne du sujet social, au point que l'on puisse parler d'une pensée sociale légitimée ou délégitimée par la science. Que pour donner un exemple : dans certain contexte socio-historique, l'hégémonie épistémologique de la science médicale (en tant que forte présence de la science médicale chez les discours socialisants d'une société) par rapport aux autres sciences et l'hégémonie du *paradigme biologiste* chez la science médicale contribue à la *reproduction sociale* d'une définition biologiste du *genre* chez la culture cognitive dominante chez les individus qui composent telle société.

« Pour Feyerabend : « Le choix d'un style (cognitif), d'une réalité ou d'une forme de vérité est une œuvre humaine. C'est un acte social qui dépend d'une situation historique. »[248] Dans cette perspective, le paradigme de la construction sociale du genre, de la sexualité, des sens abjects du corps, du sujet social, etc. etc., est un paradigme épistémologique de la capacité cognitive de ce sujet, et par conséquent la construction sociale du sujet, de son corps, de sa sexualité, est une construction sociale de la connaissance sur ce sujet, sur son corps, sa sexualité, etc. et bien sur, des formes cognitives corporelles des individus. »[249]

Dans cette perspective, un facteur social – quel qu'il soit – est une connaissance construite socialement, fruit d'un processus de production et de reproduction sociale épistémologique et cognitive de la société. C'est le cas lorsque l'hégémonie épistémologique parvient à enculturer la sphère sociale au point de devenir

---

[248] Feyerabend, 1987 : 188.
[249] Fragment pris du texte intitulé Tension épistémologique en tant que tension esthétique de l'art (bio)critique chez La fonction esthétiqe-politique de l'orgasme, Volume II. Méthode de déconstruction esthétique de l'art biocritique.

une hégémonie cognitive. Partant de ce principe sociologico-épistemologique, dans le cadre de la déconstruction de la critique fait par l'art biocritique, il convient d'utiliser les termes de *paradigme* et de *style cognitif* afin de déconstruire le processus de production et de reproduction sociale du sujet décorporalisé et des corporalités abjectes en tant que facteurs potentiellement esthétiques établissant des liens de tension esthétique vis-à-vis de la domination épistémologique des paradigmes du biopouvoir phallocentrique, vis-à-vis des styles cognitifs contribuant majoritairement à la *re*production sociale d'une normativité hétérosexuelle dans la pensée du sujet social en Occident. Rappelons nous que dans le livre théorique avec la méthode pour déconstruire l'art biocritique ont a reconnu trois paradigmes du phallocentrisme de la pensée occidentale : le paradigme de la pensée binaire ou de la hiérarchie hétérosexuelle ; le paradigme abstractionniste ; et le paradigme anthropocentrique ou de la bestialité corporelle.

Cette déconstruction épistémologique des rapports entre l'art et la science part du principe que l'art et la science sont des styles cognitifs poïétiquement actifs dans la production épistémologique de la réalité, que ce soit en tant que sédentarisateurs (dans le cas de la science) ou en tant que revitalisateurs de la transformation socio-épistémologique de la réalité. Il n'en va pas de même de l'exercice de production épistémologique d'autres styles cognitifs dont les actions biocritiques esthético-politiques et celles potentiellement esthétiques jouent un rôle de premier plan dans le processus de production socio-historique de la réalité.

L'exercice nécessairement critique de l'art lui a valu d'être parfois qualifié de « criticisme », tandis que sa capacité à répondre aux trois besoins esthétiques de tout art critique en fait un « criticisme esthétique », de même que tout autre exercice de production épistémologique répondant à ces besoins esthétiques et étant par conséquent comparable en termes épistémologiques à l'exercice critique de l'art. Quoi qu'il en soit, le sens esthétique de la critique chez l'art critique fait référence à « faire de la critique », c'est-à-dire à l'épistémologie de l'exercice qui consiste à produire de la connaissance en critiquant. Ce type de production de connaissance par le criticisme esthétique de l'art peut aussi bien utiliser des langages structurés que non structurés, peu importe du moment que ces langages revitalisent le mouvement esthétique au sein de : a) *ce que* critique l'art ; b) *ce avec quoi* l'art critique ; c) la position *à partir de laquelle* l'art critique ; d) *ce qui critique la même chose* que l'art (les autres criticismes) ; et/ou e) ce qui sur un plan structurel *contribue à la (re)production de la sédentarisation* épistémologique que l'art critique. Dans le cas de la science, la production de connaissance – qu'elle soit acritique, potentiellement critique ou esthétiquement critique – utilise nécessairement des langages structurés qui permettent une certaine cohérence et une continuité dans l'évolution de ses paradigmes épistémologiques. En termes de Kuhn, *cohérence scientifique* :

> « exemples reconnus de travail scientifique réel – exemples qui englobent des lois, des théories, des applications et des dispositifs expérimentaux, et fournissent des modèles qui donnent naissance à des traditions particulières et cohérentes de recherche scientifique »[250].

C'est ce besoin de continuité paradigmatique qui distingue le criticisme scientifique du criticisme de l'art et que peut-être peut explique la potentialité esthétique de l'art par rapport à la science en tant que tension esthético-épistémologique ; tension dont la continuité paradigmatique chez la science peut être le facteur qui contribue aux formes et cultures cognitives de sédentarisation épistémologique chez la cultures cognitives decorporalisées et décorporalisatrices des individus au sein des sociétés occidentales modernes et de la modernité tardive.

Par exemple, Toledo Nickels[251] nous bien explique que Feyerabend qui était un philosophe de la science, compare le

---

[250] Kuhn, 1962/2007 : 71.
[251] Toledo Nickels en Cinta moebio 4, 1998 : 102-127.

processus de production de connaissance de la science à celui de l'art, tout en critiquant le statut mythique accordé à la science en tant que forme de connaissance jouissant de la plus grande légitimité sociale en Occident. Feyerabend prône l'anarchisme scientifique en proposant que la science, afin de pouvoir progresser, ne procède plus par induction, mais par contre-induction. Il me semble que cet anarchisme scientifique présente un certain nombre de similitudes avec la contradiction esthétique (et dialectique esthétique) de la théorie esthétique que propose Adorno en tant que loi de mouvement de l'art critique (1998)[252].

En effet, aussi bien les *processus de transformation de la science* de Lakatos (1993), que les *révolutions scientifiques* de Kuhn (1962) et le *contre-inductivisme* de Feyerabend (1984) présentent un certain parallélisme avec la *loi de mouvement* (dialectique négative) et les catégories de *contradiction, négation* et *tension esthétiques* de l'esthétique de l'art critique qu'on a déconstruit dans le livre précédent à partir de la lecture de la Théorie esthétique d'Adorno. La différence évidente entre l'art et ces états de mutation de la science observés par les historiens et les philosophes réside dans le fait que pour la science, ces mutations constituent un mouvement mesuré, préservant une « certaine continuité » du(des) *paradigme*(s) dominant(s), tandis que pour l'art ce mouvement ne connaît pas de mesure, ce qu'Adorno qualifie de *loi de mouvement*. En outre, la comparaison entre l'art et la science que fait Feyerabend est plutôt une comparaison entre l'art et un *état idéal* de la science, qui n'est pas celui qui prévaut dans la réalité.

L'art critique est-il un style cognitif ?

Dans le cadre de cette recherche, on considère tout *art critique* comme un style cognitif esthétique, c'est-à-dire un style cognitif

---

[252] Toledo Nickels en Cinta moebio 4, 1998 : 102-127.

remettant en cause toute sédentarisation épistémologique des paradigmes culturelles hégémoniques chez un contexte socio-historique donné ; tout ça dans la mesure où l'art critique correspond de manière *discontinue* aux structures théoriques légitimes et légitimatrice de la continuité et de la sédentarisation paradigmatique de ce phallocentrisme, produite et légitimée par d'autres styles cognitifs tels que la science. Car en rapport à la science l'art peut être aussi déconstruit en tant que production de connaissance et on le comprends comme ça de notre lecture de la théorie esthétique d'Adorno.

Il est important de souligner les déterminations multifactorielles qui caractérisent l'esthétique adornienne. En effet, quiconque entend utiliser cette théorie esthétique comme un outil conceptuel dans le cadre de sa recherche, se doit de faire les spécifications pertinentes sur les aspects de l'art qu'il prétend analyser, car la théorie adornienne est si vaste dans son approche qu'elle aborde aussi bien des aspects liés à la communication dans l'art que des aspects poïétiques, les dimensions *micro* et *macro* de ces processus, les questions de l'autonomie de l'œuvre, de l'expérience esthétique de l'artiste et du récepteur, ou encore les processus de production de l'industrie culturelle, etc. Tous ces éléments sont abordés et reliés par Adorno afin de compléter une théorie esthétique qui s'apparente à une ontologie de l'action esthétiquement critique et que l'on utilise ici en tant qu'action esthétiquement critique de l'art critique (inclut bien sur l'art biocritique). On peut partir de certaines questions qu'il aborde concernant l'action critique, ou, à travers sa théorie, l'art en général ; et de même qu'il n'est pas toujours nécessaire d'aborder tous les éléments liés aux différentes facettes de l'art, lorsqu'on étudie un art spécifique on doit prendre en compte que le fait de l'étudier dans la perspective de la théorie adornienne ne signifie pas nécessairement que l'on approfondisse ni même que l'on aborde toutes ces facettes constitutives de l'art dans le cadre du criticisme adornien. Dans le présente réflexion, cette perspective permet d'évoquer l'ontologie esthétique adornienne de l'art critique en tant qu'équivalent de ce que les sciences sociales qualifient de « théorie de la connaissance ». Car ces deux approches permettent d'analyser –d'une façon abstraite et générale – la tension épistémologique entre les paradigmes épistémologiques phallocentriques hégémoniques au sein de la culture cognitive sur la sexualité en Occident et le paradigme critique esthétique de l'art qui critique ce phallocentrisme à l'aide de témoignages de corporalités abjectes, poïétisés par des individus réels afin d'établir une tension esthétique entre le paradigme de la construction sociale d'un sujet hétéronome et les paradigmes esthétiques qui revendiquent l'influence de la force performative[253] du vécu personnel sur la sphère politique, légitimant ainsi l'action esthétiquement critique du sujet social.

La science est un style cognitif qui repose sur un ensemble d'hypothèses et de croyances, et qui correspond de manière continue – comme le fait le paradigme de la science normale – à une structure théorique, à une forme légitimée et/ou légitimatrice de production structurée de connaissance structurée. En revanche, on ne peut considérer la poïétique de la contradiction esthétique ou négation esthétique de l'art biocritique comme un ensemble d'« hypothèses et de croyances », dans la mesure où les « hypothèses et les croyances » préexistent à la poïésis d'une critique poïétisée par l'art biocritique et impliquent une sédentarisation de cette

---

[253] On utilise ici le terme de "performativité" ou "force performative" pris du sens atribué par Butler à la performativité avec le mouvement queer à resignifié le terme queer ; l'esthétique biocritique l'utilise en tant que force poïétique et cognitive "résifinicante" des individus dans ses actions corporelles/sexuelles (usages du corps) biocritiques. Dans la terminologie utilisée par Butler, la « force performative » ou « performativité » doit être comprise non pas comme un « acte » délibéré, mais plutôt comme la pratique répétée et référencée grâce à laquelle le discours produit les effets qu'il nomme. (Butler, (1993)/2010: 18). Cependant l'esthétique biocritique considère les risques esthétiques de la répétition dans le cas de l'art biocritique. (À ce sujet, voir aussi l'essai intitulé : « Esthétique du risque dans les liens entre l'art biocritique et d'autres biocriticismes (féministes/ queer) » du présent livre.

poïésis ou de cette critique. Dans cette perspective, c'est l'art en général qui peut être considéré comme un style cognitif, comme une forme de production de connaissance esthético-critique et non articulatrice du paradigme phallocentrique, contrairement à la science. Toutefois, afin de maintenir une certaine équité épistémologique sur le plan méthodologique, nous utiliserons le terme de style cognitif pour désigner aussi bien la science que l'art, la religion, la magie, la métaphysique, etc.

Feyerabend considère tous les styles cognitifs sans aucune hiérarchie intrinsèque, mais que chaque société et ordre social en privilégie certains et pas d'autres. On peut en déduire le privilégie socio-historique des certains styles cognitifs en tant que formes de connaissance signifient et représentent sociologiquement des formes de domination sociale et de pouvoir politique et, bien entendu, économique.

Ainsi par exemple, la domination sociale exercée par les monarchies européennes – mais aussi par les nations et Républiques auxquelles elles ont donné naissance – reposait sur un lien épistémologique étroit avec le style cognitif de la religion et de l'Église. De sorte que pour Feyerabend, les styles cognitifs ne présentent aucune supériorité épistémologique intrinsèque : c'est l'ordre social qui la leur confère en tant qu'instrument de pouvoir, d'enrichissement et de domination.

En résumé, si sur le plan méthodologique une déconstruction de l'art biocritique peut très bien adopter les catégories de style cognitif et de paradigme, il convient néanmoins de préciser que l'art en général ne peut être considéré – ni structurellement, ni sur le plan pratique – comme un style cognitif ayant des aspirations de domination ou d'hégémonie épistémologique car c'est la sédentarisation esthétique des croyances et des hypothèses d'une critique qui constitue le germe de la domination d'un style cognitif sur les autres, ce qui ne correspond pas à la nature nihiliste de l'art, qui le pousse au contraire à s'échapper de la sédentarisation de ses critiques. Comment ? En critiquant.

Il ne s'agit donc pas ici d'aligner l'art sur la science, mais de mettre en évidence la création artistique d'un paradigme esthétique (d'un ensemble de croyances et d'hypothèses esthétiques créées par l'art) afin d'établir un lien de contradiction esthétique non seulement vis-à-vis du facteur social dominé par la sédentarisation épistémologique du paradigme qu'il critique, mais aussi vis-à-vis du paradigme épistémologique sédentarisé en tant qu'hégémonie scientifique. Car lorsque le criticisme d'un art utilise le langage structuré des sciences sociales et humaines pour déconstruire la critique que cet art poïétise à travers ses œuvres, l'art agit comme un criticisme et il fait une incursion dans le domaine des sciences en esthétisant leur méthode.

C'est notamment le cas de l'art biocritique dans son action en tant que biocriticisme esthétique. En effet, en se poïétisant sous la forme d'autocritique, la déconstruction structurée de tout art fait également une incursion esthétique dans le domaine de la science, transformant ainsi cette expérience de déconstruction en une expérience esthétique des sciences utilisées en tant que sciences de l'art. Ainsi, utiliser la catégorie de paradigme ou de style cognitif afin de déconstruire la critique de l'art revient à déconstruire les liens de contradiction épistémologique à l'aide desquels cet art, loin de se scientificiser, exprime la versatilité de la tension esthétique de ses critiques (visant à l'émancipation) vis-à-vis de l'hégémonie épistémologique du phallocentrisme non seulement au sein du contexte socio-historique mais aussi au sein de la science elle-même.

Paradigmes du phallocentrisme occidental moderne : Pour quoi l'art biocritique critique la science?

Il convient également de préciser que l'*art biocritique* n'est pas un paradigme : il ne cherche pas à sédentariser epistémologiquement ses *idéaux-types* esthétiques, il cherche simplement le fait reconnaître à travers les usages esthétiques des corporalités abjectes (ou socialement expulsées) et les actions critiques potentiellement esthétiques poïétisées par des sujets socio-historiques réels (et par leur corps, corporalités et sexualités « abjects » ou socialement antagoniques des normes sociales dictées et légitimées par les paradigmes épistémologiquement sédentarises), afin de revitaliser un mouvement esthétique et de critiquer l'hégémonie épistémologique du phallocentrisme (et de la science) et ses effets sur la sphère sociale et sur le sujet. En d'autres termes, en tant que paradigme, la loi esthétique de l'art biocritique est un mouvement esthétique ou une dialectique négative, ce qui dans le domaine scientifique équivaudrait à une science non seulement prédisposée aux révolutions scientifiques, mais également poïétisatrice de ces révolutions, une science *anormale* en contradiction avec la science *normale* de continuité épistémologique décrite par Kuhn.

Ce qui explique pour quoi l'art biocritique établit des liens de contradiction spécifique vis-à-vis de la science rationaliste, abstractionniste et universaliste découlant de la science moderne. Il s'agit d'une contradiction critique envers les paradigmes dominants de la science positiviste qui contribuent à l'abstraction de l'expérience (Feyerabend y Hinkelammert, 2005, 2007 et 2008), à la séquestration de l'expérience (Giddens, 1991/1995), à la décorporalisation du sujet social (*art biocritique des corporalités abjectes*), etc. : le paradigme rationaliste et abstractionniste de la science moderne (ou phallocentrisme séculaire).

Cette contradiction esthétique spécifique et historique entre l'*art biocritique* et la science est concrétisée gnoséologiquement par la tension esthétique entre le paradigme esthétique de la force performative des corporalités d'affirmation subjective poïétisées par les individus réels (en tant qu'*idéal-type* du *sujet esthétique corporalisé* par l'*art biocritique*) et : (a) Le paradigme binaire de la hiérarchie hétérosexuelle reproduit et légitimé par la science médicale ; (b) le paradigme rationaliste et le positiviste scientifique ; (c) le paradigme anthropocentrique et du paramètre bestial sur la supériorité cognitive de l'être humain; et (d) même aussi le paradigme de la construction social quand il s'impose a sa sédentarisation épistémologique.

Tous les quatre cas expliquent une forme de tension esthético-epistemologique entre l'art biocritique et la science occidentale (particulièrement médicale) ; et tous les quatre sont cas de sédentarisation épistémologique que les historiens des sciences ont mis en évidence en tant que différentes formes d'ethnocentrisme scientifique ayant contribué à imposer au sujet social une vision de la science comme une forme d'« élitisme [ayant], jusqu'à présent, dominé la civilisation occidentale »[254].

Car, par exemple, la domination du paradigme rationaliste et positiviste de la science moderne en tant qu'hégémonie épistémologique d'un phallocentrisme séculaire au sein de la modernité n'est pas due à une quelconque supériorité épistémologique sur les autres styles cognitifs de l'époque, mais au fait que la science du paradigme rationaliste et positiviste –par exemple de la science médicale - représentait et servait à légitimer le nouvel ordre sociopolitique bourgeois, dont le principal rival n'était autre que l'église et la religion, ce qui explique que la sécularisation de la production de connaissance ait constitué sa meilleure arme afin d'asseoir sa domination. Cela ne signifie pas pour autant que la politique choisisse l'épistémologie, mais plutôt que l'hégémonie épistémologique ou la sédentarisation d'un paradigme scientifique est invariablement le produit d'une série d'enchaînements sociaux, économiques et politiques auxquels participent non seulement les membres de la communauté scientifique, mais aussi l'ensemble de la société. Qui plus est, cela signifie que les critiques esthétiques de l'art envers la sédentarisation épistémologique au sein d'une société scientificisée - telle que la société occidentale de la modernité tardive – s'inscrivent nécessairement dans un contexte socio-historique marqué par les effets de cette hégémonie épistémologique, et ce aussi bien à l'intérieur qu'à l'extérieur du domaine scientifique analysé. Or la biocritique au biopouvoir

---

[254] Feyerabend, 1992/1994/2003: 153.

reproduit par la sédentarisation épistémologique de la science est aussi une biocritique envers la science épistémologiquement sedentarisatrice.

Comment fait-il l'art (bio)critique pour critiquer la science ?

En co-poiétisant l'idéal-type esthétique porteur d'espoir avec le sujet socio-historique.

> « Seul celui qui est capable d'imaginer une réalité différente de celle qui existe est susceptible d'en éprouver un désagrément ; ce n'est qu'en vertu de ce qui n'est pas qu'apparaîtra au grand jour ce qui est, constituant sans aucun doute la matière d'une sociologie soucieuse de ne pas se limiter... aux vues de l'administration publique et privée. »[255]

En profitant des idées de Feyerabend on dirait sur l'art critique est « celui capable d'imaginer une réalité différent de celle qui existe »[256] mais que l'art biocritique est « celui capable [de corporaliser et reconnaître a qui dans la réalité socio-historique est capable corporalise] une réalité différent de celle qui existe [pour les discours et paradigmes épistémologiques sedentarisés chez un contexte socio-historique de biopouvoir] »[257]. Dans tous le deux cas, l'esthétique critique partagée par tout action biocritique est illimité, car elle réside dans la capacité d'imaginer et même corporaliser une réalité différente de celle légitimée et enculturée par les styles cognitifs hégémoniques d'une société, comme par exemple la science médicale dans les sociétés médicalisées de la

---

[255] Adorno, 1973 : 137.
[256] Adorno, 1973 : 137.
[257] Adorno, 1973 : 137.

modernité tardive. Puis, l'esthétique de tout art critique (inclut l'art biocritique) est fondamentalement une critique esthétique envers tout discours social épistémologiquement sédentarisateur de l'imagination des individus. Et tout ça a une relation directe avec le concept d'art courageux que j'ai travaillé dans le livre sur la fonction esthétique des récits création. Ainsi, il est l'imagination toute baste des artistes et des co-poiétisateurs (corporalisateurs) des action biocritique au sein d'un contexte socio-historique celle qui vitalise l'antagonisme des paradigmes épistémologiquement sédentarisées dans la culture d'un tel contexte et ce qui fait l'art biocritique est d'observer et rendre observable ces modelés ou idéaltypes esthétiques antagoniques des modelés ou idéaltypes légitimes socialement par les paradigmes épistémologiquement sédentarisés. Dans ces termes, on trouve qu'effectivement l'art critique produit (l'art biocritique co- poïétise) un modèle ou paradigme épistémologique esthétique pour critiquer ceux derniers.

On aime définir le modèle épistémologico-esthétique de l'art critique et biocritique comme un idéal-type porteur d'espoir *par rapport aux* conditions sociales, car il s'agit d'une intervention de l'art au sein du processus de socialisation, d'un discours interprétant de façon antagonique la réalité. C'est la représentation d'un processus historique sociologique au sein duquel l'art critique et biocritique –mais aussi toute action biocritique- intervient en tant que discours, moyen, espace, contexte et produit libérateur en tant que l'esthétique de tout art critique est celle de vitaliser le mouvement esthétique envers toute sédentarisation épistémologique. Et bien que les fonctions de l'art au sein du modèle esthétique porteur d'espoir puissent sembler se limiter à simple une intention poïético-esthétique, faute de preuves tangibles d'une transformation de la réalité, il convient de souligner ici que l'évaluation du biocriticisme esthétique de l'art, en tant qu'expérimentation d'un modèle remplaçant un modèle d'hypothèse, ne repose pas sur des preuves scientifiques visant à corroborer une hypothèse ou une idée préconçue cependant l'art biocritique est un style cognitive capable de co-poïétiser avec les témoignages du sujet socio-historique, un model épistémologico-esthétique imaginée et corporalisée par lui en tant que « réalité différent de celle qui existe [selon les discours et paradigmes épistémologiques sedentarisés chez un contexte socio-historique de biopouvoir] »[258].

En ce sens, le terme « modèles d'hypothèse » ne fait pas référence au dualisme théorie/pratique, car en tant que modèles sociologiquement démontrés, ils n'ont pas vocation à être faussés, mais doivent plutôt être considérés comme une base pour la postulation d'un modèle imaginé de production et reproduction de la société au sein duquel l'art intervient de manière ponctuelle sur la construction sociale de la réalité socio-historique que le paradigme ou modèle permet d'interpréter esthétiquement.

Ce qui est porteur d'espoir, ce n'est pas le changement que l'art biocritique est susceptible de produire avec les témoignages des sujets socio-historiques sur la structure du système actuel et dominant, mais la tension et les contradictions sociales que génère son insertion artistique et corporalisée au sein de cette structure socio-historique, permettant la création d'une *dialectique négative* avec tout sujet et style cognitif (par exemple la science) qui établit une relation avec lui. Plus que d'une responsabilité éthique de l'art, il s'agit de sa capacité esthétique à générer une dialectique et une réflexivité critique au sein de la société et du système et chez les sujets.

L'*idéal-type esthétique porteur d'espoir* lien de tension esthétique entre l'art et la science

La poïésis d'un *idéal-type esthétique porteur d'espoir* de l'art biocritique n'est pas la démonstration scientifique de son existence, c'est la poïésis de l'inexistant (l'art) qui dépend dialectiquement de l'existant (les témoignages des corporalités

---

[258] Adorno, 1973 : 137.

abjectes) ; c'est la poïésis de la critique biocritique qui dépend dialectiquement des témoignages des actions biocritiques pris du réel socio-historique et poïétisées pour les sujets sociaux et dont la poïésis est réalisée par l'art biocritique afin de le critiquer. En définitive, l'*idéal-type esthétique porteur d'espoir* est la version antagonique des phénomènes sociaux de potentialité esthétique et parfois des idéal-type chez la science. Alors que l'*idéal-type esthétique porteur d'espoir* revêt à la fois une forme artistique au sein de l'art biocritique, et une forme structurée lorsque cette critique est déconstruite à l'aide d'un langage structuré, comme c'est le cas de l'art qui fait son autocritique.

Par exemple, la sociologie en tant que science n'est pas nécessairement critique. Elle organise la réalité afin de la connaître parce que c'est une science, et elle construit une connaissance de manière structurée, en structurant la réalité. Les *idéaux-types* sociologiques y contribuent et lui servent à prendre ses distances vis-à-vis de la réalité afin d'atteindre un but précis : l'objectivité scientifique. Comme le dit Weber :

> « Que l'objet de son étude soit rationnel ou irrationnel, la sociologie s'éloigne de la réalité et rend service à la connaissance en ce sens que, en indiquant le degré de l'approximation d'un événement historique relativement à un ou plusieurs concepts, elle permet d'intégrer cet événement. » [259]

L'*idéal-type* de Max Weber se distingue de l'*idéal-type esthétique porteur d'espoir* par sa fonction épistémologique, qui consiste à structurer la réalité afin de mieux la connaître, mais aussi et surtout par son intention poïétique. Pour la sociologie, l'*idéal-type* d'action sociologique est une forme chosique destinée à contenir plusieurs aspects de la réalité de manière univoque ; il fonctionne comme un « flacon » renfermant la réalité étudiée

---

[259] Weber, 1922/2008: 17.

comme une preuve de sa fonctionnalité univoque, à l'image des pots du placard de la cuisine dans lesquels on conserve le sucre, le café ou le sel. Ajouter des fragments de la réalité à ce « flacon » ne fera que renforcer et sédentariser le paradigme qu'il représente et dont découle l'*idéal-type*.

L'art critique aussi prends sa distance pour produire de la connaissance esthético-critique surtout car il a 1) le besoin esthétique d'établir des liens de contradiction esthétique avec : *a*) ce que l'art critique ; *b*) ce *avec quoi* l'art critique ; *c*) la position *à partir de laquelle* l'art critique ; *d*) ce qui critique la même chose que l'art (les autres (bio)criticismes) ; et *e*) ce qui sur le plan structurel contribue à la (re)production de la sédentarisation épistémologique que l'art critique ; 2) le besoin esthétique d'une reconnaissance historique de *a, b, c, d* et/ou *e* ; et 3) le besoin esthétique de générer un mouvement historique au sein de : a *a, b, c, d* et/ou *e*.

Ce qui lui implique le besoin aussi de prendre distance en dialectique négative des certains formes poïétiques d'objectivité extra-esthétique avec parfois des autres formes poïétiques d'objectivité extra-esthétique ou parfois avec des autres formes poïétiques subjectivés ; toujours avec l'intétion esthétique de vitaliser le mouvement esthético-nihiliste de l'art critique (inclut celui biocritique).

Or avec l'art les choses sont différentes : l'*idéal-type* n'est pas un flacon organisateur qui cherche à contenir la réalité afin de la conserver. Et ce n'est pas le cas parce que l'intention de l'art critique est le mouvement esthétique.

L'intention de l'*idéal-type esthétique* de l'art biocritique – qui s'inscrit dans un contexte socio-historique au sein duquel la réalité a tendance à être organisée, structurée et conservée dans des *idéaux-types* « flacons », dans des concepts scientifiques afin d'être ainsi présentée au sujet –, est au contraire de briser ces flacons à l'aide d'un *idéal-type esthétique porteur d'espoir* établissant un lien poïétique de contradiction esthétique vis-à-vis des structures épistémologiques qui menacent la liberté humaine et séquestrent l'expérience du sujet. De son côté, l'*idéal-type* sociologique est un langage, et par conséquent il dépend de la structure épistémologique du langage : sa fonction épistémologique est interprétative, et son intention est également épistémologico-structurelle :

> « Si l'on veut penser quelque chose *d'univoque* sous ces termes, la sociologie est obligée d'élaborer de son côté des types (« *idéaux* ») « purs » de chacune de ces sortes de structures qui révèlent alors chacune pour soi l'unité cohérente d'une adéquation *significative* aussi complète que possible, mais qui, pour cette raison, ne se présentent peut-être pas davantage dans la réalité sous cette forme *pure,* absolument idéale, qu'une réaction physique que l'on considère sous l'hypothèse d'un espace absolument vide. »[260]

Cette recherche s'appuie sur l'anarchisme épistémologique de Feyerabend afin d'expliquer la capacité critico-épistémologique de l'art, mise en évidence par la création de paradigmes esthétiques ou *idéaux-types* à partir de la praxis artistique et/ou du criticisme. Ainsi, sur le plan méthodologique, il convient de préciser que le paradigme et le style cognitif au sein de l'art ont la forme d'un *idéal-type esthétique*, et qu'ils sont créés par l'artiste afin d'établir une tension esthétique à travers des liens de contradiction esthétique vis-à-vis de : *a)* ce que l'art critique ; *b)* ce *avec quoi* l'art critique ; *c)* la position *à partir de laquelle* l'art critique ; *d)* ce qui critique la même chose que l'art (les autres (bio)criticismes) ; et *e)* ce qui sur le plan structurel contribue à la (re)production de la sédentarisation épistémologique que l'art critique.

---

[260] Weber, 1922/2008 : 17.

Poïésis artistique de l'idéal-type esthétique au sein de l'art biocritique

Tout poïésis artistique d'un style cognitif esthétique créé par l'artiste fait partie de la poïétique de l'art critique, même si cette création artistique du paradigme *idéal-type* esthétique n'implique pas nécessairement sa structuration, ni celle des liens de contradiction et de tension esthétique qu'il génère. Il est important de souligner que l'art n'est pas conscient de la création structurée des paradigmes esthétiques qu'il crée, il se contente de les poïétiser artistiquement. Ce n'est qu'après coup, quand l'art en tant que critique est déconstruit esthétiquement, qu'il est possible de mettre en évidence qu'une œuvre d'art a impliquée la création – toujours inconsciente – d'un paradigme *idéal-type* ou esthétique au moment de sa conception. Car il est la déconstruction structurée de tel art qui permet la reconnaissance d'un idéal-type esthétique poïétisé par l'art car l'idéaltype esthétique poïétisé par l'art n'est pas d'autre que la version antagonique poïétisée par l'art critique en tant qu'intention esthétique de celui.

Les paradigmes *idéaux-types* poïétisés par l'art biocritique revêtent généralement une forme artistique, mais pas nécessairement une forme structurée à l'aide d'un langage structuré : ils sont l'*irréel* ou *non-existant* qui est toujours enchaîné au *réel* et *existant* :

> « Au moment de l'irréel, du non-existant, l'art n'est pas libre face à l'existant. Il n'est pas posé arbitrairement, il n'est pas inventé (comme le voudrait la convention), mais il se structure à partir de proportions entre l'existant qui sont exigées par celui-ci, par son imperfection, par sa nécessité et sa contradiction, par ses potentialités, et jusque dans ces proportions des liens réels résonnent encore. »[261]

---

[261] Adorno, 1970/2004: 17.

La forme structurée de l'*idéal-type* est acquise une fois que la critique a été poïétisée artistiquement par l'art critique et déconstruite en tant que contradiction et tension esthétique entre paradigmes. Bien que le paradigme *idéaltype* poïétisé artistiquement et déconstruit esthétiquement par l'art biocritique soit également un outil explicatif de la réalité, comme l'est l'*idéal-type* pour la sociologie wébérienne, la fonction explicative de l'*idéal-type esthétique* de l'art biocritique est une fonction critique avec l'intention esthétique de vitaliser un mouvement esthétique chez : *a)* ce que l'art critique ; *b)* ce *avec quoi* l'art critique ; *c)* la position *à partir de laquelle* l'art critique ; *d)* ce qui critique la même chose que l'art (les autres (bio)criticismes) ; et *e)* ce qui sur le plan structurel contribue à la (re)production de la sédentarisation épistémologique que l'art critique ; car sa création a pour objectif d'établir des liens de contradiction et de tension esthétique vis-à-vis de *a, b, c, d* et *e*.

Alors que l'*idéal-type* wébérien est une construction abstraite, l'*idéal-type esthétique porteur d'espoir* au sein de l'art biocritique est une poïésis esthétique concrète poïétisé par l'artiste et/ou co-poïétisé par l'artiste et les sujets socio-historiques réels. Tous deux sont des images mentales de nature utopique, mais l'*idéal-type* wébérien n'est pas une poïétique ni le contenu empirique d'une critique, contrairement à l'*idéal-type esthétique* de l'art biocritique, qui l'est essentiellement et fondamentalement, et ce jusqu'aux ultimes conséquences. Par conséquent, bien que les *idéaux-types* sociologique et esthétique soient tout deux des propositions créatives visant à expliquer la réalité, la similitude entre les deux est finalement assez réduite, si l'on prend en considération l'aspect poïétique du second en tant qu'esthétique critique de l'art.

Une autre différence entre les *idéaux-types* sociologique et esthétique de l'art biocritique réside dans le fait que le premier est une explication qui de par sa nature scientifique s'efforce d'offrir une « certaine continuité » dans la production de connaissance scientifique, en respectant les formes légitimes et légitimatrices de la sociologie afin de former un « tableau de pensée homogène » :

« On obtient un idéal-type en accentuant unilatéralement un ou plusieurs points de vue et en enchaînant une multitude de phénomènes isolés, diffus et discrets, que l'on trouve tantôt en grand nombre, tantôt en petit nombre, par endroits pas du tout, qu'on ordonne selon les précédents points de vue choisis unilatéralement pour former un tableau de pensée homogène. »[262]

En revanche, l'*idéal-type* esthétique, de par sa nature esthétique, implique une contradiction externe et interne à la poïétique critique, et entre les poïésis de l'art biocritique. Contrairement à l'*idéal-type* wébérien, l'*idéal-type* de l'art critique (inclut celui biocritique) ne cherche pas l'homogénéité, tout le contraire, il n'est pas un outil visant à *dépasser* la contradiction entre phénomènes historiques, il s'agit simplement d'un outil permettant de critiquer en *fondant* la contradiction esthétique et en dénonçant l'homogénéisation de la pensée en tant que domination/sédentarisation épistémologique chez le réel socio-historique (*a, b, c, d* et *e*). Et même si la structuration de la tension esthético-épistemologique qui surgit de ce type de lien entre l'art et les paradigmes scientifique n'est pas une nécessité poïétique de l'art critique cependant il est une proposition méthodologique en vue d'une déconstruction qui peut permettre de mieux connaître la critique d'un art qui se dit critique.

On pourrait affirmer que la poïétique de tout art (bio) critique implique la création de paradigmes et de styles cognitifs *idéaux-types* dès lors qu'il s'agit de critiquer des facteurs socio-historiques de sédentarisation épistémologique. On peut déduire qu'au cours de la déconstruction d'un art d'esthétique critique dont la critique porte sur un facteur social impliquant l'enculturation d'un paradigme épistémologique on peut trouver un paradigme *idéal-type* esthétique par son antagonisme de contradiction, tension et négation esthétique de le réel socio-historique épistémologiquement sédentarisé ; mais aussi et

---

[262] Weber, 1965 : 181.

surtout que, même si tout art peut être qualifié de critique grâce à une poïétique de contradiction et de tension esthétique, seul l'art qui en plus de poïétiser artistiquement sa critique est déconstruit esthétiquement en révélant la potentialité esthétique de l'idéal-type poïétisé en tant que critique artistique, seul cet art est un art d'esthétique critique. Puis toute action biocritique (poïétisée au sein de l'art ou dehors de celui, par l'artiste ou par n'importe pas quel sujet socio-historique) peut être qualifié d'art biocritique grâce son poïétique de contradiction et de tension esthétique envers le biopouvoir, mais seul l'action biocritique qui en plus d'être poïétisée artistiquement est déconstruite esthétiquement en révélant la potentialité esthétique de l'idéal-type qu'elle poïétise, seul cet action est de l'art d'esthétique biocritique.

Sédentarisation (*chosification/identification*) épistémologique : risque esthétique de l'art (bio) critique

Le risque de sédentarisation épistémologique de l'art est inévitable, parce que la tension esthétique qui explique la vitalité des liens de contradiction esthétique que l'art établit vis-à-vis des aspects de la réalité qu'il critique ne repose pas sur une relation statique, et parce que ces aspects qu'il critique se transforment constamment en fonction des mutations de la réalité socio-historique à laquelle appartient. De plus, la tension esthétique entre l'art et ce qu'il critique tend à se dissoudre et à disparaître dès lors que la réalité a « dépassé » la tension esthétique générée par l'art, ou que les aspects que l'art critiquait ont cessé de signifier ce que contredisait son exercice critique. Il en ressort qu'il n'y a pas d'action esthétiquement critique qui soit esthétiquement omni-temporelle, ou qui fonctionne pour critiquer tous les aspects de sédentarisation épistémologique chez : *a*) ce que l'art critique ; *b*) ce *avec quoi* l'art critique ; *c*) la position *à partir de laquelle* l'art critique ; *d*) ce qui critique la même chose que l'art (les autres (bio)criticismes) ; et *e*) ce qui sur le plan structurel contribue à la (re)production de la sédentarisation épistémologique que l'art critique. Tout ça car le processus même de reproduction socio-historique tend à affaiblir les liens de tension esthétique que génère chaque action critique (soit de l'art ou d'un autre style cognitif ou individu quelqu'un) grâce à sa capacité d'opposition afin de s'émanciper même de lui même. C'est la recherche constante et interminable d'une autonomie esthétique au sein de l'art à laquelle font référencé les mots d'Adorno qui est tout le temps contradiction, négation et tension esthétique de la sédentarisation esthétique.

> « L'autonomie, que l'art a acquise après s'être débarrassé de sa fonction culturelle, ou de ce qui s'y substitue, et qui se nourrissait de l'idée d'humanité, fut d'autant plus ébranlée que la société devenait moins humaine. (…) Or son autonomie commence à entrer dans un moment d'aveuglement. Ce moment a été le propre de l'art depuis toujours ; à l'ère de son émancipation, il éclipse tous les autres malgré (si ce n'est à cause de) l'absence de naïveté dont, selon Hegel, il ne doit plus se départir. »[263]

La sédentarisation esthétique et épistémologique au sein de l'art est une étape du processus vital de toute critique, qu'elle soit poïétisée ou non par l'art biocritique. Lorsqu'on parle de sédentarisation de la critique, il est indispensable de faire référence à la forme du devenir historique au sein de l'art, car c'est dans cette forme que se trouve la sédentarisation en tant que tendance et non en tant qu'état. En effet, d'une manière générale la sédentarisation esthétique, épistémologique, artistique, poïétique, etc. n'est pas un état de la critique au sein de l'art ; elle peut être un état, mais le fait de produire de la connaissance est une tendance de toute poïésis critique. Néanmoins, depuis le point de vue de l'esthétique critique, dès lors que la poïésis critique ou les

---

[263] Adorno, (1970)/2004 : 9.

manières de faire de la critique ou de produire de la connaissance se sédentarisent (esthétiquement, épistémologiquement, poïétiquement, artistiquement, etc.), l'art (ou la connaissance) d'esthétique critique cesse d'être critique et bien sûr aussi esthétique. Face à cette tendance sédentarisatrice, les différents styles cognitifs ne réagissent pas de la même manière.

Par exemple, l'art en tant que style cognitif tend à s'émanciper à travers la contradiction de ses critiques et de sa manière de critiquer, tandis que la science risque davantage de se sédentariser dans la mesure où elle cherche « une certaine continuité » dans ses processus. On aime bien visualiser cet différence entre l'idéal-type de mouvement épistémologique au sein de l'art d'esthétique critique et celui au sein de la science occidental avec la visualisation du devenir historique de l'art comme une spirale et non comme un cycle répétitif ou linéaire, comme on a tendance à représenter le sens du progrès ou d'évolution en Occident ; même au sein de la science.

La perspective historique en forme de spirale est la forme visuelle correspondant le mieux à la loi de mouvement de l'esthétique adornienne car cette esthétique critique explique la dialectique d'esthétique nihiliste produite par poïésis de contradiction, négation et tension esthétiques « au sein » de l'art ; comme une suite d'enchaînements entre le présent, le passé et le futur en tant qu'intention esthétique des liens entre actions de critique et d'autocritique. L'intention esthétique de vitaliser le mouvement esthétique de toute sédentarisation épistémologique, esthétique, poïétique, artistique, est le moteur de cette spirale d'enchaînements. Par conséquent, un art d'esthétique critique qui cesse de *faire de la critique*, cesse tout simplement d'être un *art critique* (inclut celui biocritique). Néanmoins le fait de cesser de faire de la critique n'est pas une décision esthétique, il ne fait que refléter l'état de sédentarisation en tant que risque esthétique de la poïésis d'un art qui se définit comme un art (bio)critique.

La sédentarisation de l'art est synonyme aussi de *chosification*. L'art (bio)critique est conscient du risque de réification de ses critiques et de toute création et construction de connaissance ; c'est pourquoi tout art d'esthétique critique est toujours en mouvement, parce qu'il *est* mouvement esthétique ; du moins c'est comme cela qu'Adorno explique l'existence de l'art chez sa Théorie esthétique. La contradiction/négation et tension esthétiques est la logique de mouvement dialectico-esthético-nihiliste qui explique l'émancipation de tout art (bio)critique vis-à-vis du risque de chosification et de sédentarisation de ses critiques, qui n'est autre que le risque de réification de l'art.

Dans une certaine mesure, l'esthétique de l'art biocritique considère – à l'instar de la théorie esthétique adornienne – que l'art doit rester sans cesse vigilant afin d'éviter la réification de sa réalité (sociale, artistique, épistémologique, etc.) et de pouvoir échapper à ce qui se chosifie ou le chosifie. Toutefois cette forme d'émancipation qui implique une certaine vigilance consiste avant tout à reconnaître que l'art – comme tout autre fruit de la connaissance humaine – maintient une relation dialectique vis-à-vis du contexte socio-historique, ou du moins qu'il maintient une relation dialectiquement dépendante de sa dimension historique. Cette dépendance historique de l'art est expliquée par Adorno au sein de sa théorie esthétique quand il explique l'existence de l'art en tant que capacité de l'art pour « faire réfléchir » ; capacité qu'ici on a interprété en tant que capacité esthétique de l'art pour faire de la critique et de l'autocritique ; puis donc capacité de l'art pour fuir de la sédentarisation et chosification des ses formes (poïétiques, artistiques, esthétiques, épistémologiques) de faire la critique. En mots d'Adorno :

> « Bien que les œuvres d'art montrent de temps à autre le non-existant, elle ne se l'approprient pas personnellement, d'un coup de baguette magique. Le non-existant leur est fourni par des fragments de l'existant qu'elles réunissent dans leur apparition. Ce n'est pas à l'art de décider par son existence si le non-existant qui apparaît existe (…). L'autorité des œuvres d'art réside dans le fait qu'elles obligent à réfléchir. »[264]

---

[264] Adorno, (1970)/2004 : 116.

On interprète la constante recherche de l'art de fuir de ses propres formes (poïétiques, épistémologiques, esthétiques, artistiques) de faire la critique en tant que la constante recherche de l'art de fuir de la tendance sédentarisatrice et chosification de ses propres poïésis. Or cette fuite est une forme de l'inténtion esthétique de l'art de vitaliser un mouvement esthétique surtout au sein de : *b*) ce *avec quoi* l'art critique ; et *c*) la position *à partir de laquelle* l'art critique. Donc, la vie de l'art peut être dessinée comme une spirale des petites mortes poïétiques artistiques, épistémologiques, esthétiques, etc. toujours en mouvement de dialectique esthético-nihiliste.

Les mutations au sein de l'art sont de petites morts de l'art, des expressions nihilistes de l'esthétique critique, qui ne peut expliquer la vie qu'en rapport à la mort, car chaque critique au sein de l'art est une critique destinée à périr, dont la vitalité est dialectiquement en tension avec la mort depuis sa naissance. En effet, c'est l'intention esthétique de toute critique esthétique que de périr entre les mains d'une autre critique esthétique, non pas de celle qu'elle a elle-même assassinée, mais de n'importe quelle autre critique. Adorno considère également comme des mutations de l'art la mort de ses fragments, c'est-à-dire la mort des œuvres d'art aux mains d'autres œuvres d'art. Peut-être ce ça qu'il veut nous dire quand il écris: « une œuvre est l'ennemie mortelle d'une autre ».[265] Car pour Adorno, les mutations des œuvres d'art représentent la mort constante de l'art ; le nihilisme de l'art s'explique ici par la mort de ses fragments,

> « à la façon de la première strate d'un sol sur laquelle chaque couche suivante s'érige et s'écroule dès qu'elle est ébranlée. (…) des mutations [qui sont] déterminées par leur loi formelle, et qui se scindent dès qu'elles apparaissent au grand jour »[266].

---

[265] Adorno, (1970)/2004 : 55.
[266] Adorno, (1970)/2004 : 238.

Pour Adorno, le déclin du processus vital des œuvres d'art en tant que critiques esthétiques ou expressions esthétiques d'un criticisme, commence dès que les œuvres apparaissent au grand jour, après quoi elles deviennent « transparentes et se durcissent, vieillissent et se taisent. Finalement, leur déploiement s'apparente à leur effondrement »[267], j'ajouterais : à leur mort. On pourrait parler de suicide de l'art, même s'il serait plus objectif scientifiquement de parler de petits suicides à l'intérieur de l'art, qui mènent à la réinvention constante de ce « mutant ». Car l'art meurt de manière fractionnaire, par petits morceaux, et il se recrée de la même manière.

Ainsi, la réification est pour Adorno synonyme d'*identification*, et elle concerne aussi bien l'art et les œuvres d'art que la sphère sociale, et notamment le sujet :

> « Le processus de chosification (…) fait d'elles [des œuvres d'art] quelque chose d'égal à soi-même, d'identique à soi-même »[268].

Or la liberté du sujet consiste à devenir quelque chose d'autre que ce que le processus d'identification social lui assigne :

> « Plus une société devient totalitaire [...] plus les œuvres dans lesquelles cette expérience se sédimente deviennent autres à cette société. »[269]

Adorno fait ici référence à la contradiction exercée par l'art critique vis-à-vis de ce qui est *chosifié* ou *chosifiant* au sein de la société, qui tend à *identifier* – à réifier – le sujet et l'œuvre d'art. Voilà la tendance à sédentarisation épistémologique des poïésis critiques de l'art d'esthétique critique dut à la dépendance de l'art au changement socio-historique.

---

[267] Adorno, (1970)/2004 : 238-239.
[268] Adorno, (1970)/2004 : 49.
[269] Adorno, (1970)/2004 : 49.

Ainsi, parler de *chosification* pour Adorno revient à parler de *sédimentation*, et tout ce qui se sédimente dans l'art réduit l'art en esclavage, car la *réification* est une sorte d'esclavagisme d'ancrage. La chosification du sujet renvoie à l'identité du dominé, ce qui en termes adorniens correspond à la *fausse conscience*.

La chosification est la sédimentation d'une dépendance déterminée. Rejeter les formes et les contenus sociaux sédimentés socialement constitue pour l'œuvre d'art et/ou pour l'artiste une nécessité ontologique liée à la liberté même de l'art. Cette forme de rejet se manifeste dans l'émancipation poïétisée par l'art à travers le criticisme et la contradiction, la tension et la négation esthétiques comme autant de formes de mouvement et de liens entre l'art et son autreté, qui est à la fois contenu et forme de chosification, ou en voie de l'être.

La négation et la contradiction esthétiques qui caractérisent l'art (bio)critique constituent la logistique émancipatrice qui permet à celui d'échapper sans cesse aux états chosificateurs, aux états qu'il avait peut-être déjà connus, en d'autres temps et sous d'autres formes, tel un autre art, mort il y a longtemps et qui a fini par *devenir transparent, durcir, vieillir, se taire et s'écrouler*, comme il advient des mutations au sein de l'art. La *chosification*, réification e identification esthétique de l'art est interprétée pour l'esthétique de l'art critique en tant que sédentarisation épistémologique des aspects poïétiques, esthétiques, artistiques et bien sur épistémologiques de l'art même.

Chez sa Théorie esthétique, on trouve qu'Adorno envisage la sédentarisation esthétique de l'art en tant que sédentarisation épistémologique de l'*esprit*, bien qu'il ne la considère pas comme l'un des principaux risques pour l'art, car pour lui c'est précisément l'esprit qui détecte, grâce à sa dialectique vis-à-vis de l'empirisme, l'expiration d'un art chosifié. Toutefois Adorno ne se réfère pas à n'importe quel Esprit, mais à un Esprit critique qui nie, contredit et entre en tension vis-à-vis de ce qui est chosifié, lorsqu'il s'agit de le critiquer. Adorno se réfère à l'Esprit critique en tant que forme de pensée au sein de l'art critique. C'est pourquoi, en se basant sur la dialectique interprétative adornienne, on pourrait définir l'art comme l'expression de la nécessité empirique d'un esprit critico-poïétique ou poïético-critique en constante tension, négation et contradiction esthétiques avec tout forme de sédentarisation esthético-epistemologique dehors et au sein de l'art même.

Dialectique nihiliste & *continuité paradigmatique* : tension esthético-epistemologique entre art critique et science

La *continuité paradigmatique* est une nécessité ontologique et épistémologique de la science occidentale, que les historiens des sciences tels que Kuhn considèrent comme un besoin expliquant sa résistance aux changements et aux révolutions scientifiques. Il s'agit d'une tendance sédentarisatrice et inhibitrice du travail critique au sein de la science, au moins en ce qui concerne la critique interne osant remettre en question les paradigmes dominants.

Dans son analyse structurelle des révolutions scientifiques, Kuhn associe le terme de *paradigmes* à celui de « sciences normales », qu'il décrit comme des

> « exemples reconnus de travail scientifique réel – exemples qui englobent des lois, des théories, des applications et des dispositifs expérimentaux, et fournissent des modèles qui donnent naissance à des traditions particulières et cohérentes de recherche scientifique »[270].

Pour Kuhn, le paradigme est une période d'articulation au sein du processus vital d'une science, c'est l'étape au cours de laquelle les hypothèses et les croyances qui constituent ce paradigme légitiment et déterminent ce qui est et ce qui n'est

---

[270] Kuhn, 1962/2007 : 71.

pas de la connaissance scientifique. Et bien que le paradigme en question soit le fruit d'une évolution scientifique, bien qu'il soit né d'une critique envers un autre paradigme, une fois qu'il a été reconnu et fonctionne comme légitimateur de la connaissance scientifique, il a toujours tendance à se sédentariser et à résister aux changements, aux mutations, aux critiques et aux révolutions scientifiques. En effet, tout nouveau paradigme apparaît comme la promesse d'une meilleure explication, d'un meilleur outil d'analyse, et il lui faut par la suite tenir cette promesse d'être le meilleur ensemble d'hypothèses et de croyances pour la science. Or c'est précisément cette résistance à la critique qui explique que la science ne considère comme légitime que la critique structurée à l'aide d'un langage scientifique. Kuhn estime que cette résistance correspond au besoin que la science éprouve de maintenir une « certaine continuité » sur des aspects fondamentaux de son paradigme, afin de le protéger des critiques et de s'assurer que ces mutations ne viennent pas ébranler ou démolir entièrement l'édifice appelé science. Cette « continuité » ou pensée rétive à la critique fait partie de la culture de la science rationaliste occidentale qu'a analysée Kuhn sur le plan historique, une science dont l'hégémonie épistémologique rationaliste a su faire en sorte que les scientifiques eux-mêmes intègrent parfaitement cette tendance acritique. En mots de Kuhn :

> « C'est l'étude des paradigmes (…) qui prépare principalement l'étudiant à devenir membre d'une communauté scientifique particulière avec laquelle il travaillera plus tard. Comme il se joint ici à des hommes qui ont puisé les bases de leurs connaissances dans les mêmes modèles concrets, son travail l'amènera rarement à s'opposer à eux sur des points fondamentaux. »[271]

La tendance historique de la science à assurer cette « continuité » se traduit chez le scientifique par une culture de résistance à la critique, qui vise non seulement à éviter la critique

---

[271] Kuhn, 1962/2007 : 71.

des fondements paradigmatiques qui permettent à l'édifice de la science de rester debout, mais aussi à n'accepter que les rénovations structurées ne mettant pas en péril la production constante de connaissance scientifique, la continuelle articulation de la science.

Situant l'origine du paradigme scientifique dans une perspective historiciste de la science et de l'art en tant que styles cognitifs, Kuhn constate que la consolidation sur le long terme d'une culture scientifique de pensée acritique finit par produire ce que on qualifie ici de sédentarisation épistémologique ou sédentarisation du paradigme, face à laquelle l'art cherche constamment à s'émanciper. Cette sédentarisation est synonyme de ce Kuhn qualifie de période de « science normale », au cours de laquelle les scientifiques tendent à mener des recherches et produire des connaissances scientifiques visant à renforcer et à articuler le paradigme « légitime » comme étant supérieur à tous les autres, et produisant ainsi un mouvement historique au sein de la science au cours duquel les mutations sont ralenties par l'attitude acritique du rationalisme scientifique, tandis que l'art d'esthétique critique maintient pour sa part un mouvement historique de mutations constantes grâce à l'attitude critique de son esthétique nihiliste.

Cela ne signifie pas que la science se sédentarise de manière statique. Au sein de la science occidentale moderne, la sédentarisation d'un paradigme est équivalente à la sédentarisation poïétique de la critique. Il s'agit de sédentariser l'utilisation des outils épistémologiques servant à produire de la connaissance, au point que l'historicisme de cette science finit par adopter une forme cyclique, et non de spirale évolutive comme celle de la dialectique négative qui caractérise l'historicité esthétique de l'art (bio)critique. En effet, avec le temps, les scientifiques en viennent à rejeter non seulement l'existence légitime d'autres formes poïétiques de la connaissance, mais aussi la possibilité même de leur existence.

Un phénomène qui n'est pas sans rappeler la « vérité chrétienne » de la Genèse biblique, paradigme qui expliquait qu'au début des temps ce monde était un paradis et que nous sommes tous des descendants *hétérosexuels* d'Adam et Ève, fruits du péché d'Adam induit par Ève, et qu'à cause de ce péché Dieu a condamné la femme à accoucher dans la douleur ; que nous sommes tous des descendants de la « saint famille » hétérosexuelle formée par Joseph, Marie, et leur enfant Jésus ; et que Maire est une femme sans péché parce qu'elle a conçu Jésus sans avoir eu de rapports intimes avec son mari, etc. Or si la science s'est employée à séculariser la « vérité » à l'aide de la raison, elle n'a pas pour autant éliminé les paradigmes de l'hétérosexualité et de la bestialité corporelle du phallocentrisme légitimés par la production épistémologique hégémonique de la religion au cours de l'étape prémoderne, et qu'elle a continué à présenter comme une vérité dans ses discours tout au long des époques moderne et de la modernité tardive. Ce phénomène socio-historique de la pensée occidentale nous permet d'observer à quel point tout paradigme, qu'il s'agisse de science, d'art ou de religion, court le risque de se sédentariser dès lors qu'il est érigé en « vérité absolue ». Ce qui est paradoxal, c'est que ce soit précisément la science en tant que critique épistémologique qui ait accouché de ce type de vérité synonyme d'aveuglement cognitif, et dans ce cas, épistémologique. Comme l'écrit Kuhn :

> « Il n'est pas surprenant (…) qu'au cours des premiers stades de développement de la science, différentes personnes aient décrit et interprété de manière différente le même type de phénomènes… Ce qui est surprenant et sans doute unique aux domaines de ce qu'on appelle la science, c'est que ce degré initial de divergence finisse par disparaître à ce point. »[272]

Le problème de la sédentarisation du paradigme de la *science normale* réside dans le fait que ce paradigme, qui est né en tant que critique d'un autre paradigme, ait accordé une plus grande

---

[272] Kuhn, 1962/2007: 80.

place à la culture de l'articulation scientifique qu'à la culture critique scientifique, peut-être pas de manière préméditée ou planifiée, mais tout simplement parce que cette attitude critique au sein de la science a fini par succomber au désir de s'imposer comme la meilleure promesse épistémologique. Car une fois qu'un paradigme critique est accepté et légitimé, il tend à devenir légitimateur, et lorsqu'il devient légitimateur, lorsqu'il atteint le statut de « science normale », la production scientifique tend naturellement à devenir moins autocritique. Comme l'observe Kuhn :

« La recherche de la science normale est dirigée vers l'articulation des phénomènes et théories que le paradigme fournit déjà »[273].

La nécessité esthétique de l'art (bio)critique est fort différente : en effet, la *dialectique négative d'esthétique nihiliste* (qu'on trouve chez la Théorie esthétique d'Adorno en tant que *contradiction, négation* et *tension esthétiques*), également considérée comme un besoin ontologique fondamental de l'art (bio) critique à l'origine d'une historicité nihiliste, aspire à émanciper l'art de la sédentarisation de la critique et de ses formes critiques. En effet, pour l'art biocritique cette contradiction esthétique cherche avant tout à générer et à corporaliser la critique interne et externe envers tout et n'importe quel aspect de sédentarisation épistémologique des paradigmes phallocentriques chez : *a)* ce que l'art critique ; *b)* ce *avec quoi* l'art critique ; *c)* la position *à partir de laquelle* l'art critique ; *d)* ce qui critique la même chose que l'art (les autres (bio)criticismes) ; et *e)* ce qui sur le plan structurel contribue à la (re)production de la sédentarisation épistémologique que l'art critique

Dans le cadre de cette comparaison entre la science et l'art, il convient de spécifier qu'aussi bien la *contradiction, négation* et *tension esthétiques*, que la sédentarisation (esthétique,

---

[273] Kuhn, 1962/2007 : 90.

épistémologique, artistique, poïétique) au sein de l'art constituent des formes de rapports que l'art établit tant à l'intérieur qu'à l'extérieur du méta-domaine de l'art. En d'autres termes, la contradiction au sein de l'art peut être une contradiction, négation et tension esthétique de l'art vis-à-vis de lui-même ou vis-à-vis d'une autreté sociale non artistique. Dans tous les cas, la contradiction esthétique chez l'art revêt principalement deux dimensions : la poïétique (inclut le sens artistique) et l'épistémologique (inclut le sens esthétique). Car l'art peut aussi bien critiquer la forme poïétique (*b*) que la gnoséologie de ses critiques (*c*), ou d'autres critiques faites par d'autres styles cognitifs (*a, d* et *e*). Ainsi, la présente recherche défend-elle l'idée que la différence entre la science et l'art critique ne réside pas dans la structuration de la critique ou du langage structuré de l'un d'eux pouvant être utilisé par l'autre, mais dans la *contradiction esthétique* en tant que loi de mouvement au sein de l'art, qui dans le cas de la science reste limitée à une certaine continuité de la structure du paradigme en fonction.

Dès lors, le paradigme de la science est *structure* et *légitimité*. *Structuré* parce qu'il est l'instrument fondamental à l'aide duquel sont choisis et examinés les objets d'étude destinés à la construction de la connaissance ; et *légitimité* parce qu'un processus de production de connaissance au sein de la science n'acquiert de légitimité qu'à travers l'utilisation de la structure instrumentale (théorique ou méthodologique) de son paradigme, qu'il s'agisse d'un processus de production de connaissance critiquant l'hégémonie scientifique ou d'un processus s'efforçant au contraire d'articuler et de renforcer ce paradigme.

La science est une structure d'hypothèses et de croyances ; elle fonctionne grâce à ces dernières, qui constituent une définition de son paradigme. Ces hypothèses et croyances sont celles que la science juge nécessaires pour assurer une certaine continuité paradigmatique, elles font donc partie de sa loi de mouvement : cela explique que la science occidentale soit une science accumulatrice de connaissances, reposant sur l'imaginaire historique d'un progrès linéaire, et résistant aux changements et aux mutations susceptibles d'ébranler les hypothèses et les croyances lui ayant permis d'accumuler tant de connaissances ; les mutations ne représentant que de brèves interruptions dans cette incessante production de connaissances. En effet, les hypothèses et les croyances de la science rationaliste et positiviste occidentale n'ont pas intégré la critique dans leur loi de mouvement, tant il est vrai que pour la science régie par le paradigme rationaliste, ce qui compte, bien plus que la critique, c'est l'*articulation*, le renforcement des hypothèses et des croyances du paradigme dominant ; or cette constante revendication paradigmatique de sa légitimité scientifique l'amène à devenir à la fois *juge et partie* dans sa volonté quasi « judiciaire » de déterminer ce qui est de la science et ce qui n'en est pas, de distinguer les manières légitimes de connaître de celles qui ne le sont pas, ou de définir ce qu'il est important ou pas de savoir afin de fonder un processus de production de connaissance scientifique.

Ce phénomène de résistance à la critique interne au sein de la science peut aisément être assimilé à une forme de domination, une domination exercée sur la production de connaissance scientifique en tant qu'hégémonie épistémologique. Cette hégémonie de la science occidentale moderne repose sur un paradigme rationaliste qui, en cherchant à séculariser l'Esprit (la connaissance et les formes de production de connaissance), a fini par se sédentariser en consolidant ses hypothèses et ses croyances afin d'assurer son articulation, et en faisant la sourde oreille aux critiques internes menaçant son paradigme. Tout cela lui a sans doute paru être un moindre mal en regard de son rôle émancipateur de l'esprit humain (la critique externe d'une science sécularisée). Hélas, c'est précisément cette résistance à la critique interne qui a fait du rationalisme de la science moderne une ontologie de la *fausse conscience* au sein de la pensée occidentale à laquelle fasse référence Adorno quand écris sur l'Esprit de la modernité « libératrice » en sens sécularisatrice de la production de la connaissance (drapeau de la science moderne occidentale) :

« À l'ontologie de la fausse conscience appartient également l'attitude de la bourgeoisie qui, ayant dompté l'esprit autant qu'elle l'a libéré, malveillante même avec elle-même, accepte et tire de l'esprit précisément ce qu'elle ne peut réellement croire qu'il est. »[274]

Toledo Nickels aussi fait référencé à ce phénomène d'occidentalisation en tant que « colonisation » et/ou « occidentalisation» de la pensée quand écris sur la pensée d'une de plus persistantes critiques de cet phénomène au sein di XXème siècle ; celle fait par Paul Feyerabend :

"[…] cuando los europeos se enfrentaron a concepciones opuestas sobre la naturaleza del conocimiento proveniente de culturas no-europeas, no desplegaron ni un mínimo esfuerzo por comprenderlas, simplemente: «...no hubo ninguna comparación objetiva de métodos y resultados. Solo hubo colonización y represión de las tribus y naciones colonizadas"[275] […]."[276]

Cela ne signifie pas pour autant que toute la science ou production de connaissance scientifique occidentale soit rétive à la critique interne. Mais force est de constater qu'historiquement, la science occidentale – et pas seulement la science moderne – cherche à se légitimer comme étant supérieure aux autres styles cognitifs présentes dans les sociétés contemporaines que Giddens nomme sociétés de la *modernité tardive* (Giddens, 1995). En revanche, cette volonté de domination épistémologique n'est pas une caractéristique épistémologique de l'art, car l'art en général ne répond pas à un seul paradigme et non plus à l'articulation des hypothèses et croyances, même si sur le plan méthodologique,

---

[274] Adorno, 1970/2004: 32.
[275] Feyerabend, 1993: 112.
[276] Toledo Nickels en Cinta moebio 4, 1998 : 102-127.

pour déconstruire la tension esthétique d'une critique au sein de l'art en tant que critique épistémologique, il peut être utile de reconnaître que l'art (bio)critique co-poïétise – avec les individus réels – des témoignages d'un *idéal-type* afin de critiquer des facteurs sociaux impliquant une hégémonie épistémologique au sein de la sphère sociale. Si l'art ne répond pas à un seul paradigme d'articulation et continuité paradigmatique, c'est tout simplement parce sa *loi de mouvement* (la contradiction, tension et négation esthétiques disons dialectique nihiliste) s'oppose à la sédentarisation des croyances et des hypothèses, et même à la sédentarisation d'un paradigme poïétisé artistiquement en tant que critique afin d'établir un lien de contradiction esthétique vis-à-vis de ce que l'art aspire à émanciper en le critiquant, ouvert à tout imagination vitalisant du mouvement esthétique qui le définit. Adorno dit :

« L'art ne peut être interprété que par la loi de son mouvement [...]. La définition de ce qu'est l'art est toujours donnée à l'avance par ce qu'il fut autrefois, mais n'est légitimée que par ce qu'il est devenu, ouvert à ce qu'il veut être et pourra peut-être devenir »[277].

Ainsi, au sein de l'art, la critique avec son esthétique nihiliste naît avec le germe de la mortalité, tandis que la science rationaliste occidentale hégémonique naît avec le germe du désir ou de la volonté de maintenir une « certaine continuité » du paradigme, et ce malgré les inévitables révolutions scientifiques. Au point que les membres d'une science qui est pourtant née en tant critique d'un autre paradigme en sont arrivés à oublier la nécessité d'une pensée critique pour la bonne digestion de la science. Car dans l'histoire des sciences, cette « continuité » ou résistance au changement est une autolimitation du paradigme scientifique, qui contraste avec la critique nihiliste, suicidaire et toujours prête à mourir entre les mains d'une autre critique poïétisée artistiquement par le même art (bio)critique.

---

[277] Adorno, (1970)/2004: 11.

Sur ce plan, l'anarchisme épistémologique de Feyerabend adopte une position originale en considérant que d'autres langages non structurés sont des styles cognitifs tout aussi légitimes pour faire de la critique scientifique. L'art biocritique se laisse aller en ce sens car il est un moment de l'art du XXème siècle dont l'art se laisse occuper par les témoignages de potentialités esthétique poïétisés par les sujets socio-historiques réels[278]. Dans ce sens l'art critique prend partage certain sens de l'épistémologie anarchiste de Feyerabend car quand il critique les même choses que la science étude et/ou critique, il le fait « violent » les règles de la science et de tout façon il produit liens esthétique avec la science même si ses discours « se dissolvent » au champ scientifique indiffèrent aux critiques faits par l'art :

> « Les personnes qui violent les règles n'entrent pas dans un territoire nouveau ; elles se libèrent de l'emprise du discours cohérent. Dans ces circonstances, même les faits se dissolvent, car ils sont configurés par le langage et restent prisonniers de ses limites. »[279]

Car pour la science « il n'y a pas d'autre manière de travailler en suivant un paradigme, et abandonner le paradigme, c'est cesser de pratiquer la science qu'il définit »[280], écrit Kuhn. De même que le processus scientifique basé sur un paradigme cesse d'être une science dès lors qu'il abandonne ce paradigme, dans la perspective esthétique adornienne et de l'*art (bio)critique*, l'art qui cesse de critiquer avec l'intention de vitaliser le mouvement esthétique (chez *a*, *b*, *c*, *d* et *e*) cesse d'être de l'art dès lors qu'il n'établit plus des liens de contradiction esthétique, mais de continuité.

---

[278] Voir plus sur la place historique de l'art biocritique fait avec des témoignages des sujets socio-historiques réels dans le texte intitulé « Art biocritique. Qu'a-t-il été, qu'est-il devenu et qu'aspire-t-il à devenir ? » de ce même livre.

[279] Feyerabend, 1994/2003: 104.

[280] Kuhn, 1962/2007 : 104.

Cela ne signifie pas que la science n'établisse pas de liens de contradiction vis-à-vis d'elle-même : elle établit des liens de contradiction qui ne sont pas esthétiques, mais scientifiques, or la contradiction scientifique de la critique au sein de la science a tendance à respecter une « certaine continuité » du paradigme. Tandis que la contradiction esthétique de la critique au sein de l'art est poussée « *jusqu'à ses ultimes conséquences* »[281]. Car pour l'art, la continuité représente la sédentarisation, or tout art (bio) critique qui se sédentarise cesse d'être de l'art (bio)critique.

Le langage structuré est une caractéristique de cette « continuité » au sein de la science et il met en évidence une tendance à la sédentarisation de ses paradigmes qui limite la pratique de la critique épistémologique au sein de cette science. Certes, l'art peut parfois structurer ses critiques afin de faire son autocritique, établissant ainsi un lien de contradiction esthétique avec le langage structuré de la science qu'il utilise de manière esthétique afin de déconstruire ses critiques ; toutefois la versatilité de l'art (bio)critique qui lui permet de structurer et de déstructurer ses critiques n'est pas transposable au travail scientifique, dans la mesure où les critiques dans le domaine de la science – ou du moins celles que la science considère comme légitimes – sont configurées à l'aide d'un langage beaucoup plus limité que celui de l'expérience et de l'hétérogénéité artistique, caractéristique d'une poïétique de contradiction esthétique. En effet, la critique au sein de la science est strictement limitée et/ou restreinte aux règles du langage structuré.

---

[281] Voir plus sur le sens esthétique de la critique « *jusqu'à ses ultimes conséquences* » dans le livre intitulé *La fonction esthétique-politique de l'orgasme* Volume I.

Liens esthétiques entre la science et l'art biocritique

Les liens entre l'art et la science peuvent être de liens entre l'art et : a) *ce que* critique l'art ; b) *ce avec quoi* l'art critique ; d) *ce qui critique la même chose* que l'art (les autres criticismes) ; et/ou e) ce qui sur un plan structurel *contribue à la (re)production de la sédentarisation* épistémologique que l'art critique ; mais jamais en tant que (c) la position *à partir de laquelle* l'art critique, car pour ce faire il faudrait nécessaire que l'art partage ou donne continuité au paradigme de la science en tant que science.

Ainsi, les liens de l'art avec la science en tant que « *(a) ce que* critique l'art » il s'agit d'un lien critique direct ou locutive en tant que « sujet » de sa critique ; avec la science en tant que « *(b) ce avec quoi* l'art critique » il s'agit plutôt des moments d'autocritique de l'art dont l'art structure ses poïésis d'autocritique avec les langages structurées de la science pour se déconstruire esthétiquement de façon structurée ; avec la science en tant que « *(d) ce qui critique la même chose* que l'art (les autres criticismes) » il s'agit d'un lien perlocutive produit par les poïésis critiques envers un autre « sujet/objet » de critique qui est aussi « sujet/objet » chez les poïésis critiques poïétisées par la science ; ce lien est un lien entre l'art et la science en tant que styles cognitifs dont tous les deux se rencontrent en tant que criticismes envers un même objet/sujet de critique ; la tension esthétique de ce lien réside particulièrement dans les « lois de mouvement » épistémologique ontologiquement différents chez l'art et chez la science. Dernièrement, le lien entre l'art et la science en tant que « *(e) ce qui sur un plan structurel contribue à la (re)production de la sédentarisation épistémologique que l'art critique* » est le lien de tension esthético-epistemologique qui peut être perlocutive ou locutive selon le langage que l'art utilise pour ce faire. Car à différence de la science, l'art critique (comme la pensée épistémologique de Feyerabend) trouve légitime et se trouve capable de produire une discussion avec la science avec le langage de la science même sans devenir science. C'est ce qui arrive chez les déconstructions esthétiques que l'art fait de soit même à l'aide des langages structurés des sciences sociales et humaines. Dans ce cas l'art se permet un moment d'existence structurée.

Cependant, lorsque l'art critique la science en tant qu'objet de sa critique ou de façon perlocutive, il le fait précisément à l'aide d'un langage non structuré, car si ses poïésis étaient basées sur une critique structurée par un langage scientifique, elles seraient certes le fruit d'un processus créatif mais pas d'un processus artistique, et se réduiraient à une simple illustration de la critique structurée. Mais qu'en est-il lorsque l'art critique quelque chose qui implique l'hégémonie épistémologique d'un paradigme scientifique et cognitif dominant au sein de la société – par exemple quand il critique l'enculturation rationaliste du sujet social –, et que ce qu'il critique est également critiqué de manière structurée par d'autres pensées critiques dissidentes de la science dominante ? Dans ce cas, étant donné que les liens de l'art critique (ou biocritique) avec tout ce qu'il critique sont des liens de contradiction esthétique, sa critique établit des liens de contradiction esthétique non seulement vis-à-vis de ce qu'il critique, mais aussi vis-à-vis de ce qui produit ce qu'il critique, et le cas échéant vis-à-vis des autres critiques portant sur le même phénomène.   Voilà, vis-a-vis de *a, b, c, d* et *e* (*a*) *ce que critique l'art ; b) ce avec quoi l'art critique ; c) la position à partir de laquelle l'art critique ; d) ce qui critique la même chose que l'art (les autres criticismes) ; et/ou e) ce qui sur un plan structurel contribue à la (re)production de la sédentarisation épistémologique que l'art critique).*

Prenons par exemple le cas de l'*art biocritique* qui critique la décorporalisation phallocentrique et hétérosexuelle du sujet social. Ce que critique cet art est un phénomène social qui a déjà été étudié et structuré par des pensées critiques issues des sciences humaines et sociales telles que l'anthropologie, la sociologie, l'épistémologie, l'histoire, la philosophie, l'ethnographie, la psychologie, etc. Dans ce cas, la plupart des études et des recherches s'accordent à désigner comme responsable de cette décorporalisation cognitive la *séquestration rationaliste et abstractionniste de l'expérience* au sein de la science occidentale. Or la séquestration épistémologique de l'expérience découle principalement de l'Esprit de la modernité, selon le jugement critique des sciences humaines et sociales qui étudient les rapports entre la science et la santé psycho-sexuelle du sujet social. Paradoxalement, ces pensées critiques soulignent la responsabilité d'une science moderne qui laissait présager une libération de l'Esprit humain vis-à-vis de la domination ecclésiastique à travers la sécularisation de la connaissance, mais qui a fini, au fil de la sédentarisation acritique du paradigme rationaliste, par devenir à son tour un « bourreau » du sujet.

Lorsque l'*art biocritique* critique le phallocentrisme en tant que facteur épistémologique au sein d'une société occidentale héritière de la modernité, où le sujet est cognitivement dominé par les limites mêmes que le langage structuré impose à la critique et à l'expérience du scientifique au sein de la science, cet art se doit de critiquer non seulement le facteur social en tant que produit, mais aussi le phénomène qui produit ce facteur social.

Ainsi l'art, en critiquant, émet-il un jugement à la fois sur la cause et la conséquence. Et si l'art s'aperçoit – en déconstruisant ses critiques – qu'il n'est pas le seul à critiquer ce facteur social, et que la science elle-même l'a déjà critiqué, cela prouve qu'il existe une science dissidente capable de remettre en cause les hypothèses et les croyances du paradigme dominant. Dès lors, il est naturel qu'il cherche à établir des liens avec cette pensée critique utilisant un langage structuré, parce qu'elle critique le même objet que lui. Or c'est précisément à ce stade et avec ce lien spécifique que l'art pourrait courir le risque de cesser d'être de l'art, en adoptant le langage structuré de la science pour se contenter d'expliquer ou de décrire sa critique, sans la critiquer, c'est-à-dire sans faire un usage *esthétique* de la science.

Potentialité esthétique des niveaux de communication entre l'art et la science

Nous nous proposons ici d'interpréter les liens entre styles cognitifs à l'aide des mêmes outils conceptuels que Kohlberg (1971), qui observe les niveaux communicationnels d'autonomie/ hétéronomie des individus vis-à-vis de la morale hégémonique.

Le niveau esthétique de communication entre styles cognitives chez le paramètre des niveaux communicationnels de Kohlberg et Habermas

Hétéronomie communicationnelle

Niveau pré-conventionnel de communication
Communication pré-conventionnelle orientée vers le châtiment et l'obéissance.
Communication pré-conventionnelle d'orientation relativiste instrumentale.

Niveau conventionnel de communication
Communication conventionnelle de concordance interpersonnelle.
Communication conventionnelle orientée vers la loi et l'ordre.

Niveau post-conventionnel
Communication post-conventionnelle liée au contrat social
Communication post-conventionnelle orientée vers des principes éthiques universels et potentialement esthétique

Niveau ecto-conventionnel ou trans-conventionnel de communication
Communication d'esthétique critique ou communication esthético-politique avec intention de mouvement esthétique chez lui et chez avec qui établi communication

Autonomie communicationnelle

Le niveau post-conventionnel étant selon Kohlberg le niveau supérieur d'autonomie où la décision la plus juste – ou rationnellement éthique – de l'individu découle de sa capacité à « se mettre dans la peau de l'autre » :

> « Le niveau [de communication] post-conventionnel, le niveau supérieur, se caractérise [...] par une approche des principes abstraits : l'accession à ce rôle permet

au sujet de « se mettre dans la peau d'un autre pour décider »[282] (Kohlberg, L., 1973, 641).

On peut donc en déduire qu'un niveau de communication post-conventionnel entre deux styles cognitifs tels que l'art et la science impliquerait que ces deux styles soient capables de communiquer entre eux en utilisant un même langage, qui bien qu'abstrait ou structuré – comme celui de la science – ne chercherait pas à établir de hiérarchie entre les deux partenaires de la discussion, leur permettant ainsi de « se mettre dans la peau de l'autre » afin de mener à bien cette discussion d'égal à égal. Ce niveau de communication entre styles cognitifs (l'art et la science) au sein de l'exercice d'autocritique *structurée* de l'art s'apparenterait à ce qu'Apel (1985 et 2009) et Habermas définissent comme la « communauté idéale de communication », où l'on cherche à échanger et à comprendre l'autre sans coercitions, en étant capable de se mettre dans la peau de l'autre au point de remettre en cause son point de vue dans la mesure où l'exercice de compréhension de l'autre l'exige, comme c'est le cas – selon Habermas – de la communication entre scientifiques :

> « Le système d'action au sein duquel le scientifique social évolue en tant qu'acteur se trouve à un autre niveau [...] Le scientifique social ne participe, pour ainsi dire, en tant qu'orateur et auditeur que dans le processus de compréhension, car l'interprète scientifique, lorsqu'il est considéré en sa qualité d'acteur, poursuit des objectifs qui ne sont pas liés au contexte de sa recherche, mais à un système d'action différent. En ce sens, l'interprète, dans un contexte d'observation, n'aspire pas à jouer un rôle actif. »[283]

---

[282] López de la Vieja, 2009.
[283] Habermas, 1989 : 162.

Cependant, pour l'esthétique de l'art critique la participation de l'art critique dans un communauté idéal à fin de poïétiser son autocritique involucre son intention esthétique de produire/vitaliser le mouvement esthétique tant chez *a* comme chez *b* ; c'est-à-dire, aussi bien au sein de ce qu'il critique (l'art même) qu'au sein de *ce avec quoi* l'art poïétise sa propre autocritique. Et c'est l'intention esthétique du mouvement esthétique chez *a* et *b* ; mais aussi chez *c, d* et *e* qui fait de la communauté idéale une communauté esthétique ou au moins un moment de communication esthétique ecto-conventionnel ou trans-conventionnel. Ainsi on définie ici la communication trans-conventionnel et ecto-conventionnel en tant que le niveau de communication esthétique de l'art critique avec d'autres styles cognitifs comme la science ; le niveau ecto-conventionnel ou trans-conventionnel est une niveau de communication d'esthétique critique ou communication esthético-politique avec intention de mouvement esthétique dans l'art et dans ce qui avec il établi communication.

Néanmoins, en tant qu'artiste, il vaudrait sans doute mieux laisser l'œuvre sans définition si l'on ne pense pas la déconstruire (critiquer) esthétiquement (en utilisant les langages étrangères esthétiquement) ; et il vaudrait mieux éviter tout lien tacite ou discursif avec la science si l'on ne pense pas l'utiliser esthétiquement, ce qui revient pour l'artiste à interpréter l'art à l'aide de langages structurés afin de ne pas « jouer un rôle actif », et de rechercher une certaine « objectivité extra-esthétique » lui permettant d'échapper à ce qu'Adorno qualifie de « continuité historique de ses dépendances ». Car en mots d'Adorno :

> « Le contenu de vérité des œuvres d'art fusionne avec leur contenu critique. C'est pourquoi elles se critiquent aussi mutuellement. C'est cela, et non pas la continuité historique de leurs dépendances, qui unit les œuvres d'art entre elles : « une œuvre d'art moderne est l'ennemie mortelle de l'autre »[284].

---

[284] Adorno, 1970/2004 : 55.

Par exemple, dans le cas de *l'art biocritique* qui critique l'incidence limitée de la légalité du droit au plaisir chez un sujet social enculturé par un ordre institutionnel dont la plupart des discours n'accordent aucune validité à ce droit, il faudrait déterminer si cet art a une quelconque validité sur le plan juridique lui permettant de formuler à travers des formes légales une critique juridiquement valide. Dans cette perspective rationaliste, la critique esthétique au sein de l'art, malgré sa dialectique négative, serait réduite à un simple discours ne parvenant pas à atteindre le niveau argumentatif d'une *discussion* habermassienne, dans la mesure où elle ne dispose pas de la validité octroyée par le domaine spécialisé auquel appartient la réalité critiquée, n'étant pas considérée comme un interlocuteur compétent. Mais peut-on vraiment affirmer qu'une critique cesse d'être une critique parce qu'elle n'utilise pas le langage ou les outils spécifiques du domaine spécialisé auquel appartient la dimension socialement légitime/légitimatrice de la réalité qu'elle entend critiquer ? La présente réflexion prétend le contraire, à l'instar de Feyerabend, et ce indépendamment du fait que la versatilité critique de l'art l'amène parfois à entamer des discussions structurées afin de s'émanciper de sa propre critique.

Art et Sciences de l'art : utilisation esthétique des sciences ou scientifisation de l'art ?

En déconstruisant la critique d'un art (bio)critique en tant que tension épistémologique, on déconstruit cette critique en tant que contradiction esthétique entre les paradigmes des différents styles cognitifs. Toutefois, je me permets d'insister sur ce point, cela n'implique pas de scientifisation de l'art, mais plutôt le fait que la poïétique de tout art critique repose sur la poïésis *artistique* de paradigmes *idéaux-types* esthétiques, qui n'est pas conçue structurellement par l'artiste. La structure de cette critique impliquant la création d'un paradigme *idéal-type* esthétique n'est qu'une forme déconstructive de la critique que connaissent ceux qui déconstruisent une œuvre ou un art critique. Autrement dit, dans le cadre du processus créatif d'une œuvre d'art critique, l'artiste ne structure pas ses critiques avant de créer l'œuvre afin d'illustrer sa structuration : cela ne serait pas de l'art critique, mais la simple illustration d'une critique structurée. En revanche, l'artiste peut adhérer aux théories, aux croyances et aux hypothèses d'un paradigme organisé en un langage structuré – par exemple celui des sciences humaines ou sociales – afin de décrire/déconstruire son œuvre avec ce langage ; une déconstruction à manière d'autocritique.

Il est par exemple fréquent que des travaux scientifiques soient illustrés par des images d'œuvres d'art dont le lien avec le travail en question se limite à une correspondance iconologique et thématique ; ou encore qu'un artiste essaie d'illustrer sa critique avec des mots, en utilisant les termes d'un langage structuré afin d'expliquer ce qu'est son art. Dans ces deux cas, ni le scientifique ni l'artiste ne font une utilisation esthétique ou critique du langage « étranger » à l'aide duquel ils souhaitent « expliquer » « illustrer » ou « définir » leur démarche. En ce qui concerne l'artiste, tout simplement parce que l'art ne s'explique pas : il se critique, il se déconstruit, surtout lorsque c'est le créateur lui-même qui parle de son œuvre. Pour l'esthétique de l'art (bio)critique, l'art ne se définit pas en fonction d'un modèle ou d'un paradigme fixe, ni d'une continuité de paradigmes, la définition de l'art (bio)critique repose sur le *mouvement esthétique* que génère son exercice et son travail critique, son intention et ses conséquences esthétiques. Et l'explication, définition, description de l'art critique par l'art critique lui même implique une poïésis critique capable de vitaliser le mouvement esthétique de l'art même. Cela a un étroite relation avec ce qu'Adorno affirme : « L'art ne peut être interprété que par la loi de son mouvement, non par des invariants. »[285]. En d'autres termes, on parle ici de loi de mouvement de l'art (bio)critique en tant que caractéristique qui distingue cet art et le criticisme

---

[285] Adorno, 1970/2004: 11.

esthétique de tout autre exercice critique non esthétique, et à plus forte raison de toute production épistémologique acritique. Ainsi l'esthétique de l'art (bio)critique repose-t-elle essentiellement sur l'autocritique.

Rappelons que pour l'esthétique (bio)critique tout art (bio) critique ou qui se dit critique établit des liens de tension esthétique sous la forme de dialectique d'esthétique nihiliste entre actions critiques et autocritiques. Or si l'on considère que l'historicité de l'exercice critique renvoie à l'historicité de l'art :

> « La définition de ce qu'est l'art est toujours donnée à l'avance par ce qu'il fut autrefois, mais n'est légitimée que par ce qu'il est devenu, ouvert à ce qu'il veut être et pourra peut-être devenir. »[286]

Dès lors, l'artiste qui cherche à « définir» son art ou une œuvre d'art en tant qu'art d'esthétique critique devra inévitablement « définir » une relation de tension esthétique et de dialectique négative entre les poïésis du présent et les poïésis du passé au sein de l'art qui ne l'appartien pas que à lui ; puis une dialectique nihiliste entre le processus créatif et le résultat de ce processus en tant qu'art ou qu'œuvre d'art. Voilà le pourquoi des besoins esthétiques de l'art critique décrites à l'Introduction générale du présent livre :

> « [...] tout art qui se prétend (bio)critique doit observer : 1) la capacité (et le besoin) esthétique d'établir des liens de contradiction esthétique avec : a) ce que l'art critique ; b) ce avec quoi l'art critique ; c) la position à partir de laquelle l'art critique ; d) ce qui critique la même chose que l'art (les autres (bio)criticismes) ; et e) ce qui sur le plan structurel contribue à la (re)production de la sédentarisation épistémologique que l'art critique ; 2) la capacité (et le besoin) esthétique d'une reconnaissance

---

[286] Adorno, (1970)/2004: 55.

historique de a, b, c, d et/ou e ; et 3) la capacité (et le besoin) esthétique de générer un mouvement historique au sein de : a a, b, c, d et/ou e. »[287]

En tous les cas, la poïésis d'autocritique au sein de l'art poïétisé par l'art même s'agit d'une relation qui devra inévitablement prendre la forme d'une critique esthétique (esthétique en tant que vitaliseure du mouvement esthétique) faisant partie de la « spirale historique » (dialectique esthético-nihiliste) de tout criticisme esthétique au sein de l'art critique, étant donné que c'est l'artiste lui-même qui poïétise cette relation, non pas comme une extension de l'œuvre, mais comme une réponse ou une question la concernant. Car si l'artiste en tant que créateur utilisait un langage structuré afin de *décrire* au lieu de *critiquer* son œuvre contribuerait à la sédentarisation de la spirale et de l'art. En effet, seule l'utilisation esthétique d'un langage structuré permettant de « définir » esthétiquement son art (pour le critiquer) peut émanciper la spirale historique de tout art critique de tout risque de sédentarisation (épistémologico-esthétique ou poïético-artistique).

Il en va de même pour toute pensée critique au sein de la science, lorsque celle-ci souhaite illustrer ses œuvres à l'aide d'un langage artistique ou d'une œuvre d'art : elle doit faire une utilisation esthétique de cet art ou de ce langage, si elle veut éviter de mettre en évidence les limitations critiques d'une pensée scientifique trop étroite.

Il convient ici de souligner que dans les deux cas, l'utilisation qui est faite du langage « étranger » ne sert plus à « illustrer » l'œuvre – artistique ou scientifique, mais bien à la critiquer. Il va de soi que l'utilisation esthétique ou critique qui fait un style cognitif quelconque d'un langage, et à plus forte raison d'un langage « étranger » implique une connaissance de ce langage, car pour critiquer, il est indispensable de connaître ce que l'on critique et bien sur *ce avec quoi on critique* . Ainsi, dans le cas des

---

[287] Introduction générale du présent livre.

exemples précédents, lorsqu'un un art (ou une science) critique souhaite utiliser un langage « étranger » dans son œuvre, il lui faut connaître ce langage afin de pouvoir en faire un usage critique.

L'utilisation esthétique du langage « étranger » dans l'autocritique de l'art signifie que l'on utilise ce langage non seulement pour critiquer une œuvre, mais aussi pour critiquer ce langage et son utilisation. Il s'agit de deux moments différents du pour le langage « étranger » dans le lien entre l'art et la science : le premier lorsqu'il sert d'outil pour la déconstruction esthétique d'une œuvre d'art critique ; le second lorsque ce langage « étranger » fait partie du résultat d'une critique déconstruite avec son aide : c'est alors que le langage « d'origine » peut agir sur le résultat pour le critiquer. Cela dit, l'utilisation critique d'un langage structuré de la science pour critiquer une œuvre d'art n'implique pas nécessairement une utilisation immédiatement déstructurée du langage en question. Car l'art n'est pas un langage structuré, par conséquent, le premier moment de la science en tant que langage « étranger » est une utilisation en tant qu'outil structurant de la déconstruction de l'art, car le fait de structurer revient à établir un lien de contradiction esthétique dès lors qu'il s'agit de déconstruire une œuvre artistique.

Lorsqu'il s'agit par exemple de déconstruire la potentialité esthétique d'une œuvre de l'*art biocritique*, ce qui est ainsi déconstruit, c'est le lien de tension esthétique entre la réalité des témoignages qui composent l'œuvre d'art et la resignification de ces témoignages par l'art en question. Car la potentialité esthétique des œuvres de l'*art biocritique* n'est autre que la potentialité esthétique de la resignification de ces témoignages pris du réel socio-historique (donnés par le sujet socio-historique) au sein de cette œuvre, représentant le mouvement symbolique entre le sens socio-historique du témoignage et son sens esthétique dans le contexte ou processus créatif du travail critique de l'art. Le second moment, toujours concernant cet exemple, intervient lorsque l'art déconstruit artistiquement cette structuration de ces critiques. Il s'agit de la critique de l'autocritique structurée ou non structurée de l'art. Un exemple serait celui d'un récit création lié au processus d'autocritique structurée d'un art biocritique. Ces deux moments impliquent un mouvement esthétique et une émancipation de l'art par rapport à la sédentarisation de la spirale de l'art biocritique. Dans cette perspective, on peut considérer le premier moment d'utilisation critique d'un langage structuré de la science pour déconstruire l'art comme un lien communicationnel de niveau *trans-conventionnel* ou *ecto-conventionel* entre l'art et la science (Kohlberg, 1971/1973, Habermas, 1996 et Appel, 1972), un type de lien critique créé à l'aide d'un langage structuré.

> « Le niveau [de communication] post-conventionnel, le niveau supérieur, se caractérise [...] par une approche des principes abstraits : l'accession à ce rôle permet au sujet de « se mettre dans la peau d'un autre pour décider »[288] (Kohlberg, L., 1973, 641).

En revanche, le niveau de communication *trans-conventionel* ou *ecto-conventionel* est un niveau de discussion où l'art utilise le langage d'un autre style cognitif (par exemple la science) pour discuter avec lui dans ces termes mais de façon antagonique car le fait d'utiliser le langage de l'autre pour discuter avec lui est poïétisée avec l'intention esthétique de lui critiquer en se critiquant aussi lui même.

L'autocritique et déconstruction structurées de l'art sont-elles un risque esthétique de scientifiçation de l'art?

Réfléchir sur l'autocritique et/ou déconstruction esthétiques de l'art en tant que risques de scientifiçation de l'art semble renvoyer à ce moment historique de l'art auquel Adorno fait allusion :

> « La spiritualisation de l'art a suscité la rancœur des exclus de la culture et a donné naissance à l'art de

---

[288] López de la Vieja, 2009.

consommation, tandis que la répulsion que celui-ci inspirait aux artistes les poussait à une spiritualisation de plus en plus implacable »[289].

Adorno fait ici référence à l'évolution conceptuelle de l'art moderne au cours des années soixante-dix. En d'autres termes, au sein d'un poïésis d'autocritique de l'art à l'aide des langages structurées de la science, se produise une *discussion* pas plus intellectualisée que les autres poïésis de l'art critiquée mais si plus structurée car il est un discussion et communication avec la science dont l'art –malgré tout- a besoin de répondre à certaines normes du langage scientifique, au moins le connaître pour pouvoir le critiquer ; en mots de Feyerabend :

« dans ces circonstances [… les liens entre art et science] sont configurés par le langage et restent prisonniers de ses limites. »[290]

Tout ça, même si l'art n'est généralement pas considéré comme un interlocutive valide au sein de la science, et même s'il ne cherche pas à l'être, car aspirer à la validité d'un langage structuré limite l'expérience.

En tout cas, l'art d'esthétique critique (inclus celui biocritique) n'est pas rationaliste ou idéaliste-rationaliste mais il est capable de poïétiser ce rationalisme excessif au sein de ses déconstructions esthétiques (d'autocritique structurée par les langages de la science) en tant qu'outil d'autocritique, sur la base – comme toujours dans l'art (bio)critique – du principe nihiliste et d'expiration auto-imposée de toutes les critiques que cet art poïétise ; car si l'art (bio)critique structure ses critiques, il ne le fait qu'avec l'intention de faire son autocritique, et non de se sédentariser dans la raison. Il s'agit d'une forme de rationalisme autocritique, que Muguerza décrit de la manière suivante :

---

[289] Adorno, 1970/2004 : 26.
[290] Feyerabend, 1994/2003 : 104.

« Un rationalisme tempéré par la perplexité ne sera jamais trop sûr de lui, il n'aura pas une confiance aveugle dans la soi-disant – et tant de fois démentie – omnipotence de la raison ; il sera, pour le dire en deux mot, un rationalisme autocritique. »[291]

Il ne fait aucun doute que le type de rationalisme que définit ainsi Muguerza présente de nombreuses similitudes avec la loi de mouvement de l'art (bio)critique, avec la contradiction esthétique. Car il s'agit d'une réflexivité philosophique critique utilisant un langage structuré, la raison étant toujours un langage structuré, aussi critique et autocritique soit-elle. La différence avec la critique esthétique de l'art (bio)critique réside dans le fait que cette dernière est capable de contredire non seulement le langage de ses critiques, mais aussi la propre structuration ou déstructuration de ses poïésis, poussant ainsi sa contradiction jusqu'à ses ultimes conséquences. C'est pourquoi la contradiction au sein de l'art (bio)critique est une contradiction esthétique qui poïétise dans chacune de ses critiques une extrême perplexité. Ce n'est pas un hasard si Muguerza définit la perplexité en disant qu'« il s'agit, avant tout, d'un *état de tension*. Car un art qui établit des liens dénués de contradiction esthétique ne produit pas de tension esthétique, et cesse par conséquent d'être un art, ou du moins un art critique, pour devenir une simple illustration.

La contradiction-négation esthétique est un principe ontologique primordial qui constitue l'essence même de l'esthétique critique et de la dialectique nihiliste au sein de l'esthétique de l'art critique, dans la mesure où elle représente la loi de mouvement de toute émancipation au sein de cet art et de toute pensée aspirant à une certaine émancipation esthétique – aussi éphémère soit-elle – à travers l'exercice du criticisme esthétique.

L'art qui utilise esthétiquement le langage de la science pour déconstruire et faire l'autocritique structurée de ses liens esthétiques avec la réalité au sein de laquelle il se poïétise, reconnaît par là-même théoriquement la dimension historique

---

[291] Muguerza, 1977 : 662.

de ces liens esthétiques poïétisés par les œuvres d'art avant leur déconstruction. Ainsi, lorsque l'art utilise les langages structurés des sciences de l'art et des sciences pour faire son autocritique ou pour se déconstruire esthétiquement, il ne se scientificise pas, il esthétise la science durant ce moment esthétique de son existence en tant que science de l'art.

Cette utilisation esthétique de la science par l'art est une sorte de *subreption* de la « communauté idéale de communication », car cette communication que l'art établit avec la science à travers son utilisation esthétique n'est pas facilement reconnue par la science dans la mesure où celle-ci considère que l'art, dans sa façon non nécessairement structurée de faire de la critique, n'est pas « capable » d'entamer une discussion avec le langage structuré de la science, s'il n'est pas interprété par la science. Et bien que tous deux – l'art et la science – soient des interprétations de la réalité, pour la science, l'exercice d'autocritique à travers lequel l'art utilise esthétiquement le langage des sciences afin de se déconstruire structurellement, est un exercice au cours duquel la science « aide » l'art à s'interpréter lui-même, au point que la déconstruction esthétique réalisée à l'aide de ces langages structurés est interprétée par la science comme un « progrès » de l'art grâce à l'utilisation structurée de la raison représentée par les langages structurés de la science.

Quoi qu'il en soit, le lien esthétique entre l'art et la science établi au cours de cet exercice de discussion que l'art entame avec la science lorsqu'il fait son autocritique de manière structurée, peut être considéré comme un lien symétrique où l'art et la science partagent ce travail de critique sous la forme d'une intersubjectivité esthétique entre styles cognitifs, matérialisée à travers la dialectique négative ou contradiction esthétique en tant que leur forme de communication.

On ne peut pas dire la même chose en ce qui concerne leur travail d'interprètes de la réalité. En d'autres termes, on ne peut pas dire que tous le deux, la science et l'art, établissent niveaux de communication esthétique avec ce qu'ils interprètent ; car si l'art d'esthétique critique (inclut l'art biocritique) exerce ce mouvement esthétique de contradiction esthétique vis-à-vis de la réalité, ce n'est pas le cas de toute la science occidentale, à l'exception peut-être de la pensée critique au sein de cette science. C'est-à-dire, parfois certains criticismes poïétisent formes esthétiques de communication avec la réalité comme le fait l'art. Par exemple, la politique queer chez l'œuvre de Judith Butler ou la critique féministe de Monique Wittig, partagent une communication esthétique avec la réalité partagée par l'esthétique de l'art biocritique.

Pour observer esthétiquement ces liens nous semble utile l'idée méthodologique adornienne concevant l'historicité de l'art sous la forme de moments esthétiques, cela nous mène à considérer le lien entre l'art et les sciences de l'art comme un *moment esthétique* où les sciences deviennent des sciences de l'art et où la critique non nécessairement structurée de l'art devient une critique (et/ou une autocritique) structurée à l'aide des langages structurés de la science. Ainsi, ce lien est reconnu comme un moment esthétique de l'art par l'art (bio)critique qui utilise les sciences de l'art pour se critiquer. Néanmoins, à travers ces moments, l'art ne se reconnaît pas comme une science, pas plus qu'il ne considère la science ou la structure de la science et de son langage comme un idéal ; tout au plus s'agit-il d'une forme de contradiction esthétique vis-à-vis de ses propres manières poïétiques de faire de la critique, qui la plupart du temps ne sont pas structurées, du moins pas de manière continue.

Car pour tout art critique, la structure de la science ne représente qu'une manière poïétique de critiquer, non pas la meilleure et encore moins la seule manière de faire ou de poïétiser une (auto)critique. Cette appréciation de l'art sur l'utilisation esthétique de la science est une remise en cause du caractère absolu de la raison, qui s'apparente à l'hégémonie et au sédentarisme épistémologique au sein du travail critique de tout style cognitif, indépendamment du fait qu'il s'agisse de science ou d'art. Il s'agit-là de la principale divergence que réitère l'art chaque fois qu'il utilise les sciences ou les langages structurés pour faire son autocritique de manière structurée, ce qui peut également être interprété comme une utilisation émancipatrice de la *non structure* qui tôt ou tard aura besoin – car ainsi le veut la loi de mouvement de tout art (bio)critique – de la contradiction-négation esthétique de la structure sous une autre forme poïétique non structurée du travail critique.

Dans cette perspective, l'art fait une utilisation esthétique de la science et il est capable d'entamer une *discussion* avec la structure de celle-ci lorsqu'il utilise – toujours et nécessairement de manière esthétique – les langages structurés de cette science, c'est-à-dire l'esprit structuré auquel il cherchera néanmoins toujours à échapper. Au sujet de ce lien de l'art avec un esprit structuré – tel que celui de la science – dans le travail critique de l'art, Adorno estime que :

> « La stricte immanence de l'esprit des œuvres d'art est contredite par une contre-tendance non moins immanente : la tendance à s'échapper de sa propre structure compacte en introduisant des césures au sein de soi-même qui ne tolèrent plus la totalité de l'apparition. L'esprit des œuvres ne s'épuise pas en elles, par conséquent il brise la forme objective par laquelle il se constitue ; cette rupture est l'instant de l'apparition. »[292]

Ainsi l'esprit critique de l'art finit-il tôt ou tard par établir un lien dialectique avec l'esprit structuré de la science, certes pas de manière constante ni fréquente, mais ce lien existe bel et bien. Et chaque fois qu'il établit ce lien et qu'il entame une discussion avec cet esprit, il lui faut impérativement s'échapper de la structure qui devient sa propre structure et s'en émanciper avant que son travail critique ne sombre dans la sédentarisation épistémologique et/ou poïétique. Ce qui n'est pas le cas de la science.

Contrairement à l'esprit structuré et structurant de la science, l'esprit de l'art critique est avant tout un mouvement de contradiction-négation esthétique vis-à-vis de la réalité qui se sédentarise ou qui sédentarise épistémologiquement, et vis-à-vis

---

[292] Adorno, 1970/2004: 124.

de sa propre sédentarisation poïétique/épistémologique. Or si l'art biocritique peut être une critique qui se structure – en tant qu'exercice autocritique poïétisé par l'art lui-même -, cela signifie qu'au moment esthétique où il structure ses liens esthétiques avec la réalité à l'aide du langage structuré des sciences sociales et humaines, il entame une discussion avec les styles cognitifs de ces sciences sociales et humaines.

Toutefois, la structuration de l'esprit critique de l'art, en tant que capacité de l'art à entamer une discussion ou une communication trans-conventionnelle avec les sciences sociales ou humaines, n'est pas un besoin omniprésent dans son travail critique au point de faire de ce dernier un exercice dépendant de l'esprit structuré ou de la structuration elle-même. Cette structuration est une capacité esthétique de l'art découlant de sa capacité communicationnelle trans-conventionnelle avec d'autres styles cognitifs structurés tels que la science. De sorte que la capacité d'auto-structuration grâce à laquelle l'art établit des liens de dialectique négative avec la science est l'expression d'un esprit auto-structurable, mais pas d'un esprit nécessairement structuré, car bien que la discussion ou communication trans-conventionnelle que l'art établit avec les sciences de l'art puisse structurer la critique que l'art poïétise en tant que lien esthétique avec la réalité, cette poïésis critique ne découle pas pour autant de la structuration de l'esprit structuré des sciences de l'art. Au sujet du lien entre l'art et l'esprit structuré, Adorno précise de manière explicite que:

« L'art en tant qu'esprit n'est que la contradiction de la réalité empirique qui se meut vers la négation déterminée de l'ordre existant dans le monde. L'art peut se construire de manière dialectique dans la mesure où il y a en lui un esprit, mais sans qu'il ne le possède comme quelque chose d'absolu ni que l'esprit ne garantisse quelque chose d'absolu. »[293]

---

[293] Adorno, 1970/2004 : 124.

Adorno évoque ici une indépendance nécessaire de l'art vis-à-vis de l'esprit, mais pas une indépendance absolue ; néanmoins il affirme de manière perlocutive une *non dépendance* « absolue » vis-à-vis de l'esprit. Adorno nous dit que l'art peut se construire de manière dialectique dans la mesure où il y a de l'esprit en lui, afin de traduire le lien de l'art avec l'esprit structuré de la science : « L'art en tant que critique peut se construire de manière dialectique avec l'esprit structuré de la science dans la mesure où il y a dans ce lien entre art et science un esprit de contradiction esthétique » ; autrement dit, l'art établit nécessairement un lien de dialectique négative avec l'esprit ou la pensée critique de la science, mais pas avec la science ayant un esprit acritique.

Quoi qu'il en soit, en ce qui concerne la capacité de structuration de l'art vis-à-vis de ses critiques, il convient de prendre en compte deux aspects fondamentaux au sein de l'art critique et biocritique : premièrement, le fait que la structuration esthétique qu'admet l'art et qu'il exerce en tant qu'utilisation esthétique de l'esprit structuré est nécessairement une poïésis réalisée *à partir* de l'art : il s'agit de penser les œuvres d'art à partir d'elles-mêmes, « et non pas dans une réflexion extérieure à elles »[294]. Deuxièmement, le fait que la structuration, précisément parce que cette poïésis est réalisée à partir de l'art lui-même, est nécessairement un moment esthétique dont l'origine est l'autocritique, vouée à mourir entre les mains d'une autre autocritique artistique non structurée.

La structuration n'est en tout cas pas une scientifisation de l'art, dans la mesure où la discussion entre science et art n'est qu'un outil permettant d'établir, le cas échéant, une contradiction esthétique vis-à-vis du langage déstructuré de l'art. Dès lors, il convient de souligner que la présence de l'esprit structuré au sein de l'art – en tant qu'expression de la contradiction esthétique – est éphémère et périssable ; il s'agit d'un moment esthétique dont l'art devra s'émanciper et s'échapper « comme une manière anticipée de réagir »[295]. De sorte que l'utilisation esthétique que

---

[294] Adorno, 1970/2004 : 125.
[295] Adorno, 1970/2004 : 290.

l'art fait de l'esprit structuré de la science recherche avant tout la fonctionnalité esthético-épistémologique que cet esprit structuré peut représenter en tant que contradiction-négation esthétique, afin de déterminer un moment esthétique de cet art dont l'esprit n'est pas structuré.

La valeur esthétique de l'esprit structuré de la science dépend donc de la contradiction-négation esthétique que sa forme poïétique est susceptible de générer pour la forme critique, à un moment déterminé du travail critique de l'art, les caractéristiques changeantes de la contradiction-négation esthétique au sein de l'art pouvant être décrites comme des moments historiques qui marquent certaines *ères* de leur fonctionnalité esthético-émancipatrice. C'est par exemple, nous dit Adorno, ce qui arrive avec

> « le cubisme ou la composition dodécaphonique, en ce qui concerne l'idée et les procédés généraux à l'ère de la négation de la généralité esthétique »[296].

On observe de nouveau ici chez Adorno un nominalisme des contradictions efficaces dans l'émancipation, ayant pleinement conscience de leur caractère périssable.

Parmi les autres exemples de contradiction que donne Adorno, on peut mentionner l'apparition au sein de l'art du *statisme* en réponse au *dynamisme* ; puis du *dynamisme* en réponse au *statisme* ; ou encore du *nominalisme* en opposition à la *forme ouverte*, puis de la *forme ouverte* en opposition au *nominalisme*, tous ces phénomènes constituant des moments historiques de l'art, une « manière anticipée de réagir » afin de s'émanciper sans cesse du mouvement précédent[297].

---

[296] Adorno, 1970/2004 : 290.
[297] Adorno, 1970/2004 : 290-291.

Art biocritique au sein de la modernité tardive

L'art biocritique au sein de la modernité tardive

Il est important de réfléchir sur la présence des corps et de la sexualité au sein de l'art en tant que partie intégrante des processus créatifs, car il occupe un place poïétique protagoniste au sein des processus artistiques particulièrement depuis les performances et les happenings de la première moitié du XXᵉ siècle, jusqu'à l'art *queer* et *abject* de la deuxième moitié du XXᵉ siècle, en passant par le body art, l'art féministe, la culture King et Queen, etc. Cette présence des corps et des corporalités/sexualités dans l'art contemporain présente un certain nombre de particularités qui lui confèrent une cohérence esthétique face aux discours socialisateurs de sociétés soumises à un processus de *désenclavement* et d'*effondrement* de leurs « systèmes de sécurité épistémologique »[298], un phénomène qui se traduit par des discours institutionnalisés légitimant l'ordre social établi à l'aide d'arguments qui tendent de plus en plus à s'universaliser et à se radicaliser, dénigrant tous les discours susceptibles d'ébranler ou de menacer ce système de sécurité épistémologique phallogocentrique hégémonique au sein des sociétés occidentales, et des sociétés dont la culture cognitive a été influencée par la pensée occidentale.

---

[298] Pour l'esthétique biocritique le system de sécurité ontologique en Giddens est aussi un système de sécurité épistémologique envers la normativité du biopouvoir épistémologiquement dominante mais aussi un confiance à l'ordre épistémologique et culturelle manifestée dans le monde cognitive partagé par les autres avec le soi socialement construit (Giddens, 1979, p. 118).

Dans ces circonstances, on observe une attitude – pas forcément planifiée – « radicalisante » en termes poïétiques au sein de l'art contemporain, non seulement de l'*art biocritique*, mais aussi de tout art critique poïétisé en lien étroit avec la réalité – ou qui l'inclut au sein de ses processus artistiques –, par le biais des actions potentiellement esthétiques d'un sujet social qui se remet en cause en remettant en cause la norme du biopouvoir, et qui se manifeste en affirmant le pouvoir performatif de sa subjectivité à travers la production d'identités sexuelles et corporelles susceptibles de générer un mouvement esthétique au sein de la société. Cette particularité de l'art contemporain a donné lieu à différentes analyses et critiques qui ont théorisé cet art directement lié à une réalité potentiellement esthétique, telles que le « journalisme esthétique » (Cramerotti, 2009) ou l'« art d'appropriation » (Foster, 2005) que Foster lui-même associe à l'art féministe et qu'il différencie de l'hyperréalisme en soulignant sa dimension constructionniste :

> « [...] ces deux mouvement positionnent le spectateur d'une manière différente : dans son travail illusionniste, l'hyperréalisme invite le spectateur à jouir de la surface de manière quasi schizophrène, alors que dans sa dénonciation de l'illusion, l'art d'appropriation demande au spectateur de regarder au-delà de la surface, de manière critique. Il arrive toutefois que [...] une œuvre d'appropriation enveloppe le spectateur à la manière de l'hyperréalisme comme débordée par l'apparence, tandis que l'art d'appropriation la montre construite dans la représentation. [...] Cette vision constructionniste de la réalité constitue le principe fondateur de l'art postmoderne, du moins dans sa version poststructuraliste, et elle trouve un parallèle dans l'art féministe"[299].

L'Œuvre multiorgasmique est l'exemple d'un *art biocritique* évoluant dans des sociétés contemporaines – la mexicaine et la

---

[299] Foster, 2005: 183.

française – qui traversent un moment historique dont la définition fait encore l'objet de débats ; néanmoins, pour le sociologue Anthony Giddens, il existe un certain nombre de caractéristiques sociologiques reconnaissables au sein des sociétés occidentales contemporaines qui l'amènent à qualifier le moment socio-historique qu'elles traversent de « modernité tardive » (Giddens 1995). Pour sa part, le criticisme de l'*art biocritique* considère que certaines de ces caractéristiques sociologiques correspondant selon Giddens aux sociétés de la modernité tardive peuvent être décelées dans certaines formes de biopouvoir institutionnalisé observables dans des sociétés occidentales telles que la française et la mexicaine, au sein desquelles cet art est poïétisé. Mais quelles sont ces caractéristiques sociologiques de la théorie de Giddens qui peuvent servir à reconnaître certaines conditions du biopouvoir au sein des sociétés occidentales contemporaines et leurs effets sur la construction sociale du sujet social ?

En principe, selon la sociologie de Giddens, on peut supposer qu'une société se trouve dans étape socio-historique de modernité tardive lorsque le système social de cette société a été organisé par et/ou découle d'une tradition bourgeoise occidentale européenne ; on peut donc en déduire que le processus de production et de reproduction sociale du sujet au sein de la *modernité tardive* reste en partie déterminé par certaines des caractéristiques structurelles de la *modernité*, tels que les discours hétérosexuels de l'ordre institutionnel patriarcal et phallocentrique. Dans le cadre de cette recherche, nous avons adopté le terme de « modernité tardive » en tant que moment historique ou état socio-historique reflétant une réalité qui se différencie de la modernité dans la mesure où elle est une conséquence de cette dernière ; cette catégorie sociologique de modernité tardive nous semble donc convenir à la déconstruction esthétique du moment socio-historique des sociétés vis-à-vis desquelles l'Œuvre multiorgasmique et l'*art biocritique* établissent un lien de contradiction esthétique. Car les sociétés française et mexicaine sont des sociétés occidentales qui ont hérité directement – dans le cas de la française – ou indirectement – dans le cas de la mexicaine – de la tradition bourgeoise européenne.

Dans son ouvrage *Modernité et identité du moi* (1995), Giddens s'intéresse précisément aux nouvelles interconnexions issues de la dynamique d'une modernité qui produit de nouveaux mécanismes d'identité du *moi*, c'est-à-dire de nouveaux mécanismes de production et de reproduction sociale du sujet. Il affirme que la construction sociale du *moi* du sujet est influencée par l'intervention de certains aspects de la dynamique structurelle de la modernité, qui permettent

> « l'extraction des relations sociales des contextes locaux d'interaction, puis leur restructuration dans des champs spatio-temporels indéfinis »[300].

Dans son œuvre, Giddens reconnaît les aspects structurels de la modernité tardive qui influent sur la prise de décision du sujet, sur sa liberté et son autonomie la plus intime, à travers les moments où ce sujet tente de « forger sa propre identité ». Or pour *l'art biocritique*, la potentialité esthétique du comportement corporel du sujet social réside précisément dans la liberté et l'autonomie de la poïésis de sa propre identité ; et force est de constater que l'expérience d'« autonomie » esthétiquement critique n'est pas une caractéristique essentielle des personnes dont la corporalité est privilégiée par rapport à la discrimination biologique des sexualités différentes que le paradigme hétérosexuel a tôt fait de considérer comme « bestiales »[301], mais plutôt de ces genres et identités sexuelles qui ne sont considérées comme importantes que dans la mesure où elles soutiennent, en tant que sexualités « inférieures », la hiérarchie phallocentrique du biopouvoir, tout en se percevant elles-mêmes comme des « corporalités sans importance » (Butler, 2010) exclues de cette hiérarchie hétérosexuelle et de l'imaginaire et de la culture

---

[300] Giddens, 1995 : 10-11.

[301] Voir plus sur « Paramètre phallocentrique de « bestialité corporelle » : racine métaphysique de la potentialité esthétique des corporalités et sexualités abjectes » (Chapitre 2, *La potentialité esthétique-politique de l'orgasme* Volume II).

cognitive du biopouvoir phallogocentrique occidental. C'est ainsi qu'en tant qu'éléments « extérieurs constitutifs » de l'économie hétérosexuelle phallogocentrique, ces sexualités contribuent à soutenir et à sédentariser épistémologiquement l'ordre établi du biopouvoir hégémonique.

Les caractéristiques de la modernité tardive qui sont le fruit des processus structurels de désenclavement (ou de *séparation du temps et de l'espace*[302]) de la modernité et qui influent sur la construction sociale du *moi* du sujet social identifié au rôle *re*producteur phallocentrique, et par conséquent sur ses prises de décision lorsqu'il essaie de participer à la construction sociale de son « identité propre », peuvent être déconstruites à l'aide des catégories sociologiques de la théorie de Giddens sur la modernité tardive.

Au niveau des discours des institutions sociales, les processus et mécanismes de désenclavement structurel et de réflexivité institutionnalisée se traduisent par une *universalisation* et une *radicalisation* des discours d'un ordre institutionnel idéologisant. Au niveau de la production des identités de l'individu, les processus et mécanismes de désenclavement du *monde de la vie réelle* et de la construction sociale du *moi* du sujet social se traduisent par un *ébranlement du système de sécurité ontologique* mais aussi épistémologique issu d'une « culture du risque » qui génère chez le sujet une instabilité, un sentiment d'insécurité et de doute, en

---

[302] Les catégories de la théorie de Giddens sur l'« ébranlement » du système de sécurité épistémologique s'avèreront particulièrement utiles pour la déconstruction de la potentialité esthétique des témoignages physiques et oraux des corporalités abjectes chez l'art biocritique. Néanmoins, il convient de préciser que la référence sociologique à la catégorie de « séparation du temps et de l'espace » – que cette analyse considère comme une autre caractéristique du moment socio-historique des sociétés de la modernité tardive – n'est pas utilisée que de manière indirecte et perlocutive dans le cadre de cette réflexion, qui lui préfèrera les concepts d'« universalisation » et de « radicalisation » des discours en tant qu'outils discursifs des institutions de l'ordre phallocentrique générant une tension esthétique avec le discours de l'art biocritique de témoignages des corporalités abjectes.

multipliant les hypothèses sur la réalité à laquelle il est confronté (Giddens, 1979 : 128).

D'une manière générale, on pourrait conclure que la séparation de l'espace et du temps, en tant que catégories structurelles interprétatives du mouvement socio-historique, engendre un désenclavement fondamental qui reflète la décomposition de la modernité au sein des sociétés de la modernité tardive, un désenclavement du sujet face à un système de sécurité épistémologique phallocentrique légitimé par l'économie hétérosexuelle d'un ordre institutionnel lui-même ébranlé. De sorte que la séparation de l'espace et du temps qui se produit comme une conséquence de la modernité au sein de la modernité tardive affecte aussi bien l'individu que l'ordre institutionnel, créant chez le premier un sentiment d'insécurité ou de doute épistémologique et générant la *radicalisation* et l'*universalisation* des caractéristiques institutionnelles préétablies par la modernité, qui « *servent (…) à transformer le contenu et la nature de la vie sociale quotidienne* »[303].

Pour l'*art biocritique*, l'universalisation et la radicalisation des discours de l'ordre institutionnel idéologisant soulignent le caractère acritique de ces discours en tant que reproducteurs du biopouvoir phallocentrique, vis-à-vis desquels le discours de l'art biocritique établit des liens de tension esthétique. Par exemple, si l'Œuvre multiorgasmique (avec ses témoignages physiques et oraux de volontaires réels en tant qu'expressions de radicalisation poïétique de l'art) avait été réalisée au cours d'une autre étape historique de ces sociétés, ou transposée dans un autre contexte socio-historique n'ayant pas hérité d'une tradition occidentale européenne, elle n'aurait probablement pas eu à établir de lien de contradiction esthétique vis-à-vis de cette autre société.

Au sein d'une société de la modernité tardive, le sujet et l'institution s'influencent mutuellement :

---

[303] Giddens, 1995 : 11.

« Les changements provoqués par les institutions modernes influent directement sur la vie individuelle, et par conséquent, sur le moi »[304].

Dans cette perspective, au sein de la modernité, l'ordre social institutionnalisé et ses discours imposent une norme hétérosexuelle qui organise le monde et la vie du sujet, en faisant une distinction entre les dimensions publique et privée, entre ce qui est normal et anormal, non abject et abject, sain et maladif, socialement toléré et socialement risqué, bon et mauvais, pur et impur, « naturel » et « contre nature », en fonction des discours biologiques normatifs de la culture cognitive hégémonique d'un biopouvoir phallocentrique considérant comme « bestiale » toute sexualité *différente*. Il s'agit là d'une caractéristique du sujet moderne répondant à la norme hétérosexuelle d'une tradition bourgeoise européenne qui renvoie au concept de « sujet de droit » propre au citoyen d'origine occidentale et bourgeoise.

Les répercussions de la séparation moderne entre les dimensions publique et privée peuvent être observées à travers le fonctionnement structurel de l'« hypothèse [sociologique] répressive » concernant l'État, formulée par Michel Foucault sous le terme de *biopouvoir* ; il s'agit d'un biopouvoir institutionnalisé qui organise la vie intime des individus, et qui régente – entre autre – les pratiques sexuelles à travers

« la mise en place d'un ensemble de règles et de normes, en partie traditionnelles, en partie nouvelles, qui prennent appui sur des institutions religieuses, judiciaires, pédagogiques, médicales...»[305].

Or le biopouvoir institutionnalisé au sein de la modernité tardive est un biopouvoir qui a également subi un processus de désenclavement, conséquence des processus de désenclavement et

---

[304] Giddens, 1995 : 9.
[305] Foucault, 1984 : 10.

de réflexivité institutionnelle de la modernité, qu'il contribue par ailleurs à reproduire. Dans le cas qui nous occupe, le biopouvoir phallocentrique institutionnalisé de la modernité équivaut à ce que Giddens qualifie de « système de sécurité épistémologique » du sujet, qui n'est autre que ce qu'Adorno désigne sous le nom de « rapports de production dominants »[306].

Ainsi, le désenclavement (spatio-temporel) au sein du système de production du biopouvoir institutionnalisé se traduit par une rupture du « système de sécurité épistémologique » ; en effet, dès lors que l'on assiste à un tel désenclavement de la sécurité épistémologique – concernant les normes qui régissent la vie intime et corporelle du sujet –, on peut reconnaître sociologiquement une société de la modernité tardive, où le sujet commence à douter des normes du biopouvoir phallocentrique et de l'*économie hétérosexuelle et de sa vision bestiale du corps*, qu'il considérait jusqu'alors comme légitimes et indiscutables ; ce phénomène s'explique par la rupture du système se sécurité épistémologique sur lequel reposait l'ordre social phallocentrique institutionnalisé durant la modernité, et se traduit également par l'universalisation et la radicalisation des discours des institutions, qui se refusent à perdre leur biopouvoir idéologisant sur le sujet chez les sociétés de la modernité tardive.

La société de la modernité tardive est une sorte de *magma social* (Castoriadis 1997) formé de différents magmas sociaux, car il n'existe plus une seule idéologie hégémonique ou un seul paradigme culturel dominant la production sociale du sujet et régentant ses comportements intimes, même si les discours des institutions et leurs idéologies n'ont pas disparu, loin s'en faut ; ils resurgissent de manière individuelle, non plus sous la forme d'un ordre social articulé, mais plutôt comme une option parmi d'autres au sein de magmas sociaux offrant différents systèmes de sécurité épistémologique qui constituent autant de formes de biopouvoir phallocentrique.

---

[306] Adorno, (1970)/2004: 53.

Ainsi, comme le dit Castoriadis, au sein de la modernité :

« L'institution de la société est chaque fois institution d'un magma de significations, qui n'est possible que dans et par son instrumentation dans deux institutions fondamentales, qui font être une organisation identitaire-ensembliste de ce qui est pour la société. »[307] ;

au sein de la modernité tardive, le processus de reproduction sociale du sujet « est une organisation chaotique, effrénée et sismique, où se fondent les différents composants de toute une histoire du monde »[308], où le sujet à partir de son monde individuel déclenche des processus de désenclavement et de réflexivité institutionnelle, reflétant ainsi un ébranlement du système de sécurité épistémologique organisé et ordonné par les institutions véhiculant des idéologies hégémoniques modernes ; au sein de la modernité tardive, ce monde privé ébranlé et le monde institutionnel s'influencent mutuellement afin de se désenclaver ou au contraire de s'enraciner davantage ; la modernité tardive fait alors en sorte que

« le monde se constitue à partir de ce chaos [entre le biopouvoir phallocentrique institutionnalisé et le moi qui doute, et] entre quelque chose qui donne l'impression d'être extérieur à nous mais qui vit en nous, organisé [paradoxalement] grâce à ce magma de significations créées par la société »[309].

Car malgré l'ébranlement du système de sécurité épistémologique de la modernité qui caractérise la modernité tardive, le

---

[307] Castoriadis, 1997 ; Yogo, 2003.
[308] Murcia-Peña, Napoleón ; Pintos de Cea-Naharro, Juan Luís et Ospina-Serna, Héctor Fabio, 2009 : 67.
[309] Murcia-Peña, Napoleón ; Pintos de Cea-Naharro, Juan Luís et Ospina-Serna, Héctor Fabio, 2009 : 67.

biopouvoir institutionnalisé – de par son origine moderne – continue à doter de sens le monde et la vie du sujet ; c'est précisément cette menace pesant sur son pouvoir qui génère les mécanismes d'universalisation et de radicalisation de ses discours en tant qu'« ordre » institutionnel idéologisant ébranlé.

Pour mener à bien la déconstruction et la reconnaissance d'un contexte socio-historique de biopouvoir phallocentrique institutionnalisé en tant que contexte socio-histórique de l'art biocritique, nous partirons du principe que les mécanismes de désenclavement ou les expressions d'« universalisation et de radicalisation » de ce biopouvoir peuvent être décelés sociologiquement à travers les discours *sur* l'abjection du corps, ainsi qu'à travers les discours abjects ou *de l'abjection*[310]; en tant que discours dont on peut observer la présence et qui reproduisent les paradigmes épistémologiques et culturels du biopouvoir phallocentrique hétérosexuel. Puis, pour ce faire, il convient de reconnaître les paradigmes épistémologiques susceptibles d'être radicalisés ou universalisés par les discours des institutions phallogocentriques, afin de mettre en relief le lien de tension épistémologique – locutive ou perlocutive – créé par *l'art biocritique* vis-à-vis de ces discours institutionnalisés.

Paradigmes épistémologiques du biopouvoir phallocentrique au sein de la modernité tardive

Les paradigmes épistémologico-culturels du biopouvoir phallocentrique ou du phallocentrisme institutionnalisé sont décelables sociologiquement chez l'individu et au sein des institutions par leurs qualités épistémologiques, qui construisent ou reproduisent la « biodiscrimination » du sujet et/ou l'abjection corporalisée des conditions ou des comportements du corps, de

---

[310] Kristeva, 1980.

quelque nature qu'ils soient : raciaux, culturels, de genre, de classe sociale, etc. Les paradigmes épistémologico-culturels phallocentriques qui permettent de reconnaître un style cognitif et une société vis-à-vis de laquelle l'*art biocritique basé sur des témoignages de corporalités abjectes* établit des liens de contradiction esthétique, peuvent être caractérisés de la manière suivante :

(a) *Paradigme anthropocentrique ou de « bestialité corporelle »* : paramètre de la bestialité corporelle légitimé par le phallocentrisme, considérant les appétits charnels et le langage biologique lié au plaisir sexuel du corps comme autant de signes abjects de la bestialité humaine.

(b) *Paradigme de la pensée binaire et de la hiérarchie hétérosexuelle* : économie et normativité hétérosexuelle du phallocentrisme, considérant comme abject ce qui est considéré comme corporellement inférieur (corps et corporalités du « Non Être » (Wittig 200) ; ou ce qui est considéré comme corporellement abject (corps et corporalités du « Non Être exclus » de la hiérarchie hétérosexuelle et « extérieurs constitutifs « (Butler 2010) au sein de cette hiérarchie).

(c) *Paradigme de la science abstractionniste* (ou de la science positiviste-rationaliste) : abstractionnisme de la production cognitive du corps et des rôles cognitifs « légitimes » du sujet social, considérant comme abjectes les approches phénoménologiques ou poïético-corporelles.

La présence de ces paradigmes phallocentriques varie en fonction du contexte socio-historique et du degré de transition à la modernité tardive de chaque société. Par exemple, on observe au sein de la société française une prééminence du paradigme abstractionniste (c) produit par des styles cognitifs séculiers tels que la science medicale, tandis qu'au sein de la société mexicaine, l'enculturation phallocentrique s'exprime essentiellement à travers les paradigmes de la « bestialité corporelle » et de l'économie hétérosexuelle ou pensée binaire, paradigmes véhiculés par des discours à la fois séculiers – tels que ceux du pouvoir législatif ou exécutif – et non séculiers, comme c'est le cas des discours de normativité morale véhiculés par la religion catholique hégémonique au sein de cette société. Néanmoins, indépendamment de la sécularisation des institutions sociales (société française) ou de la résistance à cette sécularisation (société mexicaine), la culture cognitive enculturée par les styles hégémoniques au sein de ces deux sociétés se traduit – dans une plus ou moins grande mesure mais de manière constante – par une reproduction épistémologique de discours légitimateurs du paramètre de la bestialité corporelle, dès lors qu'elle considère comme abjecte toute participation phénoménologico-corporelle du sujet à la production ou la poïésis d'identités sexuelles caractéristiques d'un sujet corporellement et sexuellement « discontinu » et « inachevé », contrairement au sujet biologiquement « achevé » dès sa naissance, bien plus facile à intégrer dans l'économie hétérosexuelle car il correspond aux normes juridiques et à la production de connaissance sédentarisatrice de l'ordre social phallocentrique.

La caractéristique générale qu'ont en commun ces paradigmes épistémologico-culturels du biopouvoir et du phallocentrisme – aussi bien de la modernité que de la modernité tardive –, est qu'ils définissent – avec leurs discours – la capacité poïético-corporelle du sujet comme une capacité abjecte dès lors qu'elle ne fonctionne pas comme articulatrice et reproductrice de ces paradigmes du biopouvoir.

Les paradigmes épistémologico-culturels du biopouvoir hétérosexuel et du phallocentrisme épistémologique ne sont pas le fait d'un seul style cognitif, ils sont une conséquence de la modernité au sein de la modernité tardive ; par conséquent, on peut les trouver à différents niveaux, sous différentes formes historiques, et dans des styles cognitifs apparemment antagoniques au sein de l'ordre social, bien que similaires en ce qui concerne l'ordre épistémologique ou de la culture cognitive au sein d'une société.

C'est vis-à-vis de ces paradigmes que le criticisme de l'*art biocritique* établit des liens de tension esthétique. Or comme nous l'avons vu, la présence de ces paradigmes au sein d'un ordre social phallocentrique ne correspond pas à un seul type de style cognitif, de culture épistémologique ou de discours du biopouvoir institutionnel ; bien au contraire, ils s'entremêlent et forment différentes combinaisons au sein des discours épistémologiques des styles cognitifs du biopouvoir. Ces paradigmes constituent les principaux vecteurs d'enculturation au sein des sociétés modernes d'une culture corporelle et sexuelle qui séquestre épistémologiquement la subjectivité et la corporalité bioénergétique du sujet, reproduisant ainsi la construction sociale d'une vision abjecte de la production cognitive du corps et définissant quels sont les rôles cognitifs « légitimes » du sujet social ; une séquestration épistémologique de l'expérience qui finit par provoquer l'ébranlement du système de sécurité ontologique de l'économie hétérosexuelle de la pensée moderne au sein de la modernité tardive.

De plus, ces paradigmes constituent la structure épistémologique des discours du biopouvoir : on peut les observer à travers les discours institutionnels d'un ordre social de biopouvoir, particulièrement dans des contextes de modernité tardive, sous la forme d'arguments discursifs que les institutions de cet ordre social radicalisent et universalisent afin de renforcer ou de défendre les hégémonies épistémologiques qui cherchent à ordonner et régenter les approches phénoménologiques ou poïético-corporelles d'un sujet social s'exprimant comme un sujet x corporellement et sexuellement inachevé et discontinu, et dont la corporalité esthético-politique établit des liens de tension esthétique vis-à-vis des corporalités hétéronomes et des raisonnements moraux du sujet identifiés à la culture cognitive de l'économie hétérosexuelle et au paramètre de bestialité corporelle véhiculé par le phallogocentrisme. Mais quelle interprétation l'*art biocritique* fait-il de chacun de ces paradigmes du biopouvoir épistémologique ? Et vis-à-vis de quels aspects de la réalité sociale – du contexte socio-historique concret au sein duquel il est poïétisée – génère-t-il une tension esthétique ?

Si l'on établit un lien entre la théorie esthétique adornienne et la position de Foster au sujet de l'art d'appropriation, on peut déconstruire ce dernier en tant qu'art biocritique, dans la mesure où il met en évidence aux yeux du spectateur et co-poïétisateur la construction sociale de ce qu'il critique et qui le concerne également, à travers l'« enveloppement » dont parle Foster. Cette qualité renvoie à la capacité qu'a tout art biocritique de reconnaître : a) ce que l'art critique ; b) ce *avec quoi* l'art critique ; c) la position *à partir de laquelle* l'art critique ; d) ce qui critique la même chose que l'art (les autres criticismes) ; et même f) ce qui sur le plan structurel contribue à la (re)production de la sédentarisation épistémologique que l'art critique.

Dans le cas de l'*art biocritique*, c'est la reconnaissance de l'historicité abjecte des témoignages réels de ces corporalités utilisés comme matériel esthétique ou forme poïétique d'une œuvre d'art qui permet cet « enveloppement » du spectateur et qui caractérise cet art comme un art d'appropriation, dans la mesure où le concept de Foster accentue et particularise une attitude critique de l'art d'appropriation vis-à-vis du constructionnisme social. Par ailleurs, la vision abstractionniste de l'esthétique adornienne permet d'observer de manière structurée l'historicité des actions critiques poïétisées par le sujet social avant et au-delà de sa participation (en tant que co-poïétisateur) à une œuvre d'art, en soulignant la potentialité esthétique de ces actions qui existent indépendamment de la production de témoignages au sein de l'art. Une position abstractionniste de l'historicité de la réalité incorporée à l'art en tant que matériel créatif ou que co-poïétisatrice de cet art permet d'observer sociologiquement la potentialité des actions des individus socio-historiques réels indépendamment de toute activité artistique, alors que Foster associe systématiquement cette potentialité à l'exercice de l'art.

Il convient toutefois de préciser que la position abstraite de la théorie adornienne en tant qu'esthétique de l'art critique, bien qu'elle ne soit condescendante ni envers les actions de l'art ni envers les actions réalisées par des sujets sociaux réels indépendamment de l'art, différencie néanmoins clairement ce qui est de l'art (une action esthétiquement critique) de ce qui n'en est pas (des actions acritiques ou des actions critiques potentiellement esthétiques mais pas esthétiquement critiques), en fonction de caractéristiques applicables à la déconstruction des poïésis de n'importe lequel de ces deux contextes. Cette possibilité de déconstruction de toute action esthétiquement critique poïétisée au sein de l'art ou en dehors de celui-ci, qui semble refléter une démocratisation de l'art à travers la réalité poïétisatrice et ses sujets socio-historiques réels, souligne néanmoins la nécessité d'une définition historique de l'art qui empêche de définir cette action critique (poïétisée ou non par l'art) comme étant de l'art.

En effet, dans cette perspective de l'art critique, même si l'art incorporant la réalité (afin de critiquer le constructionnisme et de montrer au spectateur ou co-poïétisateur le processus de construction sociale qui produit ce qu'il critique) est une action de contradiction, de négation et de tension esthétiques, ces qualités ne sont pas suffisantes pour pouvoir qualifier cette action d'« art ». Il en va de même de toute poïésis critique poïétisée par la réalité et ses sujets réels indépendamment de l'art, de sorte que l'on ne peut définir toute action critique isolée comme étant de l'art, tant il est vrai que pour l'esthétique critique,

> « La définition de ce qu'est l'art est toujours donnée à l'avance par ce qu'il fut autrefois, mais n'est légitimée que par ce qu'il est devenu, ouvert à ce qu'il veut être et pourra peut-être devenir.[311]

Cela permet de définir le mouvement historique de l'art caractérisé par des liens de tension esthétique qui révèlent sa loi de mouvement critique, fruit d'une série d'action et de réactions et non pas d'une action isolée et solitaire qui ne parviendrait pas à créer des liens ou à les stimuler en générant un mouvement esthétique au sein de : a) ce que l'art critique ; b) ce *avec quoi* l'art critique ; c) la position *à partir de laquelle* l'art critique ; d) ce qui critique la même chose que l'art (les autres criticismes) ; et même e) ce qui sur le plan structurel contribue à la (re)production de la sédentarisation épistémologique que l'art critique.

---

[311] Adorno, (1970)/2004: 13.

Dans cette perspective esthétique, l'art biocritique qui critique à l'aide de témoignages de corporalités abjectes partage avec ces corporalités : a) le besoin de générer un mouvement esthétique avec tout ce à quoi il est lié – directement ou indirectement, volontairement ou involontairement –, à travers son exercice critique, afin d'être considéré comme un art critique ou comme une action esthétiquement critique ; b) dans les deux cas, la potentialité esthétique définit la capacité de contradiction esthétique de cette action au sein et en dehors de l'art vis-à-vis du constructionnisme social, et de tout ce qui le produit ou le légitime épistémologiquement, poïétiquement ou politiquement au sein de la réalité socio-historique.

D'une manière générale, les actions esthétiquement critiques – poïétisées au sein ou en dehors de l'art biocritique – sont des actions qui s'opposent au constructionnisme social du biopouvoir produisant ce que cette esthétique critique qualifie de « sédentarisation épistémologique », de sorte que si l'on observe au sein du contexte socio-historique contemporain une prolifération d'œuvres d'*art biocritique* (utilisant des témoignages de corporalités abjectes), ces témoignages sont avant tout la marque non pas d'un art démocratisé, mais d'un art qui critique l'épistémologie constructionniste et structuraliste, remettant ainsi en cause les hiérarchies phallogocentriques implicites au sein de la production sociale d'une culture cognitive d'oppositions binaires caractéristiques d'une production de connaissance structuraliste et de la métaphysique de la pensée occidentale en général.

L'art biocritique contemporain génère des liens de tension épistémologique vis-à-vis des styles cognitifs aux discours structuralistes de la science, et il le fait à la manière de la production théorique des poststructuralistes, mais à partir de la praxis de la réalité même qui dépasse la théorie et dont les poststructuralistes eux-mêmes se servent afin d'étayer leurs critiques envers le constructionnisme social. Dans cette logique épistémologique, les actions esthétiquement critiques – celles qui génèrent un mouvement esthétique – peuvent être observées aussi bien comme des actions scientifiques – par exemple dans le cas de la position poststructuraliste de la science qui s'oppose à la position structuraliste –, que comme des actions individuelles ou collectives poïétisées par un art biocritique ou par des sujets sociaux réels – par exemple dans le cas de la resignification du terme *queer*, d'abord co-poïétisé par l'action politico-sociale du mouvement *queer*, puis par l'autocritique structurée de la théorie *queer*.

Dans ces différents contextes dominés par une culture phallogocentrique légitimée par des styles cognitifs structuralistes qui sédentarisent épistémologiquement la pensée binaire occidentale, la poïésis d'une corporalité esthétiquement critique est essentiellement poïétisée par des sujets réels : c'est la réalité potentiellement esthétique des corps, des corporalités et des sexualités qui s'opposent à l'historicité construite socialement, en utilisant l'affirmation poïétique corporalisée de la subjectivité des individus, une potentialité esthétique qui parvient à générer un mouvement esthétique dans la mesure où elle se coproduit en tant que dialectique négative entre des actions à la fois critiques et autocritiques. C'est cette dialectique nihiliste entre critiques et autocritiques qui permet la participation active de co-poïétisateurs du mouvement esthétique latent et probable dans toute action potentiellement esthétique reflétée au sein de la réalité même.

Or ce sont précisément les poïétisateurs particuliers des corporalités potentiellement critiques et esthétiques (les opprimés, les radicaux aux corporalités abjectes, opprimées et radicales) qui parviennent à revitaliser concrètement le mouvement esthétique à tous les niveaux, au-delà de la dimension particulière ou subjective et personnelle du poïétisateur ; de sorte que ce sont parfois des styles cognitifs esthétiquement critiques – tels que la science féministe et poststructuraliste, l'art biocritique, le journalisme esthétique, etc. – qui concrétisent l'esthétisation de la critique envers la pensée binaire et phallogocentrique latente dans l'expression des corporalités abjectes. Par ailleurs, les sujets réels qui en plus de produire des actions critiques font également leur autocritique deviennent par là-même des co-poïétisateurs de cette esthétisation. Or c'est ce type de mouvement esthétique de dialectique négative co-poïétisée entre critique et autocritique qui caractérise l'exercice critique de l'art biocritique (tel que l'art d'appropriation, l'art féministe ou l'art *queer*) et de tout criticisme que l'on peut qualifier d'esthétique dans la mesure où il s'agit d'un exercice d'esthétique nihiliste qui possède les mêmes caractéristiques, besoins et principes ontologiques que l'esthétique de l'art (bio)critique.

Dans cette perspective, la déconstruction sociologique de *l'art biocritique* implique une archéologie de la connaissance ou gnoséologie de la sédentarisation épistémologique porteuse d'une vision abjecte de ces corporalités en tant que force performative du symbolisme normatif hétérosexuel co-légitimée par les discours de la culture cognitive binaire de la métaphysique occidentale. Le mouvement esthétique de l'art biocritique est déconstructible dans sa dimension philosophico-politique en tant que tension épistémologique (entre esthétique critique structuraliste et poststructuraliste) et en tant que tension poïético-cognitive au sein des poïésis concrètes des témoignages corporels réalisés par des sujets réels entre la culture poïético-cognitive de reproducteur corporel de la normativité hétérosexuelle avec sa pensée binaire exercée par le sujet social achevé et continu, et l'affirmation subjective d'identités sexuelles et corporelles propres, issues de l'expérience esthétique du sujet esthétique (idéal-type de *l'art biocritique*), avec la potentialité esthétique du sujet social corporellement et sexuellement inachevé et discontinu. Or la tension esthétique observée dans la potentialité esthétique de la corporalité abjecte renvoie à une tension épistémologique entre l'art et d'autres styles cognitifs impliqués dans la production sociale de la réalité.

Ainsi les témoignages de corporalités abjectes reflètent-ils la potentialité esthétique des corporalités abjectes poïétisées par les sujets réels aussi bien au niveau épistémologique qu'au niveau de la culture cognitive ; dans cette dynamique, l'art biocritique (comme tout criticisme esthétique) basé sur des témoignages de ces corporalités en tant que témoignages induits ou documentaires de cette réalité, joue un rôle de revitalisateur du mouvement esthétique latent au sein de toute poïésis potentiellement esthétique, impliquant les corporalités et les identités qui s'opposent aux sens socialement imposés par l'économie phallogocentrique et la métaphysique binaire occidentale.

La fonction politico-esthétique de l'*art biocritique* repose sur la resignification par l'art de ces corporalités, et sur la potentialité esthétique exprimée par ces corporalités dans un contexte social donné avant même d'être utilisées comme matériel et poïésis artistique de cet art ; en d'autres termes, la potentialité esthétique des corporalités abjectes est le produit de l'historicité du caractère abject attribué à ces corporalités et ces identités sexuelles considérées comme « bestiales » par les discours reproduisant les paramètres d'un phallogocentrisme patriarcal binaire qui impose une distinction entre ce qui est normal et anormal, bon et mauvais, sain et maladif, innocent et risqué, non abject et abject, etc. Par conséquent, c'est l'historicité des corporalités abjectes qui doit être déconstruite en termes sociologiques, philosophico-politiques et psychologiques, dans la mesure où c'est cette historicité qui, une fois resignifiée par l'art (ou par les individus, les collectivités ou tout autre criticisme) acquiert une potentialité esthétique dès lors que l'art biocritique – et notamment celui qui intègre des témoignages de corporalités abjectes – leur redonne une nouvelle signification en inversant leur pouvoir performatif afin de le mettre au service du discours politico-esthétique de l'exercice critique d'un art dont l'intention est de générer un mouvement esthétique remettant en cause et redonnant un nouveau sens à ce qu'il critique et à tout ce à quoi il est lié – volontairement ou perlocutivement – lorsqu'il exerce sa critique.

La fonction esthético-politique des corporalités abjectes dans l'art correspond donc à l'historicité du caractère « abject » attribué aux corporalités différentes par les discours institutionnels légitimateurs d'une production de la connaissance sur le corps émettant un jugement de valeur dépréciatif sur ces sexualités en fonction des catégories normatives hétérosexuelles.

L'art biocritique est un art dont ses poïésis peuvent être décrites synthétiquement comme les liens de contradiction esthétique entre le sens (fonction) esthétique de l'expérience corporelle abjecte du sujet social – au sein du processus poïétique de l'œuvre d'art – et le sens acritique (fonction réproduteure) reproduisant et légitimant le paramètre de la « bestialité » corporelle et l'économie hétérosexuelle du phallogocentrisme patriarcal ; il s'agit par ailleurs d'un d'art auquel les témoignages de corporalités abjectes confèrent certaines caractèristiques propres à l'art contemporain critique envers le phallogocentrisme, et notamment une radicalisation du discours remettant en cause le biopouvoir, en réponse aux mécanismes d'universalisation et de radicalisation observés dans les discours de ce biopouvoir au sein des sociétés qualifiées par Giddens de « sociétés de la modernité tardive ».

Ainsi, la déconstruction sociologique de l'*art biocritique* est une déconstruction de la tension esthétique de ces témoignages offerts par des sujets réels dans le cadre d'une œuvre d'art. Cette historicité qui reflète au sein et en dehors de l'art la potentialité esthétique des poïésis de certaines corporalités peut être interprétée de deux manières : tout d'abord comme une historicité produite par la sédentarisation ou l'hégémonie épistémologique d'un paradigme cognitif ou culturel ; ensuite, comme une potentialité esthétique, lorsque les discours – corporels ou non – (re)producteurs épistémologiques de cette historicité phallogocentrique acquièrent un caractère politico-esthétique en tant que matériel d'une négation (parfois esthétique) de la sédentarisation épistémologique.

Cette resignification esthétique des discours *sur* les corporalités abjectes (qu'ils soient corporalisés ou non) dans un contexte socio-historique donné est parfois réalisée par des individus réels hors du champ de l'art. C'est notamment le cas de corporalités abjectes observées comme des corporalités esthético-politiques, mais aussi d'actions critiques potentiellement esthétiques corporalisées par des sujet réels dans un contexte socio-historique donné. Par ailleurs, lorsque l'art inclut des témoignages (induits ou spontanés) de ces corporalités potentiellement esthétiques au sein de ses poïésis, la resignification devient un processus critique poïétisé à la fois par l'art et par des individus réels. Dans ces circonstances poïétiques, la resignification des corporalités abjectes peut être interprétée comme une négation esthétique des discours phallogocentriques produits par les styles cognitifs contribuant à la production d'un sujet social qui s'identifie aux rôles hétérosexuels de l'économie sexuelle légitimée par l'épistémologie phallogocentrique.

La négation esthétique de la fonction des discours reproducteurs du symbolisme normatif du phallogocentrisme (avec sa hiérarchie hétérosexuelle et sa vision bestiale des corporalités différentes) exercée par l'*art biocritique* sous la forme d'une tension esthétique entre l'art biocritique et ces discours du paradigme phallocentrique, peut être observée du point de vue de la sociologie de la connaissance et du discours comme une négation/contradiction et une tension esthétique entre l'art et les institutions sociales, ou entre l'art et les styles cognitifs dont les discours reproduisent les paradigmes épistémologico-culturels phallogocentriques. Par la suite les discours de ces styles cognitifs ou de ces institutions sociales reproduisant les paradigmes phallocentriques pourront à leur tour être observés sociologiquement en tant que discours radicaux et universalisants visant à défendre la sédentarisation épistémologique de ce type de biopouvoir phallocentrique comme une forme de pensée et de production de connaissance « légitime ».

La science au sein des sociétés de la modernité tardive. Le cas de la science médicale acritique

Lors d'une conférence intitulée « La prochaine éthique biomédicale »[312], Véronique Fournier a mis en avant le fait que deux

---

[312] Fournier, 2007.

visions (l'une cognitive scientifique et l'autre cognitive subjective) de la bioéthique coexistaient actuellement dans le panorama français de la bioéthique contemporaine. Une telle présence simultanée des deux formes poïétiques de la bioéthique met en évidence l'ébranlement du système de sécurité épistémologique – en matière de bioéthique – que Giddens (1991/1995) décrit comme une caractéristique des sociétés de la modernité tardive ; cette double présence met également en évidence le fait que le contexte socio-historique est un vecteur de sédentarisation épistémologique non seulement du contenu, mais aussi de la structure ou de la forme poïétique, qui maintient une relation ambivalente entre la création de principes bioéthiques à partir des conditions réelles de vie (matérialisme historique) légitimées par la science et la création de principes éthiques à partir des conditions subjectives de l'expérience cognitive d'individus tout aussi réels.

Ainsi, l'*art biocritique*, outre qu'il met en évidence avec la poïétique corporelle de ses œuvres cette capacité et ce besoin poïético-cognitif d'une bioéthique en matière sexuelle pour le sujet social – représenté dans l'art par des individus réels –, est également un art qui critique les formes poïétiques participant à l'enculturation du sujet en tant qu'articulateur du biopouvoir poïético-épistémologique ; car cet art considère que la structure épistémologique de la science moderne occidental (inclut dans certain sens le moment scientifique et abstractionniste du matérialisme historique scientifique) a engendré une incapacité poïético-cognitive du sujet à exercer son rôle de co-poïétisateur de la bioéthique sociale, et que cette structure, dans le contexte des sociétés de la modernité tardive, continue à exercer un biopouvoir dans la mesure où elle continue à régenter le débat visant à définir la poïésis d'une bioéthique phallocentrique.

On peut considérer qu'un des héritages des sociétés modernes aux sociétés de la modernité tardive est une science déifiée, une science érigée en détentrice de la vérité absolue, dont les énoncés indiscutables sont précédés d'introductions légitimatrices qui balayent d'un revers de main toute théorie n'étant pas basée sur des arguments scientifiques. Chez la modernité et la modernité tardive, toute affirmation subjective est par conséquent considérée comme hors-jeu, ne pouvant être cautionnée par « la science », « les scientifiques » ou « les statistiques ». Dans un tel contexte, l'être humain aspirant à jouer un rôle émancipateur doit être légitimé par rationalité de la méthode scientifique, ce qui est réservé aux experts désignés par la science afin de faire respecter une normativité épistémologiquement sédentarisé dans les paradigmes phallocentriques qui sont contre toute affirmation subjective. Et bien que le matérialisme historique scientifique ait en son temps permis d'émanciper le sujet social de la bioéthique aliénée par l'hégémonie épistémologique de la Religion, il n'en a pas moins fini par perdre sa capacité critique prométhéenne et humanisant sous l'effet de la sédentarisation épistémologique de la science avec sa mascarade d'objectivité sécularisatrice/ libératrice mais légitimatrice des paradigmes phallocentriques de la pensée hétérosexuelle, binaire, bestiales, androcentriques, anthropocentrique occidentale.

Le processus de construction sociale du sujet moderne a traduit l'épistémologie abstractionniste et rationaliste de la science séculaire en culture cognitive d'un paradigme culturel puis en culture ou attitude cognitive sedentarisatrice des paradigmes épistémologiques du phallocentrisme occidental. Ce processus défini par l'anthropologie comme l'« enculturation » définie le rôle de la science occidentale en tant que reproducteur de la sédentarisation épistémologique phallocentrique dans la pensée occidentale.

L'esthétique de l'*art biocritique* s'intéresse particulièrement au mécanisme de socialisation des capacités et besoins cognitifs de la corporalité du sujet : dans la perspective de l'esthétique des corporalités abjectes, les capacités et besoins corporels du sujet social sont interprétés comme des capacités et besoins cognitifs que le biopouvoir épistémologique hégémonique socialise à travers ce processus d'enculturation.

Concernant le sujet moderne, l'esthétique des corporalités abjectes critique par exemple la « séquestration épistémologique » de l'expérience coproduite par la sédentarisation épistémologique du paradigme rationaliste et positiviste de la science moderne en tant qu'hégémonie épistémologique d'un phallocentrisme séculaire, qui se traduit par une décorporalisation cognitive du sujet social, fruit de la construction sociale d'un sujet social dont la corporalité et la sexualité ont été chosifiées/identifiées aux normes (morales, légaux, etc.) du biopouvoir hégémonique ; chosification et identification au biopouvoir en tant que phénomène social lié à la decorporalisation des sujets sociaux que dans les sociétés de la modernité tardive comme la française est observée par les expertes critiques en tant qu'une forme de biopouvoir moralisateur des usages du corps légitimée par les discours de la science médicale ; au moins c'est cela qu'on interprète chez les phénomènes socio-historiques de « bazar bioéthique » et « médicalisation de la sexualité » observés par les scientifiques Véronique Fournier et Alain Giami respectivement, ce dernier repris aussi par de sociologues comme Michel Bozon :

> « (...) l'un des effets de la médicalisation de la sexualité (...) est que les problèmes du sujet et de son engagement dans la sexualité ont cessé d'être principalement appréhendés comme des problèmes moraux, pour tendre à être interprétés comme une question de bien-être individuel et social, dont rendent compte la notion de santé sexuelle (Giami, 2005), et celle de comportement responsable. »[313]

Cette décorporalisation cognitive, enculturée chez l'individu en tant que sujet social des sociétés de la modernité tardive, est une conséquence de la sédentarisation épistémologique des paradigme du biopouvoir hégémonique qui déterminent quelle est la culture cognitive légitime au sein d'une société ; héritage aussi des sociétés modernes à celles contemporaines et tardi-modernes.

---

[313] Bozon, 2004 : 15.

C'est la structure épistemologique d'une bioéthique scientificisée et matérialiste grâce à laquelle l'ordre social des sociétés de la modernité tardive continue à déifier la méthode scientifique, et la science, en tant que source de jugement de vérité et réalité suprême, enculturant ainsi des sujets sociaux incapables d'exercer leur corporalité en tant que capacité et besoin poïético-cognitif dans une dialectique esthétique vis-à-vis d'un contexte socio-historique qui leur offre pêle-mêle un « bazar bioéthique »[314], un « ébranlement du système de sécurité épistémologique »[315], et une « prolifération des normes en matière de santé sexuelle »[316] et de bien-être individuel et social ; toutefois parallèlement à cette prolifération et à cette remise en cause du bazar bioéthique, on observe un rénforcement, une radicalisation et une universalisation des formes et des contenus bioéthiques des hégémonies épistémologiques déjà consolidées, et néanmoins éprouvées par l'ébranlement du système de sécurité épistémologique qui révèle une usure de leur capacité enculturante et articulatrice d'une certaine culture corporelle et bioéthique considérant le sujet comme reproducteur et non comme co-poïétisateur d'une bioéthique propre. Chez ces sociétés le sujet semble désemparé, écartelé entre les multiples formes et contenus bioéthiques qu'offre ce *bazar bioéthique* contemporain, et les besoins d'individus

> « désormais sommés d'établir eux-mêmes, malgré ce flottement des références pertinentes, la cohérence de leurs expériences intimes [mais qui] continuent néanmoins à être soumis à des jugements sociaux stricts »[317].

Pour la critique esthétique poïétisée par l'*art biocritique*, ce n'est pas la prolifération des normes ou des contenus du *bazar*

---

[314] Fournier, V., 2007.
[315] Giddens, 1995 : 42.
[316] Bozon, 2004 : 15.
[317] Bozon, 2004 : 15

bioéthique des sociétés de la modernité tardive qui est responsable de l'incapacité du sujet à s'exercer en tant que co-poïétisateur de sa bioéthique ; selon l'esthétique de cet art, un des dangers épistémologiques socio-historique réside plutôt dans la continuité de la dépendance historique occidentale vis-à-vis de la structure épistémologique phallocentrique, de la dépendance du sujet social vis-à-vis de la structure – ébranlée ou non – d'un « système de base de sécurité épistémologique » scientifique déifié en tant que légitimateur des paradigmes du phallocentrisme patriarcal à la pensée occidentale (le paradigme de la pensée binaire ou de la hiérarchie hétérosexuelle et le paradigme anthropocentrique ou de la bestialité corporelle) ; et en se constituant aussi comme paradigme phallocentrique par la fonction décorporalisatrice de la science rationaliste et abstractionniste au sein de la modernité et de la modernité tardive. Car cette dépendance envers la sédentarisation épistémologique du rationalisme et du matérialisme de la science moderne est assimilée en tant que culture poïético-cognitive par le sujet social moderne et héritage de celui de la modernité tardive.

De sorte que les corporalités avec lesquelles l'*art biocritique* poïétise ses critiques esthétiques envers le phallocentrisme ne sont autres que les corporalités d'affirmation subjective en tant que corporalités considérées comme « abjectes » (ou « extérieurs constitutifs ») par les épistémologies hégémoniques au sein du *bazar bioéthique* (encore phallocentrique) des sociétés de la modernité tardive.

L'hégémonie épistémologique du biopouvoir phallocentrique au sein des sociétés de la modernité tardive n'est plus personnifiée par un seul style cognitif déterminé ; car chez les sociétés de la modernité tardive la science rationaliste est utilisé comme une forme poïétique de biopouvoir propagée et articulée par différents styles cognitifs et institutions sociales chargées de l'enculturation et de la construction du sujet social et de l'ordre social de l'Etat moderne ; même si dans ces sociétés prédomine encore la forme poïétique de la méthode scientifique rationaliste en tant que protagoniste de la légitimation des vérités sur le corps, la sexualité, le genre.

De sorte que c'est le paradigme rationaliste, abstractionniste et positiviste, particulièrement observé dans la science médicale, qui s'impose auprès du sujet social (et pas forcement dès la voix des scientifiques mais des lois, la justice, l'administration de l'Etat, les règles urbains ou d'ordre social, etc.) comme une forme « supérieure » de jugement de vérité et de réalité dans les discours sur la santé sexuelle, et articule ainsi un ethnocentrisme poïétique légitimant les processus de connaissance qui partent de la reconnaissance *scientifique* des conditions réelles afin de créer les principes bioéthiques, socialisant un sens abjecte de la capacité poïético-cognitive subjective des sujets sociaux.

Dans cette perspective, un sujet social qui est construit socialement par une culture donnée a naturellement tendance à s'identifier aux formes épistémologiques de cette culture qui l'a socialisé, néanmoins si d'autres styles cognitifs ont également participé au processus d'enculturation de ce sujet, il existe davantage de probabilités qu'il se construise comme un sujet social plus indépendant que ne le ferait un sujet identifié à un seul paradigme ou style cognitif. Feyerabend (1987) souligne à juste titre que

> « Le choix d'un style (cognitif), d'une réalité, d'une forme de vérité, y compris selon des critères de réalité et de rationalité est (…) un acte social, (qui) dépend de la situation historique »[318].

Selon l'anthropologie cognitive de Gleen (1985), le style cognitif – ou paradigme dominant d'une culture – permet aux membres de cette culture de traiter et d'organiser toute l'information sur leurs besoins, leurs capacités et les normes d'actions qu'il convient d'appliquer à soi-même, aux autres et à son environnement. L'enculturation épistémologique est donc un

---

[318] Feyerabend, 1987: 96.

processus de socialisation des formes cognitives qui font qu'un individu s'identifie à une culture cognitive donnée.

La culture cognitive du groupe social représente l'identité cognitive du sujet social socialisé par cette culture afin d'en faire partie. L'identité cognitivo-corporelle du sujet social va des formes structurées aux formes corporelles, des formes individuelles aux formes groupales, et des formes légitimes aux formes « abjectes » de production de connaissance corporelle. L'identité cognitive d'un sujet social repose sur les capacités et besoins cognitifs que ce sujet reproduit en tant que membre d'un groupe culturel, et sur la corporalité à l'aide de laquelle celui-ci articule le « système de sécurité épistémologique » (Giddens, 1979 : 128) qui renforce son *moi* identifié et lui permet de se différencier cognitivement d'autres groupes culturels.

Dans ce cas, la différence cognitive entre les groupes culturels réside essentiellement dans le style cognitif hégémonique de leur paradigme culturel. Au sein d'une même société coexistent différents styles cognitifs, qui participent à divers degrés au paradigme hégémonique d'une culture donnée ; toutefois, la participation hégémonique d'un style cognitif à un paradigme culturel ne se traduit pas par la production invariable d'un sujet social identique, car les usages et les formes cognitives de la corporalité et de la sexualité de chaque sujet varient en fonction de la présence et du degré de participation des différents styles cognitifs du biopouvoir qui entrent en jeu dans la construction de son *moi* de fausse conscience, et ce indépendamment du fait qu'il s'agisse d'un processus d'enculturation ou d'acculturation (lorsque le sujet déjà socialisé et/ou identifié acquiert une nouvelle culture).

D'un point de vue anthropologique, toute culture (ou paradigme culturel) d'hégémonie épistémologique est cristallisatrice de la poïésis du sujet social identifié au biopouvoir ; par conséquent, toute expression corporelle, sexuelle ou toute expression *sur* la corporalité ou la sexualité du sujet social est l'expression de la participation du sujet à l'articulation du paradigme du biopouvoir et plus encore, de la contribution du sujet à la reproduction d'un sujet social hétéronome.

L'hégémonie d'un biopouvoir épistémologique ne se traduit pas par la production de sujets passifs mais par la production sociale de sujets articulateurs du paradigme hégémonique. En effet, fonctionner comme articulateur d'un paradigme épistémologique qui tend à la sédentarisation épistémologique parce qu'il refuse de faire son autocritique, revient à fonctionner comme un sujet acritique contribuant à renforcer l'image de ce paradigme qui prétend être le mieux à même de   préserver le système de sécurité épistémologique dont dépend le sujet social. Or la participation du sujet social non pas en tant qu'articulateur mais en tant que critique au sein du processus d'enculturation est précisément le facteur social qui permet l'avènement de mutations historiques créées à partir de ce Guattari qualifie de « révolutions moléculaires » (Guattari, 1977). De sorte que c'est la variabilité individuelle qui détermine la plus ou moins grande résistance du sujet face à l'imposition enculturante du biopouvoir. Car bien que l'enculturation épistémologique construise les individus en tant que sujets sociaux, cette variabilité découlant de l'histoire de vie particulière de chaque sujet n'en joue pas moins un rôle déterminant dans le degré de résistance face au processus d'enculturation homogénéisatrice qu'Adorno et Horkheimer qualifient de processus d'« *identification et de chosification* des « réactions intimes » du sujet moderne :

> « Les réactions les plus intimes des hommes envers eux-mêmes ont été à ce point réifiées, que l'idée de leur spécificité ne survit plus que sous une forme abstraite : pour eux, la personnalité ne signifie plus guerre que des dents blanches, l'absence de taches de transpiration sous les bras et la non-émotivité. Et voilà le résultat du triomphe de la publicité dans l'industrie culturelle : les consommateurs sont contraints de devenir eux-mêmes ce que sont les produits culturels, tout en sachant très bien à quoi s'en tenir. »[319]

---

[319] Adorno et Horkheimer, (1949)/2007 : 176.

Selon la terminologie du biocriticisme de l'*art biocritique*, la *chosification* des « réactions intimes » dénoncée par Adorno et Horkheimer est reconnue comme un effet de l'*identification corporelle* du sujet social au paradigme culturel d'un biopouvoir hégémonique. Ce type d'enculturation correspond à toute socialisation et *reproduction* sociale des usages cognitifs de la corporalité d'un sujet qu'un ordre social impose et légitime en tant qu'usages cognitifs corporels assignés à la sexualité d'un genre : ce sont les formes cognitives de sexualité et de corporalité qui définissent les caractéristiques poïétiques et empirico-cognitives de la praxis de chacun des genres/sexes reconnus par le paradigme hétérosexuel et binaire et par le paradigme de la « bestialité corporelle », représentants du phallocentrisme hégémonique au sein d'un ordre social patriarcal tel que celui des sociétés modernes et de la modernité tardive.

D'un point de vue poststructuraliste, la participation du langage à la séquestration épistémologique de l'expérience est déterminante, et tout particulièrement lorsque les définitions et les usages du langage des discours des styles cognitifs fonctionnent comme les articulateurs d'une hégémonie épistémologique du biopouvoir phallocentrique. Dans cette perspective, la force du biopouvoir phallocentrique repose sur le rôle enculturant du langage dans l'organisation et la définition de tous les mots liés à la corporalité et à la sexualité humaine et à son symbolisme normatif phallocentrique.

Les sujets issus de sociétés de la modernité tardive, ayant subi l'enculturation d'une épistémologie sécularisée par la modernité scientifique – le paradigme positiviste et rationaliste –, sont des sujets sociaux en phase avec la « vérité » et la « réalité » sexuelles dictées par la science hégémonique, qui ignorent que

« la science n'est que l'une des nombreuses formes de pensée que l'homme a développé, et pas nécessairement la meilleure »[320].

---

[320] Feyerabend, 1993: 119.

Cette position se traduit chez le sujet social par une attitude intolérante, et ce au sein même de la science, comme l'ont souligné certains esprits critiques de la science moderne tels que Feyerabend, qui accuse les positivistes d'être rétifs à toute autocritique de leur propre paradigme :

«[Les rationalistes critiques] admettent en théorie nos idées comme des conjectures, mais dans la pratique leur attitude face aux idéologies non scientifiques ou différentes de la leur est tout aussi intolérante que celle dont faisaient preuve en leur temps les défenseurs de la foi catholique.»[321]

À travers une lecture esthétique de l'histoire de l'art en relation aux phénomènes de décorporalisation on trouve que la seule présence de l'*art biocritique* au sein des sociétés de la modernité et de la modernité tardive constate (dans un sens historique) une certaine incapacité de la science rationaliste à reconnaître l'influence de la force performative de la subjectivité et de l'intersubjectivité sur le contexte socio-historique en tant que « variabilité » et « mouvement » épistémologiques, correspondant à des qualités épistémologiques du pôle féminin au sein du système binaire phallocentrique patriarcal[322] et ceci

---

[321] Feyerabend, 1993: 74.

[322] « Wittig reprend le premier tableau d'opposés qui est apparu dans l'histoire, élaboré par Aristote (Métaphysique, Libri I, 5, 6). À travers cette dichotomie moralisée, on voit clairement l'épistémologie humaine abstraitement attribuée à la matérialité masculine, caractérisée par les qualités de « l'Être », tandis que celles de la femme correspondent au « Non-être », aux côtés de toutes les corporalités rentrant dans le vaste paramètre de bestialité et d'abjection, représentées non seulement par le corps de la femme et d'autres genres performatifs invisibilisés et inférionisés, mais aussi par toutes les expressions humaines, sociales et même environnementales correspondant à l'une des qualités épistémologiques du pôle féminin. » Texte pris de l'essai intitulé « Art biocritique. Qu'a-t-il été, qu'est-il devenu et qu'aspire-t-il à devenir ? » du chapitre 6 de cet livre.

explique un lien esthétique entre l'art biocritique et les paradigmes décorporalisteurs épistémologiquement sédentarisés par le style cognitif stéréotypé en tant que « libérateur » ou « émancipateur » de la connaissance au sein de la modernité, un héritage de celle-ci aux sociétés de la modernité tardive. En résumé, la présence historique d'un art biocritique est une présence historique critique de l'enculturation décorporalisant du sujet social en tant qu'expression esthétique des témoignages biocritiques poïétisés par les propres sujets sociaux d'un tel contexte.

La position acritique de la science occidentale vis-à-vis de la sédentarisation épistémologique phallocentrique patriarcale explique la difficulté qu'éprouve la pensée occidentale à générer des transformations ou des changements socio-historiques épistémologiquement féminins, voire même à accepter les changements socio-historiques épistémologiquement masculins. Or la potentialité esthétique des actions de l'art biocritique réside précisément dans le fait qu'elles correspondent à une esthétique épistémologiquement féminine dans un contexte socio-historique d'hégémonie épistémologique masculine, celui des sociétés occidentales de la modernité tardive.

Ainsi en considérant toute cette explication anthropologique, historique et sociologique de la présence de l'art biocritique au sein des sociétés de la modernité tardive – mais cela pourrait aussi s'appliquer à toute critique portant sur un facteur social impliquant l'enculturation du sujet social –, nous proposons de structurer le paradigme *idéal-type* esthétique de l'art biocritique à l'aide de paradigmes critiques dissidents de l'hégémonie épistémologique des sciences sociales, dissidents du structuralisme et des paradigmes biologistes/rationalistes et positivistes de la science médicale moderne occidentale. Des paradigmes de la pensée critique au sein de la théorie sociale présentés par des auteurs tels que : Adorno, Butler (1993), Irigaray (1978 y 2009), Wittig (1992), Kristeva (1980), Reich (1932, 1945, 1947), Marcuse, Feyerabend, Foucault (1976 et 1984), Giddens (1991/1995 et 1992/2008), Gleen (1985), Hinkelammert (2005 et 2008), Kristeva (1980), Kuhn et Young (2000). Dans presque tous les cas, les critiques de ces penseurs portent notamment sur la séquestration épistémologique de l'expérience et de la corporalité et la sexualité humaine.

Aproche théorique à l'ideal-type esthétique (ou plein d'espoir) de l'art biocritique au sein de la modernité tardive

L'utilisation que fait l'*art biocritique* d'un langage structuré devient esthétique dès lors qu'il utilise ce langage pour déconstruire sa critique ou la forme spécifique qu'adopte au sein de cette critique la contradiction esthétique en tant que loi de mouvement, incluant son jugement et les paradigmes impliqués. L'art devra par la suite répondre artistiquement à cette structuration de ses critiques, en intervenant esthétiquement dans ce processus de déconstruction structurée par la science. Une utilisation esthétique concrète est celle que l'art biocritique fait des paradigmes constructionnistes des sciences sociales sur la sexualité humaine, en poïétisant un *idéal-type* que la sociologie se contente généralement de créer théoriquement avec une fonctionnalité méthodologico-explicative sur la réalité social étudiée. Plus concrètement, c'est le cas de l'utilisation du concept de *sujet corporel avec des besoins* et d'autres concepts dessinant un sujet esthétique ou de corporalité esthétique que l'*art biocritique* poïétise en tant que *sujet esthétique* :

> « J'ai connu un jour un sujet admirablement esthétique. J'ai cru reconnaître en lui le *sujet réflexif* de Castoriadis (1990 et 1997); le genre de *lecteur critique*[323] représenté par Derrida ; très proche de ce que pourrait être dans le domaine de la morale sexuelle ce sujet qui « se reconnaît » comme *sujet de désir*, selon les termes de la théorie du

---

[323] Cohen & Dilon (coord.), 2007.

biopouvoir de Foucault (1984 : 12); ce sujet qui émancipe sa capacité de connaissance à travers l'expérience, libérant cette expérience dont Giddens (1991/1995) déplore qu'elle ait été séquestrée depuis l'Esprit moderne et jusqu'à la modernité tardive. Le genre de sujet capable de reconnaître le langage de son corps et la présence de l'énergie sexuelle qui interagit avec les règles sociales dans la construction de son *moi* ; de reconnaître les enchaînements entre les pulsions primaires et secondaires, que Reich qualifie respectivement de pulsions bioénergétiques et de pulsions culturelles. Le genre de sujet qui s'humanise en humanisant ses droits sexuels comme des droits humains, au-delà des accords internationaux, dans la pratique sensuelle, subjective, subjectivante de son intimité biographique avec lui-même et avec les autretés. Le genre de sujet qui reconnaît sa sexualité comme le fruit de l'interaction entre construction sociale et autopoïésis. Un sujet que la sociologie marxiste et Franz Hinkelammert (2008) m'ont décrit comme *sujet corporel et avec des besoins*. Un sujet qu'Adorno qualifierait de sujet esthétique et que l'art biocritique a cherché à poïétiser dans ce qu'il a appelé l'*Œuvre multiorgasmique*. Il s'agissait d'un sujet critique, qui poïétisait jusqu'aux ultimes conséquences ses critiques de la séquestration de l'expérience sexuelle et de la décorporalisation du *sujet moderne*, subjectivant la connaissance objectivée, légitimant le droit au plaisir sexuel avec sa propre expérience au-delà de la théorie et du concept de la loi, reconnaissant son esprit poïétique grâce auquel il pouvait modifier les impositions sociales et l'ordre moral qui l'entravaient dans la construction de connaissance, à travers sa propre expérience sensuelle et corporelle subjectivante. Voilà le *sujet historique* chez Monique Wittig et la *force performative* de l'expérience corporelle d'affirmation subjective chez Judith Butler. Voilà, les révolutions moléculaires de Félix Guattari

(1977). Voilà les sujets sociaux qui donnent leurs témoignages esthétiques à l'art biocritique. Voilà, le *sujet esthétique* des œuvres d'art biocritique des corporalités abjectes »[324]

Comment l'art esthétise-t-il ce sujet ? À l'aide d'un processus créatif dans le cadre duquel des participants volontaires acceptent de vivre l'expérience du sujet *idéal-type*, en poïétisant l'expérience sexuelle d'un *sujet corporel avec des besoins* qui s'approprie son corps, et corporalisant ainsi cet *idéal-type*. Certes, il s'agit d'une corporalisation qui n'extrapole peut-être pas l'expérience esthétique du participant au-delà du processus créatif de l'œuvre d'art, mais aussi instantanée que soit cette poïésis, elle n'en constitue pas moins la matérialisation de la corporalisation d'un *idéal-type* ; une poïésis qui n'est pas envisagée par la fonction méthodologique de l'*idéal-type* au sein des autres styles cognitifs comme la science, par exemple.

Dans cette perspective, si une science était disposée à entamer des discussions avec des paradigmes esthétiques permettant, bien qu'ils n'aient pas nécessairement été créés par d'autres sciences, de critiquer les hypothèses et les croyances du paradigme dominant, alors on pourrait parler d'une science disposée – voire même prédisposée comme l'est l'art – aux révolutions scientifiques. Or ce n'est pas le cas de la science rationaliste et positiviste, et ce n'a pas été le cas en général – si l'on en croit des historiens comme Kuhn et Feyerabend – de la science occidentale.

Parmi les productions épistémologiques liées à la science dont la théorie esthétique de l'art biocritique estime qu'elles recèlent une potentialité esthétique transformatrice du contexte socio-historique dans la mesure où elles exercent une critique envers l'un des paradigmes épistémologiques phallocentriques (dans ce cas il s'agit du rationalisme abstractionniste caractéristique

---

[324] Fragment de l' "Introduction aux trois récits création de l'Œuvre multiorgasmique", *Art critique testimonial,* dans le livre intitulé *La fonction esthétique-politique de l'orgasme* Volume I.

de la science hégémonique) on peut mentionner les productions scientifiques poststructuralistes, qui se montrent également critiques envers le paradigme de la construction sociale de la réalité socio-historique et son interprétation déterministe de la subjectivité du sujet social. C'est notamment le cas de la théorie orgonomique et de l'analyse caractériologique du psychanalyste Wilhelm Reich (1932, 1945, 1947), de la théorie de la répression sexuelle du philosophe Michel Foucault (1976 et 1984), et des théories sur la pensée hétérosexuelle et le phallocentrisme de Lucy Irigaray (1978, 2007 et 2009), Monique Wittig (1992) et Judith Butler (1993, 2004, 2009). Chacun à leur manière, ces auteurs s'accordent avec d'autres critiques du XXe siècle à reconnaître une capacité de transformation sociale à partir des affirmations subjectives des individus, à partir de la « démocratisation de l'intimité » (Giddens, 1992/2008) et de ses effets sur les relations entre les individus.

Certains auteurs s'accordent également à reconnaître que la féminisation de l'intimité se traduit par une intensification de la domination sexuelle masculine, entre autres effets illustrant les difficultés qu'éprouvent les individus à trouver une certaine cohérence dans leurs expériences intimes. Toutefois, parmi ces théories sur l'intimité, la subjectivité, la corporalité et la sexualité de l'individu en tant que facteurs susceptibles de transformer la société, on observe une différence épistémologique de caractère poïétique : le fait que certaines de ces théorisations aient produit des modèles esthétiques liés aux modèles interprétatifs de la réalité qu'elles étudiaient, mettant ainsi en évidence le rôle des paradigmes épistémologiques hégémoniques dans le contrôle social de cette intimité, des corps et corporalités, de la sexualité et de l'identité.

Ces modèles ou paradigmes esthétiques qu'on aime bien qualifiér de « modèles porteurs d'espoir » sont ceux qui génèrent et revitalisent un mouvement esthétique au sein d'une réalité socio-historique épistémologiquement et esthétiquement sédentarisée. L'art biocritique est une poïésis de ce type de « modèle », et ses poïésis sont parfois des reflets hyperboliques de cette réalité. Il n'existe pas un seul modèle esthétique, il y en a autant que de poïésis produites – théoriquement ou matériellement et historiquement –, et ces différents modèles établissent entre eux des liens de tension esthétique. Par exemple les modèles produits par la science ou à l'aide de langages structurés de la science se trouvent en tension esthétique vis-à-vis des modèles produit par (ou au sein de) l'art ; dans tous ces cas, les modèles deviennent esthétiques dès lors qu'ils revitalisent un mouvement esthétique au sein de la réalité sédentarisée ou sédentarisatrice qu'ils critiquent à l'aide de leurs productions discursives porteuses d'espoir s'exerçant en tant que criticismes esthétiques de la science et de l'art (l'art biocritique est nécessairement un criticisme esthétique, et les artistes se doivent d'être (auto)critiques).

La différence entre les productions interprétatives qui ne font que s'opposer à la réalité qu'elles critiquent et les productions qui parviennent à revitaliser le mouvement esthétique de ce qu'elles interprètent, est la même différence que l'on observe au sein des actions de l'art biocritique, entre : A) les actions acritiques, B) les actions critiques potentiellement esthétiques et C) les actions esthétiquement critiques, dont les modèles esthétiques porteurs d'espoir permettent de revitaliser le mouvement esthétique de la réalité, en autant de moments esthétiques de cette transformation sociale également esthétique.

Dans le cadre de cet réflexion pour une esthétique biocritique, nous utiliserons le terme de «criticismes esthétiques » ou « biocriticismes » afin de les différencier des criticismes qui s'opposent à la réalité qu'ils interprètent et critiquent sans pour autant produire des modèles esthétiques porteurs d'espoir au sein de cette réalité : c'est-à-dire des styles cognitifs qui à travers ses actions critiques observent et rendent observable (critiquent et dénoncent) la sédentarisation épistémologique/esthétique et ses effets socio-historiques sans pour autant proposer et poïétiser un modèle interprétatif de ce qui est esthétique (possible ou impossible car hyperbolique mais néanmoins sublimateur de la réalité).

Toutefois, parmi ces formes de connaissances interprétatives de la production et la *reproduction* socio-historique de la réalité, nous accordons une importance particulière – et ce depuis le début de nos travaux – à un aspect précieux : la *reconnaissance* épistémologique de la participation poïétique active des sujets à la production de leur propre réalité. En effet, cette reconnaissance implique une double projection épistémologique dont les effets se font sentir aussi bien sur la production de connaissance qu'au sein même de la réalité. L'intervention poïétique active des individus dans la transformation de leur réalité vient s'ajouter à leur participation poïétiquement active au processus de production de la réalité socio-historique. Cette reconnaissance épistémologique de la participation esthétique de l'individu à la transformation esthétique de sa réalité n'est pas nouvelle : l'histoire des révolutions, des crises, des critiques et de l'art témoigne en effet d'une participation constante du sujet.

Quand on parle de participation poïétique active des individus à une transformation sociale –comme le fait Giddens dans ses réflexions sur l'*Ère de l'intimité* (Giddens, 1992) – il est important de souligner qu'au cours de la modernité tardive cette participation de l'intimité à la transformation sociale est reconnue par la science, ce qui lui confère une potentialité esthétique supplémentaire. Cela nous amène à la question déjà évoquée de l'influence de la sphère personnelle (individuelle, sexuelle, corporelle et intime) sur la sphère politique, soulignant la dimension politique de l'expérience personnelle en tant qu'aspect épistémologique – et par conséquent politique – au sein de la science. Il s'agit de liens qui peuvent être produits de manière perlocutive dans l'exercice critique de tout criticisme lié – que soit intentionnellement ou non – à d'autres criticismes ou productions épistémologiques, comme c'est le cas de l'exercice critique de l'art biocritique.

Il convient néanmoins d'insister sur l'importance de la participation d'individus réels à la revitalisation du mouvement esthétique dans un contexte socio-historique donné, aussi bien au sein de la science que de l'art : au sein de la science, à travers la reconnaissance de la force performative de la dimension personnelle (intime, sexuelle, corporelle, etc.) capable d'une transformation politique de la réalité socio-historique ; et au sein de l'art, à travers ce que Foster (2005) a qualifié de « retour du réel » et Alfredo Cramerotti (2009) de « journalisme esthétique », des concepts permettant de définir un art créé *à partir*, *avec*, et *par* la réalité du vécu intime, personnel, sexuel et corporel à travers des expériences d'affirmation subjective.

Dans le cas de l'art, il est particulièrement intéressant d'un point de vue esthétique d'interpréter le phénomène de la « démocratisation de l'intimité » –observé sociologiquement par Giddens – en rapport avec l'influence de la transformation de l'intimité sur la transformation politique de la réalité sociale, grâce à ce que Butler qualifie de « force performative »[325]. Au sein de la science, la reconnaissance de la force performative de l'intimité subjective des individus se limite à son influence sur les changements socio-historiques et politiques, mais pas sur la production épistémologique de connaissance scientifique comme telle, en tant que phénomène directement impliqué dans la (re)production et la transformation de la culture cognitive des individus membres d'une société qui participent activement la production de la réalité socio-historique dans laquelle il vivent. Car la science tend à se considérer comme dissociée de la réalité qu'elle étudie et qu'elle interprète, ce qui a souvent pour effet de produire une sorte de réification de la capacité transformatrice de la subjectivité du sujet, même si ce n'est pas toujours le cas, comme on peut le constater avec certains féminismes et d'autres productions épistémologiques radicales qui, à travers leurs interprétation de la sexualité humaine en tant que phénomène socio-historique, génèrent ou produisent une autocritique épistémologique au sein de la science (voir par exemple le cas de Butler par rapport à la resignification du terme *queer*); ce sont ces courants de pensée que l'on peut qualifier de criticismes esthétiques ou biocriticismes

---

[325] Butler, (1993)/2010.

esthétiques, et qui peuvent établir des liens – intentionnels o non – avec l'art qui critique la sédentarisation épistémologique et esthétique caractéristique des esclavages construits socialement : or malgré leurs convergences de vues sur les phénomènes épistémologiques critiqués, ces liens sont des liens de tension esthétique.

Parmi les exemples de criticisme esthétiques au sein de la science moderne, on peut mentionner les suivants : la théorie orgonomique et caractériologique développée par Wilhelm Reich (1932, 1945, 1947), qui est dans la même ligne de pensée mais sans aller jusqu'à une expression poïétique radicale, ainsi que la théorie féministe de Monique Wittig (1992) et la théorie esthétique sur la force performative des corporalités *queer* de Judith Butler (1993). On pourrait également considérer comme des criticismes esthétiques la pensée esthétique de Marx sur Prométhée dans sa version déconstruite par Hinkelammert (2005 et 2008) ainsi que de nombreuses autres expressions théoriques telles que celles de l'École de Francfort, notamment – malgré un certain conservatisme poïétique – et la perspective de Herbert Marcuse sur la production de besoins fictifs chez les individus des sociétés industrielles, sans oublier, naturellement, la théorie esthétique de Theodor Adorno. Néanmoins les travaux de Reich, Wittig et Butler constituent autant d'exercices critiques qui vont au-delà de la praxis critique théorique à travers l'expression d'une réalité poïétisatrice ; or cela s'avère très important dès lors qu'il s'agit de réfléchir sur les exercices critiques des criticismes esthétiques auxquels participent des individus réels en tant que poïétisateurs de leur expérience de vie, une expérience utilisée comme matériel poïétisateur de la critique ; une dynamique que l'on peut observer au sein de l'*art biocritique*, et plus particulièrement de l'art qui travaille avec des témoignages de corporalités abjectes.

En effet, l'art biocritique se targue, en une dialectique négative vis-à-vis de ses extérieurs constitutifs, d'être prêt à détruire son anthropocentrisme jusqu'aux ultimes conséquences à travers son autocritique. La mystique de ces témoignages qui ne se sont pas sédentarisés dans l'épistémologie institutionnalisée par les monothéismes et les anthropothéismes, est sans doute la mieux à même de refléter une expérience cognitive potentiellement esthétique dans de tels contextes ; car la potentialité esthétique de tout criticisme esthétique face à la sédentarisation épistémologique du rationalisme et de l'anthropocentrisme occidental réside précisément dans la force de ces témoignages d'expériences esthétiques de négation de l'identité rationaliste des sujets, et notamment les témoignages de sujets qui nient le biopouvoir phallocentrique patriarcal en s'affirment en tant que par exemple producteurs de bioénergie (par rapport à la théorie de Reich) ou en tant que sujets historiques avec *conscience de l'oppression* (par rapport à la théorie de Wittig, 2006: 41) ou en tant que sujets d'un moi performatif (par rapport à la théorie queer de Butler). Cela dit, à l'aide de quels autres témoignages d'expériences esthétiques l'*art biocritique* pourrait-il également critiquer la sédentarisation épistémologique occidentale ? À continuation on verra comment l'orgonomie de Wilhelm Reich nous donne un certain nombre de pistes permettant de mieux comprendre et déconstruire l'anthropocentrisme phallocentrique patriarcal.

L'*Art biocritique* entre sécularisation et *déification* de la science

Il y a eu des époques en Occident au cours desquelles le style cognitif dominant était celui des religions monothéistes telles que le catholicisme ou le christianisme. Ce style cognitif s'est sédentarisé dans certaines sociétés occidentales, et dans d'autres sociétés dominées par la colonisation occidentale au point d'avoir intégré cette culture phallogocentrique de la pensée binaire et hétérosexuelle comme un instrument idéologique d'acculturation des peuples. Il est important de rappeler ce rôle de la religion en tant que style cognitif dominant au cours d'une étape socio-historique en Occident, car cela permet d'observer la relation dialectique qui s'établit entre l'art et une époque socio-historique donnée au cours de laquelle cet art poïétise une critique, une dialectique dont découlent les déterminants socio-historiques de l'émancipation induite par l'art au sein de la société.

La religion chrétienne étant un instrument de domination et d'enculturation de la sphère sociale, la critique de l'art envers cette domination cognitive du sujet social a logiquement établi des liens de contradiction esthétique vis-à-vis de la religion en tant que style cognitif dominant de la sédentarisation épistémologique patriarcale en Occident. Par la suite, dès lors que la science a commencé à fonctionner comme un style cognitif dominant et non plus comme un style cognitif émancipateur de la pensée humaine, l'art a également établi des liens de contradiction esthétique vis-à-vis de cette science abstractionniste qui cherchait à contrôler la production cognitive du corps et à déterminer les rôles cognitifs « légitimes » du sujet social, considérant comme « abjecte » toute approche phénoménologique ou poïétique-corporelle subjectif et subjectivante et performatrice d'un *Moi (sexuel et corporel) propre.* Ce qui ne veut pas dire que l'art ait soudainement cessé de critiquer la religion pour commencer à critiquer la science rationaliste. On ne peut pas dire cela, d'une part parce que le processus au cours duquel un style cognitif ou paradigme socio-culturel perd son influence au profit d'un autre est un processus graduel, qui varie d'une société à l'autre en fonction de l'histoire des dominations épistémologiques au sein de chaque société. Et d'autre part, parce que la poïésis critique d'un art biocritique au sein d'une société qui présente des indices de domination sociale hybride, c'est-à-dire partagée entre plusieurs styles cognitifs, présente également des éléments hybrides au sein de ses poïésis biocritiques, qui établissent des liens de contradiction esthétique vis-à-vis des différents styles cognitifs dominants et sédentarisées de la société en question.

Par exemple, au sein d'une société qui présente une domination culturelle du style cognitif de la religion *et* de celui de la science abstractionniste (rationaliste et positiviste), *l'art biocritique* poïétisé *à partir* des circonstances socio-historiques ou *en rapport* avec ces circonstances, peut présenter des liens de contradiction esthétique vis-à-vis de ces deux styles cognitifs ou d'un seul d'entre eux, ou de l'un et de l'autre successivement. Logiquement, si l'on associe ou présente cette œuvre ou poïésis critique dans un autre contexte socio-historique, la tension esthétique que cette critique créait vis-à-vis de son contexte d'origine s'en trouve modifiée et varie en fonction du nouveau contexte socio-historique dans lequel elle est présentée. Ainsi, en reconnaissant son lien dialectique avec un contexte socio-historique donné, l'œuvre d'art biocritique reconnaît qu'elle n'est ni universelle ni esthétiquement achevée, dans la mesure où elle appartient à un art dont la vitalité est interprétée en tant que mouvement esthétique de a) *ce que* l'art critique ; b) ce *avec quoi* l'art critique ; c) la position à *partir de laquelle* l'art critique ; d) *ce qui critique la même chose* que l'art (les autres criticismes) ; et e) ce qui sur le plan structurel *contribue à la (re)production de la sédentarisation* épistémologique que l'art critique.

C'est pourquoi une œuvre qui à l'origine poïétisait des liens de contradiction envers la religion, si on la transpose dans une société où le style cognitif de la religion a cédé le pas à celui de la science, présentera logiquement une plus grande tension esthétique en tant que critique envers la science. En effet, les processus de sécularisation ou de transformation du paradigme liés à l'histoire d'une société déterminent dimensionnellement les styles cognitifs avec lesquels l'art biocritique aura tendance à établir des liens de contradiction esthétique dans sa poïésis.

Prenons, à titre d'exemple, les deux sociétés des Campagnes multiorgasmiques : la française et la mexicaine. Si l'on présente une critique du phallocentrisme de l'idéologie chrétienne au sein de la société mexicaine dans un contexte socio-historique français au sein duquel la religion a « apparemment » beaucoup moins d'emprise (au moins au niveau des législations et discours des institutions d'un Etat en principe laïque), il est évident que les liens de contradiction esthétique vis-à-vis de la domination de la religion poïétisés dans le contexte socio-historique mexicain auront une portée différente dans un contexte socio-historique apparemment « sécularisé » tel que le contexte français. Toutefois, cette critique peut amener à réfléchir sur le fait que cette apparente sécularisation a été opérée au sein d'une société où la présence ecclésiastique catholique dans l'espace public, bien qu'elle soit moins visible qu'en Amérique latine, n'en influence pas moins depuis des siècles l'ordre social et culturel, et dont l'histoire et l'héritage catholique, bien que sécularisé, est bien plus ancien que celui des sociétés colonisées, au sein desquelles le syncrétisme né de la conquête a renouvelé la donne.

Dans ces circonstances socio-historiques, la raison moderne est venue séculariser la pensée humaine à travers la science, mais la science a fini par sédentariser son paradigme rationaliste abstractionniste du corps. Un paradigme qui dans un premier temps avait réussi à émanciper la pensée humaine de la religion, avant de s'imposer au point de se sédentariser de manière acritique au sein de la culture occidentale, non pas comme un style cognitif parmi d'autres, mais bien comme *le seul style cognitif légitime* (au niveau des institutions des Etats républicains, démocrates et laïcs) au sein des sociétés occidentales et occidentalisées.

L'esthétique de l'art biocritique observe que dans un tel contexte, les effets émancipateurs de l'art sur la société se sont transformés, et par conséquent les liens de tension gnoséologique vis-à-vis de la religion se sont transformés en liens de tension épistémologiques vis-à-vis du paradigme hégémonique de la science, qui est aussi celui de la culture cognitive de cette société. Telle est la dialectique de l'art liée au contexte socio-historique de transition entre la modernité et la modernité tardive, entre le structuralisme et le poststructuralisme : *l'art biocritique* est également une manifestation sociale critique qui établit des liens de contradiction esthétique envers la sédentarisation épistémologique d'une interprétation constructionniste (structuraliste) de la réalité. Il constitue un facteur esthétique qui *ébranle* la société parce qu'il revitalise le mouvement esthétique latent à travers la potentialité esthétique des corporalités abjectes resignifiées politiquement par des sujets revendiquant leur identité propre, et le caractère inachevé et discontinu de la sexualité humaine. C'est ainsi qu'à partir de leur condition d'« extérieurs constitutifs », ces sujets soi-disant « inférieurs et passifs » au sein de la hiérarchie hétérosexuelle parviennent néanmoins à ébranler la crédibilité et la légitimité univoque de ce paradigme hétérosexuel de la pensée binaire du phallogocentrisme excluant.

À ce sujet, la critique anarchiste de Feyerabend et les pensées critiques d'Adorno, Popper, Marcuse, Hinkelammert, Butler, Irigaray, De Lauretis, Young et Wittig et d'autres philosophes contemporains tels que Vásquez Rocca (2006) et Toledo Nickels (1998), sont très précieux dans leur dénonciation de l'hégémonie et de la domination des trois paradigmes du phallocentrisme de la pensée occidentale : le paradigme de la pensée binaire ou de la hiérarchie hétérosexuelle ; le paradigme abstractionniste ; et le paradigme anthropocentrique ou de la bestialité corporelle. En ce qui concerne la enculturation du paradigme positiviste et rationaliste de la science occidental sur le sujet social au sein des sociétés modernes Feyerabend écrit-il :

« Ce que les rationalistes essayent de vendre en se réclamant de l'objectivité et de la rationalité n'est autre que leur propre idéologie tribale ».[326]

De son coté, Vásquez Rocca critique la fonction servile du rationalisme lorsqu'à travers son travail scientifique il contribue à l'articulation et à la sédentarisation du paradigme dominant et non à sa critique, mettant ainsi sa science au service des intérêts – politiques, économiques et sans aucun doute sociaux et épistémologiques – des *centres de pouvoir* :

« On a souvent dit que le scientifique est essentiellement au service de l'humanité, mais la vérité c'est que la science, engendrée par les centres de pouvoirs eux-mêmes, est principalement utilisée pour assurer leur bien-être et pour renforcer les rapports de domination

---

[326] Feyerabend, 1987 : 188.

qui s'exercent sur les pays dominés et dépendants. »[327]

À juste titre, Vásquez Rocca reprend à son compte les critiques humanistes envers la science faites par Feyerabend, Popper, Marcuse et Gleen – entre autres –, pour mettre l'accent sur un aspect fondamental dans sa critique épistémologique : la fonction politique, sociale, et économique de la science en tant que forme de domination sociale hégémonique au sein des sociétés occidentales héritières de la modernité. Des sociétés dominées par une pensée d'origine bourgeoise engendrée dès le XVIIe siècle, aspirant à s'émanciper de la connaissance ecclésiastique grâce à la science, et au nom des Lumières. Une science dont les aspirations d'émancipation par rapport à la dimension divine de la connaissance ont fini par se sédentariser et par transformer la raison en une hégémonie culturelle et en un style cognitif exerçant sa domination sur le sujet, sa sexualité, son corps et ses capacités cognitives. Marcuse ne dit pas autre chose lorsqu'il affirme :

> « La rationalité technique et scientifique et l'exploitation de l'homme sont liées l'une à l'autre dans des formes nouvelles de contrôle social. Peut-on se consoler en supposant que cette conséquence peu scientifique est provoquée par une application de la science, spécifiquement sociale ? Je pense que le sens général dans lequel elle a été appliquée était déjà préfiguré dans la science pure, au moment où elle n'avait aucun but pratique, et qu'elle peut être identifiée comme le point où la raison théorique se transforme en pratique sociale. »[328]

---

[327] Vásquez Rocca, 2006.
[328] Marcuse, 1984 : 173.

Tension esthétique entre art biocritique et médecine moderne.

Je me souviens d'une discussion avec une femme au cours de l'une des expositions de l'Œuvre multiorgasmique collective ayant eu lieu dans le cadre d'un Congrès de Sexologie au Palais des Congrès de Strasbourg. Il s'agissait d'une sexologue française venant de Montpellier, qui s'était assise près de l'Œuvre multiorgasmique collective pour la contempler et m'avait demandé de lui expliquer :

—Dites-moi, pourquoi l'orgasme et pourquoi l'autoérotisme ?

—[…]. C'est cet orgasme produit par l'autoérotisme du sujet social représenté par tous les participants de l'Œuvre multiorgasmique collective, qui constitue en soi le sujet esthétique. Le sujet esthétique est, d'un point de vue poïétique, l'enchaînement entre des corporalités émancipées, la corporalisation de ce que Marx puis Hinkelammert ont appelé le Sujet Corporel avec des Besoins. Marx dénonce l'Esprit de la modernité rationaliste, dont Reich affirme qu'il séquestre l'expérience du Ça et rejette la dimension corporelle de l'expérience cognitive.
[…].
Par ailleurs, le choix de l'autoérotisme comme méthode créative de l'orgasme s'explique par le fait qu'il s'agit du processus poïétique de création de plaisir sexuel le plus fréquemment réprouvé et délégitimé par la culture séculaire et non séculaire de la science occidentale, cette même science qui est parvenue à décorporaliser avec ce rejet la capacité cognitive de la corporalité du sujet social. […].

Il est vrai que ma discussion avec cette sexologue française n'est pas représentative des difficultés rencontrées auprès de publics réfractaires. Bien au contraire, je me suis souvenue d'elle précisément parce qu'elle faisait partie des rares spectateurs n'ayant pas manifesté de malaise ou de gêne face à l'exposition présentée dans le cadre du Congrès de Strasbourg, au cours duquel a été réalisé le dernier appel de la Campagne multiorgasmique en France, au cours du mois d'avril 2008. Je la revois se tournant vers moi avec un regard complice en entendant la « l'intervention orale critique » – ou devrais-je plutôt dire la manifestation d'intolérance – d'un sexologue issu des premières générations de sexologues français, par ailleurs invité d'honneur au Congrès, qui avait vivement condamné la présence de l'Œuvre multiorgasmique à ce congrès – sans la nommer –, estimant qu'il n'était pas normal que « ce genre de travail » ait pu recevoir l'autorisation d'être présenté dans le cadre d'un congrès scientifique de séxologie. Il s'était notamment insurgé contre le fait que la Sexologie permette et « accepte cette intrusion dans l'intimité des patients ». Au lendemain de cet incident, le personnel du congrès avait cru bon de déplacer l'œuvre plastique afin de l'éloigner de l'exposition d'affiches, espace où son installation avait pourtant été autorisée en tant que communication à côté du texte écrit de la conférence, qui a par ailleurs été publié dans les mémoires de ce congrès de Strasbourg.[329]

Cette histoire illustre bien l'expérience non seulement de l'artiste, mais aussi de l'*art biocritique de témoignages des corporalités abjectes* – représenté ici par l'Œuvre multiorgasmique collective – dans un contexte scientifique : un congrès de sexologie française en 2008. Il est intéressant de rappeler cet épisode pour observer les liens latents entre ces deux styles cognitifs dès lors qu'il s'agit d'aborder ce genre de sujets. En effet, cet exemple permet d'amorcer une réflexion sur les phénomènes socio-historiques mettant en évidence les liens de tension esthétique entre l'art et les actions acritiques de la science, mais aussi entre l'art et le discours potentiellement esthétique de la science. Dans ce cas précis, il s'agit de la sexologie, une discipline scientifique qui a hérité des traits des trois paradigmes du phallocentrisme

---

[329] Fragment pris du récit création de l'œuvre multiorgasmique intitulé « L'Art courageux. Rencontres de l'œuvre multiorgasmique » dans le livre intitulé *La fonction esthétique-politique de l'orgasme* Volume I.

de la pensée occidentale : le paradigme de la pensée binaire ou de la hiérarchie hétérosexuelle ; le paradigme anthropocentrique ou de la bestialité corporelle ; et le paradigme abstractionniste et rationaliste de la science moderne, contribuant ainsi à la sédentarisation épistémologique du phallocentrisme auquel s'oppose l'*art biocritique*.

Afin d'illustrer le phallocentrisme de la pensée occidentale scientifique des sociétés de la modernité tardive, et plus particulièrement de la sexologie française, on peut également mentionner à titre d'exemple le sens générale de la réflexion du professeur et médecin Alain Giami, qui avait déclaré à l'occasion de ce congrès de sexologie et en tant que réponse au discours de censure de l'Œuvre multiorgasmique la suivante idée :

> Nous, les spécialistes de la Sexologie en France, nous avons réussi à contrôler les maladies sexuellement trans-missibles, la natalité, l'élargissement des connaissances sur la sexualité au-delà des paramètres de la vie repro-ductive de l'être humain, mais nous n'avons pas réussi à « désacraliser » la sexologie auprès de la population[330].

Outre que les propos du sexologue Alain Giami laissent entrevoir une certaine capacité d'autocritique de la part de l'une des sciences les plus reproductrices du phallocentrisme dans l'histoire occidentale, la médecine, ils révèlent aussi et surtout la présence de ces paradigmes phallocentriques au sein des sociétés de la modernité tardive, où la science sert bien souvent à légitimer les discours législatifs et de la justice d'Etat. Ces propos renvoient en effet à une sexologie qui légitime encore certains aspects de la normativité hétérosexuelle et du paramètre de la « bestialité corporelle », applicable notamment, dans cette perspective phallocentrique, aux rôles actifs et les approches

---

[330] La citation n'est pas exacte raison pour laquelle on n'as pas mis des guillemets que dans les mots précises qu'on se rappelle Alain Giami a prononce à son intervention publique mentionnée.

phénoménologiques ou poïético-corporelles du sujet social qui entend se forger une « identité propre », une identité sexuelle incomplète et inachevée par rapport à au plaisir sexuel.

Dans le cadre d'une volonté émancipatrice, le paradigme rationaliste et positiviste du phallocentrisme chez la science médicale a sans doute représenté une contradiction extrême, dans la mesure où il critiquait l'obscurantisme médiéval de la connaissance divine afin de séculariser la pensée humaine et de créer le sujet moderne, sujet pour lequel la vérité allait désormais découler de la raison et non de Dieu. Toutefois, malgré ses « bonnes intentions », la science occidentale a révélé sa tendance *épistémologiquement masculine*[331] à la sédentarisation et à la résistance face aux mutations de son paradigme susceptibles de menacer son devenir historique. Ainsi, un paradigme épistémologique efficace pour critiquer le paradigme religieux dominant a-t-il fini par se transformer à son tour en paradigme exerçant sa domination sur les sphères sociales, politiques, économiques, corporelles, etc. Des « *formes nouvelles de contrôle social* » – pour reprendre les termes de Herbert Marcuse

(« La rationalité technique et scientifique et l'exploitation de l'homme sont liées l'une à l'autre dans des formes

---

[331] En référença à la vision binaire du phallocentrisme patriarcal en Occident dénoncée par les criticismes féministes et *queer* tels que ceux d'Irigaray, Wittig (1992) et Butler (1993). « *Wittig reprend le premier tableau d'opposés qui est apparu dans l'histoire, élaboré par Aristote (Métaphysique, Libri I, 5, 6). À travers cette dichotomie moralisée, on voit clairement l'épistémologie humaine abstraitement attribuée à la matérialité masculine, caractérisée par les qualités de « l'Être », tandis que celles de la femme correspondent au « Non-être », aux côtés de toutes les corporalités rentrant dans le vaste paramètre de bestialité et d'abjection, représentées non seulement par le corps de la femme et d'autres genres performatifs invisibilisés et inférorisés, mais aussi par toutes les expressions humaines, sociales et même environnementales correspondant à l'une des qualités épistémologiques du pôle féminin.* » Texte pris de l'essai intitulé « Art biocritique. Qu'a-t-il été, qu'est-il devenu et qu'aspire-t-il à devenir ? » du chapitre 6 de cet livre.

nouvelles de contrôle social. Peut-on se consoler en supposant que cette conséquence peu scientifique est provoquée par une application de la science, spécifiquement sociale? Je pense que le sens général dans lequel elle a été appliquée était déjà préfiguré dans la science pure, au moment où elle n'avait aucun but pratique, et qu'elle peut être identifiée comme le point où la raison théorique se transforme en pratique sociale. »[332]).

En relation à l'enculturation produite par la science médicale au sein des sociétés de la modernité tardive, dont Alain Giami parle d'une « médicalisation de la sexualité »[333], toutes les formes du discours de la science médicale (les livres comme la parole simple d'un médecin avec son patiente) sont « *formes de contrôle social* » qui tout au longue de la modernité « sécularisatrice » de la raison humaine ont étées construitées en tant qu'une sorte de rationalité (paradigme épistémologique) qui – explique Feyerabend – préfigure une certaine perception du monde, et c'est de cette perception que naît le discours qui ratifie et renforce une telle rationalité sous-jacente, constituant ainsi une plate-forme de connaissance tacite partagée par toute une communauté. Voilà pourquoi dans le sens commun d'un sujet moderne et des sociétés de la modernité tardive tout ce qui dit le médecin ou la science médicale moderne occidentale est « la vérité ».

L'un des arguments épistémologiques fondamentaux de l'enculturation en Occident du paradigme positiviste et rationaliste visant à imposer une « vérité » scientifique comme étant la meilleure explication de la « réalité », repose précisément sur ces notions de « vérité objective » et de « réalité scientifiquement prouvée » avec lesquelles la science médicale légitime ses arguments et discours sur le réel. Dans son ouvrage *La logique de la découverte scientifique,* Popper écrit que :

---

[332] Marcuse, 1984 : 173.
[333] Giami cité par Bozon, 2004 : 15.

« l'objectivité des énoncés scientifiques réside dans le fait qu'ils peuvent être intersubjectivement soumis à des tests »[334].

Popper critique le dogmatisme scientifique qui ne reconnaît pas ses liens avec le contexte socio-historique et qui aspire à une objectivité pure, à l'instar des positivistes acritiques et réductionnistes apôtres de la « vérité scientifique » :

> « Assez paradoxalement, l'objectivité est étroitement liée au caractère social de la méthode scientifique, du fait que la science et l'objectivité scientifique ne résultent pas (et ne peuvent pas résulter) des tentatives d'un savant individuel pour être « objectif », mais de la coopération amicalement hostile de nombreux savants. L'objectivité scientifique peut être décrite comme l'intersubjectivité de la méthode scientifique. »[335] Et « (…) si l'on persiste à demander que les énoncés scientifiques soient objectifs, alors ceux qui appartiennent à la base empirique de la science doivent également être objectifs, c'est-à-dire soumis à des tests intersubjectifs. Or cela implique qu'à partir des énoncés devant être ainsi testés, on puisse en déduire d'autres pouvant eux aussi être intersubjectivement testés. »[336]

Le point de vue de Popper est aussi fortement biocritique du phallocentrisme, au moins d'une façon perlocutive et vis-à-vis du paradigme abstractionniste et rationaliste de la science moderne, qui a contribué à la décorporalisation du sujet social en légitimant la pensée binaire, l'hiérarchie hétérosexuelle, l'anthropocentrisme sur la bestialité corporelle mais surtout en légitimant une forme de production abstractionniste et rationaliste de la connaissance

---

[334] Popper, 1934/1986: 43.
[335] Popper, 1945/1992 : 386.
[336] Popper, 1934/1986 : 46.

humaine comme celle supérieur en face des autres ; c'est-à-dire en légitimant la connaissance rationaliste et l'objectivité en tant que supérieur de la connaissance phénoménologique et subjective. Feyerabend fait une semblable critique à l'abstractionnisme rationaliste scientifique quand il écrit :

> « L'homme, plus qu'un spectateur neutre soumis à une rationalité aseptisée, construite à partir d'une liturgie de règles, est une existence liée à une histoire, à un contexte et à une intime liberté où la logique vécue est l'élément unificateur des énoncés et théories, lesquels (...) font partie des modes de vie qui se sont structurés en accord avec eux. [En ce sens, il n'y a pas de raison pure mais une raison vitale, car] « vivre est un métier qui ne peut être compris que de ceux qui l'exercent.»[337]

En résumé, l'esthétique biocritique n'est pas indifférent face au rôle historique et protagoniste que la science et particulièrement la science médicale a joué dans l'enculturation épistémologique du sujet social cognitivement décorporalisé dans sociétés modernes et de la modernité tardive. Elle reconnais qu'au sein de la modernité tardive, les discours de la science et de la raison positiviste ont contribué à imposer une dichotomie épistémologique entre une sexualité réprouvée et une sexualité tolérée, montrant derrière leur aspect séculaire une similitude historique avec la dichotomie imposée et privilégiée discursivement par la morale monothéiste hégémonique catholique et chrétienne.

Dans ce sens l'esthétique biocritique reconnais potentialité biocritique à la pensée de Kuhn, Popper, Marcuse et Feyerabend et partage avec eux une attitude méfiante vis-à-vis de la production scientifique de la connaissance légitimée par le paradigme abstractionniste et rationaliste de la science en tant que légitimatrice d'autres paradigmes du biopouvoir phallocentrique occidental moderne (le paradigme de la pensée binaire ou de la

---

[337] Feyerabend, 1987: 77.

hiérarchie hétérosexuelle et le paradigme anthropocentrique ou de la bestialité corporelle) ; tout cela même si tous ces pensées poténtialement esthétiques ne sont pas liées à la légitimation du paradigme abstractionniste et rationaliste de la science (pas seulement médicale) au sédentarisme épistémologique du phallocentrisme occidentale. Chose qui font plutôt les théories biocritiques féministes et queer du XXème et XXIème siècles.

À ce sujet l'*esthétique biocritique,* en accord avec la perspective adornienne et la perspective féministe de la théorie *queer,* considère que la séquestration épistémologique de l'expérience subjective de production de connaissance et d'identités sexuelles propres, ainsi que la discrimination de la phénoménologie et d'autres paradigmes épistémologiques qui défendent la force performative des corporalités d'affirmation subjective des individus, découlent de l'hégémonie épistémologique des catégories philosophiques du phallocentrisme occidental, qui prend sa source, comme l'ont observé les féministes et les critiques Lucy Irigaray (1978 et 2009), Judith Butler (1993, 2004, 2009), Jacques Derrida (1972) et Monique Wittig (1992), entre autres –, dans la philosophie classique grecque d'Aristote et de Platon, racine de la pensée binaire hétérosexuelle occidentale.

Fonction acritique (aesthétique) de la science moderne

La Pensée scientifique-rationaliste de la science moderne occidentale est l'expression scientifique du paradigme rationaliste, abstractionniste du phallocentrisme patriarcal qui a contribuet à la sédentarisation épistémologique des autres paradigmes du phallocentrisme patriarcal à la pensée occidental. À savoir, la enculturation épistémologique du paradigme binaire-hétérosexuelle et du paradigme de la bestialité humaine. Dans cette perspective d'ironique continuité paradigmatique entre l'essence discursive de la morale sexuelle phallocentrique de ces styles cognitifs (la religion et la médecine abstractionniste) ayant tour à tour dominé l'ordre social en Occident, il est intéressant d'observer le processus linguistique et discursif à travers lequel les termes de « naturel » et de « loi naturelle » employés par la médecine renvoient à la dichotomie proposée par le discours catholique sur les questions sexuelles. Dans cette optique on peut également observer comment les discours de la raison puis de la science positiviste chargée de la production de connaissance sur la sexualité ont contribué à la légitimation du symbolisme hétérosexuel en tant que *nature sexuelle* d'un ordre social patriarcal, d'une hiérarchie hétérosexuelle au sein de laquelle certains auraient besoin d'ordre : ceux étant considérés comme rationnellement « inférieurs », classifiables dans le paramètre de la « bestialité corporelle »[338] (délimité par la femme et la bête), tandis que d'autres seraient capables de respecter l'ordre : ceux considérés comme rationnellement « supérieurs », naturellement classés en dehors de ce paramètre. Les discours institutionnels « biologisants » reproducteurs de la différenciation sexuelle font des caractéristiques physiques des corps l'objet d'une exclusion et d'un dénigrement qui s'étend à tout ce qui évoque la sensualité, l'érotisme d'identités personnelles et sexuelles propres produites par la force performative des corporalités d'affirmation subjective.

Ainsi, les formes épistémologiques et les discours abstractionnistes de la science rationaliste et positiviste, contribuent également à la construction chez le sujet social d'une *fausse conscience*, qui établit une distinction dichotomique entre les corps et corporalités inclus dans le paramètre de la bestialité corporelle et les autres, un distinction entre des sujets dont l'animalité serait dominée par la raison et d'autres dont

---

[338] Voir plus à ce sujet sur le texte intitulé « Paramètre phallocentrique de « bestialité corporelle » : racine métaphysique de la potentialité esthétique des corporalités et sexualités abjectes » (Chapitre 2, *La potentialité esthétique-politique de l'orgasme* Volume II).

l'animalité serait régie par des pulsions bioénergétiques liées au plaisir sexuel et à la « nature » même des femmes et des bêtes ; des pulsions échappant au contrôle de ces sujets, et devant donc être contrôlées par les autres, ceux qui selon le phallocentrisme ont un contrôle sur leur propre corps.

Dans l'histoire des droits humains, cette dichotomie entre animalité « normale » et « réprouvée » a constitué une classification qui a permis d'exclure des genres et des races des conceptions de ces droits humains, d'abord des droits sociaux puis des droits sexuels. Cette classification dichotomique a ainsi entrepris de distinguer la sexualité reproductive de la sexualité érotique, dénigrant pour leur « animalité » tout à la fois les femmes, les Indiens d'Amérique et les Noirs, considérés comme incapables de maîtriser leurs pulsions bioénergétiques, que la raison prémoderne et moderne a qualifiées d'« instinct animal » ou d'« appétits charnels et bestiaux ».

Au sein de la modernité, cette dichotomie a été renforcée par les discours de la médecine positiviste et par les discours légaux, au point que ce n'est qu'à la fin du XXe siècle que les droits sexuels commenceront à être intégrés aux déclarations des droits humains, et notamment le droit à l'autoérotisme et au plaisir sexuel en tant que forme légitime d'appropriation corporelle défendue par les groupes féministes luttant pour obtenir la reconnaissance légale et la légitimité institutionnelle de ces droits et d'autres droits sexuels, qui sont actuellement classifiés et légitimés – avec des arguments rationnels de la science médicale, mais aussi de la psychologie et la sexologie – comme des « droits de santé sexuelle et reproductive». Voilà la « médialisation de la sexualité »[339], de la santé, de la pensée des sujets sociaux au sein des sociétés contemporaine ou de la modernité tardive.

Quoi qu'il en soit, les discours sur la santé sexuelle produits et légitimés épistémologiquement par la science positiviste – et notamment par la médecine –, bien que leurs arguments soient différents de ceux de l'idéologie chrétienne, ne se distinguent

---

[339] Bozon, 2004 : 15.

pas vraiment des discours de l'Église catholique en matière de normativité sexuelle, dans la mesure où tout deux reproduisent les paradigmes épistémologiques phallocentriques en tant que culture cognitive des sociétés de la modernité tardive, en radicalisant et universalisant plus ou moins certains aspects. En effet, les discours de la science et la religion au sein des chartes internationales des droits humains ou des accords de sexologie contemporaine, ne considèrent pas la dimension sexuelle comme une capacité et un besoin cognitif du sujet pouvant être défendu rationnellement, mais comme un besoin relevant exclusivement de la santé sexuelle. Par exemple dans la définition de l'Assemblée générale de la World Association for Sexologie (WAS) des droits sexuels, dont le plaisir sexuel est défini en tant que partie de la *santé sexuelle,* sujet de légitimation scientifique dominé par le discours d'une science médicale moderne, épistémologiquement sédentarisée dans les paradigmes du phallocentrisme occidentale:

« La santé sexuelle est le résultat d'un environnement qui reconnaît, respecte et exerce ces droits sexuels. [...] 5. Le droit au plaisir sexuel : Le plaisir sexuel, autoérotisme inclus, est une source de bien-être physique, psychologique, intellectuel et spirituel.»[340]

On peut déduire de ces considérations que la reconnaissance des droits sexuels tels que le droit à l'autoérotisme ou le droit au plaisir sexuel – désormais intégrés aux déclarations des droits humains – représente avant tout une extension explicite du biopouvoir phallocentrique de la raison positiviste sur la subjectivité du sujet, exprimée au sein de l'espace public et

---

[340] Déclaration du 13e Congrès mondial de sexologie, 1997, Valence (Espagne). Révisée et adoptée par l'Assemblée générale de la World Association for Sexology (WAS) le 26 août 1999, lors du 14e Congrès mondial de sexologie qui a eu lieu à Hong Kong, en République populaire de Chine. Consulté sur Internet : http://www.cerhes.org/archive/2012/07/26/declaration-des-droits-sexuels-de-was.html

légitimée par la science hégémonique de l'ordre social des sociétés de la modernité tardive.

Telle est l'éthique à laquelle s'identifie l'*art biocritique* en poïétisant une critique qui tend à « *renverser tous les rapports dans lesquels* [le sujet humain est corporellement] *un être abaissé, asservi, abandonné, méprisé* »[341]. Il s'agit en tous les cas d'une éthique découlant du marxisme, qui s'applique à l'esthétique de l'art biocritique. Telle est l'éthique qui caractérise les critiques d'Adorno, Feyerabend, Hinkelammert (2005 et 2008), Irigaray (1978 et 2009), Young (2000), Butler, Wittig et Kristeva, entre autres, dénonçant la décorporalisation du sujet social au sein de la modernité. Mais donc, le matérialisme historique de Marx est-il un biocriticisme ?

---

[341] Marx K., 1844/1964 : 230.

CHAPITRE 8

La fonction (potentialité) esthétique de l'orgasme. La bioénergie de Wilhelm Reich est-elle une biocritique?

———

Approche à la fonction esthétique de l'orgasme chez l'art biocritique

La perspective poststructuraliste de *l'art biocritique* définit la sexualité humaine comme un enchaînement constant de pulsions culturelles et de pulsions bioénergétiques, ces dernières représentant le langage physico-biologique du corps. La bioénergie est un ensemble de capacités et de besoins cognitifs de l'être vivant qui s'enchaînent avec les besoins et les capacités enculturées par le paradigme épistémologique dominant au sein d'une culture ou d'une société. La culture est un ensemble de capacités et de besoins cognitifs socialisés chez l'être vivant en tant que sujet social afin de lui permettre de faire partie d'un groupe humain appelé société. Les pulsions bioénergétiques sont le langage original du corps – la physiologie, la biologie, la chimie du corps – et la capacité poïétique de l'être vivant : la corporalité en tant que subjectivité originale de l'individu non social, qui est par la suite construit socialement en tant que sujet social reproducteur culturel des paradigmes épistémologies du biopouvoir sédentarisée épistémologiquement enculturés en tant que normes socioculturels d'usages du corps et de tout matière vivant (humains, nature, animaux, cosmos, etc.).

Pour *l'art biocritique*, nous sommes tous, aussi bien à travers notre sexualité que notre corps, construits dimensionnellement par la culture, par la société, mais aussi par la bioénergie et les pulsions primaires, celles qui sont inhérentes à la mémoire du corps d'un nouveau-né. Car la sexualité humaine est à la fois faite de culture et de bioénergie. C'est pourquoi la sexualité humaine est l'ensemble des capacités et des besoins cognitifs de l'être vivant qui se manifestent essentiellement à travers sa corporalité. Par conséquent, les capacités et les besoins corporels de l'être vivant en tant que sujet cognitif – son langage bioénergétique et sa sexualité – s'enchaînent avec l'épistémologie socialisée chez le sujet social, construisant ainsi les pulsions culturelles de sa sexualité et une subjectivité corporelle basée sur une *fausse conscience* qui fonctionne moins comme une poïésis que comme une subjectivité articulatrice du paradigme culturel dominant au sein du tout social. Cela ne signifie pas que les pulsions bioénergétiques de la sexualité humaine cessent d'être bioénergétiques dès lors que l'humain est socialisé en tant que sujet social, car au sein du processus d'enculturation et de construction sociale du sujet, ni les pulsions bioénergétiques ni les pulsions culturelles ne sont imperméables les unes aux autres, pas plus qu'elles ne sont indépendantes les unes des autres. Il arrive néanmoins que certaines en dominent d'autres au sein de cet enchaînement de liens.

Les constructions culturelles sont des constructions sociales qui interviennent, modifient et conditionnent dimensionnellement les pulsions culturelles. Or au sein de la modernité, le modèle de sujet social *idéal-type* est un sujet dominé par la raison, et avec la sédentarisation de ce paradigme, le contrôle des pulsions primaires par la raison a fini par imposer la domination des pulsions culturelles : le recul des pulsions bioénergétiques s'est alors traduit par une hégémonie épistémologique du biopouvoir produisant des sujets aux capacités et aux besoins cognitifs décorporalisés.

Dans cette perspective physico-sociologique d'un sujet social dont le corps a été réduit au silence et dont la corporalité et la subjectivité sont régies par une fausse conscience, tout processus créatif au sein duquel intervient le corps – et plus particulièrement sa physiologie en tant que matériel créatif – est un processus esthétiquement critique vis-à-vis de la construction sociale de la sexualité et de la corporalité du sujet chosifié par le paradigme culturel de l'épistémologie du biopouvoir. C'est pourquoi l'*art biocritique* reconnaît la production orgasmique de bioénergie au sein de l'art comme une critique potentiellement esthétique de l'art envers la soumission de l'expression des pulsions primaires du corps par les pulsions secondaires.

Cela ne signifie pas pour autant que l'*art biocritique* plaide en faveur de la domination des pulsions bioénergétiques sur les pulsions culturelles, car l'ontologie esthétique de cet art en tant qu'art critique le pousse à établir des liens de contradiction esthétique vis-à-vis de tout sédentarisme épistémologique ou paradigmatique du biopouvoir quel qu'il soit, indépendamment du fait que celui-ci représente une domination des pulsions bioénergétiques sur les culturelles ou l'inverse.

L'art biocritique constate qu'avant l'avènement de l'ère moderne, c'était le paradigme prémoderne de l'idéologie chrétienne qui dénigrait la dimension bioénergétique, après quoi ce fut le tour, au sein de la modernité, du paradigme rationaliste de la science positiviste, puis, avec l'industrialisation, du paradigme abstractionniste du capitalisme consumériste qui chosifie et objective le corps. Finalement, au sein de la modernité tardive, le sujet social hétéronome est tout à la fois la conséquence de la tendance sédentarisatrice de l'hégémonie épistémologique de l'idéologisation chrétienne, de la raison scientifico-positiviste, et de l'industrialisation capitaliste. On observe que ces paradigmes se sont tous employés à assujettir, dénigrer, humilier, invisibiliser, soumettre, réduire au silence, abandonner et mépriser la dimension bioénergétique de la sexualité humaine, et que le sujet de la modernité tardive est la conséquence de la sédentarisation de ces paradigmes qui ont enculturé une forme de contrôle social à travers la construction sociale de pulsions culturelles refusant toute relation dialectique avec les pulsions bioénergétiques de l'individu.

Pour le criticisme de l'*art de témoignages des corporalités abjectes*, l'expérience orgasmique bioénergétique est une expérience potentiellement esthétique du sujet social en tant qu'expérience de dialectique négative entre la construction sociale du corps et l'affirmation subjective de la connaissance sur la corporalité vitale et orgasmique, considérée comme une capacité et un besoin cognitif de l'être vivant en tant que sujet social cognitif ; tandis que l'orgasme humain hétéronome vis-à-vis du biopouvoir renvoie à une corporalité sociale, dominée par la culture du biopouvoir hégémonique, dans le cadre d'un processus social au sein duquel la participation poïétique du sujet social en tant que sujet cognitif cesse d'être une participation autopoïétique dans la mesure où le paradigme épistémologique régissant le paradigme culturel qui socialise le sujet exerce sa domination sur les pulsions bioénergétiques. Or c'est le sujet lui-même qui peut déclencher la transformation ou la critique du tout social à partir d'une épistémologie bioénergétique exercée en tant que corporalité épistémologique de ce sujet. Il s'agit de la possibilité critique de l'autopoïésis biocritique, reconnue par l'épistémologie structurée comme la thèse fondamentale de la fonction politico-sociale de l'orgasme décrite par Reich, ou comme la capacité révolutionnaire du sujet social qualifiée de *révolution moléculaire* par Félix Guattari, qui se rapproche beaucoup du concept de « mutation vitale » reconnu par d'autres styles cognitifs provenant d'autres paradigmes culturels orientaux tels que le taoïsme, l'hindouisme, etc.[342]

« On observe qu'un certain type de révolution n'est pas possible, mais en même temps on comprend qu'un autre type de révolution devient possible, non pas au moyen d'une certaine forme de lutte des classes, mais au moyen

---

[342] On trouvera une approche plus détaillée de cette capacité d'autopoïésis esthétique que l'*art biocritique* reconnaît chez le sujet social de la modernité tardive, dans le livre intitulé *La fonction esthétique-politique de l'orgasme* Volume I.

d'une révolution moléculaire qui non seulement met en mouvement les classes sociales et les individus, mais qui constitue également une révolution machinique et sémiotique. »[343]

Dès lors, étant donné que l'*art biocritique* dénonce au sein de la modernité tardive une sédentarisation des paradigmes épistémologiques d'un biopouvoir imposant sa domination sur les pulsions bioénergétiques, la biocritique consiste à s'opposer, par le biais de l'expérience corporelle et de la subjectivité bioénergétique, à la socialisation, à l'enculturation et à la séquestration épistémologique de l'expérience construite socialement.

Or étant donné que la bioénergie est la dimension sexuelle la plus représentative de la connexion originale entre l'être humain et les autres êtres vivants, on peut considérer que l'art biocritique créée à l'aide de témoignages des corporalités abjectes (par exemple d'orgasmes) qui sont le fruit d'expériences d'affirmation subjective, en soulignant la potentialité esthétique de ces corporalités en tant que témoignages de l'énergie vitale du sujet social, réaffirme par la même occasion la connexion qui existe entre l'être humain et les autres êtres vivants, reconnaissant ainsi tous les êtres en leur qualité de producteurs de bioénergie et niant esthétiquement le sens anthropocentrique de la métaphysique phallocentrique patriarcale de la pensée hégémonique en Occident. Négation esthétique dui fait partie aussi de la fonction esthétique-politique de l'orgasme et de toute autre corporalité abjecte par le biopouvoir phallocentrique anthropocentrique.

---

[343] Guattari, Félix, *Desiderio e rivoluzione : intervista a Félix Guattari*, Squilibri, Milan, 1977. Conversation avec Franco Berardi (Bifo) et Paolo Bertetto.

La fonction aesthétique de l'orgasme au sein de la modernité tardive

> « À l'ontologie de la fausse conscience appartient
> également l'attitude de la bourgeoisie qui, ayant dompté
> l'esprit autant qu'elle l'a libéré, malveillante même avec
> elle-même, accepte et tire de l'esprit précisément ce
> qu'elle ne peut réellement croire qu'il est. »[344]

La fonction aesthétique de l'orgasme au sein de la modernité tardive est avant tout la fonction aesthétique du sens abjecte de l'orgasme et de son historicité en tant que corporalité et sexualité abjecte au sein des sociétés modernes et de la modernité tardive.

Au sein de la modernité et même de la modernité tardive, le paradigme rationaliste et abstractionniste de la science (particulièrement médical) occidentale moderne a généré un processus de production sociale du sujet privilégiant non pas la participation de la subjectivité et de la sensualité bioénergétique du corps, mais son « instruction », sa « construction », sa « normalisation », sa normativisation et son « éducation », c'est-à-dire son contrôle sécularisé, renforçant ou articulant ainsi la domination des « pulsions culturelles » sur les « pulsions bioénergétiques » de manière acritique. Tout en relation au concept de « médicalisation de la sexualité » observé par chercheurs de la sexualité contemporaine tels qu'Alain Giami et Michel Bozon pour qui:

> « (...) l'un des effets de la médicalisation de la sexualité
> (...) est que les problèmes du sujet et de son engagement
> dans la sexualité ont cessé d'être principalement
> appréhendés comme des problèmes moraux, pour tendre
> à être interprétés comme une question de bien-être
> individuel et social, dont rendent compte la notion de

---

[344] Adorno, (1970)/2004 : 32.

santé sexuelle (Giami, 2005), et celle de comportement responsable. »[345]

La modernité, à travers les discours institutionnels visant à socialiser le sujet, a construit une sexualité du plaisir dénigrée (abjecte) en tant que besoin cognitif, sensuel et libidinal, un besoin qui assimilerait le sujet à un animal dépourvu de raison. Dans cet ordre d'idées, la séquestration de l'expérience par la modernité que dénonce le sociologue Anthony Giddens (1991/1995) renvoie à la séquestration de la *capacité poïétique* de l'individu à travers le dénigrement du *besoin poïétique* de sa sexualité du plaisir. La décadence de l'esprit de la modernité et des Lumières ainsi que l'héritage victorien ont ainsi dépouillé métathéoriquement la libido de ses liens avec la raison, afin de la rabaisser au rang de besoin corporel « abject ».

La libido et les pulsions sexuelles liés au plaisir sexuel sont des manifestations biologiques considérées par Freud comme la dimension corporalisée du besoin sexuel, aussi bien chez les hommes que chez les animaux :

« En biologie, on rend compte de l'existence de besoins sexuels chez l'homme et chez l'animal au moyen de l'hypothèse d'une "pulsion sexuelle"... »[346].

Cette relation avec l'animalité a été l'un des arguments les plus utilisés en Occident afin de dénigrer l'expérience sexuelle lié au plaisir sexuel comme étant plus proche de l'animalité que de l'esprit de la raison et de l'intelligence interprétée toujours d'une manière anthropocentrique ; ce qui revient à séquestrer cette expérience sexuelle, que nous avons qualifiée de *capacité et besoin poïétique* du sujet ou capacité phénoménologique des individus en tant que sujets cognitifs. Or, face à ce processus de chosification et d'identification de la libido construite socialement

---

[345] Bozon, 2004 : 15.
[346] Freud, (1905)/1987 : 37.

comme un besoin corporel dénigré et séquestré en tant que capacité épistémologico-poïétique du sujet, il est indispensable d'établir des liens de contradiction vis-à-vis de certains de ces éléments afin d'émanciper la libido des déterminations désignées par la construction sociale. Pour ce faire, l'art biocritique fait la resignification esthétique des corporalités abjectes, par exemple, celles liées à la sexualité du plaisir. Puis, c'est précisément grâce à l'historicité du sens abjecte attribué socialement aux corporalités du plaisir sexuel par les discours institutionnalisés du phallocentrisme que ces corporalités peuvent être considérées comme potentiellement esthétiques pour l'esthétique biocritique. Ainsi, c'est à la potentialité esthétique du sens abjecte de ces corporalités du plaisir sexuel que les hypothèses de Reich par rapport à la fonction politique de l'orgasme sont aussi considérées biocritiques en tant que resignification du sens abjecte de l'orgasme et en tant que critique au phallocentrisme rationaliste, anthropocentriste et de la *bestialité humaine*[347]. Pour l'esthétique biocritique l'hypothèse de Reich en tant que resignification politique du sens abjecte de l'orgasme est une action biocritique esthétiquement critique que vitalise le mouvement esthétique de la sédentarisation épistémologique des paradigmes rationaliste et anthropocentriste du phallocentrisme sur la corporalité/sexualité humaine. Puis, à partir de cette reconnaissance tout autre biocritique mis en relation avec l'orgasme devrait resignifier aussi le sens politique que Wilhelm Reich lui a attribué. L'art biocritique le fait quand il lui donne un sens esthétique au sein de ses poïésis artistiques et ça vitalise le mouvement esthétique au sein de ce que critique l'art car il s'agit d'un lien esthétique avec l'hypothèse de Reich en tant que lien de tension, contradiction et négation esthétiques avec « *ce qui critique la même chose* que l'art » (et pas seulement avec les autres dimensions de la critique esthétique « *ce avec quoi* l'art critique », « la position *à partir de*

---

[347] Voir plus à ce sujet sur le texte intitulé « Paramètre phallocentrique de « bestialité corporelle » : racine métaphysique de la potentialité esthétique des corporalités et sexualités abjectes » (Chapitre 2, *La potentialité esthétique-politique de l'orgasme* Volume II).

laquelle l'art critique » et « ce qui sur un plan structurel *contribue à la (re)production de la sédentarisation* épistémologique que l'art critique »).

Le sens (fonctione) esthétique-politique que l'art biocritique donne à l'orgasme est celui de corporalité biocritique esthético-politique représentant la capacité poïético-cognitive des individus mais aussi des autres être vivants comme les animaux même si celle dernière soit plus proche aux observations de Freud concernant la sexualité de l'enfant ; car l'expérience exploratoire de l'enfant ne génère pas non plus de contradiction spiritualisée de la pratique de l'individu vis-à-vis de l'esprit de l'ordre dominant.

Grâce aux observations de Freud, on peut corroborer la présence de la poïétique innée chez l'individu en tant que besoin et capacité spirituelle et pratique, qui permet de produire une expérience de criticisme esthétique, même si l'esprit de l'enfant n'est pas encore en mesure de structurer la critique ; en cela l'expérience de l'enfant s'apparente à celle du fou, car toutes deux sont des négations du système dominant dans la pratique du corps et de l'esprit, sans toutefois être des contradictions esthétiques. Dans ces cas la resignification fait par d'autres (par exemple par l'art) des actions potentiellement esthétiques peut les emmener à se produire en tant qu'actions biocritiques.

En effet, l'esprit esthétique n'est pas seulement affaire de psyché, ni dans l'art, ni dans la libido : c'est également une capacité de *prise de décision face à la réalité*[348], de manière pratique mais aussi et surtout de manière consciente, d'un sujet qui poïétise l'expérience critique.

Ainsi, à fin de désigner la libido comme un besoin et une capacité poïétique du sujet, et de reconnaître en elle un espace de l'ontologie du sujet au sein duquel l'individu peut poïétiser son émancipation esthétique, il est nécessaire de resignifier la libido non seulement comme un besoin et une capacité de la *praxis*, mais aussi de l'*esprit* de l'individu et du sujet social. Pour l'*art biocritique*, la libido ou pulsion sexuelle est resignifiée en tant

---

[348] Adorno, (1970)/2004 : 24.

qu'une expérience esthétique chez le sujet social dans la mesure où cette expérience mène ce sujet à une contradiction spiritualisée vis-à-vis de l'ordre du biopouvoir. Dans cette perspective, la capacité poïétique que cet art reconnaît dans la pulsion sexuelle de l'individu ne signifie pas nécessairement que ce dernier puisse être considéré comme un *sujet critique* ; car si la pulsion sexuelle est une capacité et un besoin poïétique du sujet, il peut aussi bien s'agir d'une capacité hétéronome dominée par le biopouvoir que d'une capacité émancipatrice (lorsque la pulsion sexuelle établit des liens de contradiction vis-à-vis des pulsions culturelles intégrées par le sujet social).

Par exemple, l'Œuvre multiorgasmique collective prône l'émancipation esthétique de la libido du sujet considérée comme une capacité et un besoin poïétique de la sexualité, en ayant recours à des éléments et des processus dénigrés tels que la masturbation et les sécrétions vaginales et/ou séminales, autant d'éléments assimilés à une animalité réprouvée par la modernité, selon une argumentation visant essentiellement à séquestrer l'expérience sexuelle. Ces éléments sont utilisés par l'*art biocritique* afin de créer une critique esthétiquement spiritualisée. Dans cette œuvre, les sécrétions, l'orgasme et la masturbation sont utilisées comme des éléments représentatifs de la poïésis artistique en tant que besoin corporel, mais aussi en tant que capacité biocritique de l'individu. La remise en cause de l'ordre social par l'*art biocritique* s'appuie sur cette utilisation, en tant que matériel de travail, d'éléments dénigrés par l'ordre institutionnel. La resignification esthétique de la sexualité proposé par cet art établit ainsi un lien de contradiction vis-à-vis du modèle qui tend à chosifier et séquestrer l'expérience sexuelle de la construction sociale de la libido.

La *fonction politique de l'orgasme* chez l'orgonomie de Wilhelm Reich

Pour reconnaître l'expression bioénergétique du sujet ou la manifestation de son langage corporel bioénergétique, on peut partir de l'hypothèse théorico-psychologique sur la sexualité humaine formulée par Freud, qui distingue trois étapes du développement sexuel de l'individu précédant la maturité sexuelle : la première est l'étape embryonnaire, la seconde est l'enfance et la troisième la puberté, trois étapes au cours desquelles la pulsion sexuelle innée fonctionne comme un véhicule entre les éléments anatomiques et psychiques de la sexualité. Freud affirme avoir observé la présence de la pulsion sexuelle en tant qu'énergie potentielle latente dès les étapes embryonnaire et de l'enfance :

> « La pulsion sexuelle manque à l'enfant, s'installe au moment de la puberté, en relation étroite avec le processus de maturation ; elle se manifeste sous la forme d'une attraction irrésistible exercée par l'un des sexes sur l'autre ; son but serait l'union sexuelle ou du moins des actions qui tendent à ce but. »[349]

Pour des raisons anatomiques liées au développement biologique, chimique et psychique du corps humain, la pulsion sexuelle ne s'oriente vers un « but sexuel » qu'à partir de la puberté, même si le fait de définir un « but sexuel » et de se définir comme un « sujet sexuel » est un processus qui prend davantage de temps que d'atteindre l'âge de la puberté.

Ainsi, en partant de la théorie freudienne sur la sexualité infantile, on peut considérer que la pulsion sexuelle présente chez l'individu dès son plus jeune âge – et même dès l'étape embryonnaire – est un élément du processus de maturation

---

[349] Freud, (1905)/1987 : 37.

sexuelle ; cette dimension reste également présente jusqu'aux étapes postérieures à la fin de la production hormonale du corps. Freud distingue et reconnaît dans sa théorie que : 1) toute pulsion sexuelle a une source somatique qui se traduit postérieurement en une sorte de tension qualifiée de « poussée » ; 2) cette poussée ou tension est ce que Freud qualifie de « drang », qui est parfois traduit par « trieb », c'est-à-dire « pulsion » ; 3) par la suite, la pulsion poursuit un but, qui peut être passif ou actif ; et 4) il y a un quatrième élément ontologique de la tension, qui est l'« objet de la pulsion ». À la source de ces quatre « moments » de la pulsion sexuelle distingués par Freud, on peut reconnaître la dimension de la pulsion sexuelle de l'individu qui s'avère être la plus indépendante de la dimension structurelle de la sexualité, et qui n'est autre que la fraction et le moment de la pulsion sexuelle où l'on peut trouver la nature biologique de la praxis (peut-être la molécule des révolutions corporalisées dès l'intimité du sujet), dès lors que l'on considère la poïésis sexuelle pulsionnelle comme une expérience esthétique du sujet dans sa dimension individuelle.

Pour Freud, à la puberté, cette force créative et corporelle commence à établir un lien dialectique plus exclusif, qui est l'union entre « but sexuel » et « objet sexuel » :

(« L'explication la plus grossière (…) consiste à dire qu'une personne porte en elle de façon innée le lien de la pulsion sexuelle avec un objet déterminé »[350]).

Cette force créative et créatrice est ce que Freud désigne en allemand par le terme de « Treib » et qui est traduit en français par « pulsion », tandis que l'anglais lui préfère « instinct ». L'esthétique biocritique considère que ces deux traductions reflètent la vision d'une science phallocentrique qui rejette l'expression des pulsions corporelle comme une qualité « cognitive » de l'être humain qu'il partage avec les bêtes. Or c'est précisément ce sens

---

[350] Freud, (1905)/1987 : 45.

abject lié à la dimension bestiale de la corporalité humaine qui confère aux corporalités pulsionnelles une potentialité esthétique leur permettant de devenir des corporalités critiques envers l'abjection dont elles font l'objet. La connotation d' « instinct naturel » que Freud donne au terme de « pulsion sexuelle » dans sa théorie représente le caractère « inné » de la capacité et du besoin poïétique que l'esthétique biocritique attribue à l'être humain. Une capacité et un besoin dont l'expérience a été épistémologiquement séquestrée au sein des sociétés modernes et de la modernité tardive.

Par ailleurs, l'inhibition de la pulsion sexuelle intervient au cours de la construction sociale de la dimension structurelle qui façonne le développement de la sexualité de l'individu. Or la poïésis esthétique de la sexualité de l'individu implique une affirmation subjective du sujet qui contredit ainsi esthétiquement l'exclusivité de la reproduction biologisante du genre/sexe en tant que catégories normatives de l'économie hétérosexuelle hégémonique au sein des sociétés phallocentriques patriarcales. Il s'agit ici d'une extension qualitative du processus de maturation sexuelle énoncé par Freud, au sein duquel le sujet devient nécessairement – dans la version esthétique de la poïésis – l'artisan fondamental de la poïésis de sa sexualité dans toutes ses dimensions : dans la construction social de son genre, de sa sexualité, etc. C'est en fonction de l'emprise du biopouvoir que la pulsion sexuelle dans son acception de capacité sexuelle est construite ou inhibée socialement tout au long du développement sexuel d'un individu.

Puis, si l'on considère que le *ça* est l'expression des besoins innés, et de tout ce qui est besoin ou désir poussant à l'action, que c'est dans le *moi* que se nichent les peurs et les restrictions des désirs et des besoins, que dans le *surmoi* se trouvent les besoins construits par l'histoire personnelle du sujet, et qu'au sein de cet échafaudage, le *moi* est la connexion, l'intermédiaire et le lien entre le *ça* et le *surmoi*, on peut en conclure que c'est le *moi* qui constitue l'expression du biopouvoir dans la psychologie du sujet social, car c'est lui qui agit, qui refoule et se défoule. Au sein de cette structure décrite par Freud, les pulsions sont des forces dérivées des besoins du *ça*, qui peuvent prendre des formes spécifiques pour chaque sujet quand elles découlent du *surmoi*. Pour sa part, le *moi* cherche à obtenir le plus grand plaisir sensuel possible, dans la mesure où le plaisir est à la fois une force dérivée du besoin du *ça* et une construction sociale au sein du *surmoi*.

Wilhelm Reich reconnaissait que la sexualité des individus était un reflet de l'ordre social d'une société. L'hypothèse (psychologique, biologique, sociologique et politique) de la théorie orgonomique concernant la formation caractérielle du sujet sexuel formulée par Wilhelm Reich, affirme que la sexualité humaine est un enchaînement de pulsions primaires et de pulsions secondaires de l'individu. À l'aide de sa théorie psychologique et sociologique marxiste, il a structuré les implications entre la vie intime et privée de l'individu et la sphère sociale et publique, affirmant que l'ordre social s'impose sur la sexualité du sujet social, tout en reconnaissant la bidimensionnalité de la construction sociale de la sexualité, à travers la participation de *pulsion culturelles* et de *pulsions bioénergétiques* (physio-biologiques) dont l'imbrication s'exprime sur le plan psychologique mais aussi sur le plan politique et socio-culturel en tant que force de travail. En effet,

> « (…) écarter le besoin sexuel (comme sujet et objet de l'histoire) de la sociologie serait aussi insensé que d'en écarter les besoins alimentaires, vestimentaires ou d'habitat. Si l'on considère en outre que la force productive, la "capacité de travail", est essentiellement de l'énergie sexuelle transformée ».[351]

Reich a défini l'orgasme comme une manifestions de l'énergie sexuelle de l'être humain (1932, 1945, 1947). Or une économie de répression sexuelle durant l'enfance et d'inhibition durant l'adolescence produit des stagnations de cette énergie dans le corps, des stagnations qui selon sa théorie sont à l'origine de pathologies chez le sujet social telles que la nervosité et

---

[351] Reich, (1932)/2007 : 199.

l'hystérie. La théorie de Reich s'accorde avec les théories sociales marxistes, *queers* et féministes à considérer que le responsable de ces pathologies n'est autre que l'ordre social phallocentrique patriarcal. Reich a en effet observé que l'énergie sexuelle qui n'est pas complètement évacuée à travers l'orgasme s'accumule dans le corps en créant un état libidinal qui constitue le noyau énergétique de la névrose. Il a découvert les *bions*, des vésicules chargées d'énergie qui présentent un rythme de contraction et d'expansion, une énergie qui au sein de tout organisme représente la base transitoire entre ce qui est vivant et ce qui ne l'est pas –, et s'appuiera sur cette découverte pour fonder l'Orgonomie.

Pour Reich, « *La force productive, la "capacité de travail", est essentiellement de l'énergie sexuelle transformée* »[352] et pour Freud, la « pulsion sexuelle » participe de toutes les productions culturelles :

> « Les historiens de la civilisation semblent d'accord pour admettre que, grâce à ce détournement des forces pulsionnelles sexuelles loin des buts sexuels et cette orientation vers de nouveaux buts – processus qui mérite le nom de sublimation –, de puissantes composantes sont acquises, intervenant dans toutes les productions culturelles. Nous aimerions donc ajouter que le même processus joue un rôle dans le développement de l'individu isolé, et nous en ferions remonter l'origine à la période de latence sexuelle de l'enfance. »[353]

À ce sujet, les observations freudiennes sur la sexualité infantile reconnaissent qu'au regard de certaines de leurs conduites exploratoires, les enfants pourraient être mis au rang des « pervers » selon la classification dichotomique des conduites sexuelles établissant une distinction entre les sujets « normaux » et « pervers ». Avec toutefois une grande différence biologique,

---

[352] Reich, (1932)/2007 : 199.
[353] Freud, (1905/1987 : 100.

étant donné que chez les enfants il s'agit de conduites dénuées de libido, leur pulsion sexuelle n'étant pas encore développée, alors qu'elle est bien présente chez les adolescents et les adultes :

> « La pulsion sexuelle manque à l'enfant, s'installe au moment de la puberté, en relation étroite avec le processus de maturation ; elle se manifeste sous la forme d'une attraction irrésistible exercée par l'un des sexes sur l'autre ; son but serait l'union sexuelle ou du moins des actions qui tendent à ce but. »[354]

Dans cette perspective, l'énergie ou pulsion sexuelle ne se réduit pas à la libido, elle est l'expression et le langage de la corporalité et de la sexualité de l'individu laquelle existe depuis l'embryon et jusqu'à la mort de l'individu, de l'animal et de tout être vivant.

En résumé, l'hipothèse de Reich sur l'orgon ou bioénergie est qu'il existe une énergie ou pulsion sexuelle latente chez l'individu dès l'étape embryonnaire et que le processus de développement anatomico-sexuel est inscrit dans la corporalité présociale de l'individuque l'énergie ou pulsion sexuelle d'un sujet n'est pas indépendante de la chosification de la dimension socio-culturelle de la sexualité et vice-versa. Lorsque que l'énergie sexuelle est présente et fait partie intégrante de l'individu dans toutes ses dimensions, dès l'étape embryonnaire et tout au long de son existence en tant qu'une dimension présociale du langage corporel et de la subjectivité originale de tout individu au cours de son étape présociale, qui s'enchaîne par la suite à la corporalité et la subjectivité assignée, socialisée chez le sujet par l'ordre social établi. Tout d'abord, dans sa théorie sur la formation caractérielle de la sexualité du sujet, Reich (1932, 1945, 1947) distingue les pulsions bioénergétiques des pulsions culturelles, différenciant ainsi la dimension physiologique de la sexualité de celle qui est produite au cours du processus de construction sociale de l'individu afin d'en faire un sujet social. Néanmoins, la différence qui existe

---

[354] Freud, (1905)/1987 : 37.

entre ces deux dimensions ne signifie pas pour autant qu'elles soient indépendantes : Reich ne manque d'ailleurs pas de souligner à quel point elles s'enchaînent l'une à l'autre tout au long de la vie d'une personne. Dans certain sens biocritique, l'hypothèse de Reich est l'hypothèse sur une dimension bioénergétique en tant qu'une possible forme de langage original de la corporalité qui offre les outils cognitifs de l'individu permettant l'émancipation de celui construit socialement en tant que sujet social, malgré l'identification de ce sujet par le paradigme culturel de l'hégémonie épistémologique du biopouvoir. C'est sur cette hypothèse de base que s'appuie la fonction politique de l'orgasme proposée par Reich ; fonction resignifiée esthétiquement et artistiquement par l'art biocritique dans les œuvres multiorgasmiques individuelle et collective.

En effet, le travail de Reich représente, comme il le dit lui-même, la « pierre angulaire » d'un nouvel édifice médical, pédagogique et sociologique. Toutefois, il s'est avéré fort difficile de faire rentrer son travail dans le moule de la structure scientifique, tout simplement parce que le centre de sa théorie était quelque chose d'intangible : l'énergie sexuelle, la bioénergie ou l'« orgon », qui a donné son nom à la théorie de l'orgonomie. Reich a focalisé une grande partie de son travail final sur la démonstration physique de l'existence de cette énergie, allant jusqu'à construire à cette fin des machines accumulatrices de bioénergie – telles que le *Cloudbuster* (parfois traduit par « téteur d'éther », ou « brise-nuage »).

Le travail révolutionnaire de Reich a constitué une critique esthétique dans la mesure où il niait dans la pratique et jusqu'aux ultimes conséquences la structure même de toute connaissance positiviste sur la sexualité. L'orgonomie de Reich s'est développée dans un contexte hostile au sein même de la psychologie, et à plus forte raison face aux autres sciences, comme c'était d'ailleurs le cas de la psychologie elle-même qui à l'époque était en quête de légitimité scientifique face à certaines positions théoriques positivistes au sein des sciences sociales et médicales. La bioénergie de Reich a donc dû affronter la psychologie hégémonique de l'époque, dont la tendance théorique dominante était celle de Freud. Bien qu'ils aient tout deux contribué à consolider la psychologie en tant que science et à légitimer le paradigme constructionniste qui conçoit le sujet et la sexualité comme des constructions sociales et psychologiques, la version légitimatrice de la psychologie freudienne n'en a pas moins renforcé l'épistémologie rationaliste phallocentrique sur la sexualité humaine. Dans cette perspective psychosociologique, la construction sociale et psychologique du sujet se référait une fois de plus à un sujet passif vis-à-vis de sa propre construction psycho-sociale. L'apport de Reich, en légitimant l'existence de la bioénergie, a été de donner un nom et une présence équitable à la corporalité physio-biologique et sensuelle du sujet en tant que *capacité poïétique*.

Freud parlait d'un sujet sexuel *produit*, tandis que Reich, sans pour autant nier les aspects de la théorie de Freud, était davantage intéressé par un sujet sexuel *créateur*, ce que je qualifie au sein du criticisme de l'*art de témoignages des corporalités abjectes* d' « *esprit poïétique d'affirmation subjective* ». Il s'agit d'un « esprit » car la capacité créatrice que Reich attribue à la bioénergie n'est pas une capacité reproductive ou génétique, mais bien une combinaison entre les interventions culturelle et physiologique dans la formation du caractère sexuel de chaque personne. Or c'est précisément cette dimension bioénergétique (celle des « pulsions primaires ») qui représente les capacités et les besoins sexuels du sujet lui permettant de participer à sa propre construction sociale (en tant que créateur, apprenti, découvreur de sa sexualité). Reich cherchait à ce que le sujet s'approprie sa sexualité.

La théorie de l'orgonomie considérait la formation sexuelle de l'être humain comme étant le produit de la biologie du corps et de la culture qui le socialise, mais elle affirmait aussi et surtout que la sexualité du sujet avait des effets immédiats sur l'environnement et la société. Ce qui le préoccupait le plus, c'était de démontrer l'existence de cette bioénergie qui signifiait l'existence d'un pouvoir chez le sujet, connecté à tous les êtres vivants. Mais cela s'avérait difficile à prouver non seulement parce que les sciences positivistes – et même celles qui étaient un peu moins positivistes – s'opposaient fermement à sa théorie, mais aussi parce que l'esprit même des sociétés modernes était – et continue d'être – fondé sur la formation d'un ordre social et politique cherchant à contrôler la sexualité des individus.

La psychologie avait déjà bien du mal à légitimer sa participation à la construction de la connaissance scientifique sur la formation sexuelle de l'être humain. Dans ce contexte, il était encore plus difficile pour Reich de démontrer scientifiquement l'existence de la bioénergie, non seulement dans le corps du sujet, mais aussi à partir de ce corps vers l'environnement naturel et social. Reich est mort sans avoir obtenu la légitimité scientifique ni la reconnaissance de sociétés scientifiques qui dominent encore de nos jours la production de connaissance sur la sexualité.

C'est dans cette perspective que l'orgon ou bioénergie de Reich exprime une certaine potentialité esthétique comme action biocritique du biopouvoir en tant qu'une hypothèse antagonique des sens abjectes et anthropocentriques attribués à la corporalité et sexualité des sujets sociaux par la science et la morale phallocentrique. Car la potentialité esthétique de l'hypothèse sur la bioénergie réside dans sa capacité de resignification des sens abjectes attribués aux pulsions sexuelles par le biopouvoir phallocentrique chez la pensée occidentale ; tout cela parce que l'hypothèse de Reich sur bioénergie explique la bioénergie comme le langage poïétique réprimé par la normativité d'une économie hétérosexuelle qui véhicule une vision abjecte des corporalités considérées comme bestiales parce qu'elles « rabaissent » l'être humain à une condition animale l'éloignant de sa condition « légitime » d'humain corporellement réprimé par la fausse conscience.

Or si cette fausse conscience rejette les expressions d'affirmation subjective corporalisée du sujet, c'est parce qu'elle leur reproche en tant qu'expressions de la capacité poïétique des sujets sociaux à générer des « révolutions moléculaires » à partir de son intimité, de sa corporalité, de sa sexualité et de sa subjectivité ; et parce qu'elles sont témoignages de la capacité des êtres vivants (pas seulement les humains) de générer un « mouvement illimité » de transformation sociale, les notions de « mouvement » et d'« illimité » étant toutes deux associées aux qualités épistémologiquement féminines par la métaphysique binaire phallocentrique qui reproduit, légitime et soutient l'ordre social patriarcal, phallocentrique, anthropocentrique et d'abjection bestial hégémonique en Occident.

Les fonctions esthético-politiques de l'orgasme chez l'art biocritique

En termes de l'esthétique biocritique l'art biocritique peut établir différents liens (potentialement esthétiques ou pas) avec le concept d'orgon et la théorie orgonomique de Wilhelm Reich car pour cet art, le concept et la théorie de Reich peuvent être considérés en tant que : *a)* ce que l'art critique ; *b)* ce *avec quoi* l'art critique ; *c)* la position *à partir de laquelle* l'art critique ; *d)* ce qui critique la même chose que l'art (les autres (bio)criticismes) ; et *e)* ce qui sur le plan structurel contribue à la (re)production de la sédentarisation épistémologique que l'art critique.

a) Quand la bioénergie/orgon et l'orgonomie sont prisées en tant que « ce que l'art critique » l'art biocritique reconnais le latente risque de sédentarisation épistémologique chez l'hypothèse de Wilhelm Reich (comme il peut le faire sur n'importe quelle autre pensée biocritique).

b) Quand la bioénergie/orgon et l'orgonomie sont prisées en tant que « ce *avec quoi* l'art critique » l'art biocritique prends les concepts et la théorie de Reich en tant qu'un outil de ses biocritiques envers tout et n'importe quel trace de phallocentrisme ;

c) Quand la bioénergie/orgon et l'orgonomie sont prisées en tant que « la position *à partir de laquelle* l'art critique » l'art biocritique prends les concepts et la théorie de Reich en tant qu'un outil de ses déconstructions esthétiques et épistémologiques c'est-à-dire en tant que de langages structurées pour ses poiésis d'autocritique structurée. Dans ce cas, l'esthétique de l'art biocritique, l'hypothèse étudié par Wilhelm Reich, est considérée et utilisée en tant que une pensée biocritique dans la mesure où la science orgonomique et le concept d'orgon et bioénergie de Reich montrent potentialité esthétique ; c'est-à-dire au moins les capacités de : 1) établir des liens de contradiction, de tension et de négation esthétiques vis-à-vis de : a) *ce que* l'art critique ; b) ce *avec quoi* l'art critique ; c) la position *à partir de laquelle* l'art critique ; d) *ce qui critique la même chose* que l'art (les autres criticismes) ; et e) ce qui sur le plan structurel *contribue à la (re)production de la sédentarisation* épistémologique que l'art critique. Et 2) capacité et besoin esthétiques de reconnaître du point de vue du matérialisme historique l'historicité de ses liens et des parts.

d) Quand la bioénergie/orgon et l'orgonomie sont prisées en tant que « ce qui critique la même chose que l'art (les autres (bio) criticismes) » l'art biocritique prend les concepts et la théorie de Reich comme partie et fraction épistémologique de l'historicité des biocritiques envers le phallocentrisme que tous les deux critiquent.

e) Cependant, « *e* » n'est pas trop descriptif pour décrire la pensée de Reich lorsqu'elle gêne et a gêné dès son origine aux moins deux paradigmes du phallocentrisme occidental : le paradigme abstractionniste rationaliste et positiviste de la science moderne occidentale ; et le paradigme anthropocentrique ou de la bestialité corporelle.

La sociologie orgonomique de Reich affirme que tout individu naît avec des pulsions bioénergétiques, alors que les pulsions culturelles sont des constructions sociales qui se forment progressivement et sont imposées à l'individu afin de forger le caractère d'un *moi* social. Toutefois, malgré cette distinction entre les pulsions bioénergétiques et les pulsions socioculturelles, il n'existe pas d'expression pure de la sexualité bioénergétique qui ne soit pas mêlée, d'une manière ou d'une autre, à des pulsions culturelles, pas plus qu'il n'existe d'expression pure des pulsions culturelles qui n'implique pas le langage bioénergétique du corps. Car la sexualité humaine est un enchaînement de pulsions bioénergétiques et culturelles qui ne peuvent être dissociées, même si les unes peuvent dominer les autres. En termes de l'esthétique biocritique, la domination ou prépondérance épistémologico-sociale de certaines pulsions sur les autres peut établir des liens de biopouvoir entre elles, dans la mesure où cette prépondérance se sédentarise sous la forme d'une hégémonie épistémologique de styles cognitifs qui s'exerce sur le tout social : le sujet social et l'ordre social.

Dans cette perspective, le biopouvoir représente une forme de pouvoir épistémologique sur le langage des pulsions bioénergétiques du corps du sujet social, de même qu'une prépondérance sédentarisée ou une domination épistémologique du langage bioénergétique sur les pulsions culturelles représenteraient une autre forme de biopouvoir épistémologique. *L'art biocritique de témoignages des corporalités abjectes* entend critiquer un état socio-historique qu'il considère comme la cause et la conséquence de la sédentarisation épistémologique d'un biopouvoir épistémologique ayant imposé la domination des pulsions culturelles sur les bioénergétiques ; néanmoins cet art est conscient de la mortalité de ses critiques, car il reconnaît que la tension esthétique de ses critiques vis-à-vis de cet état socio-historique de la sphère sociale se modifiera au fur et à mesure que le tout social transformera le lien sexuel entre pulsions bioénergétiques et culturelles.

Dans cette optique, la sexualité d'un individu construit socialement en tant que sujet social peut être une capacité et/ou un besoin cognitif : critique, esthétique, bioénergétique et/ou culturel : a) quand il s'agit d'une expérience cognitive bioénergétique non critique, c'est une capacité et/ou un besoin bioénergétique qui ignore de manière acritique les pulsions culturelles ; b) quand il s'agit d'une expérience cognitive hétéronome de la culture hégémonique, c'est une capacité et/ou un besoin cognitif qui domine de manière acritique les pulsions bioénergétiques et identifie le sujet à la culture dominante ; c) quand il s'agit d'une expérience cognitive critique, c'est une contradiction, négation dialectique entre les pulsions bioénergétiques et culturelles ; et d) quand il s'agit d'une expérience cognitive esthétique, c'est une capacité qui tend à l'autocritique : une dialectique négative et nomade oscillant entre les pulsions culturelles et bioénergétiques.

Bien entendu, toute hégémonie épistémologique a tendance à privilégier de manière acritique soit les pulsions bioénergétiques, soit les pulsions culturelles de la sexualité humaine. Cependant la tendance pulsionnelle d'une société est également une construction épistémologique plurielle, à laquelle participent tous les styles cognitifs liés à la biographie de chaque individu, présents au sein du paradigme culturel caractéristique d'une société donnée.

La construction sociale de la sexualité de l'individu en tant que sujet social est un processus poïétique déterminé par le paradigme épistémologique des styles cognitifs dominants au sein de la société dans laquelle il vit. Et lorsque les paradigmes dominants de ces styles cognitifs – prééminents au sein du paradigme culturel – tendent à privilégier la domination des pulsions culturelles sur les bioénergétiques en sédentarisant cette hégémonie, cela se traduit par la construction de sujets aux capacités cognitives décorporalisées, des sujets dont la corporalité et la sexualité sont cognitivement conditionnées par l'épistémologie culturelle. Ces groupes sociaux appartiennent à des contextes socio-historiques où l'expérience a été épistémologiquement séquestrée, tels que ceux que critique l'*art de témoignages des corporalités abjectes*.

Or cet art estime que la sexualité humaine s'inscrit dans un processus de production et de reproduction sociale du sujet, et que l'ordre épistémologique du tout social peut aussi bien être transformé à partir de la dimension culturelle qu'à partir de la dimension bioénergétique, notamment lorsque la production de bioénergie par l'individu est liée à des expériences d'affirmation subjective, comme c'est le cas des témoignages des volontaires de l'Œuvre multiorgasmique collective. L'expérience orgasmique bioénergétique de cette œuvre revendique le plaisir de l'autoérotisme dans un contexte socio-historique et épistémologique phallocentrique patriarcal qui dénigre toute expérience et corporalité liée à l'appropriation corporelle d'affirmation subjective du sujet. Or ce sont précisément ces expériences qui permettent au sujet de se constituer une identité propre, une identité sexuelle personnelle, une identité de son « propre moi », en tant que *sujet de désir* et *sujet historique* dont la corporalité d'affirmation subjective possède une force performative capable d'opérer une transformation socio-historico-politique du contexte épistémologique et social dans lequel il évolue, qu'il s'agisse d'expériences d'affirmation subjective productrices de bioénergie ou non.

De cette manière, par exemple, quand l'*art biocritique* utilise l'énergie sexuelle des orgasmes des volontaires comme matériel créatif/artistique dans le cadre des Œuvres multiorgasmiques (individuelle et collective), cette concept d'énergie sexuelle, bioénergie ou *orgon*, participe non seulement d'une production culturelle, mais aussi artistique d'intention esthético-politique.

C'est ce que fait l'*art biocritique* notamment dans les Campagnes multiorgasmiques de l'*Œuvre multiorgasmique collective*, en utilisant le concept d'*art bioénergie* et le concept de *bioénergie* pour définir l'orgasme dans le langage des affiches et dépliants pour inviter au publique à donner de témoignages (physiques et oraux) de sa propre bioénergie à l'art. Dans le cas de l'*œuvre multiorgasmique collective*, il a fallu créer et même recréer l'expérience corporelle de plaisir sexuel en tant que poïétique d'affirmation esthétique subjective et subjectivante de la production social du sujet socio-historique, afin de nier esthétiquement la construction sociale de la sexualité « abjecte » du *sujet social* dénigrée par le phallocentrisme. Cette œuvre émancipe esthétiquement - dans le contexte du processus créatif de l'œuvre même - l'expérience corporelle d'affirmation subjective séquestrée épistémologiquement et dénigrée par la normativité socio-culturelle et le symbolisme épistémologique et culturel du biopouvoir phallocentrique ; à dire les forces sociales chez Freud et les pulsions socio-culturelles chez Reich mais sédentarisées épistémologiquement dans les paradigmes phallocentriques du patriarcat occidental. Cet œuvre le fait tout d'abord en spiritualisant une critique qui défend l'expérience sexuelle orgasmique et l'autoerotisme, et toute autre liée au plaisir sexuelle, à travers les campagnes mutlirogasmiques, afin de contredire l'épistémologie dominante qui la dénigre en tant que capacité et besoin épistémologique du sujet social moderne et de la modernité tardive ; puis elle le fait en *transmuant* et *resignifiant esthétiquement* l'autoerotisme en tant que processus créatif de son matériel artistique.

Un autre exemple contemporain de biocritique esthétique de l'art biocritique vis-à-vis du biopouvoir phallocentrique ne portant pas sur le plaisir sexuel mais dans ce cas sur la femme malade en tant que la maladie d'un des êtres « *abaissés, asservis, abandonnés, méprisés* »[355] du phallocentrisme patriarcal est constitué par le projet intitulée « *A mi hermana. De moribundas y esperanzadas* » (« À ma sœur. Moribondes et pleines d'espoir »), dans laquelle l'artiste utilise aussi des témoignages physiques et oraux biographiques d'une expérience d'émancipation et d'affirmation subjective d'une femme malade ; à savoir les cheveux d'une femme moribonde atteinte d'un cancer comme matériel créatif, associé à son témoignage oral ; des matériaux appartenant à la sœur moribonde de l'artiste, donnés par celle-ci quelques jours à peine avant sa mort, accompagnés d'un témoignage audio de la pris de liberté demandée par la femme malade à son mari.

Ainsi, l'art biocritique interprète les témoignages (oraux, biographiques et physiques) des expériences d'affirmation subjective corporalisée des donnants en tant que témoignages de la capacité poïétique-cognitive du sujet social à générer des « révolutions moléculaires » à partir de son intimité bioénergétique qui réside bioénergétiquement dans son *ça* et culturellement dans son *moi* (dans les pulsions sexuels chez Freud, dans le pulsions bioénergétique chez Reich). Une capacité qui se différencie sociologiquement d'un sujet à l'autre et d'une culture à l'autre, car même entre deux sujets socialisés par un paradigme culturel

---

[355] Marx K., 1844/1964 : 230.

du biopouvoir et influencé par la sédentarisation et la décadence d'un esprit moderne, on peut trouver des différences de degré de chosification ou au moins des différences qualitatives dans le niveau d'enculturation, susceptibles de générer une plus ou moins grande capacité et/ou besoin poïético-énergétique chez le sujet esthétique.

Néanmoins, même si la pulsion sexuelle exprime ce besoin émancipateur en tant que poïésis du sujet, cela ne signifie nullement que tous les sujets qui utilisent leur pulsion sexuelle fassent un travail artistique ou une action biocritique, car une praxis ne spiritualisant pas et ne faisant pas l'autocritique de l'intention biocritique de sa poïésis se réduit à un simple expérience pulsionnelle de sens abjecte reproductrice de son propre sens abjecte ; ce qu'en art est le cas contraire des expériences esthétiques, c'est quand l'art produit des *artefacts* à la manière que Butler interprete la fonction des corps et corporalités/ sexualités abjectes, de ce qui le Prométhée de Marx reconnait comme la matérialité historique « *abaissée, asservie, abandonnée, méprisée* »[356] :

> « la femme apporte la matière et l'homme la forme. La *hylé* grecque est le bois [le corps de la femme] prélévé d'un arbre, instrumentalisé et instrumentalisable, un artefact, disponible pour son utilisation ».[357]

Ainsi, la bioénergie ne devient *biocritique* que dans la mesure où elle s'inscrit dans un processus d'esthétique biocritique, comme par exemple l'orgasme —en tant bioénergie- celui des pratiques scientifiques de Reich, ou chez les œuvres multiorgasmiques quand les témoignages utilisés dans ses poïésis portent sur des expériences d'orgasmes. Voilà, la fonction esthétique-politique de l'orgasme politique chez la pensée de Reich.

---

[356] Marx K., 1844/1964 : 230.
[357] Butler, (1993)/2010: 59.

En termes de l'esthétique biocritique, la fonction esthétique-politique d'une expérience de production orgasmique est liée à l'intention esthétique-politique de l'individu poïétisateur de telle expérience productrice - ou envisagée à la production - d'orgon/bioénergie. En effet, avec les termes de l'hypothèse de Reich, l'esthétique biocritique explique que la contradiction esthétique entre les pulsions bioénergétiques et les pulsions culturelles d'une normativité phallocentrique de répression des corporalités abjectes ne s'exprime pas à travers – par exemple - de l'exploration physique-corporelle de l'enfant car l'exploration de l'enfant n'est pas le fruit d'une prise de position politique-esthétique conscient de sa part vis-à-vis de l'ordre dominant ; elle serai plutôt une corporalité biocritique potentiallement esthétique et pas biocritique esthético-politique. Car il n'existe pas ici de contradiction esthétique (entre les pulsions bioénergétiques et les pulsions culturelles d'une normativité phallocentrique) *consciente* dans l'individu poïétisateur ; en termes de Monique Wittig car c'est une expérience biocritique sans *conscience de l'oppression* (Wittig, 2006: 41) de l'intention esthético-biocritique qu'elle represent, mais simplement une dimension pratique, comme c'est le cas dans la potentialité esthétique des fous et celui des œuvres qu'Adorno qualifie d'*artefacts*.[358]

On peut toutefois corroborer à travers l'expérience exploratoire de l'enfant la présence innée du besoin et une capacité poïétique-cognitive de l'individu pour construire et créer de la connaissance sexuelle avant même d'être construit socialement en tant que sujet social ; capacité pour se co-construire et se co-créer en tant que sujet social poïétique-cognitif en tension esthétique avec le rôle de reproducteur social que les pulsions socioculturelles

---

[358] Il serai bien sur d'importance, pour l'esthétique biocritique, faire une réflexion sur ces types de corporalités potentiellement esthétiques des sujets « inconscients » (enfants, fous ou malades et inconscients mentaux) peuvent ou pas être considérées en tant que matériel artistique, esthétique des biocritiques poétisées par l'art ou n'importe quel autre pensée biocritique dans ses poïésis biocritiques envers le phallocentrisme.

impose aux individus en tant que normes socioculturelles. Besoin cognitif qui devient par la suite un besoin de liberté cognitive, une liberté de l'individu vécue :

> « comme étant en relation à quelque chose dont il est naturel qu'on [les observateurs externes idéntifiés, aliénés et chosifiés par le biopouvoir phallocentrique] ne puisse pas disposer ».[359]

De même, l'*art biocritique* reconnaît que tout sujet humain manifeste son énergie sexuelle en tant que capacité poïético-cognitive, une capacité plus ou moins ordonnée socialement et soumise épistémologiquement par une culture du biopouvoir. Ainsi, outre l'art et le travail, toute action poïético-cognitive est une expression de l'énergie sexuelle du sujet social déterminée culturellement, de sorte que lorsque domine une culture sociale non répressive vis-à-vis de la bioénergie du corps humain, cette énergie sexuelle du sujet se manifeste en tant que capacité poïético-cognitive plus autonome, tandis que lorsque la culture qui domine est celle d'un biopouvoir répressif, l'énergie sexuelle du sujet se manifeste sous la forme d'une culture épistémologique articulatrice du paradigme du biopouvoir à travers les usages du corps du sujet. En effet, pour l'esthétique biocritique, la bioénergie ou pulsion sexuelle peut être interprétée comme la capacité poïétique de l'individu conscient et un besoin et force latente qui réside dans le corps du sujet lui-même, établissant des relations dialectiques avec la psyché afin d'atteindre un « but » *biocritique* et créatif d'intention esthético-politique dès un état de *consciencie d'oppression*[360].

---

[359] Habermas, 2002 : 89.

[360] « La conscience de l'oppression n'est pas seulement une réaction contre cette oppression, elle implique une totale réévaluation conceptuelle du monde social, sa totale réorganisation conceptuelle à partir de nouveaux concepts développés du point de vue de l'oppression. C'est ce que j'appellerais la science de l'oppression, la science par les opprimé(e)s. » (Wittig, 2006: 41) .

Malgré tout, l'*esthétique de l'art biocritique* reconnaît volontiers que l'énergie sexuelle n'est que l'une des nombreuses « impulsions » participant aux poïésis critiques de cet art, et qu'elle est par conséquent loin de constituer le matériau exclusif de cette production artistique biocritique. Car, en mots de l'esthétique de l'art (bio)critique liée à la Théorie esthétique d'Adorno :

> « Dans le processus de production artistique (…) le matériau et les produits partiels et passés importent autant que l'artiste dont les impulsions sont des matériaux comme les autres, et sont médiatisées par la loi formelle de l'œuvre. Le sujet littéral qui a élaboré l'œuvre n'est pas plus important que ne pourrait l'être un cheval peint. »[361]

Pour l'esthétique de l'art biocritique, la pulsion sexuelle ou bioénergie en tant que langage originel de la capacité poïétique de l'individu est également une expression de sa capacité et de son besoin d'émancipation vis-à-vis de l'ordre social du biopouvoir qui cherche à lui imposer sa domination. Par exemple, pour l'*art biocritique*, l'énergie sexuelle du participant volontaire de l'Œuvre multiorgasmique collective, qui est utilisée comme matériel créatif dans cet œuvre, ne peut être dissociée de la dimension construite socialement de ce volontaire (son *surmoi*) et de l'historicité du sens abjecte attribué à une telle expérience corporelle et sexuelle. Cet œuvre resignifie esthétiquement la dimension de la pulsion découlant du *moi* socio-culturel en corporalisant la construction du plaisir sexuel en tant que production d'un matériel créatif (les fluides physiologiquement représentatifs de la réponse sexuelle orgasmique) et s'opposant à la vision dévaluée que le modèle de sujet social légitimé par le biopouvoir hégémonique donne précisément de la pulsion sexuelle découlant du *soi*. Un fait

---

[361] Adorno, 1970/2004 : 20.

que l'on peut observer dans toute poïésis se réclamant de l'*art biocritique* et que Freud évoque de la manière suivante dans ses conclusions sur les « aberrations sexuelles » :

> « L'étude des perversions nous a révélé que la pulsion sexuelle doit lutter contre certaines forces psychiques qui agissent en tant que résistances, parmi lesquelles la pudeur et le dégoût ont émergé avec le plus de netteté. Il est permis de supposer que ces forces participent à la relégation de la pulsion à l'intérieur des limites estimées normales. »[362]

Toutefois, lorsque ce n'est pas un esprit critique qui participe de cette dialectique, il en résulte qu'au sein de l'art, l'artiste produit des artefacts, et que sur le plan social, l'individu permet la chosification de sa sexualité, ce qui peut être considérer comme un gaspillage de l'énergie créative. Et lorsque cette énergie est ainsi gaspillée dans une action non critique, cela produit des sujets chosifiés, qui ne parviennent pas à s'affranchir de l'emprise culturelle, et permettent la domination et l'imposition de la dimension structurelle du biopouvoir sur la dimension individuelle et subjective et de sa capacité poïétique (pour quoi pas ?) d'origine bioénergétique.

Ainsi, dans cette perspective certains poïésis chez l'art biocritique –par exemple les œuvres multirogasmiques individuelle et collective - sont expression matériel de une reconnaissance artistique de ce resignification des corporalités abjectes liées à l'expression de bioénergie dans la théorie de Reich ; dans le cas des œuvres multiorgasmiques l'orgasme est la corporalité liée à la production et expression bioénergétique resignifiée aussi par l'art biocritique en tant qu'action d'esthétique biocritique. En résumé, l'art biocritique peut être interprété, en tout cas, en tant qu'une sorte de resignification esthétique de la bioénergie et des hypothèses sur celle-ci. Au moins, un lien esthétique entre l'art

---

[362] Freud, (1905)/1987 : 75.

biocritique et les hypothèses de Reich sur la bioénergie sera ce lien où l'art arrive à resignifier les hypothèses de celui-ci. Dans cet ordre d'idées, l'art biocritique des œuvres multirogasmique est une resignification esthétique du sens politique attribué à l'orgasme chez la pensée de Wilhelm Reich ; à cet art la fonction politique de l'orgasme a une fonction esthétique car l'expérience orgasmique ou bioénergétique des témoignages (oraux et physiques) serviront de material plastique et artistique d'une nouvelle poïésis biocritique capable de produire mouvement esthétique chez a) *ce que* l'art critique ; b) ce *avec quoi* l'art critique ; c) la position *à partir de laquelle* l'art critique ; d) *ce qui critique la même chose* que l'art (les autres criticismes) ; et e) ce qui sur le plan structurel *contribue à la (re)production de la sédentarisation* épistémologique que l'art critique.[363]

---

[363] Voir à ce sujet la déconstruction esthétique du processus poïétique de l'œuvre multiorgasmique collective qui appartient aussi à la série "La fonction esthétique-politique de l'orgasme".

CHAPITRE 9

La fonction (potentialité) esthétique du Prométhée de Marx. Le matérialisme historique est-il un biocriticisme ?

Considérant provisoirement les discours critiques prométhéens comme des criticismes esthétiques qui dénoncent les hégémonies épistémologiques de chaque contexte socio-historique dans l'intention esthétique d'*humaniser* et d'*émanciper* le *sujet social*, nous envisagerons de manière générale cette dimension prométhéenne en tant que lien esthétique entre l'*art biocritique* et la pensée éthique prométhéenne de Marx ; car il s'agit bien de deux pensées prométhéennes, la critique poïétisée par l'*art de témoignage* partageant des éléments structurels avec la pensée marxiste, dans la mesure où les deux établissent des liens de négation, de contradiction et de tension esthétique vis-à-vis des hégémonies épistémologiques de la pensée qui tendent à « déshumaniser » le sujet humain. De sorte que cet essai vise à reconnaître, à partir d'une déconstruction esthétique étroitement liée à la théorie esthétique de Theodor Adorno, le discours éthique prométhéen de Marx en tant que criticisme esthétique visant émanciper le sujet de la religion, tout en établissant un parallèle avec l'exercice critique de l'*art biocritique de témoignages des corporalités abjectes* qui aspire à l'émancipation corporalisée du sujet vis-à-vis du rationalisme scientifique réificateur de l'expérience cognitive du sujet et reproducteur de la sédentarisation épistémologique du phallocentrisme ; un rationalisme également représenté au sein des sociétés modernes et de la modernité tardive par le matérialisme historique lui-même. Or, quand le matérialisme historique cesse-t-il de jouer son rôle émancipateur ? Marx lui-même nous fournit, dans sa critique de la religion, des éléments conceptuels qui laissent entrevoir une sédentarisation épistémologique des discours prométhéens et des criticismes esthétiques émancipateurs, sous la forme d'une « déification » de cette démarche prométhéenne et émancipatrice et de l'efficacité de la critique esthétique à transformer le contexte socio-historique.

Il est important de souligner que la trame de cet essai est basée sur l'utilisation du concept de « déification » et sur l'interprétation que le philosophe et économiste allemand Hinkelammert fait du « Prométhée de Marx » dans son article intitulé « *Prométhée, le discernement des dieux et l'éthique du sujet. Réflexions à partir d'un livre* » publié en espagnol dans la revue *Pasos* (mars-avril 2005, DEI, San José, Costa Rica, 2005). Dans cet article, l'auteur analyse les liens qui existent entre la pensée éthique et *humanisante* du Prométhée de Marx et la philosophie éthique et *humanisante* de la Compagnie de Jésus, de l'Église catholique, en abordant de manière approfondie et appliquée le concept de « déification » des éléments historiques contemporains. Hinkelammert souligne également dans son article la contemporanéité de la pensée éthique marxiste, en l'éclairant de manière brillante à partir de l'utilisation que fait Marx du mythe de Prométhée, interprété comme une pensée éthique sécularisatrice de ce que Marx appelle « les dieux du ciel et de la terre », au-delà – et pas seulement à l'encontre – des hégémonies métaphysiques de la Religion, reconnaissant ainsi la portée de cette critique marxiste envers toutes les hégémonies de pensée appartenant à différents contextes historiques qui ne reconnaissent pas que

> « L'homme est pour l'homme l'être suprême, ce qui aboutit à l'impératif catégorique de renverser tous les rapports dans lesquels l'homme est un être abaissé, asservi, abandonné, méprisé. »[364].

Mais qu'est-ce qu'est la déification de la science et/ou du matérialisme historique scientifique ? L'esthétique biocritique

---

[364] Marx, 1841 *in* Hinkelammert, 2005 : 20.

considère que dans l'histoire de la modernité tardive, on trouve une expresión de la *déification* de la science émancipatrice au sein du moment scientifique du matérialisme historique déifié tout au long de la production socio-historique des sociétés modernes en tant que style cognitif détenteur de la vérité absolue. Là la raison d'un matérialiste historique scientifique qui a permis de séculariser la production de connaissance et de libérer ainsi le sujet social de l'idéologie religieuse, par la suite s'est elle-même sédentarisée épistémologiquement et déifiée, imposant à son tour son hégémonie sur la production de connaissance normative et sur la culture cognitive du sujet social moderne. C'est ainsi que le sujet moderne qui croyait avoir trouvé dans la méthode scientifique du matérialisme historique un instrument d'émancipation, s'est retrouvé pris au piège de son propre outil. Ainsi, on interprète ici que la décadence de la formule émancipatrice apparaît dès lors que cette formule cesse d'être un instrument d'émancipation et d'humanisation du sujet pour se transformer en un joug déshumanisant, sous l'effet de la tendance que le criticisme de l'art biocritique qualifie de sédentarisation épistémologique ou poïético-cognitive. La *déification* épistémologico-esthétique se produit dès lors que la formule émancipatrice (d'un criticisme, l'art, la science, un style cognitif quelconque) est érigée en « vérité absolue », hégémonique ou dominant du processus de production socio-historique du sujet social (le même à qui promettais émanciper).

Qu'est-ce que est le Prométhée de Marx pour l'esthétique biocritique ?

Un moment esthétique du matérialisme historique. On interprète ici que, le *Prométhée* du jeune Marx, étudie par Hinkelammert, représente la philosophie (après science moderne dans la culture dominante occidentale), et plus précisément ce que lui et Engels qualifient de « matérialisme historique » et qui n'est autre que les fondements philosophiques de la méthode scientifique et du paradigme épistémologique abstractionniste et rationaliste de la science moderne qui leur ont permis d'élaborer, à leur époque, une forme de criticisme philosophico-épistémologique sécularisé/sécularisateur de la production de connaissance ; ce criticisme philosophico-épistémologique a acquis un caractère esthétique dans la mesure où la sécularisation de la production de connaissance représentait dans un tel contexte socio-historique une émancipation du sujet vis-à-vis de l'hégémonie des paradigmes épistémologiques gouvernés par la religion.

« Quand Marx parle par la bouche de son Prométhée, il exprime la position de la philosophie, à travers Prométhée (…) ce que fait Marx – au nom de son Prométhée – c'est une distinction entre les dieux. Aucune figure de Prométhée antérieure n'avait fait cela. Marx distingue les faux et les vrais dieux. Les faux dieux sont ceux qui ne reconnaissent pas l'auto-conscience humaine comme divinité suprême. Les vrais dieux, eux, la reconnaissent comme telle (…) Marx dénonce le marché et l'État comme étant de faux dieux, dans la mesure où ils n'acceptent pas le sujet humain en tant que divinité suprême. »[365]

« Aucun Prométhée antérieur n'avait affronté les dieux sur terre (…). Par la suite, Marx a transformé sa critique de la religion en une méthode d'analyse : « Il est en effet bien plus facile de trouver par l'analyse, le contenu, le noyau terrestre des conceptions nuageuses des religions, que de faire voir par une voie inverse comment les conditions de la vie réelle revêtent peu à peu une forme éthérée. C'est là la seule méthode matérialiste, par conséquent scientifique. »[366]

---

[365] Marx K., 1867/1966 : 303, note 4 en Hinkelammert, *in* Pasos mars-avril 2005 : 8-9.
[366] Marx K., 1867/1966 : 303, note 4, en Hinkelammert, *in* Pasos mars-avril 2005 : 8-9.

Ces citations décrivent en synthèse la fonction émancipatrice et épistémologiquement révolutionnaire du matérialisme historique, en tant que criticisme philosophique qui établit des liens de tension esthétique vis-à-vis d'une culture cognitive et épistémologie éthérée et spirituelle (vis-à-vis du biopouvoir de la Religion), car il critique la cognoscibilité immatérielle du monde en lui opposant une méthode qui légitime au contraire la cognoscibilité matérielle de ce monde : la méthode scientifique du matérialisme historique basée sur une connaissance produite par le sujet en interaction cognitive avec la nature matérielle du monde, et non avec la dimension éthérée de la spiritualité religieuse. Toutefois, à long terme cette représentativité scientifique de la raison émancipatrice a cédé le pas à la désappropriation cognitive d'un sujet qui a perdu son rôle actif de poïétisateur de la science, pour devenir un simple utilisateur des connaissances « légitimées » par les autorités scientifiques (par exemple un simple utilisateur des corporalités « légitimées » par les autorités de la science médicale).

Par exemple, dans un contexte d'hégémonie et déification épistémologique et culturelle de la science médicale la contradiction esthétique fondamentale entre l'*art biocritique* et la science – qui impose la médicalisation du corps et la *fausse conscience* de la « santé sexuelle » en tant qu'*idéal-type* scientifique, avec lequel le sujet essaye tant bien que mal de mettre en cohérence ses expériences individuelles –, est également une négation esthétique du Prométhée médicalisé. Une négation esthétique corporalisée par le sujet socio-historique du réel pour autopoïétiser sa conscience de soi-même à partir de sa corporalité d'affirmation subjective et pour poïétiser cette conscience en tant qu'essence de l'être humain et en tant qu'esthétique de la reconnaissance de ce soi-même au sein de l'autreté sociale, que l'on pourrait illustrer à travers l'adaptation suivante de la citation de Marx :

> « Il est en effet bien plus facile d'émanciper la capacité corporelle poïético-cognitive du sujet humain vis-à-vis des conceptions nuageuses le rationalisme, abstractionnisme et normativité moral de la science

medicale à travers la corporalisation de la subjectivité esthétique que de procéder par une voie inverse [...] C'est là la seule méthode biocritique – et par conséquent esthétique – envers le biopouvoir scientifique »[367].

Au sein de l'*art biocritique*, on peut qualifier la poïésis du Prométhée esthétique de *co-poïésis* entre l'artiste et les individus réels participants au processus poïétique avec les témoignages de leurs corporalités esthético-politique. Pour l'*art biocritique*, le Prométhée esthétique est la corporalisation de la création de la connaissance, même si Marx ne se réfère pas explicitement dans sa pensée prométhéenne à une autopoïésis d'affirmation subjective de l'humanisation. Car bien que la « conscience de soi-même » qu'il défend dans sa pensée prométhéenne comme une « divinité suprême » soit synonyme d'appropriation de cette conscience par l'individu, il s'agit avant tout d'une appropriation poïétisée par la raison scientificisée, ce qui n'est pas nécessairement le cas de l'autopoïésis du sujet humain corporel avec des besoins en tant qu'essence de ce sujet dans l'interprétation du Prométhée de Marx faite par Hinkelammert (2005 et 2008).

La *conscience de soi-même* permet de s'approprier de la force performative de la corporalité d'affirmation subjective à travers une poïétisation corporalisée de cette conscience, sans qu'il soit nécessaire de préciser si elle découle d'une méthode ou d'une forme poïétique déterminée. En effet, le sujet humain « conscient de lui-même » peut être un *idéal-type* de sujet esthétique issu aussi bien de la pensée prométhéenne marxiste que de la raison matérialiste scientifique, les deux pouvant être des formes épistémologiques permettant au sujet réel de poïétiser cognitivement cette conscience de soi-même, comme pourrait le faire toute autre forme poïético-cognitive appartenant à un autre style cognitif, l'idée étant de ne pas servir d'articulateur d'une *fausse conscience* phallocentrique d'un faux soi-même ; car c'est de cette fausse conscience dont il convient de se méfier, celle qui est considérée « *comme une question de bien-être individuel et social,*

---

[367] Adaptation de la citation de Marx K., 1867/1966 : 303, note 4.

dont rendent compte la notion de santé sexuelle (Giami, 2005) »[368]
au seins des sociétés modernes et de la modernité tardive.

Pour le Prométhée de Marx, la *conscience de soi-même* est
l'émancipation à travers le matérialisme historique et sa méthode
scientifique ; tandis qu'un sujet esthétique serait défini comme
un sujet poïétisant sa liberté et la conscience de soi-même en
utilisant la méthode du matérialisme historique, une méthode
qui n'avait certes pas valeur de divinité suprême dans la pensée
prométhéenne de Marx, mais qui l'a acquise par la suite en tant
que moment scientifique du matérialisme historique. Car bien
que Marx ne reconnaisse pas de manière explicite la corporalité
d'affirmation subjective (ou corporalité esthético-politique)
en tant que capacité cognitive humanisante et forme poïétique
de la critique esthétique – précisément parce qu'elle contredit
l'aliénation métaphysique découlant de la religion –, il ne s'agit
pas pour autant d'une autre métaphysique, comme la science a
tendance à le considérer.

En tout cas, le Prométhée du jeune Marx est un matérialisme
historique biocritique en tant que pensée émancipatrice du
sujet grâce à la sécularisation de la production de connaissance
par voie de sa forme scientifique : la méthode scientifique
du matérialiste scientifique. Malheureusement toute pensée
critique (y comprisées celles biocritiques) ont tendance à la
sédentarisation épistémologique. Et le paradigme rationaliste
et abstractionniste, sécularisatrice de la connaissance et
représentant du matérialisme historique, a servi de fondement
à la postérieure déification de la science, marquant les débuts de
l'hégémonie de la raison abstraite décorporalisante et *déification*
épistémologique de la science moderne occidentale. Si dans un
premier temps cette critique s'est avérée efficace dans sa remise
en cause des paradigmes de la religion en tant que formes
dominantes de production de connaissance, au fil des années
la raison sécularisée s'est inexorablement sédentarisée dans
son androcentrisme, anthropocentrisme, abstractionnisme et
rationalisme (characteristiques des paradigmes épistémologiques

---

[368] Bozon, 2004 : 15.

reproduteurs du phallocentrisme patriarcal de la pensée occidentale)

Or c'est précisément cette contradiction-négation esthétique des dieux (de ce qui est épistémologiquement sédentarisé/ sédentarisateur, ou identifié/identificateur) par le Prométhée de Marx qui nous permet de faire un parallèle avec la définition que fait Adorno de la contradiction esthétique en tant que loi de mouvement de l'art critique :

> « *La contradiction est une catégorie de réflexion, la confrontation entre chose et concept au sein de la pensée. La dialectique négative, en tant que procédé, signifie penser en contradiction et de manière autocritique vis-à-vis de la contradiction auparavant ressentie dans la chose. ...Une contradiction dans la réalité est une contradiction vis-à-vis celle-ci. Une telle dialectique [et ...] son mouvement ne tend pas à l'identité (...) elle se méfie au contraire de ce qui est identique.* »[369]

La contradiction esthétique est ici conçue comme une dialectique d'esthétique nihiliste entre critique et autocritique au sein l'art, comme une loi de mouvement de toute critique esthétique qu' un art ou une pensée critique esthétique (inclut évidement les pensées biocritiques) prométhéenne exerce afin d'émanciper le sujet humain de l'*identification* ou de ce qui est *identique* ou *identificateur* au sein d'un contexte socio-historique donné, et qu'il exerce également en tant qu'autocritique afin de s'émanciper de sa propre tendance à l'identification, qui n'est autre que la *sédentarisation* épistémologique, tendance à laquelle peut céder n'importe quel style cognitif dans son travail critique. L'*esthétique biocritique* reconnaît ce risque épistémologique et c'est pourquoi il exerce sa loi de mouvement de dialectique esthético-nihiliste entre actions critiques et autocritiques, établissant ainsi une contradiction esthétique vis-à-vis des styles cognitifs qui ne parviennent pas à s'émanciper, ou qui ne reconnaissent pas le

---

[369] Adorno, (1966)/2005 : 141.

risque de sédentarisation épistémologique menaçant tout travail critique qui ne s'émanciperait par à travers l'autocritique.

A cet réflexion on considère le Prométhée marxiste en tant qu'un moment historique esthétique du matérialisme historique occidental par sa force sécularisateur de la connaissance dans un contexte épistémologique dominé par la Religion, mais il y en a eu beaucoup d'autres moments esthétiques du matérialisme historique tout au long de l'histoire qui ont rempli leur fonction prométhéenne dans différents contextes socio-historiques, avant de finir également par succomber à la sédentarisation ou à la déification épistémologique. On peut mentionner, parmi les antécédents du matérialisme marxiste, d'autres versions du matérialisme ayant existé tout au long de l'histoire de l'humanité, comme le soulignent les historiens, notamment au sein de sociétés antiques telles celles de la Chine et de l'Inde, ou encore de la Méditerranée, comme l'Égypte et Babylone, lesquelles ont influencé les sociétés émergentes de la Grèce et de Rome, qui ont vu fleurir et se consolider la philosophie antique. Parmi les exemples de ces tendances séculaires, les historiens de la pensée philosophique matérialiste mentionnent notamment le matérialisme hindou dont le système de pensée est connu sous le nom de Chārvāka (du VIIᵉ au IIᵉ siècle av. J.-C.). Les adhérents de l'école matérialiste ont reçu différents noms tout au long de l'histoire de la philosophie indienne : Chārvāka, Lokāyata, Bârhaspatyas, Bhutavadins, Nastikas... [370]

Du Prométhée de Marx à l'art biocritique : deux moments esthétiques du matérialisme historique en Occident

Le moment esthétique d'un criticisme ou style cognitive est intèrpreté en termes de l'esthétique de l'art (bio)critique comme celui où la pensée critique produit du mouvement esthétique :

---

[370] Département de Philosophie de l'Université de Puerto Rico, 1974.

a) *ce que* critiquent l'action biocritique ou le biocriticisme; b) ce *avec quoi* l'action ou style cognitif biocritique critique ; c) la position *à partir de laquelle* l'action ou style cognitif biocritique critique ; d) ce qui critique la même chose que l'action ou style cognitif critique (les autres criticismes) ; et e) ce qui sur un plan structurel *contribue à la (re)production de la sédentarisation* épistémologique que l'action ou style cognitif biocritique critique. C'est-à-dire, le moment esthétique d'une pensée critique peut être une poïésis de critique ou d'autocritique mais toujours la négation et contradiction esthétique de toute risque de sédentarisation épistémologique/esthétique chez *a, b, c, d,* et *e*.

Le Prométhée du Marx : un moment esthétique du matérialisme historique scientifique

En termes de l'esthétique biocritique le Prométhée de Marx et Engels est un moment esthétique du matérialisme historique en Occident car elle un pensée émancipateur/révolutionnaire et humanisante dans son intention esthético-épistémologique de séculariser la production de la connaissance et émanciper la Raison de la Réligion, même s'il lui faut se révolutionner elle-même. Il existe à ce sujet deux citations fondamentales illustrant le besoin de critique en tant qu'intention humanisante et le besoin d'autocritique en tant qu'intention esthétique et poïétique de la pensée prométhéenne de Marx.

Dans la première citation, Marx en citant Épicure défend clairement la sécularisation de la production de connaissance, plaidant en faveur d'une négation matérialiste-historique des dieux ou de la production de connaissance *déifiée* :

> « (...) l'impie, ce n'est pas celui qui méprise les dieux de la foule, mais celui qui adhère à l'idée que la foule se fait des dieux. La philosophie ne s'en cache pas. Elle fait

sienne la profession de foi de Prométhée : en un mot, j'ai de la haine pour tous les dieux ! »[371]

Dans cette citation, l'humanisation consiste en une sécularisation à l'aide de la méthode matérialiste-historique scientifiée, considérée comme la seule méthode scientifique valable. Humaniser grâce à la science moderne : voilà donc l'essence du message, le fond de l'argumentation.

Mais il existe également une autre citation qui illustre bien la prudence poïétique de Marx vis-à-vis de la possible *déification* de toute méthode scientifique et de toute forme de philosophie, lorsqu'il met en garde contre les dangers de l'*aliénation* potentielle de la philosophie, comme le fait également Kuhn en dénonçant la *science normale*, qui n'est autre que la science fonctionnant comme articulatrice d'un paradigme épistémologique sédentarisé, et menaçant par conséquent de se transformer en hégémonie épistémologique chez la culture d'une société. Dans la deuxième citation, Marx reconnaît que l'aliénation du sujet humain découle de la « divinisation » ou « déification » des formes épistémologiques, et que Feuerbach a eu raison de mettre en garde contre les risques de la sédentarisation épistémologique de la philosophie ou de la déification des formes épistémologiques :

> « La grande action de Feuerbach est (…) d'avoir démontré que la philosophie n'est rien d'autre que la religion mise sous forme d'idées et développée par la pensée ; qu'elle n'est qu'une autre forme et un autre mode d'existence de l'aliénation de l'homme ; donc qu'elle est tout aussi condamnable »[372].

La contradiction esthétique ou critique émancipatrice vis-à-vis de la métaphysique aliénante de la religion a été poïétisée par

---

[371] Marx, K., 1841/ *in* Luri Medrano, G. 2001 : 153-154, cité par Hinkelammert *in* Pasos, mars-avril 2005 : 7. La citation de Prométhée est tirée de la tragédie d'Eschyle *Prométhée enchaîné*.

[372] Marx, K., 1844 : 184/ *in* Dognin, 2004 : 45.

Marx en tant que contradiction entre la raison du matérialisme historique et la raison métaphysique de la religion ; néanmoins, Marx reconnaît la subjectivité esthétique comme une partie dimensionnelle des « forces essentielles » du sujet humain, au même titre que l'objectivité de l'analyse dérivée de la méthode scientifique matérialiste.

> « (…) n'est pas une essence métaphysique dans le sens de la métaphysique antérieure [celle de la religion] (…) [mais] débouche sur une éthique (…) [rationnelle et] naît du sujet humain lui-même dès lors qu'il aspire à s'épanouir en tant que sujet humain. Il s'agit en quelque sorte d'une autoréalisation du sujet humain, mais d'une autoréalisation renversant tous les rapports où ce sujet humain serait abaissé, asservi, abandonné, méprisé »[373].

Néanmoins, pour le matérialisme historique l'objectivité est plus efficace que la subjectivité afin d'émanciper le sujet hétéronome, de même que la science est plus efficace que l'art :

> « C'est seulement grâce à la **richesse déployée objectivement** de l'essence humaine que la **richesse de la faculté subjective de sentir** de l'homme est tout d'abord soit développée, soit produite, qu'une oreille devient musicienne, qu'un œil perçoit la beauté de la forme, bref que les sens deviennent capables de jouissance humaine, deviennent des sens qui s'affirment comme des forces essentielles de l'homme. »[374]

Ainsi, d'une certaine manière la pensée prométhéenne de Marx a relégué les expériences cognitives d'affirmation subjective et les pulsions bioénergétiques ; il n'a certes pas pris la défense des pulsions culturelles dominantes véhiculées par les dieux du ciel (la religion) et la terre (le marché et l'État), mais cela ne

---

[373] Hinkelammert, *in* Pasos mars-avril 2005 : 9.
[374] Marx, 1844, p. 93, *in* Marcuse, 1972 : 87-88.

l'a pas empêché de succomber à l'enculturation de la méthode matérialiste dans son *idéal-type* de satisfaction des sens et de « jouissance humaine ».

Qu'est-ce que c'est la déification de la science pour l'esthétique biocritique?

L'esthétique biocritique considère la déification de la science comme un effet de la tendance à la sédentarisation épistémologique propre à toute poïésis critique ; car si dans certains cas la (bio) critique cède à la sédentarisation épistémologique en raison des mutations socio-historiques auxquelles elle est liée en tant que pensée critique émancipatrice, dans d'autres cas bien différents, on assiste à une véritable déification de cette poïésis critique qui, bien qu'elle ait réussi à jouer un rôle émancipateur du sujet humain, a néanmoins fini par devenir à son tour une hégémonie épistémologique enculturante, au point de se constituer en paradigme culturel générateur d'une *fausse conscience* chez le sujet social.

Par exemple, au sein des sociétés de la modernité tardive, le sujet social décrit par Bozon est un sujet qui a du mal à établir une cohérence entre ses expériences intimes et l'économie sexuelle qualifié de « santé sexuelle » et de « bien-être individuel » :

> « (...) l'un des effets de la médicalisation de la sexualité (...) est que les problèmes du sujet et de son engagement dans la sexualité ont cessé d'être principalement appréhendés comme des problèmes moraux, pour tendre à être interprétés comme une question de bien-être individuel et social, dont rendent compte la notion de santé sexuelle (Giami, 2005), et celle de comportement responsable. »[375]

---

[375] Bozon, 2004 : 15.

Bien que la « santé sexuelle » légitimée par la médecine déifiée soit avant tout une « économie sexuelle de la société », parfois incompatible avec l'« économie sexuelle de l'individu », ce dernier – le sujet social – cherche ou aspire à établir une cohérence entre les deux, ou plutôt il cherche à faire en sorte que ses besoins individuels entrent en cohérence avec les règles de santé sexuelle légitimée par le « jugement de vérité » de la médecine. Ce phénomène est une conséquence de la déification de la science médicale enculturée en tant que fausse conscience imposée au sujet dans un contexte socio-historique marqué par l'hégémonie d'un biopouvoir scientifique/scientifisante.

La « santé sexuelle » et le « bien-être individuel » ne sont que de nouvelles formes épistémologiques véhiculant d'anciens contenus, de nouveaux concepts visant à articuler les mêmes qualités épistémologiques du biopouvoir phallocentrique qui correspondent essentiellement à une « reconnaissance » abjecte et hiérarchisée de la capacité poïético-cognitive de la subjectivité humaine en tant qu'une capacité et besoin poïético-cognitif de mineur niveau que la capacité poïético-cognitive rationaliste du sujet social. Il s'agit également d'une manière de contrôler cette capacité et ce besoin poïético-cognitif que grâce à son historicité abjecte et hiérachisée est considérée en tant qu'une capacité poïético-cognitive de potentialité esthétique pour l'esthétique biocritique. C'est pourquoi il convient – comme le fait l'art (bio)critique – de se méfier de toute hégémonie épistémologique.

Or le propre d'une hégémonie épistémologique qui enculture la corporalité et la sexualité est précisément d'être acritique, afin de conserver et sédentariser épistémologiquement le biopouvoir et de reproduire des sujets s'identifiant à celui-ci en tant que acteurs actifs de la reproduction et sédentarisation épistémologique du phallocentrisme. C'est ainsi que l'on produit des sujets dont l'expérience a été séquestrée et dont la corporalité et les pratiques sexuelles normativisées et hiérarchisées d'accord au paramètre de la bestialité corporelle contribuent davantage à l'articulation de leur propre domination qu'à la poïésis esthétique de l'émancipation cognitive non seulement de la sexualité et de la corporalité du sujet social, mais aussi du sujet lui-même *à partir* de sa corporalité et de sa sexualité. Car un sujet socialisé par l'hégémonie épistémologique du biopouvoir phallocentrique est un sujet dont la subjectivité s'identifie au paradigme hégémonique, ce qui l'amène à participer à la construction sociale de sa sexualité et de celles des autres de manière acritique, articulant et renforçant ainsi la domination d'une sexualité dénigrée dans sa dimension « abjecte » et hiérarchisée.

Dans l'optique de l'*art biocritique*, afin de s'émanciper esthétiquement, ce même sujet peut faire de sa participation au processus de production sociale une participation esthétique. Comment ? En s'opposant à la pseudo-subjectivité ou subjectivité imposée par la fausse conscience enculturée par l'hégémonie culturelle du biopouvoir phallocentrique qui privilégie des qualités *épistémologiques masculines,* afin d'exercer une corporalité laissant une plus grande part aux qualités *épistémologiques féminines*[376].

Ainsi, dans un contexte socio-historique dont les paradigmes du phallocentrisme sont épistémologiquement sédentarisés, la démarche du Prométhée (matérialisme historique) du jeune Marx peut être descriptive en sens poïétique et abstrait comme l'*idéaltype* d'esthétique d'une action biocritique si on interprete en sens abstrait « *l'impératif catégorique de renverser tous les rapports dans lesquels l'homme est un être abaissé, asservi, abandonné, méprisé* »[377] en tant que besoin du matérialisme historique de

---

[376] « Wittig reprend le premier tableau d'opposés qui est apparu dans l'histoire, élaboré par Aristote (Métaphysique, Libri I, 5, 6). À travers cette dichotomie moralisée, on voit clairement l'épistémologie humaine abstraitement attribuée à la matérialité masculine, caractérisée par les qualités de « l'Être », tandis que celles de la femme correspondent au « Non-être », aux côtés de toutes les corporalités rentrant dans le vaste paramètre de bestialité et d'abjection, représentées non seulement par le corps de la femme et d'autres genres performatifs invisibilisés et infériorisés, mais aussi par toutes les expressions humaines, sociales et même environnementales correspondant à l'une des qualités épistémologiques du pôle féminin. » Texte pris de l'essai intitulé « Art biocritique. Qu'a-t-il été, qu'est-il devenu et qu'aspire-t-il à devenir ? » du chapitre 6 de cet livre.

[377] Marx, 1844/1964 : 230 en Hinkelammert, *in* Pasos mars-avril

reconnaître, *critiquer* et *révolutionner* ; besoins trop semblables aux besoins esthétiques d'une action d'esthétique (bio)critique.

Ainsi, l'*art biocritique* se poïétise comme une critique esthétique liée en contradiction/négation/tension esthétique avec l'éthique ou la pensée marxiste, et sa poïésis critique consiste à se méfier de ce qui est identique, à critiquer ce à quoi on cherche à nous identifier, et à faire son autocritique, ce qui en soi implique également une *révolution intime* avec intention esthétique de mouvement esthétique, une façon de ce que Guattari définit en tant que *révolution moléculaire* (Guattari, 1977).

Cependant, bien que l'exercice critique émancipateur du matérialisme historique (*reconnaître*, *critiquer* et *révolutionner*) de Marx et Engels puisse présenter de nombreuses similitudes avec les trois capacités/besoins esthétiques que l'esthétique de tout art critique attribue a tout (bio)criticisme esthétique (contradiction, reconnaissance et mouvement esthétique), on observe néanmoins une différence essentielle entre ces exercices, qui réside dans le fait que le mouvement révolutionnaire marxiste n'est pas nihiliste, contrairement au mouvement esthétique de l'art (bio)critique: c'est-à-dire auto-révolutionnaire, autocritique face au risque de sédentarisation/identification épistémologique. Si l'on remplace les substantifs représentatifs des hégémonies épistémologiques dans une citation tirée d'un ouvrage de Nietzsche dénonçant la sédentarisation de la Religion dans la culture cognitive du sujet, on peut mettre en évidence le risque latent de sédentarisation épistémologique qui menace *tous* les criticismes, y compris ceux qui en leur temps ont joué un rôle émancipateur de la connaissance et du sujet :

> « Notre époque est consciente. Ce qui, autrefois, était simplement morbide, est devenu maintenant indécent : il est indécent d'être [rationaliste] de nos jours. Et c'est là que commence mon dégoût. Je regarde autour de moi ; il n'est rien resté, pas un seul mot, de ce qui s'appelait autrefois « vérité ». Nous ne supportons même plus qu'un

2005 : 8-9.

[scientifique] prononce seulement le mot de « vérité ».
Il suffit d'avoir, en matière de probité, les exigences les
plus modestes, pour ne pouvoir ignorer, aujourd'hui,
qu'un [médecin], un [omnipraticien], un [scientifique
en général], à chaque phrase qu'il prononce, non
seulement se trompe, mais trompe, et qu'il n'est même
plus en son pouvoir de mentir par « innocence » ou par
« inconscience ».[378]

La déification de la manière épistémologique dont une pensée
prométhéenne (émancipateur) ou biocritique humanise le sujet
social devient manifeste lorsqu'après avoir généré une tension
esthétique vis-à-vis de la vie réelle, l'*idéal-type* esthétique de la
pensée prométhéenne commence à fonctionner sur le mode de
l'identité groupale et cesse ainsi d'être une forme émancipatrice
du sujet dans la mesure où la tension qu'il exerçait initialement
vis-à-vis de la forme dominante se dissout et commence à
fonctionner comme une forme de domination poïético-cognitive
et/ou épistémologique dans le contexte socio-historique au sein du
lequel il avait dans un premier temps représenté une émancipation.

La déification d'une pensée d'esthétique biocritique peut être
identifiée comme « *le moment où la raison théorique se transforme
en pratique sociale* »[379]. Il convient ici de rappeler que du point
de vue de l'esthétique biocritique la pratique de la corporalité
esthétique du sujet social en tant que capacité et besoin poïético-
cognitif est ce qui caractérise le *sujet esthétique*, ou l'*idéal-type* de
la pensée prométhéenne d'un sujet social autonome vis-à-vis du
biopouvoir. Et que c'est cette relative autonomie qui permet de
forger l'auto-identité en contradiction esthétique avec la *fausse
conscience* d'un sujet hétéronome vis-à-vis du biopouvoir et dont la
corporalité s'identifie aux qualités épistémologiques articulatrices
du paradigme épistémologique et culturel hégémonique au sein
d'un contexte socio-historique donné.

---

[378] Les quatre mots suivants de la citation originale ont été substitués
(par ordre d'apparition) : « chrétien », théologien », « prêtre » et
« pape ». Nietzsche, 1888/2003 : 68.
[379] Marcuse, 1984 : 173.

Ainsi, dès lors qu'un style cognitif – tel que la science, la religion, la magie, l'art, etc. – est déifié, il commence à fonctionner comme une hégémonie épistémologique, comme un paradigme culturel enculturant une *fausse conscience* chez le sujet social. Cela peut arriver à n'importe quelle pensée critique, biocritique et prométhéenne poïétisée par n'importe quel style cognitif présent au sein de la société. Une telle sédentarisation épistémologique se traduit par une identification épistémologique au sein de la production de connaissance correspondant à ce style cognitif, et par une identification poïético-cognitive chez le sujet social.

Par exemple, la pensée prométhéenne déifiée est celle qui commence à aliéner le sujet social en en faisant l'articulateur de son hégémonie épistémologique. Ainsi, dès lors qu'une science est déifiée, elle commence à fonctionner comme une instance articulatrice de sa propre hégémonie épistémologique, consolidant ses manières de légitimer et de produire de la connaissance dans un contexte socio-historique déterminé, et aliénant le raisonnement et la corporalité du sujet humain en en faisant un sujet articulateur de son paradigme épistémologique.

On peut donc dire qu'une science déifiée aliène non seulement la raison du sujet, mais aussi sa corporalité, et par conséquent que la *déification* d'une pensée prométhéenne – scientifique ou non – engendre une aliénation de la volonté et du raisonnement, mais aussi une décorporalisation du sujet ; c'est précisément ce dernier effet sur la production cognitive du sujet et sur la production épistémologique de la science que Giddens qualifie de « séquestration de l'expérience » (Giddens, 1991/1995), un phénomène qu'il considère comme un héritage de la modernité au sein de la modernité tardive, et qui n'est autre qu'une *séquestration épistémologique* de l'expérience cognitive ou capacité poïético-cognitive de la subjectivité performative des individus socialisés, poïétisée par une hégémonie épistémologique donnée.

En termes sociologiques de construction sociale du corps, un modèle épistémologique scientifique décorporalise le sujet social dans la mesure où il n'est pas capable de *reconnaître, critiquer, révolutionner* et de se *reconnaître, critiquer, révolutionner ;* c'est-à-dire, capable de contradiction, reconnaissance et mouvement esthétique nihiliste.

Par exemple, dans la mesure où un style cognitif (biocritique, prométhéenne ou critique) est aveugle face à la possibilité déificatrice de sa formule/poïétique émancipatrice ; par exemple quand un style cognitif malgré l'intention biocritique, prométhéenne ou critique, invisibilise la possible dialectique entre des qualités épistémologiques *féminines et masculines*[380], par exemple, à l'intérieur du sujet cognitif ; en annule toute possibilité de critique de la formation – ou *bildung* – du sujet, selon un processus qualifié par Bourdieu d'« effet automatique et sans agent d'un ordre physique et social de part en part organisé selon le principe androcentrique »[381], ce qui explique sociologiquement et anthropologiquement la très forte domination qu'exerce le biopouvoir scientifique phallocentrique.

Bourdieu fait référence aux formes de construction de la connaissance chez le sujet en tant que relations épistémologiques entre le sujet et les connaissances produites qui lui sont présentées comme légitimes par la structure sociale, ce que d'autres auteurs qualifient de processus de construction sociale de l'éthique et de la morale. Car les formes d'un style épistémologique hégémonique déterminent l'enculturation épistémologique du sujet, ainsi que ses usages cognitifs du corps et sa manière d'entrer en relation avec la réalité à travers ce corps. C'est ainsi que quand un tel

---

[380] « Wittig reprend le premier tableau d'opposés qui est apparu dans l'histoire, élaboré par Aristote (Métaphysique, Libri I, 5, 6). À travers cette dichotomie moralisée, on voit clairement l'épistémologie humaine abstraitement attribuée à la matérialité masculine, caractérisée par les qualités de « l'Être », tandis que celles de la femme correspondent au « Non-être », aux côtés de toutes les corporalités rentrant dans le vaste paramètre de bestialité et d'abjection, représentées non seulement par le corps de la femme et d'autres genres performatifs invisibilisés et inférorisés, mais aussi par toutes les expressions humaines, sociales et même environnementales correspondant à l'une des qualités épistémologiques du pôle féminin. » Texte pris de l'essai intitulé « Art biocritique. Qu'a-t-il été, qu'est-il devenu et qu'aspire-t-il à devenir ? » du chapitre 6 de cet livre.

[381] Bourdieu, (1998)/2000: 38.

modèle épistémologique phallocentrique est hégémonique, en tant que paradigme culturel, constitue pour la société un modèle constructeur d'éthique et de morale qui définit la normativité de la vie en commun, de la vie sociale et du comportement de l'individu vis-à-vis des autres et de lui-même, un individu qui finit bien souvent par devenir corporellement « étranger à lui-même » ou « dépossédé » et hétéronome corporellement et rationnellement.

L'esthétique biocritique est une critique envers la déification de la science, dans la mesure où il s'agit d'une critique de la décorporalisation du sujet, devient ainsi une critique envers de tout style cognitif qui ne reconnaîtrait pas la potentialité esthétiques des corporalités « *abaissées, asservies, abandonnées, méprisés* »[382].

Par exemple, au cours de la modernité, la science productrice de connaissance sur le corps a déifié la méthode rationaliste au détriment de la corporalité et de la subjectivité esthétique. Au cours de la modernité tardive, le corps est désormais soumis au phénomène de la *médicalisation* et le sujet social éprouve de plus en plus de difficulté à faire siennes les normes sur le corps, à assumer une *individuation des normes* qui consiste à établir une cohérence entre ses expériences intimes et « *les normes en matière de sexualité* [qui] *plutôt que de disparaître ont eu tendance à proliférer (…) au cours des dernières décennies (…)* »[383]. La médecine se trouve ainsi déifiée, tout comme les médecins et la méthode scientifique « séculaire » moderne, en tant que moyen exclusif d'accès à la connaissance sur le corps ; toutefois cette déification de la méthode scientifique au sein de la science moderne, dont le sujet subit les conséquences en cette époque de la modernité tardive, n'est plus une déification de nature métaphysique comme l'était celle de la religion – dont Marx n'a pas manqué de critiquer l'effet aliénant sur le sujet social –, mais bien une déification dérivée de l'ethnocentrisme épistémologique particulièrement de la médecine, mais aussi de toute science étant parvenu à obtenir une légitimité sociale en tant que source de

---

[382] Marx, 1844/1964 : 230.
[383] Bozon, 2004 : 15

connaissance scientifique rationaliste, matérialiste et « stérilisée » sur le corps.

Or il convient ici de souligner que dès lors qu'il y a déification d'un style cognitif ou d'une forme épistémologique au sein d'une société, le « jugement de vérité » cesse d'être un choix libre pour le sujet, pour devenir une forme de vérité hégémonique, une culture de vérité qui lui est imposée comme unique critère de réalité et comme seule option de rationalité et de corporalité. Comme le dit fort justement Feyerabend : « Le choix d'un style (cognitif), d'une réalité ou d'une forme de vérité est une œuvre humaine. C'est un acte social qui dépend d'une situation historique »[384]. Or la prolifération des normes en matière de sexualité à laquelle est confronté le sujet depuis quelques décennies caractérise le contexte, la « situation historique » au sein de laquelle il vit ses expériences intimes :

« Parallèlement, on pourrait dire que l'un des effets de la médicalisation de la sexualité, qui a vivement progressé au cours de cette période, est que les problèmes du sujet et de son engagement dans la sexualité ont cessé d'être principalement appréhendés comme des problèmes moraux, pour tendre à être interprétés comme une question de bien-être individuel et social, dont rendent compte la notion de santé sexuelle (Giami, 2005), et celle de comportement responsable. Plus que d'une émancipation, d'une libération ou d'un effacement des normes sociales, on pourrait parler d'une individualisation, voire d'une intériorisation produisant un déplacement et un approfondissement des exigences et des contrôles sociaux. (...) Les normes en matière de sexualité se sont mises à proliférer plutôt qu'à faire défaut, les individus sont désormais sommés d'établir eux-mêmes, malgré ce flottement des références pertinentes, la cohérence de leurs expériences intimes.

---

[384] Feyerabend, 1987 : 96.

Ils continuent néanmoins à être soumis à des jugements sociaux stricts. »[385]

Or il se trouve que cette prolifération de normes et de styles cognitifs dénoncée par Bozon (2004) est loin d'être synonyme d'une plus grande liberté du sujet dans son choix de style cognitif ou de poïésis d'auto-identité. Car comme le souligne Giddens (1991/1995), dans des contextes de modernité tardive caractérisés par la dissonance épistémologique, ou par la prolifération des options épistémologiques offertes au sujet, les anciennes hégémonies ont tendance à essayer de renforcer leur emprise épistémologique à l'aide de discours radicalisés, universalisants et idéologisants. Giddens considère cela comme une conséquence de « l'ébranlement du système de sécurité épistémologique », une circonstance socio-historique illustrée par cette « prolifération des normes en matière de sexualité » au cours des dernières décennies, dont parle Bozon. Une circonstance socio-historique face à laquelle la science – entre autres styles cognitifs et institutions sociales idéologisantes dont l'hégémonie épistémologique s'est consolidée dans le contexte contemporain – réagit en radicalisant et/ou en universalisant ses discours. Or il s'agit-là d'une attitude épistémologique déificatrice, indépendamment du style cognitif auquel elle correspond.

Cette attitude de la science est critiquée par Feyerabend et par l'*art biocritique*, qui propose une utilisation esthétique de la science par l'art et non une utilisation scientifique de l'art par la science. Car l'art s'est toujours méfié des styles cognitifs ayant cédé à la sédentarisation épistémologique. À ce sujet, Vásquez Rocca est très clair et illustratif vis-à-vis des conséquences de l'hégémonie épistémologique lorsque, en se référant à la pensée Feyerabend, il parle ainsi des styles cognitifs qui tendent à une telle hégémonie :

« On ne pourrait attribuer une qualité supérieure [à certains styles cognitifs] que si l'on adoptait

---

[385] Bozon, 2004 : 15.

arbitrairement les lignes d'évaluation de l'un d'entre eux, pour ensuite appliquer ces critères aux styles alternatifs. Bien entendu, le procédé garantirait le triomphe du mode de connaissance ayant été privilégié, c'est-à-dire, de celui qui a l'aval du pouvoir, et qui n'est pas nécessairement le meilleur. »[386]

Ce qui mène à la déification de la médecine contemporaine, c'est le « jugement de vérité » et « critère de réalité » qu'elle décrit et impose aux sujets comme la *fausse conscience* d'un « bien-être individuel » et d'une « santé sexuelle », et qui s'articule comme argument légitimateur d'une « universalité » identifiée aux droits humains reconnus par ce jugement de vérité et de réalité scientifique. C'est ainsi que la médecine est déifiée.

En termes épistémologiques, une critique esthétique de l'art envers la déification de la science est une critique envers l'ethnocentrisme épistémologique de cette science face à tant d'autres styles épistémologiques existants au sein de la société, et plus encore, de la déification qui se produit lorsque la science renonce à l'impératif catégorique esthétique qui caractérise toute pensée prométhéenne esthétique, de « *renverser tous les rapports dans lesquels* [la corporalité d'affirmation subjective] *est un être abaissé, asservi, abandonné, méprisé* »[387]. Or dans le contexte socio-historique étudié par Bozon et qui nous intéresse ici, le seul sujet poïétisateur des normes reste l'expert et le spécialiste connaissant les outils de la méthode scientifique. Dans ce contexte, les outils de la science ont fait l'objet d'une certaine démocratisation de la reproduction des normes avalisées par cette science, sans devenir des sujets critiques pour autant. Car ce n'est pas la massification des connaissances produites par la science qui libère le sujet – rationnellement ou corporellement – mais bien la massification

---

[386] Vásquez Rocca, 2006 : dans la revue électronique Observaciones filosóficas, visitée le 10 septembre de 2010 : http://www.observacionesfilosoficas.net/download/feyerabendabril.pdf
[387] Adaptation de la citation de Marx, 1844/1964 : 230.

ou l'enculturation d'une manière esthétique de produire de la connaissance légitime : celle de la science rationaliste,e positiviste et abstractionniste.

La déification de la science devient donc une déification de la méthode scientifique et de l'« expert en la matière », qui se traduit par une désappropriation du sujet réputé « non expert », c'est-à-dire du sujet humain et social, du commun des mortels, comme si en matière de connaissance sur le corps, le savoir légitime ne pouvait être acquis qu'avec la méthode scientifique. Dans la mesure où les sociétés de la modernité tardive considèrent la science rationaliste comme la référence légitime et suprême de production de connaissance sur le corps, on peut affirmer que ces sociétés ont atteint un certain niveau de déification, sans doute comparable à celui qu'avait atteint la religion, dont la pensée prométhéenne de Marx critiquait l'hégémonie aliénant la volonté cognitive du sujet (et qui continue dans certains contextes socio-historiques actuels à enculturer et décorporaliser le sujet social). Ainsi, on peut dire que la science, comme l'avait fait la religion en son temps, a fini par céder à la sédentarisation épistémologique en tant qu'hégémonie de la vérité, et par se déifier comme style cognitif d'un « jugement de vérité » au sein de la société de la modernité tardive.

Face à cette déification et cette légitimité sociale des sciences en tant que source de connaissance sur le corps, l'esthétique de l'art biocritique propose une attitude de contradiction et de négation esthétique vis-à-vis de ces formes légitimées de production de connaissance, afin d'établir avec elles un lien de contradiction esthétique, grâce à une réflexivité critique remettant en cause toute déification ou sédentarisation épistémologique :

> « La contradiction est une catégorie de réflexion, la confrontation entre chose et concept au sein de la pensée. La dialectique négative, en tant que procédé, signifie penser en contradiction et de manière autocritique vis-à-vis de la contradiction auparavant ressentie dans la chose... Une telle dialectique [et]... son mouvement ne

tend pas à l'identité [...] elle se méfie au contraire de ce qui est identique. »[388]

Par conséquent ce n'est pas la transmission de connaissances scientifiques ou l'enseignement des méthodes scientifiques qui constitue une forme épistémologique permettant l'autonomie ou la participation autopoïétique du sujet, mais sa capacité à « se méfier » de ce qui l'identifie ou le rend identique, et bien évidemment sa capacité à contredire, à critiquer et à faire l'autocritique de sa critique.

Déconstruction esthétique du Prométhée de Marx

Pour l'esthétique de tout art critique (inclut l'art biocritique) et criticisme esthétique, déconstruire la potentialité esthétique d'un criticisme implique de le déconstruire en tant que mouvement esthétique de la dialectique négative entre actions critiques et autocritiques. Pour ce faire, on utilisera la Méthode de déconstruction esthétique découlant de la théorie esthétique de Theodor Adorno, qui permet également de déconstruire la potentialité esthétique des corporalités abjectes, de l'*art biocritique* et en générale de tout d'action du sujet social ou style cognitif quelconque qu'on considère potentialement d'esthétique biocritique. Or déconstruire ainsi la potentialité esthétique d'un criticisme à l'aide de cette méthode implique la reconnaissance du fait que ce criticisme conçu comme un paradigme de critique, voire comme un paradigme de sujet esthétique, répond – au moins dans son modèle théorique épistémologique – aux trois capacités/besoins esthétiques de l'art critique :

1) Capacité à établir des liens de contradiction, de négation et de tension esthétique vis-à-vis de : « a) *ce que* critiquent l'action biocritique ou le biocriticisme; b) ce *avec quoi* l'action ou style cognitif biocritique critique ; c) la position *à partir de laquelle*

---

[388] Adorno, (1966)/2005 : 141.

l'action ou style cognitif biocritique critique ; d) ce qui critique la même chose que l'action ou style cognitif critique (les autres criticismes) ; et e) ce qui sur un plan structurel *contribue à la (re) production de la sédentarisation* épistémologique que l'action ou style cognitif biocritique critique ;

2) Capacité/besoin esthétique de l'action ou style cognitif biocritique à reconnaître du point de vue du matérialisme historique l'historicité de ce qui le lie aux points a, b, c, d, et/ou e ; et

3) Capacité/besoin esthétique de de l'action ou style cognitif biocritique à générer un mouvement esthétique au sein des points a, b, c, d, et/ou e.

Or tandis que l'art biocritique en général exprime toutes ces capacités à différents moments esthétiques afin de se revitaliser en tant que mouvement esthétique de dialectique négative entre actions critiques et autocritiques, le mouvement de la Méthode scientifique matérialiste et du Prométhée de Marx n'expriment de capacités biocritiques que dans le lien de la science avec les points *a* et *e*, et éventuellement avec le point *d*, mais pas avec les points *b* et *c*.

On observe que malgré les aspects androcentrique, binaire, hétérosexuelle et anthropocentrique du matérialisme historique de Marx dans sa critique à la Religion, le prométhée marxiste et l'*esthétique biocritique* (découlé de la Théorie esthétique d'Adorno), ont en commun un contenu « émancipateur » qui définit leurs liens de contradiction esthétique vis-à-vis de toute sédentarisation épistémologique permettant que l'être humain soit « *abaissé, asservi, abandonné, méprisé* ». Même si l'émancipation chez l'art biocritique a un sens plus large que le sens antrophocentrique de l'émancipation humaine.

En résumé, selon ce qu'on a réfléchi jusqu'ici, le matérialisme historique ou Prométhée du jeune Marx est une théorie qui montre effectivement la capacité à établir des liens de contradiction, de négation et de tension esthétique vis-à-vis de : (a) *ce que* critique : « [...] *tous les rapports dans lesquels l'homme est un être abaissé, asservi, abandonné, méprisé.* »[389] ; (d) ce qui

---

[389] Marx, 1841 *in* Hinkelammert, 2005 : 20.

critique la même chose que l'action ou style cognitif critique : autres criticismes envers la Religion ou à faveur d'une science séculaire ; (e) et de « ce qui sur un plan structurel *contribue à la (ré) production de la sédentarisation* épistémologique que l'action ou style cognitif biocritique critique : les Religions, les églises en tant qu'institutions sociales ».

Cependant, le matérialisme historique ou Prométhée du jeune Marx ne montre pas effectivement la capacité à établir des liens de contradiction, de négation et de tension esthétique vis-à-vis de : (b) « ce *avec quoi* le matérialisme historique critique » et de (*c*) « la position *à partir de laquelle* l'action du matérialisme historique de la science critique » : le paradigme rationaliste et abstractionniste aussi positiviste de la science moderne occidentale ; le paradigme de la pensée binaire ou de la hiérarchie hétérosexuelle ; et le paradigme anthropocentrique ou de la bestialité corporelle puis aussi la continuité paradigmatique comme le sens « positive » du mouvement historique. Tout celle car on a vus que le moment scientifique du matérialiste historique moderne (rationaliste/abstractionniste de la connaissance scientifique), malgré son pouvoir sécularisatrice, ne questione pas une épistémologie anthropocentrique, androcentrique dans la science moderne occidentale et les rapports de la production de connaissance scientifique avec les paradigmes phallocentriques en tant que « *rapports dans lesquels l'homme est un être abaissé, asservi, abandonné, méprisé.* »[390]. Tout celle même si on considère que le concept d'homme chez Marx à un sens d' « Être humain ». Mais aussi, parce que le *moment scientifique* du matérialiste historique *moderne* est expression de la dynamique poïétique de « continuité paradigmatique » (Kuhn, 1962/2007 : 71) et sédentarisation epistemologiqu au phallocentrisme de la science moderne, socialise dans le sujet social en tant que connaissance legitime moderne déifiée comme la source de la « vérité absolut».

Déuxièment le matérialisme historique ou Prométhée du jeune Marx montre effectivement capacité à la reconnaissance

---

[390] Marx, 1841 *in* Hinkelammert, 2005 : 20.

matérielle-historique de « a », « d » et « e » mais pas de « b » et
« c ».

Capacité du Prométhée de Marx à établir des liens de tension esthétique

Dans son interprétation esthétique du matérialisme historique en rapport au Prométhée de Marx, Hinkelammert affirme : « Aucun Prométhée antérieur n'avait affronté les dieux sur terre »[391]. Selon le mythe original de Prométhée dans la mythologie grecque, celui-ci était un Titan, fils de Japet et de Thémis, connu pour avoir dérobé le feu de Zeus afin de le donner aux mortels.

> « C'est avec le feu que commence l'essor de la civilisation. Voilà pourquoi Prométhée est vénéré comme le dieu de la production, de l'artisanat et de l'essor de la civilisation en général (…) Ce Prométhée, [dit Hinkelammert] donnera par la suite naissance à l'imaginaire prométhéen à partir de la Renaissance (…)[392]. Mais l'aspect le plus important du Prométhée de Marx est qu'il est présenté comme un rebelle se révoltant contre les dieux, jusqu'à ce qu'il « cesse d'être un dieu pour se transformer en homme »[393].

Dès lors, Prométhée devient le symbole de la rébellion humaine corporalisée, étant donné qu'il s'agit d'une révolte au nom de l'émancipation poïétique du sujet social, poïétisée par le sujet social lui-même. Cela représente donc chez Marx une poïétique sécularisée de l'émancipation du sujet humain poïétisée par le sujet humain lui-même.

---

[391] Hinkelammert, *in* Pasos mars-avril 2005 : 20.
[392] Ibid.
[393] Ibid.

Selon le mythe grec, Prométhée dérobe le feu qui est également le symbole de la création, prérogative exclusive des dieux grecs, afin de l'offrir aux hommes. L'acte de voler les dieux est avant tout représentatif d'une capacité créatrice qui implique une grande audace, dans la mesure où il s'agit d'une révolte contre l'autorité représentée par les dieux ; c'est par conséquent un acte qui exige un grand courage de la part du sujet exécutant, afin d'oser remettre en cause tout ce qui représente l'exclusivité créatrice jusqu'alors placée dans des mains supérieures, étrangères au sujet humain. Par ailleurs, le fait que le feu dérobé aux dieux soit ainsi offert aux humains suppose au préalable que ces derniers, en tant que sujet sociaux, soient incapables de se le procurer par eux-mêmes, sans que l'on sache vraiment pourquoi. Face à ces éléments, l'interprétation marxiste – ou plutôt celle du matérialisme historique marxiste – de ce mythe considère que le sujet humain est en mesure de s'approprier poïétiquement cette capacité créatrice grâce à la raison sécularisée et à la méthode matérialiste et scientifique ; mais il l'estime néanmoins socialement incapable de s'approprier ce pouvoir créateur en raison de l'aliénation métaphysique des dieux du ciel et de la terre.

De son côté, l'esthétique de l'art biocritique reconnaît également cette capacité créatrice du sujet humain, tout en mettant l'accent sur la capacité et les besoins poïético-cognitifs de la corporalité esthétique du sujet face à la capacité cognitive abstraite de la raison. Ainsi la pensée prométhéenne marxiste implique-t-elle un acte de courage et d'audace, celui d'humaniser les capacités des dieux ; de son côté, l'art biocritique pousse le mouvement esthétique du phallocentrisme épistémologiquement sedentarisé jusqu'aux ultimes conséquences de la contradiction esthétique vis-à-vis du biopouvoir, en corporalisant la capacité créative ou poïético-cognitive du sujet précisément grâce aux qualités épistémologiques dénigrées par ce même biopouvoir : je me réfère ici à la corporalité d'affirmation subjective potentiellement esthétique du sujet humain, considérée abjecte par la culture phallocentrique ; mais aussi aux autres formes de production de connaissance - aussi considérées abjectes - pratiquées par des autres êtres vivants : les animaux, la nature, le cosmos, etc.

Le cadeau du feu que Prométhée fait aux mortels pourrait être interprété comme la *déification* de la capacité cognitive subjective du sujet humain, mais ce n'est pas l'humanisation – avec ses caractéristiques – qui est en jeu avec le Prométhée de Marx, et ce ne sont pas les caractéristiques des humains qui se perdent en recevant le cadeau du feu en tant que don de la création cognitive. En effet, malgré le cadeau de Prométhée marxiste, les dieux ont resté immortels chez la pensée moderne ; ce qui change, c'est que les humains sont désormais *capables de créer*. C'est pourquoi je dis que la création cognitive s'humanise, de même que la conscience de soi-même qui est, dans la pensée prométhéenne du matérialisme historique de Marx, l'essence suprême de « l'homme » en tant que (on interprètes ici) « l'humanité ».

On peut reconnaître dans le Prométhée (matérialisme historique) de Marx une certaine esthétique renvoyant, dans le vol du feu aux dieux, à une *intention esthétique*, l'intention d'humaniser la création cognitive : afin que le sujet humain soit conscient de sa création et qu'il soit capable de « renverser » toute relation asservissante et reconnue comme telle par cette auto-conscience. Avec son Prométhée, Marx ne se contente pas d'humaniser la création de la connaissance en sécularisant la méthode de ce processus de production à l'aide du matérialisme historique en tant que méthode scientifique : il redonne également à « l'homme » la faculté de produire de la connaissance en tant que jugement de vérité et critère de réalité, dans un contexte d'hégémonie de la Religion. Toutefois Marx met en place une aliénation potentielle de la méthode matérialiste lorsqu'il veut en faire l'émancipatrice absolue du sujet humain : le Prométhée de Marx (la science du matérialisme historique), en plus d'être un dieu, offre aux sujets la capacité de créer de la connaissance et de s'en approprier cognitivement, donnant ainsi à cette méthode une aura de divinité suprême permettant, comme dans le mythe grec, de dérober le feu aux dieux et de l'offrir aux hommes. En analogie avec le mythe, la méthode matérialiste « dérobe » la légitimité de la production de connaissance scientifique à la méthode métaphysique jusqu'alors hégémonique de la Religion, par le biais de la sécularisation de cette méthode qui permet aux hommes de devenir créateurs de connaissance (scientifiques), se constituant ainsi en une science sécularisée et en un instrument d'émancipation humaine par rapport à l'hégémonie de la Religion, certes, mais pas nécessairement par rapport à sa propre hégémonie (qui reste anthropocentrique, androcentrique, binaire et hétérosexuelle et deviens aussi rationaliste et abstractionniste de la connaissance).

Car bien que le Prométhée de Marx représente aussi le sujet humain, on ne peut pas dire que n'importe quel sujet humain soit en mesure de devenir un poïétisateur de la connaissance scientifique sécularisée : en effet, aux yeux de la science moderne séculaire, seul l'« expert » est habilité à assumer ce rôle. Lorsque Marx prône la méthode scientifique en tant que méthode émancipatrice par le biais de la sécularisation de la production de connaissance, il fait miroiter la promesse d'un *idéal-type de sujet* émancipé grâce à la raison organisée par le matérialisme historique en tant que méthode scientifique. La poïétique émancipatrice suggérée par Marx est une poïétique de connaissance structurée qui ne peut être exercée que par « des hommes de science », et non par le commun des mortels. Il s'agit par ailleurs de la divinisation de l'*idéal-type* d'un sujet libéré par la science qui est elle-même une déification de cette formule de contradiction émancipatrice, initialement humanisante, mais par la suite devenue « pseudo-humanisante » de l'humain, ce qu'Adorno désigne sous le terme de *fausse conscience* « malveillante » du sujet moderne socialisé et identifié à cette nouvelle culture poïétique séculaire, qui a fini par déifie à son tour le jugement de vérité de la science. Reprenons ce cite d'Adorno que résume de façon précieuse l'idée:

> « À l'ontologie de la fausse conscience appartient également l'attitude de la bourgeoisie qui, ayant dompté l'esprit autant qu'elle l'a libéré, malveillante même avec elle-même, accepte et tire de l'esprit précisément ce qu'elle ne peut réellement croire qu'il est. »[394]

---

[394] Adorno, 1970/2004: 32.

En effet, rien n'est plus aisé que de trouver une multitude de Prométhées modernes défendant la vérité scientifique sans jamais la remettre en question, abaissant, asservissant, abandonnant, et méprisant toute connaissance non avalisée par la science ou le matérialisme historique, et ce tout simplement parce que toute critique tend naturellement à la sédentarisation. Voilà pourquoi l'esthétique biocritique défend l'idée dont la biocritique doit non seulement s'humaniser en critiquant, mais aussi et surtout s'émanciper en faisant sa propre autocritique. Voilà la dialectique esthético-nihiliste du mouvement esthétique chez l'art biocritique.

Ainsi, le criticisme esthétique de l'*art biocritique* considère-t-elle l'existence d'un sujet aliéné par la science, dans la mesure où certains sujets humains détenteurs du savoir et experts de la méthode et de la production de la connaissance scientifique sont chargés d'offrir cette connaissance aux sujets non-experts afin de leur permettre de s'émanciper. Dès lors, les experts font figure de Prométhées, et le pouvoir de la production de connaissance scientifique reste concentré dans les mains d'un petit groupe de sujets humains, ces experts, dont la nouvelle idéologie est cette chose appelée science, et que la modernité a contribué à déifier, corrompant ainsi les intentions prométhéennes de ses origines. Une conséquence de la modernité dont Marx n'allait pas être témoin, ce qui peut expliquer sa foi inébranlable dans la science sécularisée et sécularisatrice.

La déification des formes de création de connaissance, et plus particulièrement la divinisation des pensées prométhéennes qui dans un premier temps avaient permis d'humaniser la poïésis cognitive du sujet social avant de tendre à la déshumaniser, est qualifiée par Hinkelammert de *déification*, et s'apparente à ce que Marx – reprenant le concept de Feuerbach – qualifie d'*aliénation*, un concept étroitement lié à ce que Kuhn, en référence à la production de connaissance au sein de la science, désigne sous le terme de *science normale*. La déification épistémologique est un degré élevé de ce que l'esthétique (bio)critique reconnaît comme la sédentarisation épistémologique menaçant toute pensée prométhéenne. Et c'est contre cette sédentarisation poïético-épistémologique ou poïético-cognitive que l'*art biocritique* se rebelle, aussi bien à l'extérieur qu'à l'intérieur, car il reconnaît également sa propre tendance sédentarisatrice.

En termes de l'esthétique biocritique, la production de connaissance d'esthétique critique (inclut celle biocritique comme celle de l'*art de témoignages des corporalités abjectes*) établis de liens de tension, négation et contradiction esthéques non seulement avec le biopouvoir, mais aussi avec toute pensée qui après avoir été critique vis-à-vis d'une forme de biopouvoir a fini par devenir elle-même une autre forme de biopouvoir. Or l'une de ces formes de pensée prométhéenne devenue un joug déshumanisant n'est autre que la science (et en part le matérialisme historique) en tant que méthode émancipatrice déifiée par la modernité. De sorte que l'on est en droit de se demander dans quelle mesure la méthode scientifique du matérialisme historique de Marx – qui suppose l'affirmation du sujet humain en tant qu'essence suprême du sujet humain – n'a-t-elle pas cédé, dans sa critique en tant que pensée prométhéenne, à une tendance épistémologique déshumanisante.

Tension esthétique entre androcentrisme et anthropocentrisme chez le Prométhée de Marx

Est-ce que le matérialisme historique de Marx n'a-t-il pas cédé à une tendance épistémologique déshumanisante ? Pour répondre à cette question, il convient de reprendre la citation mentionnée au début de cet essai afin d'analyser la forme épistémologique – et j'ajouterais poïético-cognitive – à laquelle croit Marx en tant que vecteur d'émancipation du sujet humain. Dans sa critique de la religion, Marx écrit :

> « Il est en effet bien plus facile de trouver par l'analyse, le contenu, le noyau terrestre des conceptions nuageuses des religions, que de faire voir par une voie inverse

comment les conditions de la vie réelle revêtent peu à peu une forme éthérée. C'est là la seule méthode matérialiste, par conséquent scientifique »[395].

Cette affirmation synthétise deux préceptes qu'on trouve de base de la science et de la philosophie marxiste de l'histoire, qui en termes de production de connaissance peuvent être décrits de la manière suivante :

Premièrement, les liens que le sujet établit avec la nature et avec d'autres sujets sont des liens matériels, par conséquent la production de connaissance chez le sujet est le fruit d'une relation matérielle et non pas métaphysique. L'*esthétique biocritique* traduit cet aspect épistémologique dans la corporalité du sujet humain et la synthétise comme une qualité poïético-cognitive de ce dernier. Cela revient à reconnaître l'appropriation poïético-cognitive – rationnelle, corporelle et réflexive – du sujet humain en tant que *poïétisateur* de la connaissance et non pas seulement en tant qu'*articulateur* ou *reproducteur* de cette connaissance. Dans cette citation de Marx, la sécularisation de la production scientifique de connaissance est liée à une appropriation épistémologico-scientifique qui peut être interprétée comme une appropriation poïético-cognitive du sujet humain lorsque l'émancipation épistémologique de la science est liée à l'émancipation poïético-cognitive du sujet humain, de sorte que l'on puisse interpréter l'impératif catégorique de Marx de la manière suivante :

« Renverser le rapport avec la production de connaissance scientifique aliénée par la science elle-même, rapport dans lequel le sujet est abaissé, asservi, abandonné, méprisé en tant que poïétisateur cognitif et enculturé en tant qu'articulateur du paradigme du biopouvoir, sa capacité et ses besoins esthétiques étant dominés par l'ethnocentrisme épistémologique de la science ».[396]

---

[395] Marx K., 1867/1966 : 303, note 4.
[396] Adaptation reprenant les termes de la citation de Marx.

La deuxième affirmation du matérialisme scientifique est que les sujets humains génèrent des échanges de biens matériels afin de satisfaire leurs besoins matériels. Voilà ce que Marx considère comme la production sociale de la vie chez le sujet humain et que l'on pourrait résumer en une seule expression : capacités et besoins poïético-cognitifs. Le matérialisme historique de Marx se limite donc à attribuer au sujet humain la capacité de poïétiser la connaissance scientifique, tout en affirmant qu'il a besoin de cette dialectique matérialiste pour entrer en relation avec la nature et avec les autres sujets afin de satisfaire ses besoins matériels qui sont en principe des besoins physiques. Le sujet est donc un *sujet corporel avec des besoins*, avec une capacité et des besoins poïético-cognitifs. Malgré la déification du matérialisme historique chez la science le matérialisme historique et pas nécessairement scientifique reste potentiellement esthétique et l'esthétique biocritique le reconnais ; en fait, elle le reconnait en tant que une des *trois besoins esthétiques de l'art biocritique*[397] et de tout action et style cognitif qui se présume d'esthétique biocritique.

Toutefois, Marx privilégie en tant que capacité cognitive émancipatrice du sujet humain la capacité épistémologique, autrement dit il défend la capacité émancipatrice du matérialisme historique chez la méthode scientifique par rapport à la poïétique cognitive aliénée par la religion, mais ce faisant il ne prend pas en compte la capacité poïético-cognitive esthétique du sujet, et met

---

[397] Rappelons nous que les trois besoins esthétiques de l'art biocritique (aussi considérées comme capacités esthétiques) sont : 1°) capacité/besoin esthétique de l'art d'établir des liens de contradiction, de tension et de négation esthétiques entre l'art et : *a) ce qu'il* critique ; *b) ce avec quoi* il critique ; *c) la position à partir de laquelle* il critique (on parle ici d'une dialectique négative entre actions critiques et autocritiques qui reflète l'attitude nihiliste de l'art critique) ; et *d) ce qui critique la même chose* que lui ; 2°) capacité/besoin esthétique de l'art à reconnaître du point de vue du matérialisme historique l'historicité de *ce qu'il* critique, ce *avec quoi* il critique, *la position à partir de laquelle* il critique et de *ce qui critique la même chose* que lui ; et 3°) capacité/besoin esthétique de l'art à générer un *mouvement esthétique* entre les capacités évoquées précédemment et tout autre élément.

uniquement l'accent sur la forme émancipatrice structurée avec sa méthode. Dans une certaine méssure, la pensée prométhéenne du jeune Marx prône une sécularisation de la poïésis de la connaissance en suggérant une méthode matérialiste historique qui part de la vie réelle afin de

> « faire voir par une voie inverse comment les conditions de la vie réelle revêtent peu à peu une forme éthérée. C'est là la seule méthode matérialiste, par conséquent scientifique »[398].

Marx illustre le moment historique d'un Prométhée moderne qui se sécularise et s'émancipe ainsi de tous les dieux. Toutefois est-ce que le matérialisme scientifique n'a pas fini t'il par être déifié en tant que paradigme constructionniste ? en tant qu'un matérialisme historique scientifique qui interprète la réalité comme une construction sociale, un devenir poïétique abstrait dont le sujet social ne peut s'approprier en sa qualité de non-expert de la méthode scientifique ? Malgré tout, le Prométhée de Marx est poténtiellement esthétiquement biocritique car il se révolte face aux dieux du ciel et de la terre, il est une forme de pensée rebelle *contre* tout dieu qui ne reconnaîtrait pas « le sujet humain en tant qu'essence suprême du sujet humain » :

> « La philosophie ne s'en cache pas. Elle fait sienne la profession de foi de Prométhée: En un mot, j'ai de la haine pour tous les dieux! »[399]

---

[398] Marx K., 1867/1966 : 303, cité par Hinkelammert, *in* Pasos mars-avril 2005 : 8-9.
[399] Différence de la philosophie de la nature chez Démocrite et Épicure (Marx, 1841, thèse de doctorat).

Tension epistémologique entre sédentarisation esthétique et déification de la science

Par exemple, la principale différence entre la poïétique d'une critique humanisante chez Marx et la poïétique d'une œuvre d'art critique pour Adorno réside dans le fait qu'Adorno, lorsqu'il poïétisait sa théorie critique, était déjà témoin des conséquences de la modernité et du règne de la raison moderne (déification de la science, de la rationalité, réification du sujet, etc.), ce qui explique sans doute que sa perspective poïétique de la critique émancipatrice de l'art (sans pour autant négliger la potentialité esthétique du criticisme exercé par la science avant qu'elle ne se sédentarise épistémologiquement aux paradigmes rationaliste, abstractionniste et andro et anthropocentriste) ait souligné l'importance de la dialectique critique de l'art non seulement vis-à-vis du monde extérieur, mais aussi à l'intérieur du criticisme esthétique, afin d'émanciper la pensée, la science, l'art (et tout autre critique exercée par un individu ou un style cognitif) de la sédentarisation poïétique, équivalente à la sédentarisation épistémologique de la science.

Pour sa part, Marx n'ayant pas été témoin de la *déification* de sa méthode scientifique, la citation que nous avons analysée se focalise plus spécifiquement sur la forme poïétique émancipatrice de cette méthode du matérialisme historique, en tant que pensée critique essentiellement basée sur un mouvement dialectico-critique s'opposant à toute déification au sein du monde réel afin d'émanciper le sujet humain en sécularisant la production de connaissance grâce à la science ; néanmoins, à travers la méthode scientifique du matérialisme historique, Marx n'articule pas de mouvement émancipateur de la science elle-même face au risque de sa propre *déification*. Néanmoins, l'art critique (y compris l'*art biocritique*) présente un certain nombre de points communs avec l'éthique marxiste et le matérialisme dialectique de Marx dans la mesure où il considère comme l'une des capacités de tout criticisme esthétique la reconnaissance du point de vue du matérialisme historique des points a, b, c, d et e. Nous allons maintenant déconstruire la potentialité esthétique du Prométhée de Marx à travers sa capacité à satisfaire les trois besoins esthétiques de tout criticisme esthétique, particulièrement dans ses liens avec les points a, b et c, c'est-à-dire les aspects liés à la méthode scientifique du matérialisme historique.

Capacité du Prométhée de Marx à générer un mouvement esthétique

La *dialectique négative* et la *contradiction esthétique* en tant que loi de mouvement de tout art d'esthétique (bio)critique est bien illustrée dans les citations puisées de la Théorie esthétique d'Adorno, qui nous invitent à penser l'émancipation de l'art critique de la théorie adornienne en analogie avec l'émancipation épistémologique d'autres pensées critiques ou poïésis critiques, telles que la pensée prométhéenne de Marx. À ce sujet, Adorno a écrit :

> « L'œuvre [d'art] est apparentée au monde grâce au principe qui l'oppose à celui-ci, et par lequel l'esprit a modelé le monde lui-même »[400].

Dans cette citation, Adorno situe l'art en opposition à l'*identification*, et souligne que la tâche de son *travail critique* est de se distinguer et de s'émanciper de tout esprit *identificateur*. Marx s'appuie sur une esthétique similaire lorsque, dans sa critique de la religion, il écrit :

> « L'homme est pour l'homme l'être suprême, ce qui aboutit à l'impératif catégorique de renverser tous les rapports dans lesquels l'homme est un être abaissé, asservi, abandonné, méprisé ».[401]

---

[400] Adorno, 1970/2004 : 17.
[401] Marx, 1844/1964 : 230.

La contradiction esthétique est une loi de mouvement constant, qui au sein de tout art critique caractérise les liens de cet art vis-à-vis de ce qui l'identifie de l'extérieur, mais aussi de son identification en tant qu'art et de l'identification de sa critique, ce que l'*art biocritique* définit comme le fait « de s'opposer à la propre sédentarisation épistémologique ». Cela dit, l'*art biocritique*, comme tout art critique, reconnaît également dans la méthode scientifique du matériallsime historique une forme légitime d'autocritique structurée, mais il ne la considère pas comme la forme suprême d'émancipation du sujet humain, et encore moins dans un contexte socio-historique où la méthode scientifique et la science en général sont producteurs et articulateurs du paradigme d'un biopouvoir véhiculant une fausse conscience chez le sujet social.

De même que Marx affirme que l'humain est l'être suprême pour l'humain, Adorno affirme – en substance – que mouvement esthétique est l'essence suprême de l'art critique ; cela signifie, poïétiquement parlant, qu'une pensée critique acquiert un caractère esthétique dès lors qu'elle poïétise sa contradiction esthétique en tant que loi de mouvement et essence suprême de cette même contradiction esthétique. Car l'esthétique de la pensée et l'art (bio)critique s'opposent à toute sédentarisation de forme et de contenu du travail critique en soi. Dans cette perspective, les pensées critiques telles que celle qu'analyse Hinkelammert (2005) lorsqu'il évoque la poïésis de la pensée prométhéenne de Marx, reconnaissent l'importance de la contradiction esthétique en tant que besoin d'autocritique ou de mutation poïético-épistémologique de tout travail critique. Hinkelammert semble également reconnaître ce besoin d'autocritique dans la pensée prométhéenne de Marx, lorsqu'il affirme :

> « L'éthique que (…) prône Marx est une éthique de transformation et de changement (…) C'est un appel à renverser toute loi, toute institution abaissant, asservissant, abandonnant, et méprisant le sujet humain. »[402]

---

[402]   Hinkelammert, *in* Pasos mars-avril 2005 : 20.

Dans cette optique, on pourrait qualifier d'esthétique n'importe quelle pensée prométhéenne et à l'inverse on pourrait qualifier de prométhéenne n'importe quelle pensée biocritique établissant un lien de contradiction avec ce qui déshumanise le sujet humain en tant qu'être suprême pour le sujet humain ; en revanche, une pensée *esthétiquement* (bio)critique prométhéenne se doit non seulement d'être critique mais aussi autocritique, dans la mesure où elle établit un lien de contradiction avec sa propre décomposition épistémologique ou poïétique, avec la perte de tension esthétique au sein de sa poïésis biocritique (voilà ce qu'est le nihilisme dans tout criticisme esthétique : le caractère mortel – de la forme ou du contenu – de toute critique esthétique). Cela dit, l'humanisation esthétique que représente le Prométhée de Marx n'est que l'une des formes esthétiques de criticisme qui en tant que biocriticisme esthétique humanisant doit également être capable de répondre aux trois besoins esthétiques de tout art critique ou criticisme esthétique (contradiction, reconnaissance matériel historique et mouvement esthétique). De sorte que l'on pourrait qualifier d'« esthétique » une pensée biocritique prométhéenne qui en plus de poïétiser des critiques envers l'identification ou la sédentarisation épistémologique et cognitive du sujet social, « renverserait », c'est-à-dire « critiquerait » les liens épistémologiques qui l'identifient ou la sédentarise en tant que style cognitif dans son propre travail critique.

Dans cette perspective, l'exercice (bio)critique esthétique est conçu comme une dialectique négative entre actions critiques et autocritiques (contradiction-négation esthétique) au sein de la loi de mouvement de tout art (bio)critique ou (bio)criticisme esthétique, que l'on retrouve dans différentes pensées (bio) critiques et prométhéennes.

Dans cette perspective, nous nous poserons désormais la question suivante concernant la pensée prométhéenne marxiste : Dans quelle mesure la philosophie éthique de Marx reconnaît-elle l'autocritique épistémologique en tant que forme d'auto-émancipation épistémologique de son travail critique ? Une question que l'on pourrait aussi bien se poser à n'importe quelle autre pensée critique et/ou prométhéenne ou d'autres styles cognitifs ayant, pour la plupart, du mal à s'émanciper ou à se rebeller contre la sédentarisation épistémologique, comme c'est notamment le cas de la science occidentale, dont le fonctionnement tend à produire de longue périodes de ce que Kuhn qualifie de « science normale » (Kuhn 1963).

Il n'en va pas de même avec l'art (bio)critique, style cognitif dont la loi de mouvement implique une émancipation vis-à-vis des états de la « science normale » – c'est-à-dire des états sédentarisateurs et identificateurs du travail critique de l'art – à travers l'autocritique, avant que sa capacité critique ne relâche sa tension esthétique, autrement dit, avant que la contradiction esthétique vis-à-vis de toute poïétique – interne ou externe – qu'elle identifie, ne finisse par l'identifier à son tour ; ou dans le cas de la science, avant que tout ce qui tend à la sédentariser épistémologiquement ne finisse par la sédentariser complètement. C'est pourquoi l'on dit que l'art est visionnaire, parce qu'il cherche les mutations poïétiques aussi bien en lui-même que dans le contexte socio-historique, parce que sa loi de mouvement en tant qu'intention esthétique appliquée à la science serais équivalente à l'intention de poïétiser ce que Kuhn qualifie épistémologiquement de « révolution scientifique ».

Il est par ailleurs intéressant de constater que bien souvent, les criticismes esthétiques prométhéens acquièrent leur esthéticité critique d'autoémancipation nihiliste grâce à la poïésis de nouvelles critiques – poïétisées notamment par d'autres styles cognitifs différents de celui d'« origine » – qui, bien qu'elles critiquent la même identification ou déshumanisation dans un contexte socio-historique comparable, et bien que leurs critiques s'appuient sur la même structure de base de contradiction esthétique, n'en établissent pas moins un lien semblable à celui d'une « *œuvre d'art* [...] *ennemie mortelle de l'autre* ».[403]

En ce qui concerne la pensée prométhéenne de Marx, on peut observer que la critique de Marx elle-même opère une transition vers l'autocritique de sa propre contradiction esthétique vis-

---

[403] Adorno, 1970/2004 : 55.

à-vis de la religion lorsqu'elle glisse d'une contradiction entre Prométhée-homme et Prométhée-dieu en tant que poïétisateurs de la connaissance, vers une contradiction entre méthode matérialiste scientifique et « méthodes » métaphysiques dans la production de connaissance, avant d'aborder la contradiction entre la méthode matérialiste scientifique et les « dieux de la terre » (État et marché), etc. Or s'il est vrai que chacune de ces mutations représente avant tout un enrichissement de sa pensée prométhéenne et une extension de ses critiques vis-à-vis des formes métaphysiques des dieux vers les formes terrestres aliénant le sujet humain et le déshumanisant, ces transformations reflètent également une autocritique au sein du travail critique de Marx.

Cela revient à dire que l'affirmation (androcentrique et anthropocentrique) de Marx selon laquelle « l'homme est l'être suprême pour l'homme » reflète l'intention socio-esthétique de toute poïésis critique au sein de la pensée humaniste moderne visant à émanciper l'être humain à partir d'une reconnaissance historique-matérialiste de sa production et de la connaissance, une intention sécularisatrice qui aura – tôt ou tard – besoin esthétique de faire son autocritique afin de s'émanciper d'elle-même, parce que les mutations socio-historiques du sujet déshumanisé l'exigeront, mais aussi parce qu'une pensée critique esthétique (biocritique ou prométhéenne) a tendance à la sédentarisation épistémologique qui en sens esthétique signifie la « continuité des dépendances historiques » de sa poïétique et ses poïésis critiques. Voilà la besoin esthético-nihiliste de l'art (moderne mais aussi de la modernité tardive) :

> « Le contenu de vérité des œuvres d'art fusionne avec leur contenu critique. C'est pourquoi elles se critiquent aussi mutuellement. C'est cela, et non pas la continuité historique de leurs dépendances, qui unit les œuvres d'art entre elles : « une œuvre d'art moderne est l'ennemie mortelle de l'autre »[404].

---

[404] Adorno, 1970/2004 : 55.

À ce propos, il convient ici de mentionner une citation de Marx où il reconnaît lui-même l'importance de l'autocritique en tant que vigilance épistémologique, en faisant référence à la pensée de Feuerbach sur l'auto-aliénation ; Marx y envisage l'autocritique comme une sorte de « dédoublement » épistémologique de la production de connaissance scientifique ; il affirme d'une manière locutive un besoin d'autocritique chez le réel socio-historique et d'une manière perlocutive en rapport au matérialisme historique théorique. Voici cette citation fort illustrative :

> « Feuerbach prend distance avec le fait de l'auto-aliénation religieuse, du dédoublement du monde en un monde religieux représenté et un monde effectif. Son travail se résume à ceci, résorber le monde religieux dans son fondement mondain. Mais il néglige que, une fois ce travail mené à bien, **l'essentiel reste encore à faire. L'essentiel, à savoir que le fondement humain se détache de soi-même et se fixe en royaume autonome** dans les nuages ne peut précisément être expliqué qu'à partir de l'auto-déchirement et de l'opposition à soi de ce fondement mondain. C'est celui-ci même qui doit d'abord être compris dans la contradiction et ensuite à travers la suppression de la contradiction révolutionnée en pratique. Par exemple, une fois révélée la famille terrestre comme le secret de la famille céleste, il faut alors que la première elle-même soit critiquée en théorie et renversée en pratique. »[405]

Dans un certain sens, la pensée prométhéenne de Marx est cohérente avec cette révolution épistémologique en tant qu'une pensée critique épistémologiquement révolutionnaire car elle envisage doucement l'autocritique du matérialisme historique lui même en termes d'être considéré un outil épistémologique pour « renverser » théoriquement/abstraitement les rapports

---

[405] Marx K., 1845/consulté sur le site : http://www.marxists.org/espanol/m-e/1840s/45-feuer.htm#topp.

asservissants des «êtres humains » reconnus dans le réel socio-historique, mais aussi et surtout parce quand il parle de « renverser » tous les rapports asservissants des êtres humains par la voie « *critiquée en théorie et renversée en pratique.* »[406], il parle aussi (de façon perlocutive) de « renverser » la théorie même ; c'est-à-dire, il parle de renverser le matérialisme historique théorisé scientifiquement en tant que méthose rationaliste et abstractionniste de la connaissance séculaire/séuclarisatrice de la modernité, par le voie pratique. On trouve pas claire à qui corresponde ce pratique « contrerévolutionnaire » du « révolutionnaire », (à quel style cognitif, sujet social, etc.) mais on trouve que dans les sociétés modernes et de la modernité tardive, l'art prend l'estafette.

En effet, outre qu'il suggère une déification de la méthode scientifique en tant que « royaume autonome », on peut également déceler dans ce fragment de citation la suggestion voilée d'une attitude épistémologique ethnocentriste si on interprète le que d'un matérialisme historique scientifisée ; car, peut-être l'art d'esthétique critique est aussi une manifestation esthétique du matérialisme historique ou manifestation du moment de contrerévolution esthétique de ce dernier dont le matérialisme historique montre une attitude moins ethnocentriste par rapport à son expression de méthode scientifique, où la science serait reconnue comme un style cognitif parmi d'autres dans un contexte socio-historique donné, tant il est vrai que, comme l'affirmait Feyerabend, aucun style cognitif – qu'il s'agisse de la science, de l'art, de la religion, de la magie, etc. – ne peut prétendre à une quelconque supériorité intrinsèque par rapport aux autres styles cognitifs existants. Cette précaution permettrait d'éviter que certaines hégémonies épistémologiques n'aliènent les sujets ou ne s'auto-aliènent, et qu'elles ne soient déifiées.

Il faut néanmoins reconnaître que la poïétique de l'autocritique que Marx suggère d'appliquer à sa méthode et à toute pensée critique sécularisatrice – telle que celle de Feuerbach

---

[406] Marx K., 1845/consulté sur le site : http://www.marxists.org/espanol/m-e/1840s/45-feuer.htm#topp.

– est fondamentalement une poïétique de contradiction, ce qui coïncide avec l'esthétique de l'art critique dans la théorie esthétique d'Adorno.

En résumé, les étapes de la méthode d'émancipation évoquée dans les citations de Marx sont les suivantes : 1) reconnaissance du contexte socio-historique, 2) critique, 3) révolution. La reconnaissance de la déshumanisation ou de la divinisation d'un style cognitif ou d'une pensée prométhéenne est la reconnaissance du moment où la vie réelle a adopté ces formes divinisées d'émancipation, car c'est à ce moment-là que ces formes cessent d'être des formes d'émancipation : lorsqu'il n'y a plus de contradiction entre divinisation/défication et vie réelle, lorsque la vie réelle toute entière s'identifie à un idéal-type et que l'idéal-type prend vie. Dès lors, le Prométhée d'un idéal-type déifié ne s'humanise plus, il prend vie à travers la fausse conscience du sujet social.

Fonction esthétique du matérialisme historique dans l'art biocritique

En termes de l'esthétique biocritique, le matérialisme historique dans la déconstruction esthétique de l'art biocritique est une fonction esthétique du matérialisme historique et un moment esthétique de ce dernier envers tout risque de sédentarisation épistémologique de son moment scientifique dans la science moderne occidentale. Le matérialisme historique du Prométhée du jeune Marx décrit le mouvement esthétique qui naît de la confrontation entre classes sociales, l'opposition entre classes opprimées et dominantes étant le moteur du changement socio-historique ; selon ce modèle, l'affrontement d'intérêts matériels incompatibles acquiert une potentialité esthétique dès lors que des groupes radicaux défavorisés matériellement ou symboliquement se révoltent et s'émancipent en tant que classe. Le Prométhée du jeune Marx symbolise une forme d'émancipation où le matérialisme historique scientifique théorisé est le premier pas de la libération/sécularitation du sujet socio-historique hétéronome d'abord vis-à-vis de la religion, puis du marché. L'esthétique *biocritique* bien qu'il critique la version du Prométhée de Marx sédentarisée épistémologiquement par le paradigme rationaliste, androcentrique et anthropocentrique, lui reconnait potentialité esthétique pour générer mouvement esthétique en tant qu'outil des actions biocritiques, dans la mesure où celui-ci de par son caractère abstractionniste peut satisfaire deux des besoins esthétiques de tout criticisme et art d'esthétique (bio)critique avec ce qu'Adorno qualifie d' « objectivité extra-esthétique » :

> « Adorno défend dans sa théorie esthétique une définition de l'art qui exige de celui qui se le propose – qu'il soit artiste ou non – la capacité de « se perdre dans l'art afin de le comprendre »[407], ; c'est-à-dire de vivre l'art et de participer à sa poïétique afin de pouvoir ensuite observer avec une objectivité extra-esthétique ses poïésis critiques]. »[408]

À savoir, la capacité et besoin esthétiques de l'art reconnaître du point de vue du matérialisme historique l'historicité de ses liens de contradiction, de tension et de négation esthétiques vis-à-vis de *a) ce qu'il* critique ; *b)* ce *avec quoi* il critique ; *c)* la position *à partir de laquelle* il critique ; *d) ce qui critique la même chose* que lui (les autres criticismes) ; et/ou *e)* ce qui sur un plan structurel *contribue à la (re)production de la sédentarisation* épistémologique qu'il critique ; et la capacité et besoin esthétiques de l'art et tout style cognitif d'esthétique critique de générer un mouvement esthétique chez *a, b, c, d* et/ou *e*.

---

[407] Adorno, 1970.

[408] Texte tiré de l'essai-conférence intitulé Estética de lo ("personal") corporal en el Arte bioenergético y el feminismo radical de Monique Wittig. De corporalidades y otros co-poietizadores de la crítica estética al biopoder. Conférence donnée dans le cadre du Congrès International Genre et Société : « Ce qui est personnel est politique », qui s'est tenu à Córdoba (Argentine) en mai 2012.

Pour l'esthétique de l'art biocritique, le moment esthétique du matérialisme historique – Prométhée du jeune Marx – au sein de la Méthode de déconstruction esthétique à l'aide de laquelle l'*art biocritique* se déconstruit d'une manière structurée, lui permet de faire son autocritique et de revitaliser – lorsque la forme structurée génère une tension esthétique vis-à-vis de l'action critique déconstruite – son propre mouvement esthétique ; c'est ainsi que le Prométhée de Marx acquiert, en tant qu'outil d'autocritique de l'art, la caractéristique de sciences de l'art en ce qui constitue un moment esthétique pour la science également, dans la mesure où cette utilisation esthétique lui permet de s'émanciper d'elle-même. Dans ce sens, l'art (bio)critique resignifie esthétiquement le matérialisme historique en tant que sciences de l'art. Cela ne signifie pas pour autant que l'art considère pas la déconstruction (ou autocritique) structurée à l'aide des outils théorico-conceptuels de la science comme étant la meilleure, et encore moins la seule forme d'autocritique lui permettant de se remettre en question esthétiquement et épistémologiquement.

Pour sa part, et malgré l'anthropocentrisme et androcentrisme de la pensée marxiste, l'esthétique biocritique reconnait certaine potentialité esthétique biocritique dans la pensée du Prométhée de Marx, particulièrement car celle reconnait la capacité des sujets sociaux « *de renverser tous les rapports dans lesquels [ils soient abaissés, asservis, abandonnés et méprisés]* »[409]. Par exemple, l'esthétique de l'art biocritique établit des liens de contradiction esthétique vis-à-vis des styles cognitifs et des paradigmes qui enculturent la séquestration épistémologique de l'expérience et la décorporalisation, « amputant » ainsi symboliquement le sujet social, et vis-à-vis de tout

> « agencement du monde qui rabaisse les hommes en moyen de son sese conservare [autoconservation], ampute et menace leur vie en la reproduisant et en leur

---

[409] Marx, 1844/1964 : 230 en Hinkelammert, *in* Pasos mars-avril 2005 : 8-9.

faisant accroire que le monde serait ainsi en vue de satisfaire leurs besoins (…) essence [qui] ne se laisse connaître que dans la contradiction existant entre l'être et ce qu'il affirme être »[410].

De son coté Hinkelammert interprète et reprend à son compte cette éthique esthétique marxiste :

« Pour l'homme l'être suprême est l'homme ce qui aboutit à l'impératif catégorique de renverser tous les rapports dans lesquels l'homme est un être abaissé, asservi, abandonné, méprisé »[411]. Cette affirmation présuppose un autre jugement : je suis si tu es. [Voilà] l'éthique d'autoréalisation de l'être humain à travers l'affirmation de sa subjectivité. »[412]

L'interprétation et l'utilisation que fait Hinkelammert de « l'affirmation de la subjectivité du sujet » dans l'éthique de Marx est applicable aux conditions de la phase historique de la société contemporaine de la modernité tardive, au sein de laquelle on observe différents expressions biocritiques poïétisées témoignées par les sujets soxiaux et esthétisées par l'art biocritique.

En revanche, pour l'esthétique biocritique, un lien esthétique entre l'art biocritique et cette éthique marxiste reprise par Hinkelammert doit aboutir à la resignification esthétique de celle-ci, particulièrement la résiginification de ces aspects avec lesquels l'art biocritique considère que la pensée du Prométhée de Marx, même biocritique, participe du contexte socio-historique en tant que co-poïétisateur de la sédentarisation épistémologique du phallocentrisme occidental. Pour ce faire, l'esthétique biocritique critique les aspects androcentriques et anthropocentriques que le Prométhée de Marx, repris de Hinkelammert, font du

---

[410] Adorno, 1970/2004 : 161.

[411] Marx, 1844/1964 : 230 en Hinkelammert, *in* Pasos mars-avril 2005 : 8-9.

[412] Hinkelammert, *in* Pasos mars-avril 2005 : 8-9.

phallocentrisme. Puis, l'esthétique biocritique resignifie l'éthique prométhéeique de Marx :

« Pour [l'être humain] l'être suprême est [l'être vivant (nature, animaux, cosmos et êtres humains)], ce qui aboutit à l'impératif catégorique de renverser tous les rapports dans lesquels [ce être vivant] est un être abaissé, asservi, abandonné, méprisé »

Ainsi, l'esthétique fait une resignification de la pensée éthique du Prométhée de Marx l'*art biocritique* serait :

« [Le mouvement esthétique de toute sédentarisation épistémologique du phallocentrisme] est l'essence suprême pour [la biocritique], ce qui aboutit à l'impératif catégorique de renverser [(à travers la resignification esthétique des corporalités potentiellement biocritiques des sujets socio-historiques réels)] tous les rapports dans lesquels [l'être vivant (nature, animaux, humains)] est un être abaissé, asservi, méprisé. »[413]

Dans ce termes, l'esthétique biocritique est l'esthétique des actes émancipateurs courageux des êtres vivants « abaissés, asservis et méprisés » car seuls ceux sont pour qui leur propre émancipation corporalisée devient un acte biocritique courageux vis-à-vis du toute forme socio-historique de biopouvoir qui le produit en tant qu'un « être abaissé, asservi, méprisé » ; or les forces sociaux du biopouvoir sont les forces à qui ces sujets courageux font face pour s'émanciper matérialisant peut-être l'émancipation aussi du Prométhée de Marx représenté (le matérialisme historique) dans la science moderne. Cependant, pour resignifier esthétiquement le langage scientifique il faut aussi le déconstruire esthétiquement.

---

[413] Adaptation du texte de Marx cité par Hinkelammert, 2005 : 20.

Malgré tout, la potentialité esthétique du matérialisme historique chez la pensée moderne et chez l'art (bio)critique même réside-t-elle dans la reconnaissance du fait que toute poïésis critique (d'intention esthétique ou pas) est - en termes du matérialisme historique et de l'esthétique biocritique - un fait socio-historique dialectiquement liée et partiellement déterminée par les conditions socio-historiques matérielles de ce qu'elle critique et du contexte au sein duquel la critique est poïétisée, mais aussi et surtout par le mouvement poïétique que la pensée critique applique en tant que loi de mouvement de sa poïésis. Car c'est bien souvent à travers cette dimension que peut se produire la sédentarisation et l'identification épistémologique ou poïétique et à terme, la déification du style cognitif dominant ; sédentarisation et identification épistémologiques que peuvent avoir des effets dans le sujet social quand il s'agit de la sédentarisation/ identification épistémologiques de la pensée des styles cognitifs dominants, hégémoniques dans la production social du réel socio-historique en tant que fausse conscience du sujet social :

> « La confiance dans les besoins des êtres humains, qui avec l'augmentation des forces productives devait donner au tout une figure supérieure, a cessé d'être soutenue dès lors que les besoins ont été intégrés par la fausse société et sont devenus faux. Les besoins trouvent certes leur satisfaction, comme prévu, mais cette satisfaction est fausse et trompe les êtres humains sur leurs droits humains. »[414]

De sorte que les conséquences épistémologiques qui identifient le sujet humain dans différents contextes socio-historiques peuvent varier, car il s'agit de conséquences d'hégémonies épistémologiques de styles cognitifs différents les uns des autres. Toutefois, dans tous les cas, la sédentarisation qui mène à l'hégémonie épistémologique se traduit par une

---

[414] Adorno, 1970/2004: 32.

aliénation épistémologique traduite en esclavage cognitif et culturelle du sujet social. Or là où Marx et Feuerbach dénoncent une *aliénation*[415] du sujet et sa critique est envers la Religion, âpres le Capitalisme, l'*esthétique biocritique* dénonce quant à lui une décorporalisation cognitive du sujet social.

Néanmoins, pour l'esthétique (bio) critique la tendance des pensées critiques à la sédentarisation épistémologique est récurrente. Elles cessent alors d'être des formes épistémologiques critiques ou prométhéennes du sujet, pour devenir des formes épistémologiques hégémoniques déifiées, déshumanisant à leur tour le sujet. Concernant l'une d'entre elles, Marcuse affirme très justement :

« La rationalité technique et scientifique et l'exploitation de l'homme sont liées l'une à l'autre dans des formes nouvelles de contrôle social. Peut-on se consoler en supposant que cette conséquence peu scientifique est provoquée par une application de la science, spécifiquement sociale? Je pense que le sens général dans lequel elle a été appliquée était déjà préfiguré dans la science pure, au moment où elle n'avait aucun but pratique, et qu'elle peut être identifiée comme le point où la raison théorique se transforme en pratique sociale. »[416]

On peut dès lors interpréter sociologiquement et anthropologiquement que toute forme épistémologique critique (inclut celle d'intention esthétique) mène à la sédentarisation

---

[415] Il est intéressant de souligner l'usage que fait Marx de ce concept, et la représentation poïétique que cela implique au sein du processus de production sociale d'un sujet social. En effet, il conçoit ici l'*aliénation* comme la conséquence déshumanisante d'une forme épistémologique sédentarisée et hégémonique qui devient un paradigme culturel imposant au sujet certaines formes épistémologiques déterminées en tant que culture cognitive.

[416] Marcuse, 1984 : 173.

épistémologique et esthétique, puis à la déification qui mène à l'enculturation de ce qu'Adorno qualifie de *fausse conscience* chez le sujet social.

Parmi les penseurs ayant mis en garde contre le risque de sédentarisation épistémologique de la science occidentale sécularisée, on peut également mentionner, outre Marx, l'un des pères de l'anarchisme russe, Michel Bakounine, contemporain de Marx et qui affirmait très lucidement : « (...) la science a pour mission unique d'éclairer la vie, non de la gouverner »[417]. Il convient toutefois d'admettre que Marx insiste, même s'il le fait de manière perlcutoire, sur la nécessité d'une autocritique épistémologique, lorsqu'il affirme : « [Le sujet humain] *est l'être suprême pour* [le sujet humain], *ce qui aboutit à l'impératif catégorique de renverser tous les rapports dans lesquels* [le sujet humain] *est un être abaissé, asservi, abandonné, méprisé* ».

En effet, dans ce texte, Marx suggère une intention esthétique d'autocritique vis-à-vis de toute instance ou forme épistémologique qui, dans son rapport avec le sujet humain, tend à le mépriser et en définitive à ne pas reconnaître « le sujet humain en tant qu'être suprême pour le sujet humain ».

Marx parle de « *renverser tous les rapports dans lesquels* [le sujet humain] *est un être abaissé, asservi, abandonné, méprisé* ». Et je souligne ici « abandonné » parce que c'est précisément avec ce mot qu'il suggère que la pensée prométhéenne est non seulement une critique des rapports asservissants n'acceptant pas le sujet humain en tant qu'essence suprême du sujet humain, mais aussi et surtout une critique qui « renverse » toute pensée ayant été en son temps critique et prométhéenne, avant d'avoir abandonné son intention humanisante et cessé de considérer le sujet humain comme l'être suprême pour le sujet humain. De sorte que le fait d'« abandonner » le sujet humain en tant qu'essence suprême du sujet humain revient à « abandonner » l'impératif catégorique critique de toute pensée prométhéenne. Marx nous invite ainsi à l'autocritique, et il souligne le caractère périssable des formules

---

[417] Bakunin, Mijaíl Alexándrovich, 1978/1990 : 192-193.

critiques menant à la sédentarisation des formes épistémologiques prométhéennes qui, en perdant leur tension esthétiques, finissent soit par laisser la place à de nouvelles hégémonies soit par être déifiées.

Or si l'on applique la formule du mythe à l'histoire de la pensée occidentale, on peut aisément reconnaître de nombreuses formes de pensées prométhéennes ayant contribué à l'émancipation du sujet humain à différentes époques. Et l'on peut constater que toutes ces formules de révolte du sujet en vue de son émancipation, y compris celles qui se sont avérées efficaces, ont par la suite eu irrémédiablement tendance à sombrer dans la décomposition et la sédentarisation esthétique, poïétique et/ou épistémologique. Chez Marx, par exemple, on observe un tournant significatif entre la pensée prométhéenne humanisante qui se rebelle contre l'aliénation religieuse et celle qui humanise la création en l'émancipant vis-à-vis des dieux terrestres (l'État et le marché).

L'évolution de la pensée prométhéenne matérialiste montre chez Marx un Prométhée qui se révolte à l'aide de la *raison scientifico-matérialiste* contre les dieux du ciel (la Religion) puis contre les dieux de la terre (l'État et le marché), sur le plan terrestre et non métaphysique. L'antécédent de cette méthode chez Marx s'exprime d'abord sous la forme d'une éthique, à travers sa critique envers la religion qui est une sécularisation épistémologique de la poïésis cognitive du sujet, grâce à laquelle Marx permet au sujet social de s'affirmer, en tant que sujet humain, comme producteur ou poïétisateur de connaissance face à la divinité, dans un contexte épistémologique dominé par la religion. « Postérieurement il transforme sa critique de la religion en une méthode d'analyse »[418], faisant de la poïésis cognitive du sujet humain une poïésis structurée en une méthode, destinée aux experts de cette méthode, une poïésis exclusive qui allait bientôt être déifiée en tant que matérialisme historique scientifique et raison abstractionniste et rationaliste chez la *fausse conscience* du sujet social moderne.

---

[418] Hinkelammert, *in* Pasos mars-avril 2005 : 9.

CHAPITRE 10

Art biocritique & (bio)criticismes féministes/ queer contemporains

« Art biocritique. Qu'a-t-il été, qu'est-il devenu et qu'aspire-t-il à devenir ? »

> « La définition de ce qu'est l'art est toujours donnée à l'avance par ce qu'il fut, mais n'est légitimée que par ce qu'il est devenu, ouvert à ce qu'il veut être et pourra peut-être devenir ».
>
> Théorie esthétique, (Adorno, (1970)/2004 : 11).

Cet essai propose une réflexion sur les différentes formes de *nihilisme esthétique* qu'a connu l'art biocritique occidental des XXe et XXIe siècles jusqu'à l'expression d'un nihilisme esthétique incarné et corporalisé par des sujets réels, qui en niant à travers leurs témoignages le *moi* socialement construit dans leur *monde de vie*[419], nient également la sédentarisation des catégories épistémologiques de la pensée hégémonique occidentale et esthétisent leur expérience en décidant d'offrir un témoignage – en tant que matériel artistique – à l'art, humanisant ainsi ce dernier ; ce faisant, ils effacent les frontières poïético-matérielles entre les deux mondes et intègrent la critique de l'art à leur monde de vie. Ces transitions nihilistes au sein de l'art permettent à la théorie

---

[419] « La logique du monde de vie veut que le *moi*, conséquence d'un *nous* antérieur, maintienne son caractère original d'axe central à partir duquel le monde s'organise selon des coordonnées spatio-temporelles déterminées en un flux d'expériences vécues. » (Aranda, 2002 : 225).

esthétique d'Adorno (1970) de définir le nihilisme esthétique de l'art critique comme un mouvement esthétique de dialectique négative entre poïésis critique et autocritique ; nous proposons ici une réflexion sur les transitions du mouvement esthétique nihiliste observable au sein de l'*art biocritique* contemporain. Pour ce faire, nous devrons répondre à la question : Qu'a été, qu'est devenu et qu'aspire à devenir l'*art biocritique* ?

Découlant de la *Théorie esthétique* d'Adorno (1970), l'esthétique de l'*art biocritique* part de la définition suivante : un art biocritique doit être capable de satisfaire les trois besoins esthétiques de tout criticisme esthétique : 1) capacité et besoin esthétiques de l'art d'établir des liens de contradiction, de tension et de négation esthétiques vis-à-vis de a) *ce qu'il* critique ; b) ce *avec quoi* il critique ; c) la position *à partir de laquelle* il critique ; d) *ce qui critique la même chose* que lui (les autres criticismes) ; e) ce qui sur un plan structurel *contribue à la (re) production de la sédentarisation* épistémologique qu'il critique. 2) capacité et besoin esthétiques de l'art de reconnaître du point de vue du matérialisme historique l'historicité de ses liens avec a, b, c, d, et e ; et 3) capacité et besoin esthétiques de l'art de générer un mouvement esthétique dans ses liens avec a, b, c, d et e. Or si l'on part du principe que « *L'art* [et notamment l'*art biocritique* contemporain] *ne peut être interprété que par la loi de son mouvement, non par des invariants.* » (Adorno, 1970/2004: 11), il en résulte que la potentialité esthétique des poïésis de tout art critique ou criticisme esthétique (y compris l'*art biocritique*) est esthétiquement déconstructible en tant que capacité poïétique de cet art à établir des liens de tension, de négation et/o de contradiction esthétiques vis-à-vis de toute sédentarisation esthétique et/ou épistémologique au sein de l'art et de son contexte socio-historique ; de sorte que l'art biocritique peut être défini comme un art de *morts fragmentées*, dont l'esprit poïétique est esthétiquement *suicidaire* et *assassin*, esthétiquement prêt à assassiner/suicider ses propres poïésis à l'aide d'autres poïésis critiques (et autocritiques) qui s'assassinent et se suicident esthétiquement à leur tour, ce qui permet à l'art de revitaliser constamment sa loi de mouvement (la dialectique négative), soulignant ainsi à chacune de ses morts la mortalité fragmentée de l'art, sans cesse revitalisée par des moments esthétiques de nihilisme transgressant les moments précédents et transgressés par les moments suivants, tant il est vrai que « *les œuvres d'art, qui sont des produits humains et mortels, disparaissent d'autant plus rapidement qu'elles s'acharnent à perdurer.* » (Adorno, (1970)/2004 : 237).

C'est notamment le cas de l'*art biocritique* contemporain de la fin du XXe et du début du XXIe siècle, où l'on peut observer la croissante et prolifique expression d'un nihilisme esthétique corporalisé par le sujet réel et mené jusqu'aux ultimes conséquences de la négation esthétique des catégories épistémologiques hégémoniques de la pensée occidentale. Cette transition du nihilisme esthétique au sein de l'*art de témoignage* du XXe siècle est d'abord celle d'un art fait de témoignages fictifs de négations esthétiques du *moi* construit socialement (en tant que témoignages poïétisés par des personnages littéraires) à un art poïétisé à l'aide de témoignages de négation esthétique corporalisés par l'artiste lui-même. Parallèlement à la corporalisation de l'art ou à l'inclusion du corps de l'artiste dans l'art, on observe durant la seconde moitié du XXe siècle une revendication croissante de l'activisme performatif et une reconnaissance politique des cultures *drag king* et *drag queen* (Preciado, 2012 : 113), en lien avec la négation esthétique de la biologisation hétérosexuelle du sexe et du genre, en tant que catégories épistémologiques construites socialement comme des bastions épistémologiques de la pensée hétérosexuelle et binaire du patriarcat en Occident.

Aux antécédents immédiats des manifestations féministes des XVIIIe, XIXe et XXe siècles qui ont été des témoignages précurseurs de la négation personnelle et collective d'aspects socio-politiquement hégémoniques du système patriarcal, viennent s'ajouter les qualités testimoniales et collectives de ces manifestations socio-politiques revendiquant la performativité du genre et la capacité du sujet réel à produire son *propre* genre –

ou l'identité sexuelle d'un « moi propre » (Giddens, 1995 : 42)[420] en tant que négation esthétique d'une économie hétérosexuelle hégémonique de genres socialement construits. Ces premiers témoignages collectifs et corporalisés au sein de l'espace public qu'ont été les manifestations féministes ont été suivis par les expressions corporalisées de « la théâtralisation hyperbolique de la féminité dans la culture gay » (Preciado, 2012 : 113) ; l'introduction du corps de l'artiste au sein de l'art corporel et performatif allait désormais marquer l'histoire de l'art occidental. Les théorisations critiques poststructuralistes, féministes et *queer* allaient par la suite utiliser le langage structuré des sciences sociales et humaines afin de critiquer la biologisation de la pensée et la sédentarisation épistémologique des catégories phallocentriques patriarcales dans la production de connaissance, tout en légitimant le paradigme de la construction sociale et épistémologique de la réalité du sujet social, du genre, du vécu personnel, de la corporalité et du sexe, en tant que catégories épistémologiques qui permettent/conditionnent la sédentarisation ou le mouvement épistémologique de l'hégémonie de la pensée hétérosexuelle et binaire au sein des sociétés occidentales.

Par la suite, dans l'histoire de l'*art biocritique* du XXe siècle, on observe que le nihilisme de l'art corporalisé par l'artiste lui-même a été revitalisé (critiqué esthétiquement) à la fin du XXe et au début du XXIe siècle par un art dont les négations esthétiques des conditions socio-historiques étaient corporalisées par des *sujets réels*.

Il nous semble important de souligner ici que la potentialité esthétique du nihilisme de l'*art biocritique* des XXe et XXIe siècles ne découle pas de son expression ou forme poïétique incarnée

---

[420] L'identité du moi propre est la négation subjective du « nous » imposé socialment. Giddens décrit au sein de la modernité tardive : « une situation où le genre humain devient en quelque sorte un nous confronté à des problèmes et des possibilités où n'existe plus les « autres » (Giddens 1995 : 42), ni le « moi propre » comme un « moi » produit de l'affirmation subjective.

et corporalisée mais de l'historicité des sens *abjects*[421] attribués à toute expérience déployant des qualités épistémologiques féminines, telles que la mobilité esthétique (ou « loi de mouvement de l'art biocritique ») que représente le nihilisme esthétique de l'art épistémologiquement féminin dans la mesure où cet art génère une « mobilité » épistémologique en se définissant esthétiquement comme un exercice critique envers toute sédentarisation esthétique et épistémologique, que ce soit dans le cadre de l'exercice critique de l'art ou au sein du contexte socio-historique dans lequel il évolue. Mais après avoir ainsi défini l'*art biocritique* contemporain, on est en droit de se demander : « Qu'a été, qu'est devenu et qu'aspire à devenir cet art ? »

Art biocritique de témoignage contemporain : Qu'a-t-il été ?

Du nihilisme magico-religieux au nihilisme du « Non-être »

Les peintures rupestres constituent probablement les plus lointains antécédents matériels et historiques du nihilisme esthétique de l'*art biocritique* occidental des XXᵉ et XXIᵉ siècles.

Même s'il n'existe aucune certitude scientifique permettant de déterminer si les scènes de chasse au mammouth, de danses, de cérémonies et de rituels magico-religieux des peintures rupestres ont été peintes ou taillées par les protagonistes de ces scènes et

---

[421] Dans son ouvrage *Pouvoirs de l'horreur. Essai sur l'abjection* (1980), Kristeva décrit l'apprentissage de l' « abjection » par l'enfant comme un renoncement de celui-ci à son propre corps et à ses expressions physiologiques. L'enfant renonce ainsi à une partie de lui-même qui se transforme en un « moi » identifié à la fausse conscience d'une subjectivité reproductrice de la légitimité épistémologiquement masculine impliquant le rejet des qualités épistémologiquement féminines.

cérémonies, ou par des observateurs, ou encore par d'habiles transmetteurs des « récits » d'autres observateurs, la comparaison avec l'*art biocritique* contemporain reste valable, dans la mesure où ces peintures sont aussi des *témoignages*, qu'ils soient à la première, deuxième ou troisième personne. La différence essentielle avec l'*art biocritique* réside dans le fait que ces peintures rupestres peuvent être interprétées anthropologiquement comme des témoignages magico-religieux reflétant une lutte pour la survie dans un environnement difficile, la cosmovision de ses créateurs permettant de supposer qu'il s'agissait de nomades ; tandis que les expressions de l'*art de témoignage* contemporain reflètent une négation esthétique des conditions socio-historiques et épistémologiques de la construction sociale du *moi* découlant d'un *nous* également construit socialement et assigné au sujet social par un ordre social et une forme de pensée hégémonique, qui en Occident est étroitement liée à la métaphysique phallocentrique patriarcale que l'on retrouve dans les principales racines de la pensée philosophique occidentale, telles que la mystique judéo-chrétienne ou le droit romain (Hinkelammert, *in* Pasos mars-avril 2005 : 20).

Cela implique également une hiérarchisation patriarcale entre les qualités épistémologiques masculines et féminines, une hiérarchie entre les corps masculins et féminins présentée comme naturelle et biologique par l'économie hétérosexuelle excluante qui associe les attributs épistémologiques masculins à l'« Être » philosophique, et ceux de la femme et des autres sujets invisibilisés au « Non-être ».

Les qualités épistémologiques du « Non-être » sont associées par les féminismes de Wittig, Butler et Irigaray aux dichotomies philosophiques proposées par Pythagore puis moralisées par Aristote. Wittig reprend le premier tableau d'opposés qui est apparu dans l'histoire, élaboré par Aristote (*Métaphysique,* Libri I, 5, 6)[422] :

---

[422] Aristote *in* Wittig, 1992, 2006 : 73-74.

Limité	Illimité		Immobilité	Mouvement
Impar	Pair		Droit	Courbe
Un	Plusieurs		Lumiére	Obscurité
Droite	Gauche		Bon	Mal
Mále	Femelle		Carré	Rectangulaire

À travers cette dichotomie moralisée, on voit clairement l'épistémologie humaine abstraitement attribuée à la matérialité masculine, caractérisée par les qualités de « l'Être », tandis que celles de la femme correspondent au « Non-être », aux côtés de toutes les corporalités rentrant dans le vaste paramètre de *bestialité*[423] et d'*abjection*, représentées non seulement par le corps de la femme et d'autres genres performatifs invisibilisés et infériorisés, mais aussi par toutes les expressions humaines, sociales et même environnementales correspondant à l'une des qualités épistémologiques du pôle féminin.

La potentialité esthétique des témoignages épistémologiquement féminins au sein de l'art, en tant qu'expérience corporalisée du sujet, peut être interprétée comme une expérience de négation esthétique des sens légitimés par le biopouvoir hégémonique, de sorte que la resignification esthétique de ce qui est considéré comme abject, chargée de sens revendicatifs et révolutionnaires – comme c'est le cas des témoignages offerts par des sujets réels – au sein de l'*art biocritique*, est l'expression de ce que certains criticismes esthétiques – tels que ceux de la pensée esthétique marxiste, de l'art biocritique, et surtout les criticismes féministes et *queer*,[424] – interprètent comme le « pouvoir performatif » des

---

[423] Le paramètre de « bestialité » renvoie à l'interprétation que fait Judith Butler du paramètre d'infériorité cognitive de la métaphysique phallocentrique, qui inclut tous ceux qui sont considérés comme inférieurs au sein de la hiérarchie hétérosexuelle ou qui sont exclus de cette hiérarchie. (Butler, (1993)/2010 : 79).

[424] Dans son œuvre Wittig (1992), reconnaît l'une des dimensions esthétiques de la pensée de Marx et Engels : « Dans *L'Idéologie allemande*, Marx et Engels ont développé cette idée

identités *abjectes, queer* (Butler, 1993/2010), en rapport avec la capacité de « mouvement » de dialectique négative entre la sphère intime et personnelle et la sphère politico-épistémologique. Au sein de l'*art biocritique* des XXe et XXIe siècles, il s'agit essentiellement d'un mouvement de dialectique négative entre le nihilisme esthétique individuel corporalisé par l'artiste et le nihilisme de classe corporalisé par des sujets réels, un mouvement esthétiquement défini par le féminisme radical de Monique Wittig comme un « processus de destruction [qui] consiste en un double mouvement : se détruire soi-même en tant que classe [...] et se détruire soi-même en tant que catégorie philosophique (la catégorie de l'Autre) »[425]. Wittig considère qu'il s'agit-là d'un besoin esthétique du mouvement socio-politique des groupes radicaux, tels que ceux du « Non-être », un mouvement de dialectique négative que Butler observe et rend observable, et grâce auquel les mouvements socio-politiques des cultures *drag king* et *drag queen* parviennent à :

> « Retourner le pouvoir contre lui-même afin de produire des modalités alternatives de pouvoir [... et de forger] un avenir à l'aide de ressources inévitablement impures »[426]. C'est-à-dire « concevoir le pouvoir comme une resignification [, ...] réinstaller l'abjection comme le site de son opposition et [...] reconcevoir les termes qui établissent et soutiennent les corps qui comptent. »[427].

Or c'est lorsqu'elle analyse le pouvoir performatif de l'abjection des « ressources inévitablement impures », que la théorie *queer*

[multidimensionnelle de l'exercice critique], soutenant que les groupes les plus radicaux ont besoin d'affirmer leur point de vue et leurs intérêts en les présentant comme généraux et universels, une position qui concerne à la fois les points pratiques et philosophiques (politiques). » (Wittig, (1992)/ 2006 : 73-74).

[425] Wittig, (1992)/2006 : 78 et 79.
[426] Butler, (1993)/2010 : 338.
[427] Butler, (1993)/2010 : 337.

de Butler reconnaît et légitime à l'aide de langages structurés la dialectique négative, le nihilisme esthétique de l'art biocritique, en tant que mouvement esthétique de la révolte socio-politique poïétisée par les identités du « Non-être », dont la potentialité esthétique était déjà présente au sein de l'*art biocritique* du XXe siècle à travers la corporalisation de cette négation par l'artiste lui-même.

Pour l'esthétique de l'*art biocritique* occidental et contemporain, cela revient à reconnaître que la potentialité esthétique de ses œuvres est étroitement liée à la potentialité esthétique de l'expérience épistémologiquement féminine sur laquelle portent les témoignages en tant qu'expression de tension, de négation et de contradiction esthétiques entre l'expérience personnelle du poïétisateur du témoignage épistémologiquement féminin et le contexte socio-historique d'hégémonie épistémologique masculine. Ce qui implique que la potentialité esthétique d'une expérience épistémologiquement féminine ne serait pas aussi grande dans des contextes privilégiant ces mêmes qualités épistémologiquement féminines.

Du nihilisme fictionnel au nihilisme esthétique corporalisé par des artistes courageux

Parmi les plus anciens antécédents historiques du nihilisme esthétique de l'*art biocritique* occidental des XXe et XXIe siècles, on peut mentionner, outre les peintures rupestres, l'art poétique japonais du *jisei* (ou poème d'adieu, écrit peu de temps avant le décès de son auteur), dont les plus anciens exemples connus datent du premier millénaire de notre ère (selon le calendrier chrétien).

Nombre de ces poèmes *jisei* peuvent être associés à l'*art biocritique* contemporain dans la mesure où ces deux formes d'art sont réalisées à l'aide de témoignages de négations esthétiques poïétisées par leurs auteurs (sujets réels) vis-à-vis des circonstances socio-historiques, biographiques et/ou conjoncturelles hégémoniques ou dominantes dans la vie de chacun.

Ota Dokan – expert en « arts » militaires - a écrit avant de mourir et à l'aide du poignard avec lequel il venait d'être poignardé alors qu'il prenait son bain :

> « Si je n'avais pas su
> que j'étais déjà
> mort,
> j'aurais regretté
> de perdre la vie. »[428]

Avec ce poème, Ota Dokan témoigne de son appropriation spirituelle, mettant en avant la mort éthérée de l'Esprit et minimisant l'importance de son assassinat. Si l'on inscrivait ce poème dans un contexte épistémologique et socio-historique semblable à celui de la pensée occidentale, on pourrait l'interpréter comme le témoignage d'un nihilisme épistémologiquement féminin, « abject » et potentiellement esthétique.

On peut également mentionner le cas des *jisei* écrits par des femmes qui au moment de leur mort évoquaient la figure masculine de leur vie, leur mort étant irrémédiablement liée à l'homme auquel elles avaient été subordonnées. Les qualités épistémologiques prédominantes des *jisei* de ces femmes auteures se différenciaient de celles des *jisei* écrits par des hommes, la culture cognitive du Japon médiéval encourageant une totale dévotion de la femme envers l'homme. On peut même dire que dans le contexte socio-culturel japonais, le suicide d'une femme était interprété comme une mort légitime lorsque celle-ci évoquait dans son *jisei* un suicide visant à sauver la vie de son homme.

En revanche, au sein de l'*art biocritique* occidental, la potentialité esthétique de la négation esthétique d'identités

---

[428] Jisei attribué a Ota Dokán (1432-1486), consulté in HOFFMANN Yoel (éd.), (2000).

socialement construites comme des identités du « Non-être » (inférieures ou invisibilisées) réside dans l'historicité du sens abject attribué aux expériences d'appropriation corporelle du sujet en tant qu'expériences épistémologiquement féminines exprimant une capacité de négation, de tension et de contradiction esthétique vis-à-vis de la pensée hégémonique occidentale (le phallocentrisme patriarcal hétérosexuel et binaire) qui légitime l'immobilité épistémologique de la production sociale, dénigrant les actes de bravoure tels que ceux des personnages de Jorge Luis Borges, Emma et Tadeo Isidoro, dont les

> « actes exigeaient du courage de la part de leur créateurs et auteurs, car le simple fait de les créer et de les réaliser impliquait l'effort, l'audace et la vaillance de contredire ce qu'ils étaient, c'est-à-dire de se contredire eux-mêmes en affirmant leur vengeance et leur révolte en tant que sujets sociaux : Emma en tant que femme et ouvrière, et Tadeo en tant qu'homme et militaire, tous deux osant nier leur condition, en contradiction avec les hétéronomies que leur construction sociale leur imposait. »[429]

De même, les témoignages courageux de l'*art biocritique* en font un art courageux.

Le caractère esthétique et suicidaire des personnages de Borges constitue un antécédent symbolique du nihilisme esthétique de l'art de témoignage annonçant l'une des morts de cet art, ou le caractère suicidaire et courageux d'un art prêt à mourir fragmenté afin de se revitaliser en tant que mouvement esthétique remettant en cause les aspects sédentarisés du contexte socio-historique. Un courage que l'on retrouve au XXe siècle avec le nihilisme esthétique d'un *art biocritique* corporalisé par l'artiste lui-même.

---

[429] Fragment pris du récit création de l'œuvre multiorgasmique intitulé « L'Art courageux. Rencontres de l'œuvre multiorgasmique » dans le livre intitulé *La fonction esthétique-politique de l'orgasme* Volume I.

La mort du corps de l'artiste. Du nihilisme corporalisé par l'artiste au nihilisme corporalisé par le sujet social.

« À ses côtés se trouvait son compagnon André, qui était, on l'a vu, une autre figure capitale dans l'histoire de la récupération du plan de base en tant que territoire créatif. Nous ne croyons pas que cet homme ait poussé Ana Mendieta, comme certains l'ont supposé. Nous préférons penser, en revanche, que c'est la volonté de réaliser sa dernière œuvre, la plus radicale, qui a amené l'artiste cubaine à profiter de la puissante loi de gravité pour rencontrer le sol en une étreinte tragique avec le plan de base primordial. » (Ramírez, 2009 : 158).

La transition historique et esthétique entre l'art du XXe et celui du XXIe siècle s'est traduite par une rupture du paradigme évolutionniste qui avait caractérisé le passage du modernisme au postmodernisme, une rupture marquée par un « retour du réel » (Foster, 2005) qui ne s'est d'ailleurs pas limité au domaine de l'art. La production de sens au sein de l'art a ainsi intégré « la réalité », afin de refléter et de s'inspirer du « réel ». Cette transition a d'abord été marquée par le passage des beaux-arts au nihilisme abstractionniste, où l'artiste a pris les habits d'un « expert de la technique ». L'art conceptuel fétichiste du début du XXe siècle présentait une certaine continuité entre les dimensions artisanale et conceptuelle, mais peu à peu le travail conceptuel de l'artiste a pris le pas sur son rôle d'« expert dans une technique » : c'est notamment le cas de l'œuvre sculpturale de Louise Bourgeois, dont les processus de création ne sont pas exclusivement gouvernés par son intervention technique personnelle, dans la mesure où elle fait appel à des experts dans les différentes techniques qu'elle entend utiliser[430]. On observe également ce rôle primordial de l'exercice

---

[430] Le modèle de la sculpture « Arc d'hystérie » (1993) de Louise Bourgeois explique comment son corps a d'abord été moulé dans du plâtre pour obtenir un modèle en plastique, qui a par la suite été « découpé » et

conceptuel de l'artiste lorsque celui-ci commence à introduire des objets industriels en tant que matériel de création artistique et en tant qu'objets-œuvres d'art, resignifiés par l'artiste à travers cette utilisation différente de celle pour laquelle ces objets avaient initialement été conçus et fabriqués. Parmi les exemples de ce genre de procédé artistique, on peut mentionner des œuvres d'art conceptuel telles que *Fontaine*, 1917, *With Hidden Noise*, 1916 et *Why not Sneeze, Rose Sélavy?*, 1926 de Marcel Duchamp.

L'idée de « retour du réel » peut être interprétée non seulement comme l'« occupation » de l'art par le réel, mais aussi comme l'« occupation » poïétique de l'art par le *sujet réel*, avec tous ses mondes de vie. Dans cette perspective, la première étape de ce processus est représentée par le fétichisme de l'objet industriel dans l'art conceptuel, la seconde étape par la corporalité et la subjectivité des artistes en tant que poïétisateurs de l'art, et la troisième étape par la corporalité et la subjectivité du *sujet réel* ; or c'est à cette troisième étape que correspond l'art biocritique utilisant des témoignages (physiques/corporels, biographiques, narratifs, concrets, etc.) d'expériences de négation esthétique du sujet réel dans son « monde de vie ». Parallèlement à ce phénomène artistique, on observe une série d'évènements esthétiquement critiques « scientifiques » liés aux mouvements socio-historiques et politiques féministes des siècles précédents et du XXᵉ siècle, qui ont néanmoins été – et sont toujours dans une certaine mesure – délégitimés par la science elle-même, des évènements ou des

---

« tordu » par Louise Bourgeois afin d'exagérer la courbure naturelle du corps. Le modèle raconte : « nous avons été à la fonderie de Louise Bourgeois, elle leur avait demandé à l'avance d'élaborer un grand moule en plâtre, puis ils m'ont entièrement rasé le corps et deux personnes m'ont saisi par les pieds et m'ont déposé sur le plâtre, du plâtre liquide, courbé. Après ils m'ont recouvert de plâtre, tout autour [...]. [l'œuvre] est tirée d'un moule, mais elle est plus exagérée que mon corps, parce que [Louise] a pris mon corps [moulé en plastique], elle l'a découpé et a ajouté des sections et fait les muscles ; au début c'était moi, mais après elle l'a transformé ». (PROAWEBTV, 2011 consulté sur Internet le 15 de novembre 2012 : http://www.youtube.com/ watch?v=Zh6B3QzJeyo&feature=related)

productions scientifiques et/ou épistémologiques qui témoignent d'une « occupation du réel » ou d'une « appropriation du sujet réel » au sein de l'exercice scientifique. C'est notamment le cas de la performance de la psychanalyste Joan Riviere à Londres en 1929, qui est apparue habillée en homme dans un congrès de psychologie – un contexte dominé à l'époque par la présence masculine – afin de présenter le genre comme une « mascarade » au cours d'une conférence (Preciado, 2012: 113) ; on peut également mentionner les recherches de Wilhelm Reich défendant l'existence physique d'une bioénergie produite par les êtres vivants à travers l'expérience orgasmique, qui l'ont amené à mettre au point des appareils censés capter cette énergie, tels que le « Cloudbuster ».

Quoi qu'il en soit, à partir de la fin du XIXe et durant tout le XXe siècle, l'*art de témoignage* passe progressivement d'un nihilisme symbolique et abstrait à un nihilisme corporalisé et incarné par le corps de l'artiste. Parmi les exemples de corporalisation de la critique poïétisée par l'art en tant que négation esthétique des aspects épistémologiquement sédentarisés par le phallocentrisme patriarcal de la pensée occidentale, on peut mentionner les œuvres d'*art biocritique* dont les poïésis ont utilisé le corps ou des substances du corps de l'artiste, telles que : « Paysage fautif » (1946) de Marcel Duchamp, « Untitled XIII » ou « Eyaculación en trayectoria », (1989) de Andrés Serrano, « Oxidation painting » (réalisé avec l'urine de l'artiste)(1978) de Andy Warhol, ainsi que les œuvres de certains artistes représentants de l'actionnisme viennois ayant utilisé du sang ou des excréments, telles que « Autoportrait » (1966) de Günter Brus, « Nahrungsmitteltest » (1966) de Otto Mühl, l'œuvre de 1966 de Hermann Nitsch, ou encore la performance « Sans titre (Glicee pourpre) » (1995) de Keith Boadwee. On retrouvera plus tard la présence littérale dans l'art de fluides et de sécrétions humaines et animales, de sang, de cadavres d'animaux tels que des oiseaux et des poissons, de sueur, d'urine, de vomi, d'excréments, entre autres, dans des œuvres telles que « Meat Joy » (1964) de Carol Schneemann, « Le lait chaud » (1972) de Gina Pane, « Body Tracks » (1974) d'Ana Mendieta, « Flux rouge » de Judy Chigado (en allusion à la menstruation), « Tale » (1992) de Kiki Smith, ces deux dernières critiquant le cantonnement de la femme à une sexualité reproductive. On peut également mentionner les photographies de Bárbara Kruger intitulées « It's all about me. I mean you. I mean me » et « Your body is a battleground », sans oublier les performances « Interior Scrôle » (1975) et « Up To And Including Her Limits » (1973-76) de Carol Schneemann, « Tap and Touch Cinema » (1968) de Valie Export, « Semiotics of the Kitchen » (1975) de Martha Rosler et la performance mémorable intitulée « Waiting » (1972) de Judy Chicago. On pourrait également citer d'autres artistes tels que Claude Cahun, Marlene Dumas, Louise Bourgeois, Nan Goldin, Sophie Calle, Orlan, etc.

Tous ces exemples renvoient à un art produit par la performativité du corps mis en scène dans des œuvres d'*art éphémère* exaltant le nihilisme esthétique de l'art en tant qu'objet esthétique, ainsi que le pouvoir de la subjectivité du sujet réel capable de resignifier son « monde de vie », en une revitalisation que Félix Guattari allait théoriser sous le concept de « révolution moléculaire » :

> « On observe qu'un certain type de révolution n'est pas possible, mais en même temps on comprend qu'un autre type de révolution devient possible, non pas au moyen d'une certaine forme de lutte des classes, mais au moyen d'une révolution moléculaire qui non seulement met en mouvement les classes sociales et les individus, mais qui constitue également une révolution machinique et sémiotique» (Félix Guattari, 1977).

Par la suite, l'*art de témoignage* glisse progressivement d'un nihilisme corporalisé et incarné par le corps de l'artiste à un nihilisme corporalisé par des sujets réels, aussi courageux que les personnages de Borges mais en chair et en os, qui offrent à l'art différents témoignages de négation de leur *moi* construit socialement dans leur monde de vie, revitalisant ainsi la dialectique négative interne à l'art ; c'est cet art biocritique faisant son autocritique que les artistes et les critiques de la fin du XXᵉ et du début du XXIᵉ siècle tels qu'Alfredo Cramerotti (2009) et Hal Foster (2005), allaient associer à l'art documentaire et à l'exercice du journalisme d'investigation, qualifiant l'exercice critique de cet art de «journalisme esthétique» (Cramerotti, 2009) car il implique l'artiste en tant qu'investigateur et observateur participant aux négations esthétiques du nihilisme incarné et corporalisé dans les « mondes de vie » de personnes non-artistes qu'il encourage à vivre ces expériences de négation esthétique, en cherchant à ce que ces témoignages incarnés et corporalisés par des sujets réels se traduisent en matériel artistique, plastique et esthétique (audio, texte, image, vidéo, objet, etc.). C'est là que l'artiste cède son rôle principal dans la poïésis de l'art à l'exercice critique et potentiellement esthétique des sujets réels.

Avec l'art corporalisé/incarné par le sujet réel, l'artiste resignifie l'art en situant ce sujet réel non pas en tant que public ni en tant qu'artiste mais en tant que poïétisateur d'une expérience de négation esthétique « reconnue » par l'art. C'est ainsi que l'artiste reconnaît la potentialité esthétique d'un tel « retour du réel » dans l'art.

Le « journalisme esthétique » auquel se réfère Cramerotti renvoie à un art contemporain dont les poïésis supposent que l'artiste soit capable de « se plonger » dans la réalité socio-historique afin de mieux la comprendre, une capacité et une aptitude à se « déconnecter »[431] de son « propre monde » afin de « se situer » sur les terres de l'autreté pour souligner « ce qui est

---

[431] Le besoin de se « déconnecter » de son « propre monde » souligné par Kapuscinski comme une qualité du travail de journaliste « passionné » est étroitement lié au besoin d' « objectivité extra-esthétique » que l'esthétique de l'art critique attribue à tout exercice « esthétiquement critique » en tant qu'autocritique : « Adorno défend dans sa théorie esthétique une définition de l'art qui exige de celui qui se le propose – qu'il soit artiste ou non – la capacité de « se perdre dans l'art pour le comprendre », c'est-à-dire de vivre l'art et de participer à sa poïétique afin de pouvoir ensuite observer avec une *objectivité extra-esthétique* ses poïésis critiques. »

vrai et intéressant »[432] comme se doit de le faire un « journaliste passionné ». En effet, selon Kapuscinski les journalistes doivent faire preuve de :

> « (...) passion, entendement et apprentissage, [...ils doivent] braconner sur d'autres terres : la philosophie, la sociologie, la psychologie, l'anthropologie, la littérature... Et approfondir les sujets. Devenir sages. Tout cela dans le but de **donner à voir au lecteur** [...] le travail de journaliste consiste à souligner ce qui est vrai et intéressant. [...] C'est un métier [...]à la merci de ce que font et disent les autres. [... Or] pour comprendre une culture étrangère à la sienne il faut se plonger et se situer sur ses terres. C'est la seule manière d'appréhender l'autreté. Pour cela, il faut y être entièrement disposé et se déconnecter de son propre monde. »[433]

Nous allons maintenant nous pencher sur un exemple paradigmatique de cette transition entre le nihilisme esthétique corporalisé par l'artiste le nihilisme corporalisé par des sujets réels : l'art d'Ana Mendieta, et plus particulièrement sa série d'œuvres intitulée *Silhouettes*, qui constitue un moment esthétique où l'*art biocritique* du XXe siècle fait son autocritique, en niant esthétiquement les formes poïétiques dominantes d'un certain moment historique de l'art, et en revitalisant ainsi le mouvement esthétique nihiliste au sein de l'art occidental de ce siècle.

On peut observer un lien étroit entre l'esthétique nihiliste exprimée dans les *jisei* et l'esthétique nihiliste de l'*art biocritique* de Mendieta, car dans ces deux expressions artistiques, chaque

---

[432] Texte de Ryszard Kapuscinski, intitulé en espagnol « El periodismo como pasión, entendimiento y aprendizaje », [Texte puisé la *Revista Mexicana de Comunicación*, http://mexicanadecomunicacion. com.mx/Tables/RMC/rmc69/periodismo.htm, página inactiva en 05.2006], et consulté sur Internet le 19 juin 2012 sur le site : http://www.infoamerica.org/teoria_articulos/kapuscinski1.htm

[433] *Ibidem*.http://www.operamundi-magazine.com/

poïésis esthétique est non seulement périssable mais aussi meurtrière de son ennemie mortelle qui est elle-même suicidaire et attend d'être, ou plus exactement *cherche à* être assassinée avec la complicité d'autres poïésis esthétiquement critiques, tout aussi périssables.

On peut observer à travers l'œuvre de Mendieta deux transitions évidentes du nihilisme au sein de l'*art biocritique* du XXe siècle : premièrement la mort du moment esthétique de l'art où domine le nihilisme abstrait, assassiné par le nihilisme corporalisé par l'artiste (l'œuvre de Mendieta est représentative de cette seconde forme de nihilisme s'opposant à l'abstractionnisme d'un nihilisme symbolique), et deuxièmement, après la série *Silhouettes*, lorsque Ana Mendieta « écrit » le poème d'adieu qui marquera la fin du nihilisme corporalisé par/avec le corps de l'artiste, en créant une sorte de *jisei* plastique : une silhouette sur le sol formée par la mort « réelle » du corps de l'artiste – d'Ana Mendieta – réalisée à l'aide de la loi de gravité le 8 septembre 1985, annonçant ainsi *le retour du réel* (Foster, 2005), d'un nihilisme social corporalisé par des sujet réels.

Art biocritique contemporain : qu'est-il devenu ? « Le retour du [sujet] réel ».

On peut voir une femme allongée, vêtue d'une sorte de blouse bleu foncé caractéristique des ouvrières des usines de sous-traitance de Ciudad Juárez, une grande ville industrielle située au nord du Mexique. Au fond de la scène, on fait entrer le public. La femme a les yeux fermés, et elle est allongée sur une table métallique semblable à celles que l'on trouve dans les morgues. Elle s'assoit, la blouse entrouverte, commence à se caresser les seins, se lève, baisse d'abord la première jambe de son pantalon, puis l'autre, jusqu'aux chevilles. Elle se rassoit sur la table de dissection, avec le pantalon qui pend à l'une de ses chevilles, et croise légèrement les jambes. Elle effleure ses jambes nues, remonte jusqu'à son dos et caresse de nouveau sa poitrine ; Toujours assise sur la table de dissection, l'artiste ouvre les jambes, puis s'empare d'une paire de gants de latex posée à l'autre bout de la table métallique et la montre au public. Elle enfile les gants et prend un marqueur. On entend alors une voix masculine, monotone et neutre, qui décrit l'état des corps des femmes assassinées à Ciudad Juárez, leurs caractéristiques physiques, leurs noms, le type de vêtements avec lesquels elles ont été trouvées, le lieu où on a découvert leur corps et les signes de violence observés sur ce dernier, que l'artiste inscrit simultanément sur son propre corps à l'aide du marqueur, y accumulant ainsi toutes les traces de la violence décrite dans les rapports d'autopsie des cas réels de féminicides de Ciudad Juárez lus par la voix off.

Description de la performance, intitulée « Pendant que nous dormions (le cas Juárez) » (« Mientras dormíamos. (El caso Juárez) »), (2002[434]), de l'artiste mexicaine Lorena Wolffer.

L'œuvre « Pendant que nous dormions (le cas Juárez) » (2002) de l'artiste mexicaine Lorena Wolffer illustre clairement le passage d'un nihilisme corporalisé par l'artiste à un nihilisme corporalisé par le sujet réel, qui plus qu'un « retour du réel » (Foster, 2005), marque le retour d'une réalité qui dénonce les conditions dominantes/hégémoniques d'un contexte socio-historique donné. Dans la performance de Wolffer, le sujet social est représenté par des femmes victimes de féminicide à Ciudad Juárez, un cas emblématique de la violence contre le sujet représentant du « Non-être » que peut produire la pensée phallocentrique patriarcale en Occident. Et bien que le matériel testimonial soit les rapports d'autopsie sur les corps des victimes, il s'agit d'*un art biocritique* dans la mesure où ces descriptions de l'état post-mortem constituent un témoignage de la violence

---

[434] Cette performance a été présentée à : l'Institut du Mexique, Paris, France ; *Currency 2004*, New York, USA ; *ANTI Festival*, Kuopio, Finlande ; Museo Universitario del Chopo, Mexico D.F., Mexique ; Museo de la Ciudad, Querétaro, Mexique ; et *Experimentica 02*, Cardiff, pays de Galles, entre 2002 et 2004. La présentation la plus récente a eu lieu en mars 2012, dans le cadre du Festival Miradas de Mujeres (Regards de Femmes) qui s'est tenu à Madrid, en Espagne.

de genre au sein de la société mexicaine, manifeste à travers le phénomène des féminicides.

Par ailleurs, la voix *off* quasi fantomatique et les scènes de la performance de Wolffer semblent marquer au sein de l'*art biocritique* contemporain le retour poïétique d'un sujet réel construit socialement en tant que représentant du « Non-être », qui passe d'un état poïétiquement inerte sur la table de dissection à un état poïétiquement actif ; une scène qui, dans un contexte occidental, pourrait s'apparenter iconologiquement à la résurrection d'un sujet critique « rédempteur », dénonçant les hégémonies épistémologiques qui l'ont condamné à une vie et une mort invisibilisée, inférioisée et violente.

Avant et après la performance de Wolffer, d'autres moments esthétiques ont confirmé ce « retour du sujet réel ». Avant, Joie de la Chair, l'une des performances de Carolee Schneemann de 1964, dont Schneemann mettait en scène des femmes et des hommes entourés de matières organiques, nus, tout près du public, essayant de s'attraper les uns les autres, tous ces corps se vautrant dans ce mélange de sécrétions corporelles, animales et humaines. Presque parallèlement à cet art dont l'action du sujet réel est mise en scène par l'artiste, un art que commence à inviter à l'action spontanée du sujet réel. Valie Export en 1968 et son film expérimental *Tapp und Tastkino/Touch Cinema*, dont elle se fixa sur le torse une boîte figurant une scène théâtrale miniature ou mini cinéma couvrant ses seins nus, tandis qu'elle se promène et invite – à l'aide d'un microphone – le public à toucher ses seins en mettant les mains dans la boîte après avoir ouvert les petits rideaux qui délimitaient la scène. Dans cette action, il s'agissait pour Export de questionner le rôle de la femme dans le cinéma.

« En 1979, Sophie Calle commençait à inviter des inconnus à dormir dans son lit lorsqu'elle ne l'occupait pas. Et d'un commun accord, elle fit des photographies et des enregistrements de ces inconnus dans l'intimité de son logement, tandis qu'ils lui expliquaient pourquoi ils avaient accepté de participer à cette initiative. Un an plus tard, Nan Goldin faisait lire aux gens un journal intime qu'elle rédigeait depuis plusieurs années, où elle racontait des évènements de sa vie et de celle de ses proches, action avec laquelle elle opposait la capacité poïétique et l'individuation à l'individu trop façonné par l'ordre social. Cette même année, Marie Yates utilisait des visages de femmes anonymes sur lesquels elle avait écrit des phrases à la première, deuxième et troisième personne, afin d'évoquer la perte d'identité. »[435]

Après l'œuvre de Wolffer au sein de l'art biocritique du début du XXIe siècle, l'utilisation de matériel documentaire ayant cédé le pas à l'utilisation de matériel expérimental, concret et corporalisé par le sujet réel lui-même en tant que co-poïétisateur de l'art : on est ainsi passé d'une participation personnelle « involontaire » (dans le cas de la performance de Wolffer) à une participation consciente, de « dénonciation » et de négation esthétique volontaire du *moi* construit socialement ou d'une condition socio-historique cantonnée au rôle de sujet de « Non-être ». Le sujet réel répond à un appel et décide d'offrir son témoignage afin de dénoncer les conditions socio-historiques reproduisant épistémologiquement et culturellement l'exclusion de la différenciation hétérosexuelle qui dénigre poïétiquement le « Non-être ». L'appel à participer lancé par les artistes commence à faire partie du processus poïétique et artistique de l'*art biocritique*, comme c'est le cas de l'Œuvre multiorgasmique collective (Mancilla, Esmeralda, 2005), une œuvre qui s'est appuyée sur quatre Campagnes multiorgasmique publiques (à Paris, Strasbourg et Quito) à l'occasion desquelles l'artiste invitait les gens à offrir les *témoignages corporels* et *oraux-biographiques*[436] d'une expérience de négation esthétique

---

[435] Fragment pris du récit création de l'œuvre multiorgasmique intitulé « Le Toucher. L'œuvre multiorgasmique dans les mythes historiques du Toucher » dans le livre intitulé La fonction esthétique-politique de l'orgasme Volume I.

[436] Pour reprendre l'exemple de l'Œuvre multiorgasmique collective, la proposition de l'artiste dans cette œuvre a consisté à inciter les participants à créer un témoignage ayant en quelque sorte valeur

revendiquant les droits sexuels en tant que droits humains et la légitimité du droit à l'autoérotisme et au plaisir sexuel corporalisé par ces volontaires, qui dénonçaient par là même toute vision abjecte de la sexualité.

Un cas intéressant d'art contemporain ayant popularisé les appels aux public (bien que l'on puisse discuter du caractère esthétique de ce travail en tant qu'*art biocritique*) est celui du travail du photographe Spencer Tunick (plus proche de l'art du témoignage mise en scène par l'artiste), qui afin de réaliser ses œuvres invite le public en général à participer en posant dans différents contextes urbains et naturels ; à Mexico, en 2007, cet artiste a ainsi réussi à réunir près de 20 000 personnes qui se sont dénudées sur la place centrale de la ville.

Un an avant ce record de Spencer, l'artiste péruvienne Laura Filomeno exposait son œuvre composée de cheveux et d'ongles humains, qu'elle avait recueilli auprès de volontaires afin de les utiliser comme matériel artistique ; cette artiste explique qu'à travers son œuvre, elle entend mettre en avant nos origines communes et désacraliser les résidus du corps humain.

Par la suite, en 2008 et également au Mexique, Wolffer entame son projet artistique intitulé « Enquête sur la violente faite aux femmes » (2008) dans le cadre duquel elle inclut pour la première fois dans un processus créatif des témoignages oraux offerts volontairement par des participants ayant répondu à des appels publics les incitant à rompre le silence qui entoure la violence domestique et de genre. Après ce travail, Wolffer a réalisé d'autres projets intitulés « Murs de réplique », (2008), « Acte testimonial » (2009), « On lave le linge sale en famille » (2009), et « Témoignages de Tepito » (2010). En 2011, Wolffer

---

de preuve corporelle de leur expérience (leurs fluides séminaux ou vaginaux recueillis sur un mouchoir en papier), en laissant à chacun le choix de créer ce témoignage à sa manière. Il en est résulté des témoignages créés à l'aide de différentes méthodes de masturbation, certains participants ayant modifié le support en lui préférant une serviette jetable, du papier hygiénique, etc. Les témoignages oraux sont des entretiens en profondeur d'une durée d'entre deux et six heures chacun.

introduit pour la première fois dans son art des objets recueillis grâce à un appel au public, en tant que témoignages personnels de la violence, dans le cadre du projet *Evidencias*[437] (« Preuves ») (2010).

Au cours de la même année 2010, l'artiste et céramiste iranienne Athena Jahantigh invite – pour la première fois dans son travail artistique – des femmes volontaires à offrir des parties de leur corps afin d'en faire des moules de céramiques. Il en est résulté une série d'œuvres de céramique qui ont composé l'exposition de 2012 intitulée « Corps et fragments ». L'art de Jahantigh a ainsi cessé d'être un travail de céramique ornementale pour devenir un *art biocritique*.

En 2010 également, l'artiste tchèque Filomena Borecka entame son projet artistique intitulé « Phrenos », dans le cadre duquel elle invite les gens à laisser un enregistrement de leur respiration, avant d'utiliser tous ces enregistrements de soupirs et de respirations comme bande sonore d'une installation. Avec ce projet, l'art de Borecka est passé d'un nihilisme abstrait à un nihilisme critique de témoignage.

Plus tard, en 2012, l'artiste italien Salvatore Laconesi, ingénieur en robotique et artiste *open source*, lance un appel sur Internet demandant au public de lui suggérer un traitement pour guérir son cancer :

> « [...] Si ça te dit, recueille des informations sur ma maladie et propose-moi un remède, crée une vidéo, une œuvre d'art, une carte, un texte, un poème, un jeu ou cherche une solution à mon problème de santé. »[438]

---

[437] *Evidencias* (« Preuves »)(2010-2011), sur la page officielle de Lorena Wolffer, on peut lire la description suivante de ce travail artistique : « *Evidencias* a consisté à recueillir et exposer des objets domestiques apparemment inoffensifs ayant été utilisés pour agresser, blesser ou humilier des femmes. » (Wolffer, 2011 : http://www.lorenawolffer. net/expuestas/index.html)

[438] « J'ai le cancer : suggère-moi un traitement », Jane Wakefield, BBC, 21 octobre 2012, http://www.bbc.co.uk/ mundo/noticias/2012/10/121016_tecnologia_cultura_salud_

À ces expressions artistiques s'ajoutent historiquement les expressions artistico-culturelles de groupes activistes féministes et LGBTTTI[439] tels que celles du groupe féministe argentin RIMA, qui a lancé en 2010 la campagne « Yo aborté » (« J'ai avorté »)[440] (voir leur site www.rimaweb.com.ar), dans le cadre de laquelle ils invitaient les gens à témoigner de leurs expériences d'avortement clandestin à la première personne. Au milieu de l'année 2010, le groupe activiste équatorien « Desbordes de género » (« Débordements de genre ») en collaboration avec l'Unité de recherches sur la théorie queer de la Faculté Latino-américaine et de la Caraïbe, a inauguré son site www.desbordesdegenero. org, où il fait la promotion de projets artistico-culturels faisant appel à des témoignages de « théâtralisation hyperbolique » de genres performatifs, comme par exemple dans le documentaire « Cuerpos, fronteras : la ruta » (2009) de l'anthropologue Maria Amelia Viteri, qui contient des témoignages sur la production subjective et la situation socio-politique des genres performatifs à Quito, en Équateur.

Enfin, face à cette prolifération d'interventions du sujet réel en tant que protagoniste poïétisateur de la corporalisation du nihilisme esthétique au sein de l'art biocritique de la première décennie du XXIe siècle, on voit apparaître, en ce qui pourrait s'apparenter à un jisei ou poème d'adieu du corps du sujet réel – des œuvres de cet art où le sujet réel semble dévoiler des critiques produites à partir de l'expérience du volontaire en tant que co-poïétisateur de l'art, comme dans le cas du projet artistique intitulé « A mi hermana. De moribundas y esperanzadas »[441]

---

crowdsourcing_cura_cancer_med.shtml

[439] Lesbien, Gay, Bisexuel, Transsexuel, Transgenre, Travesti et Intersexuel.

[440] Campagne cybernétique « J'ai avorté » : http://www.rimaweb.com. ar/articulos/campana-yo-aborte/

[441] « A mi hermana. De moribundas y esperanzadas » (Esmeralda Mancilla, 2008), est un projet artistique composé d'une série d'œuvres créées à l'aide de témoignages oraux et physiques de l'appropriation corporelle de femmes âgées, malades, convalescentes et d'une patiente en phase terminale, recueillis dans des asiles et

(Esmeralda Mancilla, 2008), où la volontaire débutante de ce projet – une femme atteinte d'une maladie terminale – prévient l'artiste : « Ce n'est pas la même chose d'écrire sur ce que sentent les autres que de le vivre ». Mais que nous disent ces antécédents historiques sur ce que l'art biocritique contemporain souhaite et peut devenir ?

Esthétique du risque dans les liens entre l'art biocritique et d'autres biocriticismes (féministes/*queer*)

Interpellée par le message : « Nous invitons, sans renier la pertinence des travaux sur le gouvernement des corps, à penser la possibilité d'une émancipation des corps par des pratiques de résistance reconfigurant les rapports et les espaces sociaux » invitant à participer au colloque « Les lieux du corps : Politique et émancipation », la conférence que je propose aurait pour objectif : 1) de reconnaître l'art de témoignage contemporain (un art qui donne un rôle central au corps et à la subjectivité du sujet réel à travers ses poïésis critiques) comme l'expression d'une critique esthético-politique envers les biopouvoirs phallocentriques et patriarcaux réalisée à partir de l'art, un art dont la critique esthétique tend à établir des liens avec d'autres criticismes critiquant la même chose que lui, comme par exemple les courants féministes et queer, poïétisés de manière individuelle ou collective par différents styles cognitifs tels que les exercices critiques de l'art et de la science (et plus particulièrement de la science liée au poststructuralisme) ; et 2) d'inviter à la réflexion et à une critique

---

des hôpitaux publics mexicains (à la suite d'un avortement), et dont certaines ont décidé d'offrir des témoignages narratifs et poétiques enregistrés sur vidéo, où elles racontent leur liens personnels avec des poèmes. La première des œuvres de ce projet était un enregistrement audio de l'appropriation corporelle d'une femme en phase terminale décédée peu de temps après l'enregistrement.

esthétique du moment où ce lien entre l'art et d'autres criticismes, en tant que lien entre deux discours « esthétiquement critiques » et par conséquent « émancipateurs », renvoie inévitablement l'un de ces criticismes à sa dimension d'« extérieur constitutif », ce qui implique un « risque esthétique » propre à tout « discours d'opposition », comme le souligne Judith Butler : « Tout discours d'opposition produira son « extérieur », un extérieur qui court le risque d'être considéré comme son espace d'inscription non signifiant » (Butler, 2010: 91). Il s'agit néanmoins d'un risque esthétique que l'art biocritique et les autres criticismes auxquels il est lié – tels que la science ou les mouvements et activismes socio-politiques – se doivent d'assumer dès lors que leur intention commune est de promouvoir une « émancipation » esthétiquement critique vis-à-vis d'une certaine sédentarisation épistémologique de la société.

L'esthétique du risque dans les liens de l'*art biocritique* est observable lorsque des artistes de cet art associent leur travail à l'exercice critique d'activismes, de productions académiques ou scientifiques et/ou de mouvements socio-politiques – tels que les féminismes *queer* – afin de légitimer leur art ; et à l'inverse, lorsque ces criticismes associent l'art à leur exercice critique. Ces liens, abondants au sein de l'art contemporain, permettent de concevoir le travail critique de l'art et des criticismes en question comme des actions d'*esthétique critique* (Adorno, 1970), indissociables du risque esthétique – aussi pour l'art que pour les criticismes impliqués – d'être « identifiés » (Adorno, 1965 : 141) ou « possédés » (Butler, 2010: 320) par des rapports hiérarchisés qui les instrumentalisent en tant qu'« outils » d'autres criticismes.

Dans l'une des brèves biographies de l'artiste (féministe) Carol Schneemann, on peut lire : « Schneemann affirme que dans les années 1980, son travail était parfois considéré par différents groupes féministes comme une réponse insuffisante à de nombreux thèmes féministes de l'époque. » (Vaughan, 2007: 18). Le lien entre l'art de Schneemann et les « thèmes féministes de l'époque », souligné par les biographes de l'artiste, invite à réfléchir sur la force performative non seulement des liens entre l'art et le féminisme en tant que réalité socio-historique à laquelle l'art est lié, mais aussi des liens (locutives et perlocutives) entre l'art et d'autres criticismes qui critiquent la même chose que lui. Dans le cadre de cet essai, nous proposons une série d'outils théorico-méthodologiques de l'esthétique de l'art biocritique permettant de déconstruire esthétiquement les liens épistémologiques que l'art contemporain établit avec les criticismes féministes et *queer*, en tant que criticismes ayant des objectifs communs (dont les critiques portent sur le même « objet »). Parmi ces liens, on peut mentionner ceux qui existent entre l'art et les criticismes féministes et *queer* produits dans des contextes universitaires, scientifiques, philosophiques, mais aussi dans le cadre de mouvements socio-politiques, qu'il s'agisse d'expression personnelles, collectives, corporelles, littéraires, etc.

Par exemple, en ce qui concerne l'art contemporain, on peut observer une interaction croissante et une augmentation des échanges entre les artistes et les groupes universitaires menant des études sur le genre et les activismes socio-politiques féministes et *queer*, ces derniers incorporant l'art à leurs mouvements revendicatifs, tandis que les artistes reprennent leur cause afin d'expliquer, de justifier ou de légitimer leur art. Ces liens entre l'art et les productions épistémologiques de langages structurés ainsi que les criticismes produits par des mouvements socio-politiques s'identifiant aux causes féministes et *queer*, sont considérés par l'esthétique de l'art critique (Adorno, 1970) comme des liens critiques potentiellement esthétiques (capables de revitaliser l'exercice critique des différents acteurs impliqués), avec tous les risques esthétiques que cela comporte. Mais quels sont les risques esthétiques indissociables à ces liens esthétiques entre l'art et d'autres criticismes féministes et *queer* ? Par exemple, quels ont été les liens entre l'art de Schneemann et les autres criticismes féministes de l'époque, qui l'ont amené à affirmer que son art était perçu par es derniers comme « une réponse insuffisante aux thèmes féministes de l'époque » ?

Du point de vue de l'esthétique critique, l'« insuffisance » esthétique des liens (pour reprendre le terme utilisé dans la biographie de Schneemann) serait une insuffisance liée à l'autocritique, car c'est le mouvement de dialectique négative entre les actions critiques et autocritiques de l'art qui définit la potentialité esthétique de l'art biocritique. Adorno n'affirmait-il pas que « L'art ne peut être interprété que par la loi de son mouvement » (Adorno, 2004 : 11) ; il est donc important de savoir si les liens (locutives ou perlocutives) que l'art établit avec d'autres criticismes esthétiques revitalisent ou non ce mouvement. Car il n'est pas évident que l'action critique coproduite par deux (ou plus) criticismes portant sur le même objet et ayant montré chacun de leur côté une potentialité esthétique permettant de générer/revitaliser un mouvement esthétique au sein de ce qu'ils s'accordent à critiquer, soit également une « action esthétiquement critique » et non une action acritique. Mais alors, quand et comment reconnaître qu'un lien entre criticismes potentiellement esthétiques et particulièrement entre l'art et d'autres criticismes féministes et *queer*, offre une « réponse [esthétiquement] suffisante » ?

Liens esthétiques entre l'art biocritique et d'autres biocriticismes

Selon la Méthode de déconstruction esthétique *de l'art biocritique*, les liens de contradiction, de négation et de tension esthétiques sont ceux au sein desquels on peut observer et rendre observable la potentialité esthétique de l'exercice critique non seulement de l'art mais aussi de tout criticisme se voulant esthétique. Les liens entre l'art et d'autres criticismes sont des liens épistémologiques entre l'art et l'épistémologie des criticismes produits par n'importe quel « styles cognitifs » (Feyerabend, 1987 : 96) présents dans la culture cognitive d'une réalité socio-historique donnée au sein de laquelle l'art est poïétisé. Grâce à la méthode de déconstruction précitée, la potentialité esthétique de ces liens entre l'art et d'autres criticismes peut être observée, entre autres, dans le lien entre l'art et : a) ce qu'il critique ; b) ce que cet art utilise dans ses poïésis critiques comme matériel esthétique ou co-poïétisateur de ses actions critiques ; c) le contexte socio-historique à partir duquel cet art critique ; d) les autres criticismes qui critiquent la même chose que lui ; et e) ce qui sur un plan structurel personnifie et agit comme sédentarisateur épistémologique, c'est-à-dire comme reproducteur de la sédentarisation épistémologique que l'art en question critique.

De plus, pour l'esthétique de l'art biocritique, l'art biocritique (et tout biocriticisme) devient « esthétiquement critique » dès lors qu'il répond au trois besoins esthétiques de l'art biocritique, des besoins qui reflètent par ailleurs l'insuffisance esthétique de la critique lorsque celle-ci n'est que contradiction. Les trois besoins/ capacités esthétiques de l'art biocritique sont : 1) capacité et besoin esthétique de l'art d'établir des liens de contradiction, de tension et de négation esthétiques avec a, b, c, d et e ; 2) capacité et besoin esthétique de l'art de reconnaître du point de vue du matérialisme historique l'historicité de ce qui est lié à a, b, c, d et e ; et 3) capacité et besoin esthétique de l'art de générer un mouvement esthétique dans les liens précités. Dans cette perspective théorico-esthétique, l'« insuffisance esthétique » des liens entre criticismes « proches » – tout comme l' « insuffisance esthétique » de l'exercice critique de l'art – renvoie à l'incapacité de l'art – ou du criticisme déconstruit – à satisfaire ces trois besoins esthétiques non seulement à travers ses poïésis critiques mais aussi à travers ses liens épistémologiques (locutives ou perlocutives) avec d'autres criticismes (que ceux-ci critiquent ou non la même chose que lui). De sorte qu'en reconstruisant les liens entre l'art et d'autres criticismes qui critiquent la même chose que lui, on peut reconnaître s'il s'agit de liens : a) aesthétiques ou acritiques, b) critiques potentiellement esthétiques ou c) esthétiquement critiques. Les liens *critiques potentiellement esthétiques* entre l'art et des criticismes portant sur le même objet sont ceux qui satisfont les trois besoins esthétiques indépendamment de leurs liens vis-à-vis de ce qu'ils critiquent. Les liens *esthétiquement critiques* sont ceux qui satisfont le deuxième besoin – en tant qu'exercice d'autocritique – avec l'autre criticisme, satisfaisant par là même le troisième besoin esthétique de l'art biocritique.

Dans le cas des liens avec d (entre l'art et les autres criticismes qui critiquent la même chose que lui), ils peuvent aussi bien être locutives que perlocutives ; ce sont des liens épistémologiques entre criticismes « proches », dont l'affinité peut dépendre du fait qu'ils portent sur le même objet, ou être une affinité poïétique ou esthétique : une affinité qui porte sur le même objet lorsqu'ils critiquent la même chose ; une affinité poïétique lorsqu'en plus de critiquer la même chose ils le font avec des outils provenant du même style cognitif ou domaine de connaissance, ce qui ne signifie pas qu'il s'agisse exactement des mêmes outils mais qu'ils appartiennent à un même champ d'action épistémologique ; et une affinité esthétique lorsqu'on observe une similitude entre les formes de mouvement esthétique que ces criticismes génèrent ou cherchent à générer avec leur exercice critique. Un exemple d'affinité esthétique (que nous analyserons plus loin) est celle que l'on observe dans les liens entre le mouvement esthétique *queer* théorisé par Judith Butler (1993) et par Monique Wittig (1992), et le mouvement esthétique de l'art critique théorisé par Theodor Adorno (1970) dans sa théorie esthétique.

Ainsi, indépendamment des liens évidents entre un art féministe et les activismes et théorisations féministes ou *queer*, la nature du lien en question entre l'art en tant que criticisme et les autres criticismes critiquant la même chose que lui poïétisés avec d'autres langages – tels que le langage structuré des sciences sociales, ou celui non structuré de l'activisme social féministe et *queer* – est un aspect qu'il est intéressant d'analyser, car même si tous s'accordent à critiquer le même biopouvoir épistémologique hégémonique, ils ne revitalisent pas de la même manière leurs critiques en établissant des liens (locutives ou perlocutives) avec ces autres criticismes. Judith Butler et Monique Wittig font justement remarquer à ce propos que l'on ne peut réduire l'exercice critique (féministe ou *queer*) à une simple opposition ou à un acte de révolte. Voici deux citations allant dans ce sens :

« L'objectif [... de la critique féministe/*queer*] ne peut être pure subversion, comme s'il suffisait de miner ce qui existe déjà pour établir et mener une lutte politique. » (Butler 2010 : 337).

« La conscience de l'oppression n'est pas seulement une réaction contre cette oppression, elle implique une totale réévaluation conceptuelle du monde social, sa totale réorganisation conceptuelle à partir de nouveaux concepts développés du point de vue de l'oppression. C'est ce que j'appellerais la science de l'oppression, la science par les opprimé(e)s. » (Wittig, 2006: 41).

Dans cette perspective – que l'on pourrait qualifier ici d'esthétique – des criticismes féministes et *queer* de Wittig et Butler, les liens épistémologiques que ces criticismes établissent peuvent être considérés comme « insuffisamment esthétiques » lorsqu'il s'agit de liens d'affinité portant sur le même objet, ou même poïétiques, c'est-à-dire lorsque l'affinité est définie par l'objet de la critique ou par l'« identification » ou mimétisme des formes poïétiques entre criticismes et non par le mouvement esthétique qui revitalisent leurs liens avec a, b, d, et e. Une telle interprétation peut s'appliquer aux liens que ces criticismes féministes et *queer* (qu'ils proviennent de recherches universitaires, de la science ou de tout autre style cognitif, de mouvements socio-politiques, ou d'actions personnelles ou collectives) établissent avec d'autres criticismes portant – en principe – sur le même objet, comme c'est le cas de la relation avec l'art. Mais alors, quand peut-on observer des liens acritiques ou esthétiques entre l'art et les criticismes féministes et *queer* ?

Un exemple de lien esthétique entre biocriticismes

Un exemple paradigmatique de lien esthétiquement critique entre criticismes aux formes poïétiques différentes est le lien entre le criticisme théorique *queer* de Butler et celui des mouvements socio-politiques des cultures *drag queen* que Butler utilise comme exemple paradigmatique de sa théorie.

> « De fait, [dit Beatriz Preciado] la conceptualisation performative du genre menée à bien par Butler à la fin des années 80 dépend en bonne partie de la figure de la *drag queen* en tant qu'exemple paradigmatique de la production de la féminité à travers la « répétition ritualisée de performances de genre ». » (Preciado, 2012 : 113).

L'esthétique de ce lien est donc la suivante : durant les années soixante-dix et quatre-vingt « une culture *drag king* de la performance de la masculinité acquiert une certaine visibilité » (Preciado, 2012 : 113), suivie, durant les années quatre-vingt-dix, de la performance *drag queen*. Toutes ces expressions esthétiques de l'activisme politique féministe synthétisent l'efficacité paradigmatique que Butler reconnaît comme la force performative de « la théâtralisation hyperbolique de la féminité dans la culture gay » (Preciado, 2012 : 113), permettant aux discours de genre de produire un genre « propre » – ou une identité sexuelle de son « propre moi » (Giddens, 1995 : 42)[442] – et resignifiant ainsi les sens originaux du langage.

Cette théorisation de Butler sur le genre performatif basée sur l'exemple paradigmatique de la culture *drag queen* implique un *lien de reconnaissance* entre les criticismes féministes et

---

[442] L'identité du « moi propre » est la négation subjective du « nous », un « Moi » imposé socialment. Giddens décrit au sein de la modernité tardive : « une situation où le genre humain devient en quelque sorte un « nous » confronté à des problèmes et des possibilités où n'existe plus les « autres » (Giddens 1995 : 42), ni le « moi propre » comme un « moi » produit de l'affirmation subjective.

queer universitaires et ceux des mouvements socio-politiques homosexuels, *drag king, drag queen, trans*, etc. De sorte que c'est la reconnaissance de la forme poïétique performative du genre – que Beatriz Preciado résume avec la formule : « théâtralisation hyperbolique de la féminité dans la culture gay » (Preciado, 2012: 113) – et de sa force performative capable de resignifier le sens abject et d'exclusion attribué au terme *queer* par la culture du biopouvoir phallocentrique et hétérosexuel hégémonique, qui permet de définir la théorie *queer* de Butler comme un exemple de lien esthétiquement critique entre criticismes ; un lien dont l'esthétique repose sur le fait que la potentialité esthétique de ces criticismes n'est pas réduite par la relation locutive de Butler, dans la mesure où celle-ci n'établit pas de hiérarchie entre l'exercice critique théorico-philosophique et l'exercice critique de l'activisme et de la corporalisation politico-sociale ou performativo-corporelle : en effet, son but n'est pas d'objectiver les *drag queen* comme des exemples paradigmatiques, mais de les resignifier à l'aide des langages structurés des sciences et de la philosophie, ce qui revitalise la potentialité critique de l'identité *drag queen* en permettant une discussion sur cette identité avec ces langages structurés, c'est-à-dire sans avoir besoin d'en imiter les formes poïétiques.

Partant de cette reconnaissance du pouvoir performatif de l'*itérabilité* des actions critiques ou des actions qui nient les hégémonies épistémologico-culturelles des (bio)pouvoirs hégémoniques, il est important de réfléchir sur la force performative de l'itérabilité aussi bien de l'action critique de ces criticismes que d'un certain type de liens entre criticismes proches. En effet, pour reprendre l'exemple de la théorie *queer* de Butler, la reconnaissance de l'efficacité resignifiante de l'itérabilité et des formes performatives des actions critiques exercées par les mouvements *queer* qui ont permis une resignification du terme « queer » – en tant que phénomène socio-historique paradigmatique dans l'œuvre de Butler – ne signifie pas nécessairement que les autres criticismes esthétiques portant sur le même objet ou ayant une affinité poïétique et/ou esthétique possèdent nécessairement une telle efficacité resignifiante, c'est-à-dire une potentialité esthétique capable de générer un mouvement esthétique au sein de ce qu'elles critiquent.

Le criticisme théorisé par Butler est esthétique parce qu'il revitalise le criticisme des mouvements socio-politiques *queer* sans en imiter les formes poïétiques, on peut même dire qu'il le revitalise grâce à cette opposition de ses formes poïétiques et à la reconnaissance de leur force performative (que l'esthétique critique définit comme une potentialité esthétique capable de générer un mouvement esthétique), en les critiquant sans perdre de vue le risque d'une éventuelle « insuffisance » de cette opposition et le besoin constant d'autocritique :

> « L'objectif [… de la critique féministe/*queer*] ne peut être pure subversion, comme s'il suffisait de miner ce qui existe déjà pour établir et mener une lutte politique. » (Butler 2010 : 337). Ainsi, à partir de ce constat de Butler, on peut définir comme insuffisamment esthétique le lien entre criticismes portant sur le même objet tout en ayant des formes poïétiques similaires, ou « identifiées ».

Il s'agit-là d'une double reconnaissance du criticisme de Butler, d'abord en tant que lien esthétique qui revitalise le criticisme des mouvements socio-politiques *queer*, et aussi parce qu'il présente ses propres théories utilisant des langages structurés et philosophiques comme des criticismes ayant besoin d'une constante opposition et de critique, ce qui implique également une autocritique et une critique de ses liens avec d'autres criticismes proches.

Sur le risque de l'identification poïétique entre biocriticismes

Dans sa théorie queer, Butler met en garde, bien que de manière perlocutive, contre le risque pour les discours d'opposition d'être « possédés » : « Tout discours d'opposition produira son « extérieur », un extérieur qui court le risque d'être considéré comme son espace d'inscription non signifiant » (Butler, 2010: 91), ce que nous déconstruisons ici comme une volonté d'autocritique également applicable aux liens entre criticismes proches (portant sur le même objet, ou ayant une affinité poïétique ou esthétique) tels que les liens entre criticismes queer, dans la mesure où ces liens resignifient également la réalité présente du terme « queer ».

Or un « discours d'opposition » est également un criticisme potentiellement esthétique dans la mesure où il est susceptible de produire un mouvement esthétique entre ses actions critiques et autocritiques, un mouvement semblable à celui qu'évoque Butler lorsqu'elle définit l'identité *queer* comme un espace en mouvement, comme « un lieu d'opposition collective [...] qui est encore et toujours repris, détourné, « dévié » [*queer*] d'un usage précédent et qui est orienté vers des objectifs politiques urgents et expansifs » (Butler, 2010 : 320), ce qui explique son affinité esthétique avec le mouvement esthétique de l'art biocritique et de tout biocriticisme esthétique. À ce sujet, Adorno, dans sa Théorie esthétique, décrit le mouvement esthétique généré par l'art critique comme un mouvement produit par la *méfiance* envers toute *identification* entre les différentes actions critiques de l'art :

> "« La contradiction est une catégorie de réflexion, la confrontation entre chose et concept au sein de la pensée. La dialectique négative, en tant que procédé, signifie penser en contradiction et de manière autocritique vis-à-vis de la contradiction auparavant ressentie dans la chose. ...Une contradiction dans la réalité est une contradiction vis-à-vis celle-ci. Une telle dialectique [et]... son mouvement ne tend pas à l'identité (...) elle se méfie au contraire de ce qui est identique. » (Adorno, 1965: 141).

Pour sa part, Wittig interprète ce besoin d'autocritique des criticismes féministes, comme un mouvement esthétique de « destruction » entre l'action personnelle et l'action politico-philosophique :

« Le processus de destruction consiste en un double mouvement : se détruire soi-même en tant que classe [...] et se détruire soi-même an tant que catégorie philosophique (la catégorie de l'Autre), car demeurer mentalement dans la catégorie de l'Autre (de l'esclave) représenterait une non-résolution en termes de dialectique marxiste. » (Wittig, 2006: 78 y 79).

Dans le cadre de cette recherche, nous déconstruisons les liens entre les esthétiques théorisées par Butler, Wittig et Adorno, en tant que liens perlocutives entre criticismes proches poïétiquement et esthétiquement, car il s'agit de trois poïétiques utilisant des langages différents qui s'accordent néanmoins à dessiner un mouvement de négation esthétique vis-à-vis de la sédentarisation épistémologique du phallocentrisme hétérosexuel patriarcal ; nous verrons que si un art établit des liens perlocutives avec d'autres criticismes portant sur le même objet, sa potentialité esthétique dépend de sa capacité à critiquer (« se méfier », « s'opposer » ou « détruire ») toute identification, possession et possible permanence.

En ce qui concerne les liens entre les différents criticismes *queer* et féministes (universitaires, scientifiques, utilisant des langages structurés, de mouvements socio-politiques, d'actions individuelles-personnelles, ou artistiques) avec d'autres criticismes portant sur le même objet ou proches poïétiquement ou esthétiquement, la théorie *queer* de Butler nous met en garde perlocutivement contre les « extérieurs constitutifs » que peuvent produire les « discours d'opposition » (Butler, 2010 : 91), une mise en garde que l'on pourrait appliquer ici à la production d'« extérieurs constitutifs » au sein des liens entre criticismes qui s'« excluent » ou s'« infériorisent » les uns les autres.

Un lien d'exclusion entre criticismes proches apparaît dès lors que l'« identité » poïétique ou esthétique de l'un des criticismes est annulée par les formes poïético-esthétiques et/ou épistémologiques de l'autre, dès lors qu'il est identifié aux caractéristiques de celui qui l'instrumentalise à travers ce lien, tandis qu'un lien d'« infériorisation » est un lien hiérarchisé entre différents criticismes. On peut observer un exemple illustratif d'« infériorisation » fruit de l'« identification poïétique » quand l'un des criticismes établit un lien locutive avec un autre criticisme portant sur le même objet où il joue le rôle d'« outil » poïétique de l'exercice critique de ce dernier ou quand celui-ci l'identifie comme tel.

Par exemple, lorsque la science tend à identifier l'art à un « objet » appartenant ou au service d'un concept scientifique, il s'ensuit inévitablement une hiérarchisation entre ces criticismes. D'une manière générale, lorsque l'art est considéré comme un instrument au service du concept critique d'un autre criticisme, son esthétique et ses formes poïétiques sont reléguées au rang d'« extérieurs constitutifs » au sein de ce lien. C'est notamment le cas lorsque l'un des criticismes lié à l'art utilise ce dernier comme un moyen de transmission, de diffusion, de vulgarisation, de poïétisation, de médiation, de visibilisation, etc., annulant ainsi sa capacité critique.

Itérabilité et risque esthétique dans les liens entre art et criticismes

La performativité des liens entre criticismes où l'un d'entre eux identifie, hiérarchise, infériorise poïétiquement/esthétiquement l'autre, peut s'avérer contre-productive dans la mesure où l'itérabilité de ces liens peut fonctionner comme une « pratique réitérative et référentielle grâce à laquelle le discours [de hiérarchisation, d'infériorisation, d'identification ou de possession] produit les effets qu'il nomme » (Butler, 2010: 18). Par exemple, la force performative des liens hiérarchisés entre différents criticismes féministes peut « produire la hiérarchisation qu'elle nomme », c'est-à-dire l'instrumentalisation et la dépendance d'un criticisme identifié (poïétiquement, esthétiquement, épistémologiquement) à un autre criticisme également féministe, une instrumentalisation susceptible d'annuler la potentialité esthétique de ce lien d'affinité poïético-esthétique ; parallèlement, les dimensions (poïétiques, esthétiques, épistémologiques, etc.) des criticismes inférorisés risqueront de devenir des « extérieurs constitutifs » du criticisme féministe.

Face à un tel risque esthétique, l'esthétique de l'art et les criticismes de Wittig et Butler s'efforcent de résister à la sédentarisation que peuvent produire ces liens asymétriques grâce à une « méfiance envers ce qui est identique » (Adorno, 1965 : 141), visant à « ne jamais être entièrement possédé » (Butler, 2010: 320) quitte à « se détruire soi-même en tant que classe [...] et se détruire soi-même en tant que catégorie philosophique (la catégorie de l'Autre). » (Wittig, 2006: 78 y 79). En effet, l'art qui est esthétiquement critique – parce qu'il génère un mouvement esthétique – tend à « se méfier » de sa propre *identification* (poïétique, esthétique, épistémologique) avec d'autres criticismes, en tant qu'indice de sédentarisation épistémologique, esthétique et/ou poïétique, susceptible de produire des liens latents d'exclusion entre différents discours d'opposition.

Une fenêtre à l'art biocritique contemporain invitant à la réflexion

Notre réflexion portera maintenant sur les liens locutives et perlocutives entre l'art contemporain et les langages structurés des sciences et de la philosophie produits par les universités de sciences humaines et sociales, qui de même que l'art établissent souvent des liens locutives avec d'autres criticismes portant sur le même objet en un exercice critique co-poïétisé visant à générer un mouvement esthétique au sein de ce qu'ils critiquaient de manière séparée et qu'ils entendent désormais critiquer de manière conjointe. La question est de savoir si l'affinité entre ces criticismes potentiellement esthétiques, qui réside dans le fait qu'ils critiquent la même chose, est suffisamment esthétique pour que leurs co-poïésis critiques demeurent aussi esthétiquement critiques que ne l'étaient leurs poïésis de manière indépendante. L'art contemporain est-il suffisamment (auto)critique pour « se méfier » du risque latent d'identification, d'instrumentalisation, de hiérarchisation, d'infériorisation ou de possession par d'autres criticismes auxquels il s'associe parce qu'ils critiquent la même chose que lui ? Nous analyserons le cas d'un lien observé à travers l'interprétation de l'art que propose un groupe d'artistes et d'universitaires argentins impliqués dans la création de performances liés aux thèmes féministes et *queer*, à l'échelle locale et nationale.

En effet, en mai 2012, j'ai assisté en tant que conférencière à un congrès international féministe qui s'est tenu à Córdoba, en Argentine[443]. Ce congrès avait annoncé dans son programme d'activités quatre « interventions artistiques/culturelles » ; deux d'entre elles avaient été annoncées avec le nom de leurs auteurs, les dates et les horaires, contrairement aux deux autres, pour lesquelles ces éléments n'avaient pas été spécifiés. Trois des manifestations artistiques étaient proposées par le collectif d'artistes « Hilando Las Sierras » et la quatrième était une œuvre de « théâtre de témoignage » produite par une troupe de théâtre de rue menée par des femmes d'un quartier de Córdoba. La présence quasi hégémonique du groupe « Hilando las Sierras » auquel participaient en outre des artistes universitaires faisant de la recherche pour l'université autonome de Córdoba, nous offre un exemple intéressant de lien entre l'art et les criticismes féministes et *queer* produits dans un contexte académique, portant sur le même objet : les mouvements socio-politiques féministes et *queer* au sein de la réalité locale et nationale, auxquels les œuvres exposées à l'occasion de ce congrès faisaient référence.

Le premier jour du congrès, j'ai assisté à la première intervention artistique intitulée « Écrit avec du feu », réalisée par le groupe « Hilando Las Sierras ». Nous avions rendez-vous

---

[443] Congrès interdisciplinaire *Société et Genre* : « ce qui est personnel est politique », Université autonome de Córdoba, Argentine, mai 2012.

dans le hall du Pavillon de l'Argentine (bâtiment de l'université de Córdoba), mais l'intervention a finalement eu lieu sur un terre-plein central situé juste en face de la porte principale de ce hall. Lorsque je suis arrivée, le public était déjà présent devant le bâtiment. Face à eux, un groupe d'une dizaine de femmes, dont certaines appartenaient au collectif « Hilando Las Sierras », tandis que d'autres étaient des participantes invitées. Toutes portaient au moins un vêtement violet. Sur cette « scène », elles avaient disposé entre elles et le public plusieurs tas d'argile rouge sur le sol. Les femmes se sont alors agenouillées devant l'argile et ont commencé à la pétrir pour la rendre malléable. Par la suite, après quelques minutes passées à pétrir l'argile, elles ont commencé à modeler, de manière individuelle ou par groupes de deux, les lettres du mot « FÉMINICIDE ». Après avoir modelé leur lettre, elles se levaient et retournaient à leur place initiale (face aux lettres et au public). Une fois modelée la dernière lettre de ce mot – lequel couvrait une surface d'environ un mètre sur six – chaque participante a répandu de la sciure de bois sur sa lettre. Le mot « FÉMINICIDE » a ensuite été embrasé. Le feu s'est consumé jusqu'à ce qu'il ne reste plus que les braises rouges illuminant les lettres, l'argile ainsi à demi cuite s'étant durcie sous l'effet des flammes.

Le lendemain de cette intervention « artistique/culturelle », j'ai assisté à une autre table ronde avec Sofía Menoyo, l'une des artistes du collectif « Hilando Las Sierras », dont la conférence portait précisément sur la performance « Écrit avec du feu » :

> « Cette performance vise à attirer l'attention du public sur la problématique de la violence sexiste en Argentine, car il s'agit d'une question politique, sociale, culturelle et de droits humains. Au cours de l'année 2010, plus de 260 féminicides ont été commis sur des femmes et des petites filles, dont 11 ont été immolées par le feu, une modalité qui s'est développée à la suite de la mort de Wanda Taddei, épouse de l'ancien batteur du groupe Calle éros… L'objectif politique de cette performance

est de réduire en cendres les volontés qui permettent de continuer à maltraiter des femmes... *Ce thème nous concerne en tant que femmes...* Nous voulons lancer ce cri d'alarme... un *cri* fait de mains, d'argile et de feu... » (Hilando las Sierras 2011)

À travers cette affirmation, on peut observer au moins trois liens de l'art (du groupe « Hilando las Sierras ») avec : 1) le criticisme universitaire féministe représenté par le congrès ayant accueilli la performance et la conférence ; 2) le criticisme féministe de la théorie féministe *queer* de Butler, mentionnée par l'artiste au cours de sa conférence ; et 3) les activismes socio-politiques féministes locaux, le travail du groupe « Hilando las Sierras » étant défini par l'artiste comme un art lié à la protestation et à la lutte socio-politique contre le féminicide en Argentine. Ces trois liens sont des exemples clairs de liens potentiellement esthétiques entre l'exercice critico-artistique du groupe « Hilando las Sierras » et d'autres criticismes féministes et *queer* portant sur le même objet : la lutte contre le féminicide. La potentialité esthétique de ces liens peut être observée à travers la performance et l'attitude potentiellement esthétique du groupe et de l'artiste conférencière, cherchant à l'aide de l'itérabilité de « la théâtralisation hyperbolique » (le symbolisme de l'incinération dans la performance « Écrit avec du feu »(Preciado, 2012 : 113) à générer une resignification de l'élément du feu qui devient ainsi un élément représentatif du féminicide argentin ; cette potentialité réside également dans leur volonté de légitimer leurs performances et manifestations artistiques à l'aide de théories féministes et *queer* telles que celles de Butler, et bien entendu dans le fait de produire des performances et manifestations artistiques co-poïétisées hyperboliquement par la présence simultanée de l'art, de la recherche universitaire et des mouvements socio-politiques, en tant que criticismes portant sur un même objet.

Un autre exemple contemporain de potentialité esthétique similaire à celui observé avec le groupe « Hilando las Sierras » est le lien potentiellement esthétique qu'établissent les universités en soutenant des projets et des centres de recherche qui encouragent la participation conjointe de l'art et de la science, une attitude potentiellement esthétique également partagée par différents artistes contemporains, de sorte que l'on peut observer de nos jours au sein de congrès de sciences humaines et sociales la présence de tables rondes et de conférences sur l'art données par les artistes eux-mêmes. Il s'agit-là de liens potentiellement esthétiques entre l'art et la science, dans la mesure où es liens s'opposent à l'hégémonie épistémologique sédentarisée réprouvant traditionnellement toute discussion entre ces styles cognitifs, à laquelle fait écho le commentaire de Schneemann dans la biographie précitée.

Or contrairement à ce qu'évoquait Schneemann dans cette biographie, dans le contexte contemporain, la science, l'université aspire à créer des liens de discussion équitable avec l'art, des liens de dialectique esthétique qui impliquent de partager des langages au moins dans le cadre d'une discussion, sans que ce soit nécessairement à l'art d'« adopter » ou s'identifier constamment aux langages structurés de la science pour son exercice critique.

Un autre exemple de lien potentiellement esthétique est celui de l'art contemporain qui, en établissant des liens avec les criticismes féministes et *queer* aux langages structurés des sciences humaines et sociales, les utilise comme outils d'autocritique, resignifiant esthétiquement l'usage interprétatif de la Méthode scientifique et des langages structurés de ces sciences humaines en tant que *sciences de l'art* ; ce lien peut être considéré comme esthétique dès lors qu'il permet une discussion esthétique entre l'art et ces styles cognitifs qui exercent également une critique féministe et *queer*, et qu'il ne prétend pas instrumentaliser de manière aesthétique ces langages structurés de la science, mais au contraire favoriser une possible et latente esthétisation de cette science.

Partant de cette réflexion, il convient de poser une série de question : s'agissant du lien évoqué dans la biographie de Schneemann, où elle affirme que son art est « parfois considéré par différents groupes féministes comme une réponse insuffisante à de nombreux thèmes féministes de l'époque » (Vaughan, 2007: 18), quels sont les criticismes impliqués (les thèmes féministes, les groupes féministes ou l'art lui-même) qui pourraient être relégués au rang d'« extérieurs constitutifs » au sein de ce lien ? L'un des criticismes évoqués dans l'argumentation de l'artiste Sofía Menoyo concernant la performance « Écrit avec du feu » peut-il être considéré comme un « extérieur constitutif » lorsque cette artiste explique au cours de sa conférence : « Aujourd'hui les mouvements et les acteurs sociaux *s'approprient* la performance, comme un outil de visibilité et de dénonciation politique » (Menoyo, mai 2012)[444], ou lorsqu'elle affirme : « Avec ce travail, nous entendons réfléchir sur les pratiques artistiques d'un groupe de femmes féministes [...] afin de rendre compte [... de] ces productions en tant [qu']œuvres artistiques et outil politique » (Menoyo, mai 2012)[445]. Et quel est le criticisme susceptible de devenir un « extérieur constitutif » au sein des liens entre l'art et les publications scientifiques et universitaires, les centres de recherche, les congrès contemporains qui manifestent un intérêt pour l'art et semblent disposer à l'intégrer aux discussions sur les thèmes féministes et *queer* contemporains ?

Ce ne sont pas des sujets anodins, car la frontière est ténue entre un lien esthétique et un lien aesthétique unissant des criticismes proches, et la différence est considérable entre la force performative des liens aesthétiques et celle des liens esthétiquement critiques. Les premiers sont des liens hiérarchisés et produisent une identification et une sédentarisation épistémologique, tandis que les seconds revitalisent le mouvement esthétique qu'avaient déjà produit de manière indépendante les criticismes impliqués avant qu'ils n'établissent de liens entre eux.

---

[444] Les italiques ont été rajoutées.
[445] Les italiques ont été rajoutées.

Une thèse en Sciences de l'art

La thèse en Sciences de l'art réalisée par un artiste est une autocritique esthétique structurée de l'art, et la démonstration du fait qu'il s'agit d'un art critique.

Selon Umberto Eco, écrivain et philosophe italien expert en sémiotique, une thèse de doctorat est « Un travail dactylographié d'entre cent et quatre cent pages, dans lequel l'étudiant traite un problème lié aux études dans lesquelles il souhaite obtenir son doctorat »[446]. Nous considérerons donc ici que le fait de « traiter un problème » dans le cadre d'une thèse de doctorat implique une intention et un objectif épistémologique et académique de production de connaissance – de la part de l'individu souhaitant obtenir un doctorat – qui doit répondre aux normes épistémologiques et/ou scientifiques propres à un domaine de connaissance ou à un style cognitif spécifique, pour que la connaissance produite dans le cadre de ce processus puisse être reconnue comme une connaissance valide et légitime par les autorités universitaires de la discipline ou du domaine de connaissance en question. La thèse de doctorat est donc un processus de construction de connaissance structuré, et lorsque l'artiste entreprend ce processus en tant que producteur de connaissance, il vit un moment esthétique qui l'amène à exercer un criticisme esthétique de ses poïésis. Ainsi, la thèse en Sciences de l'Art réalisée par un artiste et portant sur l'esthétique de son œuvre est un criticisme esthétique structuré de l'art, exercé par l'art sur lui-même, avec toutes ses implications, aussi bien théoriques, philosophiques, esthétiques que poïétiques, matérielles et historiques.

Dans le cas concret de la thèse intitulée *Pour une art biocritique. Sexualité et action politique*, le problème étudié a été celui de l'esthétique de ce que j'ai d'abord qualifié (en tant qu'artiste et auteure de la thèse) avec des arguments subjectifs d'« art bioénergétique». À travers les œuvres de cet art, et avant de rédiger cette thèse, j'avais déjà eu l'occasion de matérialiser

---

[446] Eco, 1997.

des idées liées à l'appropriation corporelle et sexuelle de la femme et à la revendication des droits humains, notamment sur le plan iconologique, y compris avant de créer les Œuvres multiorgasmiques (individuelle et collective). La première œuvre d'art que j'ai créée à l'aide de témoignages corporels a été une installation réalisée en 1998 et visant à revendiquer les droits humains des détenus et à protester contre leurs conditions de détention : il s'agissait d'une petite cellule jonchée de vrais excréments humains et animaux (recueillis dans des toilettes publiques et dans la rue) au milieu de laquelle avait été placée une réplique en carton du Penseur de Rodin symbolisant le détenu[447]. Puis je l'ai fait avec les œuvres multiorgasmiques en utilisant des témoignages corporels de volontaires comme matériel créatif, afin de mettre en avant la *corporalité autopoïétique du plaisir* à l'aide de témoignages physiques de l'orgasme et de l'autoérotisme en tant qu'éléments corporels servant de matériel artistique à ces œuvres. Par la suite, j'ai utilisé d'autres types de témoignages corporels (des cheveux) et oraux de femmes malades et en phase terminale, dans l'œuvre intitulée *A mi hermana. De moribundas y esperanzadas,* avant de recueillir des témoignages oraux de femmes revendiquant leur droit à l'avortement et en faveur du mariage homosexuel, également accompagnés de témoignages physiques tels que de la salive ou du sang de menstruation.

Néanmoins, grâce à la déconstruction non structurée de cet art réalisée dans les trois récits création de l'Œuvre multiorgasmique et avant même sa déconstruction structurée, on a reconnu qu'il était réducteur de qualifier cet art de d'« art bioénergétique ». En effet, ce qualificatif ne pouvait définir mon œuvre dans la mesure où il considérait la *bioénergie* ou *orgon* (Reich, 1932/1945 et 1947)[448]

---

[447] L'œuvre intitulée « Droits humains des détenus » a reçu le deuxième prix du Concours interuniversitaire d'installations du *Troisième forum international sur les droits humains*, organisé par l'Institut technologique et d'études supérieures de l'Ouest de l'Etat de Jalisco et le Système éducatif de l'Université ibéro- américaine (Mexique, 1999).

[448] Pour mieux saisir les limites de la définition de l'art biocritique en

comme la qualité prédominante de mon travail artistique, ce qui ne pouvait s'appliquer qu'à l'expérience orgasmique mais pas au reste des expériences des témoignages corporels et oraux de cet art. C'est pourquoi j'ai renoncé à ce qualificatif de « bioénergétique », craignant que ce terme n'empêche la discussion, la réflexion et la déconstruction esthétique de qualités plus générales de mon travail, qui pourraient être qualifiées d'esthétiques : la dimension corporelle, et plus particulièrement la « corporalité abjecte » liée à des expériences d'affirmation subjective corporalisées et poïétisées par l'artiste et/ou par des individus réels qui participaient à mes œuvres en tant que volontaires offrant leur témoignages oraux et corporaux, afin de devenir les co-poïétisateurs de ce travail artistique. Nous avons ensuite cherché à évaluer la potentialité esthétique de ces témoignages de corporalités abjectes offerts par des sujets réels.

Au début de cette thèse, l'art des œuvres multiorgasmiques était simplement décrit comme « un art qui poïétise ses œuvres à partir des témoignages corporels et oraux d'expériences corporelles de sujets réels », tout en constatant que ces corporalités liées au plaisir, à l'autoexploration et à l'autopoïésis du moi faisaient l'objet d'une réprobation sociale dans la mesure où elles représentaient culturellement la dimension abjecte de la corporalité humaine. Or je ne faisais qu'affirmer subjectivement le fait que les corporalités utilisées comme matériel créatif de cet art – c'est-à-dire l'orgasme et l'autoérotisme – étaient considérées comme « abjectes » par le biopouvoir. Cette interprétation reposait essentiellement sur les perceptions du sens commun de l'artiste, qui justifiait son choix d'utiliser ces corporalités avec des arguments « intuitifs » et « subjectifs», en alléguant que le fait d'utiliser des corporalités « abjectes » – comme elle l'avait fait avant la thèse – revenait à « rejeter » et à « critiquer » la domination corporelle ou le contrôle social d'une population qui ne reconnaît pas ces

---

tant qu'« art bioénergétique », consulter le chapitre 3 de cet livre, intitulé « La fonction esthétique de l'orgasme. La bioénergie de Wilhelm Reich est-elle une biocritique? ».

corporalités comme des sources de bien-être et comme des droits humains. Autrement dit, dans mes affirmations descriptives (subjectives, intuitives ou relevant du sens commun) des œuvres multiorgasmiques, je pressentais l'existence d'un lien de tension ou contradiction entre le sens « abject » de ces corporalités (reproduit par la culture cognitive et corporelle du sujet social basée sur des paradigmes épistémologiques hégémoniques au sein des discours socio-politiques du biopouvoir phallocentrique et patriarcal) et le sens attribué à ces mêmes corporalités au sein de l'art, en tant que matériel artistique. Cela dit, observer la capacité de contradiction, de négation et de tension d'un art vis-à-vis de ce qu'il critique (dans le cas des Œuvres multiorgasmiques, le manque de légitimité sociale du plaisir sexuel et de l'autoérotisme en tant que droits humains), n'a été que l'un des aspects qui m'a poussé à déterminer sa capacité de critique esthétique, c'est-à-dire sa potentialité esthétique[449] en tant que criticisme esthétique. Il a également fallu déterminer si cet art était un art biocritique, à travers une déconstruction qui nous amené à analyser, à partir de la Théorie esthétique de Theodor Adorno et de ses réflexions sur l'art, l'exercice critique de l'art et sa capacité à critiquer, pour arriver à la conclusion qu'un art digne de ce nom devait impérativement être capable de critiquer esthétiquement.

Néanmoins, pour définir un art comme un art biocritique, c'est-à-dire un art d'esthétique critique ou capable de critiquer esthétiquement, il était indispensable d'observer et de rendre observable ce que la Méthode de déconstruction esthétique de l'art biocritique a défini comme les trois capacités (besoins) esthétiques de l'exercice critique de cet art « esthétiquement critique » : 1) capacité (et besoin) d'établir des liens de contradiction esthétique avec : a) ce que l'art critique ; b) ce avec quoi l'art critique ; c) la position à partir de laquelle l'art critique ; d) ce qui critique la

---

[449] *Potentialité esthétique* est synonyme de la capacité de critique esthétique de l'art, une capacité à établir des liens de *contradiction esthétique* vis-à-vis de ce qui est critiqué, produisant ainsi une *tension esthétique* dans ces liens, qui revitalise la *loi de mouvement* de l'art critique : la *dialectique négative*.

même chose que l'art (les autres criticismes) ; e) ce qui sur le plan structurel contribue à la (re)production de la sédentarisation épistémologique que l'art critique ; 2) capacité (et besoin) de reconnaître du point de vue du matérialisme historique les points a, b, c, d, et e ; et 3) capacité (et besoin) de générer un mouvement esthétique au sein des points a, b, c, d, et e.

C'est ainsi qu'en se basant essentiellement sur la Théorie esthétique d'Adorno, la thèse Pour une art biocritique. Sexualité et action politique a appliqué cette méthode de déconstruction à l'Œuvre multiorgasmique collective et en a tiré les conclusions suivantes : « L'observation structurée du processus créatif de cette œuvre et de ses poïésis enchaînées a mis en évidence le fait que l'art biocritique des corporalités abjectes (appelé « art bioénergétique » au cours des processus poïétiques de l'Œuvre multiorgasmique collective) était – avant la rédaction de telle thèse – un art inconsciemment biocritique dans la mesure où il reflétait une contradiction et une tension entre la reproduction phallocentrique du sens abject du corps et la resignification esthétique des corporalités abjectes en tant que matériel créatif et esthétique de l'art (première capacité esthétique de l'art biocritique), mais qu'il n'était pas de manière structurée et légitime un art d'esthétique critique ; après sa déconstruction structurée à l'aide de la Méthode de déconstruction esthétique, il a été possible d'observer et de rendre observables – en utilisant le langage des sciences humaines et sociales en tant que sciences de l'art – les trois capacités/besoins esthétiques de tout art biocritique à travers les différents moments esthétiques de cet art, directement liés au processus poïétique de l'Œuvre multiorgasmique collective.

La déconstruction psychologique et sociologique de la potentialité esthétique des moments esthétiques de l'art biocritique liés à l'Œuvre multiorgasmique collective, a permis de déterminer qu'il s'agissait d'un art d'esthétique critique répondant aux trois besoins esthétiques de l'art critique en rapport avec : a) ce qu'il critique (le phallocentrisme) ; b) ce avec quoi il critique(corporalités abjectes d'affirmation subjective) ; c) la position à partir de laquelle il critique (témoignages d'individus réels aux identités et aux corps « abjects ») ; d) ce qui critique la même chose que lui (les autres criticismes esthétiques et potentiellement esthétiques de la science) ; e) ce qui sur le plan structurel contribue à la (re)production de la sédentarisation épistémologique que l'art biocritique critique : le paradigme rationaliste-abstractionniste ou réificateur de la science acritique par rapport au phallocentrisme.

Enfin, en guise de conclusion générale, on peut définir esthétiquement l'art biocritique de corporalités et sexualités abjectes comme un art d'esthétique critique et comme un biocriticisme esthétique qui met en évidence – à travers la confrontation entre la resignification esthétique de la corporalité « abjecte » de l'individu et les discours sociaux du biopouvoir hégémonique – la sédentarisation épistémologico-esthétique des (bio)pouvoirs du phallocentrisme patriarcal hégémonique au sein de la pensée occidentale.

Cela dit, tout art est potentiellement un art d'esthétique critique ; c'est-à-dire que tout art contemporain est potentiellement critique et autocritique, qu'il est susceptible de le devenir, même si cela n'est pas toujours le cas. Je veux dire par là que l'esthétique critique n'est pas réservée à un type d'art en particulier, pas plus qu'il ne s'agit d'un objectif ou d'une intention qui confère en soi un caractère critique à un processus poïétique. Ainsi, avant même la rédaction de la thèse, les œuvres multiorgasmiques relevaient déjà d'un art potentiellement critique, susceptible de devenir un art esthétiquement critique de manière pleinement légitimée dès lors qu'il serait reconnu comme tel à l'aide d'arguments esthétiques structurés tels que ceux utilisés dans telle thèse.

Enfin, d'autres réflexions ont également leur place dans cette conclusion, des réflexions qui n'avaient pas été initialement associées à l'objectif principal de telle thèse, mais qui ont surgi au cours de l'analyse comme un effet perlocutive de celle-ci, et qui nous invitent à réfléchir sur le type d'esthétique induite par les doctorats en Art et Sciences de l'Art (et autres disciplines similaires) que les universités proposent aux artistes souhaitant analyser l'esthétique de leur propre travail artistique.

Par exemple, cet art aurait pu continuer à être qualifié d'« art bioénergétique », avec la légitimité limitée que lui conférait la subjectivité et le sens commun de l'artiste en tant que poïétisatrice des œuvres multiorgasmiques et interprète de l'esthétique de ces œuvres ; mais ce type d'affirmation subjective, intuitive et de sens commun ne parvenait pas à définir de manière esthétiquement valide pour l'esthétique de l'art critique – en tant que Science de l'art – la potentialité esthétique (c'est-à-dire la capacité critique) des corporalités « abjectes », ni celle de l'art de témoignage des corporalités abjectes lui-même (c'est-à-dire sa capacité d'autocritique). Or le fait que les affirmations initiales de l'artiste aient été basées sur des arguments subjectifs, personnels et de sens commun a souligné un problème potentiel de proxémique épistémologico-esthétique liée au fait que l'artiste manquait d'un certain recul épistémologique pour pouvoir interpréter et définir l'art à partir de l'art, et dans ce cas précis définir l'esthétique de l'art biocritique fait avec témoignages de corporalités abjectes à partir de cet art ; car pour l'esthétique de l'art biocritique : « La définition de ce qu'est l'art [biocritique] est toujours donnée à l'avance par ce qu'il fut autrefois, mais n'est légitimée que par ce qu'il est devenu, ouvert à ce qu'il veut être et pourra peut-être devenir ».[450]

Ma thèse Pour une art biocritique. Sexualité et action politique a interprété ce besoin de recul épistémologique en termes de ce qu'Adorno qualifie d'« objectivité extra-esthétique » : un recul qu'Adorno « propose » à l'artiste – en tant qu'autocritique légitime pour l'esthétique de l'art critique – afin de définir son art à partir de la critique et de l'autocritique (structurée, semi-structurée ou non structurée), enchaînées au sein d'une dialectique négative. Dans sa Théorie esthétique, Adorno défend une définition de l'art exigeant de celui qui prétend la formuler – qu'il soit artiste ou non

---

[450] Adorno, (1970)/2004: 11.

– la capacité de « se perdre dans l'art afin de le comprendre »[451], c'est-à-dire de vivre l'art et de participer de sa poïétique afin de pouvoir ensuite observer ses poïésis avec une objectivité extra-esthétique. Or l'art est toujours en quelque sorte « perdu » en lui-même, et il lui est fort difficile de s'éloigner de lui-même afin de « se comprendre », d'où l'importance de cet « autre regard » qui ne vient pas de l'intérieur de l'art pour s'observer soi-même, mais exige au contraire un point de vue « extérieur ». Voilà le rôle non seulement des récits création mais aussi et surtout de l'objectivité de la science et de la méthode scientifique avec ses outils théorico-conceptuels : permettre une autocritique non structurée et structurée, respectivement. Dans le cadre de cette recherche, une telle objectivité déconstructive apporte de nouveaux paramètres de légitimité scientifique, en tant qu'exercice universitaire réalisé sous la forme d'une thèse en Sciences de l'art.

Ma thèse interprète l'esthétique critique adornienne comme une invitation à l'« émancipation » de l'art critique à travers l'autocritique née de l'objectivité extra-esthétique, soulignant ainsi la fonction esthétique des sciences en tant que sciences de l'art, et la capacité esthétique de ces sciences – et de tout autre style cognitif au langage structuré tel que les sciences humaines – à définir et interpréter l'esthétique d'un art à l'aide d'arguments matériels et historiques observables non seulement par l'artiste, mais aussi par la communauté des Sciences de l'art afin de valider/légitimer la définition – découlant d'une observation structurée – qu'un artiste propose de l'esthétique de son art dans le cadre d'une thèse de doctorat.

Pour répondre à ce besoin d'autocritique de l'art, l'artiste peut donc utiliser le langage structuré des sciences humaines afin d'observer, d'interpréter, et de définir l'esthétique de son art à l'aide des outils conceptuels et théorico-méthodologiques de la science ; des outils scientifiques qui, appliqués à la « déconstruction esthétique » de son art, confèrent une objectivité extra-esthétique – parfois identifiée à l'objectivité scientifique

---

[451] Adorno, 1970.

– et une légitimité épistémologique aux observations réalisées par cet artiste sur l'esthétique de son exercice artistique. Ce besoin d'objectivité extra-esthétique ou de recul épistémologique conférant une validité à l'interprétation d'une observation se fait particulièrement sentir dans les cas d'« observation participante » correspondant aux travaux de recherche en anthropologie, en psychologie sociale ou en sociologie qualitative, où le chercheur qui s'est fortement impliqué dans la réalité étudiée ressent le besoin de prendre du recul vis-à-vis de cette réalité à travers une structuration scientifique de ses observations ; même si dans le cas de la thèse en Sciences de l'Art, on ne peut pas dire que l'artiste se rapproche de la réalité étudiée afin de l'observer de l'intérieur, comme c'est le cas de l'observation participante, dans la mesure où il fait partie intégrante de cette réalité. Quoi qu'il en soit, ces deux cas reflètent le besoin d'une objectivité épistémologique ou extra-esthétique face à une trop grande implication de l'observateur dans la réalité observée qu'il souhaite interpréter. Dans le cas de l'interprétation de l'art de témoignage des corporalités abjectes observé à travers l'œuvre multiorgasmique collective, ce sont les langages des sciences sociales qui ont permis de classer les invariantes de ce qui a été observé avec des arguments scientifiques et non scientifiques, c'est-à-dire des arguments observables matériellement et historiquement ou non.

Or après avoir ainsi retracé de manière matériellement et historiquement observable la « reconnaissance structurée » de l'art biocritique de témoignages des corporalités abjectes (initialement appelé art bioénergétique), il me semble que ce type de thèse pourrait produire certains effets perlocutives sur la loi de mouvement de l'art contemporain, en induisant ou motivant certains artistes qui souhaitent obtenir un doctorat à réaliser une autocritique structurée de leur art afin de s'exercer à la critique d'art ; ainsi l'art contemporain (ou du moins celui produit par les générations d'artistes ayant cet objectif académique) serait-t-il en mesure d'exercer une critique et une autocritique structurée de l'art, exercices caractéristiques de l'esthétique de l'art biocritique.

Car les recherches en sciences de l'art nous invitent à penser l'art non pas comme un style cognitif scientifique, mais comme un style cognitif structurable, objectivable et « scientifisable ». En outre, ces recherches nous invitent à développer la capacité de discussion structurée de l'art. En effet, dans ma thèse l'art biocritique s'est employé à établir une discussion structurée avec d'autres pensées critiques envers le biopouvoir phallocentrique patriarcal et d'autres styles cognitifs aux langages structurés, et en tissant ce lien – parfois avec une tension esthétique, parfois en tant qu'outil épistémologique permettant de structurer l'observation de l'œuvre multiorgasmique collective – il a également revitalisé la dialectique négative qui est sa loi de mouvement esthétique en tant qu'art biocritique envers ce biopouvoir phallocentrique et patriarcal.

Les thèses de critique d'art réalisées par des artistes sur leur art ont tendance à promouvoir un art critique, et bien qu'elles ne parviennent pas toujours à légitimer cette démarche de manière structurée, elles n'en constituent pas moins la manifestation matériellement et historiquement observable d'une intention épistémologique et institutionnelle « promotrice » d'une esthétique critique. Ainsi pourrait-on dire que d'une manière consciente ou non, l'artiste qui rédige une thèse de doctorat en Sciences de l'Art portant sur l'esthétique de son art « adopte » ou « accepte » par là même un type d'esthétique critique matérialisée sous la forme d'une autocritique structurée (même s'il peut aussi le faire de manière non structurée comme dans le cas des récits création), répondant à une série d'exigences académiques et institutionnelles « volontairement adoptées » par l'artiste doctorant.

Ainsi toutes les thèses de doctorat en sciences de l'art réalisées par des artistes et visant à définir et interpréter légitimement (de manière structurée) l'esthétique de leur art, permettraient-elles de mettre en évidence une tendance esthétique institutionnelle, celle d'un type structuré d'émancipation de l'art contemporain induit par les universités (françaises ?), qui pourrait par ailleurs présenter un risque historique esthétique menaçant la « naïveté » de l'art, une naïveté considérée par Adorno – dans sa théorie esthétique – comme une condition essentielle de l'autonomie de l'art :

> « L'autonomie, que l'art a acquise après s'être débarrassé de sa fonction culturelle, ou de ce qui s'y substitue, et qui se nourrissait de l'idée d'humanité, fut d'autant plus ébranlée que la société devenait moins humaine. (…) Or son autonomie commence à entrer dans un moment d'aveuglement. Ce moment a été le propre de l'art depuis toujours ; à l'ère de son émancipation, il éclipse tous les autres malgré (si ce n'est à cause de) l'absence de naïveté dont, selon Hegel, il ne doit plus se départir »[452].

On peut par ailleurs espérer qu'un « déroulement heureux »[453] fasse que cette tendance esthétique institutionnalisée revitalise la dialectique négative au sein de l'art contemporain grâce à l'autocritique esthétique *structurée* « suggérée » par les institutions aux artistes doctorants, et parvienne ensuite à s'émanciper esthétiquement de la sédentarisation de cette autocritique esthétique *structurée* grâce à une esthétique critique plus « naïve ».

> *Hélas! ce que j'ai écrit sur la table et le mur*
> *Avec mon cœur de fou et ma main de fou*
> *Devrait orner pour moi la table et le mur…*
> *Mais vous dites : « Les mains de fou gribouillent, -*
> *Et il faut nettoyer la table et le mur*

---

[452] Adorno, 1970: 9.

[453] Cette expression est utilisée par Austin (1962/1970) dans sa théorie des actes de langage en référence aux énonciations qui se traduisent effectivement en actes qui nous permit aussi réfléchir à l'art biocritique en tant qu'un moment *heureux* de la pensée (bio)critique envers tout sédentarisations et/ou déifications épistémologiques des biopouvoirs qui au sein de la production socio-historique du réel socio-historique produisent socialement l'historicité de n'importe pas quel être vivant (animaux, nature, cosmos) en tant qu'un être vivant de corporalité et sexualité abjecte, « abaissée, asservie, abandonnée, méprisé ».

Jusqu'à ce que la dernière trace ait disparu! »
Permettez! Je vais vous donner un coup de main,
J'ai appris à me servir de l'éponge et du balai,
Comme critique et comme [être] de peine.
Mais lorsque le travail sera fini,
J'aimerais bien vous voir, grands sages que vous êtes,
Souiller de votre sagesse la table et le mur.

« Un fou au désespoir »
Le Gai Savoir (1882/1984)
Friedrich Nietzsche

BIBLIOGRAPHIE

(esp) **ADORNO**, Theodor W., (1970)/2004, *Teoría estética, Obras completas 7*, Akal : Madrid, 2004.

(esp) —————————————, (1966)/2005, Dialéctica negativa. La jerga de la autenticidad, Obras completas 6, Akal : Madrid, 2005.

(esp) —————————————,1973, « Sobre la lógica de las ciencias sociales » *in* AAVV : *La disputa del positivismo en la sociología alemana*, Grijalbo : Mexico, 1973.

(esp) —————————————, et **HORKHEIMER**, (1949)/2007, *Dialéctica de la Ilustración*, Ediciones AKAL : Madrid, 2007.

(esp) **APEL**, Karl-Otto, (1985) La transformación de la filosofía II: el apriori de la comunidad de comunicación. Taurus : Madrid, 1985.

(esp) **APEL**, Karl-Otto, (2009), *Entretien à Karl Otto Apel faite par Ricardo Maliandi*. Consulté sur Internet le 30 décembre 2009 sur le site : http://www.aabioetica.org/entrev/entrev3.htm

(esp) **APPIGNANESI**, Lisa ; **FORRESTER**, John (1992), *Las mujeres de Freud*. Editorial Planeta : Buenos Aires, 1992.

(esp), **ARANDA SANCHEZ**, José María, « Constructivismo y análisis de los movimientos sociales" *in Science Ergo Sum*, (ISSN 1405-0269), Mexico : UNAM, 2002, pp. 218-230. Consulté sur Internet le 1èr octobre 2012 sur le site : http://redalyc.uaemex.mx/pdf/104/10490303.pdf

(fr) **ARISTOTE**, *Métaphysique*, Libri I, 5, 6. [*in* **WITTIG**, Monique, (1992)/2006, *Pensamiento heterosexual*. Egales : Barcelone, 2006].

(esp) —————, « De Anima », *The Basic Works of Aristotle*, trad. De Richard Mckeon, Nueva York, Random House, 1941, livre 2, chap. 1, 412ª a 10, p. 555. [*in* **BUTLER**, J., (1993)/2010, *Cuerpos que importan. Sobre los límites materiales y discursivos del "sexo"*. Paidos-Entornos ; Buenos aires, 2010].

(fr) **ASSEMBLEE GENERALE DE L'ASSOCIATION MONDIALE DE SEXOLOGIE (WAS)**, (1999), le 26 août 1999 au cours du XVe Congrès Mondial de Sexologie, Hong Kong, 1999.

(fr) **Association Néerlandaise de Réforme Sexuelle (NVSH)**, *Les droits sexuels de l'homme*. Consulté le 10 juin 2010 sur le site : http://

www.nvsh.nl/pointsdevue/issuesDroits.htm

(esp) **BAKUNIN**, Mikhaïl Aleksandrovitch, (1978/1990), *Escritos de Filosofía Política 1. Crítica de la sociedad*, en MAXIMOFF (éd.), El Libro de Bolsillo, Alianza Editorial, Madrid, 1990. Consulté sur Internet le 15 novembre 2010 sur le site : http://sites.google.com/site/antologiabakunin/escritos-de-filosofia-politica-i

(ang) **BARBER**, Bernard, (1961), « Resistance by 'Scientists to Scientific Discovery », Science 1 Sept 1961: Vol. 1. Consulté sur Internet le 3 septembre 2010 à l'adresse suivante : http://web.missouri.edu/~hanuscind/8710/Barber1961.pdf

(esp) **BEAUVOIR**, Simone, *El segundo sexo*, Madrid: Ediciones Cátedra, 2005.

(ang) **BOULTON-LEWIS**, G.M., **MARTON**, F., **LEWIS**, D.C. y **WILSS** L. (2001), « The lived space of learning: An inquiry into indegenous Australian university student's experiences of studyng », *in* STERNBERG, R. J. Y ZHANG, L-F. (Eds.), *Perspectives on thinking, learning, and cognitive styles* (137-174). Lawrence Erlbaum Associates : Londres, 2001.

(ang) **BOULTON-LEWIS**, G.M., Marton, F., Lewis, D.C. y Wilss, L. (2001), « Changes in conceptions of learning for Indigenous Australian university students », *British Journal of Educational Psychology, 71*, pp. 327-341 : Londres, 2001.

(fr) **BOURDIEU**, Pierre, (1965/1979) *Un art moyen. Essai sur les usages sociaux de la photographie*, Les Editions de Minuit, Paris, 1965. éd. en espagnol, « *La fotografía: un arte intermedio* », Trad. Tununa Mercado, éd Nueva Imagen, Mexico, 1979.

(fr) ————————, (1979), La Distinction. Critique sociale du jugement, Les Éditions de Minuit, Paris, 1979.

(esp) ———————— et **PASSERON**, Jean Claude. (1995) La reproducción. Elementos para una teoría del sistema de la enseñanza , éd. Fontamara, Mexico DF.

(esp) ————————, (1995/2002). Las reglas del arte. Génesis y estructura del campo literario. Anagrama : Barcelone, 2002.

(esp) ————————, (2000). *La dominación masculina*, (traduction esp de Joaquín Jordá), Ed. Anagrama : Barcelone, 2000. Edition numérique sur Internet consulté en 2011 sur le site : http://es.scribd.com/doc/30912364/Bordieu-Pierre-La-Dominacion-Masculina

(fr) **BOZON**, Michel, (2004), « La nouvelle normativité des conduites sexuelles, ou la difficulté de mettre en cohérence les expériencies intimes », *in* **MARQUET**, J. (dir.), *Normes et conduites sexuelles. Approches sociologiques et ouvertures pluridisciplinaires*,

Academia-Bruylant, Louvain-La Neuve, pp. 15-33.

(esp) **BUTLER**, Judith, (1993)/2010). *Cuerpos que importan. Sobre los límites materiales y discursivos del "sexo"*, éd. Paidos-Entornos, Buenos aires, 2010.

(esp) ——————, (2001). Mecanismos psíquicos del poder. Teorías sobre la sujeción, Madrid: Cátedra, 2001.

(esp) ——————, (2004). « Conflicto de Género, Teoría Feminista y discurso psicoanalítico », **MILLAN BENAVIDES**, Carmen, et **ESTRADA MESA**, Ángela María, (2004), *Pensar (En) Género: Teoría y Práctica para Nuevas Cartografías Del cuerpo*, Pontificia Universidad Javeriana : Bogota, 2004.

(esp) ——————, (2009). Dar cuenta de sí mismo. Violencia ética y responsabilidad. Amorrortu: Buenos Aires, 2009.

(esp) **CASTELLS**, Manuel, (1997), *La era de la Información, economía, sociedad y cultura*. (Vol. 1, La Sociedad red). Alianza : Madrid, 1997.

(esp) ——————, (1998), *La era de la Información, economía, sociedad y cultura*. (Vol. 2, El poder de la Identidad). Alianza : Madrid, 1998.

(esp) ——————, (1998), *La era de la Información, economía, sociedad y cultura*. (Vol. 3, Fin del Milenio). Alianza : Madrid, 1998.

(fr) **CASTORIADIS**, Cornelius, (1997), *Fait et à Faire. Les carrefours du labyrinthe, V.* Seuil : Paris, 1997.

(fr) ——————, (1990), Le monde morcelé. Les carrefours du labyrinthe – III. Seuil: Paris, 1990.

(esp) **COHEN**, Tom **& DILON** Ariel, (coord.), (2007). *Jacques Derrida y las humanidades: un lector crítico*, México: Editorial Siglo XXI, 2007.

(ang) **CRAMEROTTI**, Alfredo, (2009). *Aesthetic journalism. How to inform without informing*. Bristol: Chicago, 2009.

(fr) **DERRIDA**, Jacques, (1967). *De la Grammatologie*, París: Editions Minuit, 1967.

(fr et esp) **DERRIDA, J.** (1972), Entretien de Lucette Finas avec Jacques Derrida *in La Quinzaine littéraire*, 16-30 novembre 1972. Traduction esp de Cristina de Peretti, *El tiempo de una tesis: Deconstrucción e implicaciones conceptuales*, Proyecto A Ediciones : Barcelone, 1997, pp. 39-47. Edition numérique consultée sur Internet le 23 août 2010 sur le site : *Derrida en castellano.*

(esp) **DOGNIN**, Paul-Dominique, (2004). *Introducción a Karl Marx*. Universidad católica Andrés Bello : Caracas, 2004.

(esp) DUSCHATZKY, Silvia et SKLIAR Carlos Skliar, (s.a.), La diversidad bajo sospecha. Reflexiones sobre les discuros de la diversidad y sus implicancias educativa. Consulté sur Internet le 13 juin 2010 à l'adresse suivante : http://www.porlainclusion.educ.ar/documentos/Ladiversidadbajosospecha.pdf

(esp) **FEYERABEND**, Paul, (1984), « Diálogo sobre el método », *in Estructura y desarrôleo de la Ciencia*, de FEYERABEND, RADNITZKY, STEGMÜLER. Alianza : Madrid, 1984.

(esp) —————————, (1987). *Adiós a la Razón*. Tecnos : Madrid, 1987.

(esp) —————————, (1993). *¿Por qué no Platón?* Tecnos : Madrid, 1993.

(esp) —————————, (1992/1994). « El arte como producto de la naturaleza como obra de arte », *in World Future* 40, 1994, pp 87-100; (traduction d'Ana P. Esteve Fernández), *in Provocaciones filosóficas*. Editorial Biblioteca Nueva : Madrid, 2003.

(esp) —————————, (1994). « Toda cultura es potencialmente cualquier cultura », en *Common Knowledge* (3) 2, 1994, pp. 16-22; (traduction d'Ana P. Esteve Fernández), *in Provocaciones filosóficas,* (2003). Editorial Biblioteca Nueva : Madrid, 2003.

(ang) **FIELD BELENKI**, Mary, (1986), **CLINCHY** Blythe, **GOLDBERGER** Nancy, **TARULE** Jill, *Women's ways of knowing: the development of self, voice, and mind.* 1986. Basic Books : New York ,1986.

(fr) **FORSTER**, Richard, (1999), « Adversus tolerancia en Rev Lote », *Mensuario de Cultura*, Año 111, Número 25, Venado Tuerto, Santa Fe, 1999. Consulté sur Internet le 8 août 2010 à l'adresse suivante : http://www.porlainclusion.educ.ar/documentos/ Ladiversidadbajosospecha.pdf

(fr) **FOSTER,** Hal, (2005), *Le retour du réel : Situation actuelle de l'avant-garde.* La lettre volée : Paris, 2005.

(esp) —————————, **KRAUSS** Rosalind, **BOIS** Yve-Alain, **BUCHLOH** Benjamín, (2006). *Arte desde 1900: modernidad, antimodernidad, posmodernidad*, Madrid: AKAL, 2006, pp. 463-465.

(fr) **FOUCAULT**, Michel, (1976/1984), *Histoire de la sexualité I, La volonté de savoir.* Editions Gallimard: Paris, 1976. Ed. esp (1984) « Historia de la sexualidad. Tomo 1: La voluntad de saber ». Siglo XXI : Madrid, 1884.

(fr) —————————, (1984/1989). Histoire de la sexualité II, L'usage des plaisirs. Editions Gallimard : Paris, 1984. Ed. esp (1989). Historia de la sexualidad Tomo 1 La voluntad de saber, México: Siglo XXI, 1989.

(fr) **FOURNIER,** Véronique, 2007, La conférence a été donnée à l'Université Victor Segalen Bordeaux 2 dans le cadre du cycle de conférences « L'invité du Mercredi »/ Saison 2007-2008 sur le thème « Demain, Après-demain ». Service culturel Université Victor Segalen de Bordeaux 2 / DCAM. Consultable sur le site : http://www.canalu.tv/producteurs/universite_bordeaux_segalen_dcam/dossier_programmes/l_invite_du_mercredi/saison_2007_2008_demain_apres_demain/la_prochaine_ethique_biomedicale

(fr) **FREUD,** Sigmund, (1905/1987), *Trois essais sur la théorie sexuelle,* Folio essais. Gallimard : Paris, 1987.

(esp) ―――――――, (1931), *El malestar en la cultura.* Capítulo VIII. Pág. 130. Visité sur Internet le 15 mars de 2011 à: http://es.scribd.com/doc/6856018/Sigmund-Freud-Obras-completas-tomo-XXI

(esp) ―――――――, (1908/1992), *Obras completas,* Tomo IX, « El delirio y los sueños en la «Gradiva» de W. Jensen y otras obras », Art. : « La moral sexual «cultural» y la nerviosidad moderna » (1908) ; pp. 159-181, Amorrortu Editores, Buenos Aires, 1992. Consulté sur Internet le 20 août 2010 sur le site : http://www.observacionesfilosoficas.net/download/feyerabendabril.pdf

(fr) **GIAMI,** Alain, (2005). « Santé sexuelle : la médicalisation de la sexualité et du bien-être », *Comprendre* (revue de philosophie et de sciences sociales), Paris, 2005, pp. 97-115 (P.U.F.).

(fr) ―――――――, (2005). « La sexualité et les comportements sexuels », pp. 138-141, *in* **FERNANDEZ** H. (Ed.), (2005), **CHARPIN,** Ch., et **POUTY,** J. L., (Ed.) *Traité de gynécologie.* Flammarion Médecine-Sciences: Paris, 2005.

(fr) ―――――――, (2005). « La médicalisation de la sexualité. Foucault et Lantéri-Laura : un débat qui n'a pas eu lieu », *L'évolution psychiatrique,* Paris, 2005, n° 70, 283-300.

(eng) **GIDDENS,** Anthony, (1979). *Central Problems in Social Theory,* Los Ángeles, University of California Press.

(esp) ―――――――, (1992/2008). La transformación de la intimidad. Sexualidad, Amor y Erotismo en Las Sociedades Modernas, éd. Cátedra (Grupo Anaya) : Barcelone, 1995.

(esp) ―――――――, (1991)/1995). Modernidad e identidad del yo. El yo y la sociedad en la época contemporánea. Ed. Península: Barcelona, 1995.

(esp) **GLEEN,** E. S., (1985), El hombre y la humanidad : conflicto y comunicación entre culturas. Paidos : Buenos Aires, 1985.

(esp) **GUASCH** Oscar, (2010), « Por una sociología de la sexualidad »,

Revista Española de Investigaciones Sociológicas, REIS N° 64. ESTUDIOS, Universidad de Barcelone. Consulté sur Internet le 5 novembre 2010 à l'adresse suivante : http://www.reis.cis.es/REIS/jsp/REIS.jsp?opcion=revistas&numero=64

(fr) GUATTARI, Félix, (1977). *La révolution moléculaire*, Éditions Recherches, Paris, 1977.

(it) ————————, (1977). *Desiderio e rivoluzione: intervista a Félix Guattari*, Squilibri, Milan, 1977. Conversation avec Franco Berardi (Bifo) et Paolo Bertetto.

(fr) ————————, (s. a.). *Las tres ecologías*. Pre-textos. Valencia, España.

(esp) HABERMAS, Jürgen, (1985). *Conciencia moral y acción comunicativa*. Península : Barcelone, 1985.

(esp) ————————, (1989), Teoría de la acción comunicativa : complementos y estudios previos. Cátedra: Madrid, 1989.

(esp) ————————, (1991). Escritos sobre moralidad y eticidad. Paidós : Barcelona 1991.

(esp) HINKELAMMERT, Franz, (2008), Entretien à Franz Hinkelammert faite par l'artiste, à San José, Costa Rica, le mois de juillet 2008, chez lui.

(esp) ————————, (2007), Hacia una crítica de la razón mítica. El laberinto de la modernidad. Materiales para la discusión. Editorial Arlekin : San José, Costa Rica, 2007.

(esp) ————————, (2005), « Prometeo, el discernimiento de los dioses y la ética del sujeto. Reflexiones a partir de un libro » *in Pasos,* mars-avril 2005. DEI : San José, Costa Rica, 2005.

(esp) HOFFMANN Yoel (ed.), (2000), *Poemas japoneses a la muerte (escritos por monjes zen y poetas de haiku en el umbral de la muerte)*. DVD POESÍA : Barcelone, 2000.

(esp) HUBBARD, R., (2004) « Género y genitalida: Construcciones de sexualidad y género » in MILLAN DE BENAVIDES, C. et ESTRADA, A. M., (2004) *Pensar (en) género. Teoría y práctica para nuevas cartografías del cuerpo*. Editorial Pensar-Editorial Pontificia Universidad Javeriana : Bogota, 2004.

(fr) IRIGARAY, Luce, (1978). « Une mère de Glace », *in* Speculum, p. 179, original, p. 224, éd esp : « Una madre de cristal », *in Espéculo de la otra mujer*. Ediciones AKAL : Madrid, 1978.

(esp) ————————, (2009). *Ese sexo que no es uno*. Ediciones AKAL : Madrid, 2009.

(esp)KAPUSCINSKI, Ryszard, (sans année) titre en espagnol : « El periodismo como pasión, entendimiento y aprendizaje ». Consulté sur Internet le 12 février 2012 sur le site : http://www.infoamerica.

org/teoria_articulos/kapuscinski1.htm

(ang) **KOHLBERG,** Lawrence, (1971), « From is to ought » *in* T. Mishel, ed. Cognitive Development and Epistemology. Academic Press : NewYork, 1971.

(fr) **KRISTEVA,** Julia, (1980), *Pouvoirs de l'horreur. Essais sur l'abjection.* Seuil : Paris, 1980.

(fr) ——————————, (1997). *La révolte intime,* París: Éditions Fayard, 1997.

(esp)**KUHN,** Thomas S., (1962)/2007, *La estructura de las Revoluciones científicas.* Fondo de Cultura Económica, Colección Brevarios : Mexico, 2007.

(fr) **LACROIX,** Yannick, (2003), « On fait un petit ou on achète un char ? Qui a encore peur de la réification totale ? » *in* Phares, Tome 4, automne 2003, Université Laval. Consulté sur Internet le 15 mai 2008 à l'adresse suivante : http://www.ulaval.ca/phares/vol4-automne03/texte06.html

(esp) **LAKATOS,** Imre, (1993), La metodología de los programas de investigación científica. Alianza : Madrid, 1993.

(esp) **LONGINO,** Helen, (1997) « Feminismo y filosofía de la ciencia », *in* **GONZALEZ GARCIA,** Marta I., **LOPEZ CEREZO,** José A. et **LUJAN LOPEZ,** J. L., *Ciencia, tecnología y sociedad: lecturas seleccionadas.* Ariel : Barcelone, 1997.

(esp) **LOPEZ DE LA VIEJA DE LA TORRE, TERESA,** (2009), « Ética de la diferencia ». *in* Román Reyes (Dir): *Diccionario Crítico de Ciencias Sociales. Terminología Científico-Social,* Tome 1/2/3/4, Ed. Plaza y Valdés, Madrid-Mexico 2009. Consulté sur Internet le 20 août 2011 sur le site : http://www.ucm.es/info/eurotheo/diccionario/E/etica_différence.htm

(esp) **LURI MEDRANO,** Gregorio, (2001), *Prometeo. Biografías de un mito.* Trotta: Madrid, 2001.

(esp) **MANCILLA VALDEZ,** Esmeralda, (2009). *A mi hermana. De moribundas y esperanzadas.* Editorial Épica : Mexico, 2009.

(esp) ——————————————, (2010). *Palabras de bisturí,* Guadalajara: Ediciones El Viaje, 2010.

(fr) **MANDEVILLE,** Bernard de, *La Fable des abeilles, vol. 2,* París: Éd. Paulette et Lucien Carrive, 1974, (rééd., 1998).

(fr) **MARCUSE,** Herbet, (1973). *Contre-révolte et révolte.* SEUIL : Paris, 1973.

(esp) ——————————, (1984). El hombre unidimensional : un ensayo sobre la ideología de la sociedad industrial avanzada. Editorial Ariel : Barcelone, 1984.

(esp) **MARX**, Karl, (1841), *Tesis doctoral, in* **LURI MEDRANO**,
Gregorio, (2001), *Prometeo. Biografías de un mito.* Trotta : Madrid,
2001 cité par Hinkelammert, *in* Pasos mars-avril 2005 : 9.

(fr) _____, (1844/1964), *Manuscrits de 1844*, trad. E.
Bottigelli. Editions Sociales : Paris, 1964.

(esp) _____, (1859), *Prólogo a la Contribution a la Crítica
de la economía Política.* Traduction espagnole de Marat Kutnetzov.
Ed. Progreso : Zúbovski bulvar, 17 Moscú, URSS, 1859. Consulté
sur Internet le 8 août 2012 sur le site : http://www.inpahu.edu.co/
biblioteca/imagenes/libros/Contribucion.pdf

(esp)_____, (1845), *Tesis sobre Feuerbach.* Publiée *in*
ENGELS, F., *Ludwig Feuerbach y el fin de la filosofía clásica
alemana*, 1888. Consulté sur Internet le 1 septembre 2012 sur
le site : http://www.marxists.org/espanol/m-e/1840s/45-feuer.
htm#topp

(esp)**MENOYO,** Sofía, (2012). « Intervenciones públicas performativas :
(de los)montajes de espacios, prácticas y sujetos ». Conférence
donnée (en esp) au II Congrès International Genre et Société :
« Lo personal es político » (« Ce qui est personnel est politique »),
Córdoba, Argentine. Consulté sur Internet le 10 juin 2012
sur le site : http://publicaciones.ffyh.unc.edu.ar/index.php/
jornadasperformance/article/viewFile/680/672 et le 10 octobre
sur le site : http://red.antropologiadelcorps.com/wp-content/
uploads/Menoyo-Sofia-GT7.pdf

(ang) **Mcluhan,** Marshall, (1962). The Gutenberg Galaxy: The Making
of Typographic Man.

(esp) ————————————, (1964)/1996). *Comprender los medios
de comunicación.* Editorial Paidós : Buenos Aires, 1996.

(ang) **MEAD,** Kate, «A History of Women in Medicine», Haddam,
Conn., The Haddam Press, 1989.

(fr) **MERLEAU-PONTY,** Maurice, *La structure du comportement,*
París: Presses Universitaires de France, 1942.

(fr) ————————————, (1964). Le Visible et l'Invisible, París:
Gallimard, 1964.

(esp) **MILLAN BENAVIDES**, Carmen. et **ESTRADA MESA**, Ángela
María, (2004), *Pensar (en) Género : Teoría y Práctica para Nuevas
Cartografías del cuerpo.* Pontificia Universidad Javeriana :
Bogota, 2004.

(esp) **MUGUERZA** Javier, (1977), La razón sin esperanza. Siete
trabajos y un problema de ética. Taurus : Madrid 1977.

(esp) **MURCIA-PENA,** Napoleón (2009), PINTOS DE CEA

NAHARRO, Juan Luís et OSPINA-SERNA, Héctor Fabio. (2009) Función versus institución : imaginarios de profesores y estudiantes universitarios. Educación y Educadores [en línea] 2009, vol. 12. Consultable sur Internet à l'adresse suivante : http://redalyc. uaemex.mx/src/inicio/ArtPdfRed.jsp?iCve=83411512006. ISSN 0123-1294.

(esp) **NIETZSCHE,** Fiedrich, (1869/1999), *Ecce Homo,* México: Ediciones Fontamara, México, 1999.

(fr), ———————————, (1882/1984). *Le gai savoir.* Ed esp : *La gaya ciencia, in* Obras Completas. Aguilar : Madrid, 1984.

(esp) ———————————, (1888/2003), *El Anticristo.* Editores Mexicanos Unidos : México, 2003.

(ang) **PERRY,** William, (1970) *in* **BELENKI** Mary, (1986), **CLINCHY** Blythe, **GOLDBERGER** Nancy, **TARULE** Jill, *Women's ways of knowing:* the development of self, voice, and mind. Basic Books : New York, 1986.

(esp) **POPPER,** Karl, (1934)/1986). *La lógica de la investigación científica.* Tecnos : Madrid, 1986.

(esp) ———————————, (1945)/1992). *La sociedad abierta y sus enemigos.* Ediciones Paidos (5» réimp.) : Barcelone, 1992.

(esp) ———————————, (1998). Los dos problemas fundamentales de la Epistemología. Basado en Manuscritos de los años 1930-1933. Madrid: Editorial Tecnos,1998.

(esp) **PRECIADO,** Beatriz, (2012), « *3 episodios d'un cybermanga feminista queer trans...* * », *Revista Debates feministas III,* avril 19, 2012, (pp. 112-123). Consulté sur Internet le 15 juin 2012 sur le site : http://www.debateféministe.com/PDF/Articulos/genero1229.pdf

(esp) « PROA TV : Cómo Louise Bourgeois hizo « Arch of Hysteria » con Jerry Gorovoy como modelo », PROAWEBTV, 2011 consuté sur Internet le 15 novembre 2012 sur le site : http://www.youtube. com/watch?v=Zh6B3QzJeyo&feature=related

(esp) **RAMIREZ,** Juan Antonio, (2009). *El objeto y el aura.* Ediciones AKAL : Madrid, 2009.

(fr) **REICH,** Wilhelm, (1932)/2007). *L'irruption de la morale sexuelle.* Payot : Paris, 2007.

(fr) ———————————, (1945/2003). *La révolution sexuelle.* Christian Bourgois Editeur : France, 2003.

(fr) ———————————, (1947/2004). *La fonction de l'orgasme,* (traduction de l'anglais revue et corrigée par l'auteur). L'Arche : Paris, 2004.

(esp) Revue du Département de **Philosophie de l'Université de Puerto Rico,** (1974), 10, éd. De la Faculté de Philosophie de cette université,

1974 : 78. Consultée le 2 janvier 2011 sur le site : http://books.google.com/arvakas&dq=matérialisme+charvakas&hl=es&ei=PYNDTZ3TFsL-8AbT_eXOAQ&sa=X&oi=book_result&ct=result&resnum=4&ved=0CDcQ6AEwAw

(esp) **ROSLER**, Marta, (2009). "Semiotica de la cocina", 1975, en ALARIO TRIGUEROS, María Teresa, *Las teorías feministas en el arte*, Editorial NEREA, 2009.

(ang) **SHARAF**, Myron (1983). *Fury on Earth: A Biography of Wilhelm Reich*. Da Capo Press (first published by St. Martin's Press, 1983), pp. 379–380.

(esp) **SCHNEEMANN**, Carolee en **SEVILLA**, Sergio, (2000), *Crítica, Historia y Política*. Cátedra : Madrid, 2000.

(esp) **SOLANS**, Piedad, (2000). *Accionismo vienés*. Editorial Nerea : Hondarribia, 2000.

(esp) **TOLEDO NICKELS**, (1998), « La Epistemología según Feyerabend » en *Cinta moebio 4* : pp 102-127. Consulté sur le site d'Internet : http://www.revistas.uchile.cl/index.php/CDM/article/viewFile/26461/27754

(fr) **TOURAINE**, Alain, (2006). *Le Monde des Femmes*, Éditions Fayard, Paris, 2006.

(eng) **VAUGHAN**, R. M., (2007), « Still crashing borders after all these years ; The monstrous and the mundane collide in a massive survey of Carolee Schneemann's taboo-busting art », *The Globe and Mail*, 14 Avril 2007, p. R18 (en anglais). Consulté sur Internet le 12 juillet 2012 sur le site : http://es.wikipedia.org/wiki/Carolee_Schneemann#cite_note-vaughan-7

(esp) **VASQUEZ ROCCA**, A., (2006), « Etnografía cognitiva y Anarquismo Epistemológico. Una visión científica disidente o el anarquismo epistemológico de Paul K. Feyerabend » *in* revista electrónica *Observaciones filosóficas*. Consulté sur Internet le 8 février sur le site : http://www.observacionesfilosoficas.net/download/feyerabendabril.pdf

(esp) **WEBER**, Max, (1922/2008). *Economía y Sociedad*. FCE, Mexico, 2008.

(esp) ——————, (1965). Études critiques pour servir à la logique des sciences de la culture. Essais sur la théorie de la science, Plon, Paris, 1965.

(esp) **WITTIG**, Monique, (1992)/2006). *Pensamiento heterosexual*. Egales : Barcelone, 2006.

(esp) **YOGO**, F., (2003), *Magma. Psicoanálisis, filosofía, política* : TusQuest. La obra de Castoriadis : Buenos Aires, 2003.

(esp) **YOUNG,** Iris Marion, (2000) *La justicia y la política de la diferencia,* traduction esp de Silvina Álvarez. Ed. Cátedra- Universitat de Valencia - Instituto de la Mujer : Madrid, 2000.

AUTRES SOURCES

(fr) Déclaration du 13e Congrès mondial de sexologie, 1997, Valence (Espagne). Révisée et adoptée par l'Assemblée générale de la World Association for Sexology (WAS) le 26 août 1999, lors du 14e Congrès mondial de sexologie qui a eu lieu à Hong Kong, en République populaire de Chine. Consulté sur Internet : http://www. cerhes.org/archive/2012/07/26/declaration-des-droits-sexuels-de-was.html

INDEX DE NOMS PROPRES

C

D

E

F

G

L

LACROIX, p. 182.
LAKATOS, p. 526.
LAURETIS, p. 88, 500, 625.
LIPSCHÜTZ, p. 166.
LOEWENSTEIN, p. 163.
LONGINO, p. 124, 125, 503.
LÓPEZ de la Vieja de la Torre, p. 564, 571.
LURI Medrano, p. 681.
LYOTARD, p. 186.

M

MADONNA, p. 174.
MALIANDI, p. 241, 781.
MALINOWSKI, p. 88, 500.
MARCUSE, p. 88, 219, 500, 612, 620, 625, 626, 630, 631, 633, 682, 687, 721.
MARX, p. 13, XVIII, XXVI, XXX, XXXIII, 88, 104, 105, 127, 188, 189, 191, 192,
193, 200, 243, 292, 405, 499, 500, 504, 505, 507, 508, 510, 513, 620, 627,
638, 663, 664, 671, 672, 673, 674, 675, 676, 677, 678, 679, 680, 681, 682,
685, 686, 690, 693, 694, 695, 696, 697, 698, 700, 701, 702, 703, 704, 705,
706, 707, 708, 709, 710, 711, 712, 713, 714, 715, 716, 717, 718, 719, 721,
722, 723, 731, 783.
MCKEON, p. 129, 781.
MCLUHAN, p. 190.
MEAD, p. 88, 203, 245, 500.
MENDIETA, p. XXIII, 89, 517, 736, 738, 741, 742.
MENOYO, p. 764, 767, 788.
MERLEAU-PONTY, p. 88, 500.
MILLAN Benavides, p. 783, 788.
MONROE, p. 173.
MORIMURA, p. 171, 173.
MUGUERZA, p. 572, 573.
MURCIA-PEÑA, p. 589.

N

NIETZSCHE, p. 364, 687, 779.

O

ORLAN, p. 89, 219, 220, 223, 739.

P

PANE, p. 89, 517, 738.
PERRY, p. 789.
PLATON, p. XIX, 122, 126, 128, 131, 133, 205, 206, 313, 491, 520, 634.
POPPER, p. 88, 499, 625, 626, 631, 632, 633.

LIVRE ACHEVÉ DE NUMÉRISER ET
D'IMPRIMER EN MEXIQUE EN NOVEMBRE 2015
POUR LE COMPTE DES ÉDITIONS DE
L'INSTITUTO DE INVESTIGACIONES
BIOCRÍTICAS EN SALUD SEXUAL Y DERECHOS
HUMANOS, A.C.

**INSTITUTO DE
INVESTIGACIONES
BIOCRÍTICAS
www.biocritica.mx**

Las Águilas, C.P. 45080, Zapopan, Jalisco, México
Tél. Portable: +(33) 18 06 90 59
E-mail: biocritica.org@gmail.com
Website: http://www.biocritica.mx